Studien zum öffentlichen Recht

Band 29

Katja Viktoria Gluding

Kollektiver und überindividueller Rechtsschutz im Zivil- und Verwaltungsprozessrecht

Eine übergreifende Betrachtung unter Einbeziehung der Musterfeststellungsklage

Nomos

Onlineversion
Nomos eLibrary

Die Deutsche Nationalbibliothek verzeichnet diese Publikation in der Deutschen Nationalbibliografie; detaillierte bibliografische Daten sind im Internet über http://dnb.d-nb.de abrufbar.

Zugl.: Saarbrücken, Universität des Saarlandes, Diss., 2020

ISBN 978-3-8487-7855-3 (Print)
ISBN 978-3-7489-2264-3 (ePDF)

1. Auflage 2020

Meiner Familie

unendlicher als ewig

Vorwort

Die vorliegende Arbeit wurde von der Rechtswissenschaftlichen Fakultät der Universität des Saarlandes im Wintersemester 2019/2020 als Dissertation angenommen. Literatur und Rechtsprechung wurden bis Januar 2020 berücksichtigt.

Meinen herzlichsten Dank richte ich zunächst an Frau Prof. Dr. Annette Guckelberger für die Erstellung des Erstgutachtens und für die lehrreichen Jahre als Mitarbeiterin an ihrem Lehrstuhl. Durch sie habe ich Zugang zum wissenschaftlichen Arbeiten erlangt und ihre umfassende Betreuung sowie ihr fachlicher Rat haben wesentlich zum Gelingen dieser Arbeit beigetragen. Weiterer Dank geht an Herrn Prof. em. Dr. Dr. h.c. mult. Helmut Rüßmann für die zügige Erstellung des Zweitgutachtens.

Den Herausgebern/-innen Prof. Dr. Christoph Enders, Prof. Dr. Jörg Ennuschat, Prof. Dr. Armin Hatje, Prof. Dr. Thorsten Kingreen sowie Prof. Dr. Katharina von Schlieffen danke ich für die Aufnahme in die Schriftenreihe „Studien zum öffentlichen Recht“.

Danken möchte ich auch dem gesamten Lehrstuhlteam für die gemeinsame Zeit. Insbesondere danke ich meinen Büropartnern Dr. Mascha Bilsdorfer und Philipp Singler, die mir mit Rat und Tat zur Seite standen, sowie der Sekretärin des Lehrstuhls Marlies Weber für das Korrekturlesen.

Darüber hinaus gebührt all meinen langjährigen Freunden Dank für die Unterstützung in allen Lebenslagen. Großer Dank richtet sich im Besonderen an Alexandra Fiedler, Anja Neufing, Christin Reiter und Kathrin Schirmer für umfassendes Korrekturlesen und wertvolle Kritik.

Vor allem danken möchte ich meiner Familie und auch Schwiegerfamilie, vornehmlich meinen Großmüttern Anneliese und Therese, meinem verstorbenen Großvater Artur, meiner Großtante Annemarie und meinem Großonkel Franz, meinen Paten Patrick, Petra und Stephan sowie meiner Cousine Caroline für die rege Unterstützung im Studium.

Unendlicher Dank geht an meine wundervollen Schwestern Anna-Teresa und Franziska Sophie für all das, wofür Worte nicht ausreichen und das Stück Kindheit, das durch sie nie verloren geht.

Tiefste Dankbarkeit richtet sich zudem an meine Eltern Ralf und Regina, die all mein Tun stets fördernd und liebevoll begleitet haben. Insbesondere danke ich meiner Mutter, dass sie neben den unzählbaren Rollen, die sie bisher in meinem Leben eingenommen hat, auch die Rolle der „Lektorin“ selbstlos und ermutigend ausgeübt hat.

Den größten Dank widme ich meinem Verlobten Patrick Sauer, der mir zu jeder Zeit das war, was ich gerade gebraucht habe.

Wadern, im August 2020

Inhaltsübersicht

Inhaltsverzeichnis

Abkürzungsverzeichnis

Hinsichtlich der Abkürzungen sei auf *Kirchner, Hildebert/Böttcher, Eike,* Abkürzungsverzeichnis der Rechtssprache, 9. Auflage 2018, verwiesen. Im Übrigen werden folgende Abkürzungen verwendet:

AGGerStrG M-V	Gesetz zur Ausführung des Gerichtsstrukturgesetzes Mecklenburg-Vorpommern, v. 10.6.1992, (GVOBl. M-V, S. 314), zuletzt geändert d.G.v. 11.11.2013 (GVOBl. M-V, S. 609)
AGVwGO LSA	Gesetz zur Ausführung der Verwaltungsgerichtsordnung und des Bundesdisziplinargesetzes v. 28.1.1992 (GVBl. LSA 1992, 36), zuletzt geändert d.G.v. 17.2.2017 (GVBl. LSA, S. 14)
AGVwGO RP	Landesgesetz zur Ausführung der Verwaltungsgerichtsordnung v. 5.12.1977 (GVBl. 1977, 451), zuletzt geändert d.G.v. 19.8.2014 (GVBl. S. 187)
AK	Aarhus Konvention
BaWü	Baden-Württemberg
Bay	Bayern
Bbg	Brandenburg
BbgNatSchAG	Brandenburgisches Naturschutzausführungsgesetz v. 21.1.2013 (GVBl. I Nr. 3, ber. Nr. 21), zuletzt geändert d.G.v. 25.1.2016 (GVBl. I Nr. 5)
BeckRS	Beck online Rechtsprechung
BbgVwGG	Brandenburgisches Verwaltungsgerichtsgesetz v. 22.11. 1996 (GVBl. I, S. 317) zuletzt geändert d.G.v. 10.7.2014 (GVBl. I Nr. 37)
DiskE	Diskussionsentwurf des Bundesministeriums der Justiz und für Verbraucherschutz – Entwurf eines Gesetzes zur Einführung einer Musterfeststellungsklage
DJT	Deutscher Juristentag
DUH	Deutsche Umwelthilfe
FAS	Frankfurter Allgemeine Sonntagszeitung
FAZ	Frankfurter Allgemeine Zeitung
FS	Festschrift
Hess	Hessen

HmbTierSchVKG	Hamburgisches Tierschutzverbandsklagegesetz v. 21.5.2013 (HmbGVBl. S. 247)
IDO	Interessenverband für das Rechts- und Finanzconsulting deutscher Online-Unternehmen
KMU	Kleinere oder mittlere Unternehmen
LJG SH	Landesjustizgesetz v. 17.4.2018 (GVOBl. Schl.-H, S. 231)
LNatSchG RP	Landesnaturschutzgesetz Rheinland-Pfalz v. 6.10.2015 (GVBl. 2015, S. 283), zuletzt geändert d.G.v. 21.12.2016 (GVBl., S. 583)
LTO	Legal Tribune Online
MFKRegV	Musterfeststellungsklagenregister-Verordnung v. 24.10.2018, (BGBl. I 2018, S. 1804, ber. S. 1845)
M-V	Mecklenburg-Vorpommern
NatSchAG MV	Naturschutzausführungsgesetz Mecklenburg-Vorpommern v. 23.2.2010 (GVOBl. M-V, S. 66), zuletzt geändert d.G.v. 5.7.2018 (GVOBl. M-V, S. 221)
NatSchG	Naturschutzgesetz
NDfC	New Deal for Consumers
Nds	Niedersachsen
NRW	Nordrhein-Westfalen
RefE	Referentenentwurf des Bundesministeriums der Justiz und für Verbraucherschutz, Entwurf eines Gesetzes zur Einführung einer Musterfeststellungsklage.
RP	Rheinland-Pfalz
SaarlAGVwGO	Saarländisches Ausführungsgesetz zur Verwaltungsgerichtsordnung v. 5.7.1960 (Amtsbl., S. 558), zuletzt geändert d.G.v. 20.4.2016 (Amtsbl. I S. 402)
SaarlTSVKG	Tierschutzverbandsklagegesetz Saarland v. 26.6.2013 (Amtsbl. I, S. 268)
SächsNatSchG	Sächsisches Naturschutzgesetz v. 6.6.2013 (SächsGVBl., S. 451) zuletzt geändert d.G.v. 14.12.2018 (SächsGVBl., S. 782)
SUP	Strategische Umweltprüfung
ThürNatG	Thüringer Naturschutzgesetz v. 30.7.2019 (GVBl., S. 323, 340)
TierSchKG ND	Gesetz über die Mitwirkungs- und Klagerechte von Tierschutzorganisationen v. 6.4.2017 (Nds. GVBl. 2017, S. 108)
TierSchLMVG RP	Landesgesetz über Mitwirkungsrechte und das Verbandsklagerecht für anerkannte Tierschutzvereine v. 3.4.2014 (GVBl. 2014, S. 44), zuletzt geändert d.G.v. 27.11.2015 (GVBl., S. 383)

TierSchMVG BaWü	Gesetz über Mitwirkungsrechte und das Verbandsklagerecht für anerkannte Tierschutzorganisationen v. 12.5.2015 (GBl. 2015, S. 317), zuletzt geändert d.G.v. 19.6.2018 (GBl., S. 223, 235)
TierschutzVMG NRW	Gesetz über das Verbandsklagerecht und Mitwirkungsrechte für Tierschutzvereine (TierschutzVMG NRW) v. 25.6.2013, außer Kraft getreten am 31.12.2018
TierSchVKG SH	Gesetz zum Tierschutz-Verbandsklagerecht v. 22.1.2015 (GVOBl. 2015, S. 44).
UVP	Umweltverträglichkeitsprüfung

Verbunden werden auch die Schwachen mächtig.

Friedrich von Schiller, Wilhelm Tell, Uraufführung 1804, 1. Akt, 3. Szene, Zeile 436

Kapitel 1 – Einführung

A. *Einleitung*

Am 1.12.2016 schrieb der Tagesspiegel einen Beitrag unter der Überschrift [Justizminister] „Maas legt Gesetzentwurf zu Sammelklagen vor.“[1] „Maas will Musterklagen gegen Unternehmen ermöglichen“ titelte Zeit Online.[2] Zwölf Tage später veröffentlichte der Deutsche Bundestag auf seiner Internetseite einen Beitrag mit dem Titel „Musterfeststellungsklage soll kommen“.[3] Letztlich waren es solche Schlagzeilen, die zu der nachfolgenden Untersuchung geführt haben.

Auslöser dieser Nachrichten war das Bekanntwerden, dass VW zur Verschönerung der Abgaswerte in seine PKWs unerlaubte Abschalteinrichtungen eingebaut hatte. Schon früh stand fest, dass unzählige deutsche Abnehmer ein manipuliertes Fahrzeug haben. Insgesamt wird von 2,5 Millionen Fahrzeugen allein in Deutschland ausgegangen.[4] Die Empörung in der Gesellschaft wuchs und auch das Interesse an einer klageweisen Auseinandersetzung mit dem Autohersteller.[5] International waren ebenso etliche Autos betroffen.[6] Ein Vergleich mit den USA zeigte, dass die geschädigten Ver-

---

1 *Ringelstein*, Maas legt Gesetzentwurf zu Sammelklagen vor, tagesspiegel v. 1.12.2016, https://www.tagesspiegel.de/wirtschaft/bundesjustizministerium-maas-legt-gesetzentwurf-zu-sammelklagen-vor/14922234.html, zuletzt abgerufen am 18.12.2019.

2 https://www.zeit.de/politik/deutschland/2016-12/verbraucherschutz-heiko-maas-gesetzentwurf-sammelklagen-unternehmen-vw, zuletzt abgerufen am 21.9.2019.

3 https://www.bundestag.de/presse/hib/2016_12/484726-484726, zuletzt abgerufen am 21.9.2019.

4 *Breitinger*, Der Abgasskandal, Live-Dossier, https://www.zeit.de/wirtschaft/diesel-skandal-volkswagen-abgase, zuletzt abgerufen am 19.6.2019; *Heese*, JZ 2019, 429 (429); *Weinland*, MFK, Rn. 9; *Krüger*, Ein Zeichen setzen, taz v. 30.9.2019, https://taz.de/Musterfeststellungsklage-gegen-VW/!5630470/, zuletzt abgerufen am 30.9.2019. S.a. https://de.wikipedia.org/wiki/Abgasskandal, zuletzt abgerufen am 19.6.2019.

5 Dazu, dass sich die Käufer betrogen fühlen, *Krüger*, Ein Zeichen setzen, taz v. 30.9.2019.

6 *Lindner*, Amerikanischer Albtraum, FAS v. 3.1.2016, S. 19, spricht von 11 Millionen Autos.

braucher dort schnell mit einer vertretbaren Summe entschädigt wurden.[7] Eine Sammelklage wie im amerikanischen Recht ist nach dem deutschen Rechtssystem nicht vorgesehen,[8] sodass für die Geschädigten letztlich der einzig gangbare Weg die individuelle Klage in 2,5 millionenfacher Ausführung gewesen wäre. Schnell war daher für die Betroffenen klar, dass kollektive Rechtsschutzinstrumente gefunden werden mussten, weil man sich gegenüber den Betroffenen aus den USA benachteiligt fühlte.[9]

Auch in der Politik wuchs der Druck.[10] Die Frage nach kollektiven Rechtsinstituten war an sich keine Neuheit für die deutsche Rechtsordnung. Sie wurde schon des Öfteren gestellt und unbeantwortet ad acta gelegt.[11] Im VW-Abgasskandal nahm man sich der Sache schließlich erneut an.[12] Im Dezember 2016 war es dann so weit: Ein unveröffentlichter erster Entwurf zur kollektiven Rechtsdurchsetzung wurde entwickelt, was zu den obigen Schlagzeilen führte. Die Erwartungen an das neue Rechtsinsti-

---

7 *Magnus*, NJW 2019, 3177 (3177); *Merkt/Zimmermann*, VuR 2018, 363 (363); *Zander-Hayat*, VuR 2016, 441 (442). *Krüger*, Ein Zeichen setzen, taz v. 30.9.2019, spricht von 25 Milliarden Euro insgesamt; *Traufetter/Müller*, Deutsche Kunden klagen gegen VW, spiegel online v. 29.12.2016, https://www.spiegel.de/auto/aktuell/abgasaffaere-deutsche-kunden-klagen-gegen-vw-a-1127898.html, zuletzt abgerufen am 30.9.2019. S.a. Redaktion beck-aktuell, US-Richter stimmt VW-Milliarden-Vergleich im Abgas-Skandal zu, becklink 2004752; Abgas-Skandal: VW-Diesel Besitzer will mit „Musterklage“ Rückzahlung des Kaufpreises erreichen, becklink 2005392. In Australien erhielten die Betroffenen 870 € *Gnirke*, VW verliert gegen Australiens Verbraucherschützer, spiegel online v. 20.12.2019, https://www.spiegel.de/wirtschaft/unternehmen/dieselskandal-australisches-gericht-brummt-vw-millionenstrafe-auf-a-1302264.html, zuletzt abgerufen am 23.12.2019.

8 *Bruns*, NJW 2018, 2753 (2755). Dazu, dass die US-Sammelklage nicht in das deutsche Rechtssystem passt, *Habbe/Gieseler*, BB 2017, 2188 (2190); *Tilp/Schiefer*, NZV 2017, 14 (15); *Traufetter/Müller*, Deutsche Kunden klagen, spiegel online v. 29.12.2016.

9 *Mortsiefer*, Was wusste Winterkorn – und was die Regierung?, tagesspiegel v. 19.1.2017, https://www.tagesspiegel.de/wirtschaft/vw-abgasskandal-im-bundestag-was-wusste-winterkorn-und-was-die-regierung/19271318.html, zuletzt abgerufen am 14.12.2019; *Spießhofer*, Sammelklage durch die Hintertür, FAZ Einspruch v. 6.6.2018; *Traufetter/Müller*, Deutsche Kunden klagen, spiegel online v. 29.12.2016; s.a. Redaktion becklink, Abgas-Skandal: VW-Diesel Besitzer will mit „Musterklage“ Rückzahlung des Kaufpreises erreichen, becklink 2005392.

10 *Krüger*, Ein Zeichen setzen, taz v. 30.9.2019.

11 Z.B. bereits die Gutachten von *Bar*, Gutachten A 62. DJT, insb. A 104 oder bei *Fleischer*, Gutachten F 64. DJT, F 115 ff.

12 Sieht darin etwas Gutes der Dieselaffäre *Rohwetter*, Prozessieren im Chor, zeit online v. 9.8.2017, https://www.zeit.de/2017/33/sammelklage-konzerne-kunden-parteien, zuletzt abgerufen am 30.9.2019; *Schäfers*, ZZP 132 (2019), 231 (234).

tut waren groß. Es sollte ein Verfahren geschaffen werden, welches zügig und vor allem in gleicher Weise eine Entschädigung erwirken kann.[13] Auf keinen Fall jedoch sollte eine Sammelklage basierend auf dem amerikanischen Modell etabliert werden.[14] Schon allein um sich begrifflich zu distanzieren, wählte man den Begriff „Musterfeststellungsklage".[15]

Letztlich ist der VW-Fall nur ein Beispiel für die aktuelle gesellschaftliche, politische und wirtschaftliche Entwicklung. Die Globalisierung und Digitalisierung tragen in jedem Bereich dazu bei, dass die Wege auf der ganzen Welt kürzer werden.[16] Während früher überwiegend lokal im hiesigen Geschäft gekauft und naheliegende Dienstleister beauftragt wurden, besteht mittlerweile die Möglichkeit, u.a. über das Internet überall auf der Welt Rechtsgeschäfte abzuschließen.[17] Dies bietet die Chance für Unternehmen, ihre Produktion mittels moderner Technologie zu erweitern, sie einerseits individueller zu gestalten, sie aber andererseits auch zu standardisieren.[18] Gerade standardisierte Massengeschäfte sind alltäglicher Usus geworden.[19] Eine Folge davon ist, dass dieses standardisierte Vorgehen bei Fehlerhaftigkeit dazu führt, dass viele Vertragsparteien, teilweise weltweit,

---

13 *Bortenlänger*, Sammelklagen ante portas?, FAZ v. 14.6.2017, S. 18. S. dazu auch Deutscher Bundestag, PuK 2 – Parlamentsnachrichten v. 13.12.2016, https://www.bundestag.de/presse/hib/2016_12/484726-484726, zuletzt abgerufen am 14.12.2019.

14 *Windau*, Einer klagt für alle, LTO v. 19.12.2016, https://www.lto.de/recht/hintergruende/h/referentenentwurf-musterfeststellungsklage-vw-abgasskandal/, zuletzt abgerufen am 29.9.2019. S.a. Redaktion becklink, Abgas-Skandal: VW-Diesel Besitzer will mit „Musterklage" Rückzahlung des Kaufpreises erreichen, becklink 2005392.

15 *Wieduwilt*, Unionsfraktion stellt sich gegen die „Sammelklage", FAZ Net v. 22.10.2016, https://www.faz.net/aktuell/finanzen/meine-finanzen/geld-ausgeben/verbraucherschutz-unionsfraktion-stellt-sich-gegen-die-sammelklage-14491849.html, zuletzt abgerufen am 30.9.2019. Zur Begrifflichkeit auch *Budras*, Achtung, VW-Opfer, FAS v. 22.9.2019, S. 33.

16 Zur Digitalisierung vor allem in Bezug auf die Verwaltung *Guckelberger*, Öffentliche Verwaltung, Rn. 1 ff. Dazu auch *dies.*, VVDStRL 78 (2019), 235 (236 f.).

17 In diese Richtung *Beck*, in: Husemann/Korves/Rosenkranz, et al., Strukturwandel und Privatrecht, 401 (402).

18 Zur Schnelllebigkeit *Koch*, Verbraucherprozessrecht, S. 64.

19 BT-Drs. 19/2507, S. 1; BT-Drs. 19/2439, S. 1; Deutscher Bundestag – Wissenschaftliche Dienste, Sachstand – Zur Einführung europaweiter Schadensersatzregeln, WD 7 – 3000 – 149/16, 7.10.2016, S. 5, https://www.bundestag.de/resource/blob/483612/57cdec1064b51427b2ee86d3424bfb3/wd-7-149-pdf-data.pdf, zuletzt abgerufen am 22.9.2019; *Beck*, in: Husemann/Korves/Rosenkranz, et al., Strukturwandel und Privatrecht, 401 (402); *Kühling/Sackmann*, DuD 2019, 347 (352); *Schäfers*, ZZP 132 (2019), 231 (235).

gleichartige Schäden erleiden.[20] Tritt ein solcher Schaden auf, können die Betroffenen sich über die Medien, Presse, Internet sowie Social Media ebenso schnell informieren, wer, wie viel oder was als Schadensersatz erreicht hat. Unterschiedliche Rechtsordnungen werden durch die Bürger wahrgenommen und so auch vermeintliche Ungerechtigkeiten. Ebenso nehmen auf europäischer Ebene die Bestrebungen zum kollektiven Rechtsschutz nach der Einführung eines Richtlinienentwurfs im Rahmen des New Deal for Consumers konkrete Formen an.[21]

Doch nicht nur im Zivilrecht führen kollektive Rechtsschutzinstitute zu Problemen. Im Verwaltungsrecht wird ebenso schon jahrzehntelang über kollektive Bündelungsmöglichkeiten diskutiert.[22] Ein wesentlicher Auslöser für derartige Überlegungen war der Flughafenbau in München, bei dem es zu 5724 Klagen kam, welche mangels Bündelungsmöglichkeit jeweils einzeln verhandelt hätten werden müssen, hätte das Gericht nicht eigensinnig eine Aussetzung durchgesetzt.[23] Dieses Ereignis mündete in § 93a VwGO über Musterverfahren.

Ferner stehen die Verbandsklagemöglichkeiten vor allem aufgrund europäischer Einflussnahme im Fokus der Betrachtung. Die Besonderheit hierbei liegt darin, dass in manchen Rechtsbereichen subjektive Rechtsträger fehlen, die zur Verfolgung von Rechtsverstößen befugt sind. Man spricht insoweit von überindividuellem Rechtsschutz.[24]

Insgesamt zeigt dies, dass der kollektive bzw. überindividuelle Rechtsschutz sowohl auf zivil- als auch auf verwaltungsprozessualer Ebene nur zögerlich Eingang in die deutsche Rechtsordnung findet. Mit der Einführung der Musterfeststellungsklage in die Zivilprozessordnung am 1. November 2018 hat eine große Entwicklung im Zivilrecht stattgefunden.

Anlässlich dieser Neuerung wird in der nachfolgenden Dissertation der kollektive respektive überindividuelle Rechtsschutz in Deutschland umfas-

---

20 *Beck*, in: Husemann/Korves/Rosenkranz, et al., Strukturwandel und Privatrecht, 401 (402); *Halfmeier*, ZRP 2017, 201 (204); BT-Drs. 19/2507, S. 1; BT-Drs. 19/2439, S. 1.

21 Richtlinienvorschlag über Verbandsklagen zum Schutz der Kollektivinteressen der Verbraucher und zur Aufhebung der Richtlinie 2009/22/EG, COM(2018) 184 final. Ausführlich dazu Kapitel 2 E.

22 Dazu ausführlich Kapitel 3.

23 BT-Drs. 11/7030, S. 28; BVerfG, Beschl. v. 27.3.1980 – 2 BvR 316/80, BVerfGE 54, 39 (40); *Boermann*, in: Thießen, Der Richter, 50 (52); ausführlich dazu *Kruppa*, KapMuG, S. 74 ff.; *Peters/Müller*, in: Sodan/Ziekow, VwGO, § 93a Rn. 1; *Reuschle*, WM 2004, 966 (974).

24 Ausführlich dazu unter C III.

send und rechtsgebietsübergreifend untersucht. Außerdem wird die Einführung der Musterfeststellungsklage genutzt, um einen möglichen Anstoß für die Entwicklung der kollektiven sowie überindividuellen Rechtsinstitute im Verwaltungsprozessrecht auszuloten.

Nach einer allgemeinen Darstellung und Einführung in die Begrifflichkeiten werden ausgewählte kollektive und überindividuelle Rechtsinstitute des Zivil- und Verwaltungsprozesses dargestellt. Aufgrund der fortgeschritteneren Ausgestaltung sowie der aktuellen Entwicklung, die das Zivilrecht durch die Musterfeststellungsklage erfährt, wird zunächst mit der Ausgestaltung des kollektiven Rechtsschutzes im Zivilrecht unter schwerpunktmäßiger Betrachtung der Musterfeststellungsklage und des europäischen Richtlinienentwurfs begonnen. Im Anschluss werden spiegelbildlich die kollektiven und überindividuellen Rechtsinstitute des Verwaltungsprozesses untersucht. Obschon die VwGO im Rahmen von § 173 VwGO auf die Normen der ZPO verweist, gibt es Unterschiede, die vor allem unter Einbeziehung der Musterfeststellungsklage betrachtet werden.

B. Unterscheidung der Prozessarten

Menschliches Zusammenleben wird geprägt von Unterschieden. Jene Differenzen führen zwangsläufig früher oder später zu Meinungsverschiedenheiten oder gar Streitigkeiten. Seit Anbeginn der Menschheit besteht daher das Bedürfnis, einen Mechanismus zu schaffen, der zur Schlichtung dieser Differenzen führt. Musste sich zunächst noch jeder selbst um die Durchsetzung seiner Rechte kümmern, haben sich im Laufe der Zeit diverse Regelungen dazu entwickelt. Im römischen Recht entstanden so einige *„leges actiones"*. Diese Spruchformeln wurden von den Klägern und Beklagten bei der Streiteinsetzung genutzt, um ihre Konflikte zu lösen.[25] Auch wenn damals noch kein Staat mit Gewaltmonopol bestand, wurden Mechanismen zur privaten Rechtsdurchsetzung kreiert, um so die Selbsthilfe zu regulieren.[26]

Die eindeutige Trennung zwischen dem formellen und materiellen Recht entstand erst seit Ende des 19. Jahrhunderts. Diese Trennung ist auch europaweit anzufinden. So unterscheidet man in Frankreich zwischen dem *droit formel* sowie dem *droit matériel* und in Italien zwischen

---

25 *Kunkel/Schermaier*, Römische Rechtsgeschichte, S. 39, 109; *Martens*, JZ 2016, 1021 (1023).

26 *Martens*, JZ 2016, 1021 (1023).

dem *diritto formale* und *diritto materiale*.[27] Regelungsgegenstand des formellen Rechts sind alle Rechtsnormen, die eine verbindliche staatliche Entscheidungsfindung betreffen. Darunter fällt vor allem das Prozessrecht.[28] Regelungen des materiellen Rechts sind Rechtssätze, die eine Rechtsfrage inhaltlich, der Sache nach regeln.[29] Sie können Rechtsbeziehungen bestätigen, ändern oder beenden.[30] In Deutschland wurde das Prozessrecht in verschiedenen Gesetzbüchern normiert. Die nachfolgende Arbeit beschäftigt sich vor allem mit dem in der Zivilprozessordnung geregelten Zivilprozess und dem in der Verwaltungsgerichtsordnung normierten Verwaltungsprozess.

Der Zivilprozess erweist sich als ein gesetzlich geregeltes Verfahren in bürgerlichen Rechtsstreitigkeiten, das primär der Durchsetzung und Feststellung der Rechte Einzelner vor staatlichen Gerichten dient.[31] Der Verwaltungsprozess stellt dahingegen das gerichtliche Verfahren in Verwaltungsrechtssachen, demnach das Begehren des Bürgers nach Rechtsschutz gegen Exekutivakte, dar.[32] Diese jeweils noch offenen Definitionen schließen die Möglichkeit des kollektiven Rechtsschutzes nicht aus.

I. Abgrenzung Zivil- und Verwaltungsprozesse

Grundsätzlich sind die Zivilverfahren und die Verfahren im Verwaltungsrecht strikt voneinander getrennt. Allerdings verweist die VwGO an mancher Stelle auf die Regelungen der ZPO und hält diese gemäß § 173 VwGO immer noch für subsidiär anwendbar.[33] Dies lässt sich vor al-

---

27 S. https://de.wikipedia.org/wiki/Verfahrensrecht, zuletzt abgerufen am 12.4.2017.

28 *Gröpl*, Staatsrecht I, Rn. 433; https://de.wikipedia.org/wiki/Verfahrensrecht, zuletzt abgerufen am 12.4.2017.

29 *Gröpl*, Staatsrecht I, Rn. 432.

30 *Gröpl*, Staatsrecht I, Rn. 432; https://de.wikipedia.org/wiki/Materielles_Recht, zuletzt abgerufen am 20.2.2018.

31 *Brehm*, in: Stein/Jonas, ZPO, Bd. 1, vor § 1 Rn. 2; *Grunsky/Jacoby*, ZPR, Rn. 13; *Musielak*, in: ders./Voit, ZPO, Einl. Rn. 1; s.a. *Schellhammer*, Zivilprozess, Einl., Rn. 1; *Schilken*, ZPR, Rn. 2.

32 *Schmidt-Aßmann/Schenk*, in: Schoch/Schneider/Bier, VwGO, Einl. Rn. 1.

33 Ausführlich zu den Verweisen *Nolte*, Die Eigenart, S. 203 ff. § 56 Abs. 2 hinsichtlich der Zustellung; § 57 Abs. 2 hinsichtlich der Fristberechnung; § 62 Abs. 4 für die Prozessfähigkeit; § 64 für die Streitgenossenschaft; § 98 zur Beweisaufnahme; § 102 Abs. 4 hinsichtlich Terminverschiebungen; § 105 für Protokollführung; § 123 Abs. 3 für einstweilige Anordnungen; § 152a Abs. 5 S. 4 im Rahmen der Anhörungsrüge; § 153 Abs. 1 hinsichtlich der Wiederaufnahme des Verfahrens;

lem vor dem Hintergrund erklären, dass die ZPO das ältere Gesetz ist.[34] Ob eine Streitigkeit vor den ordentlichen Gerichten oder vor dem Verwaltungsgericht verhandelt wird, kann entweder der Verfassung selbst, bspw. Art. 14 Abs. 3 S. 4 GG sowie Art. 34 S. 3 GG, oder einer ausdrücklichen gesetzlichen Rechtswegzuweisung entnommen, darüber hinaus anhand der Natur des Rechtsverhältnisses, aus dem sich der geltend gemachte Anspruch ergibt, bestimmt werden.[35] Im Rahmen des Verwaltungsprozesses wird in der Regel auf § 40 Abs. 1 VwGO abgestellt, welcher den verwaltungsgerichtlichen Rechtsweg für alle öffentlich-rechtlichen Streitigkeiten eröffnet.[36] Dabei sind das Ziel des Rechtsschutzbegehrens sowie seine Begründung maßgeblich.[37] Eine öffentlich-rechtliche Streitigkeit liegt vor, wenn sich die streitentscheidende Norm des Rechtsschutzgesuchs aus dem öffentlichen Recht ergibt.[38] Die Eröffnung des Verwaltungsrechtswegs ist bei Vorliegen der weiteren Voraussetzungen des § 40 VwGO gegeben. Jüngst hat das BVerwG im Rahmen einer abfallrechtlichen Streitigkeit nochmals angeführt, dass sich eine öffentlich-rechtliche Streitigkeit aus einem hoheitlichen Verhältnis in Form einer Über-/Unterordnung ergeben kann.[39] Bei Gleichordnungsverhältnissen kommt es dagegen auf „die wahre Natur des Anspruchs, wie er sich nach dem Sachvortrag des Klägers darstellt" an.[40] Streitigkeiten sind dann dem öffentlichen Recht zuzuordnen, wenn die dem Rechtsverhältnis zugrundeliegenden Normen Sonder-

---

§ 159 S. 1 bei mehreren Kostenpflichtigen; § 165a zur Prozesskostensicherheit und § 166 zur Prozesskostenhilfe; § 167 hinsichtlich der Vollstreckung; in § 183 S. 3 zur entsprechenden Anwendbarkeit der Vollstreckungsabwehrklage. Ausdrücklich für nicht anwendbar erklärt wird gemäß § 173 S. 1 Hs. 2 jedoch Buch 6 der ZPO hinsichtlich der Musterfeststellungsklage. S. *Hufen*, Verwaltungsprozessrecht, § 1 Rn. 2.

34 ZPO als Reichsjustizgesetz vom 1.10.1879; VwGO erstes Inkrafttreten am 1.4.1960. *Nolte*, Die Eigenart, S. 220. BT-Drs. 3/55, S. 26.

35 OVG des Saarlandes, Beschl. v. 28.3.2018 – 2 E 120/18, Rn. 3, juris. *Sodan*, in: ders./Ziekow, VwGO, § 40 Rn. 266 m.w.N.

36 *Erbguth/Guckelberger*, Allg. Verwaltungsrecht, § 5 Rn. 6.

37 OVG des Saarlandes, Beschl. v. 28.3.2018 – 2 E 120/18, Rn. 3, juris. *Erbguth/Guckelberger*, Allg. Verwaltungsrecht, § 5 Rn. 6.

38 BVerwG, Beschl. v. 9.4.2019 – 6 B 162.18, Rn. 7, juris; OVG des Saarlandes, Beschl. v. 28.3.2018 – 2 E 120/18, Rn. 3, juris. S. ausführlich zu den dazu bestehenden Abgrenzungstheorien *Detterbeck*, Allg. Verwaltungsrecht, Rn. 1323 ff.; *Erbguth/Guckelberger*, Allg. Verwaltungsrecht, § 5 Rn. 6 ff.

39 BVerwG, Beschl. v. 26.3.2018 – 7 B 8/17, Rn. 5, juris; Beschl. v. 2.5.2007 – 6 B 10/07, BVerwGE 129, 9 (11).

40 BVerwG, Beschl. v. 9.4.2019 – 6 B 162.18, Rn. 7, juris; Beschl. v. 26.3.2018 – 7 B 8/17, Rn. 5, juris.

rechte des Staates oder sonstiger Träger öffentlicher Aufgaben sind, daher nicht für jedermann gelten.[41]

Der Zivilrechtsweg wiederum eröffnet sich im Umkehrschluss, wenn die relevanten streitentscheidenden Normen solche des Privatrechts sind. Dies ergibt sich aus § 13 GVG.[42]

In klassischen Konstellationen, in denen sich Bürger gegen ein Handeln des Staates wehren, ist von einer Über-/Unterordnung auszugehen. Etwas anderes ist gegeben, wenn sich der Staat ausnahmsweise auf die Gleichordnungsebene begibt. Hier sind sodann die streitentscheidenden Normen nochmals heranzuziehen und zu überprüfen, ob sie Träger der öffentlichen Gewalt gerade als einen solchen berechtigen oder verpflichten.[43]

Im VW-Abgasskandal begegneten sich Käufer und Verkäufer. Zwischen ihnen kam es in der Regel zu einem Kaufvertrag (§ 433 BGB), sodass hier die streitentscheidenden Normen solche des BGB, daher des Privatrechts sind. Es werden keinerlei Sonderrechte wahrgenommen, vielmehr handelt es sich dabei um eine klassische Situation eines zivilrechtlichen Streits. Anders erweist sich beispielsweise die Konstellation, dass ein Planfeststellungsbeschluss von der Planfeststellungsbehörde erlassen wird. Dieser entsteht aufgrund der hoheitlichen Befugnis der Behörde gemäß § 74 Abs. 1 VwVfG und betrifft die Bürger als ihnen untergeordnete Personen, sodass diese Streitigkeiten vor dem Verwaltungsgericht auszutragen sind.

II. Die Interessen

Ein Prozess, ganz gleich in welchem Rechtsgebiet er auftritt, kann im Großen und Ganzen subjektiven oder objektiven Interessen dienen.

Ein Interesse bezeichnet eine bestimmte Beziehung zwischen einem Subjekt und einem Objekt, ist zugleich die Anteilnahme eines Subjektes an einem Gegenstand.[44] Es geht dabei stets um eine Form positiver Wert-

---

41 BVerwG, Beschl. v. 2.5.2007 – 6 B 10/07, BVerwGE 129, 9 (11). *Erbguth/Guckelberger*, Allg. Verwaltungsrecht, § 5 Rn. 10.

42 *Erbguth/Guckelberger*, Allg. Verwaltungsrecht, § 5 Rn. 6.

43 BVerwG, Beschl. v. 9.4.2019 – 6 B 162.18, Rn. 7, juris; *Erbguth/Guckelberger*, Allg. Verwaltungsrecht, § 5 Rn. 10.

44 *Wolff/Bachof/Stober*, et al., Verwaltungsrecht, § 29 Rn. 3; *Schmidt-Aßmann*, Das allgemeine Verwaltungsrecht, S. 147; *Viotto*, Das öffentliche Interesse, S. 17. *Klein*, Zum Begriff des öffentlichen Interesses, S. 14; *Martens*, Öffentlich als Rechtsbegriff, S. 173 m.w.N.; s.a. *Thiere*, Die Wahrung überindividueller Interessen, S. 24 m.w.N.

schätzung des einen zum anderen.[45] Im Anschluss ergibt sich die Frage, wer die Subjekte im Prozess sind, die eine solche Wertschätzung an einem Objekt hegen. *Viotto* führt dazu richtig an, dass ein Werturteil nur vom Menschen getroffen werden kann, weshalb es unabhängig von diesem keine objektiven Interessen geben kann.[46] Bei den Individualinteressen stellt der einzelne Mensch demnach das Subjekt dar.[47]

1. Subjektives Interesse

Um mit der zuvor festgelegten Definition zu arbeiten, liegt ein subjektives Interesse – auch Individualinteresse – genau an der Anteilnahme eines Menschen, des Subjekts, an dem Gegenstand oder auch daran, welchen Nutzen der Mensch durch einen Gegenstand gewinnt.[48] Innerhalb eines Prozesses, den ein Kläger durch seine Klage initiiert, ist dem Prozess also das Interesse dieses Klägers immanent.

Der Individualrechtsschutz dient dem Schutz der subjektiven Rechte Einzelner, folglich der Einzelfallgerechtigkeit.[49] Ein subjektives Recht ist eine Rechtsposition, die den Einzelnen ermächtigt, von einem anderen ein bestimmtes Verhalten verlangen zu können.[50]

Wann eine Norm ein subjektives Recht darstellt, lässt sich mittels der Schutznormtheorie[51] bestimmen. Danach sind solche Rechte subjektive öf-

45 *Geiger*, Kollektiver Rechtsschutz, S. 11 m.w.N.; *Klein*, Zum Begriff des öffentlichen Interesses, S. 14 f., der die Wertschätzung nicht auf positive Aspekte beschränkt; *Thiere*, Die Wahrung überindividueller Interessen, S. 24 m.w.N.; *Viotto*, Das öffentliche Interesse, S. 17 m.w.N.

46 S.a. *Martens*, Öffentlich als Rechtsbegriff, S. 173 m.w.N.; *Viotto*, Das öffentliche Interesse, S. 17 m.w.N.

47 *Klein*, Zum Begriff des öffentlichen Interesses, S. 23; *Thiere*, Die Wahrung überindividueller Interessen, S. 25.

48 *Geiger*, Kollektiver Rechtsschutz, S. 12; *Thiere*, Die Wahrung überindividueller Interessen, S. 8. Ausführlich dazu *Bauer*, Geschichtliche Grundlagen der Lehre vom subjektiven öffentlichen Recht.

49 *Niesler*, Individualrechtsschutz, S. 22.

50 *Gröpl*, Staatsrecht I, Rn. 79; *Held*, DÖV 2019, 121 (122); *Scharl*, Die Schutznormtheorie, S. 23; *Wolff*, in: Sodan/Ziekow, VwGO, § 113 Rn. 35. Zur Lehre vom subjektiven öffentlichen Recht auch *Mangold/Wahl*, Die Verw. 48 (2015), 1 (1 ff.).

51 Bereits vom BVerfG, Beschl. v. 17.12.1969 – 2 BvR 23/65, BVerfGE 27, 297 (307) angeführt unter Bezugnahme auf *Bühler*, Die subjektiven öffentlichen Rechte, S. 42 ff. *Bauer*, Geschichtliche Grundlagen der Lehre vom subjektiven öffentlichen Recht, S. 140. Ausführlich zur Schutznormtheorie *Scharl*, Die Schutznormtheorie.

fentliche Rechte, wenn der Rechtssatz nicht nur im öffentlichen Interesse liegt, sondern zumindest auch zum Schutz von Individualinteressen bestimmt ist.[52] Dies wird bei Normen angenommen, die neben dem geschützten Recht auch die geschützte Person in abgrenzbarer und individualisierbarer Weise erkennen lassen.[53] Ein subjektives Recht zeichnet sich ferner dadurch aus, dass die Rechtsordnung einer Person die Willensmacht verleiht, seine Interessen befriedigen zu wollen.[54]

2. Objektives Interesse

Im Gegensatz dazu ist eine gerichtliche Überprüfung von Gesetzeseinhaltungs- und oder -vollzugsansprüchen über allgemeine Fragen Teil des objektiven Interesses. Das objektive Recht umfasst alle geschriebenen und ungeschriebenen Rechtssätze.[55] Objektives Recht ist dabei nicht als Antonym gegenüber subjektiven Rechten zu verstehen, subjektive Rechte stellen vielmehr einen Ausschnitt davon dar.[56]

3. Öffentliches Interesse

Häufig wird die Begrifflichkeit „öffentliches Interesse“ verwendet, welches Synonyme in den Ausdrücken „Gemeinwohl“ sowie „Wohl der Allgemeinheit“ findet.[57] Der Begriff des öffentlichen Interesses wurde schon

---

52 Z.B. BVerwG, Urt.v. 27.9.2018 – 7 C 23/16, NVwZ 2019, 163 (164); Urt. v. 11.10.2016 – 2 C 11/15, NVwZ 2017, 481 (483); *Gärditz*, in: ders., VwGO, § 42 Rn. 56; *Guckelberger*, Deutsches Verwaltungsprozessrecht, S. 44 f.; *Mann/Wahrendorf*, Verwaltungsprozessrecht, S. 270; *Sodan*, in: ders./Ziekow, VwGO, § 42 Rn. 388.

53 Z.B. BVerwG, Urt. v. 11.10.2016 – 2 C 11/15, NVwZ 2017, 481 (483); *Gärditz*, in: ders., VwGO, § 42 Rn. 56; *Würtenberger/Heckmann*, Verwaltungsprozessrecht, Rn. 328.

54 *Brox/Walker*, BGB AT, § 28 Rn. 12; *Martens*, JZ 2016, 1021 (1029). Vgl. auch *Gärditz*, in: ders., VwGO, § 42 Rn. 55.

55 *Erbguth/Guckelberger*, Allg. Verwaltungsrecht, § 9 Rn. 1; *Maurer/Waldhoff*, Allg. Verwaltungsrecht, § 8 Rn. 3.

56 *Erbguth/Guckelberger*, Allg. Verwaltungsrecht, § 9 Rn. 1; *Maurer/Waldhoff*, Allg. Verwaltungsrecht, § 8 Rn. 3. *Gröpl*, Staatsrecht I, Rn. 78, bezeichnet in Rn. 79 subjektive Rechte als Ausfluss der objektiven Rechte.

57 *Häberle*, Öffentliches Interesse, S. 22, bezeichnet das Gemeinwohl als blass und zieht daher den Begriff des öffentlichen Interesses vor; *Thiere*, Die Wahrung über-

mehrfach in Habilitationsschriften analysiert,[58] ohne dass man sich auf eine einheitliche, allgemeingültige Definition verständigen konnte.[59] Teilweise wird insbesondere eine Konkretisierung durch den Gesetzgeber betrachtet.[60] Insgesamt lässt sich jedoch feststellen, dass es verfehlt wäre, das öffentliche Interesse als bloße Addition der Individualinteressen zu begreifen, gleichfalls darf es ebenso wenig vollkommen isoliert von diesen Interessen betrachtet werden.[61] Anders als bei den Individualinteressen ist der Träger hier nicht ein einzelnes Subjekt. Naheliegend erscheint es unter Verweis auf den Ausdruck „allgemein", dass alle, also jeder Mensch, das öffentliche Interesse bestimmt. Dafür müssten aber stets alle den gleichen Standpunkt vertreten, was schier unmöglich ist. In der Staatsform der Demokratie ist folglich auf die Mehrheit abzustellen. In Deutschland ist unter Bezugnahme des Art. 20 Abs. 1, 2 S. 1 GG dafür das Interesse der Mehrheit der deutschen Staatsangehörigen zu betrachten.[62] Besonderheiten ergeben sich auf kommunaler Ebene. Hier werden auch die Staatsangehörigen anderer EU-Mitgliedstaaten vom Begriff der Bürger umfasst und sind somit für die Bildung des Interesses zu berücksichtigen.

---

individueller Interessen, S. 33 m.w.N.; *Uerpmann-Wittzack*, Das öffentliche Interesse, S. 28; *Viotto*, Das öffentliche Interesse, S. 22.

58 Anlässlich des 50 jährigen Jubiläums der Habilitationsschrift von *Häberle* fand diesbezüglich ein Kolloquium statt, s. dazu *Azpitarte/Vasel*, DVBl 2019, 1252; sogar als Zweitauflage erschienen *Häberle*, Öffentliches Interesse; *Uerpmann-Wittzack*, Das öffentliche Interesse.

59 Dazu, dass öffentliche Interessen nicht definiert werden können, *Häberle*, Öffentliches Interesse, S. 31 Fn. 57.

60 In diese Richtung *Uerpmann-Wittzack*, Das öffentliche Interesse, S. 318. S.a. *Häberle*, der den Gesetzesbestand darauf untersucht, ob es gewisse Strukturen gibt, die der Gesetzgeber im Zusammenhang mit dem öffentlichen Interesse nutzt *Häberle,* Öffentliches Interesse, S. 32 ff.

61 *Geiger*, Kollektiver Rechtsschutz, S. 13; *Uerpmann-Wittzack*, Das öffentliche Interesse, S. 35 f.; *Viotto*, Das öffentliche Interesse, S. 25. S.a. *Schröder*, DVBl 2019, 1097 (1097).

62 *Viotto*, Das öffentliche Interesse, S. 26, die zwischen Allgemeininteresse und öffentlichem Interesse dahingehend unterscheidet, dass ersteres nur vorliegt, wenn Konsens unter allen besteht; *Thiere*, Die Wahrung überindividueller Interessen, S. 33, 73, spricht von der Gesamtheit der Staatsangehörigen oder Teilen davon, m.w.N. Ablehnend *Uerpmann-Wittzack*, Das öffentliche Interesse, S. 28 f.

4. Interessen von Personenmehrheiten

Wenn mehrere Personen gebündelt auftreten, sind deren Interessen in einer Grauzone zwischen Individualinteressen und dem öffentlichen Interesse angeordnet.[63] Wie der Titel verlauten lässt, unterscheidet die nachfolgende Arbeit zwischen überindividuellen und kollektiven Interessen. Diese sind nicht trennscharf voneinander abzugrenzen. Die Begriffe werden nicht allgemeingültig definiert und oft divergierend verwendet. Auch innerhalb der Literatur wird der Gehalt dieser Interessen unterschiedlich interpretiert. Dabei zeigen sich Unterschiede beim Verständnis zwischen Zivil- und öffentlichem Recht.[64] Dies ist mitunter dem geschuldet, dass im Zivilrecht der Bündelungsgedanke vor allem aus der Addition von Einzelinteressen emporsteigt, im öffentlichen Recht dagegen eine gebündelte Rechtsverfolgung vor allem dann an Bedeutung gewinnt, wenn keine Einzelinteressen greifbar sind. Insofern erklärt sich eine andere Herangehensweise und Verwendung der Begrifflichkeiten.

Um eine möglichst genaue Differenzierbarkeit zu erreichen, legt diese Arbeit der Bearbeitung die nachfolgend dargestellten Begriffe zugrunde.

Als erstes kann ein Personenbündel als Vertreter von Interessen auftreten, die keinem Individuum zugeordnet werden können.[65] Diese Interessen weisen einen engen Zusammenhang mit öffentlichen Interessen auf.[66] Da die Begrifflichkeit des öffentlichen Interesses schwer eingrenzbar ist und nicht immer genau festgestellt werden kann, ob und wann diese Interessen bereits als öffentliches Interesse eingeordnet werden können, wird für solche Interessen von überindividuellen Interessen gesprochen.[67] Diese werden dann wahrgenommen, wenn z.B. gegen die Verfälschung des Wettbewerbs oder gegen Umweltverstöße vorgegangen wird.[68] Hier steht das Kollektiv letztlich für Rechte ein, die sich nicht nur auf eine Gruppe von Menschen oder ein Individuum beschränken lassen, sondern *über indi-*

---

63 *Cappelletti/Jolowicz*, Public interest, S. 22; *Thiere*, Die Wahrung überindividueller Interessen, S. 19, 72.

64 Zur Interpretation im öffentlichen Recht *Schlacke*, Überindividueller Rechtsschutz, S. 10 ff. Dagegen im Zivilrecht *Geiger*, Kollektiver Rechtsschutz, S. 11; *Thiere*, Die Wahrung überindividueller Interessen, S. 72.

65 Zu alldem *Geiger*, Kollektiver Rechtsschutz, S. 13.

66 In diese Richtung *Schlacke*, Überindividueller Rechtsschutz, S. 9.

67 *Schlacke*, Überindividueller Rechtsschutz, S. 8 f.

68 *Geiger*, Kollektiver Rechtsschutz, S. 12.

viduelle Interessen hinausgehen.[69] Die Verfälschung des Wettbewerbs hat negative Auswirkungen für jeden in der Gesellschaft: Verbraucher, Mitbewerber, Konkurrenten. Auch umweltrechtliche Belange sind nicht unbedingt einem Subjekt zugeordnet, sondern betreffen eine unbestimmte Anzahl von Personen. Letztlich geht es u.a. um Rechtsfriede, -einheitlichkeit und die Bewährung der Rechtsordnung.[70]

Daneben kann das Interesse eines Kollektivs auch in einer Bündelung aller Interessen des Kollektivs liegen oder darin, dass alle dasselbe Interesse geltend machen.[71] In Abgrenzung zu den überindividuellen Interessen wird hier der Begriff kollektives Interesse verwendet. Der Unterschied zu überindividuellen Interessen ist vor allem darin begründet, dass es hier konkrete Individuen gibt, denen das oder die Interessen zugeordnet werden können. Die Besonderheit liegt darin, dass entweder viele dasselbe Interessen teilen oder gemeinschaftlich gleiche Interessen verfolgt werden.[72] Es kommt zu einem Zusammenschluss Gleichgesinnter.

Letztlich zeichnet sich das kollektive Interesse dadurch aus, dass es nicht vorrangig die Allgemeinheit betrifft, sondern eine Anzahl von Personen, die im Einzelnen auch noch nicht feststehen müssen. Diese tragen die gleichen Interessen, welche sie gerichtlich geltend machen können, z.B. die Verfälschung der Abgasrichtwerte an einem PKW. Etwaige Schadensersatzbegehren betreffen vor allem die Eigentümer eines solchen Autos.

III. Prozesszwecke

1. Der Zweck des Zivilprozesses

Um den Zweck, welcher ein Zivilprozess erfüllen soll, wird seit längerer Zeit gestritten. Mittlerweile besteht größtenteils Einigkeit, dass dieser in erster Linie im Individualrechtsschutz, also der Durchsetzung subjektiver Rechte, zu sehen ist.[73] Auch aus historischer Sicht ist die Annahme der

---

69 Duden ordnet dem Adjektiv überindividuell diese Bedeutung zu, https://www.duden.de/rechtschreibung/ueberindividuell, zuletzt abgerufen am 20.11.2019.

70 *Geiger*, Kollektiver Rechtsschutz, S. 12.

71 Als Gruppeninteresse bezeichnend *Geiger*, Kollektiver Rechtsschutz, S. 12; *Thiere*, Die Wahrung überindividueller Interessen, S. 78.

72 *Thiere*, Die Wahrung überindividueller Interessen, S. 75, 78.

73 *Einhaus*, Kollektiver Rechtsschutz, S. 30; *Grunsky/Jacoby*, ZPR, Rn. 13; *Meissner/Steinbeiß-Winkelmann*, in: Schoch/Schneider/Bier, VwGO, § 173 Rn. 79; *Rauscher*, in: ders./Krüger, MüKo ZPO, Bd. 1, Einl. Rn. 8; *Roth*, JZ 2016, 1134 (1134); *Thie-*

Verfolgung subjektiver Interessen vorzugswürdig. Wie dargestellt, entstand der Zivilprozess als Mechanismus zur Eingrenzung der Selbsthilfe, welche subjektiven Interessen zu dienen bestimmt war.[74] *Thiere* führt zudem den Aspekt der Menschenwürde (Art. 1 Abs. 1 GG) und des allgemeinen Persönlichkeitsrechts (Art. 2 Abs. 1 GG) an. Durch die Verankerung dieser Normen wird dem einzelnen Menschen eine Spitzenposition innerhalb der deutschen Werteordnung zugeschrieben. Das materielle Recht, gleichwohl aber auch der Zivilprozess, „dienen" der Verwirklichung dieser Rangordnung.[75] Allerdings verfolgt der Zivilprozess zumindest mittelbar stets objektive Interessen,[76] denn durch die Geltendmachung subjektiver Rechte wird das objektive Recht immer wieder neu vor eine Bewährungsprobe gestellt.[77]

Zu eng ist aber der von *Wach* formulierte Ansatz, dass der wesentliche Prozesszweck in der Wahrung der Gerechtigkeit zu finden sei und nicht nach subjektiven Zweckbestimmungen zu erfolgen hat.[78] Interessiert daran ist allein die Allgemeinheit.[79] Dem Einzelnen ist an der Verfolgung dieses objektiven Zweckes nur soweit gelegen, wie er sich zu seinem Vorteil entwickelt.[80] Im Fokus steht die Gerechtigkeit, die durch das Rechtsschutzersuchen des Einzelnen gewahrt wird.[81]

---

re, Die Wahrung überindividueller Interessen, S. 9; BGH, Urt. v. 8.10.1953 – III ZR 206/51, BGHZ 10, 333 (336); Urt. v. 18.11. 2004 – IX ZR 229/03, BGHZ 161, 138 (143).

74 Vgl. auch *Geiger*, Kollektiver Rechtsschutz, S. 8; *Hess/Jauernig*, ZPR, § 1 Rn. 2 f.; zur Ausnahme der Selbsthilfe *Musielak*, in: ders./Voit, ZPO, Einl. Rn. 6; *Rosenberg/Schwab/Gottwald*, ZPR, § 1 Rn. 7; *Schilken*, ZPR, Rn. 10; *Wach*, Handbuch des Deutschen Civilprozessrechts, S. 4.

75 *Geiger*, Kollektiver Rechtsschutz, S. 9; *Thiere*, Die Wahrung überindividueller Interessen, S. 10.

76 S.a. *Brehm*, in: Stein/Jonas, ZPO, Bd. 1, vor § 1 Rn. 12, der die Verfolgung objektiver Rechte als notwendige Folge des Individualrechtsschutzes ansieht; *Hess/Jauernig*, ZPR, § 1 Rn. 2 f.; *Grunsky/Jacoby*, ZPR, Rn. 13. *Gaul*, AcP 168 (1968), 27 (46 f.), der von einem "Sowohl-als-auch"-Verhältnis spricht; *Rauscher*, in: ders./Krüger, MüKo ZPO, Bd. 1, Einl. Rn. 9. Anders *Pawlowski*, ZZP 80 (1967), 345 (345 f., 389).

77 *Rosenberg/Schwab/Gottwald*, ZPR, § 1 Rn. 9; *Schilken*, ZPR, Rn. 8; *Thiere*, Die Wahrung überindividueller Interessen, S. 11.

78 S.a. *Geiger*, Kollektiver Rechtsschutz, S. 8; *Wach*, Handbuch des Deutschen Civilprozessrechts, S. 5.

79 *Thiere*, Die Wahrung überindividueller Interessen, S. 4.

80 *Geiger*, Kollektiver Rechtsschutz, S. 4 f.; *Thiere*, Die Wahrung überindividueller Interessen, S. 10; *Wach*, Handbuch des Deutschen Civilprozessrechts, S. 5.

81 *Wach*, Handbuch des Deutschen Civilprozessrechts, S. 5.

Am Ende eines Rechtsstreits besteht die Möglichkeit, eine unanfechtbare Entscheidung zu erlangen, welche der Herstellung von Rechtsfrieden dient.[82] Des Weiteren kommen Aspekte wie Rechtsfortbildung und Sicherung der Rechtseinheit als Zwecke hinzu.[83] Jene Zwecke ergeben sich reflexartig aus dem subjektiven Streben nach Gerechtigkeit.[84] Sie werden und können nicht von den Verfahrensbeteiligten geltend gemacht werden, vielmehr sind sie jedem Prozess immanent.[85] Es entsteht also ein Zusammenspiel zwischen subjektiven und objektiven Interessen.

Für den Einzelnen, der seine Rechte nur in seltenen Fällen selbst durchsetzen kann (vgl. §§ 227 ff., 562b Abs. 1, 859, 904, 962 BGB), ergibt sich daraus zugleich ein Anspruch gegen den Staat auf Gewährleistung der Rechtsdurchsetzung.[86] Dieser als „Justizgewährungsanspruch“ bezeichnete Anspruch wird aus Art. 2 Abs. 1 GG i.V.m. dem Rechtsstaatsprinzip als individuelles Grundrecht abgeleitet.[87] Gewährleistet werden muss demnach ein wirkungsvoller Rechtsschutz durch die Einrichtung und den effektiven Zugang zu den zuständigen Organen und Gerichten, die effektive Ausgestaltung eines Verfahrens und eine verbindliche Entscheidung am Ende der Rechtsstreitigkeit.[88] Auch auf europäischer Ebene wird ein solcher An-

---

82 *Brehm*, in: Stein/Jonas, ZPO, Bd. 1, vor § 1 Rn. 7, 14; *Gaul*, AcP 168 (1968), 27 (57 ff.); *Grunsky/Jacoby*, ZPR, Rn. 13; *Schilken*, ZPR, Rn. 12.

83 *Brehm*, in: Stein/Jonas, ZPO, Bd. 1, vor § 1 Rn. 7, 18 ff.; *Grunsky/Jacoby*, ZPR, Rn. 13; s.a. *Thiere*, Die Wahrung überindividueller Interessen, S. 10.

84 *Grunsky*, Grundlagen des Verfahrensrechts, § 1 S. 6; *Thiere*, Die Wahrung überindividueller Interessen, S. 11. *Geiger*, Kollektiver Rechtsschutz, S. 10, welche die Verfolgung objektiven Rechts als notwendige Folge des Individualrechtsschutzes ansieht; s.a. *Gaul*, AcP 168 (1968), 27 (59). Diff. *Pawlowski*, ZZP 80 (1967), 345 (389), der von Identität spricht und auf S. 353 ff. in Bezug auf die Revision die Gleichrangigkeit darlegt. Vgl. auch *Rosenberg/Schwab/Gottwald*, ZPR, § 1 Rn. 8 ff.; s.a. *Schilken*, ZPR, Rn. 15.

85 *Thiere*, Die Wahrung überindividueller Interessen, S. 16.

86 S.a. *Einhaus*, Kollektiver Rechtsschutz, S. 29; *Geiger*, Kollektiver Rechtsschutz, S. 8 f.; *Grunsky/Jacoby*, ZPR, Rn. 1; *Musielak*, in: ders./Voit, ZPO, Einl. Rn. 6; *Rauscher*, in: ders./Krüger, MüKo ZPO, Bd. 1, Einl. Rn. 18.

87 Dazu ausführlich in Teil C II 1. *Geiger*, Kollektiver Rechtsschutz, S. 9; *Grunsky/Jacoby*, ZPR, Rn. 1; vgl. *Jarass*, in: ders./Pieroth, GG, Art. 20 Rn. 128; *Musielak*, in: ders./Voit, ZPO, Einl. Rn. 6; *Rauscher*, in: ders./Krüger, MüKo ZPO, Bd. 1, Einl. Rn. 18; BVerfG, Beschl. v. 12.2.1992 – 1 BvL 1/89, BVerfGE 85, 337 (345); Beschl. v. 30.4.2003 – 1 PbvU 1/02, BVerfGE 107, 395 (401); Beschl. v. 25.1.2005 – 2 BvR 656/99 u.a., BVerfGE 112, 185 (207).

88 *Musielak*, in: ders./Voit, ZPO, Einl. Rn. 6; *Geiger*, Kollektiver Rechtsschutz, S. 9; *Rauscher*, in: ders./Krüger, MüKo ZPO, Bd. 1, Einl. Rn. 18; BVerfG, Beschl v. 12.2.1992 – 1 BvL 1/89, BVerfGE 85, 337 (345); Beschl. v. 30.4.2003 – 1 PbvU 1/02, BVerfGE 107, 395 (401).

spruch durch die Rechtsprechung des EuGH als Teil allgemeiner Rechtsgrundsätze anerkannt.[89] Zudem ergibt er sich aus Art. 47 GRCh. Die GRCh ist gemäß Art. 6 Abs. 1 S. 1 Hs. 1 EUV ranggleich mit den Verträgen der Union.[90]

Darüber hinaus findet sich ein Anspruch auf effektiven Rechtsschutz auch in den Art. 6 und 13 EMRK. Die EMRK hat in Deutschland den Rang eines einfachen Bundesgesetzes, auf europarechtlicher Ebene werden deren Grundrechte als allgemeine Rechtssätze aufgrund von Art. 6 Abs. 3 EUV Teil des Unionsrecht.[91]

Abschließend ist demnach festzustellen, dass der Zivilprozess in erster Linie Individualinteressen verfolgt, gleichwohl aber der objektiven Rechtsordnung dient.

2. Der Zweck des Verwaltungsprozesses

Der Begriff „Verwaltungsprozess“ bezeichnet das gerichtliche Verfahren in Verwaltungsrechtssachen.[92] Er ist im Zusammenspiel mit dem Verwaltungsverfahren zu sehen.[93] Beides zusammen umfasst den gesamten öffentlich-rechtlichen Entscheidungsprozess mit Beginn durch die Antragsstellung bis hin zu einem bestandskräftigen Urteil.[94] Das Verwaltungsprozessrecht regelt dabei den Ablauf und das Ergebnis eines Rechtsstreits, dessen Grundlage eine strittige Entscheidung ist.[95] Das Verwaltungsverfahren da-

---

89 EuGH, Urt. v. 15.5.1986 – C-222/84 – Johnston, Slg I-1651, 1682 f.; Urt. v. 25.7.2002 – C-50/00 P – Unión de Pequeños Agricultores/Rat, Slg I-6719, Rn. 39 m.w.N.; Urt. v. 13.3.2007 – C-432/05, Slg I-2301, Rn. 37, Unibet m.w.N.; *Geiger*, Kollektiver Rechtsschutz, S. 9.

90 EuGH, Urt. v. 13.3.2007 – C-432/05, Slg I-2301, Rn. 37 – Unibet; *Jarass*, in: ders./Pieroth, GG, Art. 20 Rn. 128.

91 EuGH, Urt. v. 25.7.2002 – C-50/00 P – Unión de Pequeños Agricultores/Rat, Slg I-6719, Rn. 39 m.w.N.; Urt. v. 13.3.2007 – C-432/05, Slg I-2301, Rn. 37 – Unibet m.w.N.; *Geiger*, Kollektiver Rechtsschutz, S. 9; *Kollmann*, Die Behandlung von Anlagen der Außenwerbung, S. 77 f.

92 *Schmidt-Aßmann/Schenk*, in: Schoch/Schneider/Bier, VwGO, Einl. Rn. 1.

93 *Jochum*, Verwaltungsverfahrensrecht und Verwaltungsprozeßrecht, S. 10.

94 *Hufen*, Verwaltungsprozessrecht, § 1 Rn. 2. S. ausführlich zur normativen Konnexität zwischen dem Verwaltungsverfahrens- und Verwaltungsprozessrecht *Jochum*, Verwaltungsverfahrensrecht und Verwaltungsprozeßrecht, S. 496 ff.

95 *Hufen*, Verwaltungsprozessrecht, § 1 Rn. 2.

hingegen beschreibt das Recht des Entscheidungsprozesses der Verwaltung, der überhaupt zu einer solchen Entscheidung geführt hat.[96]

Den wichtigsten Zweck des Verwaltungsprozesses stellt – wie auch im Zivilprozess – der Individualrechtsschutz dar, wenngleich dieser Zweck auch hier nicht exklusiv ist.[97] Diese Ausgestaltung dient vorrangig der Umsetzung der Systementscheidung des Art. 19 Abs. 4 GG für den Individualrechtsschutz.[98] Der Gewährung von Individualrechtsschutz ist allerdings eine objektive Verwaltungskontrolle immanent. Zwischen dem subjektiven und dem objektiven Schutz besteht keine Alternativität, sondern eine Parallelität.[99] Es wird also zugleich der objektiven Kontrolle der Verwaltung sowie der Durchsetzung des objektiven Rechts im Allgemeininteresse gedient.[100]

Nicht zulässig ist in der Regel eine rein gerichtliche Überprüfung von Gesetzeseinhaltungs- und oder -vollzugsansprüchen über allgemeine Fragen. Der Kläger kann die Einhaltung objektiven Rechts nicht überprüft wissen, solange sie nicht dem Schutz seines subjektiven Rechts dient.[101] In diesen Konstellationen versagt daher die Parallelität. Anders als im Zivilrecht gewährt das öffentliche Recht nur in Teilen subjektive Rechte.[102]

---

96 *Hufen*, Verwaltungsprozessrecht, § 1 Rn. 2. Dazu auch *Jochum*, Verwaltungsverfahrensrecht und Verwaltungsprozeßrecht, S. 7 ff., 496.

97 *Guckelberger*, Deutsches Verwaltungsprozessrecht, S. 46; *Mann/Wahrendorf*, Verwaltungsprozessrecht, Rn. 1; *Meissner/Steinbeiß-Winkelmann*, in: Schoch/Schneider/Bier, VwGO, § 173 Rn. 79; *Schmidt-Aßmann/Schenk*, in: Schoch/Schneider/Bier, VwGO, Einl. Rn. 1, 166 f.

98 Dazu ausführlich nachfolgend C II 1. *Guckelberger*, Deutsches Verwaltungsprozessrecht, S. 44; *Held*, DÖV 2019, 121 (122); *Meissner/Steinbeiß-Winkelmann*, in: Schoch/Schneider/Bier, VwGO, § 173 Rn. 79; *Schmidt-Aßmann/Schenk*, in: Schoch/Schneider/Bier, VwGO, Einl. Rn. 1; BVerwG, Urt. v. 5.4.2016 – 1 C 3/15, BVerwGE 154, 328 (332); Urt. v. 30.5.1984 – 4 C 58.81, BVerwGE 69, 256 (260); Beschl. v. 27.1.1982 – 4 ER 401.81, BVerwGE 64, 347 (352); Urt. v. 29.4.1993 – 7 A 3.92, BVerwGE 92, 263 (264); Urt. v. 18.4.1996 – A 86.95, BVerwGE 101, 73 (81 f.).

99 *Held*, DÖV 2019, 121 (122); *Lorenz*, Der Rechtsschutz, S. 130; *Schmidt-Aßmann/Schenk*, in: Schoch/Schneider/Bier, VwGO, Einl. Rn. 170.

100 *Guckelberger*, Deutsches Verwaltungsprozessrecht, S. 46; *Meissner/Steinbeiß-Winkelmann*, in: Schoch/Schneider/Bier, VwGO, § 173 Rn. 79; *Niesler*, Individualrechtsschutz, S. 44; *Rennert*, VBlBW 2015, 45 (46).

101 *Niesler*, Individualrechtsschutz, S. 22.

102 *Guckelberger*, Deutsches Verwaltungsprozessrecht, S. 133, 135; *Scharl*, Die Schutznormtheorie, S. 25. S.a. *Seckelmann* dazu, dass der Willen des Einzelnen das BGB durchzieht, wohingegen die Legitimation der staatlichen Gewalt vom Willen des ganzen Volkes ausgeht, DVBl 2019, 1107 (1112).

Die Annahme subjektiver Rechte und somit die Begründung der Klagebefugnis bedarf im Verwaltungsrecht immer einer besonderen Darlegungung, so auch für Verbände.[103]

Zusammenfassend ist es Aufgabe des Verwaltungsprozesses, Verletzungen von subjektiven Rechten des Einzelnen – Individualrechtsschutz – durch die öffentliche Gewalt gerichtlich zu überprüfen und damit gleichermaßen das Verwaltungshandeln objektiv zu kontrollieren.[104]

In Conclusio zeigt sich, dass sowohl der Verwaltungs- als auch der Zivilprozess dem Individualrechtsschutz zu dienen bestimmt sind. Eine rein objektive Rechtskontrolle ist in keinem der Rechtsgebiete vorgesehen. Fraglich ist, welche Institute das Verwaltungs- bzw. Zivilrecht für die Verfolgung der Interessen von Personenmehrheiten bereithalten und ob es diesbezüglich Nachbesserungsbedarf gibt. Dafür sind die kollektiven und überindividuellen Rechtsschutzinstitute zu betrachten.

C. *Kollektiver und überindividueller Rechtsschutz*

I. Was ist kollektiver Rechtsschutz?

Der Begriff des kollektiven Rechtsschutzes ist mittlerweile weit verbreitet.[105] Er setzt sich zusammen aus dem Substantiv „Rechtsschutz" und dem Adjektiv „kollektiv". Rechtsschutz meint dabei, den „staatliche[n] Schutz von Rechten des Einzelnen".[106] Konkretisiert wird dies durch das Attribut „kollektiv" (vom Lateinischen colligere = zusammensuchen, zusammenlesen).[107] Diesem Wort liegen zwei Bedeutungen zugrunde: einerseits „gemeinschaftlich" und andererseits „alle Beteiligten betreffend".[108] Die kollektive Verfolgung von Interessen bedeutet demnach, dass gemeinschaftlich, miteinander, Hand in Hand, zusammen Rechtsschutz ersucht

---

103 *Guckelberger*, Deutsches Verwaltungsprozessrecht, S. 133.

104 *Held*, DÖV 2019, 121 (122); *Mann/Wahrendorf*, Verwaltungsprozessrecht, Rn. 1; *Niesler*, Individualrechtsschutz, S. 44; *Rennert*, DVBl 2015, 793 (794); BVerfG, Beschl. v. 20.4.1982 – 2 BvL 26/81, BVerfGE 60, 253 (288 f.).

105 S.a. *Kruis*, ZIP 2019, 393 (393).

106 https://www.duden.de/rechtschreibung/Rechtsschutz, zuletzt abgerufen am 17.6.2019.

107 *Geiger*, Kollektiver Rechtsschutz, S. 18; https://de.wikipedia.org/wiki/Kollektiv, zuletzt abgerufen am 18.6.2019.

108 https://www.duden.de/rechtschreibung/kollektiv, zuletzt abgerufen am 17.6.2019.

wird.[109] Dabei geht es vor allem um die Geltendmachung von kollektiven Interessen. Letztlich kommt es zu einer Bündelung von gleichartigen Ansprüchen durch mehrere Kläger gegen einen oder mehrere Beklagte.[110] *Djazayeri* definiert kollektiven Rechtsschutz daher als „[d]ie Möglichkeit einer gebündelten Rechtsverfolgung durch eine Vielzahl gleichartiger Betroffener in einem einzigen Verfahren mit Zuständigkeitskonzentration".[111] Darunter fallen im weiteren Sinne z.B. auch Institute wie die Streitgenossenschaft.[112] Das Gegenteil von kollektivem Rechtsschutz ist dabei der individuelle Rechtsschutz, bei dem eine einzelne Person ihr Interesse individuell verfolgt.[113]

Im engeren Sinne fasst man unter kollektiven Rechtsschutz verschiedene gerichtliche Verfahrensarten, welche sich unterschiedlich ausgestalten können.[114] Kollektiver Rechtsschutz ist also ein Sammelbegriff.[115] Denkbar ist zum einen, dass der Kläger verschiedene Ansprüche der Betroffenen sammelt und gebündelt geltend macht, oder zum anderen, dass er als Repräsentant für eine Gruppe auftritt, sowie, dass ein Verband originäre Ansprüche einklagt.[116] Letzteres wird im öffentlichen Recht dem Individualrechtsschutz zugeordnet. Die gängigsten Bezeichnungen der dafür bekannten Rechtsbehelfe sind die Musterfeststellungsklage, die Gruppenklage oder die Verbandsklage. Für diese gibt es jedoch jeweils keine einheitliche Definition, weshalb die Begriffe häufig vermischt oder unterschiedlich interpretiert werden.[117]

---

109 Zu weiteren Synonymen s. https://www.duden.de/rechtschreibung/kollektiv, zuletzt abgerufen am 17.6.2019.

110 *Althammer*, in: Zöller, ZPO, vor § 50 Rn. 55; *Geiger*, Kollektiver Rechtsschutz, S. 18; *Heese*, JZ 2019, 429 (430); *Lutz*, in: Vorwerk/Wolf, BeckOK ZPO, § 606 Rn. 3.1; *Meller-Hannich*, Gutachten A 72. DJT, A 40 f.

111 *Djazayeri*, jurisPR-BKR 2018, Anm. 1.

112 *Lutz*, in: Vorwerk/Wolf, BeckOK ZPO, § 606 Rn. 3.1.

113 *Meller-Hannich*, Gutachten A 72. DJT, A 40; *Geiger*, Kollektiver Rechtsschutz, S. 18. Zum Individualrechtsschutz *Schmidt-Aßmann*, in: Maunz/Dürig, GG, Art. 19 IV Rn. 8.

114 *Lutz*, in: Vorwerk/Wolf, BeckOK ZPO, § 606 Rn. 3.1.

115 *Stürner*, in: Brömmelmeyer, Die EU-Sammelklage, 109 (109); SEK 2011 173, S. 3.

116 *Meller-Hannich*, Gutachten A 72. DJT, A 40 f.

117 Dazu unter IV. *Meller-Hannich*, Gutachten A 72. DJT, A 41.

II. Motive für kollektiven Rechtsschutz

Das Bedürfnis nach kollektiver Rechtsdurchsetzung steht in Zusammenhang mit Ereignissen, deren Auswirkungen nicht nur eine einzelne Person treffen. Für Schäden, die bei mehreren Personen auftreten, haben sich zudem verschiedene Begrifflichkeiten entwickelt, die mit kollektivem Rechtsschutz verknüpft werden.

1. Streuschäden

Der Begriff der Streuschäden wird uneinheitlich verwendet. In der Literatur lassen sich grundsätzlich zwei verschiedene Standpunkte ausmachen. Dabei wird einerseits nur auf den räumlichen Aspekt, andererseits zusätzlich noch auf die Schadenshöhe abgestellt.

Schaub vertritt den ersten Standpunkt und sieht den räumlichen Aspekt als vordergründig an. Sie fasst unter den Begriff der Streuschäden „alle haftungsrechtlich relevanten Schäden, die sich nicht an einem Ort konzentrieren, sondern sich in weitem Umfang ausbreiten".[118] *Wolf/Lange* messen ebenfalls dem räumlichen Umfang große Bedeutung zu. Sie sprechen von einem „breit gestreuten Massenschadenfall [...], unabhängig vom Vorliegen hoher oder geringer Individualansprüche". Der Begriff der Streuschäden wäre somit als Oberbegriff für Massen- und Bagatellschäden anzusehen.[119] Diese Schäden, die räumlich nicht nur konzentriert, sondern weit verbreitet auftreten, müssten in einem weiteren Schritt anhand der Schadenshöhe, die den Einzelnen entstanden sind, in Massen- und Bagatellschäden eingeteilt werden.

Die verbreitetere, vorzugswürdige Auffassung setzt den Begriff der Streuschäden dem Begriff der Bagatellschäden gleich und stellt diese den Massenschäden entgegen, differenziert demnach nur zweifach.[120] Als Baga-

---

118 *Schaub*, JZ 2011, 13 (13).

119 *Buchner*, Kollektiver Rechtsschutz, S. 33; *Schaub*, JZ 2011, 13 (13) m.w.N., die noch eine dritte Kategorie, "Schäden einer einzelnen Person, die an mehr als einem Ort zu lokalisieren sind", dazu zählt und generell eine weite Auslegung favorisiert.

120 So teilen *Micklitz/Stadler* Schäden in Streu- bzw. Bagatellschäden einerseits und Massen- bzw. Serienschäden andererseits ein, s. *Micklitz/Stadler*, Unrechtsgewinnabschöpfung, S. 11; *Weinland*, MFK, Rn. 5; *Geiger*, Kollektiver Rechtsschutz, S. 19 f. m.w.N.; *Klever/Schwamberger*, GVRZ 2019, 4 (Rn. 8); so i.Erg. wohl auch *Hager*, Streuschäden, S. 25; *Stadler*, in: Brönneke, Kollektiver Rechts-

tellschäden, englisch *small claims*,[121] lassen sich solche Schäden einordnen, die bei einer Vielzahl von Verbrauchern durch dasselbe oder ein ähnliches Verhalten eines Unternehmers auftreten, wobei der Schaden jedes Einzelnen nur von marginaler Höhe ist.[122] Erst die Addition der einzelnen Streitwerte führt zu einer Summe, die Anreiz zur Durchsetzung der Ansprüche gibt.[123] Dennoch entsteht ein gesamtwirtschaftlicher Schaden mit nicht unerheblichem Ausmaß, welcher aber aufgrund der fehlenden Attraktivität der Rechtsdurchsetzung meist ungeahndet bleibt.[124]

Diese nur zweifache Einteilung ergibt sich auch aus der Definition innerhalb der Gesetzgebungsmaterialien zum UWG. Unter einem Streuschaden fassen sie die Fallkonstellation, „in der durch wettbewerbswidriges Verhalten eine Vielzahl von Abnehmern geschädigt wird, die Schadenshöhe im Einzelnen jedoch gering ist".[125] Bei der Einführung des KapMuG[126] wurden Streuschäden ferner als solche „mit vielen Geschädigten und vergleichsweise geringen Schadensersatzsummen bei einzelnen Geschädigten" umschrieben.[127] Der Begriff des „Streuens" gibt an, dass der Schaden weitverbreitet, „gestreut", also aufgeteilt auf mehrere Betroffene, auftritt. Für eine deutlichere Abgrenzung zu Massenschäden ist jedoch die Verwendung des Begriffs Bagatellschaden vorzugswürdig, da hier deutlich zu erkennen ist, dass der Schaden im Gegensatz zu Massenschäden geringen Umfangs ist. Eine gewisse räumliche Streuung existiert auch bei Massenschäden, sodass der Begriff hier missverständlich sein kann. Letztlich werden in dieser Arbeit unter dem Begriff der Bagatellschäden Schäden ver-

---

schutz, 1 (3); *Wolf/Lange*, in: Vorwerk/Wolf/Fullenkamp, KapMuG, Einl. Rn. 5, sehen wiederum den Massenschaden als Oberbegriff an. *Einhaus*, Kollektiver Rechtsschutz, S. 42; *Geiger*, Kollektiver Rechtsschutz, S. 22; so auch *Wagner*, Gutachten A 66. DJT, A 101, der dem Begriff des Streuschadens die hiesige Definition eines Bagatellschadens zugrunde legt.

121 *Geiger*, Kollektiver Rechtsschutz, S. 22; *Vogel*, Kollektiver Rechtsschutz, S. 14.

122 *Buchner*, Kollektiver Rechtsschutz, S. 33 m.w.N.; *Krausbeck*, VuR 2018, 287 (288); *Schaub*, JZ 2011, 13 (15). S.a. Deutscher Bundestag, Sachstand – Zur Einführung europaweiter Schadensersatzregeln, 7.10.2016, WD 7 – 3000 – 149/16, S. 5, https://www.bundestag.de/resource/blob/483612/57cdec1064b51427b2ee86d3424bfb3/wd-7-149-pdf-data.pdf, zuletzt abgerufen am 9.11.2019.

123 *Buchner*, Kollektiver Rechtsschutz, S. 33; *Geiger*, Kollektiver Rechtsschutz, S. 22; *Haß*, Die Gruppenklage, S. 12.

124 *Buchner*, Kollektiver Rechtsschutz, S. 34 f.

125 BT-Drs. 15/1487, S. 23.

126 Gesetz vom 16.8.2005, BGBl. I 2005, S. 2437, in Kraft getreten am 1.11.2005.

127 BT-Drs. 15/5091, S. 1, 13; *Hager*, Streuschäden, S. 24.

standen, die bei einer Vielzahl von Betroffenen, also nicht nur vereinzelt, auftreten, deren Schadenshöhe jedoch sehr gering ausfällt.[128]

Bei derartigen Schäden kommen für den einzelnen Kläger innerhalb der Abwägung, ob er prozessieren soll, als Contra-Argumente gegen eine Klageerhebung neben dem Gerichtskostenvorschuss und den Anwaltskosten das Risiko der Prozessniederlage in die Waagschale.[129] Gewinner der Abwägung sind die Unternehmer.[130] Dies lässt sich am Beispiel der Mogelpackungen illustrieren.[131] Bei diesen weicht die Füllmenge eines Produktes, wenn auch nur minimal, von der Packungsangabe ab, z.B. ein Gramm von dem vorgeschriebenen Kilo einer Mehlpackung. Die einzelnen Kunden werden je nach Packungsgröße kaum wegen eines Gramms Klage einreichen.[132] Es entsteht eine rationale Apathie, welche auch als rationales Desinteresse bezeichnet wird.[133] Im Gesamten ergibt sich aus solchen Mogelpackungen jedoch ein Schaden in Höhe von 50 Millionen Euro pro Jahr für die Verbraucher.[134] Folglich kann es für die Unternehmer aus monetärer Sicht durchaus attraktiv sein, so zu handeln. Je nachdem, wie hoch der Absatz ihres Produktes ist, kann schon ein Gramm eine große Einsparung während der Produktion darstellen und somit ihren Gewinn vergrößern. In den eher seltenen Fällen der Inanspruchnahme können die Unternehmen einen Ausgleich zahlen, um insbesondere Präzedenzurteile zu verhin-

---

128 S. dazu auch *Meller-Hannich*, Gutachten A 72. DJT, A 25.

129 BT-Drs. 15/5901, S. 1, 13; *Buchner*, Kollektiver Rechtsschutz, S. 34 f., mit genauer Darstellung zur Berechnung der Gerichtskosten; *Einhaus*, Kollektiver Rechtsschutz, S. 41; *Micklitz/Stadler*, Unrechtsgewinnabschöpfung, S. 11.

130 *Meller-Hannich*, Gutachten A 72. DJT, A 25 f.

131 *Buchner*, Kollektiver Rechtsschutz, S. 34; *Geiger*, Kollektiver Rechtsschutz, S. 22; *Schaub*, JZ 2011, 13 (15); m.w.Bsp. *Micklitz/Stadler*, Unrechtsgewinnabschöpfung, S. 11; BT-Drs. 15/1487, S. 23.

132 *Meller-Hannich*, Gutachten A 72. DJT, A 24; zur Unverhältnismäßigkeit s.a. *Witte/Wetzig*, WM 2019, 52 (52).

133 BT-Drs. 19/2507, S. 1; BT-Drs. 19/2439, S. 1; *Franzius*, UPR 2016, 281; *Guggenberger/Guggenberger*, MMR 2019, 8 (9); *Lüblinghoff*, in: Schäfer, Der Gesetzesentwurf, 33 (40 f.); *Meller-Hannich*, Gutachten A 72. DJT, A 42; *Nordholtz*, in: ders./Mekat, MFK, § 1 Rn. 8; *Weinland*, MFK, Rn. 6.

134 *Buchner*, Kollektiver Rechtsschutz, S. 34, bezugnehmend auf die Arbeitsgemeinschaft Mess- und Eichwesen; s.a. *Rott*, VuR 2016, 112 (113). S. dazu auch Arbeitsgemeinschaft Mess- und Eichwesen (AGME), Informationsblatt „Verbraucherschutz durch Fertigpackungskontrollen“, 17.2.2016, S. 4, http://www.agme.de/extranet/?rq_Layout=AGME#{3}, zuletzt abgerufen am 9.11.2019.

dern.[135] Letzteres wiegt die Vorteile des gesetzwidrigen Verhaltens aber nicht auf, sodass dieses Risiko in Kauf genommen wird.[136] Auch rechtswidrige Geschäftspraktiken, wie z.B. die Verwendung unwirksamer AGBs, können zu solchen Schädigungen führen.[137] Die Verfolgung von Streuschäden liegt daher vor allem im Interesse der Allgemeinheit an der Bewährung des objektiven Rechts, der Sanktionierung dieses gesetzwidrigen Verhaltens und der Prävention einer solchen Vorgehensweise.[138]

Bei der Einordnung zu dieser Fallgruppe ergeben sich zunächst Schwierigkeiten zu bestimmen, ab wann nicht mehr von einem vereinzelten Auftreten gesprochen werden kann. In den Gesetzgebungsmaterialien wird für die Definition der unbestimmte Begriff der Vielzahl verwendet. Fraglich ist, ab welcher Anzahl von Betroffenen ein „gestreutes" Auftreten, also eine Vielzahl von Personen, angenommen werden kann.

Geiger zieht zur näheren Bestimmung einer Vielzahl eine Parallele zu den Allgemeinen Geschäftsbedingungen.[139] Hier wird im Wortlaut des § 305 Abs. 1 S. 1 BGB der Begriff *Vielzahl* in Zusammenhang mit Verträgen genannt. Der BGH entschied, dass eine Vielzahl i.d.S. dann vorliegt, wenn eine Klausel mindestens dreimal verwendet wurde.[140] Zutreffend kommt *Geiger* zu dem Ergebnis, dass dies für die Fallgruppe der Bagatellschäden zu gering ist und führt die Größenordnung von 15 bis 30 Personen an.[141]

In § 1 Abs. 1a S. 2 Nr. 1b KWG verwendet der Gesetzgeber den Begriff „Vielzahl von Personen" ebenso. Doch auch hier herrscht Uneinigkeit hinsichtlich des Umfangs dieses Begriffes. *Schäfer* hält einen Vergleich zu § 3 Abs. 2 S. 1 Nr. 2 WpPG a.F. für zu weitreichend, welcher seinerseits eine Größenordnung von 150 Personen erfordert und begründet dies mit den Besonderheiten der Börse.[142]

---

135 *Wolf/Lange*, in: Vorwerk/Wolf/Fullenkamp, KapMuG, Einl. Rn. 2; *Einhaus*, Kollektiver Rechtsschutz, S. 42; *Meller-Hannich*, Gutachten A, A 25; *Weinland*, MFK, Rn. 5.

136 *Buchner*, Kollektiver Rechtsschutz, S. 35; *Meller-Hannich*, Gutachten A 72. DJT, A 25 f.

137 *Buchner*, Kollektiver Rechtsschutz, S. 34; *Geiger*, Kollektiver Rechtsschutz, S. 22; *Meller-Hannich*, Gutachten A 72. DJT, A 25.

138 *Krausbeck*, VuR 2018, 287 (288); *Meller-Hannich*, Gutachten A 72. DJT, A 25, 42.

139 *Geiger*, Kollektiver Rechtsschutz, S. 22.

140 BGH, Urt. v. 27.9.2001 – VII ZR 388/00, NJW 2002, 138 (139); Urt. v. 11.12.2003 – VII ZR 31/03, NJW 2004, 1454 (1454 f.); *Geiger*, Kollektiver Rechtsschutz, S. 22.

141 *Geiger*, Kollektiver Rechtsschutz, S. 22.

142 *Schäfer*, in: Boos/Fischer, et al., KWG, CRR-VO, § 1 Rn. 152 m.w.N.

Sinnvoll erscheint deswegen, auf den Zweck bzw. die Besonderheiten der einzelnen Situation abzustellen. Allein anhand des Wortelements „streuen", was im Sinne von ausbreiten oder verbreiten zu verstehen ist,[143] ist es naheliegend, eine gewisse Ausbreitung der Schäden zu verlangen, sodass drei Betroffene nicht ausreichen. Allerdings erscheint eine Hürde von 150 Personen auch für Streuschäden zu weitreichend, da schon deutlich kleineren Gruppen Relevanz zukommen kann.[144] Je nach Einzelfall kann durchaus bereits eine betroffene Gruppe von 15 Leuten dazu ausreichen, eine solche Vielzahl zu bilden.

Ungenauigkeiten ergeben sich ferner bei der Einordnung der Schadenshöhe, die gleichzeitig die Abgrenzung zu den Massenschäden bestimmt. In der Literatur werden für die Bestimmung von Bagatellschäden unterschiedliche Beträge angeführt: *Micklitz/Stadler* gehen von 25–75 Euro aus und begründen dies mit den Gerichtsgebühren für einen Streitwert von bis zu 300 Euro.[145] *Wagner* nimmt eine Höhe von 100 Euro an.[146] *Hager* legt sich nach umfänglichen Darstellungen auf 600 Euro fest.[147] *Geiger* wiederum setzt einen Richtwert bei 200–1000 Euro an.[148] Eine Allensbach-Umfrage aus dem Jahre 2014 kam zum Ergebnis, dass durchschnittlich ab einem Streitwert von 1950 € Klage erhoben wird.[149]

Allerdings ist fraglich, ob eine zahlenmäßig scharfe Abgrenzung überhaupt vonnöten ist. Zutreffend führt *Hager* dazu an, dass dies nur dann der Fall wäre, wenn je nach Höhe andere Rechtsfolgen entstünden und somit das Gebot der Rechtssicherheit eine genaue Festlegung erfordere.[150] Je wahrscheinlicher es ist, dass eine Person klagen kann, desto geringer ist die Bedeutung der Zahlengröße. Eine Betrachtung der Kosten und Nutzen er-

---

143 https://www.duden.de/rechtschreibung/streuen, zuletzt abgerufen am 17.6.2019.

144 *Micklitz/Stadler*, Unrechtsgewinnabschöpfung, S. 36.

145 *Hager*, Streuschäden, S. 29; *Micklitz/Stadler*, in: dies., Das Verbandsklagerecht, 1277 (1325).

146 *Wagner*, Gutachten A 66. DJT, A 107.

147 *Hager*, Streuschäden, S. 31.

148 *Geiger*, Kollektiver Rechtsschutz, S. 22; S.a. *Klever/Schwamberger*, GVRZ 2019, 4 (Rn. 8), die die Grenze zwischen 500 und 1000 Euro festsetzen; *Meller-Hannich*, Gutachten A 72. DJT, A 25.

149 Institut für Demoskopie Allensbach, Roland Rechtsreport 2014, S. 36, https://www.roland-rechtsschutz.de/media/rechtsschutz/pdf/unternehmen_1/ROLAND_Rechtsreport_2014.pdf, zuletzt abgerufen am 18.6.2019. *Hirsch*, Paralleljustiz?, FAZ v. 19.2.2015, S. 8; *Winkelmeier-Becker*, in: Schäfer, Der Gesetzesentwurf, 92 (99).

150 *Hager*, Streuschäden, S. 29.

scheint deshalb vorzugswürdig.[151] Für die Betroffenen besteht die Bürde der Rechtsdurchsetzung darin, dass die Kosten nicht außer Verhältnis zu dem Interesse stehen dürfen, welches eigentlich verfolgt wird. Generell vorzugswürdig erscheint, im Konsens mit *Hager*, auf einen objektivierten Maßstab abzustellen,[152] jedoch darf auch nicht vernachlässigt werden, dass hier ein subjektiver Aspekt Einfluss nimmt. Die Schmerzgrenze, sich für eine Klageerhebung zu entscheiden, kann von Person zu Person variieren.[153] Schwierig erscheint in diesem Zusammenhang daher auch eine Konkretisierung durch den Gesetzgeber. Eine gesetzlich normierte Mindestgrenze könnte dazu führen, dass Einzelne ihre Schäden nicht mehr einklagen können, das widerspricht jedoch dem allgemeinen Justizgewähranspruch. Jedenfalls wird man ab 1000 Euro nicht mehr von einer Bagatelle sprechen können.[154] Ggf. ist diese Grenze jedoch je nach Einzelfall anzupassen.

2. Massenschäden

Die zweite Fallgruppe bildet die der Massenschäden, englisch *mass torts*.[155] Gemein mit den Bagatellschäden ist auch hier die Betroffenheit einer Vielzahl von Personen durch eine oder ähnliche Ursachen, die derselbe Verletzer setzt.[156] In Abgrenzung zu Bagatellschäden ist der Schaden der Einzelnen aber nicht nur unwesentlich.[157] Er muss demnach den Bagatellbereich verlassen. In ihrem Gutachten für den DJT 2018 fasst *Meller-Hannich* unter den Begriff der Massenschäden solche Schäden, „die eine mittlere bis große Höhe haben und in Gesamtschadensereignissen oder in immerhin so

---

151 *Hager*, Streuschäden, S. 30; vgl. *Haß*, Die Gruppenklage, S. 12; *Wagner*, Gutachten A 66. DJT, A 107.

152 *Hager*, Streuschäden, S. 28. S.a. *Leipold*, in: Gilles, Humane Justiz, 90 (92) vor allem zum Maßstab der Auslegung der Geringfügigkeit.

153 Zur Schmerzgrenze *Geiger*, Kollektiver Rechtsschutz, S. 12; s.a. *Wagner*, Gutachten A 66. DJT, A 107.

154 Nur jeder 4. Befragte würde darunter einen Gerichtsprozess anstreben *Lüblinghoff*, in: Schäfer, Der Gesetzesentwurf, 33 (41); Institut für Demoskopie Allensbach, Roland Rechtsreport 2014, S. 36, https://www.roland-rechtsschutz.de/media/rechtsschutz/pdf/unternehmen_1/ROLAND_Rechtsreport_2014.pdf, zuletzt abgerufen am 18.6.2019.

155 *Geiger*, Kollektiver Rechtsschutz, S. 20; *Vogel*, Kollektiver Rechtsschutz, S. 14.

156 *Buchner*, Kollektiver Rechtsschutz, S. 36 f.

157 *Buchner*, Kollektiver Rechtsschutz, S. 36 f. m.w.N.; *Wagner*, 66. DJT, A 11 (A 119).

großer Zahl auftreten, dass eine effektive individuelle Realisierung Schwierigkeiten begegnet".[158] *Geiger* wendet den Begriff auf Situationen an, in denen bei „jeweils gleichen Tatsachen- oder Rechtsfragen ein vergleichsweise hoher individueller Schaden der Betroffenen" entsteht. *Von Bar* nimmt eine weite Definition an und benennt die Schadensgruppe als „Schadensereignisse, von denen die Rechte und Rechtsgüter einer Vielzahl von Personen betroffen wurden".[159] Er ordnet auch Umweltschäden darunter ein, welche ihre Grundlage im öffentlichen Recht haben können und daher Rechtsprobleme bezüglich des Rechtsschutzes im öffentlichen Recht hervorrufen.[160]

In Abgrenzung zu den oben dargestellten Bagatellschäden lassen sich als Massenschäden solche Schäden betiteln, die durch eine oder mehrere identische Handlungen, ebenfalls nicht vereinzelt, sondern bei einer Vielzahl von Personen auftreten, die jedoch eine große Schadenshöhe aufweisen.[161]

Teilweise finden sich weitere Untergliederungen. So unterteilt *Haß* Massenschäden danach, ob sie durch eine singuläre Handlung oder durch viele Handlungen hervorgerufen werden.[162] Zu ersteren zählen bspw. Umweltschäden wie Fukushima.[163] Solche Massenschäden können sich auch in Unglücksfällen,[164] z.B. dem Absturz der Germanwings Maschine 2015 in den Alpen[165] oder dem Abschuss des malaysischen Flugzeuges über der Ukraine im Jahr 2014,[166] dem Busunglück auf der A9 2017,[167] aber auch

---

158 *Meller-Hannich*, Gutachten A 72. DJT, A 26.

159 *Bar*, Gutachten A 62. DJT, A 9; *Geiger*, Kollektiver Rechtsschutz, S. 19.

160 *Geiger*, Kollektiver Rechtsschutz, S. 19; *Bar*, Gutachten A 62. DJT, A 9. S. dazu Kapitel 3 C.

161 Deutscher Bundestag, Sachstand – Zur Einführung europaweiter Schadensersatzregeln, 7.10.2016, WD 7 – 3000 – 149/16, S. 5, https://www.bundestag.de/resource/blob/483612/57cdec1064b51427b2ee86d342 4bfb3/wd-7-149-pdf-data.pdf, zuletzt abgerufen am 18.6.2019. *Weimann*, Kollektiver Rechtsschutz, S. 22.

162 *Haß*, Die Gruppenklage, S. 5; *Geiger*, Kollektiver Rechtsschutz, S. 19.

163 *Geiger*, Kollektiver Rechtsschutz, S. 19; m.w.Bsp. *Haß*, Die Gruppenklage, S. 5.

164 *Geiger*, Kollektiver Rechtsschutz, S. 20 f.; *Vogel*, Kollektiver Rechtsschutz, S. 14.

165 http://www.spiegel.de/thema/germanwings_a320_absturz_in_suedfrankreich/, zuletzt abgerufen am 28.7.2017.

166 *Köppe*, Ein Denkmal für MH17, spiegel online v. 17.7.2017, https://www.spiegel.de/panorama/mh17-niederlande-weihen-gedenkstaette-fuer-opfer-ein-a-1158397.html, zuletzt abgerufen am 22.12.2019.

167 https://www.tagesschau.de/inland/oberfranken-busunfall-101.html, zuletzt abgerufen am 28.7.2017.

dem Untergang der Costa Concordia im Mittelmeer 2012, finden.[168] Massenschäden, begründet durch mehrere Handlungen, können bspw. durch vertragliche Beziehungen wie die Prospekthaftung oder Wettbewerbsverletzungen entstehen.[169] Ferner können Massenkarambolagen, Demonstrationsschäden, Zuschauerausschreitungen sowie Großveranstaltungen wie die Love Parade 2010, als weitere Beispiele für solche Schäden angeführt werden.[170] Auch die Verbreitung fehlerhafter oder gesundheitsschädigender Produkte sowie mangelhafte Informationen, z.B. eine Falschberatung von Kapitalanlegern, können Massenschäden begründen.[171] Einer der bekanntesten Fälle dazu ist der vor dem OLG Frankfurt geführte Telekom-Prozess 2008.[172]

Die rechtlichen Probleme bei Massenschäden, vor allem die der Rechtsdurchsetzung, sind anders als bei den Bagatellschäden. Aufgrund der erhöhten Schadenssummen besteht gerade ein hoher Klageanreiz für jeden der Geschädigten.[173] Dies hat zur Folge, dass eine regelrechte Klageflut entstehen kann.[174] Hier wird das Fehlen geregelter Strukturen oder geregelter Verfahren, die solche Phänomene rechtsschutzeffektiv zu lösen vermögen, z.B. in Form einer Musterfeststellungsklage, deutlich.[175] So liegt es auch bei dem Abgasskandal. Die Gerichte müssen sich wiederholt mit denselben Rechts- und Tatsachenfragen befassen.[176] Dies hat zum einen ein langes Prozessieren zur Folge und mitunter auch eine Überlastung der Jus-

---

168 Zu alldem *Geiger*, Kollektiver Rechtsschutz, S. 20 f. mit weiteren allgemeinen Beispielen auch *Wagner*, Gutachten A 66. DJT, A 119. S.a. *Bar*, Gutachten A 62. DJT, A 10.

169 Für weitere Beispiele s. *Geiger*, Kollektiver Rechtsschutz, S. 19.

170 *Hager*, Streuschäden, S. 20 m.w.Bsp. Zur Love Parade *Geiger*, Kollektiver Rechtsschutz, S. 21.

171 *Buchner*, Kollektiver Rechtsschutz, S. 37; *Schaub*, JZ 2011, 13 (14); *Vogel*, Kollektiver Rechtsschutz, S. 14; *Wagner*, Gutachen A 66. DJT, A 119.

172 Dazu *Geiger*, Kollektiver Rechtsschutz, S. 21 f., 58 ff.; OLG Frankfurt, Beschl. v. 30.11.2016 – 23 Kap 1/06.

173 *Krausbeck*, VuR 2018, 287 (288); *Merkt/Zimmermann*, VuR 2018, 363 (364); *Wagner*, Gutachten A 66. DJT, A 119.

174 Dazu *Buchner*, Kollektiver Rechtsschutz, S. 37; *Meller-Hannich*, NJW-Beilage 2018, 29 (30); *Merkt/Zimmermann*, VuR 2018, 363 (364); *Krausbeck*, VuR 2018, 287 (288).

175 *Meller-Hannich*, NJW-Beilage 2018, 29 (30).

176 *Meller-Hannich*, Gutachten A 72. DJT, A 26. Deutscher Bundestag, Sachstand – Zur Einführung europaweiter Schadensersatzregeln, 7.10.2016, WD 7 – 3000 – 149/16, S. 5, https://www.bundestag.de/resource/blob/483612/57cdec1064b5142 7b2ee86d3 424bfb3/wd-7-149-pdf-data.pdf, zuletzt abgerufen am 18.6.2019.

tiz.[177] Ein getrenntes Klagen führt u.U. zum anderen dazu, dass die finanziellen Ressourcen des Beklagten nach einigen erfolgreichen Klagen gegen diesen erschöpft sind und für weitere Klagen kein Schadensersatz mehr möglich ist, sodass insolvenzrechtliche Schwierigkeiten entstehen.[178] Die diesbezüglichen Probleme ergeben sich daher meist daraus, dass kein effektives, prozessökonomisches Verfahren zur Bewältigung solcher Schadensfälle existiert.

3. Einordnung der Problemstellung

Im Rahmen des VW-Abgasskandals wurden insgesamt ca. 11 Mio. Fahrzeuge, davon mehr als 2,5 Mio. allein in Deutschland,[179] mit einer manipulierten Software ausgestattet. Dies überschreitet in jeglicher Hinsicht das Erfordernis einer Vielzahl. Der eingetretene Schaden je Kraftfahrzeug ist dabei auch nicht nur marginal.[180] In der bisherigen Rechtsprechung wurde der Beklagte, unabhängig ob in Person des Händlers oder Herstellers, häufig zur Zahlung des Kaufpreises Zug-um-Zug gegen Rückgabe des Kraftfahrzeuges verurteilt, wobei nicht unumstritten ist, ob sich der Kläger seine Nutzungen anrechnen lassen muss.[181] Wie die Rechtsprechung zeigt,

---

177 *Meller-Hannich*, Gutachten A 72. DJT, A 26; *Weinland*, MFK, Rn. 8.

178 *Krausbeck*, VuR 2018, 287 (288); *Meller-Hannich*, Gutachten A 72. DJT, A 27.

179 *Breitinger*, Der Abgasskandal, zeit online; *Heese*, JZ 2019, 429 (429); *Weinland*, MFK, Rn. 9. S.a. https://de.wikipedia.org/wiki/Abgasskandal, zuletzt abgerufen am 19.6.2019.

180 *Schäfers*, ZZP 132 (2019), 231 (235).

181 Vgl. BGH, Urt. v. 8.1.2019 – VIII ZR 225/17, NJW 2019, 1133 (1133 ff.), wonach in der Manipulation ein Sachmangel gemäß § 434 Abs. 1 S. 2 Nr. 2 BGB vorliegt, und s. S. 1137, wonach der Geschädigte den Austausch seines manipulierten Autos gegen das aktuelle Nachfolgemodell verlangen kann. Dazu auch *Ring*, SVR 2019, 161. In der Rechtsprechung uneinheitlich behandelt wird die Frage, ob und wie weit der gezogene Vorteil in Form der Nutzung u.a. anzurechnen ist. Letztlich kann der Betroffene jedoch den Austausch seines PKWs verlangen. Beispiele aus der Rechtsprechung: OLG Koblenz, Urt. v. 12.6.2019 – 5 U 1318/18, juris, hier wurde der Beklagte verurteilt, 25.616,10 €, den Kaufpreis abzüglich genutzter Vorteile, zu zahlen; ebenso OLG Köln, Beschl. v. 27.3.2018 – I-18 U 134/17, ZfS 2018, 441 (448); LG Hamburg, Urt. v. 19.2.2019 – 310 O 99/18, Rn. 53 ff., Anrechnung der gezogenen Nutzungen nur bis zum Zeitpunkt des Rückabwicklungsverlangens; LG Mönchengladbach, Urt. v. 31.7.2019 – 6 O 381/18, BeckRS 2019, 21415, Rn. 24. Die Nutzungsanrechnung gänzlich für unbillig haltend, LG Halle, Urt. v. 5.3.2019 – 5 O 109/18, Rn. 54 ff., juris; OLG Karlsruhe, Urt. v. 25.5.2019 – 13 U 144/17, Rn. 127, juris. Zu alldem m.w.N.

werden bei Anschaffung eines Fahrzeugs häufig Kaufpreise im fünfstelligen Bereich erzielt. Der Kauf eines manipulierten Fahrzeugs ist daher nicht als Bagatell-, sondern als klassischer Massenschadensfall einzuordnen.[182] Von einer rationalen Apathie ist hier keine Spur zu finden.[183] Die Betroffenen sind gewillt zu klagen und ihr Recht zu bekommen. Allein der Inkassodienstleister myright.de hat sich bereits 45000 Ansprüche von Betroffenen abtreten lassen.[184] Die Bewältigung dieser Situation sorgte in Deutschland für großes Aufsehen und bringt das deutsche Rechtssystem an seine Grenzen. Der Aufschrei nach effektiven, prozessökonomischen Verfahren wurde lauter und führte letztlich zu Gesetzgebungsbestrebungen sowohl in Deutschland[185] als auch in der EU.[186]

Da der VW-Abgasskandal letztlich Auslöser der gesetzlichen Neuerungen sowie dieser Arbeit war, beschäftigen sich die nachfolgenden Darstellungen schwerpunktmäßig mit der Fallgruppe der Massenschäden und gehen nur am Rande auf die Bagatell- respektive Streuschäden ein.

III. Was ist überindividueller Rechtsschutz?

Anders als beim kollektiven Rechtsschutz liegt die Besonderheit beim überindividuellen Rechtsschutz nicht in der Bündelung von subjektiven Interessen, sondern in der Verfolgung von Interessen, die nicht als subjektive Interessen einklagbar wären, demnach überindividuellen Interessen.[187]

Zum überindividuellen Rechtsschutz gehören Rechtsbehelfe, die losgelöst von der Verletzung subjektiver Rechte erhoben werden können. Das ist dann notwendig, wenn es gerade keinen Rechtsträger gibt, der etwaige Rechte verfolgen könnte. Überindividuelle Interessen stehen niemandem

Heese, NZV 2019, 273 (274). Zur Problematik der Nutzungsentschädigung ausführlich *ders.*, VuR 2019, 123.

182 *Schäfers*, ZZP 132 (2019), 231 (236).

183 *Schäfers*, ZZP 132 (2019), 231 (235).

184 https://www.test.de/Abgasmanipulation-bei-VW-US-Kanzlei-startet-deutsche-Sammelklage-4982816-0/, zuletzt abgerufen am 19.6.2019; *Heese*, JZ 2019, 429 (437); *ders.*, NZV 2019, 273 (275). S. dazu Kapitel 2 C 7 c.

185 Dazu Kapitel 2 D.

186 Dazu unter Kapitel 2 E.

187 *Dikaios*, Überindividueller Umweltrechtsschutz, S. 1. S.a. *Schlacke*, ZUR 2011, 312 (312); *dies.*, Überindividueller Rechtsschutz, S. 2; *dies.*, NVwZ 2019, 1392 (1400); *Schulz*, ZD 2014, 510 (510 f.).

zu.[188] Sie sind nicht nur die Bündelung von Einzelinteressen,[189] stehen aber in engem Zusammenhang mit kollektivem Rechtsschutz.

Während es bei der Schaffung kollektiver Rechtsinstitute vor allem darum geht, einen Repräsentanten zu benennen, der als geeignet gilt, Rechtsbehelfe für das Kollektiv zufriedenstellend durchzusetzen, liegt die Schwierigkeit der Begründung des überindividuellen Rechtsschutzes vor allem darin, ob und inwieweit objektive Interessen überhaupt einklagbar sein sollten und wenn ja, von wem.

Kollektiver und überindividueller Rechtsschutz sind keine Gegenbegriffe.[190] Die Abgrenzung zwischen ihnen verläuft fließend. Grundsätzlich ist danach zu differenzieren, ob ein Rechtsträger vorhanden ist, oder nicht. Meist sind der gebündelten Verfolgung von kollektiven Interessen aber auch überindividuelle Interessen immanent. So ist Hauptintention der Verfolgung von Streuschäden nicht der individuelle, sondern der gesamtwirtschaftliche Schaden.[191] Ebenso besteht auch bei der Verfolgung von Massenschäden ein Bedürfnis nach Schaffung von Rechtsfrieden, -sicherheit und -einheitlichkeit.[192]

Mit dem überindividuellen Rechtsschutz wird vor allem die Verbandsklage im Umwelt-, Natur- und Tierschutzrecht verbunden.[193] Hier gibt es vermehrt Interessen, deren Verfolgung grundsätzlich niemandem obliegt, sodass eine Öffnung der bisherigen Rechtsbehelfsmöglichkeit erfolgt.[194]

---

188 *Marty*, ZUR 2009, 115 (121); *Schulz*, ZD 2014, 510 (510 f).

189 *Schulz*, ZD 2014, 510 (510 f.).

190 In diese Richtung auch *Schulz*, ZD 2014, 510 (510 f.).

191 *Meller-Hannich*, NJW-Beilage 2018, 29 (30).

192 *Meller-Hannich/Nöhre*, NJW 2019, 2522 (2522).

193 Generell auf Verbandsklagen bezogen *Guski*, ZZP 131 (2018), 353 (355 ff.); differenzierend *Schlacke*, Überindividueller Rechtsschutz, S. 13 ff. Vorgreifend ist hier zu beachten, dass im Rahmen der Aarhus Konvention möglichlicherweise auch Einzelne überindividuelle Interessen verfolgen könnten, s. dazu unter Kapitel 3 E III 1 f. In diese Richtung auch *Franzius*, NVwZ 2018, 219 (221). Dazu auch das EuGH-Urteil Slowakischer Braunbär II vom 8.11.2016 – C-243/15, ZUR 2017, 86, insb. die Anmerkung von *Klinger*, S. 90 ff. Ebenfalls *Buchberger*, EurUP 2019, 377 (386).

194 S. dazu ausführlich unter Kapitel 3 E.

IV. Verfassungsrechtlicher Rahmen

1. Individualrechtsschutz als verfassungsrechtlicher Normalfall

Als „Schlußstein im Gewölbe des Rechtsstaats“[195] bezeichnet, gewährleistet Art. 19 Abs. 4 S. 1 GG am Ende des Grundrechtekatalogs, dass demjenigen, der durch die öffentliche Gewalt in seinen Rechten verletzt wird, der Rechtsweg offensteht. Dieser Artikel konkretisiert den allgemeinen Justizgewährleistungsanspruch für öffentlich-rechtliche Streitigkeiten.[196] Gewährleistet wird eine umfassende tatsächliche und rechtliche Überprüfung des Streitgegenstandes und eine verbindliche gerichtliche Entscheidung in angemessener Zeit.[197] Als Folge des staatlichen Gewaltmonopols muss dies auch für bürgerrechtliche Streitigkeiten gelten.[198] Für zivilrechtliche Verfahren wird daher der oben bereits erwähnte Justizgewährleistungsanspruch abgeleitet, der sich unmittelbar aus Art. 2 Abs. 1 GG i.V.m. dem Rechtsstaatsprinzip aus Art. 20 Abs. 3 GG ergibt.[199]

---

195 *Brocker*, LKRZ 2011, 437 (437); *Schulze-Fielitz*, in: Dreier, GG, Bd. 1, Art. 19 IV Rn. 35. Diese Aussage geht zurück auf *Thoma*, in: Wandersleb, Recht-Staat-Wirtschaft, 9 (9): „Bleiben also 18 ‚Grundrechte‘ […] und dazu jener kühne vierte Absatz des Art. 19, der dem Gewölbe des Rechtsstaats den Schlußstein einfügt“.

196 *Grzeszick*, in: Maunz/Dürig, GG, Art. 20 GG VII Rn. 133; *Linke*, in: Knopp, Effektives Rechtsschutzgebot, 15 (15); *Schulze-Fielitz*, in: Dreier, GG, Bd. 1, Art. 19 IV Rn. 36.

197 BVerfG, Beschl. v. 11.6.1980 – 1 PBvU 1/79, BVerfGE 54, 277 (291); Beschl. v. 12.2.1992 – 1 BvL 1/89, BVerfGE 85, 337 (345); Beschl. v. 27.1.1998 – 1 BvL 15/87, BVerfGE 97, 169 (185); BGH, Urt. v. 10.12.1998 – III ZR 2/98, BGHZ 140, 208 (217); Urt. v. 28.3.2003 – V ZR 261/02, BGHZ 154, 306 (309 f.). *Grzeszick*, in: Maunz/Dürig, GG, Art. 20 GG VII Rn. 133; *Linke*, in: Knopp, Effektives Rechtsschutzgebot, 15 (15 f.); *Wagner*, ZfBR 2016, 112 (112). Dazu, dass Rechtsschutz nur dann wirksam ist, wenn er in angemessener Zeit erreicht wird, *Braun*, DVBl 2019, 805.

198 *Heitzig*, Das KapMuG, S. 15, als Kehrseite des Gewaltmonopols; *Huster/Rux*, in: Epping/Hillgruber, BeckOK GG, Art. 20 Rn. 199; *Jarass*, in: ders./Pieroth, GG, Art. 19 Rn. 34; *Schulze-Fielitz*, in: Dreier, GG, Bd. 1, Art. 19 IV Rn. 35; *Wagner*, ZfBR 2016, 112 (112).

199 BVerfG, Beschl. v. 11.6.1980 – 1 PBvU 1/79, BVerfGE 54, 277 (291); BVerfG, Beschl. v. 12.2.1992 – 1 BvL 1/89, BVerfGE 85, 337 (345); Beschl. v. 27.1.1998 – 1 BvL 15/87, BVerfGE 97, 169 (185); Beschl. v. 30.4.2003 – 1 PbvU 1/02, BVerfGE 107, 395 (401); Beschl. v. 25.1.2005 – 2 BvR 656/99 u.a., BVerfGE 112, 185 (207); *Geiger*, Kollektiver Rechtsschutz, S. 9, 251; *Grunsky/Jacoby*, ZPR, Rn. 1; *Huster/Rux*, in: Epping/Hillgruber, BeckOK GG, Art. 20 Rn. 199; *Jarass*, in: ders./Pieroth, GG, Art. 20 Rn. 128; *Linke*, in: Knopp, Effektives Rechtsschutz-

Die gewählte Normierung in Art. 19 Abs. 4 GG führt zu einer Strukturentscheidung gerichtet auf Individualrechtsschutz, entgegen z.B. den damals in Preußen auftretenden Bestrebungen nach einer objektiven Rechtmäßigkeitskontrolle des Verwaltungshandelns.[200] Der Einzelne kann demnach nur die Verletzung eigener, der mit seiner Person in Verbindung stehenden Rechte beanspruchen.[201] Für ihn besteht kein allgemeiner Gesetzesvollziehungsanspruch.[202] Durch Art. 19 Abs. 4 GG werden subjektive Rechte zum zentralen Bezugspunkt für die Erlangung von Rechtsschutz.[203] Daneben erfolgt eine objektive Rechtskontrolle, wie innerhalb der Prozesszwecke bereits dargestellt, lediglich mittelbar.[204] Art. 19 Abs. 4 GG schafft keine subjektiven Rechte, sondern setzt diese voraus.[205]

Auch für zivilrechtliche Streitigkeiten wird ein Vorrang des Individualrechtsschutzes aufgrund seiner grundrechtlichen Anbindung abgeleitet.[206]

Letztlich führt diese verfassungsrechtliche Strukturentscheidung dazu, dass die deutsche Rechtsordnung überwiegend auf individuelle Rechtsdurchsetzungsmöglichkeiten begrenzt ist und kollektive sowie überindividuelle Rechtsinstitute nur zögerlich Eingang in die Rechtsordnung finden.

2. Kollektiver und überindividueller Rechtsschutz als begründungsbedürftige Besonderheit

Abweichend vom verfassungsrechtlichen Normalfall erweisen sich kollektiver und überindividueller Rechtsschutz als begründungsbedürftige Aus-

---

gebot, 15 (15); *Rauscher*, in: ders./Krüger, MüKo ZPO, Bd. 1, Einl. Rn. 18; *Wagner*, ZfBR 2016, 112 (112).

200 *Schulze-Fielitz*, in: Dreier, GG, Bd. 1, Art. 19 IV Rn. 8. S.a. *Gärditz*, Gutachten D 71. DJT, D 9 f.; *Ley*, Tierschutz-Verbandsklage, S. 75; *Schmidt-Aßmann*, in: Maunz/Dürig, GG, Art. 19 IV Rn. 8. S. dazu und insbesondere zu den Funktionen der Verwaltungsgerichtsbarkeit auch *Ramsauer*, NordÖR 2019, 157.

201 *Antoni*, in: Wolff/Hömig, GG, Art. 19 Rn. 15; *Sachs*, GG, Art. 19 Rn. 126; *Schmidt-Aßmann*, in: Maunz/Dürig, GG, Art. 19 IV Rn. 8.

202 *Sachs*, in: ders., GG, Art. 19 Rn. 126.

203 *Schulze-Fielitz*, in: Dreier, GG, Bd. 1, Art. 19 IV Rn. 60.

204 In diese Richtung auch *Gärditz*, Gutachten D 71. DJT, D 22; *Schmidt-Aßmann*, in: Maunz/Dürig, GG, Art. 19 IV Rn. 9; *Schulze-Fielitz*, in: Dreier, GG, Bd. 1, Art. 19 IV Rn. 60.

205 *Heitzig*, Das KapMuG, S. 15; *Jarass*, in: ders./Pieroth, GG, Art. 19 Rn. 36; *Schulze-Fielitz*, in: Dreier, GG, Bd. 1, Art. 19 IV Rn. 61.

206 *Geiger*, Kollektiver Rechtsschutz, S. 251; *Merkt/Zimmermann*, VuR 2018, 363 (363).

nahmen. Grundsätzlich gibt es keinen verfassungsrechtlichen Anspruch auf Einrichtung von kollektiven oder überindividuellen Rechtsschutzinstituten.[207] Allerdings ergibt sich aus dem Gewährleistungskatalog des Art. 19 Abs. 4 GG und dem allgemeinen Justizgewährleistungsanspruch die Garantie auf ein faires Verfahren in angemessener Zeit.[208] Wenn die Rechtsinstrumente des Individualrechtsschutzes dazu nicht ausreichen, ist es naheliegend, über die Schaffung solcher kollektiver bzw. überindividueller Rechtsschutzinstitute nachzudenken.[209] Art. 19 Abs. 4 GG gewährleistet nur eine Mindestgarantie und steht Erweiterungen nicht ablehnend gegenüber.[210] Dem Gesetzgeber ist es unbenommen, auch objektive Rechtsschutzinstitute zu erschaffen, so z.B. Verbandsklagen oder Popularklagen.[211] Die Erweiterungen finden ihre Grenzen dann, wenn sie die Individualverfahren quantitativ und qualitativ überfordern.[212] Es darf gerade kein Übergewicht der kollektiven bzw. überindividuellen Verfahren gegenüber dem grundsätzlichen Individualrechtsschutz auftreten.[213] Das gilt sowohl für die Erweiterung des Rechtsschutzes auf verwaltungsprozessualer als auch auf zivilprozessualer Ebene.

Das Bedürfnis nach überindividuellen Rechtsbehelfen ergibt sich daraus, Vollzugsdefizite zu überwinden und somit effektiven Rechtsschutz in einem besonderen Bereich zu gewähren.[214] Dadurch wird letztlich auch die Rechtsordnung gestärkt, indem Rechtsverletzungen, die mangels einklagbaren subjektiven Rechts ungesühnt blieben, rügefähig werden. Es findet eine Abweichung von der Systementscheidung des Art. 19 Abs. 4 GG statt.

Der Einführung kollektiver Rechtsinstitute bedarf es zur Gewährleistung effektiven Rechtsschutzes gemäß Art. 19 Abs. 4 GG bzw. des allgemeinen Justizgewähranspruchs u.a. zur Entlastung der Justiz und für eine

---

207 *Meller-Hannich*, Gutachten A 72. DJT, A 39.

208 *Meller-Hannich*, Gutachten A 72. DJT, A 39; *Geiger*, Kollektiver Rechtsschutz, S. 251; vgl. auch *Kocher*, in: Brömmelmeyer, Die EU-Sammelklage, 71 (71); BVerfG, Beschl. v. 27.3.1980 – 2 BvR 316/80, BVerfGE 54, 39 (41).

209 *Meller-Hannich*, Gutachten A 72. DJT, A 39 f.

210 *Gärditz*, Gutachten D 71. DJT, D 42.

211 *Antoni*, in: Wolff/Hömig, GG, Art. 19 Rn. 15; *Gärditz*, Gutachten D 71. DJT, D 42; *Sachs*, in: ders., GG, Art. 19 Rn. 126; *Schulze-Fielitz*, in: Dreier, GG, Bd. 1, Art. 19 IV Rn. 67.

212 *Geiger*, Kollektiver Rechtsschutz, S. 251; *Schmidt-Aßmann*, in: Maunz/Dürig, GG, Art. 19 IV Rn. 9.

213 *Schmidt-Aßmann*, in: Maunz/Dürig, GG, Art. 19 IV Rn. 9.

214 *Guckelberger*, JA 2014, 647 (651); *dies.*, Deutsches Verwaltungsprozessrecht, S. 79; *Rennert*, Referat 71. DJT, N 123 (N 132).

funktionierende Rechtsordnung. Grenzen des kollektiven Rechtsschutzes finden sich im Recht auf rechtliches Gehör (Art. 103 Abs. 1 GG) sowie der Garantie des gesetzlichen Richters (Art. 101 Abs. 1 S. 2 GG). Als vorbehaltlose grundrechtsgleiche Rechte können diese Rechte durch verfassungsimmanente Schranken eingeschränkt werden. Eine Einschränkung ist zugunsten von effektivem Rechtsschutz und der Funktionalität der Rechtspflege möglich.[215] Diese verfassungsrechtlichen Grenzen führen letztlich dazu, dass kollektiver Rechtsschutz in Deutschland nicht beliebig eingeführt und erweitert werden kann.[216] Auch wenn ein Vergleich mit anderen Rechtsordnungen dies auf den ersten Blick ungerecht erscheinen lässt, so ist es letztlich das Ergebnis des deutschen Rechtssystems.

V. Mögliche Bündelungsformen des kollektiven/überindividuellen Rechtsschutzes

Innerhalb des kollektiven bzw. des überindividuellen Rechtsschutzes haben sich diverse Bündelungsformen entwickelt. Es werden Musterfeststellungs-, Gruppen- und Verbandsklagen unterschieden.

Der Wortteil „Klage“ wird hier untechnisch verwendet, ohne dass diese Formulierung Rückschlüsse auf die Art des Rechtsbehelfs geben soll. Inwiefern Klagen oder auch Anträge des einstweiligen Rechtsschutzes sowie der Normenkontrolle zu erfassen sind, konkretisiert das jeweilige Fachrecht.

Zur Einführung in die Thematik werden die Bündelungsformen kurz dargestellt und nachfolgend an gegebener Stelle detailliert betrachtet.

1. Musterfeststellungsklage

Eine Musterfeststellungsklage, verkürzt Musterklage oder Musterverfahren, stellt sich so dar, dass die Individualklagen so lange ausgesetzt werden, bis in einem weiteren Verfahren ein oder mehrere ausgewählte Musterprozesse für alle (sich angeschlossenen oder unmittelbar Beteiligten) über einzelne Sach- und Rechtsfragen in einem Musterurteil entschieden wer-

215 *Geiger*, Kollektiver Rechtsschutz, S. 252.

216 S.a. *Kocher*, in: Brömmelmeyer, Die EU-Sammelklage, 71 (72) mit dem Hinweis darauf, dass Rechtsschutz schon durch Individualrechtsschutz gewährleistet wird.

den.[217] Die Bedeutung der ausgewählten Prozesse geht für die Beteiligten über die konkrete Prozessführung hinaus.[218] Das Urteil hat dann mitunter Bindungswirkung für die ausgesetzten Verfahren, welche im Anschluss individuell fortgeführt werden können.[219]

2. Gruppenklage

Eine Gruppenklage, welche auch als Sammelklage bezeichnet wird, fasst alle rechtshängigen Verfahren einer fest umreißbaren Gruppe zusammen und führt sie zu einer einheitlichen Entscheidung.[220] Als Kläger tritt hier nicht eine externe Institution auf, sondern ein oder mehrere Geschädigte als Repräsentant/en der Gruppe, die sich selbst organisieren.[221] Es kommt zu einer Bündelung kumulativer Individualinteressen.[222] Am Ende kann nicht nur ein Feststellungsurteil, sondern eine Verurteilung auf Zahlung erzielt werden.[223]

3. Verbandsklage

Eine Verbandsklage ist in Abgrenzung dazu die Möglichkeit der Verfolgung subjektiver oder objektiver Interessen durch klagende Verbände oder Interessenvereinigungen gegen ein schädigendes Verhalten eines Drit-

---

217 *Geiger*, Kollektiver Rechtsschutz, S. 32; *Meller-Hannich*, in: Brömmelmeyer, Die EU-Sammelklage, 33 (38); *Reuschle*, WM 2004, 966 (975); *Tilp/Schiefer*, NZV 2017, 14 (16); *Weimann*, Kollektiver Rechtsschutz, S. 20. Dazu, dass das Verfahren zu Demonstrationszwecken durchgeführt wird, *Koch*, Verbraucherprozessrecht, S. 63.

218 *Knauer*, ZStW 120 (2008), 826 (833); *Reuschle*, WM 2004, 966 (969).

219 *Christonakis*, JA 2000, 498 (501); *Geiger*, Kollektiver Rechtsschutz, S. 32; s.a. *Reuschle*, WM 2004, 966 (969); *Weimann*, Kollektiver Rechtsschutz, S. 20. Zur Einführung von Pilotverfahren im Strafprozess s.a. *Knauer*, ZStW 120 (2008), 826.

220 *Geiger*, Kollektiver Rechtsschutz, S. 30; *Gurkmann*, Referat 72. DJT, K 9 (K 18); *Weimann*, Kollektiver Rechtsschutz, S. 20.

221 *Brömmelmeyer*, in: ders., Die EU-Sammelklage, 57 (64); *Geiger*, Kollektiver Rechtsschutz, S. 30.

222 *Geiger*, Kollektiver Rechtsschutz, S. 14.

223 *Weimann*, Kollektiver Rechtsschutz, S. 20.

ten.[224] Sie existiert einerseits im Zivilrecht, so z.B. in § 8 Abs. 3 UWG, § 33 Abs. 2 GWB sowie §§ 3 ff. UKlaG,[225] oder aber im öffentlichen Recht z.B. § 64 BNatSchG, § 1 TSVKG Saarland[226], § 2 Abs. 1 UmwRG[227] sowie rechtsgebietsübergreifend in Art. 80 Abs. 2 DS-GVO. Sie ist sinnvoll, wenn neben der Wahrnehmung subjektiver Rechte auch eine objektive Rechtsbewährung, also Aspekte des Allgemeininteresses, angestrebt werden.[228]

Diese Einteilung der Klagearten ist dabei nicht zwingend und abschließend. Es ist durchaus denkbar, dass sich die einzelnen Modelle vermischen. Zu gegebener Zeit wird auf die einzelnen Arten näher eingegangen.

---

224 *Geiger*, Kollektiver Rechtsschutz, S. 29; *Tilp/Schiefer*, NZV 2017, 14 (16). Näher zur Verbandsklage Kapitel 3 D.

225 *Geiger*, Kollektiver Rechtsschutz, S. 30; *Weimann*, Kollektiver Rechtsschutz, S. 20.

226 Gesetz über das Verbandsklagerecht für anerkannte Tierschutzverbände vom 26.6.2013, Saarländischer Landtag, Amtsbl. Rn. 20, 22.8.2013, I S. 268. S.a. § 3 Abs. 1 TierSchMVG BaWü; § 1 Abs. 1 BremTSVbklG; § 1 Abs. 1 HmbTierSchVKG; § 2 TierSchKG ND; § 3 Abs. 1 TierSchLMVG RP; § 1 Abs. 1 TierSchVKG SH. Ebenso befand sich in § 1 Abs. 1 TierschutzVMG NRW ein Verbandsklagerecht für Tierschutzverbände. Mit Ablauf seiner Befristung am 31.12.2018 ist es außer Kraft getreten.

227 *Weimann*, Kollektiver Rechtsschutz, S. 20.

228 Zur Geltendmachung öffentlicher Interessen auch *Einhaus*, Kollektiver Rechtsschutz, S. 50, 426; *Geiger*, Kollektiver Rechtsschutz, S. 13.

Kapitel 2 – Kollektiver Rechtsschutz im Zivilrecht

A. *Einleitung*

Bereits unzählige Versuche wurden gestartet, den kollektiven Rechtsschutz in Deutschland zu erweitern. Meist ging diesen Bestrebungen ein aktuelles Ereignis voraus. So führte der Flughafenbau in München 1991 zur Einführung des § 93a VwGO für Musterverfahren im Verwaltungsprozessrecht.[229]

Auch auf zivilprozessualer Ebene beschäftigte man sich schon Ende der 1990er Jahre auf dem 62. DJT mit der Bewältigung der Haftung von Massenschäden.[230] Ebenso vier Jahre später auf dem 64. DJT im Jahr 2002 gab es einen Beschluss zur Einführung einer bereichsspezifischen Gruppenklage für das Kapitalmarkt- und Börsenrecht.[231] 2005 folgte die Einführung des KapMuG, dessen Hintergrund vor allem die unzähligen Klagen im Zusammenhang mit dem dritten Börsengang der Deutschen Telekom AG bildeten.[232] 2014 erstellten mehrere Abgeordnete und die Fraktion Bündnis 90/Die Grünen einen Entwurf eines Gesetzes über die Einführung von Gruppenverfahren.[233]

Mit der Zeit gerieten die Bestrebungen zur Etablierung von kollektiven Rechtsschutzinstrumenten jedoch genauso schnell wie die sie auslösenden Ereignisse in Vergessenheit und der Hype um einen neuen Rechtsbehelf oder eine Veränderung der existierenden ebbte ab. Diese wellenartige Bewegung erhielt im Jahre 2015 erneut einen Ausschlag, als bekannt wurde, dass VW die Abgaswerte seiner Diesel-PKWs manipulierte.[234] Daraufhin wurde die Musterfeststellungsklage am 1.11.2018 in das deutsche Rechtssystem eingeführt.

Gleichzeitig wurden Bestrebungen auf EU-Ebene laut. Justiziarin *Vera Journova* möchte eine EU-Sammelklage einführen. Bereits am 11.6.2013

---

229 BT-Drs. 11/7030, S. 28; BVerfG, Beschl. v. 27.3.1980 – 2 BvR 316/80, BVerfGE 54, 39 (40). *Boermann*, in: Thießen, Der Richter, 50 (52); ausführlich dazu *Kruppa*, KapMuG, S. 74 ff.; *Peters/Müller*, in: Sodan/Ziekow, VwGO, § 93a Rn. 1; *Reuschle*, WM 2004, 966 (974). Dazu ausführlich in Kapitel 3 C.

230 *Bar*, Gutachten A 62. DJT.

231 Deutscher Juristentag, P-89, Nr. 1.15, Beschluss 35:20:5.

232 *Heitzig*, Das KapMuG, S. 3 f.

233 BT-Drs. 18/1464.

234 *Behrens*, ZJS 2018, 514 (514); *Rother*, Referat 72. DJT, K 23 (K 32).

sprach die Kommission eine Empfehlung über Gemeinsame Grundsätze für kollektive Unterlassungs- und Schadensersatzverfahren in den Mitgliedstaaten bei Verletzung von durch Unionsrecht garantierten Rechten (2013/396/EU) aus.[235] Durch das Bekanntwerden der PKW-Manipulationen wurden diese Bestrebungen nochmals aufgegriffen. Am 11.4.2018 wurde unter dem Schlagwort „New Deal for Consumers“ ein Vorschlag für eine Richtlinie des Europäischen Parlaments und des Rates über Verbandsklagen zum Schutz der Kollektivinteressen der Verbraucher und zur Aufhebung der Richtlinie 2009/22/EG von der Kommission vorgestellt.[236]

Das nachfolgende Kapitel thematisiert umfassend ausgewählte kollektive Rechtsinstitute im Zivilprozessrecht und geht dabei der Frage nach, ob und inwiefern es einer Erweiterung der Rechtsschutzmöglichkeiten bedurft hat. In diesem Zusammenhang wird insbesondere die neu eingeführte Musterfeststellungsklage schwerpunktmäßig untersucht. Der Vollständigkeit halber wird im Anschluss der Richtlinienvorschlag der EU überblicksartig dargestellt.[237]

B. Parteien

Um über kollektiven Rechtsschutz sprechen zu können, drängt sich auch die Bestimmung der Beteiligten auf.

Über der Zivilprozessordnung schwebt der Grundgedanke der Dispositionsmaxime. Jeder ist für seine Rechtsdurchsetzung selbst verantwortlich. Jedem steht es frei, Klage zu erheben und für seine Rechte zu kämpfen oder von einer Klageerhebung abzusehen.[238] Das deutsche materielle Zivilrecht ist dabei geprägt von der Privatautonomie, welche sich im Prozess

---

235 Empfehlung der Kommission v. 11.6.2013, Gemeinsame Grundsätze für kollektive Unterlassungs- und Schadensersatzverfahren in den Mitgliedstaaten bei Verletzung von durch Unionsrecht garantierten Rechten, ABl. EU v. 26.7.2013, L 201/60.

236 COM(2018) 184 final. Die Richtlinie 2009/22/EG bezeichnet die Richtlinie des Europäischen Parlaments und des Rates vom 23.4.2009 über Unterlassungsklagen zum Schutz der Verbraucherinteressen, ABl. EU v. 1.5.2009, L 110/30 (nachfolgend Unterlassungsklagenrichtlinie).

237 S. unter E.

238 *Grunsky/Jacoby*, ZPR, Rn. 84; *Musielak/Voit*, GK ZPO, Rn. 205; *Rüßmann*, in: Matusche-Beckmann, Keio-Tage 2014, 39 (40).

durch den Dispositions- und Beibringungsgrundsatz fortsetzt.[239] Im Rahmen des kollektiven Rechtsschutzes ist daher zu klären, wie mehrere Beteiligte sich organisieren können, um Rechtsschutz zu bekommen. Dazu erfordert es einer generellen Betrachtung der Parteibegriffe.

I. Parteibegriff

Hierzulande gilt das Zweiparteiensystem, d.h. es gibt je eine offensive und eine defensive Partei.[240] Seit Anfang des 20. Jahrhunderts hat sich der Parteibegriff weg vom materiellen hin zu einem formellen Parteibegriff bewegt.[241] Ursprünglich galt als Partei nur derjenige, der Subjekt des in Streit stehenden Rechtsverhältnisses zu sein behauptet.[242] Heute gibt die formelle Begrifflichkeit vor, dass derjenige, der im eigenen Namen Rechtsschutz vom Gericht begehrt oder gegen wen dieser eine staatliche Rechtsschutzhandlung begehrt, Partei ist.[243] Prozessuales Agieren und materielle Rechtsinhaberschaft werden strikt getrennt.[244] Dabei kann die Prozesshandlung, durch die der Rechtsstreit eingeleitet wird, Aufschluss über die Parteienstellung geben.[245] Die Fähigkeit, Partei eines Zivilprozesses gemäß § 50 Abs. 1 ZPO zu sein, bestimmt sich nach der Rechtsfähigkeit und kommt natürlichen sowie juristischen Personen sowohl des Privat- als auch des öffentlichen Rechts zu.[246] Darüber hinaus sind auch Personenhandelsgesellschaften gemäß § 124 Abs. 1 HGB respektive § 161

239 *Grunsky/Jacoby*, ZPR, Rn. 84; *Guckelberger*, in: Verein Deutscher Verwaltungsgerichtstag e.V., 18. Deutscher Verwaltungsgerichtstag, 377 (382). Kritisch *Halfmeier*, Popularklagen, S. 346 f.

240 *Althammer*, in: Zöller, ZPO, vor § 50 Rn. 5.

241 *Hess/Jauernig*, ZPR, § 18 Rn. 11. Zur Begrifflichkeit des „formellen Parteibegriffs" auch BGH, Urt. v. 16.12.1982 – VII ZR 55/82, BGHZ 86, 160 (164).

242 *Hess/Jauernig*, ZPR, § 18 Rn. 11; *Wach*, Handbuch des Deutschen Civilprozessrechts, S. 518.

243 *Einhaus*, Kollektiver Rechtsschutz, S. 315; *Hess/Jauernig*, ZPR, § 18 Rn. 4; *Hüßtege*, in: Thomas/Putzo, ZPO, Vorb. § 50 Rn. 2; s.a. *Schwab*, ZPR, Rn. 17G; *Geiger*, Kollektiver Rechtsschutz, S. 14; *Grunsky/Jacoby*, ZPR, Rn. 223; *Musielak/Voit*, GK ZPO, Rn. 418; LAG BaWü, Urt. v. 23.9.2011 – 18 Sa 49/11, NZA-RR 2012, 33 (34); BGH, Beschl. v. 11.5.2005 – XII ZB 242/03, NJW-RR 2005, 1237; *Lindacher*, in: Rauscher/Krüger, MüKo ZPO, Bd. 1, Vorb. § 50 Rn. 2.

244 *Gottwald*, in: Rosenberg/Schwab/ders., ZPR, § 40 Rn. 2; *Schreiber*, Jura 2010, 750 (750).

245 *Hüßtege*, in: Thomas/Putzo, ZPO, Vorb. § 50 Rn. 3.

246 *Hess/Jauernig*, ZPR, § 19 Rn. 3.

Abs. 2 HGB parteifähig. Mittlerweile hat der BGH ebenso die Parteifähigkeit der Gesellschaft des bürgerlichen Rechts anerkannt.[247] § 50 Abs. 2 ZPO gewährt auch nicht rechtsfähigen Vereinen das Recht zu klagen und verklagt zu werden. Darüber hinaus gilt nicht der Vertreter, sondern der Vertretene im Zivilprozess als Partei.[248]

II. Prozessführungsbefugnis

Dieser formelle Parteibegriff führt dazu, dass uferloses Klagen ermöglicht wird, indem jeder unabhängig von seiner materiellen Rechtsstellung Klage erheben kann. Das Abgrenzungsmerkmal zu Popularklagen wurde durch die Aufgabe des materiellen Parteibegriffs ausgeklammert.[249] Um eine Ausuferung zu vermeiden, bedarf es als Prozessvoraussetzung ergänzend der Prozessführungsbefugnis.[250] Per definitionem versteht man darunter das Recht, als die richtige Partei im eigenen Namen einen Prozess über das streitige Recht zu führen, ohne dass eine materiell-rechtliche Beziehung zum Streitgegenstand vorliegt.[251] Erweiternd wird auch das Führen eines Prozesses als Partei über ein fremdes Recht erfasst.[252] Zumeist klagen die Parteien ihre eigenen Rechte ein und sind daher unproblematisch auch prozessführungsbefugt. Ausnahmen ergeben sich jedoch beispielsweise in Fällen der Prozessstandschaft. Dieser liegt ein Auseinanderfallen der Rechtsinhaberschaft und der Prozessführung zugrunde.[253] Sie umschreibt die Befugnis, im eigenen Namen aus einem fremden Recht zu klagen oder verklagt zu werden.[254] Unterschieden werden die gesetzliche und gewillkürte Prozessstandschaft.[255] Zur ersteren zählt die „Prozessführung kraft

---

247 S. dazu BGH, Urt. v. 29.1.2001 – II ZR 331/00, BGHZ 146, 341 (341 ff.).

248 *Geiger*, Kollektiver Rechtsschutz, S. 14; *Gottwald*, in: Rosenberg/Schwab/ders., ZPR, § 40 Rn. 7.

249 *Einhaus*, Kollektiver Rechtsschutz, S. 318; *Lüke*, ZZP 76 (1963), 1 (10).

250 So ähnlich *Lüke*, ZZP 76 (1963), 1 (10); *Schreiber*, Jura 2010, 750 (751).

251 *Althammer*, in: Zöller, ZPO, vor § 50 Rn. 16; s.a. *Schreiber*, Jura 2010, 750 (750) m.w.N.; *Musielak/Voit*, GK ZPO, Rn. 244; BGH, Urt. v. 25.11.2004 – I ZR 145/02, NJW 2005, 1656 (1656 f.).

252 *Geiger*, Kollektiver Rechtsschutz, S. 16.

253 *Hess/Jauernig*, ZPR, § 18 Rn. 16.

254 *Musielak/Voit*, GK ZPO, Rn. 246; *Schwab*, ZPR, Rn. 71G.

255 *Althammer*, in: Zöller, ZPO, vor § 50 Rn. 18; *Geiger*, Kollektiver Rechtsschutz, S. 16; *Schwab*, ZPR, Rn. 71G.

Amtes",[256] ergo Nachlassverwalter (§ 1984 BGB), Insolvenzverwalter (§ 80 Abs. 1 InsO) usw.[257] Bei der gewillkürten Prozessstandschaft bedarf es einer wirksamen Ermächtigung zur Rechtsverfolgung der Ansprüche und ein diesbezügliches schutzwürdiges Interesse.[258] Folglich können auch Rechtsfremde unter bestimmten Voraussetzungen im eigenen Namen klagen.[259]

Im Ergebnis zeigen die vorherigen Ausführungen, dass das deutsche Zivilrecht auf ein Zweiparteiensystem angelegt ist. Besonderheiten ergeben sich dann, wenn nicht nur eine Person auf Klägerseite oder Beklagtenseite auftritt.[260]

III. Rechtskraftwirkung

Die genaue Abgrenzung des „Parteibegriffs" ist ferner nötig, um die Wirkung von Urteilen zu betrachten. Dabei spielt die Rechtskraft eine entscheidende Rolle. Es stellt sich die Frage, wer sich auf rechtskräftige Urteile berufen darf. Außerdem ist zu betrachten, auf welche Teile eines Urteils Bezug zu nehmen ist.

Die Rechtskraft dient neben dem Schutz der Parteien auch dem Schutz des öffentlichen Interesses.[261] Man unterscheidet formelle und materielle Rechtskraft. Die formelle Rechtskraft widmet sich der Beendigung des Prozesses. Sie führt somit zu Rechtssicherheit und Rechtsfrieden.[262] Eine gerichtliche Entscheidung, z.B. ein Endurteil, erwächst gemäß § 705 ZPO

---

256 Sie sind vor allem nicht Inhaber des Rechts, so die h.M. (Amtstheorie), s. dazu *Geiger*, Kollektiver Rechtsschutz, S. 15; auch *Schreiber*, Jura 2010, 750 (752).

257 Jeweils m.w.Bsp. *Althammer*, in: Zöller, ZPO, vor § 50 Rn. 19; *Geiger*, Kollektiver Rechtsschutz, S. 15; *Musielak/Voit*, GK ZPO, Rn. 248. S. VGH BaWü, Beschl. v. 23.1.2019 – 11 S 1109/18, Rn. 13, juris, dazu, dass Behörden in gesetzlicher Prozessstandschaft handeln.

258 BGH, Urt. v. 24.8.2016 – VIII ZR 182/15, NJW 2017, 487 (488); Urt. v. 7.3.2017 – VI ZR 125/16, WM 2017, 1002 (1002 f.).

259 *Einhaus*, Kollektiver Rechtsschutz, S. 318; *Gottwald*, in: Rosenberg/Schwab/ders., ZPR, § 40 Rn. 3, 11; *Lindacher*, in: Rauscher/Krüger, MüKo ZPO, Bd. 1, Vorb. § 50 Rn. 3; *Schreiber*, Jura 2010, 750 (751).

260 S. dazu die Darstellungen unter C.

261 *Einhaus*, Kollektiver Rechtsschutz, S. 335 m.w.N.

262 BGH, Beschl. v. 11.10.2018 – I ZB 9/18, NJW-RR 2019, 762 (762 f.); Urt. v. 15.1.2014 – VIII ZR 100/13, BGHZ 200, 9 (18); Urt. v. 25.3.1988 – V ZR 1/87, BGHZ 104, 109 (111). Allgemein zur Rechtskraft *Hess/Jauernig*, ZPR, § 62 Rn. 1. Dazu ausführlich *Voß*, Die Durchbrechung der Rechtskraft, S. 34 ff.

in formelle Rechtskraft. Die Entscheidung kann anschließend nicht mehr mit ordentlichen Rechtsmitteln angefochten werden, vgl. § 19 Abs. 1 EGZPO.[263] Ordentliche Rechtsmittel definiert § 19 Abs. 2 EGZPO als diejenigen Rechtsmittel, welche an eine von dem Tage der Verkündung oder Zustellung des Urteils laufenden Notfrist gebunden sind. Dies sind Berufung und Revision sowie der Einspruch bei Versäumnisurteilen.

Gleichzeitig ist die formelle Rechtskraft auch Voraussetzung für die materielle.[264] Die materielle Rechtskraft ihrerseits schützt den inneren Bestand der Entscheidung. Durch sie wird die Verhandlung und Entscheidung über formell rechtskräftig festgestellte Rechtsfolgen ausgeschlossen.[265] Gemäß § 322 Abs. 1 ZPO erwächst *der Anspruch* in Rechtskraft. Dies meint den prozessualen Streitgegenstand.[266] Zur Bestimmung der in Rechtskraft erwachsenden Entscheidung ist der Urteilstenor heranzuziehen.[267] Sofern dieser nicht ausreichend ist, um den Umfang der Rechtskraft zu bestimmen, sind der Tatbestand und die Entscheidungsgründe, ggf. auch das Parteivorbringen, zur Auslegung der Urteilsformel heranzuziehen.[268] Letztlich wird aber nur das im Tenor ersichtliche Ergebnis des Subsumtionsschlusses von der Rechtskraft erfasst.[269] Einzelne Begründungselemente erwachsen nicht in Rechtskraft.[270] Vor allem dem ersten Prozess widersprechende Urteile sind somit ausgeschlossen,[271] was ebenso Rechtssicherheit und -frieden begründet.[272] Nach der herrschenden prozes-

---

263 *Grunsky/Jacoby*, ZPR, Rn. 738; *Musielak/Voit*, GK ZPO, Rn. 1035; *Rüßmann*, in: Matusche-Beckmann, Keio-Tage 2014, 39 (40); *Voß*, Die Durchbrechung der Rechtskraft, S. 32.

264 *Götz*, in: Rauscher/Krüger, MüKo ZPO, Bd. 2, § 705 Rn. 1; *Grunsky/Jacoby*, ZPR, Rn. 736; *Hess/Jauernig*, ZPR, § 61 Rn. 9; *Voß*, Die Durchbrechung der Rechtskraft, S. 32.

265 *Musielak/Voit*, GK ZPO, Rn. 1037; *Voß*, Die Durchbrechung der Rechtskraft, S. 34.

266 BGH, Beschl. v. 22.9.2016 – V ZR 4/16, NJW 2017, 893 (894 f.); Urt. v. 15.10.2015 – III ZR 170/14, NJW-RR 2016, 372 (373); *Einhaus*, Kollektiver Rechtsschutz, S. 337 m.w.N. Ausführlich zu den unterschiedlichen Streitgegenstandsbegriffen *Musielak/Voit*, GK ZPO, Rn. 283 ff.; *Stein*, JuS 2016, 122 (123).

267 BGH, Urt. v. 22.1.2020 – IV ZR 54/19, Rn. 13, juris; Urt. v. 24.7.2014 – I ZR 27/13, GRUR 2015, 269 (270); *Musielak*, in: ders./Voit, ZPO, § 322 Rn. 16.

268 BGH, Urt. v. 22.1.2020 – IV ZR 54/19, Rn. 13, juris; Urt. v. 24.7.2014 – I ZR 27/13, GRUR 2015, 269 (270); *Musielak*, in: ders./Voit, ZPO, § 322 Rn. 16.

269 *Musielak*, in: ders./Voit, ZPO, § 322 Rn. 16 f.

270 S.a. BGH, Beschl. v. 22.9.2016 – V ZR 4/16, NJW 2017, 893 (893 f.).

271 *Grunsky/Jacoby*, ZPR, Rn. 746.

272 BVerfG, Beschl. v. 23.6.1988 – 2 BvR 260/88, NVwZ 1989, 141 (142); Beschl. v. 31.1.1978 – 2 BvL 8/77, BVerfGE 47, 146 (161).

sualen Rechtskrafttheorie besteht eine Bindungswirkung aller Richter an die im Urteil getroffenen Feststellungen.[273] Als Herleitung wird heute das Wiederholungsverbot „ne bis in idem" herangezogen.[274] Eine erneute Klage über einen identischen Streitgegenstand ist unzulässig.[275] Darüber hinaus dürfen vorgreiflich festgestellte (präjudizielle) Rechtsverhältnisse in einem Folgeprozess über einen anderen Streitgegenstand nicht in Frage gestellt werden.[276] Allerdings gilt dies nicht grenzenlos. Gemäß § 325 Abs. 1 ZPO betrifft diese Bindung nur die Parteien des Prozesses sowie ihre Rechtsnachfolger und umfasst lediglich den spezifischen Streitgegenstand.[277]

Gesetzliche Anordnungen können eine Rechtskrafterstreckung auf Dritte veranlassen, aber diese ist dann ebenso auf die Reichweite des Vorprozesses, den darin streitbefangenen Gegenstand des Rechtsstreits und die streitenden Parteien begrenzt.[278] Es besteht gerade keine erga omnes Wirkung, auf die beliebige Dritte in einer nachfolgenden Entscheidung zurückgreifen können.[279]

Für Massenschäden, bei denen sich der Lebenssachverhalt jedes Geschädigten anders darstellt, existiert kein einheitlicher prozessualer Streitgegenstand, sodass eine Rechtskrafterstreckung von vornherein ausscheidet. Ein

---

273 *Gottwald*, in: Rosenberg/Schwab/ders., ZPR, § 152 Rn. 5; *Musielak/Voit*, GK ZPO, Rn. 1038; vgl. BGH, Urt. v. 6.3.1985 – IV b ZR 76/83, NJW 1985, 2535 (2535). A.A. materiellrechtliche Rechtskrafttheorie, wonach ein Urteil die Rechtsbeziehungen der Parteien neugestalten soll, demnach Recht schaffen oder erlöschen lassen kann. Dazu *Gottwald*, in: Rosenberg/Schwab/ders., ZPR, § 152 Rn. 4 m.w.N.; *Klement*, Rechtskraft des Schiedsspruchs, S. 106 ff.; *Musielak/Voit*, GK ZPO, Rn. 1038. Ausführlich zu alldem *Voß*, Die Durchbrechung der Rechtskraft, S. 37 ff. Zur Bindungswirkung gegenüber Schiedsgerichten *Rüßmann*, in: Jochum/Elicker/Lampert, et al., FS Wendt, 1283 (1287).

274 *Althammer*, in: Stein/Jonas, ZPO, Bd. 2, § 322 Rn. 20; *Gottwald*, in: Rosenberg/Schwab/ders., ZPR, § 152 Rn. 6; *Klement*, Rechtskraft des Schiedsspruchs, S. 93; *Musielak*, in: ders./Voit, ZPO, § 322 Rn. 5. Zu der früher verwendeten Bindungstheorie, die besagt, dass es dem Richter verboten ist, im neuen Prozess abweichend zu entscheiden, *Gottwald*, in: Rosenberg/Schwab/ders., ZPR, § 152 Rn. 5 m.w.N.

275 *Grunsky/Jacoby*, ZPR, Rn. 747.

276 *Klement*, Rechtskraft des Schiedsspruchs, S. 92 mit weiteren Ausführungen dazu s. S. 97 ff.; *Schwab*, ZPR, Rn. 352 G.

277 *Einhaus*, Kollektiver Rechtsschutz, S. 340 f.; *Schwab*, ZPR, Rn. 390 G.

278 Beispiele für solche gesetzliche Regelungen § 183 Abs. 1 InsO; § 372 Abs. 2 HGB; §§ 407 Abs. 2, 408, 413; § 325 Abs. 3 ZPO. *Gottwald*, in: Rosenberg/Schwab/ders., ZPR, § 157 Rn. 2.

279 *Schwab*, ZPR, Rn. 390 G.

von anderen geführter Prozess hat für einen Dritten keinerlei Aussagekraft. Es besteht vielmehr die Gefahr divergierender Entscheidungen. Dennoch existieren unterschiedliche Möglichkeiten im deutschen Zivilrecht, Dritte an den einzelnen Verfahren teilhaben zu lassen. Diese werden im Nachfolgenden näher betrachtet.

C. Kollektive Rechtsinstitute

I. Nach der ZPO

Um eine genaue Bewertung des deutschen Rechtssystems hinsichtlich seiner Ausgestaltung des kollektiven Rechtsschutzes vornehmen zu können, muss zunächst einmal die Rechtslage de lege lata untersucht werden.

1. Streitgenossenschaft, §§ 59 ff. ZPO

Aus prozessökonomischen Gründen können im Wege der Streitgenossenschaft mehrere Prozessrechtsverhältnisse gebündelt werden.[280] Diese subjektive Klagehäufung ist sowohl auf Kläger- als auch auf Beklagtenseite möglich.[281] Zu differenzieren ist zwischen einfachen (§§ 59–61 ZPO) und notwendigen Streitgenossen (§ 62 ZPO).[282] Die notwendige Streitgenossenschaft ist aufgrund eines einheitlichen Ausgangs des Rechtsstreits zwingend.[283] Die einfache erfolgt freiwillig.[284] Innerhalb einer notwendigen Streitgenossenschaft fällt die Entscheidung einheitlich aus, bei der einfachen kann sie u.U. divergieren.[285] Dies steht der Zweckmäßigkeit der Ver-

280 *Althammer*, in: Zöller, ZPO, § 60 Rn. 4; *Einhaus*, Kollektiver Rechtsschutz, S. 361; BGH, Beschl. v. 23.1.1992 – BLw 1/92, NJW 1992, 981 (982); OLG Köln, Beschl. v. 21.2.2012 – 8 AR 65/11, Rn. 2, juris.

281 *Althammer*, in: Zöller, ZPO, § 60 Rn. 2; *Einhaus*, Kollektiver Rechtsschutz, S. 360.

282 *Einhaus*, Kollektiver Rechtsschutz, S. 361; *Hüßtege*, in: Thomas/Putzo, ZPO, § 59 Vorb Rn. 2.

283 *Grunsky/Jacoby*, ZPR, Rn. 350; *Weth*, in: Musielak/Voit, ZPO, § 62 Rn. 2; BGH, Urt. v. 25.7.2017 – II ZR 235/15, WM 2017, 1940 (1942); Teilurt. v. 3.11.2016 – I ZR 101/15, GRUR 2017, 520 (521).

284 S. Wortlaut § 59 ZPO, der von „können“ spricht. *Hüßtege*, in: Thomas/Putzo, ZPO, § 59 Vorb Rn. 1.

285 BGH, Urt. v. 20.12.2016 – VI ZR 395/15, NJW 2017, 1745 (1746); *Grunsky/Jacoby*, ZPR, Rn. 343 f.; *Haertlein*, JA 2007, 10 (10).

bindung jedoch nicht entgegen. Bei beiden Arten wird paralleles Verhandeln vermieden, was das Verfahren vereinfacht und zudem zeit- und kostengünstiger macht.[286] Insgesamt wird dadurch die Sachaufklärung verbessert, widersprechenden Entscheidungen vorgebeugt, somit die Rechtssicherheit gesteigert.[287] § 59 ZPO weist zwei Fallgruppen aus, einmal die einer Rechtsgemeinschaft § 59 1. Fall ZPO, bspw. Gemeinschaften nach § 741 BGB,[288] und an zweiter Stelle einheitliche Rechtsgründe § 59 2. Fall ZPO, die in einem gemeinschaftlichen Vertrag oder einer unerlaubten Handlung wurzeln können.[289] Daneben gibt es in § 60 ZPO eine Generalklausel, die die Gleichartigkeit der Streitgegenstände für die Begründung einer Streitgenossenschaft voraussetzt.[290] Diese Norm ist weit auszulegen und lässt im Wesentlichen gleichartige tatsächliche oder rechtliche Gründe genügen,[291] was im Falle von Massenschäden zutrifft.[292] Jeder Streitgenosse verfügt selbstständig über seinen Prozess,[293] hat u.U. einen individuellen Fristbeginn zu beachten und das Recht auf individuelle Zustellung. Außerdem sind die Verjährungshemmung, die Säumnis, die Unterbrechung oder die Aussetzung für jeden Einzelnen festzulegen.[294] Auch wenn bei Massen- sowie Streuschäden zumindest von einer Gleichartigkeit nach § 60 ZPO auszugehen ist, ist Schwachpunkt der Streitgenossenschaft, dass sich die Streitgenossen untereinander kennen müssen.[295] Dies mag bei kleineren, lokalen Streitigkeiten möglich sein, findet aller-

---

286 *Musielak/Voit*, GK ZPO, Rn. 428; s. dazu auch *Einhaus*, Kollektiver Rechtsschutz, S. 360 f.; *Grunsky/Jacoby*, ZPR, Rn. 343.

287 *Einhaus*, Kollektiver Rechtsschutz, S. 361; *Weth*, in: Musielak/Voit, ZPO, § 66 Rn. 1.

288 *Grunsky/Jacoby*, ZPR, Rn. 343, die von einer losen Verbindung sprechen; *Hüßtege*, in: Thomas/Putzo, ZPO, § 60 Rn. 2.

289 *Einhaus*, Kollektiver Rechtsschutz, S. 363; *Hüßtege*, in: Thomas/Putzo, ZPO, § 60 Rn. 3.

290 *Grunsky/Jacoby*, ZPR, Rn. 345.

291 *Althammer*, in: Zöller, ZPO, § 60 Rn. 7; OLG Hamm, Beschl. v. 15.8.2017 – I-32 SA 47/17 u.a., Rn. 6, juris; Beschl. v. 8.5.2017 – I-32 SA 27/17 u.a., Rn. 14, juris; OLG Köln, Beschl. v. 21.2.2012 – 8 AR 65/11, Rn. 2, juris.

292 *Bar*, Gutachten A 62. DJT, A 90; *Geiger*, Kollektiver Rechtsschutz, S. 36; *Haß*, Die Gruppenklage, S. 140; vgl. *Wagner*, in: Casper/Janssen/Pohlmann, et al., Auf dem Weg, 41 (60 f.); *Wanner*, Das KapMuG, S. 33.

293 BGH, Teilurt. v. 3.11.2016 – I ZR 101/15, GRUR 2017, 520 (521); *Althammer*, in: Zöller, ZPO, § 61 Rn. 8; *Weth*, in: Musielak/Voit, ZPO, § 61 Rn. 2.

294 *Althammer*, in: Zöller, ZPO, § 61 Rn. 8; *Geiger*, Kollektiver Rechtsschutz, S. 36; *Wagner*, in: Casper/Janssen/Pohlmann, et al., Auf dem Weg, 41 (61).

295 *Buchner*, Kollektiver Rechtsschutz, S. 74 f.; *Rother*, Referat 72. DJT, K 23 (K 26); BT-Drs. 15/5907, S. 13; 15/5091, S. 13.

dings Grenzen bei nationalen oder gar internationalen Rechtsstreitigkeiten mit unzählbar betroffenen Personen.[296] *Von Bar* weist in seinem Gutachten darauf hin, dass Massenschäden häufig bei Opfern verschiedener Nationen auftreten, daher Auslandsberührungen haben.[297] Obschon das Internet sowie Social Media es erleichtern, Gleichgesinnte auf der ganzen Welt zu finden, erfordert diese Suche vor allem ein aktives Tätigwerden der Betroffenen. Zu berücksichtigen sind dabei auch mögliche Sprachbarrieren und vor allem die „gefürchtete“ Anonymität im Netz.

Am Beispiel der manipulierten Abgassoftware von mehr als 2,5 Mio. Kraftfahrzeugen[298] wird deutlich, dass ein Vorgehen durch eine Streitgenossenschaft in einem regulären Zivilprozess bei einer solchen Masse an Betroffenen nicht durchführbar ist.[299] Außerdem ist der Einzelne immer noch dazu angehalten, das Verfahren selbst zu betreiben, was die Streitgenossenschaft somit zur Überwindung des rationalen Desinteresses untauglich macht.[300] Zusätzlich ist auf die Gefahr der Prozesstrennung hinzuweisen, § 145 Abs. 1 S. 1 ZPO.[301] Für eine Lösung der vormals erwähnten Problemstellung eignet sich diese somit nicht.

2. Nebenintervention, §§ 66 ff. ZPO

Die Nebenintervention aus §§ 66 ff. ZPO, auch Streithilfe, ist die Beteiligung eines Dritten an einem Rechtsstreit zum Zweck der Wahrung der eigenen Interessen.[302] Diese besteht darin, dass gemäß § 68 Hs. 1 ZPO der Nebenintervenient in einem Folgeprozess die Unrichtigkeit des Rechtsstreits nicht mehr geltend machen kann. Primäres Ziel dieser Beteiligungsart ist die Vermeidung widersprüchlicher Entscheidungen und die Gewährleistung rechtlichen Gehörs für den Dritten, indem letzterer sich

---

296 *Reuschle*, WM 2004, 966 (966); *Stadler*, in: Brönneke, Kollektiver Rechtsschutz, 1 (5).

297 *Bar*, Gutachten A 62. DJT, A 9.

298 *Heese*, JZ 2019, 429 (429); *Weinland*, MFK, Rn. 9.

299 *Rother*, Referat 72. DJT, K 23 (K 27); *Weinland*, MFK, Rn. 9.

300 *Fest*, ZfPW 2016, 173 (176); *Meller-Hannich*, Gutachten A 72. DJT, A 57; *Rother*, Referat 72. DJT, K 23 (K 26); *Stadler*, VuR 2018, 83 (84).

301 *Fest*, ZfPW 2016, 173 (176); *Meller-Hannich*, Gutachten A 72. DJT, A 57. Dazu, dass die Prozesstrennung auf Ausnahmefälle beschränkt werden sollte, *Rother*, Referat 72. DJT, K 23 (K 31).

302 *Bendtsen*, in: Saenger, ZPO, § 66 Rn. 1; *Musielak/Voit*, GK ZPO, Rn. 630.

schon in einem ersten Prozess äußern und mitwirken kann.[303] Für einen späteren Prozess besteht Bindungswirkung an die gerichtliche Entscheidung und die diese tragenden tatsächlichen und rechtlichen Feststellungen.[304] Beitrittsvoraussetzung ist ausweislich § 66 Abs. 1 S. 1 ZPO ein rechtliches Interesse als Interventionsgrund. Der BGH definiert dieses mit der unmittelbaren oder mittelbaren Einwirkung des Inhalts oder der Vollstreckung der Entscheidung auf Rechtsverhältnisse des Dritten.[305] Da jeder Streitgenosse durch ein eigenständiges Prozessrechtsverhältnis sowohl mit dem Gericht als auch seiner Gegenpartei verbunden ist, können sie jeweils Nebenintervenienten des anderen sein.[306] Ähnlich wie die einfache Streitgenossenschaft erfolgt der Beitritt freiwillig und in der Praxis daher eher selten,[307] weshalb auch hier als Schwachpunkt die Bekanntheit der Parteien untereinander zu nennen ist. Die Nebenintervention ist aus diesen Gründen für Verfahren mit größerem Ausmaß untauglich.

3. Streitverkündung (litis denuntiatio), § 72 ZPO

Die Streitverkündung gemäß § 72 ZPO kann wortwörtlich verstanden werden. Einem Dritten wird das Vorliegen eines anhängigen Rechtsstreits verkündet.[308] Ebenso wie die bereits dargestellten Möglichkeiten will auch die Streitverkündung gegenläufige Entscheidungen vermeiden und den Einzelnen so vor einem mehrfachen Unterliegen innerhalb der Prozesse schützen.[309] Der Dritte, (Streit-)Verkündungsempfänger, wird durch förmliche Benachrichtigung durch die verkündende Partei, den Streitverkün-

303 *Bendtsen*, in: Saenger, ZPO, § 66 Rn. 1; *Haertlein*, JA 2007, 10 (11); *Weth*, in: Musielak/Voit, ZPO, § 66 Rn. 1.

304 BGH, Urt. v. 9.11.1982 – VI ZR 293/79, BGHZ 85, 252 (255) m.w.N.; *Haertlein*, JA 2007, 10 (13); *Musielak/Voit*, GK ZPO, Rn. 640.

305 *Haertlein*, JA 2007, 10 (12); BGH, Beschl. v. 19.9.2017 – XI ZB 13/14, BGHZ 216, 27 (34); Beschl. v. 18.11.2015 – V II ZB 57/12, NJW 2016, 1018 (1019); Urt. v. 21.4.2016 – I ZR 198/13, WRP 2016, 711 (712); Beschl. v. 10.2.2011 – I ZB 63/09, NJW-RR 2011, 907 (908); Beschl. v. 17.1.2006 – X ZR 236/01, BGHZ 166, 18 (28). S.a. BGH, Beschl. v. 13.4.2017 – III ZR 398/15, wonach es einer Unterstützungsmöglichkeit für die Partei bedarf.

306 *Musielak/Voit*, GK ZPO, Rn. 426.

307 *Weth*, in: Musielak/Voit, ZPO, § 66 Rn. 1.

308 BGH, Beschl. v. 19.9.2017 – XI ZB 13/14, BGHZ 216, 27 (28 f.); *Haertlein*, JA 2007, 10 (13).

309 *Haertlein*, JA 2007, 10 (13); *Scherer*, VuR 2019, 243 (246).

der, kontaktiert.[310] Dafür bedarf es gemäß § 72 Abs. 1 ZPO eines Streitverkündungsgrundes, der demzufolge dann vorliegt, wenn eine Partei glaubt, dass sie im Falle des für sie ungünstigen „Ausganges des Rechtsstreits einen Anspruch auf Gewährleistung oder Schadloshaltung gegen einen Dritten erheben" kann oder den Anspruch eines Dritten besorgt. Im Unterschied zur Nebenintervention ist Initiator hier die Hauptpartei.[311] Ein Interesse der Hauptpartei dafür kann in der Interventionswirkung zu ihren Gunsten im Falle des Prozessverlustes liegen. Zudem kann die Sachverhaltserforschung durch einen kundigen Dritten besser gelingen.[312]

Der Beitritt des Dritten ist freiwillig. Entscheidet sich der Dritte zum Beitritt, finden die Grundsätze der Nebenintervention Anwendung, § 74 Abs. 1 ZPO. Lehnt er den Beitritt ab, tritt die Interventionswirkung gemäß § 74 Abs. 2 und 3 ZPO unter Verweis auf § 68 ZPO ein, die Bindungswirkung trifft ihn also gleichermaßen.[313] Die Interventionswirkung wird erst in einem Folgeprozess relevant.[314] Doch auch hier macht es im Ergebnis keinen Unterschied, ob die Initiative von der Hauptpartei oder dem Dritten ausgeht. Sie müssen einander bekannt sein. Für eine umfassende prozessuale Bewältigung von Massen- und Bagatellschäden ist die Streitverkündung nicht geeignet.

4. Prozessverbindung, § 147 ZPO

Gemäß § 147 ZPO kann das Gericht mehrere bei ihm anhängige Prozesse, gleicher oder verschiedener Parteien, zum Zwecke der gleichzeitigen Verhandlung und Entscheidung verbinden. Durch den gleichzeitigen Ablauf der Verhandlungen, Beweisaufnahmen und Entscheidungen wird damit die Prozessökonomie verbessert.[315] Voraussetzung für die Verbindung zweier Prozesse ist, dass der jeweilige Prozessgegenstand in einem rechtlichen Zusammenhang steht (§ 33 Abs. 1 ZPO) oder eine subjektive oder objektive Klagehäufung möglich ist.[316] Ausreichend für den rechtlichen

---

310 *Haertlein*, JA 2007, 10 (13).

311 *Schwab*, ZPR, Rn. 36 G.

312 *Grunsky/Jacoby*, ZPR, Rn. 370; *Musielak/Voit*, GK ZPO, Rn. 652.

313 *Musielak/Voit*, GK ZPO, Rn. 654; zur Wirkung *Grunsky/Jacoby*, ZPR, Rn. 370.

314 BGH, Beschl. v. 19.9.2017 – XI ZB 13/14, BGHZ 216, 27 (35); *Grunsky/Jacoby*, ZPR, Rn. 373.

315 *Einhaus*, Kollektiver Rechtsschutz, S. 371; *Geiger*, Kollektiver Rechtsschutz, S. 33; *Greger*, in: Zöller, ZPO, § 147 Rn. 1; *Reuschle*, WM 2004, 966 (967).

316 *Greger*, in: Zöller, ZPO, § 147 Rn. 3.

Zusammenhang ist schon der Bezug zu demselben Vertrag oder einem bestimmten Schadensereignis.[317] Für Massenschäden, denen gleichartige Ansprüche zugrunde liegen, ergibt sich daraus, dass sie die Anforderungen der Prozessverbindung erfüllen.[318] Als Gegenstück zur Prozesstrennung nach § 145 ZPO bedarf es für die Prozessverbindung eines Beschlusses entsprechend dem § 145 Abs. 1 S. 2 ZPO.[319] Umstritten ist, ob es innerhalb desselben Gerichts auch derselbe Spruchkörper sein muss,[320] der für die zu verbindenden Verfahren zuständig sein muss. Unstrittig ist aber die Tatsache, dass die Anhängigkeit bei demselben Gericht bestehen muss, um den Parteien nicht ihren gesetzlichen Richter zu entziehen, Art. 101 Abs. 1 S. 2 GG.[321] Eine Verweisung der Verbindung wegen ist nicht möglich.[322]

Während sich bei einem massiven Anstieg der Eingangszahlen Parallelen der Prozesse vermutlich herumsprechen, ist aber vor allem für Verfahren mit geringer Fallanzahl festzustellen, dass der Zufall darüber entscheidet, ob das Gericht Kenntnis von einem Parallelprozess erlangt oder nicht.[323] Allenfalls wenn die Klagen nach dem allgemeinen Gerichtsstand am Wohnort des Beklagten eingehen (§§ 12 ff. ZPO), kann die Prozessverbindung eine mögliche Bündelung darstellen. Somit ist diese Möglichkeit der Kollektivität ebenfalls für Massenschäden bzw. national sowie international auftretende Streitigkeiten in der Regel irrelevant.

Außerdem setzt eine Prozessverbindung zunächst eine individuelle Klageerhebung voraus, die aufgrund rationaler Apathie oft ausbleibt. Weiterhin erweist sich dieses Institut dadurch als untauglich, weil mit der Erhö-

317 *Einhaus*, Kollektiver Rechtsschutz, S. 372.

318 *Einhaus*, Kollektiver Rechtsschutz, S. 372, 374; *Geiger*, Kollektiver Rechtsschutz, S. 34.

319 BAG, Beschl. v. 21.9.2016 – 10 AZN 67/16, BAGE 156, 359 (367).

320 BAG, Beschl. v. 21.9.2016 – 10 AZN 67/16, BAGE 156, 359 (362 ff., 366) hegt keine verfassungsrechtlichen Bedenken bei einem spruchkörperübergreifenden Vorgehen, sofern der Geschäftsverteilungsplan dementsprechend aufgestellt wurde (Rn. 14 ff.; 24); s. dazu *Einhaus*, Kollektiver Rechtsschutz, S. 372 f., der dies nur bei Zustimmung aller Parteien für mit dem GG vereinbar ansieht. Ebenso *Greger*, in: Zöller, ZPO, § 147 Rn. 2.

321 Zu dieser „complex litigation“ s. *Beck*, in: Husemann/Korves/Rosenkranz, et al., Strukturwandel und Privatrecht, 401 (404); *Einhaus*, Kollektiver Rechtsschutz, S. 371; *Reuschle*, WM 2004, 966 (967); *Stadler*, in: Brönneke, Kollektiver Rechtsschutz, 1 (4 f.).

322 BT-Drs. 15/5091, S. 14.

323 BGH, Beschl. v. 30.3.2005 – X ZB 26/04, NJW 2005, 1947; *Geiger*, Kollektiver Rechtsschutz, S. 34; vgl. *Wöstmann*, in: Saenger, ZPO, § 148 Rn. 1 unter Hinweis auf die Einheitlichkeit der Entscheidung und die Vermeidung doppelter Prozessführung.

hung der Anzahl der verbundenen Prozesse zugleich auch die Komplexität des Prozesses ansteigt.[324] Für Massenschäden, die meist global und per definitionem im großen Maße auftreten,[325] würde eine Verbindung der Prozesse den Verfahrensgang eher verkomplizieren und aufblähen.

5. Verfahrensaussetzung, § 148 ZPO

Die Verfahrensaussetzung ermöglicht es, gemeinsame Interessen zu klären, indem das Gericht die Verhandlung so lange aussetzt, bis ein anderer Rechtsstreit entschieden worden ist. Dies dient der Prozessökonomie einerseits und der Kosteneinsparung andererseits.[326] Der andere Rechtsstreit muss vorgreiflich auf den anhängigen wirken.[327] Dies ist dann der Fall, wenn in diesem anderen Rechtsstreit über ein Rechtsverhältnis entschieden wird, dessen Bestehen für den ausgesetzten Prozess präjudizielle Bedeutung zukommt.[328] Das Vermeiden widersprechender Entscheidungen oder doppelter Beweisaufnahmen allein begründet diese Voraussetzung ebenso wenig wie die Situation, dass die gleiche Rechtsfrage in einem anderen Verfahren zu entscheiden ist.[329] Andererseits ist eine vollständige Identität der Streitgegenstände zu weitreichend, da dann eine Vorgreiflichkeit wegen der anderweitigen Rechtshängigkeit ausscheidet, vgl. § 261 Abs. 3 Nr. 1 ZPO.[330] Im Fall von Parallelprozessen sind die Verfahren selbstständig und somit keines vorgreiflich gegenüber dem anderen.[331]

---

324 S.a. *Einhaus*, Kollektiver Rechtsschutz, S. 374 m.w.N.; *Stadler*, in: Brönneke, Kollektiver Rechtsschutz, 1 (6); *Beck*, in: Husemann/Korves/Rosenkranz, et al., Strukturwandel und Privatrecht, 401 (404).

325 S. dazu ausführlich Kapitel 1 C II 2.

326 Zur Vermeidung widersprüchlicher Entscheidungen LAG Köln, Beschl. v. 14.6.2017 – 4 Ta 97/17, Rn. 12, juris. *Geiger*, Kollektiver Rechtsschutz, S. 34; *Skamel*, NJW 2015, 2460 (2460).

327 BGH, Beschl. v. 30.3.2005 – X ZB 26/04, NJW 2005, 1947.

328 *Fritsche*, in: Rauscher/Krüger, MüKo ZPO, Bd. 1, § 148 Rn. 5; *Greger*, in: Zöller, ZPO, § 148 Rn. 5; *Reuschle*, WM 2004, 966 (967); *Stadler*, in: Musielak/Voit, ZPO, § 148 Rn. 5; BGH, Beschl. v. 25.11.2013 – NotZ (Brfg) 11/13, NJW-RR 2014, 631 (632); OLG Jena, Beschl. v. 10.7.2000 – 7 W 346/00, NJW-RR 2001, 503.

329 *Geiger*, Kollektiver Rechtsschutz, S. 34; *Stadler*, in: Musielak/Voit, ZPO, § 148 Rn. 5; *Wöstmann*, in: Saenger, ZPO, § 148 Rn. 4; OLG Jena, Beschl. v. 10.7.2000 – 7 W 346/00, NJW-RR 2001, 503.

330 *Fritsche*, in: Rauscher/Krüger, MüKo ZPO, Bd. 1, § 148 Rn. 5.

331 *Greger*, in: Zöller, ZPO, § 148 Rn. 5a; *Wöstmann*, in: Saenger, ZPO, § 148 Rn. 4; BT-Drs. 15/5091, S. 14.

Auch eine bloß tatsächliche Möglichkeit der Einflussnahme ist unzureichend.[332] Im Prozess um Massen- sowie Streuschäden ist die Vorgreiflichkeit zu negieren. Die Parteien wollen gleiche oder ähnliche Rechts- und Tatsachenfragen geklärt wissen.[333] Diese stellen jedoch keine präjudizielle Bedeutung und Abhängigkeit her. Gegeben wäre ferner nur ein identischer Haftungsgrund, die Haftungsausfüllung erfolgt spezifisch nach dem zugrunde liegenden Sachverhalt, sodass wenn überhaupt nur die Feststellungen über den Haftungsgrund übertragbar wären.[334]

Am 1. November 2018 wurde § 148 ZPO im Rahmen des Gesetzes zur Einführung einer zivilprozessualen Musterfeststellungsklage[335] um einen zweiten Absatz erweitert. Dieser bestimmt, dass das Gericht auf Antrag des Klägers, der kein Verbraucher ist, seine Verhandlung bis zur Erledigung des Musterverfahrens aussetzen kann, wenn die Entscheidung des Rechtsstreits von Feststellungszielen einer anhängigen Musterfeststellungsklage abhängt. Als Nicht-Verbraucher ist der Antragsteller nicht anmeldeberechtigt, für ihn gilt die – später noch ausführlich dargestellte – Bindungswirkung aus § 613 ZPO daher nicht. Durch die Aussetzung kann er dennoch vom Ausgang der Musterfeststellungsverfahren profitieren.[336]

6. Verwertung von Beweisergebnissen aus einem anderen Prozess

Als weitere Möglichkeit können Beweisergebnisse aus Parallelverfahren für das oft aufwendige Beweisverfahren genutzt werden. Dies erweist sich aus Kosten- und Zeitgründen begrüßenswert.[337] Grundsätzlich gilt im Zivilprozess ausweislich § 355 Abs. 1 ZPO der Unmittelbarkeitsgrundsatz, der besagt, dass Beweise vor dem Prozessgericht zu erheben sind.[338] Nicht erlaubt sind zwischengeschaltete Mittler.[339] Allerdings gibt es im Zivilpro-

---

332 BGH, Beschl. v. 25.11.2013 – NotZ (Brfg) 11/13, NJW-RR 2014, 631 (632); Beschl. v. 30.3.2005 – X ZB 26/04, NJW 2005, 1947.

333 *Geiger*, Kollektiver Rechtsschutz, S. 34; hinsichtlich Streuschäden s. *Reuschle*, WM 2004, 966 (968), der hier von identischen Rechts- und Tatsachenfragen ausgeht; *Stadler*, in: Brönneke, Kollektiver Rechtsschutz, 1 (6).

334 *Bar*, Gutachten A 62. DJT, A 93; *Geiger*, Kollektiver Rechtsschutz, S. 34 f.

335 Gesetz zur Einführung einer zivilprozessualen Musterfeststellungsklage v. 12.7.2018, BGBl. I 2018, 1151.

336 BT-Drs. 19/2741, S. 24; *Wöstmann*, in: Saenger, ZPO, § 148 Rn. 1.1.

337 *Einhaus*, Kollektiver Rechtsschutz, S. 344.

338 S.a. *Stadler*, in: Musielak/Voit, ZPO, § 355 Rn. 4; OLG Düsseldorf, Urt. v. 26.7.2018 – I-15 U 2/17, BeckRS 2018, 17622, Rn. 63.

339 *Einhaus*, Kollektiver Rechtsschutz, S. 344.

zessrecht keine dem § 250 S. 2 StPO entsprechende Vorschrift, die ein Ersetzen einer Zeugenaussage durch ein Vernehmungsprotokoll verbietet. Nicht möglich ist allerdings die Verwertung einer Urkunde, wenn die Gegenseite die Vernehmung eines Zeugen beantragt.[340] Eine Verwertung von Beweisergebnissen, welche in Urkunden festgehalten sind,[341] kann demnach in Form eines Urkundenbeweises nach § 420 ZPO durch deren Vorlage in der mündlichen Verhandlung erfolgen.[342] Dem Unmittelbarkeitsgrundsatz wird damit gedient, dass der Urkundenbeweis vor dem Prozessgericht selbst erfolgt.[343] Der Gegner muss dabei nicht zustimmen.[344] Eine Besonderheit ergibt sich weiter aus § 411a ZPO,[345] welcher es ermöglicht, frühere gerichtliche oder staatsanwaltschaftliche Sachverständigengutachten als Sachverständigenbeweise zu verwerten. Dafür ist weder Parteienidentität noch Identität des Verfahrensgegenstandes erforderlich. Es genügt, wenn die offene Frage durch das bereits existierende Gutachten beantwortet wird.[346] Von vornherein ausgeschlossen sind allerdings Gutachten im Verwaltungsprozess und Privatgutachten.[347]

Schwachpunkt dieser Vorgehensweise ist zunächst einmal, dass es eines früheren Verfahrens bedarf, dessen Beweisergebnisse für das spätere genutzt werden können. Es müssen individuelle Klagen angestrebt werden. Bei zeitgleicher Schädigung und Klageerhebung müsste eines der Verfahren zunächst ausgesetzt und abgewartet werden, was in dem anderen Prozess entschieden wird. Darüber hinaus kommt den Urkunden insgesamt

---

340 BGH, Urt. v. 9.6.1992 – VI ZR 215/91, VersR 1992, 1028 (1029); *Bar*, Gutachten A 62. DJT, A 91; *Einhaus*, Kollektiver Rechtsschutz, S. 350 m.w.N.

341 So z.B. Zeugenaussagen oder Sachverständigengutachten, welche gemäß § 160 Abs. 3 Nr. 4 ZPO im Sitzungsprotokoll aufgeführt werden, was eine öffentliche Urkunde i.S.v. § 415 ZPO darstellt. *Einhaus*, Kollektiver Rechtsschutz, S. 349; *Schultzky*, in: Zöller, ZPO, § 160 Rn. 1.

342 *Bar*, Gutachten A 62. DJT, A 91; *Einhaus*, Kollektiver Rechtsschutz, S. 349; vgl. auch BAG, Urt. v. 23.10.2014 – 2 AZR 865/13, NJW 2015, 651 (652); BGH, Beschl. v. 12.4.2011 – VI ZB 31/10, NJW-RR 2011, 1079 (1079 f.).

343 *Bar*, Gutachten A 62. DJT, A 91.

344 BGH, Urt. v. 19.4.1983 – VI ZR 253/81, VersR 83, 667 (668); *Bar*, Gutachten A 62. DJT, A 91; *Einhaus*, Kollektiver Rechtsschutz, S. 349.

345 S.a. *Einhaus*, Kollektiver Rechtsschutz, S. 351 Fn. 310, dazu, dass sich eine dementsprechende Reform des Zeugenbeweises im Entwurf eines Gesetzes zur Modernisierung der Justiz (BT-Drs. 15/508, Art. 1 § 374 ZPO-E) nicht durchsetzen konnte.

346 *Berger*, in: Stein/Jonas, ZPO, Bd. 5, § 411a Rn. 10; *Einhaus*, Kollektiver Rechtsschutz, S. 352.

347 *Einhaus*, Kollektiver Rechtsschutz, S. 352. BGH, Beschl. v. 14.3.2018 – V ZB 131/17, NJW 2018, 1749 (1751).

ein geringerer Beweiswert zu, denn die Parteien haben keinen direkten persönlichen Eindruck, um Stellung beziehen zu können.[348] Außerdem wird ein paralleles Verhandeln nicht vermieden. Es gibt dennoch zwei oder mehrere gerichtliche Verfahren. Eine ebenso starke Arbeitserleichterung wie bei einer gemeinsamen Klageerhebung wird nicht gewährt.

7. Rechtsverfolgungsgesellschaften

Eine weitere kollektive Vorgehensweise ist auch mittels eines Zusammenschlusses zu Interessengemeinschaften, auch Rechtsverfolgungsgesellschaften, denkbar.

Das praktische Vorgehen gestaltet sich dabei so, dass entweder schon bestehende Interessenverbände einsteigen und sich der Anspruchsdurchsetzung annehmen oder aber neue Interessenverbände gegründet werden, deren Daseinsberechtigung häufig eigens in der Verfolgung der Ansprüche besteht.[349] Die Verbände können bspw. als GbR,[350] als OHG oder auch als in- bzw. ausländische Kapitalgesellschaft organisiert sein.[351] Ihre Mittlerposition zur Anspruchsverfolgung können die Interessenverbände auf drei Arten erlangen.[352] Zunächst ist es möglich, durch eine Einziehungsermächtigung die Befugnis zur Anspruchsverfolgung zu übertragen. Denkbar sind ferner eine Forderungsabtretung und überdies eine Einziehungsvollmacht.[353]

Innerhalb der Einziehungsermächtigung wird nicht die volle Forderung übertragen, dennoch kann der Ermächtigte die Forderung nach außen im eigenen Namen geltend machen.[354] Im Außenverhältnis erhält er jedoch nicht die volle Gläubigerstellung, diese bleibt dem ursprünglichen, ermächtigenden Gläubiger erhalten.[355] Eine prozessuale Geltendmachung ist

348 *Einhaus*, Kollektiver Rechtsschutz, S. 350; BGH, Urt. v. 30.11.1999 – VI ZR 207/98, NJW 2000 1420 (1421).

349 *Bar*, Gutachten A 62. DJT, A 85; *Geiger*, Kollektiver Rechtsschutz, S. 38; *Haß*, Die Gruppenklage, S. 96.

350 Vor allem nach Anerkennung ihrer Teilrechtsfähigkeit, BGH, Urt. v. 29.1.2001 – II ZR 331/00, BGHZ 146, 341; *Fest*, ZfPW 2016, 173 (177); *Geiger*, Kollektiver Rechtsschutz, S. 39; *Mann*, NJW 2010, 2391.

351 *Fest*, ZfPW 2016, 173 (177); *Mann*, DStR 2013, 765.

352 *Bar*, Gutachten A 62. DJT, A 85; *Haß*, Die Gruppenklage, S. 97.

353 *Bar*, Gutachten A 62. DJT, A 85; *Haß*, Die Gruppenklage, S. 97.

354 *Einhaus*, Kollektiver Rechtsschutz, S. 321; *Seitz*, NZI 1999, 10 (11); *Zivanic*, ZJS 2016, 687 (689).

355 *Seitz*, NZI 1999, 10 (11); *Zivanic*, ZJS 2016, 687 (689).

daher nur im Wege der gewillkürten Prozessstandschaft möglich.[356] Abzugrenzen ist dies von der Abtretung einer Forderung nach § 398 BGB, bei der auch die Aktivlegitimation auf den Zessionar übergeht.[357] Im Rahmen der Einziehungsvollmacht verbleibt die Forderung gänzlich beim Forderungsinhaber, der Bevollmächtigte handelt aber im Namen des Gläubigers (§ 164 BGB).[358] Welche Form gewählt wurde, ist gemäß §§ 133, 157 BGB im Wege der Auslegung zu ermitteln.[359]

Nach der Anspruchsübertragung können die Rechtsverfolgungsgesellschaften die Ansprüche zunächst außergerichtlich geltend machen. Teilweise erfolgt die Übertragung jedoch auch zum Zwecke der späteren gerichtlichen Geltendmachung dieser Forderung.[360] Diese Art der gerichtlichen Durchsetzung von Schadensersatzansprüchen ist prozessökonomisch.[361] Dabei wird die Beweisaufnahme gebündelt und kann effektiver erfolgen, indem Sachwissen und Beweismittel konzentriert werden.[362] Zudem können neben den Kosten auch die Risiken des Prozesses aufgeteilt werden.[363] Außerdem steigt der Druck zum Abschluss eines Vergleiches.[364]

Rechtsverfolgungsgesellschaften sind aber nicht unbeschränkt in ihrem Tun. Als Schutz vor unqualifizierten Rechtsdienstleistungen sowohl für den Rechtssuchenden als auch den Rechtsverkehr und die Rechtsordnung statuiert das Rechtsdienstleistungsgesetz (RDG), als Nachfolger des Rechtsberatungsgesetzes (RBerG), seit 2008 Grenzen für außergerichtliche Rechtsdienstleistungen, § 1 Abs. 1 S. 2 RDG. § 3 RDG normiert deshalb eine Erlaubnispflicht für Rechtsdienstleistungen.[365] Wird die Rechtsdienstleistung ohne die erforderliche Erlaubnis erbracht, ist sowohl das schuld-

356 *Zivanic*, ZJS 2016, 687 (689).

357 *Einhaus*, Kollektiver Rechtsschutz, S. 321; *Offermann-Burckart*, in: Krenzler/Klees/Kramer, RDG, § 2 Rn. 94; *Rosch*, in: Herberger/Martinek/Rüßmann, et al., jurisPK-BGB, Bd. 2, § 398 Rn. 47; *Zivanic*, ZJS 2016, 687 (689).

358 *Offermann-Burckart*, in: Krenzler/Klees/Kramer, RDG, § 2 Rn. 91; *Seitz*, NZI 1999, 10 (11).

359 *Einhaus*, Kollektiver Rechtsschutz, S. 321.

360 *Mann*, DStR 2013, 765 (765).

361 *Fest*, ZfPW 2016, 173 (177); *Geiger*, Kollektiver Rechtsschutz, S. 39; *Mann*, NJW 2010, 2391 (2391).

362 *Fest*, ZfPW 2016, 173 (177). Kritisch demgegenüber *Billen*, in: Brömmelmeyer, Die EU-Sammelklage, 21 (22).

363 In diese Richtung *Mann*, NJW 2010, 2391 (2391); *Fest*, ZfPW 2016, 173 (177).

364 *Bar*, Gutachten A 62. DJT, A 84 f.; *Fest*, ZfPW 2016, 173 (177); *Mann*, DStR 2013, 765.

365 *Fest*, ZfPW 2016, 173 (181); *Henssler*, NJW 2019, 545 (545). S. dazu auch BGH, Beschl. v. 11.6.2013 – II ZR 246/11, BeckRS 2013, 12809, Rn. 2.

rechtliche Grundgeschäft als auch die Übertragung nach § 134 BGB nichtig.[366] Gleiches ergibt sich für die Einziehungsermächtigung oder die Vollmacht.[367] Wenn die Übertragung auf die Rechtsdienstleister scheitert, kann mangels Aktivlegitimation auch keine gerichtliche Rechtsverfolgung durch sie erfolgen.[368]

Den Begriff der Rechtsdienstleistung konkretisiert § 2 RDG. Dabei definiert § 2 Abs. 2 RDG zunächst die Inkassodienstleistung als eine solche Rechtsdienstleistung, bei der die Einziehung fremder oder zum Zweck der Einziehung auf fremde Rechnung abgetretener Forderungen als eigenständiges Geschäft betrieben wird. Als lex generalis[369] umfasst § 2 Abs. 1 RDG als Rechtsdienstleistung darüber hinaus jede Tätigkeit in konkreten fremden Angelegenheiten, sobald sie eine rechtliche Prüfung des Einzelfalles erfordert.

a) als Inkassodienstleistung

Voraussetzung für die Qualifikation als Inkassodienstleistung ist die Einziehung auf *fremde Rechnung* und die Betreibung als *eigenständiges Geschäft.*

Ob die Einziehung auf fremder Rechnung beruht, beurteilt sich nach wirtschaftlichen Kriterien. Der BGH bestimmt als entscheidende Aspekte die Endgültigkeit der Forderungsübertragung und die Übernahme des

---

366 BGH, Urt. v. 11.1.2017 – IV ZR 340/13, NJW-RR 2017, 410 (411); Urt. v. 11.12.2013 – IV ZR 46/13, NJW 2014, 847 (849 f.); Urt. v. 11.12.2013 – IV ZR 137/13, NJOZ 2015, 673 (676); Urt. v. 11.12.2013 – IV ZR 136/13, NJOZ 2015, 406 (409); Urt. v. 20.10.2012 – XI ZR 324/11, NJW 2013, 59 (62); BT-Drs. 16/3655, S. 49, 51; *Seichter*, in: Deckenbrock/Henssler/Dötsch, RDG, § 3 Rn. 47; *Fest*, ZfPW 2016, 173 (179 f.); *Kleine-Cosack*, RDG, RDG § 3 Rn. 19 f.; *Mann*, DStR 2013, 765.

367 BGH, Urt. v. 12.4.2011 – II ZR 197/09, NJW 2011, 2581; *Fest*, ZfPW 2016, 173 (180); *Seichter*, in: Deckenbrock/Henssler/Dötsch, RDG, § 3 Rn. 48. Hinsichtlich der Vollmacht ist allerdings umstritten, ob die §§ 171, 172 BGB sowie die Grundsätze der Anscheins- und Duldungsvollmacht anwendbar sind, s. dazu unter Bezugnahme zur Rechtsprechung des BGH *Weth*, in: Henssler/Prütting, BRAO, RDG § 3 Rn. 14; s.a. *Offermann-Burckart*, in: Krenzler/Klees/Kramer, RDG, § 3 Rn. 69 ff.; *Seichter*, in: Deckenbrock/Henssler/Dötsch, RDG, § 3 Rn. 42 ff.

368 *Von Lewinski/Kerstges*, ZZP 132 (2019), 177 (208).

369 *Mann*, DStR 2013, 765 (766).

wirtschaftlichen Risikos durch den Erwerber.[370] Dabei ist nicht lediglich der Vertragsinhalt als Maßstab,[371] sondern sind auch die diesem zugrunde liegenden Umstände und ihr wirtschaftlicher Zusammenhang heranzuziehen.[372] Im Rahmen der Inkassozession legt der Zedent durch eine Innenvereinbarung in der Regel fest, dass der Erlös an diesen abzuführen ist,[373] oder dass die Verpflichtung zur Kaufpreiszahlung nur nach Obsiegen bei Gericht besteht.[374] Bei der Einziehungsermächtigung ist der Ermächtigte zwar befugt, die Forderung im eigenen Namen geltend zu machen und ggf. die Leistung an sich zu verlangen, wirtschaftlich betrachtet verbleibt die Forderung jedoch beim eigentlichen Forderungsinhaber.[375] Nichts anderes ergibt sich für die Einziehungsvollmacht.[376]Sowohl bei der Inkassozession als auch der Einziehungsermächtigung sowie der Einziehungsvollmacht verbleibt das wirtschaftliche Risiko letztlich beim Forderungsinhaber. Eine wirtschaftliche Fremdheit liegt schon dann vor, wenn der Zedent Vorteile aus dem gerichtlichen Obsiegen schöpfen kann, sei es bspw., weil er erst dann einen festgelegten Kaufpreis erhält[377] und im Gegenzug bei einem Unterliegen leer ausgeht. Formal trägt er damit das Risiko.[378]

Ein eigenständiges Geschäft im Sinne dieser Norm ist gegeben, wenn die Forderungseinziehung weder innerhalb noch außerhalb einer ständigen haupt- oder nebenberuflichen Inkassotätigkeit lediglich als Nebenleis-

370 BGH, Urt. v. 30.10.2012 – XI ZR 324/11, NJW 2013, 59 (60); *Mann*, NJW 2010, 2391 (2392); *Offermann-Burckart*, in: Krenzler/Klees/Kramer, RDG, § 2 Rn. 88; vgl. auch *Römermann/Günther*, NJW 2019, 551 (552).

371 BGH, Urt. v. 30.10.2012 – XI ZR 324/11, NJW 2013, 59 (60); *Mann*, NJW 2010, 2391 (2392).

372 BGH, Urt. v. 30.10.2012 – XI ZR 324/11, NJW 2013, 59 (60).

373 *Offermann-Burckart*, in: Krenzler/Klees/Kramer, RDG, § 2 Rn. 94.

374 BGH, Urt. v. 30.10.2012 – XI ZR 324/11, NJW 2013, 59 (60); Urt. v. 11.1.2017 – IV ZR 340/13, NJW-RR 2017, 410 (411); Urt. v. 11.12.2013 – IV ZR 137/13, NJOZ 2015, 673 (675 f.); *Fest*, ZfPW 2016, 173 (178); *Mann*, DStR 2013, 765 (768).

375 *Fest*, WM 2015, 705 (708); *Kleine-Cosack*, RDG, § 2 Rn. 99; *Offermann-Burckart*, in: Krenzler/Klees/Kramer, RDG, § 2 Rn. 92; BT-Drs. 16/3655, S. 48.

376 *Kleine-Cosack*, RDG, § 2 Rn. 99; *Offermann-Burckart*, in: Krenzler/Klees/Kramer, RDG, § 2 Rn. 91; BT-Drs. 16/3655, S. 48.

377 BGH, Urt. v. 30.10.2012 – XI ZR 324/11, NJW 2013, 59 (60); Urt. v. 11.1.2017 – IV ZR 340/13, NJW-RR 2017, 410 (411); Urt. v. 11.12.2013 – IV ZR 137/13, NJOZ 2015, 673 (675 f.); *Fest*, ZfPW 2016, 173 (178); *Mann*, DStR 2013, 765 (768); *Römermann/Günther*, NJW 2019, 551 (552).

378 BGH, Beschluss v. 11.6.2013 – II ZR 246/11, Rn. 3 f., juris; *Kleine-Cosack*, RDG, RDG § 2 Rn. 100.

tung im Zusammenhang mit anderen beruflichen Tätigkeiten erfolgt.[379] Auch hier ist nicht allein auf den Vertrag oder den angegebenen Geschäftsgegenstand abzustellen, sondern ebenfalls die objektive Verkehrsanschauung unter Berücksichtigung der Kriterien aus § 5 Abs. 1 S. 2 RDG miteinzubeziehen.[380] Als hauptberufliche Tätigkeit qualifiziert sich eine Dienstleistung von solchem Gewicht, deren Erbringung die Kompetenz eines Rechtsanwaltes oder die Sachkunde einer registrierten Person i.S.d. § 10 Abs. 1 S. 1 RDG erfordert.[381]

Wenn die Interessenverbände es sich zur Aufgabe machen, durch Massen- oder Streuschäden Geschädigte zu unterstützen, deren Interessen zu bündeln und für sie zu recherchieren, ist dies meist mehr als eine bloße Nebentätigkeit. Vor allem wenn die Verbände eigens dazu gegründet wurden, stellt die Rechtsverfolgung ihren Hauptdaseinszweck dar, sodass im Grundsatz ein eigenständiges Geschäft und somit eine erlaubnispflichtige Inkassozession gegeben ist.

b) Rechtsdienstleistung

Überdies ist selbst bei Ablehnung der Eigenständigkeit eine Erlaubnispflicht nach § 2 Abs. 1 RDG denkbar. Neben einer Tätigkeit *in fremden Angelegenheiten* setzt eine Rechtsdienstleistung gemäß dieser Norm eine *rechtliche Einzelfallprüfung* voraus. Eine Tätigkeit erfüllt das Erfordernis nach einer rechtlichen Prüfung, wenn sie sich nicht in der reinen Normanwendung auf einen Sachverhalt erschöpft, sondern darüber hinaus eine juristische Subsumtion erfordert.[382] Es bedarf also besonderer Rechtskenntnisse.[383] Für die Begründung eines Einzelfalls dürfen nicht nur allgemeine Informationen an die Öffentlichkeit oder einen interessierten Kreis erteilt werden.[384] Es muss vielmehr eine Rechtsfrage einer konkret betroffenen Person zu einem realen Sachverhalt bestehen.[385]

---

379 BT-Drs. 16/3655, S. 49; BGH, Urt. v. 11.6.2013 – II ZR 246/11, BeckRS 2013, 12809, Rn. 5; Urt. v. 30.10.2012 – XI ZR 324/11, NJW 2013, 59 (60).

380 BT-Drs. 16/3655, S. 52; *Fest*, WM 2015, 705 (707) m.w.N.

381 BGH, Urt. v. 30.10.2012 – XI ZR 324/11, NJW 2013, 59 (61) m.w.N.; BT-Drs. 16/3655, S. 52; *Fest*, WM 2015, 705 (708) m.w.N.

382 BT-Drs. 16/3655, S. 46 f.; *Krenzler*, in: ders./Klees/Kramer, RDG, § 2 Rn. 16; *Mann*, DStR 2013, 765 (766).

383 BT-Drs. 16/3655, S. 47.

384 BT-Drs. 16/3655, S. 46.

385 *Krenzler*, in: ders./Klees/Kramer, RDG, § 2 Rn. 48.

Bei der Verfolgung von konkreten Schadensersatzansprüchen für Dritte geht es aber gerade um mehr als nur die Anwendung einer Norm. Unstreitig liegt hier ein Vorgehen im Einzelfall vor. Allerdings ist eine rechtliche Prüfung notwendig, denn neben dem Auffinden der einschlägigen Anspruchsgrundlage muss der konkrete Sachverhalt unter die Tatbestandsmerkmale subsumiert werden. Kommt es sogar zu einer prozessualen Durchsetzung, erschöpft sich diese offensichtlich nicht in der bloßen Beratung. Dennoch ist zu beachten, dass auch hier die konkreten Umstände des Einzelfalles zu Abweichungen führen können.

Insgesamt ist daher – unter Vorbehalt besonderer Einzelfallregelungen – von einer Erlaubnispflichtigkeit nach § 3 RDG auszugehen, wenn Forderungen in Massenschadensfällen übertragen werden.

c) www.myright.de – Legal-Tech-Dienstleister

Seit geraumer Zeit erlangt diese kollektive Bündelungsmöglichkeit an Bedeutung, da sich vermehrt online Rechtsdienstleistungsmodelle zur Durchsetzung des Rechts entwickeln. Nicht nur für Klagen innerhalb des VW-Skandals, sondern auch für Flugverspätungen sowie Mietpreisbremsen haben sich sogenannte Legal Tech-Unternehmen[386] etabliert, die eine risikofreie Interessensdurchsetzung versprechen.[387] Durch Eingaben in einen Onlinefragekatalog werden die Erfolgsaussichten der Ansprüche geprüft, die Anspruchsinhaber übertragen ihre Ansprüche im Anschluss auf die Unternehmen, welche diese Ansprüche außergerichtlich oder gericht-

---

386 *Kilian*, NJW 2019, 1401 (1401), hält den Begriff "industrielle Rechtsdienstleistungen" für sachgerechter; *van Lijnden*, Illegal Tech?, FAZ Net v. 14.10.2019, https://www.faz.net/einspruch/exklusiv/smartlaw-wenigermiete-co-illegal-tech-16433118.html, zuletzt abgerufen am 10.11.2019.

387 *Hartung*, AnwBl. Online 2019, 353 (354); *Henssler*, NJW 2019, 545 (545); *Kluth*, VuR 2018, 403 (403); *Remmertz*, ZRP 2019, 139 (139). Daniel Halmer, Geschäftsführer von Lexfox, eines Legal-Tech-Unternehmens, äußert, dass sie in erster Linie einen Vergleich anstreben, *Lorenz*, "Es geht nicht um ein paar geldgierige Anwälte", LTO v. 13.9.2019, https://www.lto.de/recht/zukunft-digitales/l/legal-tech-wagniskapital-anwaelte-unabhaengigkeit-rechtsdienstleister-inkassolizenz-digitalsierung-deutschland-weniger-miete-abtretungsverbot/, zuletzt abgerufen am 16.9.2019. *Van Lijnden*, Illegal Tech?, FAZ Net v. 14.10.2019. S. dazu Flightright GmbH: www.flightright.de; Mietright GmbH: www.weniger-miete.de.

lich durchsetzen.[388] Diese Vorgehensweise erweist sich für die Betroffenen als risikofrei, da sie nur bei Obsiegen dazu verpflichtet werden, ca. 30% der durchgesetzten Forderung an die Unternehmen zu zahlen.[389] Im Falle einer Niederlage kommen keine Kosten auf sie zu.[390] Durch die Medien bekannt ist das Onlineportal www.myright.de, wohinter die financialright GmbH steht.[391] Diese hat sich als Inkassodienstleistungsgesellschaft im Sinne von § 10 Abs. 1 Nr. 1 RDG registrieren lassen. Zurzeit läuft vor dem LG Braunschweig ein Verfahren der financialright GmbH, in dem sie 15000 Ansprüche in einer Klage gegen VW gebündelt geltend macht.[392]

Wie vormals des Öfteren bemängelt, erfordert es auch hier die Initiative des Betroffenen, sich an MyRight oder vergleichbare Portale zu wenden.[393] Das führt dazu, dass meist nur höherwertige Ansprüche verfolgt werden.[394]

---

388 *Fries*, ZRP 2018, 161 (162 f.), zieht einen Vergleich zu Formularhandbüchern; *Habbe/Gieseler*, BB 2017, 2188 (2190 f.); *Hartung*, AnwBl. Online 2019, 353 (353 f.); *von Lewinski/Kerstges*, ZZP 132 (2019), 177 (178); *Lorenz*, "Es geht nicht um ein paar geldgierige Anwälte", LTO v. 13.9.2019; *Römermann/Günther*, NJW 2019, 551 (551).

389 *La Motte*, OLG-Braunschweig weist Myright-Klage gegen VW ab, handelsblatt v. 19.2.2019, https://www.handelsblatt.com/finanzen/steuern-recht/recht/dieselskandal-olg-braunschweig-weist-myright-klage-gegen-vw-ab-nun-muss-der-bgh-entscheiden/24011902.html?ticket=ST-4889227-Dd5y5NVfhaCp1vTEFdlr-ap1, zuletzt abgerufen am 28.12.2019; *Hartung*, AnwBl. Online 2019, 353 (353 f.); spricht von 35% *Henssler*, NJW 2019, 545 (545); ebenfalls 35% *Kluth*, VuR 2018, 403 (403); *Meller-Hannich*, Gutachten A 72. DJT, A 66; *Röthemeyer*, MFK, Einl. Rn. 44.

390 *Hartung*, AnwBl. Online 2019, 353 (353 f.) und auf S. 355 darauf hinweisend, dass für die meisten Verbraucher ein Gewinn von 70% bei nahezu mühelosem Einsatz attraktiv und hinnehmbar ist; *La Motte*, OLG-Braunschweig weist Myright-Klage gegen VW ab, handelsblatt v. 19.2.2019; ebenso *Röthemeyer*, MFK, Einl. Rn. 45 f. *Henssler*, NJW 2019, 545 (545).

391 *Henssler*, NJW 2019, 545 (545); *Römermann/Günther*, NJW 2019, 551 (551).

392 *Hartung*, AnwBl. Online 2019, 353 (353); *Meller-Hannich*, Gutachten A 72. DJT, A 60 Fn. 183; *Mortsiefer*, 15.000 VW-Kunden reichen Klage ein, tagesspiegel v. 6.11.2017, https://www.tagesspiegel.de/wirtschaft/sammelklage-im-dieselskandal-15-000-vw-kunden-reichen-klage-ein/20548282.html, zuletzt abgerufen am 25.9.2019; *Röthemeyer*, MFK, Einf. Rn. 47.

393 Bereits mehr als 26000 Verbraucher laut Hausfeld, *Jung/Germis*, Neue Hoffnung für getäuschte Diesel-Fahrer, FAZ Einspruch v. 12.4.2018. *Morell*, NJW 2019, 2574, spricht von 45000. So auch https://legal-tech-blog.de/myright-bringt-abgasskandal-vor-den-bgh-myright-gruender-andresen-sieht-vw-in-der-zwickmuehle, zuletzt abgerufen am 25.9.2019.

394 *Meller-Hannich*, Gutachten A 72. DJT, A 58.

Risikoreich ist zudem, inwiefern das Vorgehen von MyRight mit dem RDG in Einklang steht und ob die Übertragung der Aktivlegitimation wirksam gewesen ist.[395]

Insbesondere ist streitig, ob das Vorgehen überhaupt von § 10 RDG gedeckt ist oder dafür ein Rechtsdienstleistungsverbot aus § 3 RDG folgt sowie, ob die Kombination von Inkasso und Prozessfinanzierung mit § 4 RDG vereinbart werden kann.

Kritisiert wird, dass die Legal-Tech-Dienstleister unter dem Vorwand der Inkassotätigkeit Forderungen einziehen, um diese letztlich gerichtlich zu verfolgen. Von vornherein ist abzusehen, dass diese Forderungen streitig sind.[396] Die ursprünglichen Forderungsinhaber übertragen ihre Forderungen nicht in erster Linie als Inkassotätigkeit, sondern möchten sich so der individuellen, kostspieligen Rechtsdurchsetzung entledigen.[397]

Da die Registrierung nach § 10 Abs. 1 RDG an eine Inkassotätigkeit anknüpft, wird schon bestritten, ob die dargestellte tatsächliche Vorgehensweise überhaupt darunter zu subsumieren ist.[398] Teilweise wird der Schwerpunkt gerade nicht in der Inkassotätigkeit, sondern in der Rechtberatung gesehen.[399] Die Vorgehensweise würde somit gegen § 3 RDG und

---

395 Diesbezüglich wurden mehrere Gutachten, teilweise im Auftrag von MyRight selbst, teilweise im Auftrag von VW erstellt. Wenig verwunderlich ist dabei, dass die von VW beauftragten Gutachter die Übertragung nach § 3 und § 4 RDG, gem. § 134 BGB für nichtig halten, *Greger*, MDR 2018, 897; *Henssler*, NJW 2019, 545; *Kluth*, VuR 2018, 403; wohingegen die von MyRight beauftragten zu einem anderen Ergebnis kommen. So *Hartung*, AnwBl. Online 2019, 353; *Römermann/Günther*, NJW 2019, 551. Davon unabhängig *Kilian*, NJW 2019, 1401. Letzterer untersucht dabei insbesondere die Befugnisse nach § 10 Abs. 1 Nr. 1 RDG sowie den Begriff der Inkassodienstleistung. Ausführlich zur Vereinbarkeit mit § 4 RDG *von Lewinski/Kerstges*, ZZP 132 (2019), 177. S. dazu ebenso *Kilian*, NJW 2019, 1401 (1402) sowie Fn 7. *Morell*, NJW 2019, 2574. Exemplarisch einen Verstoß gegen das RDG annehmend LG Berlin, Urt. v. 28.8.2018 – 63 S 1/18, BeckRS 2018, 19885 sowie Beschl. v. 26.7.2018, NJW 2018, 2901; ablehnend u.a. LG Berlin, Urt. v. 15.1.2019 – 15 O 60/18, BB 2019, 465; Urt. v. 22.8.2018 – 65 S 83/18, juris. S.a. *Fries*, ZRP 2018, 161 (165 ff.). Dieser betont, dass Legal-Tech-Dienstleister die Rechtsdurchsetzung effektuieren und entwickelt Lösungsmöglichkeiten zu deren Regulierung. Zur Modernisierung des Rechtsdienstleistungsrechts hat zudem die FDP einen Gesetzentwurf erstellt, BT-Drs. 19/9527. Dazu *Remmertz*, ZRP 2019, 139.

396 *Henssler*, NJW 2019, 545 (546); *Mann/Schnuch*, NJW 2019, 3477 (3480).

397 *Henssler*, NJW 2019, 545 (546).

398 *Kilian*, NJW 2019, 1401 (1403 ff.).

399 LG Berlin, Beschl. v. 26.7.2018, NJW 2018, 2901 (2902); *Henssler*, NJW 2019, 545 (546); LG Berlin 67 S 157/18; a.A. *Römermann/Günther*, NJW 2019, 551

regelmäßig gegen § 134 BGB verstoßen.[400] Den Legal-Tech-Dienstleistern fehlte die Aktivlegitimation.[401]

Im Rahmen von § 4 RDG ist untersagt, Rechtsdienstleistungen, die unmittelbaren Einfluss auf die Erfüllung einer anderen Leistungspflicht haben, zu erbringen, wenn dadurch die ordnungsgemäße Erbringung der Rechtsdienstleistung gefährdet wird. Für die Legal-Tech-Unternehmen ist insoweit streitig, ob deren zusätzliche Prozessfinanzierung zu Kollisionen der wirtschaftlichen Interessen und dadurch zur Gefährdung der objektiven Erbringung von Rechtsdienstleistungen führt.[402] Da § 4 RDG als Verbotsgesetz gemäß § 134 BGB klassifiziert wird, ist bei Annahme eines Verstoßes neben dem Geschäftsbesorgungsvertrag zugleich auch die Übertragung nichtig, sodass keine Aktivlegitimation der Legal-Tech-Unternehmen konstruiert werden kann.[403]

Problematisch für die betroffenen Zedenten erweist sich, dass ein die Aktivlegitimation verneinendes Urteil dazu führen kann, dass ihre Ansprüche aufgrund des zeitlichen Ablaufs bereits verjährt sind.[404] Unter Hinweis auf die dazu angefertigten, sich widersprechenden Gutachten sowie die sich widersprechenden Urteile des LG Berlin hinsichtlich der Mietpreisbremse sowie dem noch ausstehenden Urteil des LG Braunschweig, das sich mit dieser Frage in Bezug auf myright befasst,[405] erschien die Rechtsla-

---

(553). Dazu, dass eine solch einschränkende Regelung dennoch mit Art. 12 GG vereinbar ist, *Mann/Schnuch*, NJW 2019, 3477.

400 BGH, Urt. v. 27.11.2019 – VIII ZR 285/18, Rn. 77, juris.

401 LG Berlin, Beschl. v. 26.7.2018 – 67 S 157/18, NJW 2018, 2901 (2902).

402 Bejahend *Henssler*, NJW 2019, 545 (547 ff.); *von Lewinski/Kerstges*, ZZP 132 (2019), 177 (203); *Kluth*, VuR 2018, 403. Ablehnend *Hartung*, AnwBl. Online 2019, 353 (356 ff.); *Römermann/Günther*, NJW 2019, 551 (553 ff.).

403 *Kluth*, VuR 2018, 403 (411); *von Lewinski/Kerstges*, ZZP 132 (2019), 177 (208); *Zivanic*, ZJS 2016, 687 (609 f.).

404 *Hartung*, AnwBl. Online 2019, 353 (353 f.); *Meller-Hannich*, Gutachten A 72. DJT, A 64.

405 https://www.lto.de/recht/kanzleien-unternehmen/k/hausfeld-myright-schadensersatzklage-diesel-skandal-volkswagen-lg-braunschweig/, zuletzt abgerufen am 29.9.2019.

ge bisher offen.[406] Allerdings hat der BGH am 27.11.2019 das Vorgehen von wenigermiete.de gebilligt.[407]

Zur Begründung führt das Gericht an, dass die Tätigkeit von wenigermiete.de (noch) als Inkassodienstleistung nach § 10 Abs. 1 S. 1 Nr. 1 RDG anzusehen sei. Für die Auslegung des Begriffs der Inkassodienstleistung sei in Einklang mit der Rechtsprechung des BVerfG eine großzügige Betrachtung geboten.[408] Sämtliche Maßnahmen stünden mit der Einziehung der Forderung in Zusammenhang.[409]

Ferner bestünde kein Wertungswiderspruch zu den für Rechtanwälte geltenden, strengeren berufsrechtlichen Regelungen hinsichtlich Erfolgshonoraren und Kostenübernahme, da Inkassodienstleister keine Organe der Rechtspflege seien und der Gesetzgeber davon abgesehen habe, die für Rechtsanwälte geltenden Regelungen auf diese entsprechend anzuwenden.[410]

Des Weiteren wird eine mögliche Interessenkollision gemäß § 4 RDG verneint. Denn die vereinbarte Kostenübernahme stelle schon keine andere Leistungspflicht der Klägerin dar, sondern sei Bestandteil der zu erbringenden Inkassodienstleistung.[411] Außerdem bewirke das Erfolgshonorar

---

406 *Greger*, MDR 2018, 897; *Henssler*, NJW 2019, 545; *Kluth*, VuR 2018, 403. Anders *Hartung*, AnwBl. Online 2019, 353; *Römermann/Günther*, NJW 2019, 551. Als unabhängiger Betrachter *Rother,* Referat 72. DJT, K 23 (K 29), sieht die Vorgehensweise als zulässig an. *Ders.*, NJW 2019, 1401. Exemplarisch einen Verstoß gegen das RDG annehmend LG Berlin, Urt. v. 28.8.2018 – 63 S 1/18, BeckRS 2018, 19885 sowie Beschl. v. 26.7.2018 – 67 S 157/18, NJW 2018, 2901; ablehnend u.a. LG Berlin, Urt. v. 15.1.2019 – O 60/18, BB 2019, 465; Urt. v. 22.8.2018 – 65 S 83/18, juris.

407 BGH, Urt. v. 27.11.2019 – VIII ZR 285/18. Dazu auch die Pressemitteilung Nr. 153/2019 v. 27.11.2019.

408 BGH, Urt. v. 27.11.2019 – VIII ZR 285/18, Rn. 141, juris. Dazu ebenso die Pressemitteilung Nr. 153/2019 v. 27.11.2019. Das BVerfG bestätigte die Zulässigkeit der Rechtsberatung durch ein Inkassounternehmen hinsichtlich der Unwirksamkeit eines Kreditvertrags, Beschl. v. 20.2.2002 –1 BvR 423/99 u.a., NJW 2002, 1190. Ebenso hielt es für erlaubt, dass ein Inkassounternehmen, welches geschäftsmäßig Forderung einzieht, in Teilbereichen Rechtsberatung und Rechtsbesorgung übernehmen darf, Beschl. v. 14.8.2004 – 1 BvR 725/03, NJW-RR 2004, 1570. Insgesamt nimmt das BVerfG also eine weite Auslegung vor.

409 BGH, Urt. v. 27.11.2019 – VIII ZR 285/18, Rn. 100 ff., juris. S. auch die Pressemitteilung Nr. 153/2019 v. 27.11.2019.

410 BGH, Urt. v. 27.11.2019 – VIII ZR 285/18, Rn. 173, juris.

411 BGH, Urt. v. 27.11.2019 – VIII ZR 285/18, Rn. 196, juris.

zugleich ein eigenes Interesse der Klägerin an der Durchsetzung der Ansprüche der Mieter.[412]

Aufgrund der Ähnlichkeit ist davon auszugehen, dass diese Rechtsprechung auf die myright Fälle übertragbar ist. Auch das noch ausstehende Urteil des LG Braunschweig wird sich wohl an der höchstrichterlichen Rechtsprechung orientieren.

Ein weiteres Problem, das hinsichtlich der Flugreisefälle aufgetreten ist, wurde durch einen Hinweisbeschluss des LG Nürnberg-Fürth behoben. Hier hat das Flugunternehmen Ryanair versucht, in seinen AGBs eine spätere mögliche Durchsetzung von Ansprüchen mithilfe von Flightright auszuschließen. Das AG Nürnberg hat dieses Vorgehen für unwirksam gehalten.[413] Das LG Nürnberg-Fürth hat in einem Hinweisbeschluss zu erkennen gegeben, dass es diese Meinung teilt, woraufhin Ryanair letztendlich die Berufung zurückgezogen hat.[414] Dieses Vorgehen zeigt, dass die Unternehmen sich der Rechtsdurchsetzung durch die Onlineportale bewusst sind und diese zu unterbinden wünschen. Es bleibt daher ebenfalls abzuwarten, ob sich insbesondere vor dem Hintergrund der Vertragsfreiheit weitere Möglichkeiten der Unternehmen für einen Ausschluss finden, was die Rechtsverfolgung durch Onlineportale stark beschränken würde.

Sofern es zu einer gerichtlichen Durchsetzung kommt, verfolgen diese Dienstleister die Ansprüche individuell für jeden Anspruch der Zedenten im Wege einer objektiven Klagehäufung.[415] Diese können so zwar verbunden, aber ebenso leicht wieder nach § 145 ZPO getrennt werden.[416] Es kommt folglich nicht zu einer abstrakten Klärung von Tatsachen- und Rechtsfragen. Zudem ist davon auszugehen, dass ein Verfahren, dem 15000 Ansprüche zugrunde liegen, besonders komplex ausgestaltet sein wird und die Gerichte überfordern kann.[417]

Positiv für den einzelnen Betroffenen ist, dass er nur bei erfolgreicher Rechtsverfolgung den Dienstleister bezahlen muss. Wie später noch darge-

---

412 BGH, Urt. v. 27.11.2019 – VIII ZR 285/18, Rn. 103, juris.

413 AG Nürnberg, Urt. v. 9.6.2017 – 18 C 1869/17, juris; Urt. v. 14.11.2017 – 22 C 9173/16, BeckRS 2017, 151912.

414 LG Nürnberg-Fürth, Beschl. v. 30.7.2018 – 5 S 8340/17, VuR 2019, 28. S. dazu https://www.lto.de/persistent/a_id/31137/, zuletzt abgerufen am 5.9.2019.

415 *Mann/Schnuch*, NJW 2019, 3477 (3481); *Meller-Hannich*, Gutachten A 72. DJT, A 58, 64.

416 *Djazayeri*, jurisPR-BKR 2018, Anm. 1; *Meller-Hannich*, Gutachten A 72. DJT, A 58, 64; *Röthemeyer*, MFK, Einl. Rn. 47.

417 *Mann/Schnuch*, NJW 2019, 3477 (3481); *Meller-Hannich*, Gutachten A 72. DJT, A 65 f.

legt wird, genügt auch bei der Musterfeststellungsklage eine einfache, kostenfreie Registrierung in einem Klageregister.[418] Ein Vorteil der Musterfeststellungsklagen gegenüber der Tätigkeit von Inkassounternehmern ist, dass bei einem Obsiegen keine Provision anfällt. Außerdem können Musterfeststellungsklagen die Verjährung hemmen, während die Übertragung der Ansprüche an Legal-Tech-Dienstleister die Verjährung nicht berührt.[419] Der große Ansturm auf die Onlineportale, die zu einer Zeit vor Einführung der Musterfeststellungsklage entstanden sind, könnte durch die Musterfeststellungsklage möglicherweise zurückgehen.[420]

Ferner streben die Legal-Tech-Dienstleister in erster Linie eine außergerichtliche Anspruchsdurchsetzung an. Erst in einem zweiten Schritt sind gerichtliche Verfahren vorgesehen. Eine direkte Konkurrenz zu prozessualen Rechtsinstituten stellen sie somit nicht dar.

Zwar kann für wenigermiete.de jetzt auf positive Erfahrungen zurückgegriffen werden,[421] dennoch stellt der BGH mehrfach dar, dass diese Vorgehensweise gerade „noch“ als Inkassodienstleistung zu werten sei. Dementsprechend könnten kleinste Abweichungen in anderen Fällen zu einem anderen Urteil führen. Somit bestehen die Risiken weiter, dass die Abtretung, Einziehungsermächtigung oder -vollmacht für nichtig gehalten werden und im schlimmsten Fall aufgrund der Verjährung keine individuelle Verfolgung mehr möglich ist. Es gibt noch keinen ausreichenden gesetzlichen Rahmen für ein solches Vorgehen.[422] Außerdem kommt es nicht zwangsläufig zu einer Entlastung der Gerichte.[423] Bei Schäden im Bagatellbereich werden sich vermutlich nur wenige Betroffene mit einer solchen Verfolgungsmöglichkeit befassen.[424] Auch für Legal-Tech-Unternehmen erweisen sich Verfahren aufgrund von Bagatellschäden als unattraktiv, da dementsprechend auch ihr Anteil je Verfahren geringer ausfällt. Die Legal-Tech-Dienstleister gewähren daher keine allumfassende Lösung für die Schadensbewältigung hinsichtlich Massen- und Bagatellschäden.

---

418 S. zur Anmeldung ins Klageregister unter D IX.

419 *Meller-Hannich*, Gutachten A 72. DJT, A 65.

420 S. dazu *Röthemeyer*, MFK, Einl. Rn. 48; *Rother*, Referat 72. DJT, K 23 (K 32).

421 Gleichfalls *Meller-Hannich*, Gutachten A 72. DJT, A 67; *Meller-Hannich/Nöhre*, NJW 2019, 2522 (2527) halten die Rechtsunsicherheit für unerträglich.

422 *Meller-Hannich*, Gutachten A 72. DJT, A 66 f.

423 In diese Richtung *Meller-Hannich*, Gutachten A 72. DJT, A 64.

424 Ebenso *Meller-Hannich*, Gutachten A 72. DJT, A 58.

II. Nach dem Wettbewerbsrecht

1. Unterlassungs- und Beseitigungsansprüche

a) § 8 UWG

aa) Inhalt

Gemäß § 1 UWG sollen neben den Mitbewerbern auch Verbraucher, sonstige Marktteilnehmer (§ 1 S. 1 UWG) und schließlich auch die Interessen der Allgemeinheit (§ 1 S. 2 UWG) an einem unverfälschten Wettbewerb geschützt werden. Zur Einhaltung dessen sieht das UWG in den §§ 8 ff. diverse Rechtsbehelfsmöglichkeiten vor.

Bei einem Verstoß gegen § 3 oder § 7 UWG können gemäß § 8 Abs. 1 S. 1 UWG Unterlassungs- oder Beseitigungsansprüche geltend gemacht werden.[425] Nicht gewährleistet wird ein Schadensersatzanspruch.

Berechtigte dieses Anspruches werden in § 8 Abs. 3 UWG bestimmt. Neben den Mitbewerbern (§ 8 Abs. 3 Nr. 1 UWG) steht es auch „rechtsfähigen Verbänden zur Förderung gewerblicher oder selbständiger beruflicher Interessen" oder qualifizierten Einrichtungen zu, den Anspruch aus § 8 Abs. 1 S. 1 UWG geltend zu machen.

§ 8 Abs. 3 Nr. 2 und 3 enthalten demnach eine Verbandsklagemöglichkeit. Diese Art der Geltendmachung ist schnell und effektiv und wurde bereits 1896 erstmalig im Gesetz zur Bekämpfung des unlauteren Wettbewerbes normiert.[426] Dabei liegt keine Form der Prozessstandschaft vor, sondern es bestehen mehrere, eigene, voneinander unabhängige Ansprüche, also eine Anspruchsmehrheit.[427]

---

425 Früher gewohnheitsrechtlich so vertreten, jetzt kodifiziert, vgl. BT-Drs. 15/1487, S. 22; BGH, Urt. v. 26.11.1997 – I ZR 109/95, GRUR 1998, 415 (416); *Klocke*, Rechtsschutz, S. 108.

426 Nr. 2306 Gesetz zur Bekämpfung des unlauteren Wettbewerbs v. 27.5.1896, RGBl. v. 30.5.1896, Nr. 13, S. 145. *Buchner*, Kollektiver Rechtsschutz, S. 97; *Lindacher*, ZZP 103 (1990), 397 (397); *Halfmeier*, Popularklagen, S. 89.

427 *Köhler/Feddersen*, in: Köhler/Bornkamm/Feddersen, UWG, § 8 Rn. 3.3; *Ohly*, in: ders./Sosnitza, UWG, § 8 Rn. 86.

bb) Regelungsgehalt

2004 wurde mit der UWG-Novelle der Wortlaut für Verbandsklagen in § 8 Abs. 3 UWG geändert in „[die Ansprüche] stehen zu“ anstelle von „können geltend gemacht werden“.[428] Durch den neuen Wortlaut scheint ein jahrelanger Konflikt hinsichtlich des Regelungsgehaltes dieser Norm gelöst worden zu sein.[429] „Stehen zu“ spricht für eine rein materiell rechtliche Regelung, die lediglich die Aktivlegitimation bestimmt.[430] Keinen Anklang findet dagegen die Prozessführungsbefugnis. Diese wird jedoch vom BGH und Teilen der Literatur als weiterer Bestandteil der Norm angesehen (Lehre von der Doppelnatur).[431] Demnach wird § 8 Abs. 3 UWG zugleich als Prozessvoraussetzung qualifiziert. Zur Folge hat dies, dass die Voraussetzungen von Amts wegen in jedem Stadium des Verfahrens, auch in der Revisionsinstanz, überprüft werden müssen.[432] Bei Nichtvorliegen

---

428 BT-Drs. 15/1487, S. 7.

429 *Geiger*, Kollektiver Rechtsschutz, S. 42; *Greger*, NJW 2000, 2457 (2462); *Köhler/Feddersen*, in: Köhler/Bornkamm/Feddersen, UWG, § 8 Rn. 3.10; vergleichend für Österreich *Kunz*, Die Prozessstandschaft, S. 65 ff.

430 Wortlautgleich zu § 13 Abs. 2 AGBG, für den sich die Gesetzesmaterialien eindeutig für die bloße Aktivlegitimation aussprechen, s. BT-Drs. 14/2658, S. 52. *Halfmeier*, Popularklagen, S. 98; *Köhler/Feddersen*, in: Köhler/Bornkamm/Feddersen, UWG, § 8 Rn. 3.10.

431 BGH, Urt. v. 27.4.2017 – I ZR 55/16 (KG), GRUR 2017, 1265 (1266), Preisportal; Urt. v. 7.5.2015 – I ZR 158/14, GRUR 2015, 1240, Der Zauber des Nordens; Urt. v. 26.9.1996 – I ZR 265/95, BGHZ 133, 316 (319); Urt. v. 27.1.2005 – I ZR 146/02, NJW-RR 2005, 1128 (1129), Sammelmitgliedschaft III; Urt. v. 16.11.2006 – I ZR 218/03, GRUR 2007, 610 (611), Sammelmitgliedschaft V; Urt. v. 1.3.2007 – I ZR 51/04, GRUR 2007, 809 (810), Krankenhauswerbung; Urt. v. 23.2.2006 – I ZR 164/03, GRUR 2006, 517 (518), Blutdruckmessungen. Dazu auch *Buchner*, Kollektiver Rechtsschutz, S. 97 m.w.N.; *Goldmann*, in: Harte-Bavendamm/Henning-Bodewig, UWG, § 8 UWG Rn. 256; *Halfmeier*, Popularklagen, S. 98 m.w.N. Vertreter der Literatur: *Buchner*, Kollektiver Rechtsschutz, S. 99; *Göckler*, WRP 2016, 434 (435) m.w.N. in Fußnote 9; *Ohly*, in: ders./Sosnitza, UWG, § 8 Rn. 86; *Ottofülling*, in: Heermann/Schlingloff, MüKo Lauterkeitsrecht, § 8 Rn. 323.

432 BGH, Urt. v. 7.5.2015 – I ZR 158/14, GRUR 2015, 1240, Der Zauber des Nordens; Urt. v. 17.8.2011 – I ZR 148/10, GRUR 2012, 411 (412), Glücksspielverband; Urt. v. 16.11.2006 – I ZR 218/03, GRUR 2007, 610 (611), Sammelmitgliedschaft V; *Goldmann*, in: Harte-Bavendamm/Henning-Bodewig, UWG, § 8 UWG Rn. 257; *Halfmeier*, Popularklagen, S. 98, mit dem Hinweis, dass es dem BGH gerade um die Überprüfungsmöglichkeit im Revisionsverfahren ging; *Köhler/Feddersen*, in: Köhler/Bornkamm/Feddersen, UWG, § 8 Rn. 3.9, 3.10; *Ottofülling*, in: Heermann/Schlingloff, MüKo Lauterkeitsrecht, § 8 Rn. 350.

der Voraussetzungen wäre die Klage nicht nur unbegründet, sondern bereits unzulässig.[433]

Aus systematischer Sicht widerspricht diese Ansicht aber dem Grundsatz des allgemeinen Verfahrensrechts, dass sich die Prozessführung bereits aus der behaupteten Inhaberschaft des geltend gemachten Rechts ergibt.[434] Die Klage wäre grundsätzlich als unbegründet abzuweisen.[435] Anders ist es nur im Falle der Prozessstandschaft, bei der ein fremdes Recht im eigenen Namen geltend gemacht wird.[436] Hier muss die Prozessführungsbefugnis explizit festgestellt werden. Die Verbände klagen jedoch ihre eigenen Rechte ein. Andererseits soll ihre Klage den Interessen Dritter dienen, was dem Modell der Prozessstandschaft nahe kommt.[437] Dennoch spricht gegen die Annahme einer Doppelnatur, dass hier eine strengere Kontrolle als bei sonstigen Zivilprozessen, bei denen § 559 ZPO eine Bindung an die tatsächlichen Feststellungen der Instanzgerichte vorschreibt, erfolgt.[438] Auch wenn dies teilweise damit begründet wird, dass ein Bedürfnis für eine weitere Kontrolle aufkommen und sich eine weitere Überprüfung als sinnvoll erweisen kann,[439] scheint es eher, als bestünde ein Misstrauen gegenüber der Verbandsklage.[440] Es ist nicht nachzuvollziehen, warum gerade hier eine weitere Kontrollmöglichkeit im Gegensatz zu anderen zivilrechtlichen Klagen von Nöten sein soll. Außerdem gibt es mit § 8 Abs. 4 UWG bereits ein taugliches Instrument, um missbräuchlichen Klagen entgegenzutreten.[441] Die Wortlautänderung macht den Regelungsgehalt der Norm deutlich. Es wird nur die Aktivlegitimation statuiert.

---

433 *Köhler/Feddersen*, in: Köhler/Bornkamm/Feddersen, UWG, § 8 Rn. 3.9. So z.B. BGH, Urt. v. 18.10.1995 – I ZR 126/93, GRUR 1996, 217.

434 *Althammer*, in: Zöller, ZPO, vor § 50 Rn. 16; *Halfmeier*, Popularklagen, S. 98; *Köhler/Feddersen*, in: Köhler/Bornkamm/Feddersen, UWG, § 8 Rn. 3.10.

435 Zur Prozessführungsbefugnis *Althammer*, in: Zöller, ZPO, vor § 50 Rn. 16; *Hüßtege*, in: Thomas/Putzo, ZPO, 51 Rn. 21 f.; *Köhler/Feddersen*, in: Köhler/Bornkamm/Feddersen, UWG, § 8 Rn. 3.10.

436 *Althammer*, in: Zöller, ZPO, vor § 50 Rn. 18; *Köhler/Feddersen*, in: Köhler/Bornkamm/Feddersen, UWG, § 8 Rn. 3.10; *Poelzig*, Normdurchsetzung, S. 414.

437 *Buchner*, Kollektiver Rechtsschutz, S. 98 f.; *Köhler/Feddersen*, in: Köhler/Bornkamm/Feddersen, UWG, § 8 Rn. 3.10; *Ohly*, in: ders./Sosnitza, UWG, § 8 Rn. 86; *Ottofülling*, in: Heermann/Schlingloff, MüKo Lauterkeitsrecht, § 8 Rn. 323.

438 *Goldmann*, in: Harte-Bavendamm/Henning-Bodewig, UWG, § 8 UWG Rn. 257; *Halfmeier*, Popularklagen, S. 99; *Köhler/Feddersen*, in: Köhler/Bornkamm/Feddersen, UWG, § 8 Rn. 3.9; BGH, Urt. v. 17.8.2011 – I ZR 148/10, GRUR 2012, 411 (412), Glücksspielverband.

439 *Köhler/Feddersen*, in: Köhler/Bornkamm/Feddersen, UWG, § 8 Rn. 3.10.

440 *Greger*, ZZP 113 (2000), 399 (404 f.); *Halfmeier*, Popularklagen, S. 98.

441 *Poelzig*, Normdurchsetzung, S. 414.

cc) Aktivlegitimation

Für die Aktivlegitimation der Verbände erfordert § 8 Abs. 3 Nr. 2 UWG, dass ihnen eine erhebliche Zahl von Unternehmern angehört, „die Waren oder Dienstleistungen gleicher oder verwandter Art auf demselben Markt vertreiben, wenn sie insbesondere nach ihrer personellen, sachlichen und finanziellen Ausstattung imstande sind, ihre satzungsmäßigen Aufgaben der Verfolgung gewerblicher oder selbständiger beruflicher Interessen tatsächlich wahrzunehmen und soweit die Zuwiderhandlung die Interessen ihrer Mitglieder berührt". Solche Verbände sind bspw. Fachverbände, berufsständische Kammern und Wettbewerbsvereine.[442] Eine erhebliche Zahl von Unternehmen wird nicht durch eine zahlenmäßige Größe festgelegt. Die Bundesregierung führt in der Begründung des Gesetzesentwurfs dazu an, dass danach gefragt werden soll, ob die Unternehmen auf dem besagten sachlichen und räumlichen Markt „nach Anzahl und Gewicht ein gemeinsames Interesse der Angehörigen oder der betroffenen Branche repräsentieren".[443]

Eine sachliche Marktabgrenzung erfolgt, indem Waren und Dienstleistungen verwandter Art auf demselben Markt angeboten werden müssen.[444] Dies richtet sich nach der Geschäftstätigkeit des angegriffenen Unternehmens.[445] Gleicher Art sind sie dann, wenn sie sich so sehr ähneln, dass irgendein wettbewerbswidriges Handeln des einen den Absatz des anderen beeinflussen kann.[446] Bekannte Entscheidungen des BGH bejahten

---

442 *Geiger*, Kollektiver Rechtsschutz, S. 43, welche als Beispiel die Zentrale zur Bekämpfung unlauteren Wettbewerbs nennt. *Ohly*, in: ders./Sosnitza, UWG, § 8 Rn. 96.

443 BT-Drs. 15/1487, S. 22 f.; *Geiger*, Kollektiver Rechtsschutz, S. 43 m.w.N. BGH, Urt. v. 7.5.2015 – I ZR 158/14, GRUR 2015, 1240 (1240 f.), Der Zauber des Nordens; OLG Hamburg, Urt. v. 11.8.2011 – 3 U 145/09, GRUR-RR 2012, 21 (22), LOTTO. Dazu, dass ein Verband dies auch vorgerichtlich schlüssig darstellen muss, OLG Saarbrücken, Beschl. v. 27.11.2017 – 1 W 38/17.

444 *Ohly*, in: ders./Sosnitza, UWG, § 8 Rn. 101.

445 *Ohly*, in: ders./Sosnitza, UWG, § 8 Rn. 101.

446 *Goldmann*, in: Harte-Bavendamm/Henning-Bodewig, UWG, § 8 UWG Rn. 323; *Ohly*, in: ders./Sosnitza, UWG, § 8 Rn. 101; *Ottofülling*, in: Heermann/Schlingloff, MüKo Lauterkeitsrecht, § 8 Rn. 385; BGH, Urt. v. 7.5.2015 – I ZR 158/14, GRUR 2015, 1240 (1240 f.), Der Zauber des Nordens; Urt. v. 16.4.2015 – I ZR 27/14, Rn. 11, juris, Bohnengewächsextrakt; Urt. v. 24.11.1999 – I ZR 189/97, GRUR 2000, 438 (440), Gesetzeswiederholende Unterlassungsanträge; Urt. v. 16.11.2006 – I ZR 218/03, GRUR 2007, 610 (611), Sammelmitgliedschaft V; OLG Hamburg, Urt. v. 11.8.2011 – 3 U 145/09, GRUR-RR 2012, 21 (22), LOTTO.

eine verwandte Art bei Orientteppichen, Teppichböden und sonstigen Fußbodenbelägen[447] sowie bei Nahrungsergänzungsmitteln, Lebensmitteln, Naturheilmitteln und diätischen Lebensmitteln.[448] Auf demselben Markt statuiert ein räumliches Kriterium, wie der regionale oder sogar deutschlandweite Absatz.[449]

Zudem muss der Verband in der Lage sein, seine satzungsmäßigen Aufgaben erfüllen zu können. Es bedarf ausreichender personeller Ausstattung (z.B. kompetentes Personal), sachlicher Ausstattung (u.a. Geschäftsstelle, Büroräume) und schließlich finanzieller Mittel, insbesondere die Fähigkeit, die Verfahrenskosten eines u.U. mehrinstanzlichen Prozesses tragen zu können.[450] Letztlich müssen die Interessen der einzelnen Mitglieder in dem Maße berührt sein, dass für sie die Voraussetzungen des § 8 Abs. 3 Nr. 1 UWG vorliegen würden.[451]

Derzeit liegt ein Gesetzentwurf der Bundesregierung zur Stärkung des fairen Wettbewerbs vor.[452] Darin wird § 8 Abs. 3 Nr. 2 UWG-E gestrafft und die Aktivlegitimation auf rechtsfähige Verbände zur Förderung gewerblicher oder selbständiger beruflicher Interessen, die in der Liste der qualifizierten Wirtschaftsverbände nach § 8a eingetragen sind, begrenzt.[453] In § 8a UWG-E finden sich sodann die Voraussetzungen für qualifizierte Wirtschaftsverbände.[454] Hierin werden teilweise die in § 8 Abs. 3 Nr. 2 UWG gelisteten Voraussetzungen aufgegriffen. Erforderlich ist eine

447 BGH, Urt. 20.10.1999 – I ZR 167/97, GRUR 2000, 619 (620). Mit vielen weiteren Beispielen *Ohly*, in: ders./Sosnitza, UWG, § 8 Rn. 101; *Ottofülling*, in: Heermann/Schlingloff, MüKo Lauterkeitsrecht, § 8 Rn. 389. S.a. die Entscheidung des OLG des Saarlandes hinsichtlich einer Salzgrotte, Urt. v. 19.12.2018 – 1 U 41/18, juris, insbesondere in Rn. 35 wird ein verwandter Markt bei der Behandlung von Hautkrankheiten für ärztliche Behandlungen, Arznei- oder Heilmittel, Sanatorien sowie Salzgrotten angenommen.

448 BGH, Urt. v. 16.4.2015 – I ZR 27/14, Rn. 11, juris, Bohnengewächsextrakt.

449 *Köhler/Feddersen*, in: Köhler/Bornkamm/Feddersen, UWG, § 8 Rn. 3.40 f. mit Beispielen; *Ohly*, in: ders./Sosnitza, UWG, § 8 Rn. 102; *Ottofülling*, in: Heermann/Schlingloff, MüKo Lauterkeitsrecht, § 8 Rn. 390.

450 *Ohly*, in: ders./Sosnitza, UWG, § 8 Rn. 106; *Ottofülling*, in: Heermann/Schlingloff, MüKo Lauterkeitsrecht, § 8 Rn. 408 ff.

451 *Köhler/Feddersen*, in: Köhler/Bornkamm/Feddersen, UWG, § 8 Rn. 3.51; *Ohly*, in: ders./Sosnitza, UWG, § 8 Rn. 108. A.A. *Geiger*, Kollektiver Rechtsschutz, S. 44; *Goldmann*, in: Harte-Bavendamm/Henning-Bodewig, UWG, § 8 UWG Rn. 336. Der BGH lässt dies bisher offen, Urt. v. 6.4.2017 – I ZR 33/16, GRUR 2017, 926 (927); Urt. v. 28.6.1990 – I ZR 287/88, GRUR 1990, 1038 (1039).

452 BT-Drs. 19/12084. Ausführlich dazu *Eickemeier/Brodersen*, BB 2019, 1859.

453 BT-Drs. 19/12084, S. 7 f., 26.

454 BT-Drs. 19/12084, S. 7 f., 26 ff.

feste Zahlengröße von 75 angehörenden Unternehmern (§ 8a Abs. 2 Nr. 1 UWG-E) sowie die Mindestbestandsdauer von einem Jahr (§ 8a Abs. 2 Nr. 2 UWG). Aufgrund der bisherigen Tätigkeit, der personellen, sachlichen und finanziellen Ausstattung muss es gesichert erscheinen, dass der Verein künftig dauerhaft seine satzungsgemäßen Aufgaben wirksam und sachgerecht erfüllt, § 8a Abs. 2 Nr. 3 lit. a UWG-E.[455] Außerdem wird insbesondere in § 8a Abs. 2 Nr. 3 lit. b UWG-E hervorgehoben, dass gesichert sein soll, dass der Verband nicht vorwiegend Abmahnungen oder Vertragsstrafen erzielen möchte.[456] § 8b UWG-E sieht zudem eine Norm für die Haftung bei missbräuchlich geltend gemachten Abmahnungen vor.[457] Durch die Neuregelung und die zusätzlichen Voraussetzungen wird die Aktivlegitimation der Wirtschaftsverbände eingeschränkt.[458] Dies dient vor allem dazu, missbräuchliche Abmahnungen zu verhindern. Abmahnungen sollen nicht primär dazu genutzt werden, um Gebühren und Vertragsstrafen einzutreiben.[459] Insgesamt wird dadurch eine Stärkung des fairen Wettbewerbs bezweckt.[460]

Ferner sind nach § 8 Abs. 3 Nr. 3 UWG qualifizierte Einrichtungen aktivlegitimiert. Das sind solche, die in der nach § 4 UKlaG geführten Liste der qualifizierten Einrichtungen oder im Verzeichnis der Europäischen Kommission nach Art. 4 Abs. 3 der Richtlinie 2009/22/EG[461] eingetragen sind. Art. 3 dieser Richtlinie definiert als qualifizierte Einrichtungen „jede Stelle oder Organisation, die nach dem Recht eines Mitgliedstaats ordnungsgemäß errichtet wurde und ein berechtigtes Interesse daran hat, die Einhaltung [der dem kollektiven Verbraucherschutz dienenden] Bestimmungen sicherzustellen“. Weitere Voraussetzungen für die Aufnahme in diese Liste gibt § 4 Abs. 2 UKlaG vor.[462]

---

455 BT-Drs. 19/12084, S. 8, 28.

456 BT-Drs. 19/12084, S. 8, 28.

457 BT-Drs. 19/12084, S. 8 f., 29.

458 BT-Drs. 19/12084, S. 26 f.

459 BT-Drs. 19/12084, S. 1, 19 f.; *Eickemeier/Brodersen*, BB 2019, 1859 (1861).

460 BT-Drs. 19/12094, S. 1.

461 Richtlinie 2009/22/EG des Europäischen Parlaments und des Rates vom 23.4.2009 über Unterlassungsklagen zum Schutz der Verbraucherinteressen, ABl. EU v. 1.5.2009, L 110/30.

462 S. zu den einzelnen Voraussetzungen ausführlich unter D IV 3.

b) § 33 Abs. 1 GWB

Parallel zum Lauterkeitsrecht findet sich in § 33 GWB eine Regelung zur Ahndung von Kartellrechtsverletzungen in Form eines Beseitigungs- und Unterlassungsanspruchs.[463] Regelungsgehalt des Kartellrechts ist u.a. das Verbot wettbewerbsbeschränkender Absprachen nach § 1 GWB bzw. Art. 101 Abs. 1 AEUV einerseits sowie die Verhinderung des Missbrauchs einer marktbeherrschenden Stellung gemäß §§ 19 f. GWB bzw. Art. 102 AEUV andererseits.[464] Das GWB erfuhr zuletzt durch die 9. GWB-Novelle, die die Kartellschadensersatz-Richtlinie[465] umsetzt, eine Neuerung. § 33 GWB wurde von diesen Neuerungen erfasst und zur besseren Verständlichkeit und Übersichtlichkeit geändert.[466] So findet sich der Regelungsgehalt des vormaligen § 33 Abs. 1 und 2 GWB jetzt in § 33 Abs. 1 bis 4 GWB wieder. Die Schadensersatzansprüche aus § 33 Abs. 3 bis 5 GWB wurden angepasst und in den Normen §§ 33a bis 33h GWB aufgegriffen.

§ 33 Abs. 1 GWB gewährt einen Beseitigungs- oder Unterlassungsanspruch gegen einen Rechtsverletzer. Der Rechtsverletzer ist durch die 9. GWB-Novelle ausdrücklich legaldefiniert als derjenige, der gegen eine Vorschrift dieses Teils oder gegen Art. 101 oder 102 AEUV Union verstößt. Diese Definition geht auf Art. 2 Nr. 2 der Kartellschadensersatz-Richtlinie zurück. Eine Neuheit gegenüber der alten Fassung besteht ferner in der weiteren Voraussetzung, dass nur noch ein Verstoß „dieses Teils“ geahndet werden kann, dies entspricht den §§ 1–47l GWB. Vormals war ein Verstoß gegen eine beliebige Vorschrift des GWB dem Wortlaut nach ausreichend. Ausweislich der Gesetzgebungsmaterialien führt dies aber nicht zu einer Änderung des Regelungsgehaltes, sondern gibt nur die bisherige Auslegung wieder, wonach nur materiell-rechtliche Verbote des Gesetzes darunter zu fassen waren, nicht jedoch verfahrensrechtliche Regelungen oder gar das in den Teilen 4 bis 6 enthaltene Vergaberecht.[467]

---

463 *Göckler*, WRP 2016, 434 (436).

464 *Göckler*, WRP 2016, 434 (436).

465 Richtlinie 2014/104/EU des Europäischen Parlaments und Rates vom 26. November 2014 über bestimmte Vorschriften für Schadensersatzklagen nach nationalem Recht wegen Zuwiderhandlungen gegen wettbewerbsrechtliche Bestimmungen der Mitgliedstaaten und der Europäischen Union, ABl. EU v. 5.12.2014, L 349/1.

466 BT-Drs. 18/10207, S. 55. *Roth*, in: Jaeger/Kokott, et al., Kartellrecht, § 33 GWB Rn. 102.

467 BT-Drs. 18/10207, S. 55; *Schaper/Stauber*, NZKart 2017, 279 (279).

Unberührt lässt die Novelle die Aktivlegitimation. Diese bleibt weiterhin auf Beseitigungs- und Unterlassungsansprüche beschränkt.[468] Gleichlautend wie in § 8 Abs. 3 Nr. 2 UWB stehen diese Ansprüche gemäß § 33 Abs. 4 Nr. 1 GWB Verbänden zu. Seit 2013 weicht die Regelung von der des UWG ab, indem sie auch rechtsfähigen Verbänden zur Förderung gewerblicher oder selbstständiger beruflicher Interessen, Wirtschaftsverbänden, denen eine erhebliche Anzahl *betroffener* Unternehmer angehört, die Klagebefugnis zuspricht.[469]. Betroffen können anders als im UWG gemäß § 33 Abs. 3 GWB auch Verbände der Marktgegenseite sein.[470] Intention dessen ist die Stärkung privater Normdurchsetzung im Kartellrecht.[471] Gemäß § 33 Abs. 4 Nr. 2 GWB können auch Verbraucherverbände, Einrichtungen oder qualifizierte Einrichtungen[472] den Anspruch geltend machen. Es findet sich somit eine Parallele zum UWG.

Auch für Verbandsklagen nach § 33 Abs. 4 GWB kommt die Frage der Doppelnatur auf,[473] wobei dafür das Wortlautargument gerade nicht greifen kann, weil nach wie vor von „geltend machen“ die Rede ist. Da die 9. GWB-Novelle diese Formulierung auch nicht geändert hat, wird der Anschein erweckt, dass sie bewusst gewählt wurde. Für den BGH, welcher auch im Rahmen des UWG weiterhin an der Lehre der Doppelnatur festhält, ergeben sich praktisch keine Unterschiede.[474] Folgt man der obigen Ansicht, die Doppelnatur abzulehnen, so überzeugen auch hier unabhängig vom Wortlaut die Argumente, dass an die Verbandsklage gerade keine strengeren Überprüfungsvoraussetzungen als an einen normalen Prozess gestellt werden sollen, sodass zumindest de lege ferenda eine Abkehr von der Lehre der Doppelnatur auch für § 33 Abs. 4 GWB erfolgen sollte. Erforderlich für den Anspruch ist ferner eine Wiederholungs- oder Erstbegehungsgefahr (§ 33 Abs. 1 und 2 GWB), sodass als Rechtsfolge die Anordnung zur Beseitigung oder zum Unterlassen der Beeinträchtigung eintritt.

---

468 *Roth*, in: Jaeger/Kokott, et al., Kartellrecht, § 33 GWB Rn. 104.

469 *Göckler*, WRP 2016, 434 (436). S.a. *Emmerich*, in: Bach/Immenga/Mestmäcker, GWB, § 33 Rn. 101, 105; *Roth*, in: Jaeger/Kokott, et al., Kartellrecht, § 33 GWB Rn. 109.

470 *Emmerich*, in: Bach/Immenga/Mestmäcker, GWB, § 33 Rn. 102, 105 f.; *Göckler*, WRP 2016, 434 (436). *Roth*, in: Jaeger/Kokott, et al., Kartellrecht, § 33 GWB Rn. 109.

471 BT- Drs. 17/9852, S. 21, 27. *Göckler*, WRP 2016, 434 (436); *Halfmeier*, Popularklagen, S. 135.

472 *Emmerich*, in: Bach/Immenga/Mestmäcker, GWB, § 33 Rn. 101.

473 *Emmerich*, in: Bach/Immenga/Mestmäcker, GWB, § 33 Rn. 101.

474 So auch *Einhaus*, Kollektiver Rechtsschutz, S. 452.

c) Bewertung

Von der Verbandsklagemöglichkeit des UWG wird sehr häufig Gebrauch gemacht.[475] Allerdings lässt sich insgesamt feststellen, dass der Verbandsklagemöglichkeit im Kartellrecht allgemein eine geringe bis gar keine Bedeutung zugeschrieben wird.[476] Beide dienen nicht der Schadenskompensation. Sie sind auf künftiges Handeln bzw. Unterlassen gerichtet und nicht auf die Sanktion bzw. Wiedergutmachung des Vergangenen.[477] Unrechtmäßig erwirtschaftete Vorteile bleiben dem Schädiger erhalten und machen den Gesetzesverstoß u.U. für ihn lohnenswert.[478] Bei einem geringen Betrag sehen die Betroffenen häufig davon ab, ihre Ansprüche einzuklagen, zumal diese meist nach Ablauf der Unterlassungsklage mangels Verjährungshemmung verjährt sind.[479] Eine Verurteilung entfaltet keine Breitenwirkung, sie wirkt nur individuell.[480] Als revolutionär wird daher die Entscheidung des LG Leipzig betitelt, in der das Gericht die Beklagte aufgrund rechtswidriger AGB-Nutzung zur Rückerstattung des Geldes verurteilte.[481] Diese Entscheidung bestätigte das OLG Dresden.[482] Durch jene Vorgehensweise wird ersichtlich, dass die gesetzlich normierten Ansprüche an ihre Grenzen stoßen. Zudem ist die Verbandsklagemöglichkeit nur sektorspezifisch ausgestaltet. Für eine effektive Sanktionierung von Massen- respektive Bagatellschäden ist sie daher ungeeignet.

---

475 *Meller-Hannich/Höland*, Evaluierung, S. 27, 146; *Meller-Hannich*, Gutachten A 72. DJT, A 55.

476 *Einhaus*, Kollektiver Rechtsschutz, S. 451; *Emmerich*, in: Bach/Immenga/Mestmäcker, GWB, § 33 Rn. 101.

477 *Geiger*, Kollektiver Rechtsschutz, S. 45; *Kruis*, ZIP 2019, 393 (396).

478 *Micklitz/Stadler*, in: dies., Das Verbandsklagerecht, 2 (21).

479 *Rott*, VuR 2016, 112 (113).

480 *Meller-Hannich*, Gutachten A 72. DJT, A 55.

481 LG Leipzig, Urt. v. 10.12.2015 – 05 O 1239/15, VuR 2016, 109. *Rott*, VuR 2016, 112 (113).

482 OLG Dresden, Urt. v. 10.4.2018 – 14 U 82/16, WRP 2019, 347. *Kruis*, ZIP 2019, 393; dazu *Scherer*, VuR 2019, 243; *Schultheiß*, WM 2019, 9. S. dazu auch BGH, Urt. v. 14.12.2017 – 1 ZR 184/15, WM 2018, 436 (442 f.).

2. Gewinnabschöpfungsansprüche §§ 10 UWG, 34a GWB

Seit 2004 findet sich ein weiterer Anspruch in § 10 UWG,[483] der als Gewinnabschöpfungsanspruch bezeichnet wird. Das Pendant im Kartellrecht dazu findet sich in § 34a GWB.[484] Da letzterer an den Anspruch des § 10 UWG angelehnt wurde und die Voraussetzungen der Ansprüche nahezu identisch sind, beschränken sich die näheren Ausführungen auf den praktisch bedeutsameren § 10 UWG.[485]

Derjenige, der vorsätzlich § 3 oder 7 UWG zuwiderhandelt und dadurch zu Lasten einer Vielzahl von Abnehmern einen Gewinn erzielt, kann von den in § 8 Abs. 3 Nr. 2 bis 4 UWG genannten Einrichtungen auf Herausgabe dieses Gewinnes an den Bundeshaushalt in Anspruch genommen werden. Somit wird erstmalig eine Zahlungsklage für einen Verband eingeräumt.[486] Hinter der Einführung dieser Regelung stand das Bedürfnis, Schutzlücken hinsichtlich Streuschäden zu schließen.[487] Diese treten vor allem dadurch auf, dass die Betroffenen von der Geltendmachung ihrer Rechte kaum Gebrauch machen, und Mitbewerbern meist kein Schadensersatzanspruch zusteht.[488] Die Besonderheit gegenüber den bereits existierenden Unterlassungsklagen liegt darin, dass nun bereits stattgefundene Verstöße sanktioniert werden können und nicht nur auf zukünftige Beeinträchtigungen eingewirkt werden kann.[489] Die Einbeziehung des § 3 UWG, welcher die Generalklausel des Wettbewerbsrechts enthält, führt dazu, dass sämtliche Verstöße gegen das UWG eine Gewinnabschöpfung

---

483 Zur UWG-Reform BGBl. I 2004, S. 1414, 1416. *Buchner*, Kollektiver Rechtsschutz, S. 45; dazu *Geiger*, Kollektiver Rechtsschutz, S. 41.

484 Zur 7. GWB-Novelle 2005 BGBl. I 2005, S. 1954, 1960. *Buchner*, Kollektiver Rechtsschutz, S. 45; ebenfalls *Geiger*, Kollektiver Rechtsschutz, S. 41; *Schaub*, JZ 2011, 13 (16).

485 *Emmerich*, in: Bach/Immenga/Mestmäcker, GWB, § 34 a Rn. 5; zur praktischen Bedeutsamkeit auch *Sieme*, WRP 2009, 914 (914).

486 *Buchner*, Kollektiver Rechtsschutz, S. 46, 99; *Stadler/Micklitz*, WRP 2003, 559 (560); *Braunmühl*, in: Fezer/Büscher/Obergfell, UWG, Bd. 2, § 10 Rn. 6; *Wimmer-Leonhardt*, GRUR 2004, 12 (13).

487 S. dazu bereits bei Streuschäden Kapitel 1, C III 1; BT-Drs. 15/1487, S. 23. *Halfmeier*, Popularklagen, S. 120; *Schmauß*, Der Gewinnabschöpfungsanspruch, S. 46.

488 BT-Drs. 15/1487 S. 23; *Hager*, Streuschäden, S. 128; *von Braunmühl*, in: Fezer/Büscher/Obergfell, UWG, Bd. 2, § 10 Rn. 3.

489 *Köhler*, GRUR 2003, 265 (265); *von Braunmühl*, in: Fezer/Büscher/Obergfell, UWG, Bd. 2, § 10 Rn. 1.

nach sich ziehen können.[490] § 10 UWG liegt der Gedanke des Fruchtziehungsverbotes zugrunde. Derjenige, der wettbewerbswidrig gehandelt hat, soll nicht den Gewinn als Frucht aus dieser Handlung behalten dürfen.[491] So wird gleichzeitig präventiv der Anreiz geschaffen, solche Handlungen zu vermeiden.[492]

a) dogmatische Einordnung

Die dogmatische Einordnung dieses Anspruches erweist sich als höchst umstritten. Nach dem Regierungsentwurf dient er nicht wie gewöhnliche Schadensersatzansprüche dem individuellen Schadensausgleich.[493] Die Besonderheit dabei ist, dass der Gewinn an den Bundeshaushalt abzuführen ist und nicht bei den Anspruchsberechtigten bleibt.[494] Somit kommt die Gewinnabschöpfung zugleich dem Allgemeinwohl zu.[495] Allerdings ist der Tatbestand gleich einem Schadensersatzanspruch gestaltet. Er setzt eine unerlaubte Handlung voraus.[496] Lediglich die Rechtsfolge in Form einer Abschöpfung divergiert von den regulären Schadensersatzansprüchen.[497] Ferner zeigen sich teilweise Parallelen zum Bereicherungsrecht. So beschränkt § 10 Abs. 2 UWG den Anspruch, indem Leistungen, „die der Schuldner auf Grund der Zuwiderhandlung an Dritte oder den Staat erbracht hat", angerechnet werden. Der Gewinnabschöpfungsanspruch enthält also keine Straffunktion, er ist auf den tatsächlichen Gewinn be-

490 *Hager*, Streuschäden, S. 128. S.a. *Meller-Hannich*, Gutachten A 72. DJT, A 45.

491 Referentenentwurf, GRUR 2003, 298 (310), unter Verweis auf den BGH, Urt. v. 7.10.1993 – I ZR 293/91, GRUR 1994, 126 f.; vgl. *Geiger*, Kollektiver Rechtsschutz, S. 50; *Micklitz/Stadler*, Unrechtsgewinnabschöpfung, S. 128; *von Braunmühl*, in: Fezer/Büscher/Obergfell, UWG, Bd. 2, § 10 Rn. 5.

492 *Geiger*, Kollektiver Rechtsschutz, S. 50; *Micklitz/Stadler*, Unrechtsgewinnabschöpfung, S. 128.

493 BT-Drs. 15/1487, S. 24; *Hager*, Streuschäden, S. 129.

494 BT-Drs. 15/1487, S. 25; *van Raay*, Gewinnabschöpfung, S. 136 f., 180.

495 *Van Raay*, Gewinnabschöpfung, S. 136 f.

496 *Geiger*, Kollektiver Rechtsschutz, S. 49; *Hager*, Streuschäden, S. 129.

497 *Fezer*, Zweckgebundene Verwendung, S. 18; *Hager*, Streuschäden, S. 129; *Micklitz/Stadler*, Unrechtsgewinnabschöpfung, S. 99; s.a. *van Raay*, Gewinnabschöpfung, S. 120 f.; *von Braunmühl*, in: Fezer/Büscher/Obergfell, UWG, Bd. 2, § 10 Rn. 85, 100; *Wündisch*, in: Götting/Nordemann, UWG, § 10 Rn. 5, der auf die Nähe zu § 852 BGB hinweist.

grenzt,[498] was an die Entreicherung aus § 818 Abs. 3 BGB erinnert.[499] Der Anspruch ist als ein Anspruch sui generis zu verstehen.[500] *Von Braunmühl* stellt so fest, dass es sich um einen auf Leistung gerichteten materiellen Verbandsanspruch handelt, der, wenn auch nur abgeschwächt, eine Ausrichtung zum Bereicherungsrecht zeitigt und dafür Elemente der Fremdgeschäftsführung nutzt.[501]

b) Voraussetzungen des Gewinnabschöpfungsanspruchs

Der Gewinnabschöpfungsanspruch enthält drei Voraussetzungen. Erforderlich ist ein vorsätzliches Handeln (aa) zu Lasten einer Vielzahl von Abnehmern (bb), durch das ein anderer einen Gewinn erzielt (cc) hat.[502]

aa) Vorsätzliches Handeln

Die Hürde der Vorsätzlichkeit dient dem Schutz der Unternehmer.[503] Laut dem Gesetzentwurf der Bundesregierung handelt bereits derjenige schuldhaft, der sich bei Kenntnis des Sachverhaltes wettbewerbswidrig verhält.[504] Grundsätzlich ausreichend ist auch bedingter Vorsatz, dennoch muss die Handlung im Bewusstsein ihrer Rechtswidrigkeit vorgenommen worden sein.[505]

---

498 *Buchner*, Kollektiver Rechtsschutz, S. 100.

499 *Van Raay*, Gewinnabschöpfung, S. 118. Dazu auch *Leicht*, Gewinnabschöpfung, S. 247, 283 f.

500 *Hager*, Streuschäden, S. 129; *van Raay*, Gewinnabschöpfung, S. 128 ff.

501 *Von Braunmühl*, in: Fezer/Büscher/Obergfell, UWG, Bd. 2, § 10 Rn. 100.

502 *Geiger*, Kollektiver Rechtsschutz, S. 50.

503 BT-Drs. 15/1487, S. 24; *Hager*, Streuschäden, S. 140 f.

504 BT-Drs. 15/1487, S. 24; näher dazu *Schmauß*, Der Gewinnabschöpfungsanspruch, S. 84 ff., der im Ergebnis eine Einbeziehung grob fahrlässigen Verhaltens befürwortet. So auch *Hager*, Streuschäden, S. 140 ff., 145 f.

505 *Halfmeier*, 50 Jahre Verbraucherverbandsklage, S. 75; *Köhler*, in: ders./Bornkamm/Feddersen, UWG, § 10 Rn. 6; *Meller-Hannich*, Gutachten A 72. DJT, A 43; BGH, Urt. v. 12.5.1992 – VI ZR 257/91, BGHZ 118, 201 (208); OLG Frankfurt, Urt. v. 20.5.2010 – 6 U 33/09, GRUR 2010, 482 (483).

bb) Vielzahl von Abnehmern

Abnehmer sind neben den Verbrauchern alle Marktteilnehmer, jedoch nur die unmittelbaren Vertragspartner des Verletzers, nicht hingegen Mitbewerber.[506] „Zu Lasten" beschreibt den Zustand, dass „der Gewinnerzielung unmittelbar ein Vermögensnachteil der Abnehmer gegenübersteht".[507] Er kann in jeder wirtschaftlichen Schlechterstellung begründet liegen.[508] Diese definiert *Geiger* als dann vorliegend, „wenn der Abnehmer einen zivilrechtlichen Schadenersatzanspruch hat".[509]

Problematisch erweist sich wieder einmal die Bezifferung der Vielzahl. Dabei handelt es sich um einen unbestimmten Rechtsbegriff, dessen Inhalt grundsätzlich anhand der üblichen Auslegungsgrundsätze durch Auslegung zu bestimmen ist.[510] Zweck dieses Merkmals ist der Ausschluss individueller Verstöße, da die durch § 10 UWG zu ahnende Gefährlichkeit gerade durch die größere Anzahl der Menschen entsteht.[511] Eine genaue Zahl sieht der Entwurf nicht vor, lediglich die Literatur versucht erste Richtwerte zu bestimmen, deren Größe von 3,[512] über 12,[513] 15[514] oder bis

---

506 *Geiger*, Kollektiver Rechtsschutz, S. 50; zu Ersterem auch BT-Drs. 15/1487, S. 24.

507 BT-Drs. 15/1487, damals noch „auf Kosten"; *Geiger*, Kollektiver Rechtsschutz, S. 51; *Micklitz/Stadler*, in: dies., Das Verbandsklagerecht, 2 (30). Ausführlich zu diesem Merkmal *Sieme*, WRP 2009, 914 (914 ff.).

508 BT-Drs. 15/1487, S. 24; *Geiger*, Kollektiver Rechtsschutz, S. 51; *Rott*, in: Casper/Janssen/Pohlmann, et al., Auf dem Weg, 259 (270).

509 *Geiger*, Kollektiver Rechtsschutz, S. 51; *Sieme*, WRP 2009, 914 (919). Diese Definition ist keinesfalls unumstritten, zum Streitstand s. *Hager*, Streuschäden, S. 148 ff.; *Sieme*, WRP 2009, 914 (914 ff.).

510 BVerfG, Urt. v. 19.9.2018 – 2 BvF 1/15, u.a., Rn. 203, juris; Beschl. v. 15.8.2018 – 1 BvR 1780/17, MedR 2019, 296 (297); Beschl v. 24.7.2018 – 2 BvR 309/15 u.a., BVerfGE 149, 293 (324); Beschl. v. 3.3.2004 – 1 BvF 3/92, BVerfGE 110, 33 (56 f.); SächsOVG, Beschl. v. 30.9.2019 – 6 B 370/18, Rn. 6, juris; BayVGH, Beschl. v. 28.8.2019 – 2 ZB 18.528, Rn. 6, juris. *Geiger*, SVR 2009, 41 (42). Ausführlich zu den Auslegungsregeln *Koch/Rüßmann*, Juristische Begründungslehre, S. 166 ff.

511 BT-Drs. 15/1487, S. 24; *Hager*, Streuschäden, S. 158.

512 *Köhler*, in: ders./Bornkamm/Feddersen, UWG, § 10 Rn. 12, m.w.N. Z.B. BGH, Urt. v. 27.9.2001 – VII ZR 388/00, NJW 2002, 138 (139); s.a. *Geiger*, Kollektiver Rechtsschutz, S. 51; *Goldmann*, in: Harte-Bavendamm/Henning-Bodewig, UWG, § 10 Rn. 99.

513 *Hager*, Streuschäden, S. 161.

514 *Geiger*, Kollektiver Rechtsschutz, S. 51; *Micklitz/Stadler*, Unrechtsgewinnabschöpfung, S. 36.

zu 50[515] Abnehmer variiert. Auch kleineren Gruppen kann eine Relevanz zukommen, demnach dürfen sie für eine effektive Ausgestaltung des Rechtsschutzes nicht ausgeschlossen werden. Da sich der Unwertgehalt der Handlung im Rahmen von § 10 UWG daraus ergibt, dass ein, wenn auch bloß geringer Schaden, bei mehreren Personen eintritt, ist von einer zu geringen Anzahl abzusehen. Dahingegen würde eine zu hoch angesetzte Personenanzahl zu einer möglichen Wettbewerbsverzerrung durch ungeahndete Streuschäden führen. Weil, wie dargestellt, Sinn und Zweck der Regelung die Bekämpfung von Streuschäden ist,[516] ist es konsequent, hier die gleiche Größenzuordnung anzunehmen. Dem Merkmal des „Streuens" werden drei Betroffene nicht gerecht, der besseren Durchsetzung von Streuschäden widerstrebt eine zu hohe Grenze, sodass von 15 Betroffenen auszugehen, sinnvoll erscheint.[517] Zu beachten ist jedoch, dass dabei gleichfalls nicht von einer starren Größe gesprochen werden darf und je nach Einzelfall anders entschieden werden kann.[518]

cc) Gewinnerzielung

Ebenso ist die Art der Bestimmung des Gewinns in der Literatur umstritten.[519] Vereinfacht kann von einem Gewinn gesprochen werden, wenn der vorsätzliche Wettbewerbsverstoß die Vermögenslage des Unternehmens verbessert hat.[520] Das OVG Schleswig-Holstein führte zur konkreten Berechnung an, dass die Differenz der durch die Handlung verursachten Kosten vom erzielten Erlös den Gewinn bildet.[521]

---

515 *Goldmann*, in: Harte-Bavendamm/Henning-Bodewig, UWG, § 10 Rn. 99, wobei er nur von „jedenfalls dann" spricht und eine kleinere Personenzahl nicht unbedingt ausschließt. S.a. *Geiger*, Kollektiver Rechtsschutz, S. 51.

516 Zu Streuschäden Kapitel 1 C II 1.

517 *Hager*, Streuschäden, S. 160 f.

518 Ebenso *Hager*, Streuschäden, S. 161; so i.Erg. auch *Köhler*, in: ders./Bornkamm/Feddersen, UWG, § 10 Rn. 12.

519 Zum diesbzgl. existierenden Streitstand *Hager*, Streuschäden, S. 163 ff.; *Schmauß*, Der Gewinnabschöpfungsanspruch, S. 90 ff.

520 *Goldmann*, in: Harte-Bavendamm/Henning-Bodewig, UWG, § 10 Rn. 111a; LG München I, Urt. v. 17.9.2014 – 27 O 16359/13, GRUR-RR 2015, 255 (256). Zum Erfordernis der Unmittelbarkeit s.a. LG Kiel, Teilurt. v. 30.12.2016 – 13 O 135/15, Rn. 38, juris.

521 OLG SH, Urt. v. 10.3.2016 – 2 U 7/15, Rn. 67, juris, m.w.N.

dd) Aktivlegitimation

Zur Aktivlegitimation finden sich in § 8 Abs. 3 Nr. 2 bis 4 UWG Festsetzungen. In § 34a GWB gab es zunächst noch keine Aktivlegitimation für Verbraucherverbände. Diese wurde aber mit der 8. GWB-Novelle 2013[522] eingeführt, sodass die Ansprüche aus UWG und GWB parallel laufen.[523] Liegen die Voraussetzungen des Anspruches vor, tritt als Rechtsfolge die Herausgabeverpflichtung an den Bundeshaushalt ein.

c) Bewertung

Der Grundgedanke hinter den Gewinnabschöpfungsansprüchen ist zunächst zu begrüßen. Generell wird Prävention und Bewahrung des objektiven Rechts angestrebt.[524] Der Gewinnabschöpfungsanspruch ist jedoch keinesfalls vollkommen. Seit seiner Einführung steht er häufig unter Kritik.[525] Seinem Ziel, Rechtsschutzlücken gegenüber Streuschäden zu schließen, wird er nicht immer gerecht. Es mangelt schon an einem Klageanreiz für den Verband. Der abgeschöpfte Gewinn kommt nur dem Bundeshaushalt zugute, nicht jedoch den Geschädigten oder dem Verband.[526] Letzterer wiederum geht das volle Risiko einer Klage ein.[527] Entschließt sich der Verband zur Klage, ergeben sich weitere Schwierigkeiten. Der Nachweis der Vorsätzlichkeit wirft eine hohe Hürde auf.[528] Selbst wenn vorsätzliches Handeln gegeben ist, kann der Nachweis aufgrund fehlenden Insiderwissens oft nicht geführt werden.[529] Gleiches trifft für den Nachweis der Kausalität zwischen dem vermeintlich erzielten Gewinn und der vorsätzlichen

---

522 Achtes Gesetz zur Änderung des Gesetzes gegen Wettbewerbsbeschränkungen v. 26.6.2013, BGBl. I 2013, S. 1738.

523 *Halfmeier*, 50 Jahre Verbraucherverbandsklage, S. 68; *Meller-Hannich*, Gutachten A 72. DJT, A 44.

524 *Meller-Hannich*, Gutachten A 72. DJT, A 44.

525 S. z.B. Probleme der Verbände bei der Anwendung von § 10 UWG *Meller-Hannich/Höland*, Evaluierung, S. 77 f.

526 *Meller-Hannich*, Gutachten A 72. DJT, A 44.

527 Dazu ausführlich *Halfmeier*, 50 Jahre Verbraucherverbandsklage, S. 69 f.; *Meller-Hannich*, Gutachten A 72. DJT, A 44.

528 *Halfmeier*, 50 Jahre Verbraucherverbandsklage, S. 75 ff.; *Meller-Hannich/Höland*, Evaluierung, S. 105 ff., geben Kritikpunkte der Verbände und deren Änderungsvorstellungen wieder; *Meller-Hannich*, Gutachten A 72. DJT, A 43, 45.

529 *Köhler*, in: ders./Bornkamm/Feddersen, UWG, § 10 Rn. 14; *Meller-Hannich*, Gutachten A 72. DJT, A 43 ff.

Handlung zu.[530] Es fällt schwer nachzuweisen, dass der Gewinn gerade darauf zurückzuführen ist und nicht auf sonstiges Werbehandeln des Unternehmens.[531] Damit geht auch die Schwierigkeit der Gewinnberechnung einher.[532] Dazu bedarf es näherer Einblicke in das Unternehmen, was durch einen vorherigen Auskunfts- und Rechnungslegungsanspruch der Verbände sowie mögliche Schätzungen abgemildert wird, im Gegenzug das Verfahren jedoch verlängert.[533] All das führt letztlich dazu, dass die praktische Bedeutung des Gewinnabschöpfungsanspruchs gering ist und dem angestrebten Zweck nur bedingt gedient wird. Das Risiko, mit einer Gewinnabschöpfung konfrontiert zu werden, ist so marginal, dass es für die potentiellen Anspruchsgegner sogar lohnenswert sein kann, weiter wettbewerbswidrig zu handeln.[534] Eine effektive Möglichkeit zur Begegnung von Streuschäden und überdies von Massenschäden wird dadurch nicht geschaffen.

III. Nach dem UKlaG

Das Unterlassungsklagegesetz (nachfolgend UKlaG) basiert auf der Richtlinie 2009/22/EG[535] und stellt das zentrale Gesetz des kollektiven Verbraucherschutzes dar.[536] Ursprünglich fand sich eine Verbandsklagemöglichkeit in den §§ 13 ff. AGBG geregelt, durch die Schuldrechtsmodernisierung erhielten sie jedoch Eingang in das damals neue UKlaG.[537] Wie auch die Richtlinie verfolgt das UKlaG vorrangig den Schutz von Verbraucherrech-

530 *Meller-Hannich*, Gutachten A 72. DJT, A 43.

531 *Halfmeier*, 50 Jahre Verbraucherverbandsklage, S. 78; *Köhler*, in: ders./Bornkamm/Feddersen, UWG, § 10 Rn. 7, 14; *Meller-Hannich*, Gutachten A 72. DJT, A 43, 45.

532 *Meller-Hannich/Höland*, Evaluierung, S. 108 f.

533 *Meller-Hannich/Höland*, Evaluierung, S. 30; *Meller-Hannich*, Gutachten A 72. DJT, A 43 f.

534 *Meller-Hannich*, Gutachten A 72. DJT, A 45.

535 Richtlinie 2009/22/EG des Europäischen Parlaments und des Rates v. 23.4.2009 über Unterlassungsklagen zum Schutz der Verbraucherinteressen, ABl. EU v. 1.5.2009, L 110/30.

536 *Klocke*, Rechtsschutz, S. 28.

537 *Geiger*, Kollektiver Rechtsschutz, S. 45.

ten und strebt somit weniger prozessökonomische Aspekte als das Ziel der objektiven Rechtsdurchsetzung an.[538]

§§ 1 und 2 dieses Gesetzes gewähren Ansprüche für die in den §§ 3 und 4 UKlaG genannten Anspruchsinhaber. Diese Ansprüche schützen vor der Verwendung unwirksamer AGBs, § 1 UKlaG, unwirksamen Individualvereinbarungen (§ 1a UKlaG) und ferner vor verbraucherschutzgesetzwidrigen Geschäftspraktiken, § 2 UKlaG.[539] § 2 Abs. 2 UKlaG zählt in nicht abschließender Weise mögliche zu verletzende Verbraucherschutzgesetze auf.[540] 2016 wurde der Katalog um datenschutzrechtliche Verstöße in § 2 Abs. 2 Nr. 11 UKlaG erweitert.[541] Als gemeinsame Voraussetzung bedarf es für jeden der Ansprüche einer Wiederholungs- bzw. einer Erstbegehungsgefahr bei vorbeugendem Begehren.[542]

§ 3 Abs. 1 S. 1 Nr. 1 UKlaG berechtigt qualifizierte Einrichtungen, die nachweisen können, dass sie in die Liste der qualifizierten Einrichtungen nach § 4 UKlaG eingetragen sind, zur Anspruchstellung. Daneben werden qualifizierte Einrichtungen anderer Mitgliedstaaten berechtigt, wenn diese ebenso einen Nachweis darüber führen können, dass sie in das Verzeichnis der Europäischen Kommission nach Art. 4 Abs. 3 der RL 2009/22/EG[543] eingetragen sind. Die Begrifflichkeit der qualifizierten Einrichtungen umfasst auch hier die Verbraucherverbände.[544] Weitere Voraussetzungen für die Aufnahme in diese Liste gibt § 4 Abs. 2 UKlaG vor.[545] Zudem sind rechtsfähige Wirtschafts- und Berufsverbände (§ 3 Abs. 1 S. 1 Nr. 2 UKlaG)

---

538 *Geiger*, Kollektiver Rechtsschutz, S. 45 f.; *Halfmeier*, Popularklagen, S. 143 f.; vgl. *Micklitz/Rott*, in: Rauscher/Krüger, MüKo ZPO, Bd. 1, § 3 UKlaG Rn. 4; *Roos*, Die AGB-Verbandsklage, S. 138.

539 *Köhler*, in: ders./Bornkamm/Feddersen, UWG, § 3 UKlaG Rn. 1. Ausführlich zum Anspruchsinhalt der einzelnen Normen, *Kohler*, Die grenzüberschreitende Verbraucherverbandsklage, S. 46 ff.

540 *Geiger*, Kollektiver Rechtsschutz, S. 46; *Micklitz/Rott*, in: Rauscher/Krüger, MüKo ZPO, Bd. 1, § 2 UKlaG Rn. 17.

541 Gesetz zur Verbesserung der zivilrechtlichen Durchsetzung von verbraucherschützenden Vorschriften des Datenschutzrechts v. 17.2.2016, BGBl. I 2016, S. 233.

542 Vertiefend *Micklitz/Rott*, in: Rauscher/Krüger, MüKo ZPO, Bd. 2, § 1 UKlaG Rn. 31 ff.; *dies.*, in: Rauscher/Krüger, MüKo ZPO, Bd. 2, § 2 UKlaG Rn. 55; *Walker*, in: ders., UKlaG, § 1a Rn. 5.

543 Richtlinie 2009/22/EG des Europäischen Parlaments und des Rates vom 23.4.2009 über Unterlassungsklagen zum Schutz der Verbraucherinteressen, ABl. EU v. 1.5.2009, L 110/30.

544 *Einhaus*, Kollektiver Rechtsschutz, S. 430; *Köhler*, in: ders./Bornkamm/Feddersen, UWG, § 3 UKlaG Rn. 4.

545 S. ausführlich zu den Voraussetzungen D IV 1, 4.

sowie Industrie- und Handelskammern oder Handwerkskammern (§ 3 Abs. 1 S. 1 Nr. 3 UKlaG) Anspruchsberechtigte.

Wie auch im Rahmen des UWG ist eine Anpassung des UKlaG im Gesetzentwurf zur Stärkung des fairen Wettbewerbs angedacht, wodurch der Katalog der Voraussetzungen des § 4 Abs. 2 UKlaG in Nr. 3 lit. b eine Verschärfung darin vorsieht, dass der Verband nicht vorwiegend Abmahnungen oder Vertragsstrafen erzielen soll.[546] Außerdem sollen die Aktivlegitimation von Wirtschaftsverbänden auf *qualifizierte* Wirtschaftsverbände gemäß § 8a UWG-E beschränkt werden.[547] Insgesamt werden hier die Voraussetzungen zur Begründung der Aktivlegitimation von Wirtschaftsverbänden erhöht.

Im Übrigen besteht ebenfalls Streit über den Regelungsgehalt, ob bloß die Aktivlegitimation geregelt wird und/oder, ob darüber hinaus auch die Prozessführungsbefugnis bestimmt wird. Gleichlaufend wie bei § 8 Abs. 3 UWG erfolgte eine Wortlautänderung, womit auf die Ausführungen zum UWG verwiesen werden kann.[548]

Die in §§ 1, 1a und 2 UKlaG geregelten Ansprüche sind auf Unterlassung, Widerruf und Beseitigung gerichtet. So weist § 1 UKlaG die Unterlassung der Verwendung von AGBs bzw. im Falle des Empfehlens einen Anspruch auf Widerruf als Rechtsfolge aus. Rechtsfolge von § 1a UKlaG ist ein Anspruch auf Unterlassung der Zuwiderhandlung, Folge des § 2 UKlaG ist ein Anspruch auf Unterlassung einerseits oder Beseitigung der Zuwiderhandlung andererseits. Es gibt dabei keinen Anknüpfungspunkt für ein Schadensersatzbegehren, weshalb sie für die Bewältigung von Massen- und Streuschäden nutzlos sind und somit nicht einer vollumfänglichen, effektiven Bewältigung kollektiver Rechtsprobleme dienen.

Kommt es zu einer gerichtlichen Entscheidung, so wirkt diese grundsätzlich wie üblich – so auch innerhalb des Wettbewerbsrechts – nur „inter partes".[549] Besonderheiten ergeben sich aus § 11 UKlaG, der die Wirkungen des Urteils bestimmt. Hiernach tritt eine Drittwirkung gegenüber dem Vertragspartner des AGB-Verwenders ein, wenn sich der Dritte in einem

546 BT-Drs. 19/12084, S. 12.

547 BT-Drs. 19/12084, S. 7 f., 37 f.

548 S. dazu II 1 a bb.

549 *Meller-Hannich*, Gutachten A 72. DJT, A 55. Allgemein zur Rechtskraftwirkung *Gottwald*, in: Rauscher/Krüger, MüKo ZPO, Bd. 1, § 325 Rn. 1; BGH, Urt. v. 29.11.2011 – X ZR 23/11, GRUR 2012, 540 (541); Urt. v. 22.3.2011 – II ZR 249/09, NJW 2011, 2048 (2048). S.a. *Roos*, Die AGB-Verbandsklage, S. 161, zur inter partes-Wirkung im Wettbewerbsrecht. Zum Wettbewerbsrecht s. unter II.

späteren Prozess auf das Unterlassungsurteil in einem AGB-Kontrollverfahren beruft.[550] Es kommt zu einer Rechtskrafterstreckung.[551]

Diese Einrede setzt gleichwohl Kenntnis von der Entscheidung durch die Dritten voraus. Gemäß § 7 S. 1 Hs. 1 UKlaG kann den Verbänden die Befugnis zur Veröffentlichung der Urteilsformel im Bundesanzeiger auf Kosten des Beklagten zugesprochen werden. Als praktisch effektiver erweist sich die Möglichkeit, auf eigene Kosten in Fachzeitschriften, der Presse oder der eigenen Internetpräsenz u.a. zu publizieren, § 7 S. 1 Hs. 2 UKlaG.[552]

Eine richtige Abschreckungswirkung für den Verwender ergibt sich aus der Einrede jedoch nicht. Bis zur rechtskräftigen Verurteilung kann er seine Klauseln weiter benutzen. *Micklitz/Rott* bezeichnen diese Vorschrift als „praktisch bedeutungslos".[553] Außerdem tritt auch keine verjährungshemmende Wirkung ein.[554] Die Effektivität der Klage wird gleichfalls dadurch eingeschränkt, dass die finanziell schwachen Verbraucherverbände nicht allen Fällen nachgehen können.[555]

---

550 *Geiger*, Kollektiver Rechtsschutz, S. 47; *Micklitz/Rott*, in: Rauscher/Krüger, MüKo ZPO, Bd. 2, § 11 UKlaG Rn. 1. Zur Europarechtswidrigkeit dieser Einrede *Baetge*, in: Herberger/Martinek/Rüßmann, et al., jurisPK-BGB, Bd. 2, § 11 UKlaG Rn. 5; *Micklitz/Rott*, in: Rauscher/Krüger, MüKo ZPO, Bd. 2, § 11 UKlaG Rn. 10.

551 *Geiger*, Kollektiver Rechtsschutz, S. 47; näher dazu s. *Halfmeier*, Popularklagen, S. 148, der auf den genauen Streitstand diesbzgl. hinweist. Teilweise wird von einer besonderen oder atypischen Form der Rechtskrafterstreckung gesprochen, so z.B. *Micklitz/Rott*, in: Rauscher/Krüger, MüKo ZPO, Bd. 2, § 11 UKlaG Rn. 4. Dazu auch *Kohler*, Die grenzüberschreitende Verbraucherverbandsklage, S. 108 ff.

552 *Baetge*, in: Herberger/Martinek/Rüßmann, et al., jurisPK-BGB, Bd. 2, § 7 UKlaG Rn. 3, 12; *Köhler*, in: ders./Bornkamm/Feddersen, UWG, § 7 UKlaG Rn. 11; *Micklitz/Rott*, in: Rauscher/Krüger, MüKo ZPO, Bd. 2, § 7 UKlaG Rn. 1.

553 *Micklitz/Rott*, in: Rauscher/Krüger, MüKo ZPO, Bd. 2, § 11 UKlaG Rn. 2. S.a. *Baetge*, in: Herberger/Martinek/Rüßmann, et al., jurisPK-BGB, Bd. 2, § 11 UKlaG Rn. 3.

554 *Meller-Hannich/Höland*, Evaluierung, S. 95 ff., 99 f.; *Meller-Hannich*, Gutachten A 72. DJT, S. 50.

555 *Geiger*, Kollektiver Rechtsschutz, S. 48; *Micklitz/Stadler*, in: dies., Das Verbandsklagerecht, 2 (22).

IV. Nach dem KapMuG

Das Kapitalanleger-Musterverfahrensgesetz (nachfolgend KapMuG) besteht dem Grunde nach seit dem 16.8.2005.[556] Die erste Fassung wurde durch das Gesetz zur Reform des Kapitalanleger-Musterverfahrensgesetzes und zur Änderung anderer Vorschriften vom 19.10.2012 abgelöst.[557] Die Grundstruktur des Gesetzes wurde beibehalten. Als nachbesserungsbedürftig wurden vor allem der Vergleichsabschluss in Musterverfahren, die Beschleunigung der Eröffnung und Erledigung dieser Verfahren sowie die Öffnung der Streitigkeiten auf Anlageberater und -vermittler angesehen und daraufhin verändert.[558] Wie auch schon die erste Version, enthält die aktuelle Fassung eine sog. Sunset-Klausel, die das Außerkrafttreten des Gesetzes auf den 1.11.2020 datiert, § 28 KapMuG.

1. Terminologie

Anlass zur Diskussion bietet die Bezeichnung „Musterverfahren". Ein Musterverfahren soll dadurch geprägt sein, dass über einen Rechtsstreit als prozessuales Exempel entschieden wird, diese Entscheidung aber ohne Rechtswirkungen auf im Wesentlichen identische weitere Fälle bleibt.[559] Es wird also ein Modellfall verhandelt.[560] Eine Entscheidung im Rahmen eines Gruppenverfahrens entfaltet dahingegen Rechtswirkungen auf sämtliche Beigeladene und bündelt dabei den kompletten Anspruch.[561] Deswegen führen *Wolf/Lange* den Begriff der begrenzten Gruppenklage ein, da sich der Gruppenklage ähnlich, die Rechtswirkungen auf alle erstrecken, ihr atypisch, nur Vorfragen gebündelt werden.[562] *Wagner* sieht darin eine opt-in Gruppenklage.[563] *Stadler* lehnt die Einordnung als Gruppenklage gänz-

556 BGBl. I 2005, S. 2437.

557 BGBl. I 2012, S. 2182.

558 BT-Drs. 17/10160, S. 1; BT-Drs. 17/8799, S. 1.

559 *Söhner*, ZIP 2013, 7 (10), m.w.N.; *Geiger*, Kollektiver Rechtsschutz, S. 59; *Wolf/Lange*, in: Vorwerk/Wolf/Fullenkamp, KapMuG, Einl. Rn. 26.

560 *Geiger*, Kollektiver Rechtsschutz, S. 32.

561 *Wolf/Lange*, NJW 2012, 3751 (3751).

562 *Geiger*, Kollektiver Rechtsschutz, S. 59; *Söhner*, ZIP 2013, 7 (10); *Wolf/Lange*, in: Vorwerk/Wolf/Fullenkamp, KapMuG, Einl. Rn. 26; *dies.*, NJW 2012, 3751 (3751).

563 Diese erfordert eine Klageerhebung durch jedes der Mitglieder, *Wagner*, in: Casper/Janssen/Pohlmann, et al., Auf dem Weg, 41 (68 f.).

lich ab, da nach dem KapMuG zunächst alle Anspruchsinhaber eigenständig klagen müssen, was bei Gruppenklagen wiederum nicht üblich ist, sodass sie zu dem Ergebnis kommt, dass der Begriff Musterverfahren doch treffender ist.[564] Einigkeit besteht indes, dass sich das Verfahren nach dem KapMuG nicht in eine der klassischen Kategorien einordnen lässt.

Im Folgenden wird ein kurzer Abriss des Regelungsgehaltes des KapMuG in seiner aktuellen Fassung gegeben.

2. Verfahren

Das KapMuG gliedert sich in drei Abschnitte, was der Gliederung des Verfahrens entspricht. Beginnend mit der Klageerhebung beim LG, der Stellung der Musterfeststellungsanträge bis hin zur Veröffentlichung des Vorlagebeschlusses als erster Stufe, setzt sich das Verfahren auf zweiter Stufe beim OLG mit Erlass des Musterentscheids fort und schließt mit der Fortsetzung des ausgesetzten Verfahrens vor den Prozessgerichten ab.[565]

a) Anwendungsbereich und Vorlageverfahren

aa) Anwendungsbereich

Zunächst bedarf es einer bürgerlichen Streitigkeit im Sinne des § 1 Abs. 1 KapMuG. Dies können Rechtsstreitigkeiten über einen Schadensersatzanspruch wegen falscher, irreführender oder unterlassener öffentlicher Kapitalmarktinformationen sein, § 1 Abs. 1 Nr. 1 KapMuG.[566] Seit 2012 können auch solche Schadensersatzansprüche gebündelt werden, die auf der Verwendung oder Unterlassung der gebotenen Aufklärung über Kapitalmarktinformationen basieren, § 1 Abs. 1 Nr. 2 KapMuG. Ausreichend ist ein mittelbarer Bezug zur Kapitalmarktinformation, sodass auch vertragli-

---

564 *Stadler*, in: Casper/Janssen/Pohlmann, et al., Auf dem Weg, 149 (151).

565 *Geiger*, Kollektiver Rechtsschutz, S. 61; *Leser*, Die Bindungswirkung des Musterentscheids, S. 51 f., der die erste Stufe nochmals in zwei weitere unterteilt; *Meller-Hannich*, Gutachten A 72. DJT, A 68.

566 S. dazu die Legaldefinition § 1 Abs. 2 S. 1 KapMuG: Solche „sind Informationen über Tatsachen, Umstände, Kennzahlen und sonstige Unternehmensdaten, die für eine Vielzahl von Kapitalanlegern bestimmt sind und einen Emittenten von Wertpapieren oder einen Anbieter von sonstigen Vermögensanlagen betreffen". Es folgt ein Beispielkatalog in S. 2.

che Ansprüche erfasst sind.[567] Nicht erfasst werden allerdings nicht verallgemeinerungsfähige Tatsachen oder Rechtsfragen, z.B. der individuelle Schaden eines Anlegers, die Kausalität im Einzelfall oder das Mitverschulden.[568] Außerdem zählen gemäß § 1 Abs. 1 Nr. 3 KapMuG auch Erfüllungsansprüche aus Verträgen, die auf Angeboten nach dem Wertpapiererwerbs- und Übernahmegesetz beruhen, dazu. Was unter einer Kapitalmarktinformation zu verstehen ist, definiert § 1 Abs. 2 KapMuG.

Eine Einschränkung in personeller Hinsicht gibt es derweilen nicht. Der Anspruch kann vom geschädigten Anleger, egal ob Privatperson oder Institution, gegen den Emittenten, aber auch gegen Organe der Gesellschaft oder sonstige Personen, die mitverantwortlich für das Prospekt waren, ergehen.[569]

bb) Vorlageverfahren

Ist der Anwendungsbereich eröffnet, beginnt das Vorlageverfahren. Als sachlich zuständiges Prozessgericht für solche Verfahren gelten die LG, § 71 Abs. 2 Nr. 3 GVG. Ferner wurde speziell für diese Fälle durch Art. 2 Nr. 2 des Gesetzes zur Einführung von Kapitalanleger-Musterverfahren § 32b ZPO geschaffen, der einen neuen ausschließlichen Gerichtsstand begründet und sich in erster Linie mit der örtlichen Zuständigkeit befasst.[570] Demnach sind die Gerichte am Sitz des Emittenten örtlich zuständig.[571] Die Intention hinter der Einführung eines ausschließlichen Gerichtsstandes war, das Verfahren effektiver zu gestalten und divergierende Entscheidungen der Gerichte zu vermeiden.[572] § 32b ZPO enthält ferner eine Aus-

567 BT-Drs. 17/8799, S. 16. Anders noch die höchstrichterliche Rechtsprechung vor Änderung der Norm, BGH, Beschl. v. 4.12.2008 – III ZB 97/07, Rn. 11, juris.

568 BGH, Beschl. v. 4.12.2008 – III ZB 97/07, Rn. 11, juris.

569 *Geiger*, Kollektiver Rechtsschutz, S. 61; *Leser*, Die Bindungswirkung des Musterentscheids, S. 55.

570 *Hüßtege*, in: Thomas/Putzo, ZPO, § 32b Rn. 2; s. ausführlich dazu *Korth/Kroymann/Suilmann*, NJW 2016, 1130 (1130 ff.); *Leser*, Die Bindungswirkung des Musterentscheids, S. 56.

571 *Geiger*, Kollektiver Rechtsschutz, S. 62.

572 *Geiger*, Kollektiver Rechtsschutz, S. 62; *Korth/Kroymann/Suilmann*, NJW 2016, 1130 (1130 f.); BT-Drs. 15/5091, S. 33; BGH, Beschl. v. 30.7.2013 – X ARZ 320/13, NJW-RR 2013, 1302 (1303); *Hüßtege*, in: Thomas/Putzo, ZPO, § 32b Rn. 7.

sage über die internationale Zuständigkeit[573]und ist daher doppelfunktional.[574] Inländische Emittenten sind somit in Deutschland zu verklagen.[575] Bei Anwendung von § 32b ZPO für ausländische Emittenten würde eine ausschließliche internationale Zuständigkeit eines ausländischen Gerichts begründet, dies ist durch das deutsche Prozessrecht jedoch nicht möglich, sodass sich der Wortlaut des § 32b Abs. 1 ZPO auf Emittenten mit Sitz im Inland beschränkt.[576] Die Begründung der internationalen Zuständigkeit eines deutschen Gerichts kann für ausländische Emittenten daher nur über andere Zuständigkeitsregelungen, insbesondere § 32 ZPO, das Gericht, in dessen Bezirk die Handlung begangen worden ist, erfolgen.[577] Dennoch besteht ein Vorrang der EuGVVO, wonach bei unerlaubten o.ä. Handlungen gemäß Art. 7 Nr. 2 EuGVVO das Gericht am Ort des schädigenden Ereignisses zuständig ist.[578]

Das Vorlageverfahren beginnt durch Einlegung des entsprechenden Antrags des Klägers oder Beklagten gemäß § 2 Abs. 1 KapMuG beim Prozessgericht, Absatz 2. Eine Einlegung von Amts wegen ist nicht vorgesehen.[579] Gegenstand des Antrags muss „die Feststellung des Vorliegens oder Nichtvorliegens anspruchsbegründender oder anspruchsausschließender Voraussetzungen oder die Klärung von Rechtsfragen“ sein, § 2 Abs. 1 S. 1 KapMuG. Ein unzulässiger Musterverfahrensantrag wird im Anschluss gemäß § 3 Abs. 1 KapMuG vom Prozessgericht verworfen,[580] ein zulässiger soll nach den Absätzen 2 und 3 innerhalb von sechs Monaten im Klageregister (§ 4 KapMuG) öffentlich bekanntgegeben werden.[581] Verzögerungen müssen durch unanfechtbaren Beschluss begründet werden, § 3 Abs. 3 S. 2 KapMuG. Eine wortlautgetreue Bindung hinsichtlich der Formulie-

---

573 *Leser*, Die Bindungswirkung des Musterentscheids, S. 57; *Toussaint*, in: Vorwerk/Wolf, BeckOK ZPO, § 32b Rn. 26.

574 *Geiger*, Kollektiver Rechtsschutz, S. 62.

575 *Toussaint*, in: Vorwerk/Wolf, BeckOK ZPO, § 32b Rn. 26.

576 *Toussaint*, in: Vorwerk/Wolf, BeckOK ZPO, § 32b Rn. 26.

577 *Geiger*, Kollektiver Rechtsschutz, S. 63; *Leser*, Die Bindungswirkung des Musterentscheids, S. 57; *Toussaint*, in: Vorwerk/Wolf, BeckOK ZPO, § 32b Rn. 26.

578 BT-Drs. 15/5091, S. 17; *Geiger*, Kollektiver Rechtsschutz, S. 62 f.; *Hüßtege*, in: Thomas/Putzo, ZPO, § 32b Rn. 2; *Leser*, Die Bindungswirkung des Musterentscheids, S. 57 f.; *Stürner*, in: Brömmelmeyer, Die EU-Sammelklage, 109 (114); *Toussaint*, in: Vorwerk/Wolf, BeckOK ZPO, § 32b Rn. 27.

579 *Geiger*, Kollektiver Rechtsschutz, S. 61.

580 BGH, Beschl. v. 4.5.2017 – III ZB 62/16, AG 2017, 543 (544); Beschl. v. 9.3.2017 – III ZB 135/15, WM 2017, 706 (708).

581 Zu den Unzulässigkeitsgründen s.a. *Söhner*, ZIP 2013, 7 (8).

rung der Feststellungsziele besteht für das Prozessgericht dabei nicht.[582] Die Veröffentlichung ermöglicht es, andere potentiell geschädigte Anleger kostengünstig und effektiv zu informieren.[583] § 4 Abs. 3 KapMuG gibt jedem unentgeltlich das Recht auf Einsicht in dieses Register. Das häufig aufgetretene Problem der anderen Bündelungsmöglichkeiten, die fehlende Kenntnis vergleichbarer Fälle oder Geschädigter, kann somit nicht eintreten.[584]

Sodann hat das Prozessgericht, bei dem der erste bekannt gemachte Musterverfahrensantrag gestellt wurde, einen Vorlagebeschluss beim OLG einzureichen, § 6 Abs. 2 KapMuG. Voraussetzung für eine Entscheidung des übergeordneten OLG ist es, dass mindestens neun weitere gleichgerichtete Musterverfahrensanträge innerhalb von sechs Monaten nach der ersten Bekanntmachung eines Musterverfahrensantrages bekannt gemacht wurden, § 6 Abs. 1 S. 1 KapMuG. Im Vorlagebeschluss werden die Feststellungsziele (§ 6 Abs. 3 Nr. 1 KapMuG) und der zugrunde liegende Lebenssachverhalt (§ 6 Abs. 3 Nr. 2 KapMuG) dargestellt. Dieser ist für das OLG bindend, § 6 Abs. 1 S. 2 KapMuG.[585] Gemäß Absatz 4 erfolgt die Veröffentlichung des Vorlagebeschlusses wiederum im Klageregister. Anschließend sind weitere Musterverfahren gemäß § 7 KapMuG unzulässig und alle bereits anhängigen oder bis zur Entscheidung noch anhängig werdenden Verfahren werden ausgesetzt, wenn ihre Entscheidung von den geltend gemachten Feststellungszielen abhängt, § 8 Abs. 1 S. 1 KapMuG. Ausreichend ist, dass die Entscheidung mit hinreichender Wahrscheinlichkeit von den Feststellungszielen abhängig sein kann.[586] Dies ist gerade dann nicht der Fall, wenn das Musterverfahren keine neuen Erkenntnisse bringen kann, eine Entscheidungsreife also auch ohne Beweiserhebungen und

---

582 LG Braunschweig, Beschl. v. 5.8.2016 – 5 OH 62/16, Rn. 12, juris.

583 *Geiger*, Kollektiver Rechtsschutz, S. 61. Die Gesetzesmaterialien sprechen von einem „Kommunikationsmedium" S. 22.

584 *Curdt*, Kollektiver Rechtsschutz, S. 111; *Geiger*, Kollektiver Rechtsschutz, S. 62.

585 S. dazu BGH, Beschl. v. 4.5.2017 – III ZB 62/16, AG 2017 543 (543). Der BGH weist insbesondere darauf hin, dass das OLG die Vorlagevoraussetzungen nicht zu prüfen hat, jedoch die allgemeinen Prozessvoraussetzungen prüfen kann (z.B. allgemeines Rechtsschutzbedürfnis). Allerdings entfällt die Bindungswirkung, wenn der Gegenstand des Musterverfahrens nicht unter § 1 Abs. 1 KapMuG fällt. Identisch BGH, Beschl. v. 9.3.2017 – III ZB 135/15, WM 2017, 706 (707 f.).

586 BT-Drs. 178799, S. 20; *Weber*, NJW 2019, 968 (972); OLG Oldenburg, Beschl. v. 31.1.2019 – 8 U 97/18, BeckRS 2019, 2103, Rn. 7.

Rückgriff auf die Feststellungsziele entsteht.[587] In einer aktuellen Entscheidung des OLG Oldenburg stellt das Gericht zudem klar, dass der Bezug zu einer ähnlichen, wenn auch teilweise wortlautidentischen Information nicht ausreicht.[588]

b) Musterverfahren

Im Anschluss kommt es zur Durchführung des Musterverfahrens. Diese finden gemäß § 118 GVG erstinstanzlich vor den OLG statt. Als Beteiligte agieren der Musterkläger, welcher durch das OLG anhand gewisser Kriterien nach billigem Ermessen bestimmt wird (§ 9 Abs. 1 Nr. 1, Abs. 2 KapMuG),[589] die Musterbeklagten, also alle Beklagten der ausgesetzten Verfahren (§ 9 Abs. 1 Nr. 2, Abs. 5 KapMuG), sowie die Beigeladenen als die Kläger derjenigen Verfahren, die nicht zum Musterprozess bestimmt wurden, § 9 Abs. 1 Nr. 3, Abs. 3 KapMuG.[590] Durch das Recht auf rechtliches Gehör ist verfassungsrechtlich verankert, dass der Kläger an seinem Verfahren beteiligt werden muss. Deshalb wählte man das vorliegende Modell, um einerseits die Beteiligung des Musterklägers am Musterverfahren zu gewährleisten und andererseits durch die Beiladung auch sonstige Kläger der Ausgangsverfahren miteinzubeziehen.[591] Der Musterverfahrenskläger agiert allerdings nicht als Vertreter sämtlicher Kläger, sondern führt das Verfahren auf Grundlage seiner Interessen. Die Beigeladenen können ihrerseits ihre Interessen durch die umfassend gewährleisteten Beteiligungsrechte aus § 14 KapMuG wahren.[592]

Das eigentliche Verfahren richtet sich sodann nach der ZPO und deren Regeln für die Verfahren im ersten Rechtszug vor den LG, bis auf wenige

---

587 BGH, Beschl. v. 4.5.2017 – III ZB 62/16, AG 2016, 543 (544); Beschl. v. 28.1.2016 – III ZB 88/15, WM 2016, 403 (404); Beschl. v. 2.12.2014 – XI ZB 17/13, NJW-RR 2015, 299 (300). S.a. den Wortlaut des Gesetzentwurfs BT-Drs. 17/8799, S. 20 „mit hinreichender Wahrscheinlichkeit abhängen kann".

588 OLG Oldenburg, Beschl. v. 31.1.2019 – 8 U 97/18, BeckRS 2019, 2103, Rn. 11; *Weber*, NJW 2019, 968 (972).

589 Näher dazu *Halfmeier*, ZIP 2016, 1705; *Söhner*, ZIP 2013, 7 (11).

590 BGH, Beschl. v. 22.11.2016 – XI ZB 9/13, WM 2017, 327 (331); vormals wurden Beigeladene durch einen Aussetzungsbeschluss bestimmt, § 8 Abs. 3 S. 2 KapMuG a.F.

591 BT-Drs. 15/5091, S. 19; *Geiger*, Kollektiver Rechtsschutz, S. 63; *Lange*, in: Vorwerk/Wolf/Fullenkamp, KapMuG, § 8 Rn. 1.

592 *Halfmeier*, ZIP 2016, 1705 (1710); *Einhaus*, Kollektiver Rechtsschutz, S. 412; *Geiger*, Kollektiver Rechtsschutz, S. 64; *Maier-Reimer/Wilsing*, ZGR 2006, 79 (108).

unpassende Ausnahmen, § 11 Abs. 1 KapMuG, § 12 ff. KapMuG. Gemäß § 15 KapMuG besteht die Möglichkeit, das Verfahren um weitere Feststellungsziele zu erweitern.[593] § 10 KapMuG ermöglicht es, innerhalb von sechs Monaten einen Anspruch schriftlich gegenüber dem OLG anzumelden, um so der Verjährung jenes Anspruches gemäß § 204 Abs. 1 Nr. 6a BGB zu entgehen. Da diese Anmeldung erst nach Bekanntmachung des OLG möglich ist, läuft der Kläger jedoch Gefahr einer zuvor eintretenden Verjährung.[594]

Abschluss des Verfahrens bildet der Musterentscheid gemäß § 16 KapMuG, welcher basierend auf der mündlichen Verhandlung durch Beschluss getroffen wird. Dagegen kann nach § 20 Abs. 1 S. 1 KapMuG Rechtsbeschwerde zum BGH gemäß §§ 574 ff. ZPO eingelegt werden. Der Musterentscheid übt Bindungswirkung auf die Prozessgerichte aus (§ 22 Abs. 1 KapMuG) und erwächst nach Absatz 2 dieser Vorschrift in Rechtskraft. Er gilt für und gegen alle Beteiligte des Musterverfahrens (§ 22 Abs. 1 S. 2 KapMuG), auch wenn sie die Klage zurückgenommen (§ 22 Abs. 1 S. 3 KapMuG) oder sie die festgestellten Tatsachen nicht eigenständig geltend gemacht haben, § 22 Abs. 1 S. 2 KapMuG. Bindung besteht ferner nicht nur hinsichtlich des Tenors des Musterentscheides, sondern auch für dessen tatsächliche und rechtliche Grundlage.[595]

Alternativ enthält die neue Fassung des KapMuG die Möglichkeit, das Verfahren mittels eines Vergleichs zu beenden, § 23 Abs. 2 KapMuG. Weniger als 30 Prozent der Beigeladenen dürfen dafür ihren Austritt aus dem Vergleich erklären (§ 17 Abs. 1 KapMuG) und das Gericht muss jenen Vergleich entsprechend § 18 KapMuG genehmigen. Das OLG stellt dann wiederum die Wirksamkeit des Vergleiches mittels Beschlusses fest und macht ihn bekannt, § 23 Abs. 1 S. 1 f. KapMuG. Auch dieser bindet alle nicht ausgetretenen Beteiligten, § 23 Abs. 1 S. 4 KapMuG.

c) Fortsetzung der Individualprozesse

Schließlich folgt die dritte Stufe, welche *Geiger* als „Nachverfahren" bezeichnet. Die vormals nach § 8 KapMuG ausgesetzten Individualverfahren werden wieder aufgenommen (§ 22 Abs. 4 KapMuG) und vor den Prozess-

593 Näher dazu, vor allem in Hinblick auf die Präklusion von Erweiterungsanträgen, *Liebscher/Steinbrück*, ZIP 2016, 893.

594 *Meller-Hannich*, Gutachten A 72. DJT, A 68.

595 *Geiger*, Kollektiver Rechtsschutz, S. 66.

gerichten nach Befinden über die übrigen Anspruchsvoraussetzungen, welche nicht Gegenstand des Musterverfahrens waren, im Endurteil entschieden.[596] Doch auch hier gilt, dass Betroffene, welche ihrerseits keine Klage erhoben haben, nicht von der Bindungswirkung umfasst werden.[597]

3. Bewertung

Sowohl der Bundestag als auch die Bundesregierung stellten bei Einführung des Reformvorschlages fest, dass die Musterverfahren des KapMuG „ein taugliches Instrument zur Bewältigung von Massenklagen im Bereich des Kapitalmarktrechts" seien.[598] Für eine Öffnung des Anwendungsbereiches auf weitere Anspruchsarten oder gar eine Integration in die ZPO mangele es aber noch immer an einer ausreichenden Erprobung.[599] Die neuere Rechtsprechung zeigt, dass das KapMuG durchaus zur Anwendung kommt und gerichtlichen Urteilen zugrunde gelegt wird.[600] So ergibt eine Suchanfrage nach Verfahren, die Bezug auf das KapMuG nehmen, bei dem Rechtsportal *juris* über 100 Treffer. Aktuelle Bedeutung erlangt das KapMuG insbesondere durch die Klagen der Kapitalanleger von VW.[601] Es bietet sich die Gelegenheit zu zeigen, dass das KapMuG zur Bewältigung von Massenschadensereignissen in der Lage ist. Diese Verfahren können aufgrund ihres Umfangs eine Bewährungsprobe für das Gesetz darstellen.[602] Vor allem vor dem nahenden Auslaufen der Sunset-Klausel könnten die Verfahren gegen VW dabei von nicht geringer Bedeutung sein. Mittler-

---

596 *Geiger*, Kollektiver Rechtsschutz, S. 66; *Leser*, Die Bindungswirkung des Musterentscheids, S. 69.

597 *Geiger*, Kollektiver Rechtsschutz, S. 66; *Keller/Kolling*, BKR 2005, 399 (401).

598 BT-Drs. 17/10160, S. 1; BT-Drs. 17/8799, S. 1. *Rotter*, VuR 2019, 283 (295), führt aus, dass sich das KapMuG bewährt hat.

599 BT-Drs. 17/8799, S. 1. In diese Richtung auch *Hess*, in: Mansel/Dauner-Lieb/Henssler, 61 (81 f.).

600 S. zur aktuellen Rechtsprechung *Weber*, NJW 2019, 968 (971 f.).

601 In diesem Zusammenhang exemplarisch OLG Braunschweig, Beschl. v. 12.8.2019 – 3 Kap 1/16, WM 2019, 1734; OLG Stuttgart, Beschl. v. 27.3.2019 – 20 Kap 2/17, WM 2019, 1059; s.a. https://www.lto.de/recht/nachrichten/n/olg-braunschweig-3-kap-1-16-vw-porsche-anleger-musterverfahren-zustaendigkeit/, zuletzt abgerufen am 3.1.2020. Hinsichtlich Klagen gegen Daimler: https://www.lto.de/recht/nachrichten/n/dieselgate-klageninvestoren-daimler-pflichten-kapitalmarkt-musterverfahren-olg-stuttgart/, zuletzt abgerufen am 30.6.2020.

602 *Weber/van Boom*, VuR 2017, 290 (293). Zu den Schwierigkeiten auch *Weber*, NJW 2019, 968 (972).

weile wurde des Weiteren durch die Einführung der Musterfeststellungsklage eine allumfassende Möglichkeit innerhalb der ZPO aufgenommen, sodass es Stimmen dafür gibt, dass das KapMuG demnach überflüssig werden könnte.[603] Noch gibt es keine Bestrebungen nach einer möglichen Abschaffung bzw. Nicht-Verlängerung dieses Gesetzes.

Durch die Einführung der Musterfeststellungsklage wurden die Erweiterungsbestrebungen des KapMuG obsolet.[604] Wie nachfolgend noch zu sehen sein wird, unterscheiden sich Musterfeststellungsklagen deutlich von den Verfahren nach dem KapMuG, sodass nichts gegen ein Nebeneinander dieser Klagemöglichkeiten spricht.[605] Nicht überzeugend ist, das KapMuG als lex specialis gegenüber der Musterfeststellungsklage anzusehen,[606] da die Musterfeststellungsklage eine eigenständige Klageart darstellt, die als Ergänzung der sonstigen Klagearten dient.[607]

Während *Halfmeier, Rott* und *Feess* das KapMuG als Erfolg ausweisen, wird dessen Effektivität für Massenschadensereignisse vor allem aufgrund des langwierigen Telekom-Verfahrens kritisiert.[608] *Meller-Hannich* wählt in ihrem Gutachten für den DJT drastische Worte, indem sie die Verfahren nach dem KapMuG als aufwendig, behäbig und zu lange andauernd bezeichnet.[609] Als problematisch stellt sich meines Erachtens dar, dass ein aktives Tätigwerden der Betroffenen in Form einer Klageerhebung gefordert wird.[610] Rational apathisches Verhalten wird damit nicht bewältigt.[611] Außerdem enthält das KapMuG nur eine bereichsspezifische Lösung. Sein

---

603 *Halfmeier*, VuR 2015, 441 (442); *Lutz*, in: Vorwerk/Wolf, BeckOK ZPO, § 606 Rn. 8.

604 So z.B. *Halfmeier/Rott/Feess*, Kollektiver Rechtsschutz im Kapitalmarktrecht, S. 102 ff.

605 *Lutz*, in: Vorwerk/Wolf, BeckOK ZPO, § 606 Rn. 8; *Rotter*, VuR 2019, 283 (283); *Schneider*, BB 2018, 1986 (1996); *Weinland*, MFK, Rn. 32. A.A. *Heigl/Normann*, in: Nordholtz/Mekat, MFK, § 2 Rn. 63; *Stadler*, in: Musielak/Voit, ZPO, § 606 Rn. 3.

606 *Stadler*, in: Musielak/Voit, ZPO, § 606 Rn. 3.

607 *Rotter*, VuR 2019, 283 (283); *Weinland*, MFK, Rn. 33.

608 Hinsichtlich der Justizentlastung *Halfmeier/Rott/Feess*, Kollektiver Rechtsschutz im Kapitalmarktrecht, S. 81; *Nordholtz*, in: ders./Mekat, MFK, § 1 Rn. 44; *Weber/van Boom*, VuR 2017, 290 (293).

609 *Meller-Hannich*, Gutachten A 72. DJT, A 68; ebenso kritisch *Tilp/Schiefer*, NZV 2017, 14 (14).

610 *Meller-Hannich*, Gutachten A 72. DJT, A 67; s. dazu auch *Schultes*, in: Meller-Hannich/Haertlein/Gaul, et al., FS Schilken, 469 (471 ff.); *Weinland*, MFK, Rn. 33.

611 BR-Drs. 176/18, S. 11; *Weinland*, MFK, Rn. 33.

Anwendungsbereich ist auf eine Nische des Zivilrechts begrenzt.[612] Für eine allumfassende, effektive Bewältigung kollektiver Verfahren erweist sich dieses Gesetz als ungeeignet.

V. Fazit zu den ursprünglichen kollektiven Rechtsinstituten im Zivilprozessrecht

Die einzelnen Modelle des Zivilprozessrechts führen in ganz unterschiedlicher Art und Weise zu einer kollektiven Rechtsdurchsetzung. Es bietet sich ein bunter Strauß an Instrumenten. Dennoch entschied sich der Gesetzgeber dazu, diese Instrumente um eine weitere Rechtsschutzmöglichkeit zu erweitern, die der Musterfeststellungsklage. Als verfassungsrechtlich begründungsbedürftige Alternative kommt eine Erweiterung des kollektiven Rechtsschutzes vor allem bei Rechtsschutzdefiziten in Betracht. Ein Rechtsschutzdefizit besteht immer dann, wenn Rechtsschutz nicht oder nur unverhältnismäßig schwer erlangt werden kann.[613]

Teilweise wird kritisiert, dass es keines neuen Instituts bedurfte und eher die bestehenden Möglichkeiten erweitert werden sollten.[614] Als Beispiel kann die oben genannte Rechtsprechung des LG Leipzig bzw. OLG Dresden angeführt werden.[615] Hier wurde durch die Rechtsprechung über den Folgenbeseitigungsanspruch gemäß § 8 Abs. 1 S. 1 UWG eine Rückzahlung angeordnet.[616] Die Rechtsprechung hat somit ihrerseits ein bestehendes Rechtsinstitut erweitert und ihre Flexibilität dargestellt.[617]

---

612 BR-Drs. 176/18, S. 11; *Meller-Hannich*, Gutachten A 72. DJT, A 67; *Schneider*, BB 2018, 1986 (1996).

613 *Wernicke*, Referat 72. DJT, K 37 (K 41).

614 Kritisch *Alexander/Kubiak*, VW 2017, 27; s. auch die statistische Erhebung von *Kilian*, ZRP 2018, 72 (74), bei der 28% der befragten Rechtsanwälte die Erweiterung des kollektiven Rechtsschutzes für überflüssig halten; *Merkt/Zimmermann*, VuR 2018, 363 (364); *Wernicke*, Referat 72. DJT, K 37 (K 44). *BDI*, Stellungnahme, S. 1, hält den kollektiven Rechtsschutz für gut aufgestellt. Ebenso die Aussage von *Iris Plöger*, https://bdi.eu/artikel/news/neue-klageinstrumente-sind-nicht-notwendig/, zuletzt abgerufen am 21.9.2019. *DRB*, Stellungnahme Nr. 8/15, S. 2 ff.

615 *Wernicke*, Referat 72. DJT, K 37 (K 43); OLG Dresden, Urt. v. 10.4.2018 – 14 U 82/16, WRP 2019, 347; LG Leipzig, Urt. v. 10.12.2015 – 05 O 1239, 15, VuR 2016, 109. Dazu bereits unter II 1 c.

616 *Hummel*, VuR 2018, 270 (270).

617 *Wernicke*, Referat 72. DJT, K 37 (K 43).

Doch übereinstimmend mit *Schultheiß* ist festzustellen, dass diese Erweiterung konturenlos erfolgte, genaue Voraussetzungen für die Annahme eines Zahlungsanspruchs wurden aus der Rechtsprechung nicht ersichtlich, sodass eine allgemeine Übertragung nicht möglich ist.[618] Zudem dient das UWG nicht in erster Linie der Verfolgung individueller Ansprüche, § 1 UWG.[619] Eine generelle Erweiterung des UWG allein führt daher nicht zu einer effektiven Überwindung der bestehenden Rechtsdurchsetzungsprobleme. Da wesentliche Entscheidungen nach wie vor dem parlamentarischen Gesetzgeber überlassen sind,[620] ist eine gesetzgeberische Maßnahme zu begrüßen. Eine bloße Weiterentwicklung durch die Rechtsprechung liefe Gefahr, dass die Klagemodelle ausufern und dadurch ineffektiv werden. Außerdem steht dem einfachen Gesetzgeber zur Schaffung der für die Rechtsdurchsetzung erforderlichen Rechtsbehelfe eine weite Befugnis zu, welche er hier nutzen kann.[621]

Ferner wird angeführt, dass die behördliche Aufsicht und Regulierung sowie die Strafverfolgungsbehörden und -gerichtsbarkeiten eine Bewährung der objektiven Rechtsordnung gewährleisten.[622] Das Gelingen hängt aber vor allem von der personellen und sachlichen Ausstattung der Behörden ab. Ein effektives Vorgehen gegen Bagatell- und Massenschäden kann bisher nicht verzeichnet werden.

---

618 Ausführlich dazu, dass eine Erweiterung des Beseitigungsanspruchs nicht mit der Regelungssystematik des UWG übereinstimmt, *Kruis*, ZIP 2019, 393 (394 ff.); *Schultheiß*, WM 2019, 9 (12).

619 *Kruis*, ZIP 2019, 393 (399), der insbesondere auf S. 402 ausführt, dass es nach der Vorstellung des Gesetzgebers eine Gesetzeslücke gab, die nicht durch eine Erweiterung des § 8 Abs. 1 S. 1 UWG geschlossen wurde; *Schäfers*, ZZP 132 (2019), 231 (236); *Schultheiß*, WM 2019, 9 (13).

620 *Schoch*, VBlBW 2013, 361 (367); *Pernice-Warnke*, DÖV 2017, 846 (852). Zur Wesentlichkeitslehre *Erbguth/Guckelberger*, Allg. Verwaltungsrecht, § 8 Rn. 6; *Grzeszick*, in: Maunz/Dürig, GG, Art. 20 GG VI Rn. 105 f.; *Guckelberger*, Deutsches Verwaltungsprozessrecht, S. 133; BVerfG, Urt. v. 14.7.1998 – 1 BvR 1640/97, NJW 1998, 2515 (2520).

621 *Wernicke*, Referat 72. DJT, K 37 (K 41). Er bezieht sich dabei auf BVerfG, Beschl. v. 29.10.1975 – 2 BvR 630/73, BVerfGE 40, 272 (275); Beschl. v. 2.12.1987 – 1 BvR 1291/85, BVerfGE 77, 275 (284); Beschl. v. 17.12.2015 – 1 BvR 3164/13, NVwZ 2016, 2018 (2019). S. allgemein *Linke*, in: Knopp, Effektives Rechtsschutzgebot, 15 (17). Zu beachten ist dabei stets der im Kapitel 1 C IV dargestellte verfassungsrechtliche Rahmen. Die individualrechtliche Prägung des Rechtsschutzsystems darf nicht unterlaufen werden. Hierzu liegen jedoch keine Anzeichen vor.

622 *Bruns*, NJW 2018, 2753 (2756).

Letztlich wollen die Verbraucher eine einfache und effektive Rechtsdurchsetzung, für die sie im Idealfall nur wenig tun müssen und die sie nicht horrenden finanziellen Risiken aussetzt. Für sie sind Prozesse nicht alltäglich und nicht selten emotional aufgeladen oder gar existenzbedrohend.[623] Sofern keine Klage durch die Verbraucher stattfindet, bleiben die Unrechtsgewinne bei den Unternehmen, die sich daran bereichern und ihre Stellung missbrauchen können.[624] Diese begegnen Prozessen eher rational sowie unpersönlich und können oft umfangreiche finanzielle Mittel aufnehmen, um Prozesse zu bestreiten.[625]

Wie gesehen, vermag keines der dargestellten Modelle dabei überzeugen, Massen- und Bagatellschäden effektiv und vollumfänglich zu bewältigen. Der VW-Abgasskandal führte die bestehenden prozessualen Institute an ihre Grenzen. Bei einer statistischen Erhebung von *Kilian* stimmten 69% der Befragten für eine Erweiterung des kollektiven Rechtsschutzes ab.[626]

Die Regelungen des KapMuG sind nur auf einen engen Anwendungsbereich begrenzt.[627] Außerdem ist der wesentliche Schwachpunkt des KapMuG, dass es eine vorangehende Individualklage erfordert.[628] Auf dem Vormarsch sind die Legal-Tech-Dienstleister, wobei hier noch immer Rechtsunsicherheit herrscht. Darüber hinaus erhält der Geschädigte hierbei nicht die volle Ersatzleistung, sondern nur einen prozentualen Teil. Es kann jedoch nicht im Interesse eines Rechtsstaates liegen, Schäden nur prozentual auszugleichen.[629] Wer Recht hat, muss auch Recht bekommen können. Die weiteren kollektiven Rechtsinstitute können vor allen Dingen Massenschadensereignisse nicht vertretbar handhaben.[630]

---

623 *Koch*, Verbraucherprozessrecht, S. 58; *Meller-Hannich*, Gutachten A 72. DJT, A 27, "One shotter". Zu diesem Begriff *Galanter*, Why the "Haves" Come Out Ahead: Speculations on the Limits of Legal Change, S. 3, http://lawforlife.org.uk/wp-content/uploads/2013/05/whythehavescomeoutahead-33.pdf, zuletzt abgerufen am 25.9.2019.

624 *Kranz*, NZG 2017, 1099 (1101); *Schäfers*, ZZP 132 (2019), 231 (235); *Wernicke*, Referat 72. DJT, K 37 (K 39).

625 *Koch*, Verbraucherprozessrecht, S. 58; *Meller-Hannich*, Gutachten A 72. DJT, A 27, "Repeat player".

626 *Kilian*, ZRP 2018, 72 (74).

627 BR-Drs. 176/18, S. 11; *Meller-Hannich*, Gutachten A 72. DJT, A 67; *Schneider*, BB 2018, 1986 (1996).

628 *Gurkmann*, Referat 72. DJT, K 9 (K 10).

629 S. dazu auch *Gurkmann*, Referat 72. DJT, K 9 (K 12).

630 So fällt auch das Ergebnis der Verbraucherkonferenz 2016 aus, Ergebnisprotokoll der 12. Verbraucherschutzministerkonferenz am 22. April 2016, TOP 51,

Eine wirklich effektive Bewältigung der dabei auftretenden Rechtsprobleme wurde bis dato nicht gewährleistet. Im öffentlichen Recht spricht man im Zusammenhang mit überindividuellen Verfahren häufig von einem *strukturellen Vollzugsdefizit.* Strukturell ist ein Defizit dann, wenn die unzureichende Durchsetzbarkeit bereits im Gesetz angelegt ist.[631] Auch im Zivilrecht ist dem auf Individualrechtsschutz angelegten System ein Defizit immanent, obschon dieses weniger im Vollzug, sondern eher generell in der mangelnden Einklagbarkeit wurzelt. Kollektive Rechtsschutzmodelle finden sich nur vereinzelt und lassen kein umfassendes System erkennen.[632] Zutreffend bezeichnet *Halfmeier* die Klagemöglichkeiten daher als „zahnlos".[633] Insofern konnte hier auch von einem strukturellen Rechtsschutzdefizit gesprochen werden.

Des Weiteren ist auf europäischer Ebene nach und nach die Einführung kollektiver Rechtsschutzinstrumente zu verzeichnen.[634] Diese Entwicklung zeigt, dass der Bedarf an kollektiven Rechtsschutzmöglichkeiten zunimmt. Dies ist nicht zuletzt Folge der gesellschaftlichen Entwicklung. Die Wege werden kürzer, standardisierte Massengeschäfte gehören zum Alltag, sodass standardisierte Fehler gleichsam alltäglich sind.[635] Der VW-Abgasskandal ist dafür nur ein singuläres Beispiel. Für ein funktionierendes Rechtsschutzsystem ist es erforderlich, auf solche Gegebenheiten reagieren zu können.[636] Ob und inwieweit die Musterfeststellungsklage ein oder sogar *das* geeignete Mittel zur Überwindung dieses Defizits dargestellt, wird im nachfolgenden Teil D umfassend untersucht.

52, S. 86, https://www.verbraucherschutzministerkonferenz.de/documents/endgueltiges_protokoll_vsmk_2016_1510317519.pdf, zuletzt abgerufen am 9.11.2019. *Kutschaty*, ZRP 2017, 27 (27); *Ludwig*, Im Namen des Kunden, SZ v. 6.2.2017, https://www.sueddeutsche.de/politik/vw-affaere-im-namen-des-kunden-1.3365871, zuletzt abgerufen am 9.11.2019; *Meller-Hannich*, Gutachten A 72. DJT, A 40; *Metz*, VuR 2018, 281 (281).

631 S. dazu den Artikel „Vollzugsdefizit" https://de.wikipedia.org/wiki/Vollzugsdefizit, zuletzt abgerufen am 2.11.2019. BVerwG, Urt. v. 16.12.2016 – 8 C 6 15, BVerwGE 157, 126 (145); *Will*, NZV 2018, 393 (404).

632 So auch *Tilp/Schiefer*, NZV 2017, 14 (17).

633 *Halfmeier*, VuR 2015, 441 (441).

634 *Merkt/Zimmermann*, VuR 2018, 363 (364).

635 *Beck*, in: Husemann/Korves/Rosenkranz, et al., Strukturwandel und Privatrecht, 401 (402); *Halfmeier*, ZRP 2017, 201 (204); BT-Drs. 19/2507, S. 1; BT-Drs. 19/2439, S. 1.

636 *Merkt/Zimmermann*, VuR 2018, 363 (364).

D. Musterfeststellungsklage, §§ 606 ff. ZPO

I. Einleitung

Als 2015 bekannt wurde, dass VW Abgaswerte ihrer Diesel-PKWs manipulierte, keimte das Thema des kollektiven Rechtsschutzes nochmals auf.[637] Während die amerikanischen Verbraucher schnell und mit vertretbaren Beträgen entschädigt wurden,[638] blieb die Entschädigung der europäischen Kunden zunächst aus. Ein Echo in Presse, Literatur und Politik ließ nicht lange auf sich warten und forderte die Einführung einer Musterfeststellungsklage.[639] Letztlich war man als Betroffener auf sich alleine gestellt.

Bereits Ende des Jahres 2016 entstand daraufhin ein nie veröffentlichter Referentenentwurf (nachfolgend RefE)[640] zur Einführung einer kollektiven Klagemöglichkeit.[641] Erst im Juli 2017 stellte der damalige Justizminister *Heiko Maas* einen Diskussionsentwurf (nachfolgend DiskE) zur Musterfeststellungsklage vor.[642] Aufgrund der Neuwahlen und mangels Zustimmung geriet auch dieser zunächst ins Stocken.[643] Doch im Rahmen der Koalitionsverhandlungen der Großen Koalition beschloss man im Koalitionsvertrag die Einführung einer Musterfeststellungsklage bis November 2018, um so die Verbraucher vor der Ende des Jahres 2018 drohenden Verjährung zu bewahren.[644] Schließlich wurde am 12.7.2018 das Gesetz zur Einführung einer zivilprozessualen Musterfeststellungsklage erlassen, wel-

---

637 *Behrens*, ZJS 2018, 514 (514); *Rother*, Referat 72. DJT, K 23 (K 32).

638 *Traufetter/Müller*, Deutsche Kunden klagen, spiegel online v. 29.12.2016.

639 *Geissler*, GWR 2018, 189 (189); *Windau*, Einer klagt für alle, LTO v. 19.12.2016; *Witte/Wetzig*, WM 2019, 52 (52).

640 Referentenentwurf des Bundesministeriums der Justiz und für Verbraucherschutz, Entwurf eines Gesetzes zur Einführung einer Musterfeststellungsklage.

641 *Krausbeck*, Der Entwurf für eine Musterfeststellungsklage liegt vor, Verfahrensrecht-Blog v. 5.1.2017, https://verfahrensrecht.uni-halle.de/2017/01/05/der-entwurf-fuer-eine-musterfeststellungsklage-liegt-vor/, zuletzt abgerufen am 30.9.2019; *Windau*, Einer klagt für alle, LTO v. 19.12.2016.

642 Diskussionsentwurf des Bundesministeriums der Justiz und für Verbraucherschutz – Entwurf eines Gesetzes zur Einführung einer Musterfeststellungsklage, https://www.bmjv.de/SharedDocs/Gesetzgebungsverfahren/Dokumente/DiskE_Musterfeststellungsklage.pdf?__blob=publicationFile&v=3, zuletzt abgerufen am 30.9.2019.

643 *Rohwetter*, Prozessieren im Chor, zeit online v. 9.8.2017; s. dazu den Artikel v. *Wieduwilt*, Musterklage kommt nicht, FAZ v. 7.6.2017, S. 18.

644 Koalitionsvertrag zwischen CDU, CSU und SPD, 19. Legislaturperiode, S. 124 Zeile 5790 ff.

ches wie geplant am 1.11.2018 in Kraft trat.[645] Am 30.9.2019 begann daraufhin die erste Musterfeststellungsklage gegen VW vor dem OLG Braunschweig, zu der sich über 400.000 Betroffene angemeldet hatten.[646]

Dem vorausgehend sind neben einem Gesetzentwurf der Fraktion Bündnis 90/Die Grünen vom 12.12.2017 „Entwurf eines Gesetzes zur Einführung von Gruppenverfahren“[647], u.a. der Gesetzentwurf der Bundesregierung vom 4.6.2018 „Entwurf eines Gesetzes zur Einführung einer zivilprozessualen Musterfeststellungsklage“,[648] der dazu wortlautidentische Gesetzentwurf der Fraktionen der CDU/CSU und SPD vom 5.6.2018, „Entwurf eines Gesetzes zur Einführung einer zivilprozessualen Musterfeststellungsklage“[649] entstanden. Angenommen wurde schließlich der Gesetzentwurf der Fraktionen CDU/CSU und SPD (nachfolgend Gesetzentwurf der Fraktionen) in geänderter Fassung.[650]

All diese Klageentwürfe und -möglichkeiten zeigen Parallelen, aber auch große Divergenzen. Die Bearbeitung des sich anschließenden Teils dieser Arbeit wird in den Regelungsgehalt der Musterfeststellungsklage einführen und diesen kritisch hinterfragen. Dabei wird schwerpunktmäßig auf die Frage der Klagebefugnis eingegangen. Um die Regelungen des neuen Gesetzes zur Einführung einer zivilprozessualen Musterfeststellungsklage umfassend auswerten zu können, wird ebenso deren historische Entwicklung innerhalb der Gesetzentwürfe betrachtet.

II. Ziele

Zuvörderst ist auffallend, dass die Begründung in den Gesetzgebungsmaterialien der Musterfeststellungsklage größtenteils wortlautidentisch sowohl zu derjenigen des ursprünglichen RefE aus dem Jahre 2016, als auch zu derjenigen des DiskE aus dem Jahre 2017 ist. So wird die Einführung des

---

645 BGBl. I. 2018, S. 1151.

646 *Balser/Hägler/Slavik*, Die große Abrechnung der VW-Besitzer, SZ v. 30.9.2019, https://www.sueddeutsche.de/wirtschaft/vw-musterfeststellungsklage-1.4620554, zuletzt abgerufen am 30.9.2019; *Budras*, VW-Opfer, FAS v. 22.9.2019, S. 33; *Krüger*, Ein Zeichen setzen, taz v. 30.9.2019.

647 BT-Drs. 19/243.

648 BT-Drs. 19/2439.

649 BT-Drs. 19/2507.

650 Da die Gesetzentwürfe der Bundesregierung und der Fraktionen wortlautidentisch sind, wird im Nachfolgenden jeweils nur der angenommene Entwurf der Fraktionen zitiert.

Gesetzes zur Einführung einer zivilprozessualen Musterfeststellungsklage mit der Überwindung des rationalen Desinteresses begründet.[651] Die Musterfeststellungsklage soll als eigenständige zivilprozessuale Klageart ausgestaltet werden,[652] mittels derer Tatsachen- und Rechtsfragen zügig geklärt werden können.[653] Dabei wird entgegen den schon bekannten Klagemöglichkeiten, wie denen des KapMuG, UKlaG, UWG, GWB, eine allgemeine Klagemöglichkeit geschaffen, die nicht auf ein Spezialgebiet des Zivilrechts beschränkt ist.[654] Erhofft werden ein Gewinn an effektiver Rechtsdurchsetzung und die Verhinderung von Missbrauch.[655] Insgesamt beabsichtigen schon die Urheber des RefE eine Entlastung der Justiz und eine Stärkung der Klägerposition sowie des Gerichtsstandortes Deutschland,[656] indem die in Streit stehenden Feststellungsziele mit Breitenwirkung einheitlich festgestellt werden können.[657] Auch für den Beklagten soll diese neue Klagemöglichkeit Vorteile bringen. Er soll sich nicht unzählbaren Parallelprozessen mit unkalkulierbaren Kostenrisiken ausgesetzt sehen.[658] Für die Gerichte werden sich zwar neue Herausforderungen durch die eingehenden Musterfeststellungsverfahren einerseits ergeben, andererseits wird eine immense Aufwandersparnis durch Reduzierung der Individualstreitigkeiten prophezeit.[659] Insgesamt soll ein Beitrag zum effektiven Rechtsschutz geleistet werden.

Dem Bund fällt gemäß Art. 74 Abs. 1 Nr. 1 GG die Gesetzgebungskompetenz für die Regelung gerichtlicher Verfahren zu. Die Einführung einer neuen Klageart liegt somit in seinem Kompetenzbereich.

---

651 BT-Drs. 19/2507, S. 13; RefE, S. 12, 14.

652 RefE, S. 14; BT-Drs. 19/2507, S. 15.

653 BT-Drs. 19/2507, S. 18; RefE, S. 15, 17. BT-Drs. 19/2507, S. 14 f. Ernüchternd hinsichtlich der Schnelligkeit des Prozesses s. den Artikel von *Jung*, Der VW-Musterprozess dürfte lange dauern, FAZ Net v. 30.9.2019, https://www.faz.net/aktuell/wirtschaft/auto-verkehr/diesel-skandal-der-vw-musterprozess-duerfte-lange-dauern-16410382.html, zuletzt abgerufen am 1.10.2019.

654 BT-Drs. 19/2507, S. 15; RefE, S. 14.

655 BT-Drs. 19/2507, S. 15; RefE, S. 15; BT-Drs. 18/10539, S. 3.

656 BT-Drs. 19/2507, S. 15; RefE, S. 14; *Wieduwilt*, Unionsfraktion stellt sich gegen die „Sammelklage", FAZ Net v. 22.10.2016. S. allgemein zur Wettbewerbsfähigkeit des Justizstandorts Deutschland *Wolf*, RIW 2019, 258.

657 BT-Drs. 19/2507, S. 21; RefE, S. 19.

658 BT-Drs. 19/2507, S. 16; RefE, S. 16.

659 BT-Drs. 19/2507, S. 17; RefE, S. 16.

Das Gesetz regelt Folgendes:

III. Zuständigkeit

1. Sachliche Zuständigkeit

Bei der Zuständigkeit ergaben sich im Laufe des Gesetzgebungsprozesses wesentliche Veränderungen. Während die Entwürfe aus den Jahren 2016, 2017 sowie auch noch die Entwürfe der Bundesregierung und die der Fraktionen die sachliche Zuständigkeit bei den LG verorteten, bestimmt Art. 1 des Gesetzes zur Einführung einer zivilprozessualen Musterfeststellungsklage, dass gemäß des neuzufassenden § 119 Abs. 3 GVG die OLG die erstinstanzliche Zuständigkeit erhalten. Eine Übertragung auf den Einzelrichter ist aufgrund der hohen Bedeutung für eine Vielzahl von Betroffenen nicht möglich, § 610 Abs. 5 ZPO.[660]

In allen vorangegangenen Entwürfen, RefE, DiskE, Gesetzentwürfe der Regierung[661] und der Fraktionen[662] wurde eine Erweiterung des § 71 Abs. 2 GVG um eine Nr. 5 bzw. Nr. 6 „für Musterfeststellungsklagen nach Buch 6 der Zivilprozessordnung" vorgesehen.[663] Dies wurde vor dem Hintergrund der Breitenwirkung durch die Vielzahl der Betroffenen und der Wichtigkeit der Feststellungsziele begründet.[664] Da seit 1.1.2018 § 71 Abs. 2 GVG bereits eine Nr. 5 für Streitigkeiten a) über das Anordnungsrecht des Bestellers gemäß § 650b BGB und b) über die Höhe des Vergütungsanspruchs infolge einer Anordnung des Bestellers (§ 650c BGB) eingefügt wurde,[665] wurde im Vorschlag der Fraktionen bzw. der Bundesre-

---

660 BT-Drs. 19/2507, S. 26; DiskE, S. 19; RefE, S. 23; *Windau*, Einer klagt für alle, LTO v. 19.12.2016; https://www.haufe.de/recht/weitere-rechtsgebiete/prozessrecht/referenten-entwurf-zur-musterfeststellungsklage-liegt-vor_206_393564 .html, zuletzt abgerufen am 7.6.2018. *Greger*, ZZP 131 (2018), 317 (328). Keine Steigerung der Leistungsfähigkeit durch die Übertragung auf den Einzelrichter *Wolf*, RIW 2019, 258 (267).

661 BT-Drs. 19/2439.

662 BT-Drs. 19/2507.

663 RefE, S. 4; DiskE, S. 1.

664 RefE, S. 17.

665 Gesetz zur Reform des Bauvertragsrechts, zur Änderung der kaufrechtlichen Mängelhaftung, zur Stärkung des zivilprozessualen Rechtsschutzes und zum maschinellen Siegel im Grundbuch- und Schiffsregisterverfahren v. 28.4.2017, BGBl. 2017 I, S. 969 (977).

gierung die Erweiterung für Musterfeststellungsklagen in einer gesonderten Nr. 6 vorgesehen.[666]

Für das endgültige Gesetz entschied man sich jedoch – quasi in letzter Minute – anderweitig. Abweichend zu den vorherigen Entwürfen wird eine erstinstanzliche Zuständigkeit beim OLG und damit einhergehend eine Erweiterung des § 119 GVG um einen Absatz 3 bestimmt.[667] Die Abkehr der Zuständigkeit vom LG zum OLG geht auf die Stellungnahme des Bundesrates zurück.[668]

Die Verlagerung der ersten Instanz auf das OLG führt im Gegensatz zur Übertragung auf das LG letztlich aber dazu, dass den Parteien eine Instanz genommen wird. Eine weitere Instanz bedeutet jedoch auch einen vermehrten Zeitaufwand. Dadurch, dass das Musterfeststellungsurteil keine vollstreckbaren Titel erstrebt und eine weitere gerichtliche Geltendmachung u.U. erforderlich ist, war der zeitliche Aspekt ausschlaggebend für die Abweichung von der ursprünglich gewählten Normierung.[669] Begründet wird diese Vorgehensweise ferner mit der zügigen und effizienten Rechtsdurchsetzung.[670] Ebenso sollen die Senate am OLG Erfahrungen sammeln, sich so weiter spezialisieren.[671] Erhofft wird eine hohe Richtigkeitsgewähr für die Urteile, die große Breitenwirkung haben.[672]

Die Übertragung auf das OLG ist zudem systematisch konsequent. § 118 GVG bestimmt eine erstinstanzliche Zuständigkeit des OLG für Verhandlungen und Entscheidungen über Musterverfahren nach dem KapMuG.[673] Als weiteres Argument wird angeführt, dass die Verfahren aufgrund ihrer wirtschaftlichen Bedeutung ohnehin den Instanzenzug durchlaufen werden, das LG so nur eine „Durchgangsstation" wäre, sodass aus Kosten- und Zeitgründen gleich der Weg zum OLG gewählt werden

666 BT-Drs. 19/2507, S. 5.

667 *DAV*, Stellungnahme 20/2018, S. 9. So auch schon der Vorschlag der *vzbv*, Eine für Alle-Musterfeststellungsklage in Sicht, S. 12.

668 BT-Drs. 19/2701, S. 1.

669 BT-Drs. 19/2701, S. 2. S.a. *DAV*, Stellungnahme 20/2018, S. 9, der zudem eine Änderung des § 543 Abs. 2 S. 1 Nr. 1 ZPO fordert, sodass die Sache stets grundsätzliche Bedeutung hat; *Kruppa*, KapMuG, S. 90, hält die Verkürzung des Instanzenzugs im Rahmen von Musterverfahren nach § 93a VwGO für den entscheidenden Faktor für eine effektive Bewältigung von Massenverfahren.

670 *Rohls*, in: Nordholtz/Mekat, MFK, § 3 Rn. 6; *Scholl*, ZfPW 2019, 317 (339).

671 BT-Drs. 19/2701, S. 2. Kritisch zur Spezialisierung der Richterschaft allgemein *Guckelberger*, VerwArch 2017, 143 (165 f.).

672 BT-Drs. 15/5091, S. 34. S.a. *vzbv*, Eine für Alle-Musterfeststellungsklage in Sicht, S. 12.

673 S.a. *Rohls*, in: Nordholtz/Mekat, MFK, § 3 Rn. 6.

kann.[674] Insgesamt verlangt das Verfassungsrecht keinen Instanzenzug, sondern hält nur mindestens eine Instanz für notwendig.[675]

Die Konsequenzen der Entscheidung durch das OLG für Musterklagen sind weitreichend, denn viele Ausgangsgerichte müssen sich in einem Folgeverfahren aufgrund der später noch darzustellenden Bindungswirkung[676] an die Entscheidungen halten.[677] Mitunter deshalb hegt diese Übertragung u.a. bei der Bundesregierung allerdings Bedenken.[678] Das OLG ist grundsätzlich nicht für die erstinstanzliche Tatsachenfeststellung,[679] sondern für die Überprüfung der Entscheidungen der Ausgangsgerichte im Rahmen des Berufungsverfahrens zuständig.[680] Dieses ist gerade keine vollständige zweite Tatsacheninstanz.[681] Bei einer erstinstanzlichen Zuständigkeit des OLG kann nur noch via Revision gegen die Entscheidung vorgegangen werden.[682] Der eigentliche Sinn der Revision ist die Überprüfung der (zweitinstanzlichen) Berufungsurteile als eine reine Rechtsprüfungsinstanz.[683] Den Betroffenen wird durch die Verlagerung der ersten Instanz neben dem Instanzenzug auch der Prüfungsumfang gekürzt.[684] Dies mag vor dem Hintergrund der Verfahrensbeschleunigung begrüßenswert sein,[685] allerdings wird den Musterfeststellungsklagen, die

---

674 *Röthemeyer*, MFK, § 119 GVG Rn. 2. "Durchlauftermin" *Rohls*, in: Nordholtz/Mekat, MFK, § 3 Rn. 6.

675 So schon BVerfG, Beschl. v. 21.10.1954 – 1 BvL 9/51 u.a., BVerfGE 4, 74 (94 f.); Beschl. v. 30.4.2003 – 1 PBvU 1/02, BVerfGE 107, 395 (402); BVerwG, Beschl. v. 21.3.2017 – 1 VR 1.17, BVerwGE 158, 225 (232); Beschl. v. 13.9.2019 – 1 BvR 1/16, Rn. 5, juris; *Enders*, in: Epping/Hillgruber, BeckOK GG, Art. 19 Rn. 57 m.w.N.; *Guckelberger*, Deutsches Verwaltungsprozessrecht, S. 88, dazu, dass auch der EuGH aus Art. 47 GRCh keinen Anspruch auf eine weitere Instanz ableitet; dementsprechend EuGH, Urt. v. 28.7.2011 – C-69/10, NVwZ 2011, 1380 (1383).

676 S. dazu nachfolgend unter X.

677 Hinsichtlich der Breitenwirkung *vzbv*, Eine für Alle-Musterfeststellungsklage in Sicht, S. 12. S.a. *Mallmann/Erne*, NZKart 2019, 77 (81).

678 BT-Drs. 19/2701, S. 8.

679 BT-Drs. 19/2701, S. 8; *DIHK*, Entwurf eines Gesetzes, S. 8; *Scholl*, ZfPW 2019, 317 (339).

680 BT-Drs. 19/2701, S. 8.

681 BT-Drs. 19/2701, S. 8.

682 BT-Drs. 19/2701, S. 8.

683 BT-Drs. 19/2701, S. 8. Dazu, dass die nach Art. 95 Abs. 1 GG bestimmten obersten Bundesgerichte ihre Aufgaben im Interesse der Einheit und Fortbildung des Rechts nur dann wahrnehmen können, wenn sie keine Tatsachen ermitteln müssen und zudem die nötigen Informationen von den vorinstanzlichen Gerichten vermittelt bekommen, *Paetow*, NVwZ 2007, 36 (37 f.).

684 BT-Drs. 19/2701, S. 8; *Schmidt-Kessel*, Stellungnahme, S. 22.

685 *DIHK*, Entwurf eines Gesetzes, S. 8; *Rohls*, in: Nordholtz/Mekat, MFK, § 3 Rn. 6.

meist eine hohe Breitenwirkung haben und bei vielen Betroffenen von Interesse sind, so auch eine Überprüfungsebene genommen. Die Musterfeststellungsklage soll auch kein Verfahren zur Klärung rein abstrakter Rechtsfragen sein.[686] Für die geschädigte Partei entfällt zudem die Möglichkeit der ortsnahen Klageerhebung.[687]

Außerdem trifft das Argument der Spezialisierung auch auf LG zu, wenn diese sich dauerhaft mit Musterfeststellungsklagen beschäftigen.[688] Gerade für kleinere LG ist eine bezirksübergreifende Konzentration vorteilhaft,[689] denn bei Musterfeststellungsklagen wird über wichtige Feststellungsziele mit großer Breitenwirkung und häufig großen Schadenssummen entschieden.[690] *Schmidt-Kessel* zweifelt zudem die Eignung der Standardbesetzung des OLG für solche Mammutbeweisverfahren an.[691] Sein Vorschlag wäre es daher, die Berufung zum OLG zu sperren und gegen das erstinstanzliche landgerichtliche Urteil nur die Revision zuzulassen.[692] Ein weiteres Argument gegen die erstinstanzliche Zuständigkeit der OLG benennt *Weinland.* Gemäß § 611 Abs. 4 S. 3 ZPO kann der Austritt vom Vergleich außer schriftlich auch gegenüber der Geschäftsstelle mündlich erklärt werden. Da in vielen Bundesländern oft nur ein OLG existiert und die Wege dorthin weit sind, erweist sich letztere Möglichkeit als untunlich[693] und daher praktisch hinfällig.

Insgesamt kann hier eine Verlagerung auf die OLG nur schwer überzeugen. Auch wenn der Beschleunigungseffekt im Fokus steht, so sollte doch bedacht werden, dass die Musterfeststellungsklage gerade für den Schutz von Verbrauchern entwickelt wurde. Im Vordergrund steht die Überwindung des rationalen Desinteresses. Man möchte es den Verbrauchern also so einfach wie möglich machen, damit sich eine Klage auch als lohnenswert erweist. Eine noch weitere örtliche Verlagerung entfernt den Rechtsstreit mehr von den Betroffenen. Außerdem muss aufgrund der Breiten-

---

686 *Mallmann/Erne*, NZKart 2019, 77 (81) und auf der nachfolgenden Seite dazu, dass abstrakte Rechtsfragen das Verfahren weiter vom betroffenen Rechtsverhältnis entfernen und so Anmeldungen gefährden.

687 BT-Drs. 15/5091, S. 33.

688 *Hess*, WM 2004, 2329 (2329).

689 BT-Drs. 18/11437, S. 44.

690 RefE, S. 18.

691 In diese Richtung auch *HDE*, Stellungnahme, S. 4; *Schmidt-Kessel*, Stellungnahme, S. 22.

692 *Schmidt-Kessel*, Stellungnahme, S. 22. In diese Richtung auch *vzbv*, Eine für Alle-Musterfeststellungsklage in Sicht, S. 12.

693 *Weinland*, MFK, Rn. 179.

wirkung besonders auf ein richtiges Endurteil geachtet werden. Die Verkürzung des Instanzenzugs raubt den Betroffenen eine Tatsacheninstanz und somit u.U. die Möglichkeit auf ein fehlerfreies Ergebnis. Nicht überzeugend ist das Argument, dass es ohnehin zu einem vollständigen Durchlaufen des Rechtszuges kommen wird, sodass die Station bei den LG eingespart werden könne. Die Befürchtung, dass der Instanzenzug ausgeschöpft werden kann, kann nicht schon die Begründung dafür sein, ihn einzuschränken. Es ist genauso wahrscheinlich, dass gegen die Urteile der OLG eine Revision eingelegt wird, dennoch reicht dies nicht für eine Annahme der Erstzuständigkeit des BGH aus. Vielmehr ist aufgrund dieser Wichtigkeit der Verfahren dafür zu sorgen, dass die Betroffenen einen umfassenden Rechtsschutz erreichen können. Dazu gehört es auch, den Instanzenzug zu durchlaufen oder es sein zu lassen. Diese Entscheidung sollte den Parteien überlassen und nicht gesetzlich bestimmt werden. Auch ohne Übertragung auf die OLG muss sich jeder bei der Teilnahme an einem solchen, umgangssprachlich oft als „Mammutverfahren" bezeichneten, Rechtsstreit bewusst sein, dass dieser nicht kurzweilig sein wird. Verfahrensverzögerungen sind von vornherein einzuplanen und werden von den Betroffenen durch ihre Eintragung in Kauf genommen.[694]

2. Örtliche Zuständigkeit

Neben der sachlichen Zuständigkeit wird nun auf Vorschlag des Bundesrates auch die örtliche Zuständigkeit geregelt.[695] Diese blieb in den bisherigen Entwürfen unbeleuchtet. § 32c ZPO legt einen ausschließlichen Gerichtsstand für Musterfeststellungsklagen bei dem allgemeinen Gerichtsstand des Beklagten, sofern dieser im Inland ist, fest.

Problematisch erscheint, ob der Sitz des Beklagten tauglicher Anknüpfungspunkt für den ausschließlichen Gerichtsstand sein kann. Großen Unternehmen kommt innerhalb ihrer Region eine besondere Bedeutung zu. Sie sichern Arbeitsplätze und Steuereinnahmen. Unbeabsichtigterweise können Abhängigkeiten entstehen.[696] Trotz der Neutralität der Gerichte kann diese Abhängigkeit nicht bestritten werden. So ist die „VW-freundliche" Haltung der Gerichte in Braunschweig im Gegensatz zu den sonsti-

694 Vgl. *Mallmann/Erne*, NZKart 2019, 77 (82).
695 BT-Drs. 19/2701, S. 2.
696 *Schmidt-Kessel*, Stellungnahme, S. 22; *Weinland*, MFK, Rn. 113.

gen Entscheidungen anderer Gerichte zumindest auffallend.[697] Um diesen, wenn auch nur dem Anschein nach, bestehenden Konflikt von vornherein zu vermeiden, wäre die Wahl eines neutralen Gerichtsstandorts zu begrüßen.

Allerdings ergeben sich Schwierigkeiten bei der Bestimmung eines neutralen Ortes, sodass eine diesbezügliche gesetzliche Regelung schwer vorstellbar ist. Schon die Ortswahl vor Verfahrensbeginn liefert Anknüpfungspunkte für weitere Streitigkeiten, die das Verfahren zusätzlich in die Länge ziehen könnten. So könnte einerseits u.a. die Neutralität des ausgewählten Gerichts bezweifelt werden, aber andererseits könnten auch Proteste hinsichtlich der Entfernung oder vermeintlich strenger oder weniger strenger Spruchpraxis des Gerichts entstehen.

Grundsätzlich ist die Begründung des Gerichtsstands beim Beklagten eine der ZPO vertraute Regelung (vgl. § 12 ZPO), um die Lasten des Prozesses gerecht zwischen Kläger und Beklagten aufzuteilen. Die Besonderheit und damit auch das eigentliche Problem für Musterfeststellungsklagen ergibt sich aber daraus, dass der Kläger aufgrund der Ausschließlichkeit keine Wahlmöglichkeit in Bezug auf den Gerichtsstand hat.[698]

Hinsichtlich des ausschließlichen Gerichtsstandes bestehen Bedenken, denn es soll nicht zu einer Überregulierung kommen.[699] Ohne ausschließlichen Gerichtsstand wären die §§ 12ff. ZPO zur Anwendung gekommen.[700] Allerdings hätten u.U. auch § 29 ZPO für den besonderen Gerichtsstand des Erfüllungsortes oder § 32 ZPO, der besondere Gerichtsstand für unerlaubte Handlungen, einschlägig sein können,[701] sodass der Kläger unter mehreren Gerichten auswählen könnte und sich die Frage der Neutralität nicht gestellt hätte.

---

697 Während mehrere OLG Ansprüche gegenüber dem Hersteller bejahen, so OLG Koblenz, Urt. v. 12.6.2019 – 5 U 1318/18, DAR 2019, 459; OLG Karlsruhe, Beschl v. 5.3.2019 – 13 U 142/18, DAR 2019, 266; OLG Köln, Beschl. v. 2.1.2019 – 18 U 70/18, DAR 2019, 204; lehnt das OLG Braunschweig, Urt. v. 19.2.2019 – 7 U 134/17, DAR 2019, 261, einen Anspruch des Käufers gegen den Hersteller ab. S.a *La Motte*, OLG-Braunschweig weist Myright-Klage gegen VW ab, handelsblatt v. 19.2.2019. Dagegen war myright vor dem LG Krefeld erfolgreich, Urt. v. 13.2.2019 – 2 O 313/17.

698 *Schmidt-Kessel*, Stellungnahme, S. 22; *Toussaint*, in: Vorwerk/Wolf, BeckOK ZPO, § 32c Rn. 6.

699 *Schmidt-Kessel*, Stellungnahme, S. 22. Ebenfalls kritisch *Schäfers*, ZZP 132 (2019), 231 (243).

700 BT-Drs. 19/2701, S. 2.

701 BT-Drs. 19/2701, S. 2.

Dies schafft jedoch auch Raum für unerwünschtes „forum shopping“.[702] § 32c ZPO fand Eingang in das Gesetz, um Kollisionen und darauf zurückgehende Rechtsunsicherheiten zu vermeiden. Ähnlich wie schon für Klagen aus dem KapMuG in § 32b ZPO bekannt, wurde eine ausschließliche Regelung der örtlichen Zuständigkeit getroffen. Die Konzentration verhindert die Zersplitterung der örtlichen Zuständigkeit.[703] Teilweise wird der ausschließliche Gerichtsstand daher begrüßt, denn er verhindert, dass an unterschiedlichen Orten über dieselbe Feststellungsfrage entschieden werden muss.[704] Für Verfahren nach dem KapMuG wird zudem hervorgebracht, dass hier häufig Sachverständigengutachten erforderlich sind und aufgrund der Konzentration nur noch ein Gutachten benötigt wird.[705] Angesichts der großen Schadenssummen und der hohen Anzahl der Betroffenen kann nicht ausgeschlossen werden, dass auch für die allgemeine Musterfeststellungsklage vermehrt Gutachten erforderlich sein werden, sodass es sinnvoll erscheint, die Anzahl der Gutachten minimieren zu können. Außerdem ermöglicht die Konzentration des Gerichtsstandes eine einheitliche Beweisaufnahme und u.a. dadurch die Minimierung der Kosten und die Beschleunigung des Verfahrens.[706]

Meines Erachtens spricht nichts gegen einen ausschließlichen Gerichtsstand. Nur so wird verhindert, dass Klagen unsystematisch verstreut auftreten. Auch befindet sich darin keine Überregulierung, sondern letztlich ein Beitrag zur effektiveren Ausgestaltung der Musterverfahren. Dass der Gerichtsstand beim Sitz des Beklagten begründet wird, ist innerhalb des Systems der ZPO schlüssig. Die Wahl eines neutralen Standorts würde das Verfahren verkomplizieren.

Die Gesetzgebungsmaterialien treffen erstmals auch Aussagen über die internationale Zuständigkeit. Diese bleibt unberührt. Die EU-Verordnung Nr. 2015/2012 Brüssel Ia Verordnung sowie sonstige völkerrechtliche Vereinbarungen oder autonomes deutsches Recht bleiben anwendbar.[707]

---

702 BT-Drs. 19/2701, S. 2. Der DAV schlug dahingegen eine Begrenzung auf den allgemeinen Gerichtsstand vor, *DAV*, Stellungnahme 20/2018, S. 10.

703 *Heinrich*, in: Musielak/Voit, ZPO, § 32b Rn. 1. S.a. BT-Drs. 15/5091, S. 1, 13 f., 33; *Hess*, WM 2004, 2329 (2331); OLG Braunschweig, Beschl. v. 30.10.2017 – 1 W 31/17, ZIP 2018, 348 (349); *DIHK*, Entwurf eines Gesetzes, S. 8.

704 *DIHK*, Entwurf eines Gesetzes, S. 8.

705 BT-Drs. 15/5091, S. 33.

706 BT-Drs. 15/5091, S. 33. *Heinrich*, in: Musielak/Voit, ZPO, § 32b Rn. 1.

707 BT-Drs. 19/2507, S. 17.

3. Zuständigkeitskonzentration

Neben der Konzentrierung auf einen einheitlichen Gerichtsstand wird, ebenso wie es für die LG in § 71 Abs. 4 GVG-E angedacht war,[708] eine Zuständigkeitskonzentration der OLG für Musterfeststellungsklagen bestimmt. Die Landesregierung soll für die effiziente Bearbeitung, sofern in einem Land mehrere OLG bestehen, einem OLG die Entscheidungen via Rechtsverordnung zuweisen, § 119 Abs. 3 S. 2 GVG.[709] Es besteht ferner die Möglichkeit der Landesregierungen, die Ermächtigung auf die Landesjustizverwaltungen zu übertragen, § 119 Abs. 3 S. 3 GVG.[710]

Die gewählte konzentrierte Zuständigkeit ist kein Novum innerhalb der ZPO. Beispielsweise ermöglicht § 689 Abs. 3 ZPO die Konzentrierung der Mahnverfahren an ein Amtsgericht. Von dieser Möglichkeit haben auch alle Bundesländer Gebrauch gemacht.[711] Im Gegensatz zum neu geschaffenen § 119 Abs. 3 GVG enthält § 689 Abs. 3 ZPO noch einen weiteren Satz 4, der eine länderübergreifende Konzentration ermöglicht, wovon z.B. Rheinland-Pfalz[712] und das Saarland Gebrauch gemacht haben.[713]

Im Unterschied zu Mahnverfahren, für die die konzentrierte Zuständigkeitsregelung in die ZPO integriert wurde, entschied man sich beim Musterfeststellungsverfahren für eine Integration in § 119 GVG. Ursprünglich

---

708 *Windau*, Einer klagt für alle, LTO v. 19.12.2016; https://www.haufe.de/recht/weitere-rechtsgebiete/prozessrecht/referenten-entwurf-zur-musterfeststellungsklage-liegt-vor_206_393564.html, zuletzt abgerufen am 7.6.2018.

709 Davon hat bisher Nordrhein-Westfalen Gebrauch gemacht, welches das OLG Hamm als zuständig ausweist, s. Verordnung über die Konzentration der Verhandlung und Entscheidung von Musterfeststellungsverfahren v. 16.10.2018, GV. NRW. 2018, 579.

710 S. Baden-Württemberg, § 3 Verordnung der Landesregierung zur Übertragung von Ermächtigungen im Bereich der Rechtspflege v. 2.4.2019 – GBL. 2019, S. 109; Niedersachsen, § 1 Nr. 1 Verordnung zur Änderung der Subdelegationsverordnung-Justiz v. 26.7.2019, Nds. GVBl. S. 217; § 3 Nr. 14 Delegationsverordnung Bayern v. 28.1.2014, BayGVBl. S. 22, zuletzt geändert am 30.7.2019, BayGVBl. S. 541.

711 Zur Aufzählung der Konzentrierung s. *Schüler*, in: Rauscher/Krüger, MüKo ZPO, Bd. 2, § 689 Rn. 20 sowie Fn. 33–48. S.a. https://www.mahngerichte.de/de/mahngerichte.html, zuletzt abgerufen am 16.7.2018.

712 Landesgesetz zum Staatsvertrag zwischen dem Land Rheinland-Pfalz und dem Saarland über die Errichtung eines gemeinsamen Mahngerichts vom 14.2.2005, GVBl. S. 61.

713 Gesetz Nr. 1563 über die Zustimmung zum Staatsvertrag zwischen dem Land Rheinland-Pfalz und dem Saarland über die Errichtung eines gemeinsamen Mahngerichts vom 23.2.2005, ABl. S. 386.

wurde in den Gesetzentwürfen die vormals in Einzelgesetzen untergebrachte Ermächtigung der Landesregierungen mit Subdelegationsmöglichkeit in § 71 Abs. 4 GVG verortet. Wie schon für die neu eingefügte Nr. 5 sollte auch für die Musterfeststellungsklage aus systematischen Gründen und der Übersicht halber eine Regelung im GVG und nicht innerhalb der Einzelgesetze erfolgen.[714] Obwohl von dem Gedanken der erstinstanzlichen Zuständigkeit der LG abgesehen wurde, blieb die Verortung der Subdelegationsmöglichkeit im GVG nun in § 119 Abs. 3 S. 2 GVG erhalten.

Von der örtlichen Konzentration erhofft man sich, dass die Gerichte ohne längere Einarbeitung in die Materie entscheiden können.[715] Dadurch soll der Weg zu einer schnellen und vor allem fundierten Entscheidung geebnet werden.[716] Die Spezialisierung besonderer Gerichte führt zu einer Effizienzsteigerung des Verfahrens und einem Mehr an Qualität für die Entscheidungen.[717] Die erhoffte Schnelligkeit ist aber letztlich weniger auf eine fundierte Sachkenntnis als auf eine durch die Wiederholung eintretende Routine und Vertrautheit mit ähnlichen Fällen zurückzuführen. Der Verband Privater Bauherren e.V. (VPB) betont zudem, dass mit der Zuständigkeitskonzentration im UKlaG durchweg positive Erfahrungen gemacht wurden und selbige daher auch für die Musterfeststellungsklage zu erwarten sind.[718] Andererseits wird vorgebracht, dass die prozessrechtlichen Vorgaben nicht ungewöhnlich komplex sind, die Schwierigkeit also vielmehr in der Bewältigung der materiellen Fragestellungen liegt.[719] Eine Spezialzuständigkeit allein aufgrund prozessual rechtlicher Gesichtspunkte erscheint vor dem Hintergrund der stark divergierenden materiellen Rechtsfragen nach Ansicht des Handelsverbands ungeeignet.[720] Darin liegt zugleich auch der Unterschied zu dem zum Vergleich angeführten UKlaG. Dieses enthält materielle Ansprüche, wohingegen die Musterfeststellungsklage eine neu geschaffene Klagemöglichkeit darstellt. Diese gibt nur den Rahmen der prozessualen Voraussetzungen für die Erhebung einer Klage vor.[721] Sie trifft jedoch keine materiell-rechtlichen Regelungen. Sie kann in unterschiedlichen Rechtsbereichen auftreten und somit jeweils unter-

---

714 BT-Drs. 18/11437, S. 44.

715 BT-Drs. 18/11437, S. 44; s.a. *Hess/Jauernig*, ZPR, Rn. 785.

716 BT-Drs. 18/11437, S. 44; BT-Drs. 19/2507, S. 20; DiskE, S. 14; RefE, S. 19.

717 BT-Drs. 19/2507, S. 20; DiskE, S. 14; RefE, S. 19. *Hess/Michailidou*, WM 2003 (2320).

718 *VPB*, Stellungnahme, S. 7.

719 *HDE*, Stellungnahme, S. 4.

720 *HDE*, Stellungnahme, S. 4.

721 *HDE*, Stellungnahme, S. 4.

schiedliches materielles Recht betreffen, was sich der zuständige Senat jeweils erarbeiten müsste.

Letztlich kann die Konzentration nur mit der großen Breitenwirkung der Musterfeststellungsklage begründet werden. Die Musterfeststellungsklage erfordert spezielle gesteigerte Zulässigkeitsanforderungen, deren Überprüfung und Vorliegen für eine große Anzahl von Verfahren meist mit hohem Streitwert wesentlich sind. Auch wird innerhalb der Musterfeststellungsklage keine endgültige vollstreckbare Entscheidung getroffen, sondern sind weitere Individualverfahren nötig. Die Regelung der Konzentration ist für die meisten Bundesländer gleichwohl irrelevant, da sie nur über ein einziges OLG verfügen.[722]

IV. Klagebefugnis

1. Entstehung der Regelung

Die Regelung der Klagebefugnis löste ein großes Echo in Presse und Literatur aus.[723] Sie wurde innerhalb der herausgearbeiteten Entwürfe umfassend verändert und erneuert. Die Begründung für die Gestaltung der Klagebefugnis ist in allen Entwürfen jedoch gleichgeblieben, auch wenn der Regelungsgehalt von Entwurf zu Entwurf divergierte. Mit der Voraussetzung der Klagebefugnis sollen missbräuchliche und sachwidrige Musterfeststellungsklagen von vornherein vermieden werden.[724] Deshalb sollen nur solche Organisationen klagebefugt sein, die im Interesse der Betroffenen agieren oder deren bisherige Tätigkeiten dafür zeugen, dass sie ihre Aufgaben sachgerecht erfüllen.[725] Dissens innerhalb der Entwürfe bestand dabei darin, auf welche Organisationen diese Umschreibung zutrifft.

Die endgültige Regelung des § 606 Abs. 1 S. 1 ZPO räumt qualifizierten Einrichtungen die Klagebefugnis für Musterfeststellungsklagen ein. Der Begriff der qualifizierten Einrichtung erhielt durch Art. 3 der Richtlinie

---

722 So Brandenburg, Bremen, Hamburg, Hessen, Mecklenburg-Vorpommern, Saarland, Sachsen, Sachsen-Anhalt, Schleswig-Holstein, Thüringen und Berlin (hier Bezeichnung als Kammergericht). Vgl. *Rohls*, in: Nordholtz/Mekat, MFK, § 3 Rn. 7.

723 *Suliak*, Meilenstein oder Flop für Verbraucherschutz?, LTO v. 9.5.2018, https://www.lto.de/recht/hintergruende/h/kabinett-beschliesst-musterfesststellungsklage-verbraucherschutz-klagebefugnis/, zuletzt abgerufen am 29.9.2019.

724 BT-Drs. 19/2507, S. 15.

725 DiskE, S. 15; RefE, S. 20; BT-Drs. 19/2507, S. 21.

98/27/EG[726] und Art. 3 der Richtlinie 2009/22/EG[727] Eingang in das deutsche Recht.[728] § 606 Abs. 1 S. 2 ZPO definiert, was unter qualifizierten Einrichtungen zu verstehen ist. Qualifizierte Einrichtungen sind demnach die in § 3 Abs. 1 S. 1 Nr. 1 UKlaG bezeichneten Stellen, die darüber hinaus noch weitere Qualifikationen erfüllen müssen. § 3 Abs. 1 S. 1 Nr. 1 UKlaG definiert qualifizierte Einrichtungen ferner als solche, die in die Liste der qualifizierten Einrichtungen nach § 4 oder dem Verzeichnis der Europäischen Kommission nach Art. 4 Abs. 3 der Richtlinie 2009/22/EG eingetragen sind. Sofern es sich um Einrichtungen aus anderen Mitgliedstaaten der EU handelt, sind dies vergleichbare Organisationen, die ebenfalls Kollektivinteressen schützend verfolgen.[729] Qualifizierte Einrichtungen nach § 4 UKlaG sind rechtsfähige Vereine, deren satzungsgemäße Aufgabe es beinhaltet, Verbraucherinteressen durch nicht gewerbsmäßige Aufklärung und Beratung wahrzunehmen, § 4 Abs. 2 S. 1 UKlaG. § 4 Abs. 2 UKlaG regelt, welche Voraussetzungen für die Eintragung in die Liste zu erfüllen sind.[730] Ihnen müssen mindestens drei im gleichen Aufgabenbereich tätige Verbände oder mindestens 75 natürliche Personen als Mitglieder angehören, § 4 Abs. 2 S. 1 Nr. 1 UKlaG. Sie müssen seit mindestens einem Jahr bestehen, § 4 Abs. 2 S. 1 Nr. 2 UKlaG, und ihre bisherige Tätigkeit muss es als gesichert erscheinen lassen, dass auch künftig mit einer dauerhaft wirksamen und sachgerechten satzungsmäßigen Aufgabenerfüllung zu rechnen ist, § 4 Abs. 2 S. 1 Nr. 3 UKlaG. Nicht erwünscht ist, dass insbesondere gewerbliche Interessen anstelle der Interessen des Verbraucherschutzes verfolgt werden, weshalb die Verbraucheraufklärung und -beratung nur in einem geringfügigen Teil eigenen wirtschaftlichen Interessen dienen darf.[731]

Verbände in diesem Sinne sind u.a. Verbraucherverbände, die mit öffentlichen Mitteln gefördert werden, vgl. § 4 Abs. 2 S. 2 UKlaG. Ein Verband ist nicht mehr, aber auch nicht weniger als der Zusammenschluss von mehreren natürlichen oder juristischen Personen, der die Vertretung

---

726 Richtlinie 98/27/EG des Europäischen Parlaments und des Rates vom 19.5.1998 über Unterlassungsklagen zum Schutz der Verbraucherinteressen, ABl. EU v. 11.6.1998, L 166/51.

727 Richtlinie 2009/22/EG des Europäischen Parlaments und des Rates vom 23.4.2009 über Unterlassungsklagen zum Schutz der Verbraucherinteressen, ABl. EU v. 1.5.2009, L 110/30.

728 *Klocke*, Rechtsschutz, S. 89.

729 BT-Drs. 19/2507, S. 22.

730 S.a. *Lutz*, in: Vorwerk/Wolf, BeckOK ZPO, § 606 Rn. 30.

731 OVG NRW, Urt. v. 16.4.2018 – 4 A 1621/14, DVBl 2019, 505 (506).

und Durchsetzung gemeinsamer Interessen bezweckt, also nicht bloß von einer Einzelperson.[732] Verbraucherverbände legen als ihre satzungsgemäße Aufgabe darüber hinaus die Information von (Letzt-)Verbrauchern sowie die Unterrichtung über auf dem Markt angebotene Waren und Dienstleistungen fest.[733]

Die Beschränkung der Klagebefugnis auf Verbände ist mit dem Gedanken begründet, dass kollektiver Rechtsschutz in Händen einer überschaubaren Anzahl registrierter und staatlich mitfinanzierter Einrichtungen liegen soll.[734] Dazu passen auch die öffentlichen Interessen, die mit der Einräumung kollektiven Rechtsschutzes verfolgt werden.[735] Außerdem entspricht dies einer im deutschen Rechtssystem mittlerweile etablierten Form der Rechtsverfolgung.[736] Meist streben Verbraucherschutzverbände danach, dass Verbraucherinteressen gewahrt werden. Dies wird so auch für die Musterfeststellungsklage übernommen.[737] Allerdings enthält § 606 Abs. 1 S. 2 ZPO weitergehende Voraussetzungen als die des § 4 Abs. 2 S. 1 UKlaG.[738]

2. Dogmatische Einordnung

Schon zu den Verbandsklagen innerhalb des UWG und UKlaG wurde die Frage nach der dogmatischen Einordnung der Normen über Verbandsklagen erörtert. Diese stellt sich nun ebenso für die Einordnung der Klagebe-

---

732 *Dürr-Auster*, Die Qualifikation, S. 202; *Horn*, in: Isensee/Kirchhof, Hdb d. StR, Bd. 3, Verbände § 41 Rn. 6; *Kleps*, in: Albers, HdWW, 176 (177); *Kunstmann*, in: Köhler/Küpper/Pfingsten, 1867 (1867); *Schmitt Glaeser*, in: Tilch/Arloth, Dt. Rechts-Lexikon, 4397 (4397). S. schon *Weber*, Wirtschaft und Gesellschaft, S. 2. S.a. https://www.duden.de/rechtschreibung/Verband#Bedeutung2; https://de.wikipedia.org/wiki/Verband_(Recht), jeweils zuletzt abgerufen am 10.12.2018.

733 BT-Drs. 4/2217, S. 4. Näher zur historischen Entwicklung dieses Begriffs *Dürr-Auster*, Die Qualifikation, S. 205 ff. S.a. https://www.duden.de/rechtschreibung/Verbraucherverband, zuletzt abgerufen am 10.12.2018.

734 *Meller-Hannich*, Gutachten A 72. DJT, A 71.

735 *Meller-Hannich*, Gutachten A 72. DJT, A 71.

736 In diese Richtung *Kilian*, ZRP 2018, 72 (74). S.a. das Thesenblatt von *v. Bernstorff*, Tagung der Vereinigung der Deutschen Staatsrechtslehrer Marburg 2019 hinsichtlich der Rollen der Nichtregierungsorganisationen.

737 *Kilian*, ZRP 2018, 72 (74) dazu, dass "bewährte wirtschaftliche Strukturen" nicht zerschlagen werden. *VPB*, Stellungnahme, S. 3.

738 S. dazu unter 3 sowie 4.

fugnis der Musterfeststellungsklage. In der Literatur herrscht Uneinigkeit über den Regelungsgehalt von § 606 ZPO.

Während *Lutz* unter Hinweis auf die höchstrichterliche Rechtsprechung zum UKlaG und UWG übereinstimmend mit der Lehre der Doppelnatur sowohl eine Aktivlegitimation als auch eine Prozessführungsbefugnis annimmt,[739] lehnt *Stadler* dies ab und nimmt eine Einordnung als Prozessstandschaft vor.[740] Der Wortlaut von § 606 Abs. 1 S. 1 ZPO spricht davon, dass qualifizierte Einrichtungen Feststellungen begehren können. Diese Formulierung erinnert an den ursprünglichen Wortlaut des § 13 Abs. 2 UWG a.F. und § 13 Abs. 2 S. 1 AGBG, wo noch von „können geltend gemacht werden“ gesprochen wurde. Mittlerweile ist dieser innerhalb des UWG n.F. sowie des UKlaG durch eine Änderung in „stehen zu“ deutlicher gefasst, was mitunter zur Ablehnung der Lehre der Doppelnatur und somit zur Annahme führt, dass sich die Norm lediglich auf die Aktivlegitimation bezieht.[741]

Allerdings müssen die Besonderheiten der Musterfeststellungsklage beachtet werden. Die qualifizierte Einrichtung verfolgt mittels der Musterfeststellungsklage nicht ihre eigenen Rechte. Als Klagegegenstand weist § 606 Abs. 1 ZPO vielmehr die Ansprüche oder Rechtsverhältnisse zwischen den Verbrauchern und einem Unternehmer aus. Die Situation erweist sich dergestalt, dass der Verband die Feststellung zwar im eigenen Namen, aber für fremde Ansprüche begehrt.[742] Gänzlich anders ist die Ausgestaltung des § 3 UKlaG und § 8 Abs. 3 UWG. Hier werden den Verbänden als Anspruchsberechtigte die Ansprüche auf Unterlassung zugewiesen, sie machen demnach eigene Ansprüche geltend.[743]

Die Ansicht von *Lutz*, wonach die qualifizierten Einrichtungen eigene Aufgaben wahrnehmen und gleichzeitig im Interesse der Allgemeinheit handeln,[744] ist mit dem eindeutigen Wortlaut der Norm abzulehnen. Durch die Klageerhebung unterstützen die Verbände zwar auch die Interessen der Allgemeinheit, indem sie Gerichtsentscheidungen anstreben, die Rechtsfrieden schaffen, und ggf. präventiv auf mögliche Wettbewerbsschä-

---

739 *Lutz*, in: Vorwerk/Wolf, BeckOK ZPO, § 606 Rn. 26.

740 *Stadler*, in: Musielak/Voit, ZPO, § 606 Rn. 4.

741 Ausführlich C II 1 Nr. 1 a bb, III.

742 *Rohls*, in: Nordholtz/Mekat, MFK, § 3 Rn. 19; *Scherer*, VuR 2019, 243 (247); *Stadler*, in: Musielak/Voit, ZPO, § 606 Rn. 4.

743 *Guckelberger*, Deutsches Verwaltungsprozessrecht, S. 118; *Meller-Hannich*, Gutachten A 72. DJT, A 82 m.w.N; *Rohls*, in: Nordholtz/Mekat, MFK, § 3 Rn. 19; BGH, Urt. v. 14.11.2006 – XI ZR 294/05, BGHZ 170, 18 (25).

744 *Lutz*, in: Vorwerk/Wolf, BeckOK ZPO, § 606 Rn. 26.

diger einwirken, dies ändert jedoch nichts daran, dass die Verbände fremde Rechte einklagen. Die Konstellation, bei der der Verband im eigenen Namen fremde Rechte geltend macht, lässt sich daher höchstens als Prozessstandschaft bewerten.[745] Diese Einordnung muss dahingehend angepasst werden, dass der Prozessstandschafter, ergo der Verband, nicht nur im Interesse konkreter einzelner Verbraucher agiert, da deren Ansprüche nicht Teil des Prozesses sind, sondern der Verband das Musterverfahren aufgrund von Kollektivinteressen anstrebt.[746] Das Kollektivinteresse spiegelt sich dabei im Erreichen des Quorums wider.[747] § 606 Abs. 1 S. 1 ZPO bezieht sich daher nicht auf die Aktivlegitimation, wie für Klagen nach dem UWG und UKlaG angenommen, sondern auf die Prozessführungsbefugnis.

Für eine genauere Einordnung sind ferner deren Folgen zu beachten. So hat die Prozessstandschaft grundsätzlich zur Folge, dass die Entscheidungen für und gegen den Rechtsinhaber wirken.[748] Mit § 613 ZPO hat der Gesetzgeber zwar eine Regelung zur Bindungswirkung getroffen, jedoch werden die Ansprüche der Anmelder nicht rechtshängig.[749] Auch sind die angemeldeten Ansprüche nicht Gegenstand des Musterfeststellungsverfahrens.[750] Die vorliegenden Gegebenheiten lassen sich des Weiteren nicht eindeutig in eine gesetzliche oder gewillkürte Prozessstandschaft einreihen.[751] Gesetzlich geregelt ist zwar, dass mit Anmeldung der Ansprüche der Verband die Prozessführungsbefugnis erhalten soll, jedoch ist dem der formale Anmeldungsakt vorgeschaltet, was eher einer gewillkürten Prozessstandschaft entspricht.[752] Im Ergebnis erweist sich die Regelung als

745 *Kühling/Sackmann*, DuD 2019, 347 (349); *Meller-Hannich*, Gutachten A 72. DJT, A 80; *Rohls*, in: Nordholtz/Mekat, MFK, § 3 Rn. 21; *Stadler*, in: Musielak/Voit, ZPO, § 606 Rn. 4. S. dazu auch *Kunz*, Die Prozessstandschaft, S. 78, der die Gruppenverfahren nach dem Ministerialentwurf zur ZVN 2007 aus Österreich ebenso als Prozessstandschaft qualifiziert.

746 *Stadler*, in: Musielak/Voit, ZPO, § 606 Rn. 4.

747 *Stadler*, in: Musielak/Voit, ZPO, § 606 Rn. 4.

748 *Meller-Hannich*, Gutachten A 72. DJT, A 83.

749 *Beck*, in: Husemann/Korves/Rosenkranz, et al., Strukturwandel und Privatrecht, 401 (411); *Röthemeyer*, MFK, § 606 Rn. 79.

750 *Stadler*, in: Musielak/Voit, ZPO, § 606 Rn. 4.

751 Vgl. *Meller-Hannich*, Gutachten A 72. DJT, A 82; *Rohls*, in: Nordholtz/Mekat, MFK, § 3 Rn. 20.

752 Ähnlich hinsichtlich ihrer vorgeschlagenen Gruppenklage *Meller-Hannich*, Gutachten A 72. DJT, A 82; *Rohls*, in: Nordholtz/Mekat, MFK, § 3 Rn. 20. Vgl. auch *Röthemeyer*, MFK, § 606 Rn. 78. Vgl. *Kunz*, Die Prozessstandschaft, S. 79.

Prozessstandschaft sui generis.[753] Die Verbände klagen im eigenen Namen und machen dabei in gewisser Weise fremde Rechte geltend.

3. Regelungen des UKlaG ausreichend?

Als eine der wesentlichen Ursachen für den Missbrauch der Klagebefugnis benennt *Zöller* 1994 im Zusammenhang mit dem UKlaG die unkonkrete und dadurch schwer überprüfbare Aktivlegitimation der Verbände,[754] daher ist vor allem dort eine effektive Ausgestaltung erforderlich.

In § 607 RefE sah die Regelung zur Klagebefugnis noch vor, dass die Erfüllung der Voraussetzungen des UKlaG zur Begründung der Klagebefugnis ausreichend ist. Insgesamt war die Ausgestaltung der Regelung der Klagebefugnis umstritten.

a) Anknüpfung an das UKlaG zur Bestimmung der Klagebefugnis

Teilweise finden sich Stimmen, die die Regelung der Klagebefugnis in Anlehnung an das UKlaG für konsequent halten und die eine weitere Einschränkung ablehnen.[755] Die Klagebefugnis dürfe nicht so verengt werden, dass sie einen Großteil der Verbände von vornherein ausschließt.[756] Je geringer die Zahl der möglicherweise Klagebefugten sei, desto eher seien Defizite bei der fachlichen Qualität, Effektivität und Unabhängigkeit denkbar.[757] Verbraucheranliegen träten in den unterschiedlichsten Lebensbereichen auf.[758] Eine weitere Einschränkung führe mehr und mehr zur Aushöhlung und zur praktischen Nutzlosigkeit der Klage.[759] Nur ein breites Spektrum an Verbraucherverbänden, welches die Lebensbereiche, denen sich ein Verbraucher ausgesetzt sieht, vollends abdeckt, zu denken ist an

---

753 *Rohls*, in: Nordholtz/Mekat, MFK, § 3 Rn. 19; *Röthemeyer*, MFK, § 606 Rn. 79, spricht von einer Quasi-Prozessstandschaft.

754 *Zöller*, WRP 1994, 156 (158).

755 *ADAC*, Verbändebeteiligung, S. 3; *DGB*, Stellungnahme, S. 2; *VPB*, Stellungnahme, S. 3; *vzbv*, Eine für Alle-Musterfeststellungsklage in Sicht, S. 5, spricht von einem „gerade noch akzeptable[n] Kompromiss".

756 S.a. *vzbv*, Eine für Alle-Musterfeststellungsklage in Sicht, S. 5. In diese Richtung *Felgentreu/Gängel*, VuR 2019, 323 (323, 329).

757 *ADAC*, Verbändebeteiligung, S. 3.

758 *Vzbv*, Eine für Alle-Musterfeststellungsklage in Sicht, S. 5.

759 *ADAC*, Verbändebeteiligung, S. 3.

Lebensmittelkennzeichnung, Automobilindustrie, das Baurecht oder Fluggastrecht, könne zu einer wirksamen Durchsetzung der Verbraucherinteressen führen.[760]

Zu den Kritikern zählte auch der Bundesrat. Dieser befand die gewählte Definition der qualifizierten Einrichtung als zu eng und forderte eine Öffnung analog § 4 UKlaG.[761] Er befürchtete vor allem, dass regionale oder fachlich spezielle Schadensfälle unabhängig von der Anzahl der Geschädigten aufgrund mangelnden übergeordneten Interesses nicht durch die Dachverbände mit einer Musterfeststellungsklage verfolgt werden.[762] Gleichzeitig könnten die interessierten ortsnahen oder fachlich spezialisierten Verbraucherverbände per definitionem von der Verfolgung ausgeschlossen werden.[763]

Das spezifizierte Wissen von spezialisierten oder regionalen Verbänden erscheint für die Verfolgung der Interessen ihrer Mitglieder weitaus mehr geeignet als eine Verfolgung durch die ihnen übergeordneten Dachverbände.[764] Auch ist der Umweg über den Dachverband mit zeitlichen Verzögerungen verbunden.[765] Außerdem könne die bei den Abmahnvereinen bekannte Problematik durch Verschärfung der Kontrolle und des Ausschlusses der Missbrauch durch „schwarze Schafe" vermieden werden.[766]

Ergo soll ausgeschlossen werden, dass Organisationen die Musterfeststellungsklage als Einnahmequelle missbrauchen, wahllos Klagen anstreben, und rigoros vorgehen, um Profit zu erwirtschaften.[767] Die Musterfeststellungsklage soll nicht in ein schlechtes Licht gerückt werden.[768] Es soll insbesondere vermieden werden, dass den qualifizierten Einrichtungen, die bereits mit missbräuchlichen Abmahnungen nach dem UWG aufgefallen sind, ein weiteres Rechtsschutzinstrument eröffnet wird.[769]

---

760 *ADAC*, Verbändebeteiligung, S. 3.
761 BR-Drs. 176/1/18, S. 6. *Weinland*, MFK, Rn. 49.
762 BR-Drs. 176/1/18, S. 6. S.a. die Aussagen seitens der DUH und der Grünen *Suliak*, Meilenstein, LTO v. 9.5.2018.
763 BR-Drs. 176/1/18, S. 6.
764 *Vzbv*, Eine für Alle-Musterfeststellungsklage in Sicht, S. 5.
765 *Vzbv*, Eine für Alle-Musterfeststellungsklage in Sicht, S. 5.
766 *Netzwerk Compliance*, Anhörung, S. 3. In diese Richtung auch *Wettbewerbszentrale*, Anmerkungen zur Klagebefugnis.
767 *Zöller*, WRP 1994, 156 (157); BT-Drs. 19/12084, S. 1, 19 f.
768 *Zöller*, WRP 1994, 156 (157).
769 *Wettbewerbszentrale*, Anmerkungen zur Klagebefugnis.

b) Exkurs: Abmahnvereine

Unter Abmahnvereinen versteht man Vereine, deren Vereinszweck und satzungsmäßige Aufgabe im Abmahnen von bspw. wettbewerbswidrigen Praktiken liegt.[770] Der Verein sucht im Interesse einer bestimmten Berufsgruppe oder Branche gezielt nach Verstößen, mahnt den Verstoßenden anschließend ab, fordert von ihm die Abgabe einer strafbewehrten Unterlassungserklärung und stellt ihm schließlich sein Tätigwerden in Rechnung, wodurch sich der Verein im Ergebnis finanziert.[771] Die Beratungstätigkeit nimmt, wenn überhaupt, eine untergeordnete Rolle ein.[772]

Negativ besetzt wurde der Begriff des Abmahnvereins dadurch, dass die Vereine häufig schon bei Bagatellverstößen tätig werden, was oftmals als „Gebührenschinderei" betitelt wird.[773] Es kommt zu einer Zusammenarbeit zwischen Rechtsanwälten und Verbänden respektive Gewerbetreibenden oder aber zur Gründung von Verbänden durch Rechtsanwälte jeweils mit dem Ziel, Gebühren zu generieren.[774] Bei einer weiteren Variante erfolgt die Erwirtschaftung der Einnahmen über die Abmahntätigkeit von Scheingewerbetreibenden.[775]

Die Abmahnvereine nutzen ihre Position, um selbst bei den kleinsten Verstößen, teilweise auch solchen mit geringen Erfolgsaussichten, zu agieren, in der Hoffnung, dass der einfachere Weg des Unterschreibens der Unterlassungserklärung dem aufwendigeren Weg der Überprüfung durch einen Anwalt vorgezogen wird,[776] und daraus Profit zu schlagen. Im Fokus ihrer Arbeit steht weniger das gemeinnützige Interesse, sondern schlicht die Erwirtschaftung eines Ertrags.[777] Das Abmahnen als solches wird zur

---

770 Artikel „Abmahnverein", https://de.wikipedia.org/wiki/Abmahnverein, zuletzt abgerufen am 24.1.2019. S.a. OLG Düsseldorf, Urt. v. 22.8.2006 – I-20 U 61/06, Rn. 8, juris. *Creifelds/Weber*, Rechtswörterbuch, S. 1482.

771 Artikel „Abmahnverein", https://de.wikipedia.org/wiki/Abmahnverein, zuletzt abgerufen am 24.1.2019.

772 OLG Braunschweig, Beschl. v. 12.12.2018 – 4 MK 2/18, BKR 2019, 294 (297).

773 Artikel „Abmahnverein", https://de.wikipedia.org/wiki/Abmahnverein, zuletzt abgerufen am 24.1.2019. Dazu auch *Zöller*, WRP 1994, 156 (157).

774 *Ungern-Sternberg*, NJW 1981, 2328 (2328); *Zöller*, WRP 1994, 156 (158). Dazu auch Gesetzentwurf der Bundesregierung, BT-Drs. 19/12084, S. 1, 19.

775 *Zöller*, WRP 1994, 156 (158).

776 *Ungern-Sternberg*, NJW 1981, 2328 (2328).

777 S.a. BGH, Urt. v. 4.7.2019 – I ZR 149/18, WRP 2019, 1182 (1184); Urt. v. 5.10.2001 – I ZR 237/98, WRP 2001, 148 (150); OLG Düsseldorf, Urt. v. 22.8.2006 – I-20 U 61/06, Rn. 8, juris. *Dachwitz*, Abmahnungen und der Datenschutz: "Den deutschen Sonderweg beenden", Netzpolitik.org v. 1.6.2018,

lukrativen Einnahmequelle[778] und die Rechtsdurchsetzung zu einem „fragwürdigen Geschäftsmodell“ degradiert.[779]

Außerdem ist ihr Handeln durch die Häufigkeit der Verfolgung geprägt.[780] Beispielsweise führt der IDO (Interessenverband für das Rechts- und Finanzconsulting deutscher Online-Unternehmen) jährlich mindestens 7100 Verfahren durch und steht daher unter Kritik.[781] In einem aktuellen Urteil über die Deutsche Umwelthilfe entschied der BGH jedoch, dass die Anzahl der Abmahnungen sowie die damit erzielten Überschüsse allein nicht ausreichend für die Begründung eines Rechtsmissbrauchs sind. Daneben müssen weitere Umstände hinzukommen.[782] Vielmehr muss dem Verein eine umfassende Marktüberwachung möglich sein, die nicht durch die Anzahl der ausgestellten Mahnungen bzw. der eingenommenen Zahlungen gedeckelt sein darf.[783] Kommt es zu einer Vielzahl von Wettbewerbsverstößen, führen diese zwangsläufig zu einer Vielzahl von Abmahnungen.[784] Das OLG Braunschweig entschied jüngst, dass ein Verein, dessen Einnahmen aus Mitgliedsbeiträgen diejenigen Einnahmen aus Abmahnungen um mehr als das 50-fache übersteigen, nicht als Abmahnverein gelten kann.[785] Entscheidend ist, dass sich die Tätigkeit des Verbands nicht in der Abmahntätigkeit erschöpft.[786] Indizien für einen Missbrauch sind an-

---

https://netzpolitik.org/2018/abmahnungen-und-der-datenschutz-den-deutschen-sonderweg-beenden/, zuletzt abgerufen am 1.2.2019.

778 Artikel „Abmahnverein“, https://de.wikipedia.org/wiki/Abmahnverein, zuletzt abgerufen am 24.1.2019.

779 So *Wernicke* gegenüber der FAZ, *Schwenn*, Kampf gegen unseriöse Abmahnvereine, FAZ Net v. 22.6.2017, https://www.faz.net/aktuell/finanzen/kampf-gegen-unserioese-abmahnvereine-15072762.html, zuletzt abgerufen am 22.12.2019.

780 *Zöller*, WRP 1994, 156 (157). S. dazu auch § 8b Abs. 2 Nr. 2 UWG-E, der eine missbräuchliche Geltendmachung u.a. an eine erhebliche Anzahl von Verstößen knüpft, Gesetzentwurf der Bundesregierung, BT-Drs. 19/12084, S. 8, 29.

781 *Solmecke*, Auch OLG Frankfurt spricht IDO-Verband Klagebefugnis ab, 3.1.2019, https://www.wbs-law.de/wettbewerbsrecht/auch-olg-frankfurt-spricht-ido-verband-klagebefugnis-ab-37592, zuletzt abgerufen am 6.9.2019; *Thiede*, Bonner Unternehmerin wehrt sich gegen Abmahnverein, http://www.general-anzeiger-bonn.de/news/wirtschaft/region/Bonner-Unternehmerin-wehrt-sich-gegen-Abmahnverein-article3838752.html, zuletzt abgerufen am 6.9.2019. Die Aktivlegitimation verneinend: OLG Frankfurt, Urt. v. 2.5.2019 – 6 U 58/18, WRP 2019, 908; LG Bonn, Urt. v. 15.5.2018 – 11 O 49/17, juris; LG Berlin, Urt. v. 4.4.2017 – 103 O 91/16; LG Rostock, Urt. v. 25.4.2019 – 5a HK O 112/18.

782 BGH, Urt. v. 4.7.2019 – I ZR 149/18, WRP 2019, 1182 (1185).

783 BGH, Urt. v. 4.7.2019 – I ZR 149/18, WRP 2019, 1182 (1185).

784 BGH, Urt. v. 4.7.2019 – I ZR 149/18, WRP 2019, 1182 (1185).

785 OLG Braunschweig, Beschl. v. 12.12.2018 – 4 MK 2/18, BKR 2019, 294 (297).

786 *Zöller*, WRP 1994, 156 (159).

zunehmen, wenn die beherrschenden Ziele der Geltendmachung des Anspruchs überwiegend sachfremd und nicht schutzwürdig sind.[787] Weitere Kriterien können die Anvisierung einer hohen Prozesskostenbelastung, Abmahnkosten oder Vertragsstrafen sowie ein mangelndes wirtschaftliches oder wettbewerbspolitisches Interesse an der Rechtsverfolgung sein.[788] Letztlich muss eine Einzelfallprüfung vorgenommen werden.[789]

c) Gesetzliche Regelung

Darüber hinaus finden sich auch weitere gute Argumente für die Unzulänglichkeit der Regelungen des UKlaG und somit für die vorgenommene Verschärfung der Voraussetzungen gemäß § 606 Abs. 1 S. 2 ZPO.[790] Der Wortlaut von § 4 UKlaG umfasst alle qualifizierten Einrichtungen unabhängig von ihrer Eignung.[791]

Es wird vorgebracht, dass die Bestimmungen des UKlaG nicht ausreichend genug sind, um herauszukristallisieren, dass nur kommerzielle Interessen verfolgt werden und die Musterfeststellungsklage als Geschäftsmodell missbraucht wird.[792] Die Erfahrungen im Lauterkeitsrecht zeigen, dass es nicht ungefährlich sein kann, sämtlichen qualifizierten Einrichtungen ein neues Instrument der Klage zu eröffnen, z.B. denen, die bereits im Bereich des UWG negativ aufgefallen sind.[793] Die Voraussetzung der Eintragung allein konnte ein missbräuchliches Vorgehen in der Vergangenheit nicht immer verhindern.[794] Deshalb gaben schon Verbände innerhalb ihrer Stellungnahmen zum Gesetzentwurf Vorschläge für eine Verschärfung der Regelungen ab. Der Ausschluss des Missbrauchs der Musterfeststellungsklage soll größtmöglich umgesetzt werden.

---

787 BGH, Urt. v. 4.7.2019 – I ZR 149/18, WRP 2019, 1182 (1184); Urt. v. 13.9.2018 – I ZR 26/17, WRP 2018, 1452 (1456) m.w.N.

788 BGH, Urt. v. 4.7.2019 – I ZR 149/18, WRP 2019, 1182 (1184); Urt. v. 26.4.2018 – I ZR 248/16, WRP 2019, 180 (182), Abmahnaktion II; Urt. v. 5.10.2001 – I ZR 237/98, WRP 2001, 148 (150).

789 BGH, Urt. v. 4.7.2019 – I ZR 149/18, WRP 2019, 1182 (1184); Urt. v. 26.4.2018 – I ZR 248/16, WRP 2019, 180 (182), Abmahnaktion II.

790 *BDI*, Stellungnahme, S. 2; *DAV*, Stellungnahme 20/2018, S. 8; *Deutscher Bauernverband*, Stellungnahme, S. 1; *GDV*, Stellungnahme, S. 3.

791 Die uneingeschränkte Klagebefugnis für qualifizierte Einrichtungen ist so auch im Koalitionsvertrag vorgesehen, *AG Mittelstand*, Positionspapier, S. 2.

792 *GDV*, Stellungnahme, S. 3.

793 *BDI*, Stellungnahme, S. 2.

794 *HDE*, Stellungnahme, S. 4.

Ferner ist anzumerken, dass sich ein aktueller Gesetzentwurf der Bundesregierung mit der Stärkung eines fairen Wettbewerbs insbesondere durch Ausschluss von missbräuchlichen Abmahnungen befasst.[795] Dieser enthält u.a. eine Erweiterung des § 4 Abs. 2 UKlaG darin, dass gesichert sein soll, dass der Verband nicht vorwiegend Ansprüche geltend machen wird, um für sich Einnahmen aus Abmahnungen oder Vertragsstrafen zu erzielen, § 4 Abs. 2 Nr. 3 lit. UKlaG-E.[796] Darüber hinaus sieht der Entwurf in § 4 Abs. 2 Nr. 4 UKlaG-E vor, dass Personen, die für den Verein tätig sind, nicht unangemessen hohe Vergütungen oder Zuwendungen erhalten sollen.[797]

Insgesamt zeigt dies, dass die Anforderungen des UKlaG in der momentanen Fassung nicht als zufriedenstellend angesehen werden,[798] sodass eine Einschränkung der Anforderungen der Musterfeststellungsklage in § 606 Abs. 1 S. ZPO die nachvollziehbare Konsequenz ist.

4. Der Regelungsgehalt im Einzelnen

Bei der Musterfeststellungsklage entschied man sich für in fünf Nummern aufgelistete Kriterien, die von der Zusammensetzung der Mitglieder, über die Dauer der Eintragung, den Aufgabenbereich, die fehlende Gewinnerzielungsabsicht und die Finanzierung reichen[799] und kumulativ zur Eintragung nach § 3 Abs. 1 S. 1 Nr. 1 UKlaG sind.[800] Dadurch sollen Verbände herausgefiltert werden, die lediglich verbraucherfremde Ziele verfolgen.[801]

Die Eintragung in eine Liste erzeugt vollständige Transparenz, da sie für jeden öffentlich im Internet abrufbar ist.[802] Nach den Gesetzgebungsmaterialien wird sie im halbjährigen Turnus von Amts wegen auf Fortbestehen der Kriterien und Aktualität überprüft.[803] Vorbehalte gegen sich mögli-

795 BT-Drs. 19/12084, S. 1, 19 f. *Eickemeier/Brodersen*, BB 2019, 1859 (1863).

796 Dazu auch BT-Drs. 19/12084, S. 12, 37.

797 Dazu auch BT-Drs. 19/12084, S. 12, 37. Zu Geschäftsführergehältern s. aktuell BGH, Urt. v. 4.7.2019 – I ZR 149/18, WRP 2019, 1182 (1185), dazu, dass die Personalkosten in Verhältnis zu den Aufwendungen für die satzungsgemäße Betätigung gesetzt werden müssen.

798 Vgl. *Eickemeier/Brodersen*, BB 2019, 1859 (1863).

799 *Lutz*, in: Vorwerk/Wolf, BeckOK ZPO, § 606 Rn. 26.

800 *Die Deutsche Kreditwirtschaft*, Stellungnahme, S. 2. S.a. OLG Braunschweig, Beschl. v. 12.12.2018 – 4 MK 2/18, BKR 2019, 294 (294).

801 *Lutz*, in: Vorwerk/Wolf, BeckOK ZPO, § 606 Rn. 32.

802 BT-Drs. 19/2507, S. 21.

803 BT-Drs. 19/2507, S. 21.

cherweise als unseriös erweisende Verbände können direkt beim Bundesamt für Justiz vorgebracht werden.[804] Nach Überprüfung und Feststellung, dass die Vorbehalte begründet sind, ist die Eintragung aufzuheben, § 4 Abs. 2 S. 4 Nr. 2 UKlaG.[805] Bei begründeten Zweifeln am Vorliegen der Klagebefugnis ist eine außerordentliche Überprüfung gemäß § 4 Abs. 4 UKlaG vorgesehen.[806]

a) § 606 Abs. 1 S. 2 Nr. 1 ZPO

Nach § 606 Abs. 1 S. 2 Nr. 1 ZPO müssen der Einrichtung entweder mindestens zehn Verbände mit Tätigkeit im gleichen Aufgabenbereich oder insgesamt 350 natürliche Personen angehören. Schon darin findet sich eine wesentliche Abweichung zu den sonst für die Eintragung relevanten Kriterien des § 4 Abs. 2 S. 1 Nr. 1 UKlaG, wonach nur drei Verbände oder mindestens 75 natürliche Personen als Mitglieder gefordert werden.[807] Die Hochzonung der Zahlengrenzen wird vor allem mit der drohenden finanziellen Überforderung kleinerer Verbände im Falle des Unterliegens begründet.[808] Jüngst hielt das OLG Braunschweig die Übersendung anonymisierter Mitgliederlisten in einem konkreten Fall für den Nachweis der Anzahl als unzureichend, lies jedoch offen, ob dies generell gilt.[809] Es weist darauf hin, dass anonymisierte Listen nicht überprüfbar sind und sie daher grundsätzlich problematisch seien.[810] Es ist *Felgentreu/Gängel* zuzustimmen, dass die einzelnen Namen für die Erreichung der Mindestmitgliederzahl nicht ausschlaggebend sind, allerdings ist die genaue Bezeichnung der einzige Nachweis, dass die Mitglieder tatsächlich existieren.[811] Als Kompromiss könnte die qualifizierte Einrichtung eine notarielle Erklärung darüber abgeben, dass ihr Mitgliederverzeichnis richtig ist.[812]

In Ablehnung des Urteils des OLG Stuttgart muss aufgrund des weiten Wortlauts angenommen werden, dass es dem Verband sehr wohl möglich

804 BT-Drs. 19/2507, S. 21.
805 BT-Drs. 19/2507, S. 21.
806 BT-Drs. 19/2507, S. 21.
807 Vgl. auch *GDV*, Stellungnahme, S. 3.
808 *Röthemeyer*, MFK, § 606 Rn. 28.
809 OLG Braunschweig, Beschl. v. 12.12.2018 – 4 MK 2/18, BKR 2019, 294 (295).
810 OLG Braunschweig, Beschl. v. 12.12.2018 – 4 MK 2/18, BKR 2019, 294 (295).
811 Kritisch auch hinsichtlich des Datenschutzes *Felgentreu/Gängel*, VuR 2019, 323 (329).
812 *Felgentreu/Gängel*, VuR 2019, 323 (329).

ist, seine Mitgliederzahl zur Erreichung des Quorums kurzfristig zu erhöhen.[813] Eine Einflussnahme auf das Verhalten des Vereins ist nicht zu fordern, sodass auch inaktive Mitgliedschaften zu zählen sind.[814] Die Mitgliederstärke gibt gleichwohl keinen Aufschluss über die Seriosität eines Verbandes, da sie auch von unseriösen Verbänden erreicht werden kann.[815] Dennoch ermöglicht diese Voraussetzung kleinere Verbände herauszufiltern und die Klagebefugnis auf Verbände mit einem gewissen Renommee zu begrenzen.

b) § 606 Abs. 1 S. 2 Nr. 2 ZPO

§ 606 Abs. 1 S. 2 Nr. 2 ZPO bestimmt den zeitlichen Rahmen der Existenz der Verbände, der hier auf mindestens vier Jahre hochgesetzt wird. Im Gegensatz dazu sieht § 4 Abs. 2 S. 1 Nr. 2 UKlaG eine Bestandsdauer von lediglich einem Jahr vor. Die Einrichtung muss demnach mindestens vier Jahre in einem der geforderten Register eingetragen worden sein. Vier Jahre sollen ausreichend dafür sein, dass der Verband seine Seriosität unter Beweis zu stellen vermag.[816] Ebenso zeugt ein Bestehen über einen längeren Zeitraum von Stabilität, die für die Durchführung langwieriger Verfahren nötig ist.[817] Die Mindesteintragungsdauer übersteigt die regelmäßige Verjährungsfrist, die gemäß § 195 BGB drei Jahre beträgt. Dies ist gewollt, um etwaige missbräuchliche Ad hoc-Gründungen von Verbänden ausschließen zu können.[818] Eine kurzfristige Neugründung eines Verbands ist zwar möglich, seine Klagebefugnis entsteht jedoch erst nach vier Jah-

---

813 OLG Stuttgart, Urt. v. 20.3.2019 – 6 MK 1/18, BKR 2019, 298 (299). Kritisch ebenso *Felgentreu/Gängel*, VuR 2019, 323 (324); *Röthemeyer*, BKR 2019, 300 (302).

814 *Felgentreu/Gängel*, VuR 2019, 323 (324). Anders *Windau*, OLG Stuttgart: Schutzgemeinschaft für Bankkunden kann keine Musterfeststellungsklage erheben, zpoblog v. 28.8.2019, https://www.zpoblog.de/olg-stuttgart-6-mk-1-18-musterfeststellungsklage-schutzgemeinschaft-fuer-bankkunden-klagebefugnis/, zuletzt abgerufen am 30.12.2019.

815 *Felgentreu/Gängel*, VuR 2019, 323 (324); *HDE*, Stellungnahme, S. 5; *Kilian*, ZRP 2018, 72 (73).

816 BT-Drs. 19/2507, S. 21; *GDV*, Stellungnahme, S. 3; *Netzwerk Compliance*, Anhörung, S. 3. Kritisch hinsichtlich des Begriffs "seriös" *Rotter*, VuR 2019, 283 (287).

817 *GDV*, Stellungnahme, S. 3.

818 BT-Drs. 19/2507, S. 22. S.a. *GDV*, Stellungnahme, S. 3; *Lutz*, in: Vorwerk/Wolf, BeckOK ZPO, § 606 Rn. 34. OLG Braunschweig, Beschl. v. 12.12.2018 – 4 MK 2/18, BKR 2019, 294 (297).

ren, wohingegen die potentiellen Ansprüche in der Regel schon nach drei Jahren verjähren, § 195 BGB.

Dies trifft in der Literatur auf Kritik. *Halfmeier* sieht die Regelung als Misstrauensvotum gegenüber den Verbrauchern an, welchen nicht zugetraut werde, eigenverantwortlich über die Einleitung eines Kollektivverfahrens entscheiden zu können.[819] *Dürr-Auster* gibt zu bedenken, dass spontan gegründete Vereinigungen meist einen größeren Unterstützerkreis mit sich bringen und somit auch einen größeren Anreiz sowie umfangreichere Finanzmittel.[820] Zudem sei der Ausschluss allein aufgrund der Angst vor Missbrauch ungerechtfertigt, denn weder Erfahrung noch Seriosität seien nach zeitlichen Aspekten messbar.[821] Des Weiteren muss bedacht werden, dass sich die Musterfeststellungsklage als Verbandsklage nur auf Feststellung richtet und gerade der Weg für eine Erfolgsbeteiligung an Schadensersatzzahlungen nicht geebnet wird, sodass laut *Stadler* schon fraglich ist, wo hier das Missbrauchspotential liegen sollte.[822]

Auch stellt sich die Frage nach Extremsituationen, die ein flexibles Handeln erfordern. Ein umfangreicher Rechtsschutz wäre demnach nur möglich, wenn auf unterschiedliche Unrechtshandlungen reagiert werden kann.[823] Außerdem können umstrittene Verbände nach „Absitzen" der erforderlichen Zeit dieses Erfordernis erfüllen. Eine Umgehung dieser Voraussetzung ist daher möglich.[824]

Der Ausschluss von ad hoc gegründeten Vereinen hat in der deutschen Rechtsordnung eine gewisse Tradition.[825] Auch wenn ein flexibles Handeln ausgeschlossen wird, so es ist vor allem aufgrund der umfangreichen Bedeutung der Musterfeststellungsklage zu begrüßen, diese in die Hände eines erfahrenen Verbands zu legen. Wenngleich das Missbrauchspotential durch diese zeitliche Grenze nicht unbedingt eingedämmt werden kann, gewährt der Ausschluss von Ad hoc-Gründungen zumindest genügend Raum für Kontrollen und ist daher hinzunehmen. Eine Änderung der Norm de lege ferenda ist daher nicht notwendig.

---

819 *Halfmeier*, ZRP 2017, 201 (202). Wenig verwunderlich auch die Kritik der Anwaltschaft *Kilian*, ZRP 2018, 72 (75).

820 *Dürr-Auster*, Die Qualifikation, S. 203.

821 *Dürr-Auster*, Die Qualifikation, S. 203. *Felgentreu/Gängel*, VuR 2019, 323 (324); *HDE*, Stellungnahme, S. 5; *Kilian*, ZRP 2018, 72 (73).

822 *Felgentreu/Gängel*, VuR 2019, 323 (326); *Stadler*, JZ 2018, 793 (801).

823 *Behrens*, ZJS 2018, 514 (520); *Gsell/Meller-Hannich/Stadler*, NJW-aktuell 5/2016, 14 (14).

824 *HDE*, Stellungnahme, S. 5.

825 *Schmidt/Schrader/Zschiesche*, Die Verbandsklage, Rn. 108.

c) § 606 Abs. 1 S. 2 Nr. 3 ZPO

Ferner müssen die Einrichtungen in Erfüllung ihrer satzungsgemäßen Aufgaben (aa) die Wahrung von Verbraucherinteressen (bb) weitgehend (cc) durch nicht gewerbsmäßige aufklärende oder beratende Tätigkeiten, § 606 Abs. 1 S. 2 Nr. 3 ZPO, verfolgen. Dies deckt sich insoweit mit der Eintragungsvoraussetzung des § 4 Abs. 2 S. 1 UKlaG.[826] Dadurch soll ausgeschlossen werden, dass der Verband gewerbsmäßig agiert und vorwiegend darauf abzielt, Musterfeststellungsklagen erheben zu können.[827]

aa) In Erfüllung ihrer satzungsgemäßen Aufgaben

Die Prozessführung muss in einem konkreten Fall vom Satzungszweck umfasst sein.[828] Die Begrenzung auf den Satzungszweck führt zwar zu einer weiteren Einschränkung, gleichzeitig verbindet sie das klageersuchende Kollektiv mit dem klagenden Akteur.[829] Da § 606 Abs. 1 S. 2 Nr. 3 ZPO im Gegensatz zu Nr. 2 keine zeitliche Vorgabe trifft, kann der Satzungszweck ggf. erweitert werden, sollte für den konkreten Sachverhalt aufgrund des ursprünglichen Satzungszweckes keine Klagebefugnis bestehen.[830]

bb) Wahrung von Verbraucherinteressen

Bei der Wahrung von Verbraucherinteressen bedarf es einer genauen Abgrenzung. Eine Spezialisierung auf bestimmte Verbraucherinteressen ist möglich. Ein Verband kann aber nach Rechtsprechung des BGH nicht sowohl gewerbliche bzw. selbstständige berufliche Interessen als auch Verbraucherinteressen fördern,[831] denn die gegenläufigen Interessen innerhalb eines Verbands können Interessenkonflikte hervorrufen. Diese haben möglicherweise Auswirkungen auf die Willensbildung und -betätigung des

---

826 *Lutz*, in: Vorwerk/Wolf, BeckOK ZPO, § 606 Rn. 35.

827 BT-Drs. 19/2507, S. 22.

828 BGH, Urt. v. 22.9.2011 – I ZR 229/10, NJW 2012, 1812 (1813).

829 *Klocke*, Rechtsschutz, S. 95.

830 BGH, Urt. v. 12.7.1984 – I ZR 37/82, NJW 1985, 1032 (1033), Mischverband II; *Lutz*, in: Vorwerk/Wolf, BeckOK ZPO, § 606 Rn. 31.

831 BGH, Urt. v. 14.10.1982 – I ZR 81/81 (KG), GRUR 1983, 129 (130), Mischverband; *Mankowski*, WRP 2010, 186 (187).

Verbandes und können damit die Aufgabenwahrnehmung des Verbands behindern oder vereiteln.[832] Ist die Mitgliederstruktur gemischt, kommt es daher auf die tatsächlichen Verhältnisse an, also auf das Gesamtbild des Vereins, was sich „bei einer zusammenfassenden Betrachtung seiner satzungsgemäßen Ziele, der Zusammensetzung seiner Mitglieder, dem satzungsgemäßen und tatsächlichen Gewicht der einzelnen Mitgliedergruppen und seiner konkret ausgeübten Tätigkeit bietet".[833] Irrelevant ist es auch, wenn ein lediglich geringer Teil der Mitglieder Gewerbetreibende selbst sind, soweit Interessenkollisionen und eine Beeinträchtigung der Funktionsfähigkeit ausgeschlossen sind.[834]

cc) Überwiegende, nicht gewerbsmäßige Aufklärung und/oder Beratung

Die Tätigkeit des Verbands soll weiterhin überwiegend in der nicht gewerbsmäßigen Aufklärung und/oder Beratung liegen.[835] Erforderlich ist daher eine nicht gewerbsmäßige und eine überwiegende beratende und aufklärende Tätigkeit.[836] Diese Regelung weicht von § 4 Abs. 2 S. 1 UKlaG ab, welcher es genügen lässt, dass (auch) zu den satzungsgemäßen Aufgaben die nicht gewerbsmäßige Aufklärung und Beratung gehört.[837]

Aufklärung meint dabei eine allgemeine, nicht individualisierte Information, die Beratung dahingegen ein individuelles persönliches Gespräch oder die Beantwortung individueller Fragen, allumfassend und nicht auf ein Gebiet beschränkt.[838] Die gerichtliche Verfolgung soll nur eine untergeordnete Rolle spielen und bloßer Nebeneffekt der sonstigen Haupttätigkeit sein.[839] Zum Beweis dessen sind Nachweise über die tatsächliche Tätigkeit zu erbringen.[840] Aufgrund der bisherigen Tätigkeit des Verbands

---

832 BGH, Urt. v. 14.10.1982 – I ZR 81/81 (KG), GRUR 1983, 129 (130), Mischverband.

833 BGH, Urt. v. 14.10.1982 – I ZR 81/81 (KG), GRUR 1983, 129 (130), Mischverband; Urt. v. 12.7.1984 – I ZR 37/82, NJW 1985, 1032 (1033), Mischverband II.

834 BGH, Urt. v. 14.10.1982 – I ZR 81/81 (KG), GRUR 1983, 129 (130), Mischverband.

835 BT-Drs. 19/2507, S. 22.

836 BT-Drs. 19/2507, S. 22.

837 OLG Braunschweig, Beschl. v. 12.12.2018 – 4 MK 2/18, BKR 2019, 294 (296).

838 *Klocke*, Rechtsschutz, S. 90. Ausführlich zum Begriff der Aufklärung *Felgentreu/Gängel*, VuR 2019, 323 (325 f.).

839 BT-Drs. 19/2507, S. 22; *Weinland*, MFK, Rn. 53. Dazu ausführlich *Klocke*, Rechtsschutz, S. 91 f.

840 BT-Drs. 19/2507, S. 22; *Weinland*, MFK, Rn. 53.

soll gesichert werden, dass dieser auch künftig dauerhaft wirksam und vor allem sachgerecht seine Aufgaben erfüllen wird.[841] Das OLG Stuttgart lehnt dies für einen Verband ab, dessen Tätigkeit überwiegend in der Analyse der AGB von Kreditinstituten auf mögliche Rechtsverstöße mit u.U. anschließender gerichtlicher Durchsetzung liegt.[842]

Problematisch erscheint innerhalb dieses Merkmals, dass eine Überprüfung nur schwer möglich sein wird und man sich letztlich auf die Darstellungen des Verbands und seine Geschäftsberichte verlassen muss.[843] Der Begriff „weitgehend" ist ein unbestimmter Rechtsbegriff, dessen Inhalt grundsätzlich anhand der üblichen Auslegungsgrundsätze durch Auslegung zu bestimmen ist.[844]

Aus Gründen der Rechtssicherheit schlägt der BDI vor, den Wortlaut durch „ausschließlich" zu ersetzen.[845] „Ausschließlich" meint ausnahmslos und eröffnet daher nur eine mögliche Interpretation, wohingegen „weitgehend" in unterschiedlicher Gewichtung verstanden werden kann.[846] Für ein Überwiegen muss der Verband neben dem Vortrag über seine aufklärende und beratende Tätigkeit auch seine Tätigkeit bei der gerichtlichen Geltendmachung vortragen.[847] Schwierig ist eine zahlenmäßige Betrachtungsweise, bei der rechnerisch festgestellt wird, wie viele Fälle der Beratung und wie viele der Musterfeststellungsklage verfolgt werden.[848] Es ist daher *Röthemeyer* zuzustimmen, dass restriktiv ausgelegt, ein signifikanter absoluter Anteil der Beratung zu verlangen ist.[849] Auch eine Abgrenzung nach zeitlichem Aufwand ist nicht gefordert, vielmehr sollen die Tätigkeiten herausgearbeitet werden, mit welchen der Verband Wirkungen auf die Verbraucherinteressen erzielt.[850] Der Umstand, dass der Gesetzgeber gera-

---

841 OLG Stuttgart, Urt. v. 20.3.2019 – 6 MK 1/18, BKR 2019, 298 (299).

842 OLG Stuttgart, Urt. v. 20.3.2019 – 6 MK 1/18, BKR 2019, 298 (299).

843 *HDE*, Stellungnahme, S. 5.

844 BVerfG, Urt. v. 19.9.2018 – 2 BvF 1/15, u.a., Rn. 203, juris; Beschl. v. 15.8.2018 – 1 BvR 1780/17, MedR 2019, 296 (297); Beschl v. 24.7.2018 – 2 BvR 309/15 u.a., BVerfGE 149, 293 (324); Beschl. v. 3.3.2004 – 1 BvF 3/92, BVerfGE 110, 33 (56 f.); SächsOVG, Beschl. v. 30.9.2019 – 6 B 370/18, Rn. 6, juris; BayVGH, Beschl. v. 28.8.2019 – 2 ZB 18.528, Rn. 6, juris. *Geiger*, SVR 2009, 41 (42).

845 *BDI*, Stellungnahme, S. 2. Zur Unbestimmtheit auch *Felgentreu/Gängel*, VuR 2019, 323 (325).

846 So auch *Röthemeyer*, MFK, § 606 Rn. 30.

847 OLG Braunschweig, Beschl. v. 12.12.2018 – 4 MK 2/18, BKR 2019, 294 (297).

848 *Felgentreu/Gängel*, VuR 2019, 323 (325 f.). Letzterer nimmt Bezug auf das Urteil des BGH v. 26.6.1997 – IZ 53/95, Rn. 24 zum Begriff der Erheblichkeit.

849 *Felgentreu/Gängel*, VuR 2019, 323 (326); *Röthemeyer*, MFK, § 606 Rn. 30.

850 OLG Stuttgart, Urt. v. 20.3.2019 – 6 MK 1/18, BKR 2019, 298 (299).

de nicht die Vorschrift des UKlaG übernommen hat, zeigt, dass er zusätzliche Voraussetzungen aufstellen wollte, die gerade über den Regelungsgehalt des § 4 UKlaG hinausgehen.[851]

Die nicht gewerbsmäßige Tätigkeit gibt ebenso Anlass zu Diskussionen. Umstritten ist dabei, ob sich der Verband allein aus Mitgliedsbeiträgen oder Spenden finanzieren muss oder ob es letztlich nur darum geht, dass die Tätigkeit ihrer Zielrichtung nach nicht zu bloßen Erwerbszwecken durchgeführt werden darf.[852]

Um schlechter Verbandsarbeit entgegenzutreten, ist notwendig, dass die Verbände zumindest kostendeckend agieren dürfen und nicht nur auf ihre Mitgliedsbeiträge beschränkt werden.[853] Der Verband soll für seine Mitglieder qualitativ gute Arbeit leisten und deren Interessen kompetent vertreten. Dafür ist eine entsprechende finanzielle Basis erforderlich. Anders als bspw. für die Umweltverbände wird gerade keine Gemeinnützigkeit verlangt.[854] Die für eine Musterfeststellungsklage klagebefugten Verbände müssen ihre Tätigkeit daher nicht völlig selbstlos auf die Förderung der Allgemeinheit in materieller, geistiger oder sittlicher Hinsicht ausrichten.[855]

Nur bei ausreichender Finanzierung kann der Verband seinem satzungsgemäßen Zweck gerecht werden. Eine Beschränkung auf die Mitgliedsbeiträge oder Spenden würde den Kreis der klagebefugten Verbände erheblich einengen und ist daher abzulehnen.

d) § 606 Abs. 1 S. 2 Nr. 4 ZPO

Die vierte Voraussetzung bestimmt, dass die Klageerhebung dabei nicht zum Zwecke der Gewinnerzielung angestrebt werden darf, § 606 Abs. 1 S. 2 Nr. 4 ZPO.

---

851 OLG Braunschweig, Beschl. v. 12.12.2018 – 4 MK 2/18, BKR 2019, 294 (296); OLG Stuttgart, Urt. v. 20.3.2019 – 6 MK 1/18, BKR 2019, 298 (300).

852 *Klocke*, Rechtsschutz, S. 94. Zu ersten Ansicht *Grüneberg*, in: Palandt, BGB, 78. Aufl. 2019, § 4 UKlaG Rn. 6, anders jedoch in der Aufl. von 2020. Auch *Halfmeier*, in: Prütting/Gehrlein, ZPO, § 4 UKlaG Rn. 3; *Witt*, in: Ulmer/Brandner/Hensen, AGB-Recht, § 4 UKlaG Rn. 3b.

853 So *Klocke*, Rechtsschutz, S. 94. OVG NRW, Urt. v. 16.4.2018 – 4 A 1621/14, DVBl 2019, 505 (507).

854 S. dazu z.B. BFH, Urt. v. 10.1.2019 – V R 60/17, NJW 2019, 877.

855 BFH, Urt. v. 10.1.2019 – V R 60/17, NJW 2019, 877 (878).

Es empfiehlt sich, wie aus dem Gewerberecht bekannt, die Gewinnerzielungsabsicht subjektiv zu erfassen und darunter die Erwartung unmittelbarer oder mittelbarer wirtschaftlicher Vorteile, die zu einem Überschuss über die betrieblichen Kosten führen, zu verstehen.[856] Diese Absicht ist anhand objektiver Indizien zu bestimmen.[857] Indizwirkung hat z.B. die Anerkennung des Vereins als gemeinnützig gemäß §§ 51 ff. AO.[858] Bloße Vermutungen reichen für die Ablehnung jedoch nicht aus.[859] Zu fordern sind überzeugende Tatsachen, da es sonst zu einer starken Einschränkung der Klagebefugnis kommt.[860]

Auffallend ist, dass bereits in Nr. 3 von einem nicht gewerbsmäßigen Tätigwerden gesprochen wird. Nr. 4 ist insofern redundant, weil letztlich auch die Klageerhebung zu den Tätigkeiten des Verbandes zählt.[861] § 606 Abs. 1 S. 2 Nr. 4 ZPO basiert im Ergebnis auf der Angst vor amerikanischen Verhältnissen.[862] Es soll gerade zu keiner kommerziellen Klageindustrie durch missbräuchliche Klageerhebungen kommen, indem Verbände vorrangig aus wirtschaftlichen Motiven agieren.[863]

Fraglich ist, inwiefern diese Voraussetzung überhaupt praktische Bedeutung erlangen kann. Durch die Beschränkung der Musterfeststellungsklage auf Feststellung fließt dem Verband kein Gewinn zu.[864] Demnach ist ein solcher Prozess auch für externe Prozessfinanzierer uninteressant.[865]

So kritisiert der HDE, dass die Vorschrift irrelevant zur Ermittlung von Gewinnerzielung sei, da der Gewinn nicht beim Verband selbst generiert werden kann.[866] Lediglich die beteiligten Anwälte profitieren finanziell durch ihre Honorare von einem Prozess.[867] Das Gewinnstreben von mögli-

---

856 *Eisenmenger*, in: Landmann/Rohmer, GewO, § 1 Rn. 22; *Pielow*, in: ders., BeckOK GewO, § 1 Rn. 147.

857 *Pielow*, in: ders., BeckOK GewO, § 1 Rn. 149.

858 *Eisenmenger*, in: Landmann/Rohmer, GewO, § 1 Rn. 26; *Felgentreu/Gängel*, VuR 2019, 323 (326); BGH, Beschl. v. 16.5.2017 – II ZB 7/16, DNotZ 2017, 628 (630).

859 *Felgentreu/Gängel*, VuR 2019, 323 (327).

860 *Felgentreu/Gängel*, VuR 2019, 323 (327).

861 *Felgentreu/Gängel*, VuR 2019, 323 (326); *Lutz*, in: Vorwerk/Wolf, BeckOK ZPO, § 606 Rn. 37.

862 *Merkt/Zimmermann*, VuR 2018, 363 (365). Allgemein dazu *Schmidt-Kessel*, Stellungnahme, S. 4. S. dazu auch BT-Drs. 19/2507, S. 22.

863 BT-Drs. 19/2507, S. 22. S.a. Koalitionsvertrag zwischen CDU, CSU und SPD, 19. Legislaturperiode, S. 124 Zeile 5795.

864 *Felgentreu/Gängel*, VuR 2019, 323 (326); *Stadler*, in: Musielak/Voit, ZPO, § 606 Rn. 8.

865 *Stadler*, in: Musielak/Voit, ZPO, § 606 Rn. 8.

866 *HDE*, Stellungnahme, S. 5.

867 *Stadler*, in: Musielak/Voit, ZPO, § 606 Rn. 8.

chen externen Prozessfinanzierern sowie Anwälten ist zur Bestimmung der Gewinnerzielungsabsicht allerdings irrelevant.[868]

Allerdings kommt das OLG Stuttgart zutreffend abweichend zum Ergebnis, dass eine Gewinnerzielung dann anzunehmen ist, wenn der klagenden Einrichtung Rechtsanwälte angehörig sind, deren Kanzleien mitunter für die Prozesse von der qualifizierten Einrichtung mandatiert werden.[869] Hier ist das Gewinnstreben der Anwälte eng mit der Tätigkeit des Verbandes verbunden. In dieser Konstellation stellt die Voraussetzung demnach dennoch ein taugliches Abgrenzungsmerkmal dafür dar, um nicht unter dem Vorwand der Verbandsgründung Musterfeststellungsklagen aus wirtschaftlichen Gründen zu führen.

e) § 606 Abs. 1 S. 2 Nr. 5 ZPO

Als letzte Voraussetzung wird in § 606 Abs. 1 S. 2 Nr. 5 ZPO bestimmt, dass nicht mehr als fünf Prozent der finanziellen Mittel der Einrichtung durch Zuwendungen von Unternehmen erfolgen dürfen. Relevanz erlangt dieses Kriterium vor allem, um Interessenskonflikten vorzubeugen. Von vornherein ausgeschlossen wird daher die verdeckte Einflussnahme der Unternehmen auf den Verband durch Zuwendungen.[870] Denn dies kann den Unternehmen ermöglichen, die Musterfeststellungsklage für ihre Zwecken zu nutzen, indem sie sie gegen andere Wettbewerber oder Unternehmen, von denen sie in Abhängigkeit stehen, einsetzen.[871] Man denke etwa an einen hohen finanziellen Support durch ein Unternehmen, der letztlich dazu führt, dass ein Verband eine Klage gegen ein Konkurrenzunternehmen einlegt und den Wettbewerb somit mittelbar zugunsten des sie unterstützenden Unternehmens lenkt. Ferner ist die Konstellation denkbar, in der ein Verband von der Einlegung einer Klage aus dem Grund absieht, weil sie sich gegen einen ihrer Hauptfinanzierer richtet und dadurch Wettbewerbsschädigungen zu Lasten der Verbraucher nicht geahndet werden, wofür die Musterfeststellungsklage jedoch gerade geschaffen wurde.

---

868 *Stadler*, in: Musielak/Voit, ZPO, § 606 Rn. 8.

869 OLG Stuttgart, Urt. v. 20.3.2019 – 6 MK 1/18, BKR 2019, 298 (300); s.a. OLG Braunschweig, Beschl. v. 12.12.2018 – 4 MK 2/18, BKR 2019, 294 (297). S.a. *Felgentreu/Gängel*, VuR 2019, 323 (327); *Lutz*, in: Vorwerk/Wolf, BeckOK ZPO, § 606 Rn. 37; *Riesner*, ZIP 2019, 1507 (1512 ff.).

870 BT-Drs. 19/2507, S. 22.

871 BT-Drs. 19/2507, S. 22. *Salger*, juris-PR-BKR 10/2018, Anm. 1.

Andererseits wird befürchtet, dass die finanzielle Ausstattung der Verbände nicht ausreichen würde, um Fälle mit erheblicher Breitenwirkung zu führen.[872] *Geissler* wirft dabei die kritische Frage auf, wie sich eine qualifizierte Einrichtung ohne externe Gelder finanzieren soll.[873] Außerdem stellt sich das Problem mittelbarer Abhängigkeiten, wenn z.B. Unternehmen Mitgliedsverbände eines Verbände-Verbands finanzieren.[874]

Dennoch ist diese Voraussetzung aus den dargestellten Gründen zur Begrenzung der potentiellen Beeinflussung durch Unternehmen notwendig. Da die vorherigen Voraussetzungen bewusst kleine Verbände ausschließen, muss darauf vertraut werden, dass die qualifizierten Verbände auch über eine ausreichende finanzielle Ausstattung verfügen.

f) Weitergehende Kritikpunkte

Als problematisch erweist sich zudem die Tatsache, dass die Eintragung in dem Verzeichnis der Europäischen Kommission der Eintragung in die Liste nach § 4 UKlaG gleichgestellt wird. Die Liste der EU ist weit geführt und die Eintragungsvoraussetzungen oder die Strenge ihrer Kontrolle bleiben in anderen Mitgliedstaaten meist erheblich hinter den Anforderungen Deutschlands zurück.[875] Die bloße Registrierung schützt nicht vor einer missbräuchlichen Gründung und gibt auch keinerlei Aufschluss über die Finanzierung des Verbands.[876] Die teilweise schon für deutsche Verbände nur schwer umsetzbare Kontrolle hinsichtlich ihrer Zielsetzung oder Finanzierung erweist sich für Verbände anderer Mitgliedstaaten noch schwieriger.[877] Es erscheint daher nicht abwegig, dass Unternehmen, auch aus dem EU-Ausland, die geringen oder fehlenden Anforderungen (aus-)nutzen, um eine qualifizierte Einrichtung zu gründen und in Deutschland klagen zu können.[878] Hier könnte eine Verschärfung der Kontrolle der Voraussetzungen Abhilfe leisten.[879] Andererseits dürfen eu-

872 *Kilian*, ZRP 2018, 72 (72).
873 *Geissler*, GWR 2018, 189 (192).
874 *HDE*, Stellungnahme, S. 5.
875 *Bevh*, Stellungnahme, S. 2; *Netzwerk Compliance*, Anhörung, S. 3; *VDA*, Position zum BMJV-Entwurf, S. 10; *Wernicke*, BB 11/2017, I.
876 *HDE*, Stellungnahme, S. 4.
877 *VDA*, Position zum BMJV-Entwurf, S. 5.
878 *Die Deutsche Kreditwirtschaft*, Stellungnahme, S. 3; *Wernicke*, BB 11/2017, I; *Winkelmeier-Becker*, in: Schäfer, Der Gesetzesentwurf, 92 (105, 109).
879 *Netzwerk Compliance*, Anhörung, S. 3.

ausländische Vereinigungen nicht diskriminiert werden.[880] Für sie muss grundsätzlich dasselbe gelten wie auch für inländische qualifizierte Einrichtungen. Um einer Unionsrechtswidrigkeit vorzubeugen, macht die Einbeziehung der Verbände anderer Mitgliedstaaten durchaus Sinn.[881] Außerdem müssen auch diese Verbände die weiteren Voraussetzungen des § 606 ZPO erfüllen.[882] Dies führt zu einer erweiterten Kontrolle.

Des Weiteren findet keine Geeignetheitsprüfung des klagenden Verbands statt. Es wird einerseits nicht geprüft, ob er in der Lage ist, die Interessen der Geschädigten befriedigend zu vertreten[883] und andererseits nicht, ob auch seine finanziellen Mittel dazu ausreichen, einen Streit ggf. über mehrere Instanzen zu führen.[884] Vielmehr ist nicht auszuschließen, dass ein regelrechter Wettkampf der Verbände um die Führungsrolle entfacht und die Führung einer Klage zu Werbezwecken missbraucht werden wird.[885]

Gleichzeitig könnte das finanzielle Risiko die Verbände von einer Klageeinreichung abschrecken.[886] Nicht auszuschließen ist dabei, dass geeignete Verbände aufgrund der finanziellen Belastung von einer Klage absehen, obwohl sie die Interessen besser als der letztlich klagende Verband vertreten könnten.

Die kritische Betrachtung richtet sich auch an die Stellung des Beklagten. Mit Einleitung einer Musterfeststellungsklage entsteht eine große Öffentlichkeit. Aus dieser Öffentlichkeit und der damit verbundenen negativen Presse können sich für den Beklagten, dessen vermeintliches Fehlverhalten angeprangert wird, viele Nachteile ergeben, die ihn dazu zwingen, einen nachteiligen Vergleich zu schließen.[887] Ein Zivilprozess soll jedoch nicht die Bloßstellung einzelner Beteiligter bezwecken.[888] Die Entschei-

---

880 Zur möglichen Unionsrechtswidrigkeit *Röthemeyer*, MFK, § 606 Rn. 23 ff.

881 *Röthemeyer*, MFK, § 606 Rn. 23, 25.

882 *Röthemeyer*, MFK, § 606 Rn. 25.

883 *Waclawik*, NJW 2018, 2921 (2922).

884 In diese Richtung auch *Kilian*, ZRP 2018, 72 (73); *Salger*, juris-PR-BKR 10/2018, Anm. 1; *Weinland*, MFK, Rn. 52. Zu den hohen Hürden auch *Meller-Hannich*, Gutachten A 72. DJT, A 77.

885 Offen dahin, ob dies dem Rechtsmarkt ggf. gut tun wird *Geissler*, GWR 2018, 189 (191); *Kilian*, ZRP 2018, 72 (73); *VDA*, Position zum BMJV-Entwurf, S. 5; *Würtenberger/Freischem*, GRUR 2017, 1101 (1102).

886 *DAV*, Stellungnahme 14/2017, S. 5; *Kilian*, ZRP 2018, 72 (73).

887 *Geissler*, GWR 2018, 189 (191); *Woopen*, NJW 2018, 133 (136). S. allgemein zur Prangerwirkung *Zott*, Aktive Informationen, S. 105 ff.

888 *Beck*, in: Husemann/Korves/Rosenkranz, et al., Strukturwandel und Privatrecht, 401 (403).

dung zur Klageerhebung obliegt den Verbänden. Sie entscheiden nach freiem Ermessen, gegen wen sie Klage erheben und gegen wen nicht und nehmen so Einfluss auf das Marktverhalten.[889]

Andererseits steht dem Beklagten auch die Möglichkeit offen, zunächst den Ausgang des Verfahrens abzuwarten und sich nicht von dem Erpressungsdruck leiten zu lassen.[890] Je nach Ausgang kann er sich für oder gegen einen Vergleich entscheiden. Sollte er unterliegen, sein Fehlverhalten also tatsächlich bestehen, dann kann nicht von einem Erpressungspotential, sondern muss von einem berechtigten Interesse der Verbraucher gesprochen werden.[891] Er selbst verantwortet seine Situation. Außerdem ist davon auszugehen, dass Reputationsschäden auch ohne Musterfeststellungsklagen entstehen. Dieses Institut allein ruft nicht unbedingt mehr Presse hervor als entstehen würde, wenn das Fehlverhalten bekannt würde und viele Einzelklagen dagegen angestrengt werden.[892] Die Möglichkeit eines stillschweigenden Vergleichs vor Bekanntwerden in der Presse wird bei Massen- und Streuschäden, die bei einer Vielzahl von Verbrauchern auftreten, aufgrund der Anonymität der Verbraucher und des Verbreitungsgrades nicht umsetzbar sein. Das „Erpressungspotential" existiert vielmehr auch schon vor Klageerhebung. Für den klagenden Verband bestehen ebenso Gefahren des Reputationsverlustes, wenn er Fälle verfolgt, die aussichtlos sind, sodass die Klageeinreichung mit Bedacht zu wählen ist.[893]

g) Fazit

Die bisherige Rechtsprechung der OLG zeigt, dass diese die Anforderungen des § 606 Abs. 1 S. 2 ZPO streng interpretieren. Sie arbeiten deutlich heraus, dass eine Abgrenzung zu den Voraussetzungen des UKlaG vom Gesetzgeber gewollt ist und daher auch nicht vollständig auf die diesbezüglichen Ausführungen verwiesen werden darf.[894]

Aller Kritik zum Trotz hat der Gesetzgeber seinen Standpunkt deutlich gemacht, den die Rechtsprechung insoweit unterstützt. Dem ist insgesamt

889 *Rotter*, VuR 2019, 283 (291); *VDA*, Position zum BMJV-Entwurf, S. 5.
890 *Netzwerk Compliance*, Anhörung, S. 3.
891 *Netzwerk Compliance*, Anhörung, S. 3.
892 *Netzwerk Compliance*, Anhörung, S. 3; *Winkelmeier-Becker*, in: Schäfer, Der Gesetzesentwurf, 92 (95).
893 *Netzwerk Compliance*, Anhörung, S. 3.
894 OLG Stuttgart v. 20.3.2019 – 6 MK 1/18, BKR 2019, 298 (298); OLG Braunschweig, Beschl. v. 12.12.2018 – 4 MK 2/18, BKR 2019, 284 (296 f.).

auch zuzustimmen. Eine Anlehnung an die Voraussetzungen des UKlaG ist vor allem aufgrund der zum jetzigen Zeitpunkt unbestimmten Fortentwicklung der Norm kritisch zu betrachten. Die Abkehr davon ist daher begrüßenswert und sorgt insgesamt für Klarheit. Vor dem Hintergrund der Erfahrungen mit missbräuchlichen Klageerhebungen ist eine strengere Kontrolle nachvollziehbar und insgesamt zu befürworten. Allerdings darf die Auslegung der einzelnen Merkmale nicht dazu führen, dass letztlich niemand von der Klagebefugnis Gebrauch machen kann.[895]

Die Anzahl der Verbandsmitglieder stellt eine hohe Hürde dar. Inwieweit die gewählten Zahlengrößen taugliche Anknüpfungspunkte sind, wird sich mit der Zeit noch herausstellen. Schwerwiegend ist dabei vor allem der Ausschluss kleinerer, ggf. nur regionaler Verbände. Dieser ist aber gleichwohl mit ihrem Schutz vor einer finanziellen Überforderung, besonders vor dem Hintergrund, dass keine Überprüfung der Leistungsfähigkeit stattfindet, nachvollziehbar und konsequent für eine effektive Durchsetzung. Der Ausschluss von ad hoc gegründeten Vereinen ist zugunsten der Kontrollmöglichkeiten hinzunehmen.

Im Einklang mit den sonstigen Verbandsklagemodellen ist auch die Rückbindung der Verbände an satzungsgemäße Aufgaben im Sinne der Verbraucherinteressen zutreffend gewählt. Dieses Merkmal dient im besonderen Maß dem Ausschluss von Abmahnverbänden. Weiterhin abzuwarten bleibt die Auslegung des Begriffs „weitergehend". Nicht zu folgen ist dabei allerdings dem Vorschlag des BDI, diesen in „ausschließlich" zu ändern, um die Verbände nicht gänzlich in ihrem Tätigwerden einzuengen. Außerdem ist diese Formulierung in sich widersprüchlich, weil „ausschließlich" jedes weitere Handeln exkludiert, hier jedoch gerade die Klagebefugnis des Verbands begründet werden soll, welche das Merkmal ausschließlich gleichwohl nicht zulassen würde.

Ferner sollte insbesondere darauf geachtet werden, dass auch die klagebefugten Verbände anderer EU-Mitgliedstaaten die Anforderungen erfüllen, um nicht ein neues Schlupfloch für Missbrauch zu schaffen.

Nicht nachvollziehbar ist in diesem Zusammenhang, dass die Verbände nicht auf ihre Leistungsfähigkeit hin überprüft werden. Wenn auch im anderen Kontext, entschied das OLG Düsseldorf im sog. Cartel Damage Claim, dass die Übertragung der Aktivlegitimation daran scheitert, dass

---

895 *Felgentreu/Gängel*, VuR 2019, 323 (329 f.).

der Verband das finanzielle Risiko der Klage nicht tragen könne.[896] Für Musterfeststellungsklagen überlässt man die Verbände sich selbst. Dies erscheint meines Erachtens widersprüchlich und als insgesamt gefährdend für die Nutzung der Musterfeststellungsklage.

Im Ergebnis stellen die Voraussetzungen einen gewissen Rahmen dar. Nur die Zeit wird dabei zeigen können, ob diese Voraussetzungen treffend gewählt wurden und wo u.U. nachzubessern sein wird. Ergebnisse könnte die vorgesehene Evaluation bringen, die jedoch frühestens nach fünf Jahren ab Inkrafttreten erfolgen soll.[897]

5. Offenlegung der finanziellen Mittel, § 606 Abs. 1 S. 3 ZPO

Bei ernsthaftem Bezweifeln des Vorliegens der Voraussetzungen Nr. 4 oder 5 gewährt § 606 Abs. 1 S. 3 ZPO dem Gericht die Möglichkeit, vom Kläger die Offenlegung seiner finanziellen Mittel zu verlangen. Der BDI findet diese Regelung unzureichend und fordert, dass unabhängig von jedweden Zweifeln eine Offenlegung der finanziellen Mittel zu erfolgen hat, um Transparenz über die hinter dem Verband stehenden wirtschaftlichen Interessen zu schaffen.[898] Vor allem bei Beteiligung von Einrichtungen aus dem EU-Verzeichnis kann dies von Interesse sein.[899]

Hierbei ist jedoch nicht nachvollziehbar, warum der Verband im Gegensatz zu dem Beklagten verpflichtet sein soll, alles offenzulegen. Die Verpflichtung zur Offenlegung ist nur begründbar als Ausgleich konfligierender Interessen. Es entstünde ein Ungleichgewicht, wenn der Beklagte die finanzielle Situation des Verbands kennt, seine jedoch verdeckt halten kann.[900] Dies ermöglicht Raum für Missbrauch, sodass die Voraussetzung der ernsthaften Zweifel nicht leichtfertig angenommen werden kann.[901]

Als unbestimmter Rechtsbegriff ist „ernsthaft“ durch Auslegung zu konkretisieren.[902] Im Duden werden die Begriffe „eindringlich“ und „gewich-

896 OLG Düsseldorf, Urt. v. 18.2.2015 – VI-U (Kart) 3/14, NZKart 2015, 201 (204). Kritisch, da kein Anspruch auf einen solventen Kläger besteht, *Rother*, Referat 72. DJT, K 23 (K 30) m.w.N. S. Teil C I 7 c.

897 BT-Drs. 19/2507, S. 20.

898 *BDI*, Stellungnahme, S. 1; generell zum Transparenzgedanken *Weinland*, MFK, Rn. 57.

899 BT-Drs. 19/2507, S. 22.

900 *Stadler*, in: Musielak/Voit, ZPO, § 606 Rn. 10.

901 *Stadler*, in: Musielak/Voit, ZPO, § 606 Rn. 10.

902 BVerfG, Urt. v. 19.9.2018 – 2 BvF 1/15, u.a., Rn. 203, juris.

tig“ als Synonyme angeführt, was ebenso auf eine enge Interpretation dieser Voraussetzung hindeutet.[903] Es empfiehlt sich außerdem andere Normen wie z.B. §§ 80 Abs. 4, 124 Abs. 2 Nr. 1 VwGO sowie § 371a Abs. 1, 2 ZPO, mit dem ähnlichen Wortlaut „ernstlichen Zweifel“ für die Auslegung heranzuziehen. Hier wird u.a. die Auffassung vertreten, dass ernstliche Zweifel dann anzunehmen sind, wenn deren Bewahrheitung mindestens überwiegend oder zumindest ebenso wahrscheinlich, als deren Ausbleiben sind.[904] Sogar die schwächste Ansicht fordert noch eine hinreichende Erfolgsaussicht der Zweifel für die Erfüllung der Voraussetzung „ernstlich“.[905] Ernstlich bedeutet ebenso wie ernsthaft eindringlich, gewichtig und nachdrücklich, sodass im Sinne einer einheitlichen Rechtsauslegung auch der nahezu identische Begriff „ernsthaft“ restriktiv auszulegen ist.[906]

Die Hervorhebung dieser Voraussetzungen zeigt nochmals auf, wie wichtig dem Gesetzgeber die Abgrenzung zum amerikanischen Schadensersatzregime ist.

6. Vermutungsregelung, § 606 Abs. 1 S. 4 ZPO

Eine besondere Stellung nehmen Verbraucherzentralen und andere Verbraucherverbände ein, die überwiegend mit öffentlichen Mitteln gefördert werden. Für sie enthält § 606 Abs. 1 S. 4 ZPO eine unwiderlegliche Vermutungsregelung zugunsten des Vorliegens der in S. 2 festgelegten Voraussetzungen.[907] Dennoch muss eine Eintragung nach § 3 Abs. 1 S. 1 Nr. 1 UKlaG erfolgt sein.[908] In Deutschland bestehen zurzeit 16 Verbrau-

---

903 https://www.duden.de/rechtschreibung/ernsthaft, zuletzt abgerufen am 11.11.2019.

904 *Happ*, in: Eyermann, VwGO, § 124 Rn. 15 ff.; *Hoppe*, in: Eyermann, VwGO, § 80 Rn. 95; *Roth*, in: Posser/Wolff, BeckOK VwGO, § 124 Rn. 34 ff.; *Schoch*, in: ders./Schneider/Bier, VwGO, § 80 Rn. 283.

905 *Roth*, in: Posser/Wolff, BeckOK VwGO, § 124 Rn. 36; BVerfG, Beschl. v. 8.12.2009 – 2 BvR 758/07, BVerfGE 125, 104 (140).

906 https://www.duden.de/rechtschreibung/ernstlich, zuletzt abgerufen am 11.11.2019.

907 *Lutz*, in: Vorwerk/Wolf, BeckOK ZPO, § 606 Rn. 39; *Röthemeyer*, MFK, § 606 Rn. 43; *Salger*, juris-PR-BKR 10/2018, Anm. 1; *Weinland*, MFK, Rn. 58.

908 *Lutz*, in: Vorwerk/Wolf, BeckOK ZPO, § 606 Rn. 39. S.a. *Micklitz/Rott*, in: Rauscher/Krüger, MüKo ZPO, Bd. 2, § 4 UKlaG Rn. 23.

cherzentralen.[909] Der Begriff „andere Verbraucherverbände" öffnet die Vorschrift für weitere Organisationen, darunter fallen z.B. die Verbraucherzentrale Bundesverband eV und der Verbraucherschutzverein Berlin.[910] Im Gesetzentwurf der Regierung war ursprünglich vorgesehen, dass die Vermutungsregelung des § 4 Abs. 2 S. 2 UKlaG entsprechende Anwendung finden soll.[911] Letztlich entschied man sich jedoch für die Einfügung einer nahezu wortlautidentischen Vorschrift. Wesentlicher Unterschied von § 606 Abs. 1 S. 4 ZPO und § 4 Abs. 2 S. 2 UKlaG ist allerdings, dass die unwiderlegliche Vermutung nach letzterem für Verbraucherzentralen und andere Verbraucherverbände, die mit öffentlichen Mitteln gefördert werden, bei ersterem, die *überwiegend* mit öffentlichen Mitteln gefördert werden, gelten.[912] Nicht ganz eindeutig ist, ob sich der Zusatz sowohl auf die Verbraucherzentralen als auch auf die anderen Verbraucherverbände bezieht, oder ob die Konkretisierung nur die Verbraucherverbände umfasst. Beide Lesarten sind nach dem Gesetzeswortlaut möglich. Diese ergeben im Ergebnis jedoch keinen Unterschied, da die Verbraucherzentralen laut eigenen Angaben sowieso überwiegend durch öffentliche Mittel gefördert werden.[913]

Die Vermutungsregel des § 4 Abs. 2 S. 2 UKlaG entspricht § 22a AGBG.[914] Auch hier wird nur von der generellen Förderung durch öffentliche Mittel gesprochen. Dafür ausreichend ist jedwede dauerhafte finanzielle Förderung mit öffentlichen Mitteln, die je nach Haushalt auch geringfügig ausfallen kann.[915] Nicht erforderlich ist eine ausschließliche Förderung aus öffentlichen Geldern.[916] Eigeneinnahmen sonstiger Art stehen der Vermutung nicht entgegen.[917] Der Sinn hinter der Einschränkung

---

909 *Dürr-Auster*, Die Qualifikation, S. 213; *Felgentreu/Gängel*, VuR 2019, 323 (327); *Micklitz/Rott*, in: Rauscher/Krüger, MüKo ZPO, Bd. 2, § 4 UKlaG Rn. 23; *Röthemeyer*, MFK,§ 606 Rn. 44.

910 *Röthemeyer*, MFK, § 606 Rn. 44; *Felgentreu/Gängel*, VuR 2019, 323 (327); *Micklitz/Rott*, in: Rauscher/Krüger, MüKo ZPO, Bd. 2, § 4 UKlaG Rn. 23.

911 BT-Drs. 19/2507, S. 22.

912 S. dazu BT-Drs. 19/2741, S. 11, 24.

913 https://www.verbraucherzentrale.de/ueber-uns, zuletzt abgerufen am 29.10.2019.

914 BT-Drs. 4/6040, S. 275.

915 *Dürr-Auster*, Die Qualifikation, S. 213; *Micklitz/Rott*, in: Rauscher/Krüger, MüKo ZPO, Bd. 2, § 4 UKlaG Rn. 24.

916 *Micklitz/Rott*, in: Rauscher/Krüger, MüKo ZPO, Bd. 2, § 4 UKlaG Rn. 45, 24; *Röthemeyer*, MFK, § 606 Rn. 45.

917 *Dürr-Auster*, Die Qualifikation, S. 213; *Micklitz/Rott*, in: Rauscher/Krüger, MüKo ZPO, Bd. 2, § 4 UKlaG Rn. 45, 24; *Röthemeyer*, MFK, § 606 Rn. 45.

liegt darin, solche Verbände auszuschließen, die lediglich projektbezogene Einmalleistungen im Bereich des Verbraucherschutzes erhalten haben, deren allgemeine Tätigkeit gerade nicht dauerhaft gefördert wird.[918]

Die neue daran angelehnte Vorschrift in § 606 Abs. 1 S. 4 ZPO stellt durch das Adverb „überwiegend" strengere Voraussetzungen an die Förderung durch öffentliche Mittel. Synonyme für überwiegend sind laut Duden „besonders", „hauptsächlich", „größtenteils", „vor allem", „vorwiegend" und „vorrangig".[919] Das bedeutet, dass geringfügigere Förderungen nicht ausreichend sind. Der Zusatz „überwiegend" weist darauf hin, dass die Förderung größtenteils, also mehrheitlich, über 50%, durch öffentliche Mittel erfolgen soll.[920] Dies erscheint abermals vor dem Hintergrund, dass Interessenskonflikte zwischen Verbänden und ihren privaten Finanzierern zur vollendeten Funktionalität der Musterfeststellungsklage ausgeschlossen werden müssen, sinnvoll. Die Neuformulierung und Heraufstufung des Finanzierungsanteils erklärt sich auch durch die veränderte Finanzierung der Verbände. Während die Vermutungsregelung, die ihren Ursprung in Art. 1 § 3 Nr. 8 RBerG a.F. hat, zu einer Zeit entstanden ist, in der Verbraucherzentralen ohnehin weitestgehend durch öffentliche Mittel finanziert wurden, haben sich mittlerweile gleichfalls die Mitgliedsbeiträge als beachtliche Einnahmequelle etabliert.[921]

Auch diese Regelung blieb nicht ohne Kritik. So wendet *Schmidt-Kessel* ein, dass durch die Vermutungsregel die Voraussetzung des § 606 Abs. 1 S. 2 Nr. 5 ZPO umgangen werden können, was er für nicht nachvollziehbar halte.[922] Er gibt zu bedenken, dass nicht normiert wird, wie die öffentliche Förderung aussieht, sodass die Gefahr bestünde, dass sachfremd ohne Kenntnis des Zuwendungsgebers über die Klagebefugnis entschieden wird.[923]

Dürr-Auster bezweifelt zudem, dass alleine die Förderung durch öffentliche Mittel die Gewähr dafür geben kann, dass die Gewährleistungen, für die die Voraussetzungen der Klagebefugnis geschaffen wurden, u.a. um den Missbrauch durch Abmahnvereine zu vermeiden, erfüllt werden.[924]

---

918 *Micklitz/Rott*, in: Rauscher/Krüger, MüKo ZPO, Bd. 2, § 4 UKlaG Rn. 24.

919 https://www.duden.de/rechtschreibung/ueberwiegend_Adverb_hauptsaechlich, zuletzt abgerufen am 13.9.2018.

920 In diese Richtung auch *Felgentreu/Gängel*, VuR 2019, 323 (327); *Rathmann*, in: Saenger, ZPO, § 606 Rn. 8.

921 *Dürr-Auster*, Die Qualifikation, S. 213 f.

922 *Schmidt-Kessel*, Stellungnahme, S. 9.

923 *Schmidt-Kessel*, Stellungnahme, S. 9.

924 *Dürr-Auster*, Die Qualifikation, S. 216.

Andererseits spricht sich der vzbv dafür aus, dass die Regelung aufgrund der weiteren Verengung durch die Voraussetzungen des § 606 Abs. 1 S. 2 ZPO der Klagebefugnis unbedingt erhalten bleiben müsse.[925]

Um zu verhindern, dass die Musterfeststellungsklage ein „zahnloser Papiertiger“ bleibt, ist dem vzbv insoweit zuzustimmen. Die Voraussetzungen zur Klagebefugnis sind streng gefasst worden. Ferner kommt eine strenge Interpretationslinie der Gerichte hinzu. So ist letztlich festzustellen, dass der vzbv selbst beispielsweise nur durch § 606 Abs. 1 S. 4 ZPO die Klagebefugnis erlangt.[926] Durch die Verschärfung, dass eine überwiegende Förderung vorliegen muss, wird auch die Vermutungsregelung insgesamt eingeschränkt. Eine entsprechende Angleichung des § 4 Abs. 2 S. 2 UKlaG ist im Gesetz zur Stärkung des fairen Wettbewerbs vorgesehen.[927] Diese Planung zeigt, dass der Gesetzgeber sich der diesbezüglichen Kritikpunkte bewusst ist.

7. Alternativen

a) Öffentlich-rechtliche Einrichtung zur Verfolgung

Innerhalb der Stellungnahmen der Verbände, die im Rahmen des Gesetzgebungsverfahrens abgegeben wurden, findet sich ein breites Spektrum an Kritik hinsichtlich der Regelungen für die Klagebefugnis. Während teilweise die Einräumung der Klagebefugnis bei den qualifizierten Einrichtungen begrüßt wird,[928] befürworten andere die Einrichtung einer öffentlichen Stelle in Form einer Behörde oder eines Ombudsmanns, angesiedelt beim Bundesamt für Justiz.[929]

Die Befürworter einer öffentlich-rechtlichen Institution argumentieren überwiegend mit deren neutraler Stellung und dem Ausschluss von Missbrauch.[930] *Woopen* führt an, dass die Begrenzung auf staatlich alimentierte Funktionsträger zudem die Gewähr dafür bietet, dass weder die Statik der

---

925 *Vzbv*, Eine für Alle-Musterfeststellungsklage in Sicht, S. 5.

926 *Röthemeyer*, BKR 2019, 300 (303 f.).

927 Dazu auch BT-Drs. 19/12084, S. 37 f. *Lutz*, in: Vorwerk/Wolf, BeckOK ZPO, § 606 Rn. 39.1.

928 *Netzwerk Compliance*, Anhörung, S. 1; *VPB*, Stellungnahme, S. 3.

929 *AG Mittelstand*, Positionspapier, S. 3; *BDIU*, Stellungnahme, S. 1; *bevh*, Stellungnahme, S. 2; *Die Deutsche Kreditwirtschaft*, Stellungnahme, S. 3; *HDE*, Stellungnahme, S. 5 f.

930 *Bevh*, Stellungnahme, S. 2.

Rechtsdurchsetzung durch kommerzielle Interessen beeinflusst, noch die Rechtspflege durch diese Interessen dauerhaft deformiert werden.[931] Die bestehenden Regelungen der Klagebefugnis seien nicht ausreichend, um Klagen aus rein finanziellen Eigeninteressen auszuschließen.[932] Durch eine öffentliche Institution werde gewährleistet, dass Klagen nur bei öffentlichen Interessen und nicht lediglich aus Reputationsgründen der Einrichtungen erfolgen.[933] Auch soll verhindert werden, dass für die Geschädigten nutzlose Klagen angestrengt werden, die lediglich für die Prozessverfolger gewinnbringend sind.[934] Außerdem zeugten die deutlich sinkenden Eingangszahlen bei den Zivilgerichten davon, dass die staatliche Rechtspflege insgesamt an Bedeutung verliere.[935] Dies kann zum einen den alternativen Streitbeilegungsmodellen geschuldet sein, zum anderen kann es aber auch ein Indiz dafür sein, dass die Rechtsverfolgung über die Justiz für den Bürger unerreichbar geworden sei.[936] Ein funktionierendes effektives staatliches Konfliktlösungsmodell soll dieser Problematik entgegentreten.[937]

931 *Woopen*, NJW 2018, 133 (135).

932 *BDIU*, Stellungnahme, S. 10; *Die Deutsche Kreditwirtschaft*, Stellungnahme, S. 3.

933 *Bevh*, Stellungnahme, S. 2.

934 *Woopen*, NJW 2018, 133 (135), der hier als Beispiel die US-Sammelklage eines amerikanischen Pharmakonzerns anführt, für den eine Entschädigungszahlung in Höhe von 486 Mio. US-Dollar ausgewiesen wurde, was 0,13 US-Dollar je Aktie entsprach. Nach Abzug der Verfahrenskosten und Kosten der Anwälte u.a., blieben nur 315 Mio. US-Dollar übrig.

935 Bundesamt für Justiz, Referat III 3, Geschäftsentwicklung der Zivilsachen in der Eingangs- und Rechtsmittelinstanz, Stand: 18.10.2018, https://www.bundesjustizamt.de/DE/SharedDocs/Publikationen/Justizstatistik/Geschaeftsentwicklung_Zivilsachen.html, zuletzt abgerufen am 3.12.2018. Dazu auch *Bruns*, NJW 2018, 2753 (2756); s. ferner das Vorhaben des BMJV *Kaufmann/Sehl*, BMJV bereitet Umfrage vor: Studie zu Klagerückgang an Zivilgerichten, https://www.lto.de/recht/justiz/j/justiz-klage-rueckgang-studie-bmjv-zivil-gericht-rechtsschutz-zugang-zum-recht/?utm_medium=email&utm_source=WKDE_LEG_NSL_LTO_Daily_EM&utm_campaign=wkde_leg_mp_lto_daily, zuletzt abgerufen am 8.8.2019; *Meller-Hannich/Nöhre*, NJW 2019, 2522 (2522); *Woopen*, NJW 2018, 133 (134).

936 *Wolf*, RIW 2019, 258 (267 f.), dazu, dass Deutschland ausreichend Ressourcen zur Bewältigung wirtschaftsrechtlicher Streitigkeiten fehlt; *Woopen*, NJW 2018, 133 (135).

937 *Woopen*, NJW 2018, 133 (136).

aa) Ombudsmann

Einerseits wird daher die Installierung eines Ombudsmanns vorgeschlagen, welcher beim Bundesamt für Justiz angesiedelt sein soll.[938] Die Einberufung eines privaten Ombudsmanns ist abzulehnen, denn dann ist es nicht nachvollziehbar, warum die sonstigen privaten Vereine ausgeschlossen werden und die Argumente, die für die Installierung einer neutralen Instanz vorgebracht werden, würden unterlaufen werden.[939] Um Parallelverfahren zu vermeiden, empfiehlt *Woopen*, nur einen Ombudsmann pro Mitgliedstaat zu installieren.[940] Dies ist für die Vermeidung divergierender Ergebnisse zu begrüßen. Außerdem werden so Probleme hinsichtlich der Zuständigkeit vermieden.

Allerdings stellt sich die Frage der praktischen Durchführbarkeit. Der Ombudsmann ist als niederschwellige, neutrale und vor allem unabhängige Stelle vorgesehen, daher muss ein leichter Zugang auch organisatorisch ermöglicht werden. Eine Konsultation des Ombudsmanns wäre wie die Konsultation von Verbänden für viele Bürger nur fernmündlich oder durch andere medialen Mittel möglich, da nicht davon ausgegangen werden kann, dass sie für ihr Begehren eine u.U. quer durch Deutschland führende Anreise in Kauf nehmen. Gleichwohl bleibt daher fraglich, ob ein Bewusstsein der Betroffenen zur Möglichkeit der Konsultation aufgrund der Distanz geschaffen werden kann. Sinnvoll wäre ein direkter ortsnaher Ansprechpartner.[941] Ebenso ist fraglich, inwiefern *eine Stelle* sich mit der erwarteten Masse an Fällen qualifiziert und zeitnah befassen kann.

Mit Hilfe des Ombudsmanns soll schon zeitlich vor dem teuren Gerichtsverfahren eine gütliche Einigung angestrebt werden.[942] Diese soll nicht aufgrund rufschädigender Presse erpresst werden, sondern durch die Erarbeitung einer strukturierten einvernehmlichen Lösung erfolgen.[943] Als unabhängige Instanz gewährleistet der Ombudsmann, dass die Klagen ausschließlich den Verbraucherinteressen dienen. Er selbst verfolgt keinerlei

---

938 *HDE*, Stellungnahme, S. 5 f.; *Wernicke*, in: Schäfer, Der Gesetzesentwurf, 7 (26); *Woopen*, NJW 2018, 133 (135).

939 Dazu, dass der Ombudsmann in Polen und Finnland zwingend öffentlich-rechtlich ist *Wernicke*, in: Schäfer, Der Gesetzesentwurf, 7 (27); *ders.*, Referat 72. DJT, K 37 (K 53).

940 *Woopen*, NJW 2018, 133 (135).

941 S. dazu die Ausführungen von *Guckelberger*, DÖV 2013, 613 (617).

942 *Woopen*, NJW 2018, 133 (135).

943 *Wernicke*, BB 11/2017, I; s.a. *ders.*, in: Schäfer, Der Gesetzesentwurf, 7 (26); *Woopen*, NJW 2018, 133 (136).

finanzielles Eigeninteresse. Seine Ermittlungen verlaufen daher sachlich neutral.[944] Zudem soll er eine Anlaufstelle für jedermann sein[945] und dabei als staatliche Einrichtung keine Gebühren verlangen.[946] Lediglich eine Sicherheitsleistung soll für den Fall des Unterliegens und der daraus entstehenden Entschädigungsverpflichtung gegenüber dem Antragsgegner erhoben werden.[947] Dem Zugang zum Ombudsmann sollen keine größeren Hürden entgegenstehen.

Seine Tätigkeit erstreckt sich auch darauf, die Verbraucher sachlich neutral zu beraten, ob ein Verfahren aussichtsreich und somit erstrebenswert ist,[948] was u.a. dann in Betracht kommt, wenn keine gütliche Einigung erzielt werden kann. Außerdem könnte er – wie in Dänemark – im Falle einer aussichtsreichen Klageerhebung zur Führung der Klage ermächtigt werden.[949] Es könnten neben der Feststellungsklage auch direkte Leistungsklagen ermöglicht werden.[950] Ein weiterer Vorteil des Ombudsmanns wird darin gesehen, dass er durch die Konsultation von Hilfesuchenden gleichzeitig den Markt beobachten und Erfahrungen über auftretende Probleme sammeln könnte.[951] Diese Kenntnisse könnte er unvoreingenommen gewichten und weiterleiten, um auf gesetzgeberischen Handlungsbedarf aufmerksam zu machen.[952] Die Bundesregierung müsste sich dann nicht mehr einzig auf private Einrichtungen verlassen.

---

944 *Wernicke*, BB 11/2017, I; *ders.*, in: Schäfer, Der Gesetzesentwurf, 7 (26); *ders.*, Referat 72. DJT, K 37 (K 50); *Woopen*, NJW 2018, 133 (136).

945 Vgl. *Wernicke*, in: Schäfer, Der Gesetzesentwurf, 7 (26); *Woopen*, NJW 2018, 133 (135); vgl. hinsichtlich des parlamentarischen Ombudsmanns *Guckelberger*, DÖV 2013, 613 (618).

946 Dazu, dass er zwar staatlich finanziert, aber kein staatlich beaufsichtigter privater Verbraucherschutzverband sein soll, *Wernicke*, in: Schäfer, Der Gesetzesentwurf, 7 (26); *Woopen*, NJW 2018, 133 (136).

947 *Woopen*, NJW 2018, 133 (136).

948 *Die Deutsche Kreditwirtschaft*, Stellungnahme, S. 3.

949 *Wernicke*, in: Schäfer, Der Gesetzesentwurf, 7 (26); *ders.*, Referat 72. DJT, K 37 (K 47).

950 *Wernicke*, in: Schäfer, Der Gesetzesentwurf, 7 (26).

951 *Wernicke*, in: Schäfer, Der Gesetzesentwurf, 7 (27); *ders.*, Referat 72. DJT, K 37 (K 50).

952 *Wernicke*, in: Schäfer, Der Gesetzesentwurf, 7 (27 f.).

bb) Koordinierung durch eine staatliche Behörde

Ebenfalls vorgeschlagen wird eine Art Koordinierung der Klagebefugnis durch eine staatliche Behörde. Dies erinnert an § 7 VSchDG.[953] Die staatliche Behörde soll in Form von (Rahmen-)Verträgen Dritte mit der Rechtsdurchsetzung beauftragen können.[954] Sie soll für einen befristeten Zeitraum mit einem privat organisierten Verband eine vertragliche Vereinbarung treffen, die diesen zur Klage befugt.[955] Die Klagebefugnis ist dem Vertragspartner exklusiv vorbehalten.[956] Die Behörde und der ausgesuchte private Verband arbeiten effektiv zusammen,[957] wobei die Behörde die Unabhängigkeit der Institution und die Verfolgung finanzieller Eigeninteressen kontrolliert.[958] Der Vertragspartner soll allein sachlich neutrale Ermittlungen durchführen und sich anhand dessen zur Einleitung eines Musterfeststellungsverfahrens entschließen.[959] Gleichzeitig wird die Expertise des Wirtschaftsverbands genutzt.[960] Die zeitliche Befristung gewährleistet, dass nach Ablauf der Frist ein neuer Vertragspartner ausgewählt werden kann, wenn die Unabhängigkeit des Vorgängers nicht mehr besteht.[961] Inwieweit an dem Vertragsverhältnis festgehalten werden muss, wenn der Vertragspartner bereits vor Fristablauf seine neutrale Haltung verliert, wird bisher nicht diskutiert. Sinnvoll erscheint dafür nur, dass es in Ausnahmefällen eine Art vorzeitiges Kündigungsrecht geben wird.[962] So werden unseriöse Vereine oder die dahinterstehenden Anwaltskanzleien von der Klage ausgeschlossen und nur zuverlässige Verbände zur Klageerhebung be-

953 *GDV*, Stellungnahme, S. 4; *Schmidt-Kessel*, Stellungnahme, S. 6; *Wettbewerbszentrale*, Anmerkungen zur Klagebefugnis; *Winkelmeier-Becker*, in: Schäfer, Der Gesetzesentwurf, 92 (106).

954 *HDE*, Stellungnahme, S. 6; *Wettbewerbszentrale*, Anmerkungen zur Klagebefugnis.

955 *GDV*, Stellungnahme, S. 4; *HDE*, Stellungnahme, S. 6; *Winkelmeier-Becker*, in: Schäfer, Der Gesetzesentwurf, 92 (106).

956 *GDV*, Stellungnahme, S. 4; *HDE*, Stellungnahme, S. 6; *Winkelmeier-Becker*, in: Schäfer, Der Gesetzesentwurf, 92 (106).

957 *HDE*, Stellungnahme, S. 6.

958 *HDE*, Stellungnahme, S. 6.

959 *HDE*, Stellungnahme, S. 6.

960 *Wettbewerbszentrale*, Anmerkungen zur Klagebefugnis.

961 *HDE*, Stellungnahme, S. 6.

962 *Schmidt-Kessel*, Stellungnahme, S. 26, in seinem Entwurf sieht er in § 606 Abs. 2 S. 2 ZPO ein Widerrufsrecht vor.

fugt.[963] Einen weiteren Vorteil sieht *Schmidt-Kessel* darin, dass Ad hoc-Gründungen dadurch ohne vierjährige Registrierungspflicht möglich wären.[964]

cc) Zwischenfazit zur Einführung öffentlich-rechtlicher Einrichtungen

Hinsichtlich des Ombudsmanns stellt sich die Frage der Praxistauglichkeit. Je nachdem, wo er seinen Sitz hat, wird eine Kontaktierung durch die Betroffenen schwierig. Eine Installation mehrerer Ombudsleute birgt die Gefahr, sich unterscheidender Entscheidungen, was ebenfalls nicht gewünscht sein kann. Es bleibt darüber hinaus auch fraglich, ob der Staat sich bei rein privaten Angelegenheiten überhaupt „einmischen“ soll und muss. Aufgrund der Privatautonomie ist es nicht Aufgabe des Staates, private Ansprüche durchzusetzen.[965] Die Begrenzung der Klagebefugnis auf Verbraucherverbände hat sich im deutschen Rechtssystem etabliert. [966] Für Musterfeststellungsklagen erfolgt solch eine Begrenzung auf eine überschaubare Anzahl registrierter und staatlich finanzierter Einrichtungen, für die § 606 Abs. 1 ZPO strenge Voraussetzungen enthält. Verbände sind insofern vertrauenswürdig, seriös und uneigennützig.[967] Auch wenn die Neutralität des Ombudsmanns für ihn spräche, so wäre diese geplante Vorgehensweise ein deutliches Novum innerhalb der deutschen Rechtsordnung für die Durchsetzung zivilrechtlicher Ansprüche. Bisher etabliert wurde der Europäische Bürgerbeauftragte sowie diverse Bürgerbeauftragte auf Ebene der Länder, deren Handeln sich jedoch gegen Verwaltungstätigkeiten richtet.[968] Zur Einführung eines bundesweiten parlamentarischen

---

963 *HDE*, Stellungnahme, S. 6; *Wettbewerbszentrale*, Anmerkungen zur Klagebefugnis.

964 *Schmidt-Kessel*, Stellungnahme, S. 6.

965 *Scholl*, ZfPW 2019, 317 (333). Vgl. dazu allgemein *Becker*, NVwZ 2019, 1385.

966 In diese Richtung *Kilian*, ZRP 2018, 72 (74).

967 *Meller-Hannich*, Gutachten A 72. DJT, A 76.

968 Ausführlich dazu *Guckelberger*, DÖV 2003, 829, insbesondere S. 834 ff.; *dies.*, DÖV 2013, 613, s. zudem die Beschreibung auf S. 615: "Konzept einer unabhängigen, leicht zugänglichen und sanften Kontrolle der Verwaltung durch eine hoch angesehene Persönlichkeit". Bisher existiert auf Bundesebene nur der Wehrbeauftragte des Bundestages gemäß Art. 45b GG. S. auf Landesebene: Baden-Württemberg, Gesetz über die Bürgerbeauftragte oder den Bürgerbeauftragten des Landes Baden-Württemberg v. 23.2.2016, GBl. 2016, 151; Mecklenburg-Vorpommern, Art. 36 LVerf, Gesetz zur Behandlung von Vorschlägen, Bitten und Beschwerden der Bürger sowie über den Bürgerbeauftragten des Landes

Ombudsmanns konnte man sich zum jetzigen Zeitpunkt noch nicht durchringen.[969] Darüber hinaus gibt es einen Versicherungsombudsmann, der indes privatrechtlich als eingetragener Verein organisiert ist, s. dazu § 1 VomVO (Verfahrensordnung des Versicherungsombudsmanns). Die im deutschen Recht existierenden Ombudsleute haben im jeweiligen Rechtsgebiet nur eine zusätzliche Möglichkeit zur Rechtserlangung. Sie stehen neben den gerichtlichen Rechtbehelfen. Durch die Einführung eines Ombudsmanns kann es so zu einer Parallelität von Verfahren über dieselben Streitgegenstände sowohl vor Ombudsleuten, als auch vor Gericht kommen, jeweils mit der Gefahr divergierender Entscheidungen und einer Zersplitterung des Rechts. Das Verhältnis zu gerichtlichen Entscheidungen müsste daher klar geregelt werden, ohne den Justizgewähranspruch des Einzelnen zu beschneiden. Ein öffentlich-rechtlicher Ombudsmann zur Durchsetzung privatrechtlicher Interessen bei gleichzeitigem Ausschluss eines gerichtlichen Verfahrens existiert nicht, sodass sich Probleme bei der Einordnung des Modells in die deutsche Rechtsordnung stellen. Das Hauptproblem befindet sich sodann in der gesetzlichen Ausgestaltung der Ombudstätigkeit. Es müsste entschieden werden, wie weit die Befugnisse des Ombudsmanns reichen, ob er eine Klagemöglichkeit erhält oder nicht. Die Installierung eines Ombudsmanns ist daher insgesamt abzulehnen.

Ein wesentlicher Nachteil der Koordinierung durch eine Behörde liegt in der stärkeren behördlichen Kontrolle der klagebefugten Einrichtungen, besonders der Verbraucherzentralen und anderer zivilgesellschaftlicher

---

Mecklenburg-Vorpommern v. 5.4.1995, GVOBl. M-V 1995, S. 150; Rheinland-Pfalz, Landesgesetz über den Bürgerbeauftragten des Landes Rheinland-Pfalz und den Beauftragten für die Landespolizei v. 3.5.1974, GVBl. 1974, 187; Schleswig-Holstein, Gesetz über die Bürgerbeauftragte oder den Bürgerbeauftragten für soziale Angelegenheiten des Landes Schleswig-Holstein und die Beauftragte oder den Beauftragten für die Landespolizei Schleswig-Holstein v. 15.1.1992, GVOBl. Schl.-H., S. 42; Thüringen, Thüringer Gesetz über den Bürgerbeauftragten v. 15.5.2007, GVBl. S. 54. In Bayern wurde kommissarisch ein Bürgerbeauftragter ernannt, eine gesetzliche Ausgestaltung findet sich im Gesetz über die Beauftragten der Bayerischen Staatsregierung v. 25.3.2019, GVBl., S. 48. In Berlin soll ebenso ein Bürgerbeauftragter kommen, *Fröhlich*, Berlin bekommt unabhängigen Polizeibeauftragten, tagesspiegel v. 29.11.2019, https://www.tagesspiegel.de/berlin/ansprechpartner-bei-missstaenden-berlin-bekommt-unabhaengigen-polizeibeauftragten/25276874.html, zuletzt abgerufen am 3.1.2020.

969 *Guckelberger*, DÖV 2013, 613. Dazu Wissenschaftliche Dienste, Bundestag, Sachstand – Konzept eines „Bürgeranwalts“ auf Bundesebene, https://www.bundestag.de/resource/blob/475606/705ee4610cd603aa015e186602 c68d82 /WD-3-188-16-pdf-data.pdf, zuletzt abgerufen am 25.9.2019.

Einrichtungen.[970] Der Erfolg der Regelung steht und fällt mit den qualifizierten Einrichtungen, die sich vertraglich an die von einer Behörde vorgegebenen Anforderungen binden. Für den Verband scheint das exklusive Klagerecht attraktiv, allerdings setzt er sich so einer intensiven Kontrolle der Behörde aus. Dieses Risiko wird ein Verband nicht uneigennützig eingehen, sodass davon auszugehen ist, dass er, wenn er sich dazu verpflichtet, in einer gewissen Art und Weise auch eigene Interessen verfolgen wird. Die sachliche Neutralität muss dabei zumindest bezweifelt werden.

Außerdem stellen sich möglicherweise verfassungsrechtliche Bedenken. Wenn nur wenigen Verbänden ein Klagerecht gewährt wird, könnten andere ohne sachlichen Grund ungleich behandelt werden, vgl. Art. 19 Abs. 3 i.V.m. Art. 3 Abs. 1 GG. Dies erschwert die Auswahl der Verbände. Sie hat mit höchstmöglicher Sorgfalt zu erfolgen. Gleichzeitig bietet die Auswahl der klagebefugten Einrichtungen weitere Angriffsmöglichkeiten hinsichtlich der Verfahren, die selbige verzögern können.

Ferner ist zu beachten, dass die Musterfeststellungsklage insgesamt ein niederschwelliges Rechtsbehelfsinstitut sein soll, das gerade darauf angelegt ist, möglichst viele Betroffene zu mobilisieren und deren Lethargie zu überwinden. Eine staatliche Beteiligung an der Rechtsverfolgung kann die Beteiligung der Verbraucher gleichwohl beeinträchtigen. Im VW-Abgasskandal hat sich gezeigt, dass die Verbraucher das Vertrauen in die Bundesregierung und die ihr untergeordneten Behörden verloren haben.[971] Sogar die Rolle des TÜVs als staatlich unabhängige Stelle gab Anlass für Vertraueneinbußen.[972] Die Rechtsverfolgung in die Hände staatlicher Behörden zu legen, könnte somit dazu führen, dass die Betroffenen sie wiederum nicht nutzen. Sie wären ineffektiv.

Abschließend kann keines der beiden Modelle überzeugen. Insbesondere dadurch, dass sie von den üblichen Rechtsdurchsetzungsmodellen der

---

970 *Schmidt-Kessel*, Stellungnahme, S. 6.

971 *Bratzel*, Der Abgasskandal und die Vertrauenskrise im Automobilmarkt – Ursachen, Lösungen und Auswirkungen auf den Verbraucher, S. 21, https://www.vzbv.de/sites/default/files/downloads/2018/09/13/cam_gutachten_vertrauenskrise_im_automobilmarkt_v1.1.pdf, zuletzt abgerufen am 3.11.2019; *Ehni*, Vertrauen in Autoindustrie schwindet, tagesschau v. 10.8.2017, https://www.tagesschau.de/inland/deutschlandtrend-867.html, zuletzt abgerufen am 3.11.2019.

972 *Peitsmeier*, Vertrauensfrage, https://www.faz.net/aktuell/wirtschaft/auto-verkehr/nach-dem-abgasskandal-steht-das-vertrauen-in-den-tuev-auf-dem-spiel-13965783.html, zuletzt abgerufen am 3.11.2019; *Rogert/Ulbrich*, Diesel Abgasskandal – Sabotieren deutsche Prüfanstalten die gerichtliche Überprüfung der Funktionsweise von Abschalteinrichtungen und Softwareupdates?, https://www.presseportal.de/pm/119896/3716501, zuletzt abgerufen am 3.11.2019.

deutschen Rechtsordnung signifikant abweichen, ist es zunächst begrüßenswert, dass ein Modell entwickelt wurde, das sich in den üblichen Rahmen einfügt. Außerdem muss schlussendlich festgestellt werden, dass sich der Gesetzgeber gegen diese Möglichkeiten entschieden hat. Ein Zurückrudern ist hier sehr abwegig.

b) Einbeziehung von Industrie- und Handelskammern sowie Handwerkskammern

Die Einräumung eines Klagerechts für Industrie- und Handelskammern[973] ist innerhalb der deutschen Rechtsordnung kein Novum. So bestimmt § 12 HwO, dass den Industrie- und Handelskammern der Verwaltungsrechtsweg gegen Entscheidungen über die Eintragung eines ihnen angehörigen Gewerbetreibenden in die Handwerksrolle offen steht. Hintergrund ist, dass die Entscheidung über die Eintragung eines ihnen angehörenden Gewerbetreibenden auch sie in ihren eigenen körperschaftlichen Rechten beeinträchtigten kann, z.B. durch ausfallende Mitgliedsbeiträge.[974]

Im Laufe des Gesetzgebungsverfahrens der Musterfeststellungsklage wurde ebenso an die Einräumung der Klagebefugnis für Industrie- und Handelskammern sowie der Handwerkskammern gedacht. Anlass dazu gab vor allem der RefE, der die Klagebefugnis neben qualifizierten Einrichtungen im Sinne des § 4 UKlaG und solchen Einrichtungen, die im Verzeichnis der Kommission nach Art. 4 RL 2998/22/EG des Europäischen Parlaments und des Rates vom 23.4.2009 aufgeführt sind (Nr. 1) auch auf die Industrie- und Handelskammern und Handwerkskammer (Nr. 2) erstreckte.[975] Die Industrie- und Handelskammern sowie die Handwerkskammern sollten schon aufgrund ihrer Verfassung eine erhöhte Gewähr für einen verantwortungsvollen Umgang mit der Klagebefugnis bieten, deshalb sind auch sie in den Kreis der Klagebefugten aufgenommen worden. Ursprünglich sah man darin eine ausreichende Beschränkung, um missbräuchliche Klagen auszuschließen.[976]

Bereits im DiskE wurde die zweifache Untergliederung des § 607 RefE gestrichen. Industrie- und Handelskammern sowie die Handwerkskammern wurden von der Klagebefugnis exkludiert. Diese weitere Beschrän-

---

973 Allgemein zu den Industrie- und Handelskammern *Neurath*, DÖV 2019, 513.
974 *Knörr*, in: Honig/ders./Thiel, HwO, § 12 Rn. 6; *Leisner*, HwO, § 12 Rn. 8.
975 *Weber/van Boom*, VuR 2017, 290 (291); *DAV*, Stellungnahme 14/2017, S. 3 f.
976 RefE, S. 15.

kung erfolgte im Sinne des Verbraucherschutzes und soll vor allem sachwidrige und missbräuchliche Musterfeststellungsklagen vermeiden.[977] Daher würden solche Organisationen zur Klage befugt, die aufgrund ihrer bisherigen Tätigkeit bewiesen haben, dass sie eine sachgerechte Aufgabenerfüllung bieten.[978] Noch ein Jahr zuvor wurde genau dies auch für die Industrie- und Handelskammern sowie die Handwerkskammern angenommen.[979]

Paradox erscheint, dass nun ausländische Handwerkskammern, sofern sie national zur Klage befugt sind und in die Liste der Kommission eingetragen wurden, klagebefugt sind, die deutsche Handwerkskammer es jedoch nicht ist.[980] *Meller-Hannich* stellt diesbezüglich dennoch fest, dass dieser Ausschluss nicht weiter problematisch ist, da bislang noch nicht spürbar ist, dass die genannten deutschen Kammern an anderer Stelle klagebefugt sind.[981] Teilweise werden Angelegenheiten zur klageweisen Durchsetzung an die Wettbewerbszentralen weitergeleitet.[982] Bedenken liefern auch mögliche Interessenskonflikte und Eingriffe in die Neutralitätspflichten der Kammern.[983] Ferner sind die Vertreter der DIHK selbst gegen eine Einräumung der Klagebefugnis, denn sie liegt nicht im Sinne ihrer Aufgabentätigkeit.[984] So führt *Wernicke* als Chefjustiziar des DIHK an, dass der Wettbewerbsschutz die von den Industrie- und Handelskammern mitgetragene Wettbewerbszentrale wahrnehme.[985] Sie in den Kreis der Klagebefugten einzubeziehen, erscheint daher nicht zielführend. Wenn sie selbst es nicht wünschen, werden sie das Institut auch nicht im geforderten Umfang nutzen.

---

977 DiskE, S. 12.

978 DiskE, S. 15.

979 S. dazu *Kutschaty*, ZRP 2017, 27 (28).

980 *Meller-Hannich*, Gutachten A 72. DJT, A 37, 49; *Merkt/Zimmermann*, VuR 2018, 363 (366); *Weinland*, MFK, Rn. 50.

981 *Meller-Hannich/Höland*, Evaluierung, S. 54, 56; *Meller-Hannich*, Gutachten A 72. DJT, A 49, 79.

982 *Meller-Hannich*, Gutachten A 72. DJT, A 79.

983 *DAV*, Stellungnahme 14/2017, S. 4 f.; *Habbe/Gieseler*, GWR 2018, 227 (228); *Kilian*, ZRP 2018, 72 (73); OVG NRW, Beschl. v. 26.5.2010 – 17 A 2617/08, Rn. 6, juris, dazu, dass das Neutralitätsgebot aus § 1 Abs. 1 IHKG es erfordert, dass die Wahrnehmung des Gesamtinteresses ihren Angehörigen sowie den Interessen aller Berufssparten zugute kommen soll.

984 *Kilian*, ZRP 2018, 72 (73); *Wernicke,* Referat 72. DJT, K 37 (K 52).

985 *Wernicke,* Referat 72. DJT, K 37 (K 53).

c) Erweiterung der klagebefugten Verbände

Eine andere Frage stellt sich indes hinsichtlich der Einbeziehung von Verbänden, die gewerbliche oder selbstständig berufliche Interessen verfolgen.

Neben den Verbrauchern als geschädigte Personengruppe kommen auch kleinere oder mittlere Unternehmen (nachfolgend KMU) sowie der „private Jedermann“ in Betracht.[986] Die Rechtsschutzdefizite, die dadurch entstehen, dass es keine kollektive Klagemöglichkeit in Deutschland gibt, bestehen auch gegenüber diesen anderen Personengruppen.[987] Ein Massenschadensereignis differenziert nicht danach, ob der Geschädigte Verbraucher oder Unternehmer ist, ob die Investition in einen Fonds von einem Privatanleger oder institutionellen Anleger getroffen wird.[988] Auch findet keine Differenzierung bei kartellrechtswidrigen Geschäftspraktiken statt. Sie treffen Verbraucher, aber auch Konkurrenten und gewerbliche Abnehmer gleichermaßen.[989] Neben vertraglichen Ansprüchen werden gleichzeitig Ansprüche aus Deliktsrecht relevant.[990] Diese entstehen als gesetzliche Schuldverhältnisse unabhängig der Einteilung der §§ 13, 14 BGB. Gleiches gilt in Fällen der Produkthaftung.[991] Nicht zu vernachlässigen ist zudem, dass jede weitere Einschränkung, Abgrenzungsprobleme nach sich zieht, was im schlimmsten Fall zur Ineffektivität der kollektiven Klage führt, wenn sie aufgrund der Unklarheiten niemand nutzt.[992] Die geschädigten Unternehmer z.B. Handwerker, die manipulierte VWs als Firmenwagen nutzen, müssen jeweils eine eigenständige Klage erheben, die mangels Bündelung, unterschiedliche Gerichte erreichen bzw. nicht einheitlich entschieden werden können.[993] Parallel dazu könnte es dann ein Muster-

---

986 *Meller-Hannich*, Gutachten A 72. DJT, A 35; *Vollkommer*, MDR 2018, 497 (498). Zum einzelnen Betroffenen s. nachfolgend unter d.

987 *Halfmeier*, ZRP 2017, 201 (202); *Klever/Schwamberger*, GVRZ 2019, 4 (Rn. 14); *Meller-Hannich*, Gutachten A 72. DJT, A 35; *Rother*, Referat 72. DJT, K 23 (K 32); *Rotter*, VuR 2019, 283 (286); *Scholl*, ZfPW 2019, 317 (338).

988 *Halfmeier*, ZRP 2017, 201 (202); *Meller-Hannich*, Gutachten A 72. DJT, A 33; *Scholl*, ZfPW 2019, 317 (339); *Vollkommer*, MDR 2018, 497 (498) m.w.Bsp.

989 *Meller-Hannich*, Gutachten A 72. DJT, A 33.

990 S. exemplarisch für VW-Fälle *Harke*, VuR 2017, 83; *Heese*, NJW 2019, 257; *ders.*, VuR 2019, 123; *Legner*, VuR 2018, 251; *Riehm*, NJW 2019, 1105; *Vollkommer*, MDR 2018, 497 (498).

991 *Meller-Hannich*, Gutachten A 72. DJT, A 34.

992 *Meller-Hannich*, Gutachten A 72. DJT, A 34. Allgemein dazu auch *Rotter*, VuR 2019, 283 (284).

993 In diese Richtung *Krausbeck*, DAR 2017, 567 (569 f.); *Scholl*, ZfPW 2019, 317 (338 f.); *Stadler*, in: Musielak/Voit, ZPO, § 148 Rn. 9a.

feststellungsverfahren der Verbraucher geben. Eine unmittelbare Bezugnahme der Unternehmer darauf, bleibt ihnen jedoch verwehrt.

Etwas Abmilderung schafft die Erweiterung des § 148 ZPO um einen zweiten Absatz.[994] Demnach können Unternehmer die Aussetzung ihres Verfahrens verlangen, um so die Entscheidung des Feststellungsprozesses zu berücksichtigen.[995] Dies könnte zumindest widersprüchlichen Entscheidungen vorbeugen, allerdings darf nicht verkannt werden, dass vor der Aussetzung stets eine Ermessensentscheidung des Gerichts zu erfolgen hat, was erneut einen ungewissen Prozess schafft.[996] Auch im Falle einer Aussetzung werden Ressourcen der Gerichte benötigt, wie eigenständige Beweisaufnahmen, oder Gutachten verschiedener Entscheider, und letztlich entsteht eine individuelle Entscheidung inter partes, die trotz materiellrechtlicher Identität abweichend ausfallen kann.[997] Dies führt zu Unzufriedenheit und läuft dem Gedanken der Einführung einer breiten, effektiven, kollektiven Klage zuwider.

Die Intention der Einräumung von kollektivem Rechtsschutz bleibt unverändert, wenn neben Verbrauchern den Gewerbetreibenden Rechtsschutz eingeräumt wird. Auch letztere stehen u.U. in wirtschaftlicher Abhängigkeit zu einem größeren Unternehmen.[998] Ein marktverzerrendes Verhalten Dritter kann die Interessen der KMU gleichermaßen tangieren.[999] Eine Klärung der Rechts- und Tatsachenfragen ist ebenso im Interesse der Allgemeinheit. Außerdem dient die Androhung der Klage gleichwohl der Prävention. Vor diesem Hintergrund erscheint es sinnvoll, den Klägerkreis zu erweitern.[1000]

994 Dazu C I 5.

995 *Stadler*, in: Musielak/Voit, ZPO, § 148 Rn 9a.

996 Allgemein zur Prozessökonomie *Rotter*, VuR 2019, 283 (286). S. dazu *Stadler*, in: Musielak/Voit, ZPO, § 148 Rn. 9a, die aufgrund des Normzwecks dafür plädiert, dass das Gericht dem Antrag in der Regel stattgeben sollte; *Scholl*, ZfPW 2019, 317 (338). *Mendgen*, NZKart 2018, 398 (400), kein Berufen auf die Bindungswirkung.

997 Dazu C I 5, identisch nur der Haftungsgrund nicht die Haftungsausfüllung.

998 *Meller-Hannich*, Gutachten A 72. DJT, A 33.

999 *Wettbewerbszentrale*, Anmerkungen zur Klagebefugnis, S. 2; *Halfmeier*, ZRP 2017, 201 (202); *Krausbeck*, DAR 2017, 567 (569).

1000 *Meller-Hannich*, Gutachten A 72. DJT, A 33, 80; *Merkt/Zimmermann*, VuR 2018, 363 (365). Dieser Ansicht ebenfalls folgend *Scholl*, ZfPW 2019, 317 (339).

Sichtbar wird dies u.a. auch daran, dass sich die Wettbewerbszentrale als besonders klageaktiv zeigt.[1001] Sie aus dem Klägerkreis auszuschließen, kann dazu führen, dass einige Verstöße mangels Rechtsverfolger ungeahndet bleiben.[1002] Neben den Berufs- und Wettbewerbsverbänden sind auch rechtsfähige Verbände zur Förderung gewerblicher oder selbstständiger Interessen, in Deutschland 5000 an der Zahl, von der Klage ausgeschlossen.[1003] Die Musterfeststellungsklage wird damit insgesamt an eine einengende Voraussetzung geknüpft, die ggf. dazu führen kann, dass sie weniger genutzt werden wird. Hier sollte der Gesetzgeber nachjustieren.

Als Orientierungshilfe kann der Gesetzentwurf über die Einführung eines Gesetzes zur Stärkung eines fairen Wettbewerbs dienen.[1004] Hier wird in § 8a UWG-E der Begriff des qualifizierten Wirtschaftsverbandes eingeführt.[1005] Ähnlich wie für die qualifizierten Einrichtungen ist für gewerbliche oder selbstständig berufliche Interessen verfolgende Verbände die Eintragung in eine Liste vorgesehen, welche die Erfüllung kumulativer Voraussetzungen verlangt. Die konkreten Anforderungen an die Verbände reichen über die Mindestmitgliederzahl, Dauer des Bestandes, den Aufgabenbereich bis hin zur Finanzierung, § 8a Abs. 2 UWG-E. Die Eintragung in die Liste ist sodann das Eingangstor, um Klagen nach dem UWG bzw. dem UKlaG erheben zu können, § 8 Abs. 3 Nr. 2 UWG-E, § 3 Abs. 1 S. 1 Nr. 2 UKlaG-E.[1006] Diese Voraussetzungen sollen mögliche Abmahnvereine herausfiltern und insgesamt missbräuchliche Klageerhebungen vermeiden.[1007] Da wie eben festgestellt auch die Klagebefugnis im Rahmen der Musterfeststellungsklage erweitert werden sollte, könnte ebenso wie für das UWG und UKlaG für die Musterfeststellungsklage neben dem Begriff der qualifizierten Einrichtung der Begriff des qualifizierten Wirtschaftsverbandes eingeführt werden. Die Vorgehensweise des Gesetzgebers an anderer Stelle zeigt, dass der Rolle dieser Verbände durchaus Relevanz zukommt, gleiches sollte auch für die Musterfeststellungsklage gelten. Der Gesetzentwurf bietet hier erste Anknüpfungspunkte.

1001 Vgl. *Gillner*, in: Wettbewerbszentrale, Jahresbericht 2017, 19 (19), wonach die Wettbewerbszentrale jährlich tausende Beschwerden erreichen und 10% davon in Erhebung einer Klage enden. *Dürr-Auster*, Die Qualifikation, S. 252; *Meller-Hannich*, Gutachten A 72. DJT, A 49, 79; dies./*Höland*, Evaluierung, S. 62 f.

1002 *Meller-Hannich*, Gutachten A 72. DJT, A 34.

1003 *Meller-Hannich*, Gutachten A 72. DJT, A 79.

1004 BT-Drs. 19/12084.

1005 Dazu auch BT-Drs. 19/12084, S. 7 f., 26.

1006 Dazu auch BT-Drs. 19/12084, S. 7 f., 12, 26.

1007 BT-Drs. 19/12084, S. 1, 19 f.

d) Klagebefugnis losgelöst von der Verbandszugehörigkeit

Die reine Beschränkung auf qualifizierte Einrichtungen hält der DAV für unzureichend. Eingebettet in den historischen Kontext lässt sich die Beschränkung des Kreises der Klagebefugten auf Verbände damit erklären, dass Verbände Vertrauen genießen und Seriosität ausstrahlen sowie das eigene Gewinnstreben hintanstellen.[1008] Außerdem wird damit eine übersichtliche Zahl an Klagebefugten ausgewiesen, welche gleichfalls staatlich mitfinanziert sind.[1009] Dennoch geht es in der Konstellation der Massenschäden auch um individuell Geschädigte, unabhängig von einer Verbandszugehörigkeit.[1010]

U.a. der DAV sprach sich daher für eine Klagebefugnis einzelner Betroffener aus. Dafür können die Erfahrungen aus dem KapMuG angeführt werden, welche zeigen, dass auch der betroffene Individualkläger und sein Prozessbevollmächtigter zur sachgerechten Vertretung von kollektiven Interessen fähig sind.[1011] Es wird daher gefordert, die Klagebefugnis zu erweitern.[1012] Bei konkurrierenden Musterklagen soll dem Gericht entsprechend dem § 9 Abs. 2 KapMuG ein Auswahlrecht zustehen, um zu entscheiden, wer zur Prozessführung am geeignetsten ist.[1013] *Kilian* gibt zudem zu bedenken, dass rational handelnde Kläger nur dann klagen, wenn es auch Aussicht auf ein Obsiegen der Klage gibt.[1014] Skepsis hinsichtlich sachwidriger oder missbräuchlicher Klagen, weshalb Verbraucherverbände vorzuziehen wären, seien hier unbegründet, da bei Erhebung einer aussichtsreichen Klage nicht von „Missbrauch" gesprochen werden könne.[1015] *Meller-Hannich* sieht in der Beschränkung der Klagebefugnis ferner einen Verzicht auf Effizienzvorteile im Zivilverfahren.[1016]

Als Negativbeispiel für einen ineffektiven Rechtsbehelf werden auch die Erfahrungen Frankreichs angeführt. So musste der Gesetzgeber in Frankreich bereits 2016 nachjustieren und den Klagebefugtenkreis erweitern.[1017] Durch eine Evaluierung seiner zwei Jahre zuvor eingeführten action de

---

1008 *Dies.*, Gutachten A 72. DJT, A 76.
1009 *Meller-Hannich*, Gutachten A 72. DJT, A 76.
1010 *Meller-Hannich*, Gutachten A 72. DJT, A 76 f.
1011 *BRAK*, Stellungnahme Nr. 32, S. 4 f.; *DAV*, Stellungnahme 20/2018, S. 8.
1012 *DAV*, Stellungnahme 20/2018, S. 8.
1013 *DAV*, Stellungnahme 20/2018, S. 8. S.a. *Rotter*, VuR 2019, 283 (291).
1014 *Kilian*, ZRP 2018, 72 (73).
1015 *Halfmeier*, ZRP 2017, 201 (202); *Kilian*, ZRP 2018, 72 (73).
1016 *Meller-Hannich*, Gutachten A 72. DJT, A 50.
1017 *Stadler*, JZ 2018, 793 (801).

groupe wurde die Effizienz dieser Klage aufgrund der beschränkten Klagebefugnis auf Verbraucher in Frage gestellt.[1018] Gleiches sollte für Deutschland von vornherein vermieden werden.

Schließlich steht und fällt der Gedanke der Verbandsklage mit den sich tatsächlich bereiterklärenden Verbänden, diese auch nutzen zu wollen.[1019] Für die Verbände existiert kein eigener finanzieller Anreiz zur Klageerhebung.[1020] Als Antrieb bleiben lediglich ideelle Interessen und das Prestige.[1021] Gibt es keine Verbände, die eine Musterfeststellungsklage einlegen, bleibt den Verbrauchern letztlich nur der Weg über die Individualklage. *Stadler* weist darauf hin, dass die deutschen Verbraucherverbände zwar gut ausgestattet sind, aber eine solche Klage, die flächendeckend alle Fälle erfassen soll, nur durch Aufstockung sowohl ihrer personellen als auch ihrer finanziellen Ressourcen durchführbar ist.[1022] Sie erwartet eine inhaltliche Überforderung der Verbände.[1023] Außerdem beschränkt sich das zu erreichende Ergebnis lediglich auf Feststellung, was für den Verband zunächst zumindest aus finanzieller Hinsicht keinen Anreiz darstellt.[1024] Dies spricht dafür, dass die Klageaktivität der Verbände anzuzweifeln wäre. Da das Prozess- und Kostenrisiko auf den Kläger fällt, muss unabhängig von der Verbandsklagezugehörigkeit davon ausgegangen werden, dass keine unseriösen Klagen erhoben werden.[1025] Auch vermag das Argument von *Klever/Schwamberger*, dass Prozessfinanzierer bei riskanten Klagen die Beteiligungsquote bei Obsiegen erhöhen könnten, nicht zu überzeugen.[1026] Im Falle eines Unterliegens kommt dem Prozessfinanzierer, ob mit oder ohne höher vereinbarter Gewinnbeteiligung, nichts zu. Die Vereinbarung einer höheren Beteiligung hilft dem Prozessfinanzierer nur bei Obsiegen. Wenn die Klageerhebung jedoch riskant ist, ist folglich auch das Obsiegen riskant, sodass der Verband eher davon absehen wird. Dies erscheint lukra-

---

1018 *Meller-Hannich*, Gutachten A 72. DJT, A 34 und in Fn. 97 auf den Evaluationsbericht hinweisend, der jedoch nicht mehr online abrufbar ist.

1019 *Felgentreu/Gängel*, VuR 2019, 323 (330); *Rotter*, VuR 2019, 283 (291) unter Hinweis darauf, dass eine dreifache Exklusivität besteht. Es dürfen erstens nur qualifizierte Einrichtungen klagen, zweitens davon nur eine und drittens kann nur diese Einfluss auf den Prozess nehmen.

1020 *Merkt/Zimmermann*, VuR 2018, 363 (367).

1021 S. dazu *Budras*, VW-Opfer, FAS v. 22.9.2019, S. 33, zitiert die Aussage eines beteiligten Anwalts, der angibt, dass sie unter dem Mindestlohn arbeiten.

1022 *Stadler*, JZ 2018, 793 (801).

1023 *Stadler*, JZ 2018, 793 (801); *Vogt*, Bucerius Law Journal 2 (2017), 131 (136).

1024 *VPB*, Stellungnahme, S. 3 f.

1025 *Meller-Hannich*, Gutachten A 72. DJT, A 76.

1026 *Klever/Schwamberger*, GVRZ 2019, 4 (Rn. 49).

tiver, denn gegenüber stehen sich zwar einerseits die Aussicht auf einen erhöhten Gewinn, andererseits aber auch das erhöhte Risiko des Verlustes und damit verbundene Ersatzklagen als Annex.

Außerdem weist *Kilian* darauf hin, dass die qualitativen Anforderungen an die Verbandskläger durchaus durch vorgeschobene Verbandsgründungen von profitorientierten Anwaltskanzleien erfüllt werden können.[1027] Auch wird ein Konkurrenzkampf unter den Verbänden um die Führungsposition nicht auszuschließen sein.[1028] Zudem erscheint fraglich, ob die Verbände angesichts möglicher Regressansprüche der Verbraucher den Schritt einer Klageerhebung wagen.[1029] Es spricht daher auch einiges für die Erweiterung der Klagebefugnis, losgelöst von einem Verband.

Jedoch darf nicht vergessen werden, dass die Begrenzung auf Verbände eine gewisse Kontrolle schafft. Die Klage durch Verbände ist dem deutschen Recht bereits bekannt.[1030] Diese Vorgehensweise legitimiert sich u.a. aus dem Nutzen des Fachwissens der Verbände und andererseits aus der engen Verbindung eines Verbandes zu den Betroffenen.[1031] Verbände unterliegen strengen und kontrollierbaren Kriterien. Ad hoc-Gründungen sind zwar aufgrund der Flexibilität und ggf. als Reaktion auf ein bestimmtes Ereignis vorteilhaft, aber ebenso sind sie schwierig zu überwachen. Gerade vor dem Hintergrund, dass das Rechtsinstitut der Musterfeststellungsklage neu ist, und vor allem in der Literatur hohe Skepsis hinsichtlich der möglicherweise damit verbundenen drohenden Gefahren besteht,[1032] scheint eine Begrenzung auf Verbände ein zumindest für den Anfang verständlicher Kompromiss. Durch die Erweiterung der Klagebefugnis auch auf gewerbliche Verbände würde allen potentiellen Betroffenen ermöglicht werden, sich einem klagenden Verband anzuschließen.

1027 *Kilian*, ZRP 2018, 72 (73).

1028 *Kilian*, ZRP 2018, 72 (73). Zur Mitgliederwerbung *VDA*, Position zum BMJV-Entwurf, S. 5.

1029 *Witte/Wetzig*, WM 2019, 52 (53).

1030 *Gsell/Meller-Hannich/Stadler*, NJW-aktuell 5/2016, 14 (14). S. das Thesenblatt von *v. Bernstorff*, Tagung der Vereinigung der Deutschen Staatsrechtslehrer Marburg 2019 hinsichtlich der Rollen der Nichtregierungsorganisationen.

1031 So das Thesenblatt von *v. Bernstoff*, Tagung der Vereinigung der Deutschen Staatsrechtslehrer Marburg 2019.

1032 Nur exemplarisch *Stadler*, VuR 2018, 83 (89). Kritisch, inwiefern eine Verfahrensregelung die Justiz entlasten kann, *Beck*, in: Husemann/Korves/Rosenkranz, et al., Strukturwandel und Privatrecht, 401 (421).

e) Zwischenfazit hinsichtlich aller Alternativen

Abschließend lässt sich feststellen, dass grundsätzlich an dem Modell der verbandsmäßigen Durchsetzung festgehalten werden kann. An die qualifizierten Einrichtungen werden hohe Voraussetzungen geknüpft, die in Kombination mit der Begrenzung des Klagegegenstandes grundsätzlich einen vertretbaren Ansatz zum Ausschluss von Missbrauch gewährleisten. Außerdem kann das durch Musterfeststellungsklagen hervorgerufene Missbrauchsrisiko anderweitig begrenzt werden. Ein Verband, der allein aus sachwidrigen Gründen Klage erhebt, ist trotzdem dem Kostenrisiko und der Darlegungs- und Beweislast ausgesetzt.[1033] Die allein auf Feststellung angelegten Klagen geben schon in finanzieller Hinsicht keinen großen Anreiz zu sachwidrigen Klagen.[1034] Zudem zeigen die Erfahrungen in der Praxis, dass unbegründete oder schikanöse Verbandsklagen nur sehr selten vorkommen.[1035] Von öffentlich-rechtlichen Verfolgungsmodellen ist daher abzuraten. Ebenso abzulehnen ist die Rechtsverfolgung Einzelner. Es empfiehlt sich die Klagebefugnis vielmehr auf solche Stellen zu übertragen, die einer gewissen staatliche Kontrolle unterliegen.

Abzulehnen ist eine Einbeziehung der Industrie-, Handels-, und Handwerkskammern. Diese sprechen selbst davon, dass sie solche Klagen nicht leisten könnten, eine Einbeziehung wäre demnach sinnfrei.

Zugleich bleibt die Frage, welche Verbände zur Klage befugt sein sollten. Nicht nachvollziehbar ist der Ausschluss von Verbänden, die die Interessen von KMU vertreten. Die Notwendigkeit einer rein auf Verbraucher zugeschnittenen Verbandsklage erschließt sich nicht. Die Rechtsschutzdefizite können auch bei KMU auftreten. Die Einschränkung führt letztlich nur dazu, dass eine bedeutende Gruppe ausgeschlossen wird und ihr die Effektivität des Rechtsschutzes erneut verwehrt bleibt.

8. Fazit zur Klagebefugnis

Die Ausgestaltung der Klagebefugnis muss die Erwartungen zweier Lager erfüllen und eine Querschnittsmenge zwischen ihnen herausarbeiten. Einerseits soll eine missbräuchliche Klageerhebung nach allen Möglichkei-

---

1033 *VPB*, Stellungnahme, S. 3 f.

1034 *Dass.*, Stellungnahme, S. 3 f.

1035 *Halfmeier/Rott*, VuR 2018, 243 (247); *Meller-Hannich/Höland*, Evaluierung, S. 167 ff.

ten vermieden, andererseits soll die Klagebefugnis nicht so eingeengt werden, dass deren Voraussetzungen letztlich von niemandem zu erfüllen sind.

Alles im allem lassen sich für die Ausgestaltung der Klagebefugnis folgende Erkenntnisse zusammenfassen: Grundsätzlich ist es zu begrüßen, die Klagebefugnis an qualifizierte Einrichtungen zu knüpfen und so ein missbräuchliches Ausufern der Klage zu vermeiden. Gleichzeitig wird dadurch eine in der deutschen Rechtsordnung bekannte Vorgehensweise aufgegriffen. Die Voraussetzungen des § 606 Abs. 1 S. 2 ZPO stellen einen soliden Rahmen für die Einräumung der Klagebefugnis auf. Jene werden im Laufe der Rechtsprechung noch an Konkretisierung erfahren. Allerdings sollte beachtet werden, dass die Erfüllung dieser Anforderungen nicht durch eine zu enge Auslegung der Gerichte ins Unerreichbare rückt.[1036]

Neben den qualifizierten Einrichtungen sollte jedoch auch solchen Verbänden eine Klagemöglichkeit zukommen, die selbstständige berufliche oder gewerbliche Interessen verfolgen. Ein erster Regulierungsvorschlag dazu findet sich in § 8a UWG-E im Rahmen des Gesetzes zur Stärkung eines fairen Wettbewerbs.[1037] Abzulehnen ist eine Vorgehensweise durch öffentliche Einrichtungen oder losgelöst von der Verbandszugehörigkeit.

V. Beteiligte/Parteien

Der Prozess wird ausschließlich zwischen dem klagenden Verband und der beklagten Partei als Zweiparteienprozess geführt.[1038] Eine Beteiligung der Anmelder oder sonstiger Verbraucher, die einen Anspruch für sich behaupten, in Form der Nebenintervention oder Streitverkündung gemäß §§ 66 bis 74 ZPO wird trotz rechtlichem Interesse am Ausgang des Prozesses im Sinne dieser Normen gemäß § 610 Abs. 6 ZPO ausgeschlossen.[1039] Diese Regelung bestand schon in § 611 RefE und setzte sich in allen Regelungsentwürfen fort. Aus Gründen der Effektivität und des Schutzes der Dritten wird die Verfahrensbeteiligung eingegrenzt, gleichwohl es zu Be-

1036 S. dazu die Rechtsprechung des BVerfG, welche bestimmt, dass Verfahrensrechte so auszulegen und anzuwenden sind, dass sie dem Gebot des effektiven Rechtsschutzes Rechnung tragen, z.B. BVerfG, Beschl. v. 16.7.2019 – 2 BvR 881/17, NJW 2019, 3137 (3138); Beschl. v. 29.7.2003 – 2 BvR 311/03, NVwZ 2004, 95 (95); Beschl. v. 25.10.1988 – 2 BvR 745/88, NJW 1989, 827 (827).

1037 Dazu auch BT-Drs. 19/12084, S. 7 f.

1038 BT-Drs. 19/2507, S. 15; RefE, S. 1; DiskE, S. 11.

1039 BT-Drs. 19/2507, S. 26. Dazu nachfolgend unter XII 3.

rührungen der privatrechtlichen Verhältnisse der Anmelder zum Beklagten kommen kann.[1040] Die Anmelder können somit zwar keine Prozesshandlungen vornehmen, sie sind jedoch als Zeugen vernehmbar.[1041]

VI. Anwendungsbereich

Gemäß § 606 ZPO dient die Musterfeststellungsklage der „Feststellung des Vorliegens oder Nichtvorliegens von tatsächlichen und rechtlichen Voraussetzungen für das Bestehen oder Nichtbestehen von Ansprüchen oder Rechtsverhältnissen (Feststellungsziele) zwischen Verbrauchern und einem Unternehmer". Anders als bei den bisherigen kollektiven Klagemöglichkeiten innerhalb des UWG, UKlaG oder KapMuG kann sich das Rechtsverhältnis aus jedem zivilrechtlichen Gebiet, unter der Einschränkung, dass eine b to c (business to consumer) Beziehung besteht, ergeben.[1042] Außerdem können keine Leistungen im Sinne von Schadensersatz, sondern nur Feststellungen erreicht werden.[1043]

Wie schon in den vorherigen Entwürfen ist die Vorschrift an § 2 Abs. 1 KapMuG angelehnt.[1044] Durch die Anbindung an Feststellungsziele wird gewährleistet, dass grundsätzliche, tatsächliche oder rechtliche Fragen, die häufig und immer wiederkehrend auftreten, geklärt werden können.[1045] Über § 256 ZPO hinaus ist es zudem möglich, einzelne Elemente, Vorfragen oder reine Rechtsfragen feststellen zu lassen.[1046] Dabei werden nur die wesentlichen Streitfragen zur Klärung angenommen. Individuelle, den Einzelfall betreffende Fragen oder Unklarheiten bleiben unberücksichtigt.[1047]

Nach der Rechtsprechung des BGH sind zukünftige Rechtsverhältnisse von § 606 Abs. 1 S. 1 ZPO sowohl dem Wortlaut als auch dem Sinn und

---

1040 BT-Drs. 19/2507, S. 26. Dazu, dass die Eingrenzung verfahrensbeschleunigend wirken soll, *Krausbeck*, Der Entwurf für eine Musterfeststellungsklage, Verfahrensrecht-Blog v. 5.1.2017.

1041 BT-Drs. 19/2507, S. 16; RefE, S. 15; DiskE, S. 13.

1042 BT-Drs. 19/25047, S. 14 f.

1043 *Röthemeyer*, MFK, § 606 Rn. 8.

1044 BT-Drs. 19/2507, S. 21; RefE, S. 19.

1045 BT-Drs. 19/2507, S. 21; RefE, S. 19. Ausführlich zur Frage, ob auch negative Feststellungsziele zum Verfahrensgegenstand werden können, *Hettenbach*, WM 2019, 577.

1046 BT-Drs. 19/2507, S. 21; RefE, S. 19.

1047 BT-Drs. 19/2507, S. 16; RefE, S. 15, 20.

Zweck nach nicht erfasst.[1048] Der Wortlaut spricht von Bestehen und Nichtbestehen eines Rechtsverhältnisses, nicht jedoch von einem noch in der Ferne liegenden Entstehen. Das Wortlautargument überzeugt an sich noch nicht, da für die Feststellungsklage des § 43 Abs. 1 VwGO die gleiche Formulierung gewählt wurde und hierbei unter strengen Voraussetzungen auch künftige Rechtsverhältnisse festgestellt werden können.[1049]

Für Feststellungsklagen der VwGO ist anerkannt, dass sie hinsichtlich künftiger Rechtsverhältnisse nur möglich sind, wenn sie sich schon jetzt konkretisiert haben, d.h. deren maßgebliche rechtliche und tatsächliche Grundlage muss schon jetzt gelegt worden sein.[1050] Aufgrund der gleichlautenden Wortwahl könnte auch im Rahmen der Musterfeststellungsklagen darüber nachgedacht werden, den Anwendungsbereich der Musterfeststellungsklage auf künftige, klar konturierte Rechtsverhältnisse zu erweitern.

Allerdings spricht die Systematik der Musterfeststellungsklage für ein abweichendes Vorgehen gegenüber den verwaltungsprozessualen Feststellungsklagen. Die Musterfeststellungsklage dient der Klärung grundsätzlicher, häufig wiederkehrender tatsächlicher und rechtlicher Fragen.[1051] Diese sind für die nachfolgenden Individualverfahren vorgreiflich und breitenwirksam.[1052] Die Zweiteiligkeit der Musterfeststellungsklage schließt eine reine Klärung möglicherweise entstehender Fragen aus, da sonst schon fraglich ist, wer zukünftig ein Individualverfahren diesbezüglich anstreben können sollte. Es muss vielmehr schon bei Eintragung eine gewisse Beziehung der Anmelder zu den Feststellungszielen bestehen. Musterfeststellungsklagen sollen der Entlastung der Gerichte dienen, wie auch für die Feststellungsklage der VwGO, soll gerade die reine Überprüfung abstrakter rechtlicher Fragen ausgeschlossen werden.[1053] Aufgrund der Wirkung, die die Anmeldung der Verbraucher mit sich bringt, ist eine Eintragung der Betroffenen wegen eines erst künftig entstehenden Rechtsverhältnisses undenkbar.

1048 BGH, Beschl. v. 30.7.2019 – VI ZB 59/18, Rn. 14, juris.

1049 *Happ*, in: Eyermann, VwGO, § 43 Rn. 18; *Pietzcker*, in: Schoch/Schneider/Bier, VwGO, § 43 Rn. 21. S. schon BVerwG, Urt. v. 13.10.1971 – VI C 57/66, BVerwGE 38, 346 (347); VG Düsseldorf, Urt. v. 2.5.2019 – 20 K 6460/17, Rn. 48, juris.

1050 *Erbguth/Guckelberger*, Allg. Verwaltungsrecht, § 10 Rn. 10; *Pietzcker*, in: Schoch/Schneider/Bier, VwGO, § 43 Rn. 21.

1051 BGH, Beschl. v. 30.7.2019 – VI ZB 59/18, Rn. 14, juris.

1052 BGH, Beschl. v. 30.7.2019 – VI ZB 59/18, Rn. 14, juris.

1053 *Mekat*, in: Nordholtz/ders., MFK, § 8 Rn. 36.

Auch ausgeschlossen sind rein abstrakte Fragen, die keinerlei Bezug zu den konkreten Lebenssachverhalten aufweisen.[1054] Eine Ergänzung der Feststellungsziele, wie es § 15 KapMuG gewährt, ist nicht vorgesehen, stattdessen gelten die allgemeinen Regeln des Zivilverfahrensrechts.[1055] Nach § 606 Abs. 2 S. 3 ZPO bleibt § 253 Abs. 2 ZPO unberührt, sodass auch die Feststellungsziele hinreichend bestimmt sein müssen, § 253 Abs. 2 Nr. 2 ZPO.[1056] Die Einbeziehung eines Rechtsverhältnisses ermöglicht es, Feststellungen zu treffen, selbst wenn die Klageforderung nicht oder ggf. noch nicht genau bezeichnet werden kann.[1057]

Der Kläger legt den Streitgegenstand der Musterfeststellungsklage fest, indem er die Feststellungsziele und den Lebenssachverhalt bestimmt.[1058] Beide Teile sind für den Fortgang der Musterfeststellungsklage von immenser Bedeutung, da sich die Bindungswirkung gemäß § 613 Abs. 1 S. 1 ZPO daran orientiert.[1059]

Heigl/Normann definieren Feststellungsziele als „verallgemeinerungsfähige Tatbestandsmerkmale einzelner oder auch mehrerer parallel einschlägiger Haftungsnormen".[1060] Dem Wortlaut von § 606 ZPO nach ist eine Feststellung mehrerer „Feststellungsziele" möglich. Somit erlaubt das Gesetz die Klärung mehrerer Voraussetzungen, mithin eine Anspruchshäufung.[1061] Dabei bildet jedes Feststellungsziel für sich als ein eigenständiges Rechtsschutzbegehren einen eigenständigen Streitgegenstand.[1062]

Der Lebenssachverhalt wird nach der Rechtsprechung des BGH anhand einer natürlichen Betrachtung bestimmt. Demnach unterfallen dem Lebenssachverhalt alle Tatsachen, „die bei einer natürlichen, vom Standpunkt der Parteien ausgehenden Betrachtungsweise zu dem durch den Vortrag des Kl[ägers] zur Entscheidung gestellten Tatsachenkomplex gehö-

---

1054 BT-Drs. 10/2507, S. 23; RefE, S. 20.

1055 *Röthemeyer*, MFK, § 606 Rn. 52.

1056 *Weinland*, MFK, Rn. 67. Zu § 2 Abs. 1 KapMuG BGH, Beschl. v. 19.9.2017 – XI ZB 17/15, BGHZ 216, 37 (47); Beschl. v. 9.1.2018 – II ZR 14/16, NJW-RR 2018, 490 (493).

1057 *Heigl/Normann*, in: Nordholtz/Mekat, MFK, § 2 Rn. 32.

1058 BT-Drs. 19/2507, S. 21.

1059 *Heigl/Normann*, in: Nordholtz/Mekat, MFK, § 2 Rn. 38. Zur Bindungswirkung X.

1060 *Heigl/Normann*, in: Nordholtz/Mekat, MFK, § 2 Rn. 34.

1061 *Heigl/Normann*, in: Nordholtz/Mekat, MFK, § 2 Rn. 35.

1062 BGH, Beschl. v. 19.9.2017 – XI ZB 17/15, BGHZ 216, 37 (49f.); Beschl. v. 30.7.2019 – VI ZB 59/18, Rn. 10, juris; *Weinland*, MFK, Rn. 64.

ren".[1063] Mangels konkreter Abweichung kann für die Musterfeststellungsklage hinsichtlich des Streitgegenstandes auf die dazu im Zivilprozessrecht entwickelte Rechtsprechung verwiesen werden.[1064]

Am Ende soll eine breitenwirksame, einheitliche Entscheidung entstehen, die gleichzeitig Ressourcen sowohl der Parteien als auch der Justiz schont.[1065]

1. Begrenzung auf b to c

a) Entwicklung

Die Begrenzung auf Streitigkeiten zwischen Verbrauchern und Unternehmern wird mit dem Bestreben nach effektiver Durchsetzung des Verbrauchervertragsrechts begründet.[1066] Diese wurde erstmals im DiskE eingeführt. Dort wurde der Begriff des Verbrauchers allerdings nicht näher konkretisiert. Die dadurch drohende Rechtsunsicherheit führte zu Kritik in der Literatur. Mangels weiterführender Angaben lag ein Rekurs auf die Legaldefinition des § 13 BGB nahe,[1067] wonach Verbraucher natürliche Personen sind, die ein Rechtsgeschäft zu Zwecken abschließen, die überwiegend weder ihrer gewerblichen noch ihrer selbstständigen beruflichen Tätigkeit zugerechnet werden können. Ausschlaggebend für die Abgrenzung ist die Einordnung eines Rechtsgeschäfts. Ob ein privates oder geschäftliches Handeln vorliegt, muss objektiv bestimmt werden.[1068] Unstreitig dem

1063 BGH, Urt. v. 18.5.2017 – VII ZR 122/14, NJW 2017, 2673 (2674) m.w.N. S.a. BGH, Urt. v. 21.11.2017 – II ZR 180/15, NJW 2018, 1259 (1260) m.w.N.; Urt. v. 19.12.1991 – IX ZR 96/91, NJW 1992, 1172 (1173 f.); *Mekat*, in: Nordholtz/ders., MFK, § 8 Rn. 59.

1064 *Mekat*, in: Nordholtz/ders., MFK, § 8 Rn. 59. Zweigliedriger Streitgegenstandsbegriff LAG SH, Beschl. v. 24.1.2018 – 5 Ta 137/17, NZA-RR 2018, 269 (269). Bspw. BGH, Urt. v. 7.3.2019 – I ZR 53/18, WRP 2019, 1025 (1027); Urt. v. 22.11.2018 – IX ZR 14/18, NZI 2019, 119 (120); Urt. v. 4.2.2015 – VIII ZR 175/14, NJW 2015, 1296 (1296). Vgl. auch Beschl. v. 26.6.2019 – XII ZB 299/18, Rn. 44, juris; Urt. v. 10.4.2019 – VIII ZR 12/18, WuM 2019, 309 (312).

1065 BT-Drs. 19/2507, S. 21; RefE, S. 10. In diese Richtung auch BGH, Beschl. v. 19.9.2017 – XI ZB 17/15, BGHZ 216, 37 (49) zu § 2 Abs. 1 KapMuG.

1066 DiskE, S. 9.

1067 *Halfmeier*, ZRP 2017, 201 (202); *Waßmuth/Asmus*, ZIP 2018, 657 (658).

1068 *Bamberger*, in: ders./Roth, et al., BeckOK BGB, § 13 Rn. 32; *Matusche-Beckmann*, in: Staudinger, BGB, § 474 BGB Rn. 8; *Micklitz*, in: Säcker/Rixecker, et al., MüKo BGB, Bd. 1, § 13 Rn. 45. BGH, Urt. v. 15.11.2007 – III ZR 295/06, NJW

privaten Bereich zuzuordnen sind Geschäfte der Daseinsvorsorge oder der Freizeitgestaltung.[1069]

Nicht erfasst werden Verfahren gegen Amtspflichtverletzungen. Obwohl diese gemäß Art. 34 S. 3 GG vor den ordentlichen Gerichten unter Anwendung der ZPO ausgetragen werden, liegen die Voraussetzungen einer Musterfeststellungsklage nicht vor, wenn die schädigende Handlung durch Verletzung einer Amtspflicht ausgelöst worden ist. Weder die Behörde noch ein verletzender Amtswalter sind als Unternehmer einzuordnen. Aufgrund der Begrenzung auf b to c fallen Amtspflichtverletzungen daher von vornherein nicht in den Anwendungsbereich.

b) Kritische Betrachtung

Wenngleich im Hinblick auf die Rechtseinheit zu begrüßen, erwies sich der Rückgriff auf den allgemeinen Verbraucherbegriff jedoch in vielerlei Hinsicht als untauglich. Durch Bezug zu einem Rechtsgeschäft beschränkt sich der Verbraucherbegriff auf das Vertragsrecht.[1070] Neben dem Vertragsrecht finden sich aber auch im Deliktsrecht, vor allem in den §§ 823 ff. BGB, einschlägige Ansprüche für Schadensersatzbegehren.[1071] Diese stehen jedem Geschädigten unabhängig von seiner rechtlichen Einordnung zu.[1072] Bei strenger Anwendung der Definition wären diese Ansprüche nicht unter den Anwendungsbereich der Musterfeststellungsklage gefallen. Dies erscheint dogmatisch unsauber.[1073] Ein geschädigter Verbraucher könnte so seine vertraglichen Ansprüche zur Musterfeststellungsklage anmelden, hinsichtlich deliktischer Ansprüche müsste er sich auf seine individuelle Klageerhebung verlassen. *Halfmeier* verdeutlicht diese unscharfe Trennung anhand des Beispiels des Abgasskandals.[1074] Hier kom-

---

2008, 435 (436); Urt. v. 18.10.2017 – VIII ZR 32/18, NJW 2018, 150 (153); OLG Hamm, Urt. v. 13.6.2018 – 31 U 64/17, Rn. 57, juris.

1069 *Bamberger*, in: ders./Roth, et al., BeckOK BGB, § 13 Rn. 30; *Ellenberger*, in: Palandt, BGB, § 13 Rn. 3; *Heigl/Normann*, in: Nordholtz/Mekat, MFK, § 2 Rn. 15; *Martinek*, in: Herberger/ders./Rüßmann, et al., jurisPK-BGB, Bd. 1, § 13 Rn. 38; weitere Beispiele *Röthemeyer*, MFK, § 29 c Abs. 2 Rn. 2.

1070 *Röthemeyer*, MFK, § 29 c Abs. 2 ZPO Rn. 2.

1071 S. dazu auch *Gutzeit*, JuS 2019, 649; *Halfmeier*, ZRP 2017, 201 (202); *Röthemeyer*, MFK, § 29 c Abs. 2 ZPO Rn. 2; *Schneider*, BB 2018, 1986 (1989); *Weinland*, MFK, Rn. 37.

1072 *Halfmeier*, ZRP 2017, 201 (202).

1073 *Halfmeier*, ZRP 2017, 201 (202).

1074 *Halfmeier*, ZRP 2017, 201 (202).

men für den Autokäufer neben den potentiellen vertraglichen Ansprüchen zu seinem Vertragspartner, hier der Autohändler, auch deliktische Ansprüche gegen die Volkswagen AG als solche, z.B. § 823 Abs. 2 i.V.m. europarechtlichen Abgasnormen oder § 826 BGB, in Betracht.[1075] Während gegenüber den Autohändlern aufgrund der Vertragsbeziehung eine Musterfeststellungsklage denkbar wäre, scheidet eine solche mangels vertraglicher Beziehung zu VW von Anfang an aus. Gegen die Aufspaltung der Ansprüche spricht zudem, dass gerade der von der Musterfeststellungsklage zu schützende Verbraucherrechtsschutz dadurch nochmal unnötig verkompliziert wird. Vor allem bei Großschadensereignissen, wie Katastrophen oder Unglücksfällen bspw. der Germanwings-Katastrophe, müsste dann zwischen den geschäftsreisenden Handelsvertretern und den urlaubsreisenden Geschädigten unterschieden werden.[1076] Außerdem können Außenstehende betroffen sein, am Beispiel des Flugzeugabsturzes z.B. Nichtpassagiere, die von Flugzeugteilen getroffen werden.[1077] Sie wären mangels vertraglicher Beziehung auf das Deliktsrecht beschränkt.

Auch vor dem Hintergrund des effektiven Rechtsschutzes ist eine Aufspaltung nicht zielführend. Es käme einerseits zur Musterfeststellungsklage der Verbraucher hinsichtlich ihrer vertraglichen Ansprüche, andererseits

---

1075 Ausführlich dazu auch *Armbrüster*, ZIP 2019, 837. Zu den materiellen Ansprüchen s. *Harke*, VuR 2017, 83; *Heese*, NJW 2019, 257; *ders.*, VuR 2019, 123; *Legner*, VuR 2018, 251; *Riehm*, NJW 2019, 1105; *ders.*, ZIP 2019, 589; *Staudinger/Ruks*, NJW 2019, 1179. Ansprüche gegen den Autohändler vgl. BGH, Urt. v. 8.1.2019 – VIII ZR 225/17, NJW 2019, 1133 (1133 ff.), wonach in der Manipulation ein Sachmangel gemäß § 434 Abs. 1 S. 2 Nr. 2 BGB vorliegt, und auf S. 1137 der Geschädigte den Austausch seines manipulierten Autos gegen das aktuelle Nachfolgemodell verlangen kann. OLG Köln, Beschl. v. 27.3.2018 – I-18 U 134/17, ZfS 2018, 441 (448), Anrechnung der gezogenen Nutzungen nur bis zum Zeitpunkt des Rückabwicklungsverlangens. Die Nutzungsanrechnung gänzlich für unbillig haltend, LG Halle, Urt. v. 5.3.2019 – 5 O 109/18, Rn. 54 ff., juris; OLG Karlsruhe, Urt. v. 25.5.2019 – 13 U 144/17, Rn. 127, juris. Die Ansprüche gegenüber dem Händler trotz Software-Update bejahend *Servatius*, ZIP 2019, 954. Hinsichtlich der Ansprüche gegenüber dem Hersteller selbst herrscht Uneinigkeit in der Rechtsprechung. Bejahend OLG Koblenz, Urt. v. 12.6.2019 – 5 U 1318/18, DAR 2019, 459, hier wurde der Beklagte verurteilt, 25.616,10 €, den Kaufpreis abzüglich genutzter Vorteile zu zahlen; OLG Karlsruhe, Beschl v. 5.3.2019 – 13 U 142/18, DAR 2019, 266; OLG Köln, Beschl. v. 2.1.2019 – 18 U 70/18, DAR 2019, 204; a.A. OLG Braunschweig, Urt. v. 19.2.2019 – 7 U 134/17, DAR 2019, 261, kein Anspruch des Käufers gegen den Hersteller.

1076 *Halfmeier*, ZRP 2017, 201 (202).

1077 *Halfmeier*, ZRP 2017, 201 (202).

könnten sie in einem zweiten Verfahren ihre deliktischen Ansprüche parallel oder zumindest im Anschluss an das Musterverfahren geltend machen, was wiederum Raum für abweichende Ergebnisse schafft.[1078]

Halfmeier zustimmend ist diese Aufspaltung als ungerecht zu bewerten. Er schlug daher vor, den Begriff so zu interpretieren, dass er auch die außervertraglichen Ansprüche umfasst, wenn sie im Zusammenhang mit einem zwischen den Parteien oder gar anderen Parteien bestehenden Verbrauchervertrag stehen.[1079]

c) Gesetzliche Ausgestaltung

Diese Kritik wurde innerhalb der endgültigen Fassung insofern berücksichtigt, als ein neuer prozessualer Verbraucherbegriff innerhalb der ZPO eingeführt worden ist. Dieser wird in § 29c ZPO in einem neu eingefügten Absatz 2 verortet. Dadurch verschieben sich die bisherigen Absätze 2 und 3 um jeweils eine Ziffer. Etwaige Abgrenzungs- und Auslegungsschwierigkeiten wurden dadurch vermieden. Verbraucher in diesem Sinne ist jede natürliche Person, die bei Erwerb des Anspruchs oder der Begründung des Rechtsverhältnisses nicht überwiegend im Rahmen ihrer gewerblichen oder selbstständigen beruflichen Tätigkeit handelt.

Durch den neuartigen prozessualen Verbraucherbegriff können konkurrierende gesetzliche Ansprüche in die Musterfeststellungsklage miteinbezogen werden.[1080] Anknüpfungspunkt ist nunmehr der Erwerb des Anspruchs oder die Begründung des Rechtsverhältnisses unabhängig vom Abschluss eines etwaigen Rechtsgeschäftes.[1081] Für die Bestimmung, ob der Anspruchsteller im Rahmen seiner gewerblichen oder selbstständigen beruflichen Tätigkeit handelt, ist es naheliegend, die schon bekannten Abgrenzungskriterien aus § 13 BGB zu übernehmen.[1082] Es sollte eine objektive Sicht herangezogen werden. Dabei ist der verfolgte Zweck zu ermitteln, der innere Wille allein ist nicht von Relevanz.[1083] Während innerhalb von § 13 BGB das jeweilige Rechtsgeschäft beurteilt wird und dabei in der Re-

1078 *Halfmeier*, ZRP 2017, 201 (202).
1079 *Halfmeier*, ZRP 2017, 201 (202).
1080 *Röthemeyer*, MFK, § 29c Abs. 2 Rn. 2; *Schneider*, BB 2018, 1986 (1989); *Weinland*, MFK, Rn. 37.
1081 *Röthemeyer*, MFK, § 29c Abs. 2 Rn. 2.
1082 *Lutz*, in: Vorwerk/Wolf, BeckOK ZPO, § 606 Rn. 12; *Röthemeyer*, MFK, § 29c Abs. 2 Rn. 3.
1083 *Röthemeyer*, MFK, § 29c Abs. 2 Rn. 3.

gel oft einfach zu bestimmen ist, ob es der Daseinsvorsorge, der Freizeitgestaltung oder dem Geschäftsbetrieb angehört, scheint die Anspruchsentstehung ein deutlich unpräziseres Abgrenzungsobjekt zu sein.[1084] Die negative Formulierung innerhalb des § 29c Abs. 2 ZPO führt jedoch dazu, dass in Zweifelsfällen von der Verbrauchereigenschaft auszugehen ist.[1085]

d) Unternehmerbegriff

Nicht neu definiert wurde der Unternehmerbegriff. Dieser müsste daher weiterhin anhand von § 14 BGB bestimmt werden und wäre wortlautgetreu seinerseits an den Abschluss eines Rechtsgeschäftes geknüpft.[1086] Dieses Ergebnis ist indes widersprüchlich. Aus systematischen Gründen sowie anhand des Sinns und Zwecks muss auch hier von der strikten Anknüpfung an den Abschluss eines Rechtsgeschäftes abgesehen werden.[1087] Nur so entsteht ein Gegenbegriff zu dem neu eingeführten prozessualen Verbraucherbegriff, in Form eines prozessualen Unternehmerbegriffs.[1088] Würden beide Begriffe ungleich abgegrenzt, entstünden Widersprüche und Lücken.

e) Bewertung

Aufgrund der dargestellten Abgrenzungsschwierigkeiten ist trotz der Rechtszersplitterung durch die unterschiedliche Bedeutung des Begriffs „Verbraucher" grundsätzlich die Einführung eines prozessualen Verbraucherbegriffs zu begrüßen. Die Auslegungs- und Erweiterungsversuche von *Halfmeier* im Rahmen des DiskE zeigen, dass eine Bezugnahme auf § 13 BGB zu Ungewissheiten geführt hätte. Es ist sinnvoll, neben den vertraglichen Ansprüchen die Musterfeststellungsklage auch für deliktische oder sonstige Ansprüche zu öffnen, da sie nur so zu voller Wirksamkeit ge-

---

1084 Kritisch dazu *Bening*, VuR 2019, 455 (458 ff.).

1085 *Bamberger*, in: ders./Roth, et al., BeckOK BGB, § 13 Rn. 32; *Röthemeyer*, MFK, § 29c Abs. 2 Rn. 4; BGH, Urt. v. 30.9.2009 – VIII ZR 7/09, NJW 2009, 3780 (3781).

1086 *Heigl/Normann*, in: Nordholtz/Mekat, MFK, § 2 Rn. 29; *Schneider*, BB 2018, 1986 (1989).

1087 *Lutz*, in: Vorwerk/Wolf, BeckOK ZPO, § 606 Rn. 13; *Weinland*, MFK, Rn. 41. *Schweiger/Meißner*, CB 2018, 240 (242).

1088 *Bening*, VuR 2019, 455 (456).

langen kann. Widersprüchlichen Entscheidungen wird vorgebeugt. Die Zeit wird zeigen müssen, wann die Begründung eines Rechtsverhältnisses anzunehmen ist.

Meines Erachtens stellt es ein legislatives Missgeschick dar, dass gleichlaufend kein prozessualer Unternehmerbegriff in § 29c ZPO aufgenommen wurde. Wenn die Klagebefugnis entgegen den oben angeführten Darstellungen auf b to c Streitigkeiten beschränkt wird, dann sollte dies zumindest widerspruchsfrei ausgestaltet werden. Hier sollte der Gesetzgeber darüber nachdenken, § 29c Abs. 2 ZPO einen weiteren Satz anzuschließen, der da lautet: *Unternehmer in diesem Sinne ist eine natürliche oder juristische Person oder eine rechtsfähige Personengesellschaft, die bei Entstehung eines gegen sie gerichteten Anspruchs eines Verbrauchers oder der Begründung eines Rechtsverhältnisses im Sinne von Satz 1 in Ausübung ihrer gewerblichen oder selbstständigen beruflichen Tätigkeit gehandelt hat.*[1089]

2. Quorum

a) Entwicklung

Die Anzahl der Betroffenen sowie die Anforderungen für die Betroffenheit variierten in der Entwicklung des Gesetzes stark. Nach § 606 S. 2 RefE sollten konkrete Anhaltspunkte von mindestens zehn Betroffenen dazu, dass ihre Ansprüche oder Rechtsverhältnisse von den in Streit stehenden Feststellungszielen abhängen, für die Erhebung einer Musterfeststellungsklage ausreichend sein. Den genauen Umfang der Darlegungslast sollte die Rechtsprechung im Einzelfall bestimmen.[1090] Als genügend angesehen wurde danach aber eine Beschreibung zehn konkreter Fälle mit der Einwilligung der jeweiligen Betroffenen.[1091]

§ 606 S. 2 DiskE hingegen ließ die Anzahl der betroffenen Verbraucher noch offen. Als Vorschläge wurden 10, 50 oder 100 genannt. Diese Zahlen weichen in erheblichem Maße voneinander ab, so kann es durchaus relevant sein, ob das Fünf- oder Zehnfache an Betroffenen verlangt wird. Da jede Erhöhung des Quorums die Klagemöglichkeit weiter einschränkt,[1092] musste eine genaue Festlegung getroffen werden.

1089 S. dazu mittlerweile auch *Bening*, VuR 2019, 455 (457).
1090 RefE, S. 19.
1091 RefE, S. 19.
1092 In diese Richtung auch *Meller-Hannich*, Gutachten A 72. DJT, A 50 f.

b) Gesetzliche Ausgestaltung, § 606 Abs. 3 Nr. 2 ZPO

Für die endgültige Gesetzesfassung entschied man sich für eine Zweiteilung. Der zahlenmäßige Rahmen untergliedert sich in zwei unterschiedliche Erfordernisse. § 606 Abs. 3 Nr. 2 ZPO fordert, dass glaubhaft gemacht wird, dass die Ansprüche bzw. Rechtsverhältnisse von mindestens zehn Verbrauchern von den Feststellungszielen abhängig sind. Diese sind auch in der Klageschrift anzugeben, § 606 Abs. 2 S. 1 Nr. 2 ZPO. Im Unterschied zum DiskE hat man sich wieder auf eine feststehende Zahlengröße einigen können, die der des ursprünglichen RefE entspricht.

Die Abhängigkeit der Ansprüche von den Feststellungszielen definiert *Röthemeyer* als dann gegeben, wenn „nach dem vorgetragenen Sachverhalt geschädigten, benachteiligten oder sonst betroffenen Verbrauchern bei Unterstellung der Richtigkeit des Sachvortrags Ansprüche zustünden".[1093] Ausreichend für die Begründung der Betroffenheit ist dabei eine zusammenhängende Darstellung des individuellen Lebenssachverhalts.[1094] Diese Abhängigkeit ist glaubhaft zu machen.[1095] Um die Entscheidung in der Sache nicht vorwegzunehmen, kann hier nur eine modifizierte Schlüssigkeitsprüfung erfolgen.[1096] Es ist nach geeigneten Anspruchsgrundlagen zu suchen und zu überprüfen, ob die beantragten Feststellungen bei Vorliegen der weiteren Anspruchsvoraussetzungen geeignet sein könnten, einen Anspruch zu begründen.[1097]

In einem zweiten Schritt ist eine Musterfeststellungsklage nur zulässig, wenn kumulativ innerhalb von zwei Monaten nach öffentlicher Bekanntmachung der Musterfeststellungsklage insgesamt mindestens 50 Verbraucher ihre Ansprüche bzw. Rechtsverhältnisse wirksam zur Eintragung in das Klageregister angemeldet haben,[1098] § 606 Abs. 3 Nr. 3 ZPO. Auch wenn die Anmeldefrist diesen Zeitraum übersteigt, können die Anmeldungen nach Ablauf der zwei Monate für die Feststellung des Erreichens des Quorums nicht herangezogen werden.[1099]

1093 Vgl. auch *Hartmann*, VersR 2019, 528 (528); *Röthemeyer*, MFK, § 606 Rn. 68.

1094 *Lutz*, in: Vorwerk/Wolf, BeckOK ZPO, § 606 Rn 45.

1095 S. dazu nachfolgend unter 3.

1096 *Lutz*, in: Vorwerk/Wolf, BeckOK ZPO, § 606 Rn. 50; *Röthemeyer*, MFK, § 606 Rn. 68.

1097 *Lutz*, in: Vorwerk/Wolf, BeckOK ZPO, § 606 Rn. 50.

1098 BT-Drs. 19/2507, S. 23. Zum Klageregister nachfolgend VIII, IX.

1099 *Beck*, in: Husemann/Korves/Rosenkranz, et al., Strukturwandel und Privatrecht, 401 (414).

Auf den ersten Blick erinnert der erste Teil des Quorums aus § 606 Abs. 3 ZPO an § 2 Abs. 1 KapMuG,[1100] dennoch gibt es wesentliche Unterschiede. Für die Musterfeststellungsklage nach dem KapMuG müssen mindestens zehn Klagen *anhängig* sein, § 6 Abs. 1 KapMuG. Bis zur Reform im Jahre 2012 mussten die Musterfragen sogar entscheidungserheblich in rechtshängigen Prozessen sein.[1101] Für beteiligungswillige Kläger reicht gemäß § 10 Abs. 2–4 KapMuG im Anschluss eine Anmeldung der Ansprüche aus.[1102] Für Musterfeststellungsklagen im Rahmen der ZPO muss einerseits eine Abhängigkeit dargestellt werden, andererseits bedarf es für die weiteren Betroffenen „nur" der Registeranmeldung.

Die vom KapMuG geforderte Anhängigkeit der Klage, welche die selbstständige Einreichung einer Klage voraussetzt,[1103] erweist sich für viele Bürger beschwerlicher als die bloße Anmeldung in einem Register.[1104] Da auf die Notwendigkeit der Konsultierung eines Rechtsanwaltes gänzlich verzichtet wird,[1105] wird die für juristische Laien oftmals abschreckende Hürde der Vorschussleistung zur Bezahlung des Anwalts oder überhaupt der Klageeinreichung eingeebnet.[1106] Die Erhebung einer Klage ist für einzelne Bürger häufig mit einem negativen Gefühl besetzt, da man einen anderen bezichtigt, etwas Unrechtes getan oder unterlassen zu haben. Die vermeintlich unverfängliche Anmeldung, bei der man im Schutz des Kollektivs als einer von vielen auftritt, soll daher vom einzelnen Bürger eher angenommen werden und dessen rationales Desinteresse überwinden können.[1107] Gleichzeitig erhöht sich dadurch die Fehleranfälligkeit der Anmeldung, sodass diese u.U. nicht wirksam erfolgt.[1108]

1100 RefE, S. 19.

1101 *Heigl/Normann*, in: Nordholtz/Mekat, MFK, § 2 Rn. 56; *Weber/van Boom*, VuR 2017, 290 (292); BT-Drs. 15/5091, S. 18; BT-Drs. 17/8799, S. 17.

1102 *Heigl/Normann*, in: Nordholtz/Mekat, MFK, § 2 Rn. 56; *Weber/van Boom*, VuR 2017, 290 (292).

1103 *Geisler*, in: Prütting/Gehrlein, ZPO, § 261 Rn. 2; *Seiler*, in: Thomas/Putzo, ZPO, § 253 Rn. 1; *ders.*, in: Thomas/Putzo, ZPO, § 261 Rn. 1; OLG Frankfurt, Beschl. v. 3.11.1964 – 6 W 446/64, NJW 1965, 306 (306).

1104 *Weber/van Boom*, VuR 2017, 290 (292); *Bauer/Thiel-Sonnen*, RadioReport, S. 3 f.; BT-Drs. 19/2507, S. 16.

1105 BT-Drs. 19/2507, S. 1, 16, 24; *Weber/van Boom*, VuR 2017, 290 (292). Anders hier § 10 Abs. 2 S. 3 KapMuG.

1106 BT-Drs. 19/2507, S. 16. In diese Richtung *Ring*, NJ 2018, 441 (443); *Weinland*, MFK, Rn. 90.

1107 BT-Drs. 19/2507, S. 24. *Ring*, NJ 2018, 441 (443); *Weinland*, MFK, Rn. 90.

1108 Dazu ausführlich unter IX 2, 4. *Boese/Bleckwenn*, in: Nordholtz/Mekat, MFK, § 5 Rn. 34; *Dietsche*, in: Schäfer, Der Gesetzesentwurf, 76 (84); *Gurkmann*, in: Schäfer, Der Gesetzesentwurf, 46 (68); *Lutz*, in: Vorwerk/Wolf, BeckOK ZPO,

c) Bewertung

Dennoch ist der hier gewählte Weg der Zweiteilung zu begrüßen. Diese zahlenmäßige Staffelung ermöglicht es, dass für die Einleitung des Verfahrens zunächst eine geringere Anzahl ausreicht und erst für die Frage der Zulässigkeit eine größere Anzahl an Betroffenen verlangt wird. *Waclawik* spricht davon, dass die Klage erst in ihre Zulässigkeit hineinwachsen muss.[1109] Für die klagenden Verbände ist es vorteilhaft, nur eine geringe Anzahl von betroffenen Verbrauchern benennen zu müssen.[1110] Sie können sich darauf konzentrieren, zehn Personen auszuwählen[1111] und deren Betroffenheit detailliert vorzutragen.[1112] Bei der Auswahl sind die Verbände frei, feste Kriterien gibt es nicht. Es empfiehlt sich gleichwohl, solche Fälle vorzutragen, von denen man sich am ehesten eine Betroffenheit verspricht.

Gurkmann wirft hier die Frage auf, ob nicht auch schon eine geringere Anzahl, z.B. fünf, für die Anstrengung einer Musterfeststellungsklage ausreichend sein könnten.[1113] Dies ist abzulehnen. Mit zehn Betroffenen hat man eine zuverlässige Richtschnur, dass das Begehren nicht von singulärem Interesse ist. Es wird die im KapMuG bekannte Zahl aufgegriffen. Eine weitere Absenkung ist nicht nötig, zumal, wenn sich schon Schwierigkeiten bei der Auffindung von zehn Betroffenen ergeben, die zweite Hürde der 50 Registeranmeldungen wohl ins Unerreichbare erwächst. Auch eine Erhöhung ist unangebracht. Die kleine Anzahl zu Beginn führt dazu, dass die Musterfeststellungsklage tatsächlich genutzt werden kann und nicht als undurchführbar in Vergessenheit gerät. Sie erscheint als eine erreichbare Hürde. Eine höhere Anzahl würde gleichfalls die Verbraucherverbände vor die Herausforderung stellen, weitere Fälle detailliert vortra-

---

§ 608 Rn. 3; *Schneider*, BB 2018, 1986 (1997); *Waßmuth/Asmus*, ZIP 2018, 657 (661 f.). *Krüger*, Ein Zeichen setzen, taz v. 30.9.2019, führt aus, dass VW bei der gegen ihn gerichteten Musterfeststellungsklage zehn Prozent Doppelanmeldungen ausgemacht haben will; s.a. *Windau*, jM 2019, 404 (405); *Pretzlaff*, Klage gegen Mercedes-Bank wackelt, https://www.stuttgarter-nachrichten.de/inhalt.streit-um-kreditklauseln-der-mercedes-bank-klage-gegen-mercedes-bank-wackelt.346a1647-ff68-437e-85b5-22d430fde42e.html, zuletzt abgerufen am 14.12.2019.

1109 *Waclawik*, NJW 2018, 2921 (2923).

1110 *Gurkmann*, in: Schäfer, Der Gesetzesentwurf, 46 (70); *Stadler*, in: Musielak/Voit, ZPO, § 606 Rn. 15.

1111 *Mekat*, in: Nordholtz/ders., MFK, § 8 Rn. 27.

1112 *Gurkmann*, in: Schäfer, Der Gesetzesentwurf, 46 (70).

1113 *Gurkmann*, in: Schäfer, Der Gesetzesentwurf, 46 (70).

gen zu müssen.[1114] Die Verbraucherverbände können dabei an die Grenzen ihrer Möglichkeiten geführt werden.[1115] Anders als für die 50 Anmelder kann der Verband hier ggf. andere Betroffene nachschieben.[1116]

Die höhere Anzahl der Anmelder für die Zulässigkeit bewirkt sodann den Ausschluss von Klagen mit nur geringen Interessen, um die Breitenwirkung der Musterfeststellungsklage zu gewährleisten und diese nicht für nur individuelle Streitfragen zweckzuentfremden.[1117] Hier wird mit 50 Betroffenen eine der Zahlengrößen des Diskussionsentwurfes aufgegriffen. Die Zahlengrenze von 50 Personen hat sich bereits an anderen Stellen in der deutschen Rechtsordnung etabliert, so z.B. in den §§ 17, 18 VwVfG oder § 65 Abs. 3 VwGO, die sich jeweils ebenso mit Massenverfahren beschäftigen. Aufgrund der Parallelität ist diese Zahlengröße auch für die Musterfeststellungsklage nachvollziehbar gewählt.

Unter diesen 50 können, müssen jedoch nicht, die zehn glaubhaft gemachten Fälle sein.[1118] Unschädlich ist, wenn die Zahl der Anmelder nach Ablauf des Stichtages durch mögliche Abmeldungen gemäß § 608 Abs. 3 ZPO nach zwei Monaten unter die Grenze der 50 sinkt.[1119] Ein rückwirkendes Entfallen der Zulässigkeitsvoraussetzung ist nicht möglich.[1120] Schwierigkeiten könnten jedoch entstehen, wenn die Anzahl der Anmelder so immens absinkt, dass nicht mehr von der nötigen Breitenwirkung gesprochen werden kann.[1121] Da eine Darstellung von zehn Fällen, bei denen die Ansprüche der Verbraucher von den Feststellungszielen abhängig sein sollen, für die Zulässigkeit verlangt wird, sollte zumindest die

1114 *Gurkmann*, in: Schäfer, Der Gesetzesentwurf, 46 (70); *dies.*, Referat 72. DJT, K 9 (K 14); *Meller-Hannich*, Gutachten A 72. DJT, A 50; *Waclawik*, NJW 2018, 2921 (2923).

1115 *Gurkmann*, in: Schäfer, Der Gesetzesentwurf, 46 (70). Vgl. auch *Rotter*, VuR 2019, 283 (286), dazu, dass bei komplexen Fällen aufgrund begrenzter Ressourcen Schadensfälle nicht vollständig überblickt und ausermittelt werden können. Anders als im KapMuG könne somit nicht von der "Schwarmintelligenz" bzw. der "Bündelung der Kräfte" profitiert werden. S.a. *Rathmann*, DRiZ 2019, 126 (127).

1116 *Röthemeyer*, MFK, § 606 Rn. 75.

1117 BT-Drs. 19/2507, S. 23; *Rohls*, in: Nordholtz/Mekat, MFK, § 3 Rn. 44.

1118 *Beck*, in: Husemann/Korves/Rosenkranz, et al., Strukturwandel und Privatrecht, 401 (409); *Röthemeyer*, MFK, § 606 Rn. 71.

1119 BT-Drs. 19/2507, S. 23. *Schneider*, BB 2018, 1986 (1991).

1120 BT-Drs. 19/2507, S. 23.

1121 *De Lind van Wijngaarden*, in: Nordholtz/Mekat, MFK, § 6 Rn. 22; *Rohls*, in: Nordholtz/Mekat, MFK, § 3 Rn. 44; *Schweiger/Meißner*, CB 2018, 240 (243). A.A. *DAV*, Stellungnahme 20/2018, S. 11, wonach die Teilnehmerzahl bis zum Beginn der mündlichen Verhandlung bestehen muss.

Erhaltung der Anmeldung von zehn Verbrauchern für die Aufrechterhaltung der Zulässigkeit der Klage vorausgesetzt werden.[1122]

Für die Bewertung der Festlegung der Zahlengröße auf 50 empfiehlt sich ein Rückgriff auf die schon für die Abgrenzung der Schadenstypen existierenden Zahlen.[1123] Schließlich soll die Musterfeststellungsklage gerade zur Bewältigung von Massenschäden eingesetzt werden. Ebenso wie zur Begründung einer Vielzahl ist das Verlangen nach 100 Betroffenen auch hier überzogen,[1124] da durchaus kleineren Gruppen ein gewisses Gewicht zukommen kann.[1125] Für eine niedrigere Ansetzung des Quorums spricht nicht zuletzt die Effektivität des Rechtsschutzes sowie der Verbraucherschutz. Je geringer die Hemmschwelle ist, desto gewinnbringender ist die Schaffung einer Musterfeststellungsklage. Eine zu hohe Zahl kann die Verbraucher von der Anmeldung abschrecken, da ihnen u.U. nicht bekannt ist, wie weitreichend ihr Schaden ist. Gleichwohl ist es frustrierend, wenn über 90 ebenso Betroffene sich zu einem Verfahren angemeldet haben, dieses jedoch an der zu geringen Anzahl scheitert und doch jeder Einzelne erneut eigenständig für sich Klage erheben und für seine Ansprüche einstehen muss. *Gurkmann* referiert, dass die Zulässigkeitsvoraussetzungen „das Resultat eines überschätzten Missbrauchsrisikos“ sind und „das Verfahren möglichweise unnötig“ verzögern.[1126] Das Abwarten führt nur zu einer Verzögerung, die die Betroffenen durch eine von vornherein selbstständige Klageerhebung umgehen könnten. Wenn jedoch alle Verbraucher so denken, käme die Musterfeststellungsklage nie zur Anwendung. Die Stärkung des Verbraucherschutzes würde ad absurdum geführt werden. Die erwartete Justizentlastung könnte nicht eintreten.[1127]

Der Bundesrat brachte in seinen Empfehlungen eine Anzahl von 25 Personen hervor.[1128] Die Neuheit der Klageart könnte zunächst noch zu Skepsis führen, sodass er es als schwierig ansieht, genügend Verbraucher von der Teilnahme zu überzeugen.[1129] Allerdings hat wohl kaum ein Rechtsinstitut in der Vergangenheit eine solch hohe medienwirksame Aufmerksamkeit erfahren, wie das der Musterfeststellungsklage, welches sogar Teil

1122 *De Lind van Wijngaarden*, in: Nordholtz/Mekat, MFK, § 6 Rn. 22; *Schweiger/Meißner*, CB 2018, 240 (243).
1123 S. Kapitel 1 C II.
1124 S. dazu auch *Krausbeck*, DAR 2017, 567 (569).
1125 *Micklitz/Stadler*, Unrechtsgewinnabschöpfung, S. 36.
1126 *Gurkmann*, Referat 72. DJT, K 9 (K 14).
1127 BR-Drs. 176/1/18, S. 8.
1128 BR-Drs. 176/1/18, S. 8; *Weinland*, MFK, Rn. 89.
1129 BR-Drs. 176/1/18, S. 8.

des Kanzlerduells 2017 wurde.[1130] Gerade in der Bevölkerung wurde vehement darauf gepocht, sodass eine generelle Skepsis nicht begründbar ist. Eine Begrenzung auf 50 Personen ist durchaus sinnvoller. Dies stellt ein moderates Mittel zwischen der Gefahr vor rein individuellen Streitigkeiten sowie zur Schaffung der geforderten Breitenwirkung[1131] und der Unbrauchbarkeit der Musterfeststellungsklage aufgrund überzogener Voraussetzungen dar.

Im Ergebnis ist der vom Gesetzgeber gewählte Weg gutzuheißen. Die Zweiteilung erweist sich als tauglicher Kompromiss zwischen zu überzogenen Klagevoraussetzungen und dem Ausschluss von nur singulären Interessen. Die Darstellung von zehn abhängigen Verfahren gibt umfassend Aufschluss über die Problematik und stellt daher eine solide Grundlage für die folgenden Anmeldungen dar. Mit 50 Anmeldungen trifft der Gesetzgeber keine unerreichbare Anforderung, sodass die gewählten Quoren der Anwendung von Musterfeststellungsklagen nicht entgegenstehen.

3. Glaubhaft machen

Im neuen Gesetz zur Einführung einer Musterfeststellungsklage wird die Glaubhaftmachung darüber gefordert, dass die Ansprüche bzw. Rechtsverhältnisse von zehn betroffenen Verbrauchern von den Feststellungszielen abhängen, § 606 Abs. 3 Nr. 2 ZPO. Die Glaubhaftmachung wurde im ursprünglichen RefE nicht verlangt und kam erst in § 606 S. 2 DiskE auf, wobei letzterer, wie dargestellt, noch keine konkrete Anzahl der Verbraucher bezifferte.

Diese besondere Form der Beweisführung knüpft an § 294 ZPO an.[1132] Glaubhaft gemacht werden müssen die Behauptungen, also der Tatsachenvortrag.[1133] Im Falle eines streitigen Rechtsverhältnisses sind die Tatsa-

1130 *Magnus*, NJW 2019, 3177 (3177). Die Musterfeststellungsklage wurde während des Fernsehduells zu einem der meistgesuchten Begriffe auf Google, *Randow*, Wortwahl, zeit online v. 6.9.2017, https://www.zeit.de/2017/37/musterfeststellungsklage-defintion-wahlkampf, zuletzt abgerufen am 3.1.2020. *Budras*, VW-Opfer, FAS v. 22.9.2019, S. 33. *Schäfers*, ZZP 132 (2019), 231 (234).

1131 Zum Begriff der Breitenwirkung *Mekat*, in: Nordholtz/ders., MFK, § 8 Rn. 27. *Beck*, in: Husemann/Korves/Rosenkranz, et al., Strukturwandel und Privatrecht, 401 (409).

1132 BT-Drs. 19/2507, S. 23; *Bacher*, in: Vorwerk/Wolf, BeckOK ZPO, § 294 Rn. 2.

1133 *Laumen*, in: Prütting/Gehrlein, ZPO, § 294 Rn. 1; *Seiler*, in: Thomas/Putzo, ZPO, § 294 Rn. 1.

chen, aus denen sich das Rechtsverhältnis ergibt, glaubhaft zu machen.[1134] In Abweichung vom Regelbeweis ist für die Glaubhaftmachung keine absolute Gewissheit im Sinne der vollen Überzeugung von der Wahrhaftigkeit der Tatsache erforderlich.[1135] Der Richter muss es für wahrscheinlicher halten, dass eine Behauptung zutrifft, als dass sie nicht zutrifft.[1136] Teilweise wird die Glaubhaftmachung als Absenkung des Beweismaßes verstanden, sodass ein geringerer Grad an richterlicher Überzeugung ausreicht.[1137] Manche sprechen auch von einem gewissen Grad an Wahrscheinlichkeit.[1138] In der Rechtsprechung des BGH hat sich die Formulierung „der überwiegenden Wahrscheinlichkeit" herausgebildet.[1139] Glaubhaft gemacht ist eine Behauptung daher, wenn eine überwiegende Wahrscheinlichkeit besteht, dass sie zutrifft.[1140] Ob dies der Fall ist, hat das Gericht entsprechend § 286 ZPO nach freier richterlicher Würdigung zu beurteilen.[1141] Auch Indiztatsachen können zur Glaubhaftmachung herangezogen werden.[1142] Als obere Grenze dienen die strengen Anforderungen an die volle Beweisführung, daher müssen an die Glaubhaftmachung keine strengeren Anforderungen gestellt werden. Verbleibende Zweifel sind unschädlich.[1143]

1134 *Bacher*, in: Vorwerk/Wolf, BeckOK ZPO, § 294 Rn. 6.

1135 *Huber*, in: Musielak/Voit, ZPO, § 294 Rn. 3.

1136 *Huber*, in: Musielak/Voit, ZPO, § 294 Rn. 3; *Laumen*, in: Prütting/Gehrlein, ZPO, § 294 Rn. 2; *Prütting*, in: Rauscher/Krüger, MüKo ZPO, Bd. 1, § 294 Rn. 24.

1137 *Laumen*, in: Prütting/Gehrlein, ZPO, § 294 Rn. 2; *Prütting*, in: Rauscher/Krüger, MüKo ZPO, Bd. 1, § 294 Rn. 24; BGH, Beschl. v. 9.2.1998 – II ZB 15-97, NJW 1998, 1870 (1870).

1138 *Gottwald*, in: Rosenberg/Schwab/ders., ZPR, § 111 Rn. 4.

1139 BGH, Beschl. v. 9.2.1998 – II ZB 15-97, NJW 1998, 1870 (1870); Beschl. v. 20.2.2018 – VI ZB 47/17, ZfBR 2018, 454 (455); Beschl. v. 16.8.2016 – VI ZB 19/16, Rn. 4, juris; Beschl. v. 16.8.2016 – VI ZB 19/16, VersR 2016, 1463 (1464); *Laumen*, in: Prütting/Gehrlein, ZPO, § 294 Rn. 2; *Prütting*, in: Rauscher/Krüger, MüKo ZPO, Bd. 1, § 294 Rn. 24.

1140 BGH, Beschl. v. 9.2.1998 – II ZB 15-97, NJW 1998, 1870 (1870); Beschl. v. 20.2.2018 – VI ZB 47/17, ZfBR 2018, 454 (455); Beschl. v. 16.8.2016 – VI ZB 19/16, Rn. 4, juris; Beschl. v. 16.8.2016 – VI ZB 19/16, VersR 2016, 1463 (1464); *Laumen*, in: Prütting/Gehrlein, ZPO, § 294 Rn. 2; *Prütting*, in: Rauscher/Krüger, MüKo ZPO, Bd. 1, § 294 Rn. 24.

1141 *Bacher*, in: Vorwerk/Wolf, BeckOK ZPO, § 294 Rn. 3; BGH, Beschl. v. 21.12.2006 – IX ZB 60/06 (KG), NJW-RR 2007, 776 (777). S.a. *Seiler*, in: Thomas/Putzo, ZPO, § 294 Rn. 2.

1142 *Bacher*, in: Vorwerk/Wolf, BeckOK ZPO, § 294 Rn. 3.

1143 BayLSG, Beschl. v. 25.6.2018 – L 8 SO 49/18 B ER, Rn. 33, juris.

§ 606 S. 2 RefE ließ das Vorliegen konkreter Anhaltspunkte ausreichen.[1144] Der Umfang der Darlegungslast sollte von der Rechtsprechung näher bestimmt werden, eine Beschreibung der konkreten Fälle wurde als hinreichend angesehen.[1145] Anhaltspunkte werden laut Duden mit „Anzeichen", „Hinweisen", „Indizien" oder „Indikatoren" gleichgesetzt.[1146] Da bloße Anzeichen oder Hinweise noch nichts über eine überwiegende Wahrscheinlichkeit aussagen, hat man sich durch Einführung des Erfordernisses der Glaubhaftmachung für eine höhere Hürde entschieden.

Für die Musterfeststellungsklage gehen die Gesetzesmaterialien von einer Konkretisierung des Umfangs der Darlegungslast durch die Rechtsprechung aus.[1147] Während innerhalb der Begründung des DiskE noch angeführt wurde, dass eine detaillierte Beschreibung inklusive der Angaben über die, die Feststellungsziele begründenden tatsächlichen oder rechtlichen, Umstände ausreichend sein sollen,[1148] fehlt dieser konkretisierende Zusatz innerhalb der Begründung des Gesetzesentwurfs. Da die Hauptsache nicht vorweggenommen werden darf, muss es jedoch auch hier ausreichen, dass die einzelnen Fälle kurz umschrieben werden und diese Tatsachen so auf ihre überwiegende Wahrscheinlichkeit hin überprüft werden können.[1149]

Durch das Erfordernis der Glaubhaftmachung wird ein probates Mittel zwischen zu strengen und zu seichten Voraussetzungen gewählt. Eine vollständige Überzeugung des Gerichts wird nicht gefordert, aber dennoch wird eine gewisser Grad an Überzeugung verlangt, um nicht Gefahr zu laufen, dass Klagen von nur singulären Interessen oder missbräuchlicher Natur erhoben werden. Mit der Glaubhaftmachung stützt man sich auf ein in der deutschen Rechtsordnung etabliertes Mittel. Zugleich wirft der Gesetzgeber der Rechtsprechung den „Spielball" für eine Konkretisierung zu, sodass für konkrete Aussagen noch abgewartet werden muss.

1144 RefE, S. 19.
1145 RefE, S. 19.
1146 https://www.duden.de/rechtschreibung/Anhaltspunkt, zuletzt abgerufen am 12.4.2019.
1147 BT-Drs. 19/2507, S. 23.
1148 DiskE, S. 15.
1149 In diese Richtung *Lutz*, in: Vorwerk/Wolf, BeckOK ZPO, § 606 Rn. 45. Vgl. *Röthemeyer*, MFK, § 606 Rn. 68, § 607 Rn. 6. A.A. *Mallmann/Erne*, NZKart 2019, 77 (78), die behaupten, nur die Anzahl sei glaubhaft zu machen, nicht die Abhängigkeit.

VII. Weitere Zulässigkeitsvoraussetzungen

§ 606 Abs. 2 ZPO regelt die besonderen Voraussetzungen für die Zulässigkeit der Musterfeststellungsklage. So finden sich Besonderheiten für die Klageschrift. Aus Transparenzgründen sollen Angaben über die in Absatz 1 Satz 2 aufgezählten Voraussetzungen der Klagebefugnis gemacht[1150] sowie dargestellt werden, dass von den Feststellungszielen die Ansprüche respektive Rechtsverhältnisse von mindestens zehn Verbrauchern abhängen, § 606 Abs. 1 S. 1 ZPO. § 606 Abs. 2 S. 2 ZPO bestimmt ferner, dass der Lebenssachverhalt kurz darzustellen ist. Dies dient der späteren Bekanntmachung im Klageregister, die für die Verbraucher möglichst einfach und verständlich erfolgen soll.[1151] Satz 3 weist auf die Gültigkeit der allgemeinen Regelungen in § 253 Abs. 2 ZPO hin.[1152]

Weitere Voraussetzungen für die Zulässigkeit trifft Absatz 3 der Norm.[1153] Gemäß § 606 Abs. 3 Nr. 1 ZPO sind ausschließlich qualifizierte Einrichtungen im Sinne des Absatzes 1 Satz 2 zur Klage befugt. Auch hier ist allerdings die Vermutungsregel des § 606 Abs. 1 S. 4 ZPO zu beachten.[1154] Außerdem ist, wie eben dargestellt, die Glaubhaftmachung, dass Ansprüche oder Rechtsverhältnisse von zehn Verbrauchern von den Feststellungszielen abhängen, erforderlich, § 606 Abs. 3 Nr. 2 ZPO. Ferner müssen sich innerhalb von zwei Monaten mindestens 50 Verbraucher wirksam im Klageregister angemeldet haben. Nach der Rechtsprechung des BGH müssen die Voraussetzungen des § 606 Abs. 2 S. 1 Nr. 2, Abs. 3 Nr. 2 ZPO für jedes Feststellungsziel gesondert vorliegen.[1155]

VIII. Bekanntmachung

Die §§ 607–609 ZPO regeln die Bekanntmachung und Anmeldung der Musterfeststellungsklagen. § 607 ZPO befasst sich dabei mit der Bekanntmachung der Musterfeststellungsklage.[1156] Diese soll im neu erschaffenen Klageregister erfolgen.

1150 BT-Drs. 19/2507, S. 22.
1151 BT-Drs. 19/2507, S. 22.
1152 BT-Drs. 19/2507, S. 22.
1153 *Lutz*, in: Vorwerk/Wolf, BeckOK ZPO, § 607 Rn. 12, bezeichnet diese als materielle Zulässigkeitsvoraussetzungen.
1154 BT-Drs. 19/2507, S. 22 f.
1155 BGH, Beschl. v. 30.7.2019 – VI ZB 59/18, Rn. 10, juris.
1156 Vormals § 608 DiskE bzw. RefE.

Während im DiskE an dieser Stelle noch erläutert wird, was unter einem Klageregister zu verstehen ist, beginnt § 607 Abs. 1 ZPO unmittelbar mit einer Enumeration der bekannt zu machenden Angaben. Die Definition des Klageregisters findet sich nun in § 609 Abs. 1 S. 1 ZPO, in welchem sich nähere Ausführungen über die Bekanntgabe als solche und über Informationsansprüche finden.

Die Auflistung in § 607 Abs. 1 ZPO entspricht in weiten Teilen der des § 608 Abs. 1 DiskE. Dort werden die bekannt zu machenden Angaben abschließend aufgezählt, die u.a. eine Bezeichnung der Parteien, des Aktenzeichens, der Feststellungsziele, eine knappe Beschreibung des Lebenssachverhaltes sowie den Zeitpunkt der Bekanntmachung im Klageregister beinhalten. Die Angabe des Aktenzeichens ermöglicht eine schnelle und richtige Zuordnung der jeweiligen Anmeldung zu dem zugehörigen Verfahren.[1157] Die Beschreibung des Lebenssachverhaltes hilft den potentiellen Anmeldern dabei, diesen mit dem eigenen vergleichen zu können.[1158] Außerdem ist zusammen mit der Bekanntmachung über die Möglichkeit, Voraussetzungen und Wirkungen der An- und Abmeldung zu informieren.[1159] Im Laufe des Verfahrens werden die Anmelder, mangels Beteiligung am Prozess, durch die Bekanntmachung über Terminbestimmungen und Zwischenentscheidungen unterrichtet. Gleichzeitig bekommen so auch Nicht-Anmelder nähere Informationen, die sie ggf. zur Anmeldung oder zu einer individuellen Rechtsverfolgung bewegen können.[1160]

Hinsichtlich der vorangegangenen Entwürfe wurde Nr. 6 verändert. Außerdem wurden zwei weitere Nummern hinzugefügt. Gemäß § 607 Abs. 1 Nr. 6 ZPO ist „die Befugnis der Verbraucher, Ansprüche oder Rechtsverhältnisse, die von den Feststellungszielen abhängen, zur Eintragung in das Klageregister anzumelden“ und sind die formellen Voraussetzungen und Wirkung sowohl der Anmeldung als auch der Rücknahme der Anmeldung bekannt zu machen. Anstelle von Befugnis sprach der DiskE noch von Möglichkeit. Befugnis deutet mehr auf ein Dürfen, die Möglichkeit eher auf ein Können hin, und verstärkt daher die rechtliche Stellung und Handlungsmöglichkeiten der Verbraucher. Der Wortlaut erinnert an den geläufigen Terminus Klage- sowie Antragsbefugnis. Den Anmeldern wird letztlich eine Anmeldebefugnis zugestanden.

1157 BT-Drs. 19/2507, S. 23.
1158 BT-Drs. 19/2507, S. 23.
1159 BT-Drs. 19/2507, S. 23.
1160 BT-Drs. 19/2507, S. 23.

Neu hinzugekommen sind die Bekanntmachung der Wirkung eines Vergleichs, die Befugnis, aus diesem auszutreten sowie die formellen Voraussetzungen und die Wirkung dieses Austritts, § 607 Abs. 1 Nr. 7 ZPO. Dieser sowie Nr. 6 gewährleisten eine noch umfassendere Information der Verbraucher.[1161] Der Hinweis auf die Möglichkeit des Vergleichsschlusses und dessen Bedeutung für die angemeldeten Verbraucher ist vor dem Hintergrund, dass dieser politisch erwünscht ist,[1162] sinnvoll. Die Verbraucher müssen von Beginn an über die Auswirkungen eines Vergleichs informiert werden, denn dieser kann mitunter weitreichende Folgen für ihre Ansprüche haben.

Mit Nr. 8 sollen die Verbraucher darauf aufmerksam gemacht werden, dass das Bundesamt der Justiz nach rechtskräftigem Abschluss des Musterfeststellungsverfahrens ihnen gegenüber dazu verpflichtet ist, auf Verlangen einen schriftlichen Auszug über ihre im Klageregister enthaltenen Angaben zu erteilen. Dieser Auszug dient ihnen in den sich anschließenden Folgeprozessen als Nachweis über ihre tatsächliche und wirksame Anmeldung.[1163] Nochmals besonders betont wird im Gesetzentwurf, dass die Informationen die Verbraucher auch tatsächlich erreichen sollen.[1164]

Auf Grundlage von § 609 Abs. 7 ZPO wurde für nähere Einzelheiten eine Rechtsverordnung in Gestalt der MFKRegV geschaffen.[1165] Gemäß § 1 Abs. 2 MFKRegV erfolgen die Veröffentlichungen für jeden unentgeltlich abrufbar auf der Internetseite, die das Bundesamt für Justiz inhaltlich verantwortet.

1161 BT-Drs. 19/2507, S. 23.

1162 Ebenso skeptisch *Beckmann/Waßmuth*, WM 2019, 89 (96); *Kranz*, NZG 2017, 1099 (1101); *Stadler*, VuR 2018, 83 (86 f.); *dies.*, in: Musielak/Voit, ZPO, § 611 Rn. 1, die jedoch Skepsis hinsichtlich der praktischen Bedeutung hegt. In BT-Drs. 19/2507, S. 16, wird zumindest davon ausgegangen, dass eine außergerichtliche Einigung erfolgen wird und es gerade nicht zu Individualprozessen kommt *Mallmann/Erne*, NZKart 2019, 77 (77, 82). *Halfmeier/Rott*, VuR 2018, 243 (246), sprechen sich dafür aus, dass kollektive Rechtsschutzverfahren durch pauschalisierte Vergleiche erledigt werden, da die exakte Ausurteilung einzelner Ansprüche die Effizienzgewinne vernichten würde. Kritisch zu alldem unter Hinweis auf die Fluggastverordnung *Rother*, Referat 72. DJT, K 23 (K 33), wonach der Beklagte abwartet, ob tatsächlich Individualklagen erhoben werden.

1163 BT-Drs. 19/2507, S. 23.

1164 BT-Drs. 19/2507, S. 23.

1165 BT-Drs. 19/2507, S. 23. Verordnung über das Register für Musterfeststellungsklagen (Musterfeststellungsklagenregister-Verordnung – MFKRegV) v. 24.10.2018, BGBl. I 2018, S. 1804.

Eine deutliche Veränderung erfuhr Absatz 2. Hier wird das Gericht dazu angehalten, bereits innerhalb von vierzehn Tagen nach Erhebung der Musterfeststellungsklage die öffentliche Bekanntmachung zu veranlassen, sofern die Klageschrift den Voraussetzungen des § 606 Abs. 2 S. 1 ZPO entspricht. Im DiskE und RefE wurde hier noch ein viermal so langer Zeitrahmen von zwei Monaten veranschlagt, der u.U. sogar verlängert werden konnte, § 608 Abs. 2 S. 2 DiskE. Die ausgewählte Normierung führt zu einer wesentlichen Beschleunigung des Verfahrens.[1166]

Die Veröffentlichung erfolgt jedoch nur, wenn die Klageschrift die Voraussetzungen des § 606 Abs. 2 S. 1 ZPO erfüllt, so § 607 Abs. 2 ZPO. Es müssen also Angaben und Nachweise zu den Voraussetzungen des § 606 Abs. 1 S. 2 ZPO, der Klagebefugnis sowie der Glaubhaftmachung von zehn Fällen betroffener Verbraucher (§ 606 Abs. 3 Nr. 2 ZPO) beigefügt sein.

Nach § 607 Abs. 3 S. 1 ZPO sind nun neben den Terminbestimmungen und Zwischenentscheidungen auch Hinweise öffentlich bekannt zu machen, unter der Einschränkung, dass dies zur Information der Verbraucher und den Fortgang des Verfahrens erforderlich ist. Das Gericht soll einerseits das Bundesamt für Justiz unverzüglich zur Bekanntgabe veranlassen und andererseits soll das Bundesamt die Bekanntgabe unverzüglich vollziehen. Unverzüglich bedeutet in allen Rechtsbereichen ohne schuldhaftes Zögern,[1167] wie es § 121 Abs. 1 BGB legaldefiniert. Dies besagt, dass die Umstände des Falles ein weiteres Warten nicht gebieten.[1168] Dabei wird keine starre Frist bestimmt.[1169] Durch die Hinzufügung der Zeitvorgabe wird nochmals die Dringlichkeit und Eilbedürftigkeit dieser Verfahren verdeutlicht und der effektiven Rechtsdurchsetzung gedient.

Da die Überprüfung dessen von Fall zu Fall abweichen kann, ist die Entscheidung, von einer starren Frist abzusehen, nachvollziehbar. Die Eilbe-

---

1166 S.a. in Bezug auf die frühzeitige Information der Verbraucher *Boese/Bleckwenn*, in: Nordholtz/Mekat, MFK, § 4 Rn. 30.

1167 Zum automatisierten Fahren s. *König*, NZV 2017, 123 (125); *Mansel*, in: Jauernig, BGB, § 121 Rn. 1; *Wendtland*, in: Bamberger/Roth, et al., BeckOK BGB, § 121 BGB Rn. 6. Angewandt im Asylrecht BVerwG, Urt. v. 15.4.2019 – 1 C 46.18, BeckRS 2019, 11017, Rn. 27.

1168 *Armbrüster*, in: Säcker/Rixecker, et al., MüKo BGB, Bd. 1, § 121 Rn. 7. BGH, Urt. v. 24.1.2008 – VII ZR 17/07 (KG), NJW 2008, 985 (986); OLG Saarbrücken, Urt. v. 19.6.2019 – 5 U 99/18, BeckRS 2019, 12809, Rn. 19.

1169 *Armbrüster*, in: Säcker/Rixecker, et al., MüKo BGB, Bd. 1, § 121 Rn. 7; *Mansel*, in: Jauernig, BGB, § 121 Rn. 3; *Wendtland*, in: Bamberger/Roth, et al., BeckOK BGB, § 121 BGB Rn. 5.

dürftigkeit bringt das Wort unverzüglich zum Ausdruck. Eine inhaltliche Prüfung erfolgt an dieser Stelle nicht.[1170]

In § 607 Abs. 3 S. 2 ZPO wird zudem bestimmt, dass die öffentliche Bekanntmachung von Terminen spätestens eine Woche vor dem jeweiligen Termintag erfolgen muss. Da die Anmeldung von Ansprüchen auf den Ablauf des Tages vor dem ersten Termin (§ 608 Abs. 1 ZPO), die Rücknahme auf den Ablauf des Tages des Beginns der mündlichen Verhandlung (§ 608 Abs. 3 ZPO) begrenzt ist, ist die Kenntnis über den Zeitpunkt des Termins von großer Relevanz. Entsprechend der allgemeinen Ladungsfristen aus § 217 ZPO muss die Terminbestimmung daher zumindest eine Woche vor dem Termin öffentlich bekannt gegeben werden.[1171] Satz 3 statuiert als Pendant zu Satz 1, dass auch die öffentliche Bekanntgabe der Beendigung unverzüglich veranlasst werden muss. Unberührt davon bleiben dabei die §§ 611 und 612. Letztere regeln die Verfahrensbeendigung durch Vergleich oder Urteil, für die jeweils schon ausdrücklich eine öffentliche Bekanntmachungspflicht besteht. Der Mehrwert dieses letzten Satzes, der erst auf die Beschlussempfehlung des Ausschusses für Recht und Verbraucherschutz (6. Ausschuss) zurückgeht,[1172] liegt darin, dass die Bekanntmachungspflicht auch für andere Arten der Verfahrensbeendigung z.B. durch Klagerücknahme oder übereinstimmende Erledigungserklärung gilt, denn auch hier besteht ein Interesse zu wissen, ob das eingetragene Verfahren noch läuft oder bereits abgeschlossen ist.[1173]

Im Gegensatz zum DiskE wird die vorherige Anhörung des Beklagten vor dem unanfechtbaren Beschluss über die öffentliche Bekanntmachung nicht mehr statuiert. Diese wurde im DiskE mit seinem Recht auf rechtliches Gehör begründet.[1174] Mit der Veröffentlichung geht eine Prangerwirkung für den Beklagten einher, sodass ursprünglich geplant war, ihm ein Recht zur Stellungnahme einzuräumen.[1175] Wiederum wird jedoch aus Gründen der Beschleunigung zu Lasten des Beklagten eine Abweichung

---

1170 *Röthemeyer*, MFK, § 607 Rn. 6.

1171 *Röthemeyer*, MFK, § 607 Rn. 13.

1172 BT-Drs. 19/2741, S. 11; Stellungnahme des Bundesrates und Gegenäußerung der Bundesregierung BT-Drs. 19/2701, S. 5.

1173 BT-Drs. 19/2741, S. 25. BT-Drs. 19/2741, S. 11; Stellungnahme des Bundesrates und Gegenäußerung der Bundesregierung BT-Drs. 19/2701, S. 5.

1174 DiskE, S. 16.

1175 *Boese/Bleckwenn*, in: Nordholtz/Mekat, MFK, § 4 Rn. 75. Zur Prangerwirkung *Zott*, Aktive Informationen, S. 105 ff.

vom DiskE vorgenommen.[1176] Für den Beklagten gibt es somit keine Möglichkeit, sich vorab zu äußern.[1177]

Diese Vorgehensweise ist jedoch verfassungsrechtlich unbedenklich.[1178] Auch bei regulärer Klageerhebung sieht das Gesetz kein Anhörungsrecht des Beklagten vor, ob und warum jemand gegenüber ihm Klage erhebt. Aus prozessökonomischen Gründen und vor allem aufgrund des Dispositionsgrundsatzes kann der Kläger eigenständig bestimmen, gegen wen er seine Klage richtet. Allerdings kommt es hier nicht zu einer Veröffentlichung und damit nicht zu einer möglichen Prangerwirkung.[1179]

Indes führt eine Prangerwirkung nicht unmittelbar zu einer Unrechtmäßigkeit.[1180] Die Veröffentlichung ist dabei der Natur des Musterfeststellungsverfahrens geschuldet, deren Zulässigkeit von einem bestimmten Quorum und somit von einer weiten Verbreitung abhängig ist.[1181] Parallel zur Schuldnerspiegel-Entscheidung des BVerfG sind zudem die Nachteile zu würdigen, die für eine Person durch die Bezeichnung als Beklagter entstehen.[1182] Es ist bekannt, dass die Klageerhebung allein noch nichts über den Ausgang des Verfahrens aussagen wird. Dass ein Rechtsbehelf gegen ein Unternehmen erhoben wird, hat dieses sich mitunter auch selbst zuzuschreiben. Die nachteilige Wirkung ist demnach gering.

Ferner geht der Bekanntmachung eine sorgfältige Überprüfung der Voraussetzungen und der Schlüssigkeit der Klage durch das Gericht voraus.[1183] Zwar steht ein Obsiegen zu diesem Zeitpunkt noch nicht fest, die vertiefte

---

1176 *Boese/Bleckwenn*, in: Nordholtz/Mekat, MFK, § 4 Rn. 75; *Röthemeyer*, MFK, § 607 Rn. 8.

1177 *Boese/Bleckwenn*, in: Nordholtz/Mekat, MFK, § 4 Rn. 75; *Röthemeyer*, MFK, § 607 Rn. 8.

1178 *Boese/Bleckwenn*, in: Nordholtz/Mekat, MFK, § 4 Rn. 30. Dazu, dass die Prangerwirkung nicht gleich zur Rechtswidrigkeit führen muss und es vielmehr einer Verhältnismäßigkeitsprüfung bedarf, *Zott*, Aktive Informationen, S. 118 ff.

1179 *Boese/Bleckwenn*, in: Nordholtz/Mekat, MFK, § 4 Rn. 30, 32.

1180 *Zott*, Aktive Informationen, S. 118 f., auch dazu, dass das BVerfG in seiner Schuldnerspiegel-Entscheidung ausspricht, dass eine Anprangerung Besonderheiten bei der rechtlichen Würdigung bewirken kann; BVerfG, Beschl. v. 9.10.2001 – 1 BvR 622/01, BVerfGE 104, 65 (72 f.).

1181 *Stadler*, in: Musielak/Voit, ZPO, § 607 Rn. 2.

1182 BVerfG, Beschl. v. 9.10.2001 – 1 BvR 622/01, BVerfGE 104, 65 (72 f.).

1183 *Boese/Bleckwenn*, in: Nordholtz/Mekat, MFK, § 4 Rn. 32. A.A. *Stadler*, in: Musielak/Voit, ZPO, § 607 Rn. 2. S. zur sorgfältigen Prüfung auch OLG Braunschweig, Beschl. v. 23.11.2018 – MK 1/18, VuR 2019,106, das eine Teilbekanntmachung für möglich hält, wenn eines der Feststellungsziele den Anforderungen nicht entspricht.

Überprüfung soll jedoch keine vernünftigen Zweifel hinterlassen.[1184] Klagen, die nur die Diffamierung des Beklagten bezwecken, sollen dadurch herausgefiltert werden.[1185] Zudem ist fraglich, welche Wirkung eine vorgelagerte Anhörung haben sollte. Es ist fernliegend, dass diese die Klage abwehren kann.

Insgesamt ist die Veröffentlichung auch ohne vorherige Anhörung hinzunehmen, insbesondere weil das Gericht strikt und genau überprüft, welche Klagen es publiziert.

IX. Anmeldung zum Register

Die Anmeldung von Ansprüchen oder Rechtsverhältnissen findet sich in § 608 ZPO geregelt.

1. Zeitrahmen

Demnach können bis zum Ablauf des Tages vor Beginn des ersten Termins Verbraucher Ansprüche oder Rechtsverhältnisse, die von den Feststellungszielen abhängen, zur Eintragung in das Klageregister anmelden. Hierin liegt eine Abweichung zum RefE. Dieser wollte eine Anmeldung bis zum Schluss der mündlichen Verhandlung oder der öffentlichen Bekanntmachung der gerichtlichen Genehmigung eines Vergleichs gewähren, § 609 Abs. 1 S. 1 RefE. Der DiskE stellte sodann klar, dass der Schluss der mündlichen Verhandlung erster Instanz entscheidend sein sollte, § 609 Abs. 1 DiskE.[1186] Der Anmeldezeitpunkt wurde durch die gesetzgewordene Regel wesentlich verkürzt. Für den Verbraucher bedeutet dies, dass er nicht im Sinne eines „Rosinenherauspickens“[1187] vorgehen kann, indem er die Prozessentwicklung beobachtet und sich nur bei vermeintlich günstigem Ausgang für eine Eintragung entscheidet.[1188] Seine Entscheidung muss demnach vor dem Prozess gefallen sein.

1184 *Boese/Bleckwenn*, in: Nordholtz/Mekat, MFK, § 4 Rn. 32.

1185 *Gansel*, VuR 2019, 1 (2); *Röthemeyer*, MFK, § 607 Rn. 6.

1186 DiskE, S. 16.

1187 *Alexander/Kubiak*, VW 2017, 27; ähnlich unter Verwendung des Begriffs "cherry picking" für die Abmeldung *Boese/Bleckwenn*, in: Nordholtz/Mekat, MFK, § 5 Rn. 79.

1188 *Röthemeyer*, MFK, § 608 Rn. 2.

§ 608 Abs. 3 ZPO bestimmt den Zeitrahmen für die Rücknahme der Anmeldung. Dieser Zeitraum ist im Gegensatz zu den anvisierten Zeiträumen des DiskE und des RefE ebenfalls verkürzt. Dort konnte die Abmeldung bis zum Schluss der letzten mündlichen Verhandlung erfolgen, § 609 Abs. 3 DiskE bzw. § 609 Abs. 3 RefE. Anders als bei der Anmeldung wurde für die Rücknahme die mündliche Verhandlung nicht durch den Hinweis „erstinstanzlich" konkretisiert. Denkbar ist einerseits, dass damit bewusst normiert werden sollte, dass der Verbraucher – vor allem aufgrund seines Rechts auf rechtliches Gehör – seine Anmeldung jederzeit zurücknehmen kann, auch wenn sich der Rechtsstreit über mehrere Instanzen zieht. Andererseits könnte darin auch schlicht ein legislatorisches Versehen zu sehen bzw. könnte die Vorschrift im Kontext mit Absatz 1 so zu verstehen sein, dass auch hier der Schluss der mündlichen Verhandlung erster Instanz gemeint war.

Dies kann jedoch dahinstehen, da in § 608 Abs. 3 ZPO die Rücknahme auf den Ablauf des Tages des Beginns des ersten Termins begrenzt wurde. Mit der Rücknahme der Anmeldung enden für den betroffenen Verbraucher auch die dadurch zuteilgewordenen Privilegien, wie die Informationspflichten ihm gegenüber, die Bindungswirkung des Musterfeststellungsurteils (§ 613 Abs. 1 S. 2 ZPO) sowie die Verjährungshemmung (§ 204 Abs. 2 S. 2 BGB).[1189] Parallel zur Anmeldefrist ist auch hier die Möglichkeit des Abwartens unter Beobachtung des Prozesshergangs begrüßenswerter Weise verhindert worden. Für die Parteien soll prozessuale Waffengleichheit herrschen. Formulare für die Rücknahme finden sich wiederum beim Bundesamt für Justiz, § 4 Abs. 1 MFKRegV.

2. Voraussetzungen

Nach § 608 Abs. 2 S. 1 ZPO steht die Wirksamkeit der Anmeldung neben der Form- und Fristgemäßheit auch unter dem Erfordernis diverser, in fünf Nummern aufgelisteter Angaben: Name und Anschrift des Anmelders (Nr. 1), Bezeichnung des Gerichts und Aktenzeichen der Musterfeststellungsklage (Nr. 2), Bezeichnung des Beklagten der Musterfeststellungs-

1189 Zu den Wirkungen *Röthemeyer*, MDR 2019, 6 (7). Zu rechtsmissbräuchlichen Anmeldungen aufgrund der Verjährungshemmung *Deiß/Graf/Salger*, BB 2019, 1674; zur Verjährung der Musterfeststellungsklage allgemein *Augenhofer*, VuR 2019, 83; zur Verjährungshemmung von Feststellungsklagen allgemein *Tolani*, NJW 2019, 2751 und auf S. 2753 hinsichtlich der Musterfeststellungsklage.

klage (Nr. 3), Gegenstand und Grund des Anspruchs oder des Rechtsverhältnisses des Verbrauchers (Nr. 4), Versicherung der Richtigkeit und Vollständigkeit der Angaben (Nr. 5). Entsprechende Anmeldeformulare sind beim Bundesamt für Justiz zu erhalten (§ 3 Abs. 1 MKFRegV), dabei werden die oben genannten Angaben als verpflichtend gekennzeichnet, § 3 Abs. 2 S. 1 MFKRegV.

Die Nummern 1 bis 4 sind inhaltlich identisch mit denen des § 609 DiskE bzw. RefE. Lediglich die Systematik hat sich verändert. Sie verteilten sich ursprünglich auf fünf Ziffern. Für die sonstigen Klagearten der ZPO werden gemäß § 253 Abs. 2 ZPO teils identische Angaben gefordert.[1190] Wichtig für den Beklagten ist vor allem, die Identität der klagenden Verbraucher zu erfahren.[1191]

Neu hinzugekommen ist Nr. 5, die Versicherung der Richtigkeit und Vollständigkeit der Angaben. Die Anmeldung räumt dem Verbraucher eine Reihe von Sonderrechten ein, daher sind nur ernsthafte Anmeldungen gewollt.[1192] Vor allem sollen Täuschung und Missbrauch verhindert werden. Im Gesetzentwurf der Fraktionen[1193] sowie der Bundesregierung[1194] wurde davor noch die Angabe zum Betrag der Forderung vorgesehen. Auch im DiskE befand sich in § 609 Abs. 2 Nr. 6 DiskE das Erfordernis der bestimmten Angabe über die Höhe des Anspruchs. Letztlich wurde nach Beschlussempfehlung des Ausschusses für Recht und Verbraucherschutz davon abgesehen, den Betrag als Wirksamkeitsvoraussetzung zu sehen, denn das wäre er, wenn er in den Nummern aufgelistet werden würde.[1195] Die Listung unter den Angaben, von denen die Wirksamkeit der Klage abhängt, hätte zur Folge, dass sämtliche Klagen, die nicht auf Geldleistungen gerichtet sind, von vornherein von der Musterfeststellungsklage ausgeschlossen wären.[1196] Insgesamt erweist sich diese Systematik auch als verbraucherfreundlicher, da die Verbraucher mit der konkreten Bezifferung der Schadenshöhe überfordert sein könnten. Dennoch spielt die genaue Bezifferung gerade auch für die wirtschaftliche Bedeutung der Klage oder Vergleichsgespräche eine Rolle, sodass, sofern es sich um eine Geldleistung handelt, die Angabe des Betrages durchaus sinnvoll ist.[1197] Des-

1190 S.a. BT-Drs. 19/2507, S. 24.
1191 BT-Drs. 19/2507, S. 24.
1192 BT-Drs. 19/2507, S. 24.
1193 BT-Drs. 19/2507, S. 8.
1194 BT-Drs. 19/2439, S. 9.
1195 BT-Drs. 19/2741, S. 25.
1196 BT-Drs. 19/2741, S. 25.
1197 BT-Drs. 19/2701, S. 6.

halb findet sich dieses Erfordernis als Soll-Vorschrift nun unterhalb der Auflistung in Satz 2 des Absatzes wieder.

Die geforderten Daten werden nicht auf ihre inhaltliche Richtigkeit hin kontrolliert, § 608 Abs. 2 S. 3 ZPO. Es wird lediglich die Vollständigkeit und Plausibilität der Angaben geprüft.[1198] Für den Verbraucher entsteht somit ein nicht unbedeutendes Risiko. Da die Eintragung nicht konstitutiv ist, muss in einem Folgeprozess erst festgestellt werden, ob diese tatsächlich wirksam war.[1199] So muss neben der Verbrauchereigenschaft auch die Abhängigkeit der eigenen Ansprüche von den Feststellungszielen bzw. das Unterfallen des individuellen Lebenssachverhalts unter die Musterfeststellungsklage überprüft werden.[1200] Nur dann kann der Verbraucher von den Vorteilen der Musterfeststellungsklage (z.B. Verjährungshemmung) profitieren.[1201]

3. Form

§ 3 Abs. 1 S. 2 MFKRegV konkretisiert die Anmeldungsmöglichkeiten dahingehend, dass sowohl ein elektronisches als auch ein Formular in Papierform zur An- wie auch zur Abmeldung (§ 4 Abs. 1 MFKRegV) zur Verfügung gestellt wird. Ferner legt § 608 Abs. 4 ZPO die Textform für Anmeldung und Rücknahme fest, welche jeweils gegenüber dem Bundesamt für Justiz zu erklären sind. Der ursprüngliche DiskE und der RefE sahen hier die elektronische oder schriftliche Form vor, § 609 Abs. 4 RefE respektive § 609 Abs. 4 DiskE, ohne diese näher zu konkretisieren. Mangels Konkretisierung innerhalb des RefE war es naheliegend, „schriftlich" im Sinne des § 126 Abs. 1 BGB zu verstehen, d.h., dass die Dokumente vom Aussteller mit eigenhändiger Unterschrift zu versehen sind oder mittels notariell beglaubigtem Handzeichen unterschrieben werden müssen. Hinsichtlich der elektronischen Form wird in den Entwürfen nur dargelegt, dass die An-

---

1198 *Röthemeyer*, MFK, § 608 Rn. 14.

1199 *Augenhofer*, VuR 2019, 83 (85); *Mekat/Nordholtz*, NJW 2019, 411 (413).

1200 *Boese/Bleckwenn*, in: Nordholtz/Mekat, MFK, § 5 Rn. 38; *Mekat/Nordholtz*, NJW 2019, 411 (413) mit dem Hinweis, dass eine anwaltliche Beratung daher doch ratsam sein kann. Ebenso *Augenhofer*, VuR 2019, 83 (85), auf S. 86 f. führt sie ferner an, dass im Falle einer Verjährung mangels wirksamer Anmeldung den Betroffenen ein Anspruch auf Restschadensersatz gemäß § 852 BGB zustehen könnte.

1201 *Boese/Bleckwenn*, in: Nordholtz/Mekat, MFK, § 5 Rn. 39; *Röthemeyer*, MFK, § 608 Rn. 14 ff.

meldung respektive Abmeldung mittels moderner Kommunikationsmittel möglich sein soll.[1202] Was unter moderne Kommunikationsmittel im Sinne dieser Vorschrift fällt, wurde allerdings nicht näher ausgeführt. Die elektronische Form konnte aber ebenso im Sinne von § 126a BGB verstanden werden. Darin wird festgeschrieben, dass für die elektronische Form, die an die Stelle der schriftlichen tritt, der Aussteller dem Dokument erstens seinen Namen hinzufügen und zweitens mittels elektronischer Signatur versehen muss. Der Zusatz mittels moderner Kommunikationsmittel blieb daher ohne weitere Bedeutung.

Die finale gesetzliche Regelung umging diese Auslegungsfragen, indem sie nun die Textform verlangt. Was unter Textform zu verstehen ist, regelt § 126b BGB.[1203] In Textform verfasst ist eine lesbare Erklärung, in der die Person des Erklärenden genannt ist, wenn sie auf einem dauerhaften Datenträger abgegeben wird, § 126b S. 1 BGB. Dauerhafte Datenträger werden ferner in Satz 2 der Vorschrift konkretisiert als Medien, die es dem Empfänger ermöglichen, „eine auf dem Datenträger befindliche, an ihn persönlich gerichtete Erklärung so aufzubewahren oder zu speichern, dass sie ihm während eines für ihren Zweck angemessenen Zeitraums zugänglich ist“ oder Nr. 2 „geeignet ist, die Erklärung unverändert wiederzugeben.“ Neben klassischen Urkunden sind nun auch diverse elektronische Speichermedien erfasst.[1204] Ausreichend ist demnach eine E-Mail.[1205] Im Unterschied zu der vormaligen elektronischen Form entfällt die Verpflichtung der elektronischen Signatur.[1206] Dies erweist sich als bürgerfreundlichere, weniger komplexe Möglichkeit.[1207] Denn nur wenige Bürger verfügen derzeit über eine elektronische Signatur. Dem Sinn und Zweck der

---

1202 RefE, S. 22.

1203 *Röthemeyer*, MFK, § 608 Rn. 4, greift ebenfalls auf diese Norm zurück.

1204 *Junker*, in: Herberger/Martinek/Rüßmann, et al., jurisPK-BGB, Bd. 1, § 126b Rn. 27; *Mansel*, in: Jauernig, BGB, § 126b Rn. 2; *Röthemeyer*, MFK, § 608 Rn. 4; *Wendtland*, in: Bamberger/Roth, et al., BeckOK BGB, § 126b Rn. 8. S.a. BGH, Urt. v. 15.5.2014 – III ZR 368/13, NJW 2014, 2857 (2858).

1205 *Einsele*, in: Säcker/Rixecker, et al., MüKo BGB, Bd. 1, § 126b Rn. 6; *Mansel*, in: Jauernig, BGB, § 126b Rn. 2; *Röthemeyer*, MFK, § 608 Rn. 4; *Wendtland*, in: Bamberger/Roth, et al., BeckOK BGB, § 126b Rn. 8. S.a. BGH, Urt. v. 15.5.2014 – III ZR 368/13, NJW 2014, 2857 (2858); OLG München, Urt. v. 28.2.2019 – 6 U 914/18, EnWZ 2019, 188 (192); OLG Hamm, Beschl. v. 14.9.2015 – 27 W 104/15, DStR 2016, 487 (489).

1206 S. hinsichtlich der Zurückhaltung gegenüber der elektronischen Signatur *Guckelberger*, Öffentliche Verwaltung, Rn. 231; *Prell*, NVwZ 2018, 1255 (1256 f.).

1207 *Guckelberger*, Öffentliche Verwaltung, Rn. 231. Dazu, dass die Textform die geringsten Anforderungen hat und dadurch u.a. durch die elektronische Form

niederschwelligen Anmeldung in das Klageregister wird die Textform daher besser gerecht.

4. Praktische Umsetzung

Wie gesehen, erfolgt die Anmeldung mit Hilfe eines Anmeldeformulars. Gemäß § 3 Abs. 1 S. 1 MFKRegV ist das Bundesamt für Justiz verpflichtet, dieses samt Ausfüllanleitung zur Verfügung zu stellen. Die benötigten Formulare sind neben der Papierform auch in elektronischer Form auf der Internetseite des Bundesamts für Justiz zum Download verfügbar.[1208]

Gurkmann schlägt aufgrund der Fehleranfälligkeit der Anmeldungen zur Erleichterung der Eintragung die alleinige Verwendung eines elektronischen Formulars vor.[1209] Allerdings führt die eigenständige elektronische Anmeldung nicht automatisch zu einer qualitativen Verbesserung.[1210] Gerade für Menschen, die mit Elektronik wenig vertraut sind, könnte sich daraus eine Hürde ergeben.[1211]

Hilfreich könnte der Einsatz eines digitalen Ausfüllassistenten sein, der schrittweise durch die Anmeldung führt.[1212] Jedoch ist diesen nach dem momentanen Stand der Technik eine eigene Fehleranfälligkeit imma-

---

ersetzt werden kann, *Einsele*, in: Säcker/Rixecker, et al., MüKo BGB, Bd. 1, § 126b Rn. 10; *Mansel*, in: Jauernig, BGB, § 126b Rn. 4. Zu den Schriftformerfordernissen als Hinderungsgrund *Prell*, NVwZ 2018, 1255 (1256 f.).

1208 https://www.bundesjustizamt.de/DE/Themen/Buergerdienste/Klageregister/Service/Formulare/Formulare_node.html, zuletzt abgerufen am 22.12.2019.

1209 *Gurkmann*, in: Schäfer, Der Gesetzesentwurf, 46 (68). Allgemein zur Erleichterung durch Anmeldeformulare *Boese/Bleckwenn*, in: Nordholtz/Mekat, MFK, § 4 Rn. 15. S. in der Praxis hinsichtlich des VW-Verfahrens *Krüger*, Ein Zeichen setzen, taz v. 30.9.2019, führt aus, dass VW bei der gegen ihn gerichteten Musterfeststellungsklage zehn Prozent Doppelanmeldungen ausgemacht haben will; s.a. *Windau*, jM 2019, 404 (405); *Pretzlaff*, Klage gegen Mercedes-Bank wackelt, https://www.stuttgarter-nachrichten.de/inhalt.streit-um-kreditklauseln-der-mercedes-bank-klage-gegen-mercedes-bank-wackelt.346a1647-ff68-437e-85b5-22d430fde42e.html, zuletzt abgerufen am 14.12.2019.

1210 Dazu, dass die Qualität bei elektronischen Steuererklärungen nicht unbedingt steigt, *Leinenbach*, Die Rentensteuer, S. 141. S.a. im Bezug auf die Rentensteuer *Rechnungshof Baden-Württemberg*, Denkschrift 2014, S. 147.

1211 S.a. zu Problemen beim E-Government insb. dazu, dass auch hier die traditionellen Verwaltungsdienste erhalten bleiben müssen, um eine digitale Spaltung zu vermeiden *Guckelberger*, Öffentliche Verwaltung, Rn. 168, 238; *dies.*, VVDStRL 78 (2019), 235 (261 f.).

1212 So vorgesehen für das Elterngeld BR-Drs. 430/18, Anlage S. 4.

nent.[1213] Sie können gleichwohl nur von denjenigen Personen genutzt werden, die über einen Internetzugang und die nötige Kompetenz zur Verwendung von digitalen Medien verfügen.

Außerdem ist der Einsatz von digitalen Assistenten für die Anmeldung zu einem Klageregister generell skeptisch zu sehen. Anders als bei einem auf staatliche Leistungen gerichteten Antrag, z.B. dem Elterngeld, kann bei der Anmeldung zu einem Klageregister zu einer privatrechtlichen Streitigkeit mehr Eigenverantwortlichkeit verlangt werden. Es ist von Gesetzes wegen gewollt, dass keine Vorprüfung für die Betroffenen erfolgt, eine fehlerhafte Anmeldung letztlich zu ihren Lasten geht. Eine Einmischung des Staates als neutrale Stelle durch Zurverfügungstellung des Hilfeassistenten ist hier mit Vorsicht zu betrachten.

Da sich die Digitalisierung in Deutschland noch nicht umfassend durchgesetzt hat, ist das zweigleisige Vorgehen hinsichtlich der Anmeldemöglichkeiten des MFKRegV zumindest für die Anfangszeit zu billigen.

5. Klageregister

§ 609 ZPO widmet sich dem neu zu schaffenden Klageregister als solchem. Hier findet sich nun die Erklärung dessen, was unter dem Begriff „Klageregister“ zu verstehen sein soll, nämlich ein Register für Musterfeststellungsklagen, welches vom Bundesamt für Justiz geführt und ggf. elektronisch betrieben werden kann, § 609 Abs. 1 ZPO. Gemäß § 609 Abs. 1 S. 2 ZPO *kann* dies elektronisch geführt werden. Sowohl im RefE als auch im DiskE wurde an dieser Stelle explizit bestimmt, dass es elektronisch zu führen „ist“. Die Abkehr von der verbindlichen Anordnung ist jedoch nicht als ein Zurückrudern zu sehen, sondern der raschen Gesetzgebung geschuldet.[1214] Die Implementierung der Technik ist zeitaufwendig, das Bedürfnis nach Musterfeststellungsklagen liegt jedoch bereits jetzt vor und sollte nicht deshalb zurücktreten müssen. Das Register wird daher zunächst manuell geführt, solange parallel ein elektronisches Fachverfahren entwickelt und in Betrieb genommen werden kann.[1215] Dies soll voraussichtlich 2021 so weit sein.[1216]

1213 *Conrad*, DuD 2018, 541 (542); *Guckelberger*, Öffentliche Verwaltung, Rn. 118; *Köbrich/Froitzheim*, WRP 2017, 1188 (1188 f.).
1214 *Röthemeyer*, MFK, § 609 Rn. 2.
1215 BT-Drs. 19/2507, S. 19; *Röthemeyer*, MFK, § 609 Rn. 2.
1216 BT-Drs. 19/2507, S. 19; *Röthemeyer*, MFK, § 609 Rn. 2.

Das Klageregister dient als Informationsquelle der Verbraucher,[1217] aber auch von unbeteiligten Interessierten.[1218] Es handelt sich dabei um eine allgemein zugängliche Quelle im Sinne von Art. 5 Abs. 1 S. 2 GG, die von jedermann gemäß § 1 Abs. 2 MFKRegV über das Internet unentgeltlich eingesehen werden kann. Es ist nicht nur dazu geeignet, sondern auch dazu bestimmt, die Allgemeinheit über rechtshängige Musterfeststellungsklagen zu informieren.[1219] Nur bei ausreichender Publizität können die teils weit verstreuten Verbraucher erreicht und zur Klageerhebung motiviert werden, um sich dadurch als Anmelder zu qualifizieren.[1220] Dieser Informationsgedanke setzt sich in § 607 Abs. 2, 3 ZPO fort.

Seit dem DiskE wird explizit darauf hingewiesen, dass nur Verbraucher anmeldeberechtigt sind, § 609 Abs. 1 S. 1 DiskE. Die einzutragenden Bekanntmachungen sind unverzüglich vorzunehmen und drei Jahre nach rechtskräftigem Abschluss des Verfahrens aufzubewahren, § 609 Abs. 2 ZPO. So besteht die Möglichkeit, bis zum Ablauf der regelmäßigen Verjährungsfrist Einsicht und den Nachweis über die Beteiligung gemäß § 609 Abs. 4 S. 2 ZPO z.B. für die Führung eines Folgeprozesses zu erlangen.[1221] Nicht ausdrücklich genannt wird eine Löschpflicht, welche im Laufe des Gesetzgebungsverfahrens noch ausdrücklich normiert wurde, § 610 Abs. 3 S. 2 DiskE. Aufgrund des aus Art. 17 DSGVO hervorgehenden Rechts auf Vergessenwerden sowie als Umkehrschluss aus § 35 BDSG kann eine Verpflichtung zur Löschung auch ohne Normierung abgeleitet werden.

Das Einsichtnahmerecht steht jedermann zu, u.a. Interessierten, die sich noch nicht zur Klage entschlossen haben. Sie können sich informieren, ob eine Anmeldung ihrer Ansprüche in Betracht kommt und lohnenswert ist. Gemäß § 1 Abs. 2 MFKRegV erfolgt die Veröffentlichung im Internet. Das Klageregister stellt insoweit eine „niedrigschwellige Informationsquelle“ dar.[1222] Die angemeldeten Verbraucher haben weitergehende Auskunftsrechte, § 609 Abs. 4 S. 1 ZPO. Diese haben zudem einen Anspruch auf Erteilung eines schriftlichen Auszugs ihrer Anmeldung, welchen sie im Rah-

---

1217 *Boese/Bleckwenn*, in: Nordholtz/Mekat, MFK, § 4 Rn. 3.
1218 *Boese/Bleckwenn*, in: Nordholtz/Mekat, MFK, § 4 Rn. 46.
1219 BT-Drs. 19/2507, S. 23. Vgl. *Boese/Bleckwenn*, in: Nordholtz/Mekat, MFK, § 4 Rn. 2 f. S. dazu auch BVerfG, Beschl. v. 3.10.1969 – 1 BvR 46/64, BVerfGE 27, 71 (83).
1220 BT-Drs. 19/2507, S. 23. In diese Richtung auch *Boese/Bleckwenn*, in: Nordholtz/Mekat, MFK, § 4 Rn. 2.
1221 BT-Drs. 19/2507, S. 25.
1222 BT-Drs. 19/2507, S. 25.

men eines Folgeprozesses für die Bindungswirkung benötigen.[1223] Gemäß § 3 Abs. 5 MFKRegV stellt das Bundesamt für Justiz dafür unentgeltliche elektronische oder in Papierform gefasste Formulare zur Verfügung. Zur Prüfung der Zulässigkeit der Klage erhält auch das zuständige Gericht der Musterfeststellungsklage einen Auszug sämtlicher verfahrensrelevanter und im Klageregister gespeicherter Informationen, insbesondere auch der Angaben der angemeldeten Verbraucher, § 609 Abs. 5 ZPO. Dafür ist gemäß § 5 Abs. 1 S. 1 MFKRegV ein dem vom Bundesamt für Justiz geforderten Muster entsprechendes, elektronisches Dokument zu verwenden, welches auf sicherem Weg gemäß § 130a Abs. 4 ZPO wiederum als elektronisches Dokument von Bundesamt für Justiz übermittelt wird, § 5 Abs. 1 S. 2 MFKRegV. Außerdem muss dieses Dokument erkennen lassen, wie viele Verbraucher sich fristgerecht beim Bundesamt für Justiz angemeldet und bis zum Stichtag nicht mehr abgemeldet haben.

Absatz 6 sieht vor, dass auch die Parteien einen Anspruch gegen das Bundesamt für Justiz auf einen schriftlichen Auszug aller im Klageregister zur Musterfeststellungsklage erfassten Angaben über die Personen haben, die sich fristgerecht angemeldet haben. Gemäß § 5 Abs. 2 S. 1 MFKRegV hat die Partei dafür ein vorgegebenes Formular zu verwenden und kann die Antwort gleichfalls auf sicherem Übermittlungsweg durch das Bundesamt für Justiz erhalten, § 5 Abs. 2 S. 2 MFKRegV.

Absatz 7 enthält eine Ermächtigung des Bundesministeriums der Justiz und für Verbraucherschutz zur Erlassung einer Rechtsverordnung über die nähere Ausgestaltung des Klageregisters, von welcher im Rahmen der MFKRegV Gebrauch gemacht wurde. Während § 610 Abs. 4 DiskE noch eine Zustimmung des Bundesrates verlangte, wird vorliegend von dem Zustimmungsvorbehalt abgesehen.[1224]

1223 BT-Drs. 19/2507, S. 25.

1224 DiskE, S. 4. Zum Zustimmungserfordernis allgemein *Guckelberger/Gluding*, in: Schenke/Seok, Probleme der Rechtssetzung, 21 (31).

X. Bindungswirkung, § 613 ZPO

1. Voraussetzungen

Wie an anderer Stelle schon dargestellt, bringt die Musterfeststellungsklage den einzelnen Verbrauchern keinen Leistungstitel.[1225] Erforderlich ist die Erhebung einer sich anschließenden Individualklage.[1226] Das vorangegangene Musterfeststellungsurteil entfaltet wie im Zivilprozessrecht üblich nur Wirkung inter partes, also zwischen der klagenden Einrichtung und dem Beklagten.[1227] Für die sich anschließenden Folgeverfahren tritt aber gemäß § 613 Abs. 1 ZPO dennoch Bindungswirkung ein. Dabei werden nicht nur der Tenor der Entscheidung, sondern auch die tatsächlichen und rechtlichen Begründungselemente von der Bindungswirkung erfasst.[1228]

Voraussetzung für die Bindungswirkung ist neben einer noch bestehenden wirksamen Anmeldung, dass die Entscheidung des Folgeprozesses die Feststellungsziele und den Lebenssachverhalt der Musterfeststellungsklage *betrifft*. Vormals im § 614 Abs. 1 S. 1 DiskE wurde hier gleichlautend mit der Vorschrift in § 608 Abs. 1 ZPO und § 606 Abs. 2 Nr. 2 ZPO die Formulierung „von den Feststellungszielen abhängt“ gewählt.[1229] Eine Begründung für die im Gesetz getroffene sprachliche Abweichung des § 613 Abs. 1 ZPO gibt es nicht.[1230] Allerdings deutet die Änderung eine sprachliche Erweiterung an.[1231] Während Abhängigkeit einen Kausalzusammenhang erfordert, ist ein Betreffen im Sinne von Berührungspunkten jeglicher Art denkbar und daher weiter.[1232] Die Bindungswirkung tritt somit leichter ein.

1225 *Beckmann/Waßmuth*, WM 2019, 89 (93); *Mekat*, in: Nordholtz/ders., MFK, § 8 Rn. 2; *Weinland*, MFK, Rn. 196; *Witte/Wetzig*, WM 2019, 52 (53). S.a. BT-Drs. 19/2507, S. 16.

1226 *Beckmann/Waßmuth*, WM 2019, 89 (93); *Witte/Wetzig*, WM 2019, 52 (53).

1227 *Beckmann/Waßmuth*, WM 2019, 89 (92); *Mekat*, in: Nordholtz/ders., MFK, § 8 Rn. 42; *Schneider*, BB 2018, 1986 (1993); *Weinland*, MFK, Rn. 195.

1228 BGH, Beschl. v. 19.9.2017 – XI ZB 17/15, BGHZ 216, 37 (59); BT-Drs. 15/5091, S. 31; *Hess*, in: ders./Reuschle/Rimmelspacher, Kölner Komm KapMuG, § 22 Rn. 4, 11; *Kruis*, in: Wieczorek/Schütze, ZPO, Bd. 13, § 22 KapMuG Rn. 16; *Mekat*, in: Nordholtz/ders., MFK, § 8 Rn. 60; *Weinland*, MFK, Rn. 196.

1229 DiskE, S. 5. S. dazu *Beckmann/Waßmuth*, WM 2019, 89 (92 f.).

1230 *Beckmann/Waßmuth*, WM 2019, 89 (93).

1231 *Beckmann/Waßmuth*, WM 2019, 89 (93); *Schneider*, BB 2018, 1986 (1993). A.A. *Augenhofer*, in: Vorwerk/Wolf, BeckOK ZPO, § 613 Rn. 6, keine inhaltlichen Auswirkungen.

1232 *Schneider*, BB 2018, 1986 (1993); *Weinland*, MFK, Rn. 196.

Als weitere Voraussetzung für die Bindungswirkung ist erforderlich, dass derjenige, der sich auf die Bindungswirkung berufen möchte, auch im Klageregister angemeldet ist. Nach § 613 Abs. 1 S. 2 ZPO entsteht daher keine Bindungswirkung, wenn der Anmelder seine Anmeldung wirksam zurückgenommen hat.[1233]

Faktisch können jedoch auch diese Personen sowie alle nicht angemeldeten Betroffenen von den Feststellungen profitieren,[1234] denn die bereits verbindlich getroffenen Feststellungen im Musterverfahren geben Aufschluss über mögliche Erfolgsaussichten für einen beabsichtigen Prozess oder können als Grundlage für eine außergerichtliche Auseinandersetzung herangezogen werden.[1235]

Allerdings gehen mit der Bindungswirkung weitere Vorteile einher, die ausschließlich den Anmeldern zugutekommen. Zum einen wird eine bereits vor Bekanntmachung eingelegte Individualklage so lange ausgesetzt, bis das Musterfeststellungsverfahren rechtskräftig entschieden bzw. sonst erledigt wurde oder der Anmelder seine Ansprüche wieder abmeldet, § 613 Abs. 1 S. 1 ZPO. Außerdem wird durch Erweiterung des Katalogs des § 204 Abs. 1 Nr. 1a BGB die Verjährung der Ansprüche gehemmt. Die Teilnahme an einem Musterfeststellungsverfahren nimmt also den zeitlichen Druck.[1236] Die Anmelder können ihre individuellen Ansprüche im Anschluss an das Musterverfahren ohne Gefahr der unmittelbaren Verjährung weiterführen. Voraussetzung für die Hemmung ist, dass den angemeldeten Ansprüchen der gleiche Lebenssachverhalt zugrunde liegt wie den Feststellungszielen der Musterfeststellungsklage.

Absatz 2 widmet sich der Aussetzung, d.h., dass wenn der Verbraucher bereits vor Veröffentlichung der Musterfeststellungsklage im Klageregister

---

1233 Dazu auch BT-Drs. 19/2507, S. 27. Zur diesbzgl. Missbrauchsgefahr aufgrund der Verjährungshemmung *Deiß/Graf/Salger*, BB 2019, 1674; *Mekat/Nordholtz*, NJW 2019, 411 (412). S. dazu, dass bereits ca. 77000 Betroffene ihre Anmeldung im VW-Verfahren zurückgenommen haben, Redaktion beck-aktuell, VW-Musterklage: Gericht drängt auf Vergleichsgespräche, becklink 2014751. S. ferner die Entscheidung des AG Bad Segeberg, Urt. v. 24.10.2019 – 17 C 116/19, Rn. 15, juris, dazu, dass nach Rücknahme weder § 610 Abs. 3 ZPO noch § 613 Abs. 2 ZPO (analog) oder § 148 ZPO (analog) der Zulässigkeit einer Klage entgegenstehen. Ausführlich auch *Deiß*, Chaos bei der Anmeldung von Forderungen, zpoblog v. 14.4.2019, https://www.zpoblog.de/anmeldung-forderungen-klageregister-musterfeststellungsklage-probleme-johannes-deiss/, zuletzt abgerufen am 28.12.2019.

1234 RefE, S. 25.

1235 RefE, S. 25.

1236 RefE, S. 27.

Individualklage erhoben hat, die die Feststellungsziele und den Lebenssachverhalt der Musterfeststellungsklage betreffen, sich aber dennoch zur Musterklage anmeldet, das Verfahren bis zur rechtskräftigen Entscheidung ausgesetzt wird. Diese Regelung ist insoweit spezieller als § 148 ZPO.[1237] Eine analoge Anwendung der Aussetzung gegen den Willen des Klägers, welcher sich bewusst gegen eine Beteiligung am Musterverfahren entschieden hat, lehnte das OLG Schleswig-Holstein zutreffend mangels planwidriger Regelungslücke ab.[1238]

2. Ausgestaltung

Hinsichtlich der Ausgestaltung der Bindungswirkung weichen die Entwürfe voneinander ab. Der RefE sah in § 614 Abs. 1 S. 1 RefE zunächst eine einseitige Bindungswirkung vor. Nur wenn der Kläger sich auf die Feststellungen berufen hätte, sollte dies Bindungswirkungen für das Gericht des Folgeprozesses haben.[1239] Ein Berufen des Beklagten wäre ohne Folgen geblieben. Als Begründung wurde angeführt, dass die einzelnen Anmelder mangels Parteistellung und Mitwirkungsrechten innerhalb des Prozesses keinerlei Einfluss auf das Ergebnis des Musterprozesses haben.[1240] Eine durch den Beklagten hervorgerufene Bindungswirkung würde deshalb ihrem Anspruch auf rechtliches Gehör zuwiderlaufen.[1241] In Abweichung zum Entwurf aus 2016 traf der DiskE keine finale Aussage über die Bindungswirkung. § 614 DiskE enthielt zwei unterschiedliche Ausgestaltungsmöglichkeiten. Die Bindungswirkung des Musterfeststellungsurteils sollte nach der einen Alternative nur entstehen, wenn der Anmelder sich darauf berufen hätte.[1242] Diese Regelung ist bereits aus dem RefE bekannt. Da dieser Zusatz in eckige Klammern gefasst war, war nach dem DiskE als zweite Alternative auch eine unmittelbare Bindungswirkung denkbar.[1243] Dies hätte zur Konsequenz, dass sich der Beklagte auf ein möglicherweise

---

1237 OLG SH, Beschl. v. 8.3.2019 – 17 W 3/19, Rn. 7, juris.

1238 OLG SH, Beschl. v. 8.3.2019 – 17 W 3/19, Rn. 8, juris. S.a. AG Bad Segeberg, Urt. v. 24.10.2019 – 17 C 116/19, Rn. 15, juris.

1239 RefE, S. 24 f.

1240 RefE, S. 25.

1241 RefE, S. 24. S. dazu, dass kollektive Rechtsschutzinstitute allgemein die grundgesetzlichen Anforderungen erfüllen müssen, Kapitel 1 C II.

1242 DiskE, S. 5, 20.

1243 DiskE, S. 5, 20.

für den Anmelder ungünstiges Urteil hätte berufen können. Das stieß hinsichtlich des Rechts auf rechtliches Gehör des Anmelders auf Kritik.[1244]

Bei der neuen Musterfeststellungsklage entschied man sich trotz aller Kritik in § 613 ZPO letztlich für die zweite Variante des DiskE und geht in Abkehr vom RefE von einer allumfassenden Bindungswirkung, unabhängig davon aus, wer sich darauf beruft. Das zur Entscheidung berufene Gericht ist an die Entscheidung des Musterfeststellungsurteils, soweit seine Entscheidung von den Feststellungszielen und dem Lebenssachverhalt abhängt, im Verhältnis vom Beklagten zum angemeldeten Verbraucher gebunden. Die Bindungswirkung gilt auch bei Klageabweisung.[1245] Davon erhofft man sich eine effiziente abschließende Beilegung des Rechtsstreits.[1246]

3. Vereinbarkeit mit höherrangigem Recht

Auch wenn die Gesetzgebungsmaterialien eine Verletzung des rechtlichen Gehörs ausschließen, wird die beiderseitige Bindungswirkung vor allem in der Literatur kritisiert und als verfassungswidrig eingestuft.

Es wird hervorgebracht, dass der Anmelder selbst keine umfassenden Informations- und Beteiligungsrechte besitzt.[1247] Ein Austritt aus der Musterfeststellungsklage ist zwar möglich, allerdings nur bis zum Ablauf des Tages des Beginns des ersten Termins (§ 608 Abs. 3 ZPO) und zudem schwierig zu vollziehen, wenn man über den Verfahrensgang nicht hinreichend im Bilde ist. *Halfmeier* spricht sich insofern für eine allumfassende Bindungswirkung aus, setzt jedoch voraus, dass die Anmelder Informationen über den Prozessstoff erhalten können.[1248] Die BRAK geht noch weiter und sieht eine Konformität mit dem Anspruch auf rechtliches Gehör nur dann für gegeben, wenn den Verbänden oder gar den Anspruchstellern selbst die Möglichkeit eingeräumt wird, Sachvorträge im Musterverfahren zu halten sowie beantragen zu können, die Feststellungsziele zu erweitern bzw. zu konkretisieren.[1249] Als Folge stellt sich im Falle einer umfassenden

---

1244 *Halfmeier*, ZRP 2017, 201 (203); *Weinland*, MFK, Rn. 198.

1245 BT-Drs. 19/2507, S. 27.

1246 BT-Drs. 19/2507, S. 27.

1247 *Gurkmann*, Referat 72. DJT, K 9 (K 15); *Halfmeier*, ZRP 2017, 201 (203); *Krausbeck*, DAR 2017, 567 (570).

1248 *Gurkmann*, Referat 72. DJT, K 9 (K 15); *Halfmeier*, ZRP 2017, 201 (203).

1249 *BRAK*, Stellungnahme Nr. 32, S. 7.

Bindungswirkung die Frage, ob diese dann von Amts wegen zu berücksichtigen sein soll.[1250]

Im Raum steht insgesamt eine Verletzung des rechtlichen Gehörs aus Art. 103 Abs. 1 GG, die nachfolgend näher beleuchtet werden soll.

a) Art. 103 Abs. 1 GG

aa) Gewährleistungsgehalt von Art. 103 Abs. 1 GG

Art. 103 Abs. 1 GG ergänzt die Gewährleistung effektiven Rechtsschutzes aus Art. 19 Abs. 4 GG und ist in seinem Anwendungsbereich lex specialis.[1251] Diese Norm beinhaltet das Recht auf rechtliches Gehör als grundrechtsgleiches Recht.[1252] Es konkretisiert das Rechtsstaatsprinzip und wird häufig als Urrecht des Menschen bezeichnet.[1253]

Art. 103 Abs. 1 GG schützt in personeller Hinsicht neben den förmlich am Verfahren Beteiligten auch andere Personen, soweit die gerichtliche Entscheidung ihnen gegenüber materiell-rechtliche Wirkung entfaltet, folglich in ihre rechtliche Stellung unmittelbar eingreift.[1254] Nach Ablauf der Abmeldefrist besteht für die im Register eingetragenen Anmelder keine Möglichkeit mehr, sich von den Wirkungen des Musterfeststellungsverfahrens zu lösen. Durch § 613 ZPO kommt es zu einer Bindungswirkung gegenüber den Anmeldern vor allem in deren sich anschließenden Individualprozessen. Die Entscheidung, die innerhalb des Musterverfahrens getroffen wird, hat somit auch materiell-rechtliche Wirkungen gegenüber

---

1250 *Kranz*, NZG 2017, 1099 (1101).

1251 *Jarass*, in: ders./Pieroth, GG, Art. 19 Rn. 65; *Kunig*, in: von Münch/ders., GG, Bd. 2, Art. 103 Rn. 3b; *Schulze-Fielitz*, in: Dreier, GG, Bd. 1, Art. 19 IV Rn. 147.

1252 *Degenhart*, in: Sachs, GG, Art. 103 Rn. 2; *Pieroth*, in: Jarass/ders., GG, Art. 103 Rn. 1; *Sodan*, in: ders., GG, Art. 103 Rn. 1. BVerfG, Beschl. v. 10.3.2014 – 1 BvR 1104/11, Rn. 23, juris.

1253 BVerfG, Beschl. v. 5.6.2019 – 1 BvR 675/19, Rn. 12, juris; Beschl. v. 1.4.2019 – 2 BvR 382/19, Rn. 41, juris; Beschl. v. 12.3.2019 – 1 BvR 2721/16, Rn. 17, juris. *Kunig*, in: von Münch/ders., GG, Bd. 2, Art. 103 Rn. 3; *Schulze-Fielitz*, in: Dreier, GG, Bd. 1, Art. 103 I Rn. 13. S. dazu für das Schweizer Recht *Bachmann*, Anspruch auf Verfahren und Entscheid, S. 209 ff.

1254 BVerfG 9.2.1982 – 1 BvR 191/81, BVerfGE 60, 7 (13); *Degenhart*, in: Sachs, GG, Art. 103 Rn. 9 ff.; *Pieroth*, in: Jarass/ders., GG, Art. 103 Rn. 8 ff.; *Sodan*, in: ders., GG, Art. 103 Rn. 9; *Wolff*, in: ders./Hömig, GG, Art. 103 Rn. 4. BVerfG, Beschl. v. 10.3.2014 – 1 BvR 1104/11, Rn. 19, juris; Beschl. v. 9.2.1982 – 1 BvR 191/81, BVerfGE 60, 7 (13).

den Anmeldern, obwohl diese förmlich nicht Partei des Prozesses sind, sodass der persönliche Schutzbereich von Art. 103 Abs. 1 GG eröffnet ist.

Der sachliche Schutzbereich von Art. 103 Abs. 1 GG beinhaltet die Gewährleistung, dass es den Betroffenen möglich sein muss, sich am Verfahren zu beteiligen. Sie sollen nicht zu bloßen Objekten der Verfahren werden.[1255] Den Betroffenen steht ein Recht auf Äußerung, Information und Berücksichtigung bzw. Einflussnahme sowie auf Kenntnisnahme und Einbeziehung ihrer Äußerungen in die Entscheidung zu.[1256] Eine Pflicht zur Äußerung besteht indes nicht. [1257]

Ein Eingriff in das Recht auf rechtliches Gehör liegt vor, wenn es für den Betroffenen keine Gelegenheit zur Äußerung, weder in tatsächlicher noch rechtlicher Hinsicht, sowie keine Möglichkeit zur Antragstellung gibt.[1258] Ein Eingriff kann ferner darin begründet sein, dass abweichend vom Regelfall keine mündliche Verhandlung stattfindet und kein Verzicht seitens des Klägers vorliegt.[1259]

Für einen Eingriff müssen die Betroffenen darstellen, dass nicht auszuschließen ist, dass bei ordnungsgemäßer Anhörung ein anderes, für sie günstigeres Ergebnis hervorgegangen wäre.[1260] Es muss demnach vorgebracht werden, wie die Situation ohne Verletzung ausgesehen hätte.[1261]

1255 BVerfG, Beschl. v. 5.6.2019 – 1 BvR 675/19, Rn. 12, juris; Beschl. v. 1.4.2019 – 2 BvR 382/19, Rn. 41, juris. *Radtke/Hagemeier*, in: Epping/Hillgruber, BeckOK GG, Art. 103 Rn. 1; *Schulze-Fielitz*, in: Dreier, GG, Bd. 3, Art. 103 I Rn. 13.

1256 BVerfG, Einstw. Anordnung v. 24.6.2019 – 1 BvQ 51/19, Rn. 14, juris. Beschl. v. 5.6.2019 – 1 BvR 675/19, Rn. 12, juris; Beschl. v. 1.4.2019 – 2 BvR 382/19, Rn. 42, juris; Beschl. v. 12.3.2019 – 1 BvR 2721/16, Rn. 17, juris; Beschl. v. 27.2.2018 – 2 BvR 2821/14, NJW-RR 2018, 694 (695). *Degenhart*, in: Sachs, GG, Art. 103 Rn. 11; *Röthemeyer*, MDR 2019, 6 (7); auch Recht auf Teilnahme an der mündlichen Verhandlung *Schmidt*, NZS 2019, 293 (295).

1257 *Remmert*, in: Maunz/Dürig, GG, Art. 103 Abs. 1 Rn. 63.

1258 BVerfG, Beschl. v. 1.4.2019 – 2 BvR 382/19, Rn. 41; Beschl. v. 12.3.2019 – 1 BvR 2721/16, Rn. 17, juris; Beschl. v. 18.9.1952 – 1 BvR 612/52, BVerfGE 1, 418 (429); *Degenhart*, in: Sachs, GG, Art. 103 Rn. 21; *Kunig*, in: von Münch/ders., GG, Bd. 2, Art. 103 Rn. 9; *Radtke/Hagemeier*, in: Epping/Hillgruber, BeckOK GG, Art. 103 Rn. 11.

1259 *Schulze-Fielitz*, in: Dreier, GG, Bd. 3, Art. 103 I Rn. 52.

1260 *Sodan*, in: ders., GG, Art. 103 Rn. 11. BVerfG, Beschl. v. 6.5.2019 – 2 BvR 1429/16, Rn. 12, juris; Beschl. v. 10.3.2014 – 1 BvR 1104/11, Rn. 16, juris; Beschl. v. 1.4.2019 – 2 BvR 382/19, Rn. 43, juris, dazu, dass es für eine Verletzung erforderlich ist, dass die nicht gehörten Aspekte ursächlich für die Entscheidung sein müssen.

1261 *Degenhart*, in: Sachs, GG, Art. 103 Rn. 41; BVerfG, Beschl. v. 10.3.2014 – 1 BvR 1104/11, Rn. 16, juris; Beschl. v. 1.4.2019 – 2 BvR 382/19, Rn. 43, juris.

Die Annahme eines Eingriffs erfolgt insgesamt nicht leichtfertig.[1262] Für den Einzelnen besteht außerdem die Möglichkeit des Verzichts, wobei er die damit verbundenen Nachteile hinnehmen muss.[1263] Gleichwohl gilt das Recht auf rechtliches Gehör nicht uneingeschränkt. Als vorbehaltloses Grundrecht können zumindest verfassungsimmanente Schranken Eingriffe rechtfertigen.

bb) Anmeldung als wirksamer Verzicht

Vorab ist zu fragen, ob bereits durch die Anmeldung in das Klageregister ein wirksamer Verzicht der Anmelder in das Recht auf rechtliches Gehör zu sehen ist, sodass sich die Frage nach einem ungerechtfertigten Eingriff nicht stellen würde.

Ein wirksamer Verzicht erfordert Einwilligungsfähigkeit, Freiwilligkeit, ausreichende Konkretheit und das Verständnis über die Tragweite eines solchen Verzichts.[1264] Das Verzichten auf das Recht auf rechtliches Gehör stellt ebenfalls eine Form des Gebrauchmachens dar.[1265]

Wie schon für die Begründung im DiskE angeführt, könnte im Rahmen der Musterfeststellungsklage durch die Anmeldung ein solcher Verzicht auf das Recht auf rechtliches Gehör angenommen werden.[1266] Die Anmelder der Musterfeststellungsklage entscheiden sich aktiv und autonom für eine Eintragung in das Klageregister. *Guggenberger/Guggenberger* halten die Eintragung jedoch für einen inakzeptablen Verzicht auf künftiges rechtliches Gehör.[1267] Ihrer Meinung nach sind sich die Anmelder gerade nicht der weitreichenden Konsequenzen bewusst.[1268] Auch *Lange* schließt die Möglichkeit eines generellen Verzichts im Voraus aus.[1269] Zur Begründung führt sie an, dass ggf. allzu leichtfertig oder aufgrund sachfremder

1262 Vgl. auch *Radtke/Hagemeier*, in: Epping/Hillgruber, BeckOK GG, Art. 103 Rn. 5.

1263 *Remmert*, in: Maunz/Dürig, GG, Art. 103 Abs. 1 Rn. 63; *Schulze-Fielitz*, in: Dreier, GG, Bd. 3, Art. 103 I Rn. 57.

1264 *Hillgruber*, in: Epping/ders., BeckOK GG, Art. 1 Rn. 74; *Jarass*, in: ders./Pieroth, GG, Vorb. vor Art. 1 Rn. 36. *Schmidt*, Polizeiliche Videoüberwachung, S. 163.

1265 *Antoni*, in: Wolff/Hömig, GG, Vorb. Die Grundrechte Rn. 14; *Schmidt*, Polizeiliche Videoüberwachung, S. 163.

1266 BT-Drs. 19/2507, S. 27; DiskE, S. 20.

1267 *Guggenberger/Guggenberger*, MMR 2019, 8 (12); *Scholl*, ZfPW 2019, 317 (347).

1268 *Guggenberger/Guggenberger*, MMR 2019, 8 (12).

1269 *Lange*, Gruppenverfahren, S. 166.

Erwägungen, ohne die Konsequenzen zu überschauen, verzichtet werde.[1270]

Meines Erachtens kann durch eine richtige Ausgestaltung der Aufklärung über die Folgen der Anmeldung ein wirksamer Verzicht konstruiert werden. Unabdingbar für einen wirksamen Verzicht ist, dass die Anmelder umfassend über die Tragweite dieser Eintragung und die damit einhergehenden Folgen aufgeklärt werden.[1271] Es muss ihnen bewusst gemacht werden, dass die Musterfeststellungsklage eine zusätzliche, aber nicht ausschließliche Möglichkeit für die Erlangung von Rechtsschutz ist, also dass die Erhebung einer Individualklage weiterhin möglich ist. Die Betroffenen erweitern ihre prozessualen Möglichkeiten, können jederzeit ein eigenständiges Gerichtsverfahren anstreben.[1272] Es besteht kein Anmeldezwang.[1273] Die Anmelder müssen über alle Vor- und Nachteile aufgeklärt werden und sollten schon bei Anmeldung über die Bindungswirkung auch zu ihren Lasten und die verkürzte Abmeldefrist informiert werden.

Der Beitritt allein kann eine Verzichtswirkung nicht hervorrufen, es kommt vielmehr darauf an, dass der Anmelder eine freie Entscheidung unter genauer Einschätzung der Situation trifft.[1274]

Hier kann u.a. die Rechtsprechung des BVerfG im Rahmen der Präklusion übertragen werden. Dabei führt das Gericht aus, dass eine Mitwirkungsobliegenheit nur dann angenommen werden kann, wenn sie für den betroffenen Bürger erkennbar ist und den Rechtsschutz nicht unverhältnismäßig erschwert.[1275] Denn nur dann, wenn man umfassende Kenntnis hat, kann man auch wirksam verzichten. Im Rahmen der Präklusion gilt vergleichbar, dass Einwendungen nur dann präkludiert werden, wenn das Gericht seiner Fürsorgepflicht nachkommt und verfahrensleitende Hinweise gibt.[1276] So müsste bei Musterverfahren schon vorgelagert im Rahmen der Anmeldung umfassend informiert werden. Dabei ist zu beachten,

---

1270 *Lange*, Gruppenverfahren, S. 167.

1271 *Lange*, Gruppenverfahren, S. 166; *Merkt/Zimmermann*, VuR 2018, 363 (367); in diese Richtung auch *Röthemeyer*, MDR 2019, 6 (10).

1272 *Weinland*, MFK, Rn. 198; DiskE, S. 20; BT-Drs. 19/2507, S. 27. *Beck*, in: Husemann/Korves/Rosenkranz, et al., Strukturwandel und Privatrecht, 401 (415).

1273 BT-Drs. 19/2507, S. 27; DiskE, S. 20. Kritisch *Beck*, in: Husemann/Korves/Rosenkranz, et al., Strukturwandel und Privatrecht, 401 (416), der fordert, dass die angemeldeten Verbraucher vor Erlass der Entscheidung angehört werden müssen.

1274 In diese Richtung auch *Lange*, Gruppenverfahren, S. 167.

1275 BVerfG, Beschl. v. 27.12.1999 – 1 BvR 1746/97, NVwZ 2000, 546 (547); Beschl. v. 8.7.1982 – 2 BvR 1187/80, NJW 1982, 2173 (2175 f.).

1276 BVerfG, Beschl. v. 20.10.1994 – 2 BvR 1506/94, NJW-RR 1995, 377 (378).

dass die Hinweise auch von einem nicht sachverständigen Bürger in Bezug auf den Verlust seiner Rechtsposition verstanden werden können.[1277] Dafür muss erkennbar sein, welche Rechtsgüter als gefährdet angesehen werden, ergo das rechtliche Gehör, und welche Beeinträchtigungen eintreten könnten, nämlich, dass eine Bindungswirkung auch zu Lasten des Bürgers entstehen kann.[1278] Nur dann kann in der Anmeldung ein wirksamer Verzicht gesehen werden.

Für die Anmeldung zur Musterfeststellungsklage gegen VW wies das Formular unter der Rubrik „Hinweise zur Anmeldung“ nur darauf hin, wie lange die Anmeldung erfolgen und bis wann sie zurückgenommen werden kann. Dieser Hinweis ist vor dem Hintergrund der weitreichenden Folgen der Musterfeststellungsklage unzureichend, um einen wirksamen Verzicht in das Recht auf rechtliches Gehör erreichen zu können.

Vielmehr sollte von den Anmeldern ausdrücklich verlangt werden, durch Ankreuzen im Anmeldeformular, ihr Einverständnis hinsichtlich der Folgen abzugeben. Sie sollten auch darauf hingewiesen werden, dass die Anmeldung sie bindet und ihr Recht auf rechtliches Gehör beeinträchtigen kann.

Allerdings darf dies nicht dazu führen, dass die Anmeldung nur dann als Verzicht gelten kann, wenn sie unter Mitwirkung eines Anwalts erfolgt ist.[1279] Auch von einer möglichen, vorgelagerten anwaltlichen Beratungspflicht ist abzusehen. Eine solche würde den Zugang zum Rechtsbehelf der Musterfeststellungsklage wesentlich erschweren. Die freie und unkomplizierte Ausgestaltungsmöglichkeit der Anmeldung soll gerade eine geringe Hürde für ein Rechtsschutzersuchen darstellen.

Wenn es zu einer solchen Einführung kommt, kann in der Praxis von der Vornahme dieses Verzichts ausgegangen werden. Dafür empfiehlt sich eine Betrachtung der Intentionen der potentiellen Anmelder. Es wird solche Anmelder geben, die sich völlig unbedarft anmelden. Sie scheuen den Aufwand einer eigenständigen Klage und stehen dem Ergebnis insofern gleichgültig gegenüber, als dass sie aus eigener Initiative nichts getan hätten.[1280] Die Musterfeststellungsklage erweitert ihre Rechte, da immerhin eine Begünstigung möglich ist.

1277 BVerfG, Beschl. v. 8.7.1982 – 2 BvR 1187/80, NJW 1982, 2173 (2177).

1278 BVerfG, Beschl. v. 8.7.1982 – 2 BvR 1187/80, NJW 1982, 2173 (2177).

1279 *Merkt/Zimmermann*, VuR 2018, 363 (372), sprechen von einem faktischen Anwaltszwang.

1280 Zu alldem *Röthemeyer*, MDR 2019, 6 (11).

Andererseits gibt es auch jene Personen, die sich bewusst für eine Anmeldung entscheiden und damit zugleich gegen ein Individualverfahren.[1281] Die Gründe dafür mögen taktischer Natur, können aber auch in der Angst begründet sein, einem übermächtigen Gegner gegenüber zu stehen.[1282] Diese Personengruppe erhofft sich von einer Musterfeststellungsklage ein günstigeres Ergebnis, als von einer Individualklage.[1283] Für jene ist es daher insbesondere bedeutsam, soweit als möglich über die Risiken der Anmeldung aufgeklärt zu werden.

Wie gesehen, nimmt es eine Vielzahl von Verbrauchern sogar in Kauf auf 35% ihrer Ansprüche zu verzichten, nur um unkompliziert und mühelos zumindest einen Teil ihrer Ansprüche durchsetzen zu können.[1284] Für sie steht der möglichst einsatzlose Ersatz im Vordergrund, sie wollen gerade nichts selbst tun müssen. Es ist davon auszugehen, dass zumindest diese Personengruppe den Verzicht auch bei umfassender Aufklärung erteilen würde.

Abschließend sind für einen wirksamen Verzicht die Aufklärungs- und Beratungspflichten zu intensivieren, sodass den Anmeldern die Reichweite ihrer Anmeldung bewusst gemacht wird. Dies müsste auch gesetzlich verankert werden. Dafür könnte die Enumeration der obligatorischen Inhalte der Anmeldung in § 608 Abs. 2 ZPO um eine Nr. 6 erweitert werden, in der die Erklärung über den Verzicht auf rechtliches Gehör verlangt würde.

Die momentane Ausgestaltung der Anmeldung genügt den Erfordernissen für einen wirksamen Verzicht nicht.

cc) Eingriff durch die Ausgestaltung der Bindungswirkung

Mit der Eintragung in das Klageregister und dem Ablauf der Abmeldefrist ist der Anmelder gemäß § 613 ZPO an die Entscheidung im Musterverfahren unabhängig von deren Ausgang gebunden, sofern seine Anmeldung wirksam war. Eine vorherige Anhörung sieht das Gesetz nicht vor. Da der Anmelder – wie gesehen – vom Schutzbereich des Art. 103 Abs. 1 GG erfasst ist, liegt in der fehlenden Äußerungsbefugnis und der Nichtbeteiligung der Anmelder an den Musterprozessen ein potentieller Eingriff in

1281 *Röthemeyer*, MDR 2019, 6 (11). So z.B. im Fall v. AG Bad Segeberg, Urt. v. 24.10.2019 – 17 C 116/19, Rn. 15, juris.

1282 *Röthemeyer*, MDR 2019, 6 (11).

1283 *Röthemeyer*, MDR 2019, 6 (11).

1284 Dazu C I 7 c.

das Recht auf rechtliches Gehör vor.[1285] *Meller-Hannich* trägt dazu vor, dass das rechtliche Gehör dort zu gewähren sei, wo etwas bindend festgestellt wird.[1286] Das wäre aufgrund der Bindungswirkung folglich bereits jeweils in den Musterverfahren und nicht erst in den sich anschließenden Individualverfahren.[1287]

Gegen die Annahme eines Eingriffs könnte vorgetragen werden, dass die Klageabweisung im Musterverfahren unabhängig von einer vorgeschriebenen Bindungswirkung faktisch auch schon zu einem Präzedenzfall führt.[1288] Genauso wie für Nichtanmelder kann unabhängig von dem Berufen auf das Urteil eine Ausstrahlung von diesem zu vernehmen sein. Das für den Verbraucher negative Urteil leitet also auch ohne ein Berufen des Beklagten sein Handeln. Ergo könnte es durch die Bindungswirkung zu keiner Schlechterstellung der Verbraucher kommen. Allerdings macht es einen wesentlichen Unterschied, ob man aufgrund gerichtlich verbindlich festgestelltem Unterliegen von einer Klage absieht oder aus eigenem Antrieb bei Annahme einer vermeintlichen faktischen Bindungswirkung.

Letztlich treten für die Anmelder verbindliche Rechtsfolgen ein, ohne dass sie im Einzelnen gehört werden, sodass ein Eingriff in ihr Recht auf rechtliches Gehör bejaht werden muss.

dd) Rechtfertigung

Eine Verletzung des rechtlichen Gehörs liegt jedoch erst vor, wenn der Eingriff nicht verfassungsrechtlich gerechtfertigt werden kann. Das Recht auf rechtliches Gehör gilt nicht absolut, sondern kann durch sachliche Gründe eingeschränkt werden.[1289] Dabei ist zu beachten, dass eine Einschränkung immer nur insoweit geboten ist, als unbedingt notwendig.[1290] Mangels geschriebenen Gesetzesvorbehalts kann sich eine Rechtfertigung

---

1285 *Scholl*, ZfPW 2019, 317 (347). S.a *Meller-Hannich*, NJW-Beilage 2018, 29 (31), die kritisch hervorbringt, dass die Klage von nur einem Verband die Wirkung einer Rechtshängigkeits- und Rechtskraftsperre ohne Parteienidentität hervorrufen kann.

1286 *Meller-Hannich*, Stellungnahme, S. 5.

1287 *Meller-Hannich*, Stellungnahme, S. 5.

1288 DiskE, S. 20.

1289 BVerfG, Beschl. v. 27.10.1999 – 1 BvR 385/90, BVerfGE 101, 106 (128f.). *Lange*, Gruppenverfahren, S. 161.

1290 *Lange*, Gruppenverfahren, S. 163.

nur aus verfassungsimmanenten Schranken ergeben.[1291] Kollidierende Güter mit Verfassungsrang sind dann in Ausgleich zu bringen.[1292]

Ziel der Musterfeststellungsklage ist die Schaffung einer Klageart, durch die Tatsachen- und Rechtsfragen in Massenverfahren zügig geklärt werden können.[1293] Sie zielt auf einen Gewinn an effektiver Rechtsdurchsetzung ab.[1294] Insbesondere beabsichtigt sie die Entlastung der Justiz und eine Stärkung der Klägerposition sowie des Gerichtsstandortes Deutschland,[1295] indem die streitentscheidenden Feststellungsziele mit Breitenwirkung einheitlich festgestellt werden können.[1296] Insgesamt soll ein Beitrag zum effektiven Rechtsschutz geleistet werden, dementsprechend ist die Bindungswirkung in der gegebenen Form ausgestaltet worden.

Wie bereits dargestellt, wird für zivilrechtliche Streitigkeiten, wie es Art. 19 Abs. 4 S. 1 GG für den Bereich des öffentlichen Rechts vorschreibt, aus dem Rechtsstaatsprinzip die Rechtsschutzgarantie auf effektiven Rechtsschutz abgeleitet.[1297] Gewährleistet wird nicht nur, dass überhaupt ein Rechtsweg zu den Gerichten besteht, sondern, vielmehr die Effektivität des Rechtsschutzes insgesamt.[1298] Dem Einzelnen soll wirkungsvoller Rechtsschutz garantiert, das strittige Rechtsverhältnis in angemessener Zeit geklärt und insgesamt Rechtsfrieden geschaffen werden.[1299] Art. 19 Abs. 4 GG wird ein fundamentaler Charakter für das Grundgesetz zuge-

1291 *Radtke/Hagemeier*, in: Epping/Hillgruber, BeckOK GG, Art. 103 Rn. 15.

1292 BVerfG, Beschl. v. 6.11.2019 – 1 BvR 16/13, Rn. 76, juris; Beschl. v. 11.4.2018 – 1 BvR 3080/09, BVerfGE 148, 267 (280); *Niedzwicki*, Präklusionsvorschriften, S. 185.

1293 BT-Drs. 19/2507, S. 14 f., 18; RefE, S. 15, 17. Ernüchternd hinsichtlich der Schnelligkeit des Prozesses s. den Artikel von *Jung*, Der VW-Musterprozess dürfte lange dauern, https://www.faz.net/aktuell/wirtschaft/auto-verkehr/diesel-skandal-der-vw-musterprozess-duerfte-lange-dauern-16410382.html, zuletzt abgerufen am 1.10.2019.

1294 BT-Drs. 19/2507, S. 15; RefE, S. 15; BT-Drs. 18/10539, S. 3. *Röthemeyer*, MDR 2019, 6 (8 f.).

1295 BT-Drs. 19/2507, S. 15; RefE, S. 14; *Wieduwilt*, Unionsfraktion stellt sich gegen die „Sammelklage“, FAZ Net v. 22.10.2016. S. allgemein zur Wettbewerbsfähigkeit des Justizstandorts Deutschland *Wolf*, RIW 2019, 258.

1296 BT-Drs. 19/2507, S. 21; RefE, S. 19.

1297 BVerfG, Beschl. v. 30.8.2016 – 2 BvC 26/14, Rn. 17, juris; Beschl. v. 2.12.2011 – 1 BvR 314/11, Rn. 6; Beschl. v. 30.6.2003 – 1 BvR 2022/02, BVerfGK 1, 217 (219); Beschl. v. 2.3.1993 – 1 BvR 249/92, BVerfGE 88, 118 (123). *Linke*, in: Knopp, Effektives Rechtsschutzgebot, 15 (15).

1298 BVerfG, Beschl. v. 30.6.2003 – 1 BvR 2022/02, BVerfGK 1, 217 (219).

1299 BVerfG, Beschl. v. 30.6.2003 – 1 BvR 2022/02, BVerfGK 1, 217 (219); Beschl. v. 2.3.1993 – 1 BvR 249/92, BVerfGE 88, 118 (124). *Linke*, in: Knopp, Effektives

sprochen, da er die Rechte des Bürgers gegenüber dem Staat stärkt. Denn Rechte sind erst dann effektiv, wenn sie durchsetzbar sind.[1300] Gleiches muss auch im Zivilrecht gelten. Der Justizgewähranspruch und die Forderung nach effektivem Rechtsschutz sind somit als sachliche Gründe und als Güter mit Verfassungsrang anzusehen.[1301]

Das Recht auf rechtliches Gehör einerseits und die Effektivität des Rechtsschutzes andererseits sind im Wege der praktischen Konkordanz auszugleichen. Angestrebt werden muss, dass beides zu optimaler Entfaltung gelangen kann.[1302] Dabei muss bedacht werden, dass dem Recht auf rechtliches Gehör auch Erwägungen des effektiven Rechtsschutzes immanent sind. Zwischen beiden Verfassungsgütern besteht daher ein enger Zusammenhang.[1303] Die Beschränkung des rechtlichen Gehörs aus Gründen des effektiven Rechtsschutzes müsste insgesamt verhältnismäßig sein.[1304]

(1) Legitimer Zweck

Die Ziele der Musterfeststellungsklage, insbesondere in Hinblick auf deren Bindungswirkung, müssten legitim sein. Sie ist auf die Ausgestaltung effektiven Rechtsschutzes ausgerichtet, was gleichsam im Einklang mit der Verfassung steht. Insbesondere soll aus Gründen der Verfahrenseffizienz und sich möglicherweise widersprechender Entscheidungen ein gebündeltes Verfahren durchgeführt werden.

Dass die Verfahrenseffizienz z.B. in Form der Verfahrensbeschleunigung als legitimer Zweck angesehen werden kann, zeigt insbesondere die Recht-

---

Rechtsschutzgebot, 15 (16ff.). Zum Rechtsschutz in angemessener Zeit BVerfG, Beschl. v. 30.8.2016 – 2 BvC 26/14, Rn. 17, juris; s.a. die abweichende Meinung der Richterin Hermanns zum Beschluss des zweiten Senats des BVerfG, Beschl. v. 22.3.2018 – 2 BvR 780/16, BVerfGE 148, 69 (145 f.).

1300 *Kring*, NVwZ 2019, 23 (26).

1301 *Lange*, Gruppenverfahren, S. 99ff., 161.

1302 *Jarass*, in: ders./Pieroth, GG, Einl. Rn. 6; *Niedzwicki*, Präklusionsvorschriften, S. 188.S. zur praktischen Konkordanz allgemein *Rüßmann*, in: Alexy/Koch/Kuhlen, et al., Elemente einer juristischen Begründungslehre, 135 (153 f.).

1303 BVerfG, Beschl. v. 27.10.1999 – 1 BvR 385/90, BVerfGE 101, 106 (129); *Linke*, in: Knopp, Effektives Rechtsschutzgebot, 15 (28).

1304 BVerfG, Beschl. v. 12.5.1987 – 2 BvR 1226/83 u.a., BVerfGE 76, 1 (51). Vgl. ebenso *Koch*, in: Alexy/ders./Kuhlen, et al., Elemente einer juristischen Begründungslehre, 179 (180).

sprechung des BVerfG zur materiellen Präklusion.[1305] Das BVerfG führt hier an, dass zu Gunsten der Verfahrensbeschleunigung mögliche Einbußen des Gehörs hinzunehmen sind. Ebenso nahm das BVerfG zu in-camera Verfahren an, dass der effektive Rechtsschutz ein sachlicher Grund für eine Beschränkung des rechtlichen Gehörs sein kann.[1306] Mit der ausgestalteten Bindungswirkung der Musterfeststellungsklage wird daher ein legitimes Ziel verfolgt.

(2) Geeignetheit

Die Bindungswirkung der Musterfeststellungsklage müsste gleichwohl geeignet sein, das legitime Ziel zu fördern.[1307] Durch Musterfeststellungsverfahren kommt es zu einem einheitlichen Verfahren, indem bestimmte Feststellungsziele verbindlich entschieden werden. Divergierende Entscheidungen werden durch diese Ausgestaltung vermieden, vor allem da das Ergebnis für alle Anmelder bindend ist. Die Musterfeststellungsklage dient dabei der Bündelung solcher Ansprüche und Rechtsverhältnisse, die von denselben Feststellungszielen abhängig sind. Anstelle unzähliger Einzelklagen wird das Verfahren auf eine Musterfeststellungsklage konzentriert. Dies ist dem effektiven Rechtsschutz zumindest förderlich.

(3) Erforderlichkeit

Es dürfte ferner kein gleich wirksames milderes Mittel zur Erreichung des Zwecks gegeben sein, um der Erforderlichkeit zu genügen.[1308] Zu betrachten sind daher solche Alternativen, die dem Recht auf rechtliches Gehör eher Rechnung tragen.

Wie gesehen, führen die sonstigen kollektiven Institute des Zivilprozessrechtes nicht zu einer effektiven Handhabung von Streu- und Massenschäden. Sie sind daher keine tauglichen gleich wirksamen Alternativen.

1305 BVerfG, Beschl. v. 2.3.1993 – 1 BvR 249/92, BVerfGE 88, 118 (124). S.a. die Entscheidung zu Aussetzungsvorschriften BVerfG, Beschl. v. 30.6.2003 – 1 BvR 2022/02, BVerfGK 1, 217 (219 f.).

1306 BVerfG, Beschl. v. 27.10.1999 – 1 BvR 385/90, BVerfGE 101, 106 (130).

1307 BVerfG, Urt. v. 5.11.2019 – 1 BvL 7/16, NJW 2019, 3703 (3706).

1308 BVerfG, Urt. v. 5.11.2019 – 1 BvL 7/16, NJW 2019, 3703 (3706).

Die Forderung der BRAK, allen Anspruchstellern die Möglichkeit für Sachvorträge zu geben, ist aufgrund der Breitenwirkung praktisch schwer umsetzbar und würde zu Verzögerungen führen.[1309] Die Gerichte könnten so an die Grenzen ihrer Möglichkeiten geführt werden.[1310] Auch *Merkt/Zimmermanns* Vorschlag der Beteiligung aller Betroffenen als Nebenintervenienten ist aus prozessökonomischen Gründen abzulehnen.[1311] Insgesamt stellen diese Ausgestaltungsalternativen keinen gleich wirksamen Beitrag für einen effektiven Rechtsschutz dar. Insbesondere könnten sie das Verfahren unangemessen verlängern[1312] oder die Arbeitsfähigkeit einzelner Kammern oder gar Gerichte lahmlegen, was einer effektiven Ausgestaltung widerspricht.[1313]

Als weitere Alternative könnte eine mögliche Abmilderung der Bindungswirkung angedacht werden.[1314] Diese könnte – den ursprünglichen Gesetzentwürfen entsprechend – in Form einer nur einseitig ausgestalteten Bindungswirkung liegen. Das erweist sich als milderes Mittel, da die Anmelder nur dann von den Wirkungen der Musterfeststellungsklage betroffen sind, wenn sie sich in ihren Individualverfahren darauf berufen. Da die Musterverfahren für sie noch keine bindende Entscheidung darstellen, müssten sie hier noch nicht gehört werden. Im Rahmen der späteren Nachverfahren könnte jeder Anmelder individuell darüber entscheiden, ob er sich auf die Feststellung des Musterverfahrens beruft oder auch gerade nicht beruft und so jeweils aktiv von seinem rechtlichen Gehör Gebrauch macht.

Diese alternative Ausgestaltungsmöglichkeit müsste jedoch ferner gleich wirksam in Bezug auf den effektiven Rechtsschutz sein. Das ist indes abzulehnen.

Die beidseitige Bindungswirkung schafft Rechtssicherheit.[1315] Für die Unternehmer birgt es Unverständnis, wenn sie nach Obsiegen in einem durchaus langwierigen Prozess Gefahr laufen, dennoch in den sich an-

---

1309 S.a. *Röthemeyer*, MDR 2019, 6 (9). Nicht vergleichbar ist die Situation innerhalb von § 93a Abs. 1 S. 2 VwGO, welcher eine Anhörung aller Beteiligter gewährleistet. Die Einräumung der Möglichkeit Sachvorträge zu halten, ist deutlich weitreichender. S. zu § 93a Kapitel 3 D IV 3 c.

1310 *Mann/Schnuch*, NJW 2019, 3477 (3481).

1311 *Merkt/Zimmermann*, VuR 2018, 363 (367).

1312 *Lange*, Gruppenverfahren, S. 162.

1313 *Mann/Schnuch*, NJW 2019, 3477 (3481).

1314 *Röthemeyer*, MDR 2019, 6 (9).

1315 *AG Mittelstand*, Positionspapier, S. 4; *Die Deutsche Kreditwirtschaft*, Stellungnahme, S. 6; *HDE*, Stellungnahme, S. 9.

schließenden Individualprozessen zu unterliegen.[1316] Nicht zuletzt fragt sich dann, wofür es einer Musterfeststellungsklage überhaupt bedarf, wenn sie keine Auswirkungen zeitigt. Die gewünschte effektive sowie zügige Prozessführung und maßvolle Nutzung der Ressourcen geht hier fehl.[1317] Dem effektiven Rechtsschutz würde nicht in gleichem Maße gedient. Der Anmelder wird sich seinerseits konsequenterweise nicht auf die Bindungswirkung berufen wollen, wenn das Verfahren für ihn nachteilig ausgegangen ist.[1318] Jedoch liegt es fern, dass er dennoch eine Individualklage mit vollem Risiko erhebt, da er erneut Gefahr läuft, zu unterliegen.[1319] Nur durch eine für alle Seiten bindende Entscheidung entsteht Waffengleichheit und eine abschließende Befriedung.[1320] Eine nur einseitige Bindungswirkung würde den Zweck des effektiven Rechtsschutzes demnach nicht gleich wirksam fördern.

Eine weitere Ausgestaltungsalternative könnte darin bestehen, das Zeitfenster der Abmeldung auszuweiten.[1321] So wird vertreten, dass eine Bindungswirkung mit dem Recht auf rechtliches Gehör nur dann vereinbart werden kann, wenn die Abmeldung bis zum Ende der mündlichen Verhandlung möglich ist.[1322] Darin besteht jedoch auch keine gleich wirksame Alternative zu der gesetzlich ausgestalteten Musterfeststellungsklage.

Dafür sind die Folgen einer möglichen Erweiterung zu betrachten. Bei einem voraussichtlichen Unterliegen des Beklagten ist es unwahrscheinlich, dass es zu einem Austritt von Anmeldern kommt. Ein Obsiegen gegenüber dem beklagten Unternehmen ist gerade das, was die Anmelder mit ihrer Anmeldung erreichen wollten. Die Zulassung eines verlängerten Austrittsrechts führt in dieser Konstellation nicht zu einem Unterschied.

Ob sich die anschließenden Individualklagen daraus ergeben, dass die Ausgetretenen die Rechtsverfolgung auf eigene Faust anstreben oder daraus, dass die angemeldeten Verbraucher zur Erreichung eines Leistungstitels als zweite Stufe des Musterverfahrens individuell klagen, ist aus prozessökonomischer Hinsicht unerheblich.

Bedeutender ist die Situation, wenn sich ein Obsiegen des beklagten Unternehmers abzeichnet. Um einer Bindungswirkung zu entfliehen, könn-

1316 *Halfmeier*, ZRP 2017, 201 (203).
1317 *Halfmeier*, ZRP 2017, 201 (203). Zur Verfahrensbeschleunigung *Krausbeck*, DAR 2017, 567 (570).
1318 *Halfmeier*, ZRP 2017, 201 (203); DiskE, S. 20.
1319 *BRAK*, Stellungnahme Nr. 32, S. 7; *Weinland*, MFK, Rn. 198.
1320 DiskE, S. 20; *BRAK*, Stellungnahme Nr. 32, S. 7.
1321 *Röthemeyer*, MDR 2019, 6 (9).
1322 *Röthemeyer*, MFK, § 610 Rn. 49 f.

ten die angemeldeten Verbraucher in letzter Minute ihre Anmeldung zurückziehen und auf einen anderen Ausgang ihrer Individualprozesse hoffen. Für den Beklagten hieße dies, dass zu seinen Gunsten ein Musterverfahrensurteil erlassen wird, faktisch jedoch kein Rechtsfrieden eintritt, da die abgemeldeten Verbraucher weitere Individualklagen initiieren könnten, ohne an die Ergebnisse des Musterverfahrens gebunden zu sein. Möglich ist dabei, dass es zu einem anderen Ergebnis kommt. Die Feststellungen des Musterverfahrens hätten nur faktische Wirkung. Dies läuft einer effektiven Ausgestaltung des Rechtsschutzes zuwider. Letztlich wäre das durchgeführte Musterverfahren unerheblich. Mithin ist die Bindungswirkung der Musterfeststellungsklage in ihrer konkreten Ausgestaltung erforderlich.

(4) Angemessenheit

Die Angemessenheit bezeichnet die Verhältnismäßigkeit im engeren Sinne und liegt vor, wenn die mit der Maßnahme verbundenen Nachteile nicht völlig außer Verhältnis zu den Vorteilen stehen, die von ihr ausgehen.[1323] Es muss demnach eine „Abwägung der sich gegenüberstehenden Grundrechte unter umfassender Berücksichtigung der konkreten Umstände" erfolgen.[1324] In die Abwägung einzubeziehen sind dabei z.B. die Schwere der Belastung, das Gewicht und die Gründlichkeit der rechtfertigenden Gründe, der Anlass, Gegenstand, Form, Art und Reichweite des Verstoßes.[1325] Dem Gesetzgeber kommt ein Einschätzungs- und Entscheidungsspielraum zu.[1326] Hier kann nochmals die Rechtsprechung des BVerfG hinsichtlich in camera Verfahren herangezogen werden. Darin betonte das Gericht ausdrücklich, dass der Anspruch auf rechtliches Gehör nicht überwiegt, „wenn der begrenzte Verzicht darauf [den] Rechtsschutz ausnahmsweise verbessert".[1327]

Der Nachteil der Musterfeststellungsklage liegt hier in der Bindungswirkung der Anmelder, ohne Einfluss nehmen zu können, indem den Anmeldern in den Musterverfahren keinerlei Gehör gewährt wird. Der wesentli-

1323 BVerfG, Beschl. v. 18.12.2018 – 1 BvR 142/15, BVerfGE 150, 244 (280).
1324 BVerfG, Beschl. v. 6.11.2019 – 1 BvR 16/13, Rn. 114, juris.
1325 BVerfG, Beschl. v. 6.11.2019 – 1 BvR 16/13, Rn. 114, juris; Urt. v. 5.11.2019 – 1 BvL 7/16, NJW 2019, 3703 (3712) m.w.N.
1326 BVerfG, Urt. v. 5.11.2019 – 1 BvL 7/16, NJW 2019, 3703 (3713).
1327 BVerfG, Beschl. v. 27.10.1999 – 1 BvR 385/90, BVerfGE 101, 106 (130).

che entgegenstehende Vorteil ist ein kostengünstiges und ressourcenschonendes[1328] Verfahren, das Rechtsfrieden, Rechtseinheit und ggf. die Beschleunigung des Verfahrens hervorrufen kann.

Im allgemeinem Sprachgebrauch wird davon gesprochen, dass die qualifizierten Einrichtungen die Interessen der Anmelder vertreten. Im Zivilprozessrecht ist anerkannt, dass das rechtliche Gehör durch einen Anwalt oder Verteidiger wahrgenommen werden kann,[1329] sodass in der vorliegenden Konstellation ein nur geringer Eingriff angenommen werden könnte. Allerdings krankt dieser Vergleich daran, dass die Vertretenen im letzteren Fall autonom bestimmen, wer sie vertreten soll, und auf den Vertreter einwirken können.[1330] Im Rahmen der Musterfeststellungsklage haben die Betroffenen keinerlei Einfluss auf den Repräsentanten.[1331]

Wie oben dargestellt, handelt es sich beim Modell der Musterfeststellungsklage um eine quasi Prozessstandschaft. Auch für die Prozessstandschaft gilt, dass fremde Rechte im eigenen Namen geltend gemacht werden, sodass das rechtliche Gehör durch andere wahrgenommen werden kann. Doch hat der Ermächtigende im Rahmen der Musterfeststellungsklage im Gegensatz zu sonstigen Fällen der Prozessstandschaft keinerlei Einfluss darauf, wer letztlich seine Rechte geltend machen werden wird,[1332] sodass die Konstellationen nicht vergleichbar sind.

Es muss des Weiteren beachtet werden, dass die Musterverfahren mit einer Feststellung abschließen. Etwaige individuelle Besonderheiten werden zurückgestellt, können innerhalb der Musterfeststellungsklage jedoch im sich anschließenden Individualprozess geltend gemacht werden.

Kommt bspw. das OLG Braunschweig zum Ergebnis, dass VW widerrechtlich getäuscht hat, so kann diese Feststellung von allen Anmeldern in den Nachverfahren aufgegriffen werden. Keine Aussage wird jedoch darüber getroffen, in welcher Höhe und Form die Anmelder Schadensersatz erhalten können. Lehnt das OLG eine Täuschung ab, so erscheint es äußerst fraglich, inwiefern ein einzelner Verbraucher diese mögliche Täuschung hätte begründen sollen. Die Bündelung führt also zu mehr Effektivität des Rechtsschutzes.

1328 Vgl. BVerfG, Beschl. 2.3.1993 – 1 BvR 249/92, BVerfGE 88, 118 (124).

1329 BGH, Beschl. v. 29.6.2000 – IX ZB 23/97, BGHZ 144, 390 (392); *Lange*, Gruppenverfahren, S. 150.

1330 *Lange*, Gruppenverfahren, S. 150.

1331 *Meller-Hannich*, Stellungnahme, S. 5.

1332 *Lange*, Gruppenverfahren, S. 151, 153; *Meller-Hannich*, Stellungnahme, S. 5.

Außerdem kann sich der Einzelne im Nachgang von der Bindungswirkung lösen, sofern er nachweisen kann, dass sein Fall von dem im Musterverfahren entschiedenen abweicht.[1333] In dieser Konstellation würde sein Anspruch respektive Rechtsverhältnis gerade nicht im Sinne von § 606 Abs. 3 Nr. 2 ZPO von dem Musterverfahren abhängen. Seine Anmeldung wäre daher insgesamt unwirksam, eine Bindungswirkung träte nicht ein.[1334]

Ferner erfolgt die Anmeldung freiwillig. Es besteht kein Anmeldezwang. Ein unabhängiges Individualverfahren ist gleichfalls möglich. Durch umfassende Informationen im Klageregister und Bekanntmachungspflichten besteht die Möglichkeit, sich schon vorab zu informieren und sich daher bewusst, für oder gegen eine Anmeldung zu entscheiden.[1335] Wichtig ist vor allem, dass die Anmelder umfassend über die Wirkung aufgeklärt werden, die eine Anmeldung mit sich bringt. Die Hinweise müssen so ausgestaltet sein, dass ein nicht sachverständiger Bürger die Auswirkungen seiner Entscheidungen für sein rechtliches Gehör verstehen kann.[1336] Ein solches Bewusstsein ist z.B. auch bei der Bestellung eines Vertreters vorhanden. Bei richtiger Aufklärung von vornherein bedarf es auch keiner Verlängerung der Abmeldefrist.

Für eine effektive Ausgestaltung der Musterfeststellungsklage ist ferner notwendig, dass diese Bindungswirkung für die Anmelder entfalten kann und das auch zu deren Lasten. Eine nur einseitige Bindungswirkung und eine Ausweitung der Abmeldefrist führt letztendlich dazu, dass die Unternehmer im Gegensatz zu den Verbrauchern stärker belastet werden. Es kommt zu einer Waffenungleichheit. Zudem könnten die Verbraucher in letzter Minute von den Auswirkungen der Musterfeststellungsklage absehen, was dazu führt, dass die Erfolge der Musterfeststellungsklage gering ausfallen und die Entscheidung schließlich doch in unzähligen Individualprozessen fällt.

Letztlich müssen die Gerichte ihre Arbeitsfähigkeit erhalten. Die Musterfeststellungsklagen dienen insbesondere der Ressourcenschonung. Die Schaffung eines kollektiven Rechtsbehelfs hat zwangsläufig eine Einschränkung des rechtlichen Gehörs zur Folge, da Anliegen der Beteiligten

---

1333 E contrario zu § 613 Abs. 1 S. 1 ZPO; *Windau*, jM 2019, 404 (405).

1334 S. dazu AG Bad Segeberg, Urt. v. 24.10.2019 – 17 C 116/19, juris.

1335 Vgl. dazu *Merkt/Zimmermann*, VuR 2018, 363 (367); in diese Richtung auch *Röthemeyer*, MDR 2019, 6 (10).

1336 BVerfG, Beschl. v. 8.7.1982 – 2 BvR 1187/80, NJW 1982, 2173 (2177).

gebündelt und daher verallgemeinernd entschieden werden sollen.[1337] Auch bezüglich Präklusionsvorschriften führte das BVerfG zur Rechtfertigung einer Einschränkung des rechtlichen Gehörs die Verfahrensbeschleunigung und somit einen Aspekt der effektiven Ausgestaltung von Rechtsschutz an.[1338]

Zwar in einem anderen Kontext – hat das BVerfG im Rahmen von Massenverfahren Einschränkungen für erforderlich gehalten, „um neben der Rechtssicherheit die Funktionsfähigkeit von Verwaltung und Gerichten zu erhalten".[1339] Ein effektives Arbeiten der Gerichte wird durch massenhafte Rechtsbehelfseinlegung erschwert. Dies hat nicht nur Auswirkungen auf die Massenverfahren allein, sondern auch auf alle sonstigen Verfahren, die von den Gerichten zu bearbeiten sind und daher auf die Gewährung von effektivem Rechtsschutz der deutschen Gerichte insgesamt.

Im Ergebnis muss das Recht auf rechtliches Gehör hinter der effektiven Ausgestaltung des Rechtsschutzes zurücktreten. Insbesondere erstrebenswert ist, die Erhaltung der Arbeitsfähigkeit der Gerichte, die insgesamt den Rechtsschutz in Deutschland berührt. Die Musterfeststellungsklage kann nur dann die durch sie erhoffte Wirkung entfalten, wenn sie wirksam und effektiv ausgestaltet wird. Wenn man sich für ein kollektives Rechtsinstitut entscheidet, dann kann man es andererseits nicht durch überhöhte Anforderungen ad absurdum führen. Die Musterfeststellungsklage soll nicht Gefahr laufen, ein zahnloser Papiertiger zu werden, daher ist die Ausgestaltung der Bindungswirkung verfassungsgemäß.

b) Art. 6 Abs. 1 EMRK und Art. 47 Abs. 2 GRCh

Ebenso gewährleistet Art. 6 Abs. 1 EMRK ein Recht auf ein faires Verfahren innerhalb einer angemessenen Frist, das auch für zivilrechtliche Ansprüche gilt.[1340] Vom Schutzgehalt des Art. 6 Abs. 1 EMRK eingeschlossen

---

1337 BVerfG, Beschl. v. 8.7.1982 – 2 BvR 1187/80, BVerfGE 61, 82 (116); *Merkt/Zimmermann*, VuR 2018, 363 (364); *Lange*, Gruppenverfahren, S. 160, 162.

1338 BVerfG, 23.6.2000 – 1 BvR 990/99, Rn. 13, juris; Beschl. v. 20.10.1994 – 2 BvR 1506/94, NJW-RR 1995, 377 (378).

1339 BVerfG, Beschl. v. 8.7.1982 – 2 BvR 1187/80, BVerfGE 61, 82 (116).

1340 *Gaede*, in: Knauer/Kudlich/Schneider, MüKo StPO, Art. 6 EMRK Rn. 16; *Meyer-Ladewig/Harrendorf/König*, in: Meyer-Ladewig/Nettesheim/Raumer, EMRK, Art. 6 Rn. 87 ff.; *Schulze-Fielitz*, in: Dreier, GG, Bd. 1, Art. 19 IV Rn. 15.

ist die Gewähr des effektiven Rechtsschutzes.[1341] Art. 6 Abs. 1 EMRK räumt den Betroffenen eine Möglichkeit ein, gehört zu werden, dass ihr Vorbringen Beachtung findet und darüber entschieden wird.[1342]

Dieser Anspruch gilt jedoch nicht unbeschränkt. Einschränkungen oder gar ein Verzicht sind mit Einverständnis der Parteien möglich.[1343] Ansonsten sind Einschränkungen aus Gründen eines effektiven und wirtschaftlichen Rechtsschutzes hinnehmbar.[1344] Die oben ausgearbeiteten Argumente führen auch hier zu einer Vereinbarkeit.

Ebenso gewährleistet Art. 47 Abs. 2 GRCh, dass für Personen bei Verletzungen in durch Unionsrecht garantierten Rechten oder Freiheiten, ein faires Verfahren, öffentlich und innerhalb angemessener Frist verhandelt wird, was auch hier einen Anspruch auf rechtliches Gehör beinhaltet.[1345] Doch Art. 52 Abs. 1 GRCh normiert ausdrücklich, dass dabei Einschränkungen möglich sind.[1346] Einschränkungen sind aufgrund der oben genannten Argumente gleichwohl hinzunehmen.

Insgesamt ist die Musterfeststellungsklage daher mit höherrangigem Recht zu vereinbaren.

XI. Ende des Verfahrens

Das Ende des Verfahrens kann durch rechtkräftiges Urteil erfolgen § 612 ZPO. Ebenso ist die Schließung eines Vergleiches möglich

---

1341 *Degenhart*, in: Sachs, GG, Art. 103 Rn. 6; *Dörr*, in: Sodan/Ziekow, VwGO, EVR Rn. 299; *Schulze-Fielitz*, in: Dreier, GG, Bd. 3, Art. 103 I Rn. 9.

1342 *Meyer-Ladewig/Harrendorf/König*, in: Meyer-Ladewig/Nettesheim/Raumer, EMRK, Art. 6 Rn. 96 f.; *Valerius*, in: Graf, BeckOK StPO, Art. 6 EMRK Rn. 11.

1343 *Dörr*, in: Sodan/Ziekow, VwGO, EVR Rn. 301; *Valerius*, in: Graf, BeckOK StPO, Art. 6 EMRK Rn. 9.

1344 *Boermann*, in: Thießen, Der Richter, 50 (66); ausführlich *Gaede*, in: Knauer/Kudlich/Schneider, MüKo StPO, Art. 6 EMRK Rn. 76 ff.; *Jacob*, in: Gärditz, VwGO, § 93a Rn. 19; EGMR, Urt. v. 5.4.2016 – 33060/10, NJW 2017, 2455 (2457).

1345 HessVGH, Beschl. v. 21.2.2017 – 9 C 318/13.T, Rn. 30, juris. *Bergmann*, in: ders./Dienelt, Ausländerrecht, Art. 47 GrCh Rn. 2; *Jarass*, GRCh, Art. 47 Rn. 31 f.; *Martini/Wagner/Wenzel*, VerwArch 109 (2018), 163 (179).

1346 EuGH, Urt. v. 19.12.019 – C-752/18, NJW 2020, 977 (979); Urt. v. 9.11.2010 – C 92/09, C-93/09, GewArch 2011, 24 (24); *Bilsdorfer*, Polizeiliche Öffentlichkeitsarbeit, S. 274; *Jarass*, in: ders., GRCh, Art. 47 Rn. 36. Dazu auch *Lind/Priebe*, ZEuS i.E.

§ 611 ZPO. Diese Regelungen wurden im Laufe des Gesetzgebungsprozesses kaum verändert.

1. Urteil, § 612 ZPO

In den Klageentwürfen noch mit dem Titel „Urteil“ betitelt, findet sich in der endgültigen Fassung nun der inhaltlich entsprechende § 612 ZPO mit dem Titel „Bekanntmachungen zum Musterfeststellungsurteil“. Dieser bestimmt, dass das Urteil, die eingelegten Rechtsmittel und der Eintritt der Rechtskraft im Klageregister zu veröffentlichen sind. Die Bekanntmachung dient dem Informationsinteresse der Betroffenen, die nicht Beteiligte sein können.[1347] Ansonsten gelten die allgemeinen Regeln der ZPO über Urteile.[1348]

2. Vergleich, § 611 ZPO

a) Prozessvergleich

Der gerichtliche Vergleich zur Beendigung von Musterfeststellungsklagen ist in § 611 ZPO geregelt. Er ist grundsätzlich danach ausgerichtet, Wirkung für sämtliche Anmelder zu entfalten.[1349] Im Allgemeinen dient ein Prozessvergleich einer gütlichen Streitbeilegung und ist deshalb innerhalb des § 278 ZPO in Absatz 6 geregelt. Ihm kommt eine Doppelnatur zu, d.h. er ist einerseits ein bürgerlich-rechtliches Rechtsgeschäft in Form eines Vertrags nach § 779 BGB, andererseits beinhaltet er eine Prozesshandlung, die den Prozess beendet.[1350] Der Prozessvergleich unterliegt der Protokollpflicht gemäß § 160 Abs. 3 Nr. 1 ZPO.[1351] Durch die Protokollierung wird gewährleistet, dass die Parteien am Ende, sofern der Vergleich einen vollstreckbaren Inhalt hat, einen Vollstreckungstitel im Sinne des § 794

1347 RefE, S. 24.
1348 RefE, S. 24.
1349 *Mekat*, in: Nordholtz/ders., MFK, § 7 Rn. 1.
1350 BGH, Urt. v. 10.3.1955 – ZR 201/53, BGHZ 16, 388 (390); Urt. v. 14.9.2018 – V ZR 267/17, NJW 2019, 310 (311); Urt. v. 19.4.2018 – IX ZR 222/17, NJW-RR 2018, 1023 (1023). *Hess/Jauernig*, ZPR, § 48 Rn. 4; *Musielak/Voit*, GK ZPO, Rn. 520 f.; *Schwab*, ZPR, G 323.
1351 *Hess/Jauernig*, ZPR, § 48 Rn. 12; *Musielak/Voit*, GK ZPO, Rn. 520; *Schwab*, ZPR, G 323.

Nr. 1 ZPO erhalten.[1352] Ihrem Justizgewähranspruch wird somit entsprochen.[1353]

Wie bei jedem Vertragsabschluss können sich auch bei der Vergleichsschließung Fehler einschleichen, die den Vergleich als bürgerlich-rechtliches Rechtsgeschäft nichtig werden lassen.[1354] Wegen seiner Doppelnatur führt dies dazu, dass auch die verfahrensbeendende Wirkung nicht eintreten kann.[1355]

Ferner besteht die Möglichkeit, einen Vergleich unter einem ausdrücklichen Widerrufsvorbehalt zu schließen.[1356] Der Widerruf muss binnen einer festgeschriebenen Frist erfolgen. Wird er nicht erhoben, ist der Prozess durch wirksamen Vergleich beendet worden.[1357] Erst dann endet auch die Rechtshängigkeit.[1358]

b) Besonderheiten des Vergleichs nach § 611 ZPO

In den Gesetzesmaterialien wird auch für den Vergleich zur Beendigung einer Musterfeststellungsklage auf § 278 ZPO Bezug genommen.[1359] Während in § 612 Abs. 1 RefE noch ausdrücklich im Normtext nur auf § 278 Abs. 6 ZPO hingewiesen wird, fehlt die Nennung der Norm seit dem DiskE und ist auch im endgültigen § 611 ZPO nicht mehr genannt. In den Gesetzgebungsmaterialien wird allerdings hinsichtlich des Verfahrens weiterhin auf die allgemeinen Vorschriften, insbesondere die des § 278 ZPO,

---

1352 *Hess/Jauernig*, ZPR, § 48 Rn. 4; *Musielak/Voit*, GK ZPO, Rn. 520; *Schwab*, ZPR, G 323.

1353 *Schwab*, ZPR, Rn. 324; BGH, Beschl. v. 3.8.2011 – XII ZB 153/10, JZ 2011, 1121 (1122).

1354 BGH, Urt. v. 10.3.1955 – ZR 201/53, BGHZ 16, 388 (390); *Musielak/Voit*, GK ZPO, Rn. 533.

1355 BGH, Urt. v. 10.3.1955 – ZR 201/53, BGHZ 16, 388 (390); Urt. v. 14.9.2018 – V ZR 267/17, NJW 2019, 310 (311); Urt. v. 19.4.2018 – IX ZR 222/17, NJW-RR 2018, 1023 (1023); *Hess/Jauernig*, ZPR, § 48 Rn. 23; *Schwab*, ZPR, G 325.

1356 BGH, Urt. v. 19.4.2018 – IX ZR 222/17, NJW-RR 2018, 1023 (1024); *Hess/Jauernig*, ZPR, § 48 Rn. 25; *Musielak/Voit*, GK ZPO, Rn. 534; *Schwab*, ZPR, G 330.

1357 *Hess/Jauernig*, ZPR, § 48 Rn. 25; *Schwab*, ZPR, G 330. Umstritten ist, wer der richtige Erklärungsgegner des Widerrufs ist, s. dazu *Schwab*, ZPR, G 331. Ebenso *Musielak/Voit*, GK ZPO, Rn. 534.

1358 BGH, Urt. v. 19.4.2018 – IX ZR 222/17, NJW-RR 2018, 1023 (1024); *Lackmann*, in: Musielak/Voit, ZPO, § 794 Rn. 19.

1359 BT-Drs. 19/2507, S. 26.

verwiesen.[1360] Vor dem Hintergrund, dass § 610 Abs. 5 ZPO die Anwendung von § 278 Abs. 2 bis 5 ZPO ausschließt, ergibt sich inhaltlich kaum ein Unterschied, ob insgesamt auf § 278 ZPO oder auf § 278 Abs. 6 ZPO verwiesen wird. Es wird lediglich Absatz 1 stärker miteingebunden. Allerdings erscheint die Hinzuziehung des gesamten § 278 ZPO bei gleichzeitigem Ausschluss der Anwendbarkeit als unübersichtlich und unnötig verkomplizierend. Ein Hinweis auf entweder nur Absatz 6 oder Absatz 1 und Absatz 6 ist hier verständlicher.

Der gerichtliche Vergleichsschluss innerhalb einer Musterfeststellungsklage ist gemäß § 611 Abs. 6 ZPO ab dem ersten Termin zulässig und somit erst nach Ablauf der Anmeldefrist.[1361] Eine wesentliche Besonderheit für den Vergleich nach § 611 ZPO ist, dass nicht nur die Parteien des Prozesses daran gebunden werden, sondern auch die weiteren Anmelder, welche selbst keine Prozessbeteiligten sein können. Da aufgrund der Privatautonomie in der deutschen Rechtsordnung grundsätzlich jeder frei darüber entscheiden kann, ob, wann und mit welchem Inhalt er einen Vertrag schließen möchte,[1362] erfordert die Bindungswirkung der formal Unbeteiligten weitere Einschränkungen.[1363] Um den Anmeldern gebührenden Rechtsschutz einräumen zu können, muss der beabsichtigte Vergleich durch das Gericht genehmigt werden.[1364] Diese Genehmigung spricht das Gericht aus, sofern der Vergleich gemäß § 611 Abs. 3 S. 2 ZPO angemessen ist. Für die Beurteilung der Angemessenheit des Vergleichs regelt § 611 Abs. 2 ZPO diverse Soll-Angaben für den Vergleichsabschluss, Nr. 1 die auf die Anmelder entfallenden Leistungen, Nr. 2 der Nachweis der Leistungsberechtigung, Nr. 3 die Fälligkeit sowie Nr. 4 die Kostenaufteilung.[1365] Die Angemessenheit eines Vergleiches ist gewahrt, wenn die getroffenen Vereinbarungen „die vorgetragenen typischerweise zu erwarten-

1360 BT-Drs. 19/2507, S. 26.

1361 BT-Drs. 19/2507, S. 27; *Weinland*, MFK, Rn. 165.

1362 S. zur Vertragsfreiheit als Bestandteil der Privatautonomie *Di Fabio*, in: Maunz/Dürig, GG, Art. 2 Abs. 1 Rn. 101. Zur Privatautonomie ausführlich *Riesenhuber*, ZfPW 2018, 352 und auf S. 358 zur Vertragsfreiheit. Zur Vertragsfreiheit als Ausfluss der Allgemeinen Handlungsfreiheit nach Art. 2 Abs. 1 GG BVerfG, Beschl. v. 12.11.1958 – 2 BvL 4, 26, 40/56, 1, 7/57, BVerfGE 8, 274 (328); Beschl. v. 25.5.1993 – 1 BvR 1509, 1648/91, BVerfGE 88, 384 (403). S. allgemein zur Privatautonomie *Röthel*, in: Bumke/dies., Autonomie im Recht, S. 91 ff.

1363 BT-Drs. 19/25047, S. 26.

1364 BT-Drs. 19/25047, S. 26.

1365 BT-Drs. 19/25047, S. 26.

den Streitigkeiten angemessen beilegt".[1366] Im RefE und DiskE lautete der Wortlaut, wenn die Streitverhältnisse angemessen befriedet würden.[1367] Schwierig erscheint hier, dass das Wort der Angemessenheit seinerseits mit dem Begriff „angemessen" definiert wird.

Letztlich ist dieses Merkmal Ausfluss des Rechtsstaatsprinzip, insbesondere des darin verorteten Verhältnismäßigkeitsgrundsatzes.[1368] Angemessen wird laut Duden als richtig bemessen oder adäquat verstanden. Als Synonyme werden u.a. „angebracht", „entsprechend", „gebührend" und „verhältnismäßig" angeführt.[1369] Zur näheren Bestimmung der Angemessenheit kann gleichfalls § 18 KapMuG herangezogen werden. Dort wird der Vergleichsschluss ebenfalls von der Genehmigung des Gerichts abhängig gemacht, für deren Erteilung ebenso eine angemessene gütliche Beilegung gefordert wird. In den Gesetzesmaterialien findet sich dazu, dass die Genehmigung nur ausgesprochen werden sollte, wenn das Gericht geprüft hat, dass die Interessen aller ausreichend gewahrt sind. Es soll „für alle Seiten [ein] ausgewogenes und faires Ergebnis" herausgearbeitet werden.[1370] Auch auf europäischer Ebene wird in dem, im Rahmen des New Deal for Consumers erstellten, Richtlinien-Entwurf des europäischen Parlaments und des Rates in Art. 8 Abs. 4 normiert, dass Vergleiche hinsichtlich ihrer Rechtmäßigkeit und Fairness zu überprüfen sind.[1371]

Im Verwaltungsrecht kann man den Begriff der Angemessenheit in Bezug auf die Gegenleistung im Rahmen eines Austauschvertrags nach § 56 Abs. 1 S. 2 VwVfG finden. Als Ausdruck des Übermaßverbots soll diese anhand einer wirtschaftlichen Betrachtung des Gesamtvorgangs bestimmt werden.[1372] Es dürfen keine Anhaltspunkte für eine unzumutbare Belas-

---

1366 BT-Drs. 19/25047, S. 26.

1367 RefE, S. 24; DiskE, S. 19.

1368 Vgl. *Augenhofer*, in: Vorwerk/Wolf, BeckOK ZPO, § 611 Rn. 8; *Spieth*, in: Bader/Ronellenfitsch, BeckOK VwVfG, § 56 Rn. 54; OLG Hamburg, Urt. v. 12.2.2010 – 1 U 111/09, BeckRS 2010, 29523.

1369 https://www.duden.de/rechtschreibung/angemessen, zuletzt abgerufen am 1.8.2018.

1370 BT-Drs. 17/8799, S. 15.

1371 COM(2018) 184 final, S. 34, 18. S.a. den Erwägungsgrund 30 auf S. 27. *Augenhofer*, in: Vorwerk/Wolf, BeckOK ZPO, § 611 Rn. 6. S. dazu unter E.

1372 *Bonk/Neumann/Siegel*, in: Stelkens/Bonk/Sachs, VwVfG, § 56 Rn. 35; *Erbguth/Guckelberger*, Allg. Verwaltungsrecht, § 24 Rn. 14; *Spieth*, in: Bader/Ronellenfitsch, BeckOK VwVfG, § 56 Rn. 54 f. S.a. BayVGH, Urt. v. 12.11.2018 – 15 B 17.2006, BeckRS 2018, 30657, Rn. 17. In Bezug auf § 11 Abs. 2 S. 1 BauGB BGH, Urt. v. 26.6.2015 – V ZR 271/14, NZM 2015, 866 (866). Dazu, dass die

tung einer Seite bestehen.[1373] Leistung und Gegenleistung müssen ausgewogen sein.[1374] Im Unterschied zur Angemessenheit für den Vergleichsschluss im Rahmen der Musterfeststellungsklage wird für den Austauschvertrag insbesondere auf die Angemessenheit der Leistung des Vertragspartners der Behörde abgestellt.[1375] Nicht erwünscht ist ein Ausverkauf von staatlichen Leistungen unter ihrem Wert, geringe Benachteiligungen der Behörde sind hinnehmbar.[1376] Für den Vergleichsschluss innerhalb der Musterfeststellungsklage ist aber die Angemessenheit für beide Seiten zu beurteilen. Grundsätzlich können die hieraus gewonnenen Erfahrungswerte mit dem Begriff der Angemessenheit dennoch zur näheren Bestimmung des Begriffs innerhalb der Musterfeststellungsklage herangezogen werden.

Erforderlich sein wird eine Einschätzung des Gerichts, ob der ausgehandelte Vertrag die Beteiligten und sonstigen Anmelder in einer für beide Seiten gleichermaßen zufriedenstellenden Weise befriedigen kann.[1377] Abzulehnen wird dies z.B. bei einer überproportionalen Bevorzugung einer Partei sein. Die Angemessenheitsprüfung dient gerade dem Ausschluss einer möglichen Erpressung eines Vergleichsschlusses.[1378] Zur Prüfung der Angemessenheit herangezogen werden können u.a. die Finanzkraft des Beklagten,[1379] die Erfolgsaussichten der Musterfeststellungsklage[1380] und der hypothetischen Individualprozesse,[1381] wobei dabei bedacht werden muss, dass die Begründetheit der Ansprüche nicht feststeht, sodass ein gegenseitiges Nachgeben erforderlich ist. Basiert der Vergleich auf einem Vorschlag

---

Angemessenheit Ausdruck des Verhältnismäßigkeitsgrundsatzes ist, s.a. *Ziekow*, VwVfG, § 56 Rn. 2; BVerwG, Urt. v. 6.7.1984 – 4 C 24/80, NJW 1985, 989 (990); BayVGH, Urt. v. 11.4.1990 – 1 B 85 A. 1480, NVwZ 1990, 979 (981).

1373 *Spieth*, in: Bader/Ronellenfitsch, BeckOK VwVfG, § 56 Rn. 55. S. in Bezug auf § 11 Abs. 2 S. 1 BauGB BVerwG, Urt. v. 25.11.2005 – 4 C 15/04, NVwZ 2006, 336 (337).

1374 *Bonk/Neumann/Siegel*, in: Stelkens/Bonk/Sachs, VwVfG, § 56 Rn. 35; *Spieth*, in: Bader/Ronellenfitsch, BeckOK VwVfG, § 56 Rn. 55.

1375 *Bonk/Neumann/Siegel*, in: Stelkens/Bonk/Sachs, VwVfG, § 56 Rn. 35.

1376 *Bonk/Neumann/Siegel*, in: Stelkens/Bonk/Sachs, VwVfG, § 56 Rn. 35; *Detterbeck*, Allg. Verwaltungsrecht, Rn. 801; *Spieth*, in: Bader/Ronellenfitsch, BeckOK VwVfG, § 56 Rn. 54; *Ziekow*, VwVfG, § 56 Rn. 1.

1377 *Mekat*, in: Nordholtz/ders., MFK, § 7 Rn. 36 ff.; *Spieth*, in: Bader/Ronellenfitsch, BeckOK VwVfG, § 56 Rn. 55; NdsOVG, Urt. v. 3.5.2006 – 1 LC 170/04, BauR 2006, 1703 (1706).

1378 *Waßmuth/Asmus*, ZIP 2018, 657 (664).

1379 *Mekat*, in: Nordholtz/ders., MFK, § 7 Rn. 44.

1380 *Mekat*, in: Nordholtz/ders., MFK, § 7 Rn. 43.

1381 *Mekat*, in: Nordholtz/ders., MFK, § 7 Rn. 45; so auch *Röthemeyer*, MFK, § 611 Rn. 33.

des Gerichts, ist die Angemessenheit eher zu bejahen, da nicht davon auszugehen ist, dass dieses unangemessene Vorschläge unterbreitet oder seinen eigenen Vorschlag als unangemessen bewertet.[1382] Allerdings ist zu beachten, dass unabhängig vom Urheber des Vergleichs die Angemessenheit auch davon abhängen kann, wie die Parteien die ausgehandelten Aspekte gewichten. Die Gewichtung der Parteien kann von der des Gerichts abweichen und muss berücksichtigt werden.[1383] *Mekat* unterstellt aufgrund dieser privatautonomen Entscheidung, dass in der Regel von der Angemessenheit des Vergleichs auszugehen ist, sofern keine offensichtliche Unbilligkeit existiert.[1384] Dies lässt sich der Vorschrift aber weder dem Wortlaut noch dem Sinn nach entnehmen. Die Angemessenheitsprüfung ist von besonderer Bedeutung für die Anmelder, die an dem Vergleichsschluss nicht aktiv mitwirken können. Insgesamt ist eine Beurteilung je nach Einzelfall zu treffen. Hier muss letztlich auf eine Konkretisierung durch die Rechtsprechung oder Literatur gehofft werden.

Ist das Gericht von der Angemessenheit überzeugt, so erfolgt die Genehmigung des Vergleichs mittels unanfechtbaren Beschlusses (§ 611 Abs. 3 S. 3 ZPO), welcher seinerseits im Klageregister zu veröffentlichen ist (§ 611 Abs. 5 S. 3 ZPO). Da die eingetragenen Anmelder ebenso von dem Vergleichsschluss betroffen werden, sind auch sie gesondert durch Zustellung des Vergleichs zu informieren (§ 611 Abs. 4 S. 1 ZPO). Dies gebietet ihr Anspruch auf rechtliches Gehör einerseits, andererseits erfordert dieser auch, dass die Anmelder selbstständig eine Entscheidung darüber zu treffen vermögen, ob sie den Vergleich für sich gelten lassen möchten.

c) Austrittsrecht

Nach § 611 ZPO steht den Verbrauchern im Rahmen des Vergleichsschlusses ein Austrittsrecht zu. Dogmatisch wird dieses parallel zu § 17 KapMuG als aufschiebende Bedingung eingeordnet.[1385] Wirksam ist der Vergleich, sofern sich nicht 30 oder mehr Prozent der Anmelder für einen Austritt entscheiden (§ 611 Abs. 4 S. 1 ZPO). Kommt es nicht zu einem Austritt, ist

---

1382 *Waßmuth/Asmus*, ZIP 2018, 657 (664); *Weinland*, MFK, Rn. 174.

1383 *Mekat*, in: Nordholtz/ders., MFK, § 7 Rn. 39 f.; *Waßmuth/Asmus*, ZIP 2018, 657 (664); *Weinland*, MFK, Rn. 174.

1384 *Mekat*, in: Nordholtz/ders., MFK, § 7 Rn. 39.

1385 *Reuschle*, in: Hess/ders./Rimmelspacher, Kölner Komm KapMuG, § 17 Rn. 25; *Stadler*, in: Musielak/Voit, ZPO, § 611 Rn. 18; *Winter*, in: Wieczorek/Schütze, ZPO, Bd. 13, § 17 KapMuG Rn. 19.

der Vergleich für all diejenigen, die nicht ausgetreten sind, wirksam.[1386] Wegen der aufschiebenden Bedingung werden der Prozess sowie die Rechtshängigkeit bei erfolgreichem Vergleichsschluss mit Ablauf der Austrittsfrist beendet.[1387]

Gemäß § 611 Abs. 5 S. 2 ZPO haben die Anmelder daher innerhalb eines Monats ab Zustellung Zeit, sich für oder gegen einen Austritt zu entscheiden. Anders als die An- oder Abmeldung kann dieser nach § 611 Abs. 4 S. 2 ZPO nur schriftlich bei Gericht oder zu Protokoll der Geschäftsstelle erklärt werden. Die Frist für den Austritt läuft dabei für jeden Verbraucher individuell und berechnet sich nach den allgemeinen Vorschriften der Fristberechnung, § 222 ZPO, §§ 187 ff. BGB.[1388]

Machen nun mindestens 30% der Anmelder von ihrem Austrittsrecht Gebrauch, deutet dies besonders darauf hin, dass die vermeintliche angemessene, allseits befriedigende Lösung nicht einzutreten vermag, sodass trotz zunächst angenommener Angemessenheit das Gericht den Vergleich letztlich nicht als wirksam beschließen kann.[1389] Der Vergleich, der eine friedliche Lösung für alle Seiten beabsichtigt, verfehlt seine Wirkung, wenn ihm eine zahlenmäßig hohe Austrittsquote folgt.[1390] Nach Erreichen des Austrittsquorums von mindestens 30% wird der Vergleich beseitigt und das Ruhen des Verfahrens aufgehoben. Im Umkehrschluss zu § 611 Abs. 5 S. 2 ZPO hat das Gericht durch Beschluss darüber zu entscheiden und die Anmelder zu informieren.[1391] Als Medium bietet sich parallel zu der Bestimmung für einen wirksamen Vergleich (§ 611 Abs. 5 S. 3 ZPO) die Veröffentlichung im Klageregister an.[1392] Der Musterfeststellungsprozess setzt sich fort.[1393] Dabei behalten alle ursprünglichen Anmelder ihre Position, denn ein Austritt aus dem Vergleich berührt die Rechtswirkung der Anmeldung nicht (§ 611 Abs. 4 S. 4 ZPO), d.h. ein Austritt aus dem Vergleich ist nicht zugleich eine Abmeldung vom Verfahren.[1394] Treten

---

1386 *Weinland*, MFK, Rn. 185.

1387 *Lackmann*, in: Musielak/Voit, ZPO, § 794 Rn. 19.

1388 *Mekat*, in: Nordholtz/ders., MFK, § 7 Rn. 66; *Waßmuth/Asmus*, ZIP 2018, 657 (665); *Weinland*, MFK, Rn. 180.

1389 *Mekat*, in: Nordholtz/ders., MFK, § 7 Rn. 56.

1390 BT-Drs. 19/2507, S. 27; *Augenhofer*, in: Vorwerk/Wolf, BeckOK ZPO, § 611 Rn. 2. S.a. *Stadler*, in: Musielak/Voit, ZPO, § 611 Rn. 16, die es befürwortet, dass die Höhe des Quorums Teil der Parteiabsprache sein kann.

1391 S.a. BT-Drs. 19/2507, S. 27; *Stadler*, in: Musielak/Voit, ZPO, § 611 Rn. 19.

1392 BT-Drs. 19/2507, S. 27.

1393 *Lackmann*, in: Musielak/Voit, ZPO, § 794 Rn. 15.

1394 *Beckmann/Waßmuth*, WM 2019, 89 (91).

mindestens 30% der Anmelder aus, trifft dies aber auch die nichtausgetretenen Anmelder im gleichen Maße.[1395] Diejenigen, die also grundsätzlich mit dem Vergleich einverstanden waren, können sich aufgrund des gescheiterten Vergleichsschlusses nicht auf ihn berufen. Ihnen stehen keine Leistungsansprüche aus dem Vergleich gegenüber dem Beklagten zu.[1396]

Erklären weniger als 30% ihren Austritt, so wird der Vergleich gemäß § 611 Abs. 5 S. 1 ZPO wirksam. Das Ergebnis des Vergleichsverfahrens ist durch Beschluss festzustellen und im Register bekannt zu machen (§ 611 Abs. 5 S. 2, 3 ZPO). Der Vergleich wirkt gemäß § 611 Abs. 5 S. 4 ZPO für und gegen die nicht ausgetretenen Anmelder.[1397] Keine Bestimmung findet sich hinsichtlich der Wirkung für die ausgetretenen Anmelder. Da der Austritt die Wirksamkeit der Anmeldung nicht berührt, gehen Stimmen der Literatur davon aus, dass für diese das Verfahren weiterzuführen ist.[1398] Sie begründen ihre Ansicht damit, dass zwischen den Verbrauchern und den qualifizierten Einrichtungen ein Prozessverhältnis besteht, welches nicht durch den Vergleich beendet wird und daher letztere zur Fortführung verpflichtet.[1399]

Dem ist jedoch nicht zuzustimmen. Zum einen ergibt sich so ein Folgeproblem, nämlich dann, wenn nur eine sehr geringe Anzahl, z.B. nur 1% oder sogar nur ein einzelner Anmelder, aus dem Vergleich austritt.[1400] Eine Fortführung des Musterfeststellungsverfahrens scheint hier aufgrund seines erhöhten Aufwands unverhältnismäßig. Zudem ist eine Pflichtverletzung der qualifizierten Verbände abzulehnen, denn durch den Vergleich soll gerade eine Beendigung des Verfahrens erzielt werden. Die qualifizierten Einrichtungen haben durch den Abschluss eines angemessenen Vergleichs das ihnen obliegende Soll erfüllt. Die Anmelder, die zuvor ihren Austritt aus dem Vergleich erklärt haben, sind deshalb zur Verfol-

---

1395 *Weinland*, MFK, Rn. 181.

1396 So im Umkehrschluss auch *Augenhofer*, in: Vorwerk/Wolf, BeckOK ZPO, § 611 Rn. 17; vgl. auch *Stadler*, in: Musielak/Voit, ZPO, § 611 Rn. 17.

1397 *Waßmuth/Asmus*, ZIP 2018, 657 (665).

1398 *Schmidt-Kessel*, Stellungnahme, S. 19, der diese Lösung jedoch auf S. 19 f. kritisiert. So urspünglich auch *Augenhofer*, in: Vorwerk/Wolf, BeckOK ZPO, § 611 Rn. 15. Seit der 33. Edition lehnt diese eine Fortführung jedoch ab.

1399 *Augenhofer*, in: Vorwerk/Wolf, BeckOK ZPO, § 611 Rn. 15; *Schmidt-Kessel*, Stellungnahme, S. 19.

1400 *Beck*, in: Husemann/Korves/Rosenkranz, et al., Strukturwandel und Privatrecht, 401 (417), nimmt eine verfahrensbeendende Wirkung des Vergleichs an. Offenlassend *Augenhofer*, in: Vorwerk/Wolf, BeckOK ZPO, § 611 Rn. 16.

gung ihrer Rechte auf ein Individualverfahren zu verweisen.[1401] Der Vergleich beendet das Musterverfahren insgesamt, wenn der Rechtsstreit dadurch vollständig erledigt wird.[1402] In diesem Fall scheidet eine Fortführung des Musterfeststellungsverfahrens nur für die ausgetretene Minderheit aus.[1403] Etwas anderes ergibt sich nur, wenn das Musterfeststellungsverfahren nicht vollständig beendet wird, z.B. durch Teilvergleich.[1404]

Negativ hinsichtlich eines Austritts erscheint, dass diesen Anmeldern dann wiederum das volle Kostenrisiko auferlegt wird und sie im Endeffekt nicht besser stünden als ohne Eintragung. Vor diesem Hintergrund bleibt daher abzuwarten, ob die Anmelder überhaupt von ihrem Austrittsrecht Gebrauch machen werden,[1405] da schon die Gesetzgebungsmaterialien von einer gewissen Lethargie der Verbraucher ausgehen. Dies beinhaltet gleichzeitig die Gefahr, dass die Beklagten dies für sich ausnutzen, um für sich einen günstigen Vergleich auszuhandeln, ohne Gefahr zu laufen, dass eine Austrittswelle erfolgt.[1406]

Aufgrund der weitreichenden Wirkungen des Vergleichs besteht von vornherein eine Belehrungspflicht über die Form und Frist des Austritts sowie die Wirkung des Vergleichs, § 611 Abs. 4 S. 1 ZPO. Dem Verbraucher soll dadurch eine eigenverantwortliche und informierte Entscheidung ermöglicht werden.[1407]

d) Fehler beim Vergleichsschluss

Unabhängig vom Austritt der Anmelder ist denkbar, dass der Vergleich einen Fehler erleidet, der sein Wirksamwerden beeinflusst. Da der Vergleichsschluss generell gemäß § 611 Abs. 5 S. 3 ZPO im Klageregister veröf-

---

1401 *Beck*, in: Husemann/Korves/Rosenkranz, et al., Strukturwandel und Privatrecht, 401 (417, 419); *Mekat*, in: Nordholtz/ders., MFK, § 7 Rn. 61; *Röthemeyer*, MFK, § 611 Rn. 53, 60; *Waßmuth/Asmus*, ZIP 2018, 657 (665).

1402 *Beck*, in: Husemann/Korves/Rosenkranz, et al., Strukturwandel und Privatrecht, 401 (417); *Mekat*, in: Nordholtz/ders., MFK, § 7 Rn. 61; *Röthemeyer*, MFK, § 611 Rn. 53, 60; *Waßmuth/Asmus*, ZIP 2018, 657 (665).

1403 *Mekat*, in: Nordholtz/ders., MFK, § 7 Rn. 61; *Röthemeyer*, MFK, § 611 Rn. 53, 60; *Waßmuth/Asmus*, ZIP 2018, 657 (665).

1404 *Mekat*, in: Nordholtz/ders., MFK, § 7 Rn. 61; *Röthemeyer*, MFK, § 611 Rn. 60 f.

1405 *Beck*, in: Husemann/Korves/Rosenkranz, et al., Strukturwandel und Privatrecht, 401 (419).

1406 *Beck*, in: Husemann/Korves/Rosenkranz, et al., Strukturwandel und Privatrecht, 401 (419).

1407 BT-Drs. 19/2507, S. 27.

fentlicht wird, muss eine Information an die Anmelder auch erfolgen, wenn der Vergleich an sonstigen Fehlern leidet. Obschon das Gesetz dazu keine ausdrückliche Regel trifft, bietet sich das Klageregister als Ort der Veröffentlichung an.[1408]

Allgemein umstritten ist dabei, ob bei einem unwirksamen Vergleich der alte Prozess weitergeführt werden sollte, oder ob es einer neuen Klage bedarf. Für Ersteres spricht neben der Prozessökonomie auch die entgegenstehende, anderweitige Rechtshängigkeit § 261 Abs. 3 Nr. 1 ZPO.[1409]

Der BGH trifft für dieses Problem eine Differenzierung. Eine Fortsetzung ist möglich, wenn eine Partei dies wünscht und die von der Partei vorgetragenen Tatsachen, sofern sie zutreffend wären, eine Nichtigkeit ex tunc hervorrufen, wie es bei einer Anfechtung der Fall wäre.[1410] Ein neuer Rechtsstreit ist dagegen zu führen, wenn die Aufhebung lediglich ex nunc, bspw. durch einen Rücktritt oder den Wegfall der Geschäftsgrundlage eintritt.[1411] Zur Begründung der Ansicht wird angeführt, dass die Verfahrensbeendigung eingetreten ist und diese Wirkung nicht rückwirkend beseitigt werden kann, wohingegen bei anfänglicher Nichtigkeit die verfahrensrechtliche Wirkung von Anfang an nicht eintritt.[1412] Für die Musterfeststellungsklage gibt es dazu keine allgemeine gesetzliche Regel. Die Literatur bevorzugt, dass das Verfahren generell fortzuführen ist.[1413] Dies ist aus prozessökonomischen Gründen zu begrüßen. Anders als bei einer norma-

1408 Die Gesetzgebungsmaterialien sprechen nur davon, dass das Ergebnis des Vergleichsverfahrens im Klageregister bekannt zu machen ist, unabhängig davon, wie das Ergebnis ausfällt, also auch bei Fehlerhaftigkeit des Vergleichs, BT-Drs. 19/2507, S. 27.

1409 *Musielak/Voit*, GK ZPO, Rn. 537.

1410 BGH, Urt. v. 10.3.1955 – ZR 201/53, BGHZ 16, 388 (390); Urt. v. 6.6.1966 – II ZR 4/64, NJW 1966, 1658 (1658); Urt. v. 29.9.1958 – VII ZR 198/57, BGHZ 28, 171 (176f.), Urt. v. 15.4.1964 – I b ZR 201/62, BGHZ 41, 310 (311); BVerwG, Beschl. v. 27.10.1993 – 4 B 175/93, 2306 (2307f.); *Schwab*, ZPR, Rn. 329.

1411 BGH, Urt. v. 10.3.1955 – ZR 201/53, BGHZ 16, 388 (393); BGH, Urt. v. 6.6.1966 – II ZR 4/64, NJW 1966, 1658 (1659); Urt. v. 15.4.1964 – I b ZR 201/62, BGHZ 41, 310 (312f.); BVerwG, Beschl. v. 27.10.1993 – 4 B 175/93, 2306 (2307f.); OLG Hamm, Urt. v. 19.3.2015 – 28 U 118/14, NJOZ, 2016, 95 (96); Urt. v. 21.2.2005 – 13 U 25/04, NJW-RR 2006, 65 (66); *Musielak/Voit*, GK ZPO, Rn. 538.

1412 BGH, Urt. v. 10.3.1955 – ZR 201/53, BGHZ 16, 388 (393); Urt. v. 15.4.1964 – I b ZR 201/62, BGHZ 41, 310 (312f.); Urt. v. 6.6.1966 – II ZR 4/64, NJW 1966, 1658 (1658f.); BVerwG, Beschl. v. 27.10.1993 – 4 B 175/93, 2306 (2307f.); *Musielak/Voit*, GK ZPO, Rn. 538; a.A. *Schwab*, ZPR, Rn. 329.

1413 *Weinland*, MFK, Rn. 186; *Dietsche*, in: Schäfer, Der Gesetzesentwurf, 76 (81). In diese Richtung wohl auch *Waßmuth/Asmus*, ZIP 2018, 657 (665).

len Prozessführung sind die Voraussetzungen der Musterfeststellungsklage aufgrund ihrer Besonderheiten (Zahl der Anmelder) deutlich verkompliziert. Es wäre daher umständlicher, den Prozess von vorne zu beginnen, zumal Unklarheiten hinsichtlich des Neubeginns auftreten würden, u.a., ob die getroffenen Eintragungen im Register wiederholt werden müssen.

e) Vorteile des Vergleichs

Der große Vorteil eines wirksamen Vergleichs nach § 611 ZPO ist die Entbehrlichkeit von sich anschließenden Individualklagen.[1414] Da das Musterfeststellungsverfahren für die Anmelder keinen Leistungstitel bringt, sondern nur eine Bindungswirkung an diverse Feststellungen ermöglicht, müssen die Anmelder nach Beendigung des Verfahrens eine eigene Klage initiieren.[1415] Das führt zu einer Verfahrensverzögerung.[1416] Die Beteiligten müssen u.U. den vollen Instanzenzug durchlaufen, bis sie endgültig einen Leistungstitel erhalten.[1417] Der Beklagte sieht sich mit einer Flut von Klagen konfrontiert, wenn nach für ihn nachteiligem Abschluss des Musterverfahrens sämtliche Anmelder, wovon auszugehen ist, auch tatsächlich ihren Leistungstitel anstrengen.[1418] Für ihn hieße dies jahrelanges Prozessieren.[1419] Außerdem sind der Ausgang und die Schadenssumme solcher Verfahren ungewiss.[1420] Es bleibt ein Restrisiko, dass trotz der Feststellungen der Prozess nicht in dem von den ursprünglichen Anmeldern gedachten Weg ausgeht. Mit dem Abschluss eines Vergleichs kann das beklagte Unternehmen somit sein wirtschaftliches Risiko begrenzen.[1421]

1414 *Hartmann*, VersR 2019, 528 (529).

1415 BT-Drs. 19/2507, S. 16; *Beckmann/Waßmuth*, WM 2019, 89 (93); *Mekat*, in: Nordholtz/ders., MFK, § 8 Rn. 2; *Röthemeyer*, VuR 2019, 87 (87); *Weinland*, MFK, Rn. 196; *Witte/Wetzig*, WM 2019, 52 (53).

1416 In diese Richtung *Beckmann/Waßmuth*, WM 2019, 89 (96); zur langen Dauer auch *Schneider*, BB 2018, 1986 (1997); *Schroeder*, in: Nordholtz/Mekat, MFK, § 11 Rn. 6; *Witte/Wetzig*, WM 2019, 52 (53).

1417 *Beckmann/Waßmuth*, WM 2019, 89 (96); *Schroeder*, in: Nordholtz/Mekat, MFK, § 11 Rn. 6.

1418 Vgl. *Beckmann/Waßmuth*, WM 2019, 89 (96); *Röthemeyer*, VuR 2019, 87 (89).

1419 *Beckmann/Waßmuth*, WM 2019, 89 (96).

1420 Vgl. *Beckmann/Waßmuth*, WM 2019, 89 (96); *Schroeder*, in: Nordholtz/Mekat, MFK, § 11 Rn. 4; *Witte/Wetzig*, WM 2019, 52 (53).

1421 *Weinland*, MFK, Rn. 170.

Die Möglichkeit des Vergleichsschlusses umgeht diese Probleme, indem er die Ansprüche der Anmelder unmittelbar befriedigt.[1422] Er ist nicht auf Feststellungen beschränkt, sondern kann auch zu Leistungsansprüchen führen.[1423] Da der Vergleich grundsätzlich auch ein privatrechtlicher Vertrag ist, können die Parteien ihn aufgrund ihrer Vertragsfreiheit mit beliebigen Inhalt abschließen. So ist es auch hinnehmbar, dass der Vergleichsschluss, sofern er auf Leistung gerichtet ist, über das eigentliche Klagebegehren der Musterfeststellungsklage hinausgeht. Streng genommen ist das Klagebegehren einer Musterfeststellungsklage auf Feststellung nie abschließend, da immer nachfolgende Verfahren erforderlich sind. Nur so tritt eine vollständige Erledigung ein.

Außerdem kann ein Vergleichsschluss nicht nur Zeit und Kosten sparen, sondern auch emotionale Ressourcen schonen.[1424] Die Parteien einigen sich letztlich auf eine gemeinsam getroffene Lösung.[1425] Einen Verlierer im klassischen Sinne gibt es nicht.[1426] Nicht zuletzt kann das Unternehmen den Vergleich auch nutzen, um sein durch den Prozess lädiertes Image außenwirksam aufzubessern, indem er sein Einlenken bekundet.[1427] *Wolf* bringt zudem vor, dass ein Vergleichsschluss letztlich dazu führt, dass das Recht vor Gericht präzisiert und konkretisiert wird.[1428]

Vielerorts wird daher angenommen, dass die Mehrzahl der Verfahren durch Vergleich oder zumindest außergerichtlich ohne ein weiteres Klageverfahren beendet wird.[1429] Der Vergleich als solcher ist rechtspolitisch er-

---

1422 *Waßmuth/Asmus*, ZIP 2018, 657 (664).

1423 *Magnus*, NJW 2019, 3177 (3177); *Mekat*, in: Nordholtz/ders., MFK, § 7 Rn. 2, 76; *Waßmuth/Asmus*, ZIP 2018, 657 (664).

1424 *Hartmann*, VersR 2019, 528 (529); *Musielak/Voit*, GK ZPO, Rn. 518.

1425 *Mekat*, in: Nordholtz/ders., MFK, § 7 Rn. 2; *Musielak/Voit*, GK ZPO, Rn. 518.

1426 *Hess/Jauernig*, ZPR, § 48 Rn. 28; *Musielak/Voit*, GK ZPO, Rn. 518.

1427 *Kühling/Sackmann*, DuD 2019, 347 (350); *Röthemeyer*, MFK, § 611 Rn. 2.

1428 *Podszun/Rohner*, BB 2018, 450 (452), es kommt demnach nicht zur Bildung von Präzedenzfällen; *Wolf*, RIW 2019, 258 (268).

1429 *Beckmann/Waßmuth*, WM 2019, 89 (96); *Koch*, Verbraucherprozessrecht, S. 68; *Magnus*, NJW 2019, 3177 (3177); *Stadler*, in: Musielak/Voit, ZPO, § 611 Rn. 1; BT-Drs. 19/2507, S. 16. Kritisch dazu *Rother*, Referat 72. DJT, K 23 (K 33), wie im Rahmen der Fluggastverordnung befürchtet er, dass die Beklagten abwarten, ob der Anspruchsberechtigte tatsächlich noch ein Individualverfahren anstreben wird. S. dazu *Jung*, Der VW-Musterprozess dürfte lange dauern, FAZ Net v. 30.9.2019, https://www.faz.net/aktuell/wirtschaft/auto-verkehr/diesel-skandal-der-vw-musterprozess-duerfte-lange-dauern-16410382.html, zuletzt abgerufen am 1.10.2019, wonach ein Vergleichsschluss im VW-Prozess nur schwer möglich sein soll. Mittlerweile hat sich die Haltung im VW-Prozess jewünscht.[1430] Fraglich bleibt allerdings, worauf sich diese Vermutung stützen lässt. *Weinland* geht hingegen davon aus, dass es zunächst zu einer Zurückhaltung hinsichtlich des Vergleichsabschlusses kommen wird.[1431] *Kranz* legt dar, dass die Anreize der Schädiger für einen Vergleichschluss gering sind, so lange kein entsprechendes Abschreckungs- oder Drohpotential existiert.[1432] Auch *Halfmeier* nimmt vor allem aufgrund der ernüchternden Erfahrungen innerhalb des KapMuG an, dass sich eine Vergleichskultur erst noch entwickeln muss.[1433] Ebenso schürt die im Vergleich angelegte Austrittsmöglichkeit eines jeden Anmelders Ungewissheit hinsichtlich der Aufrechterhaltung des Vergleichs und kann so von Anfang an zur Abstandnahme der Parteien vom Vergleichsverhandlungen führen.[1434] Es liegt außerhalb ihres Einflussbereichs, ob sich die Anmelder für oder gegen einen Austritt entscheiden.[1435] Außerdem erhoffen sich die Beteiligten besonders in den komplexen Massenverfahren eine klare und eindeutige Entscheidung über die Rechtslage durch ein Urteil, sodass ein Vergleichschluss auch aus diesen Grunde von vornherein unattraktiv ist.

f) Wirkung für Nichtanmelder

Nichtanmelder sind grundsätzlich nicht an den Vergleich gebunden. Für sie ergibt sich jedoch durch die öffentliche Bekanntmachung des Beschlusses des Gerichts, welcher sowohl die Wirksamkeit, aber auch den Inhalt des Vergleichs umfasst (§ 611 Abs. 5 S. 2, 3 ZPO), einerseits ein Vorteil.[1436] Sie können ihre Individualklage oder auch außergerichtliche Streitbeile-

---

doch verändert, so forderte *Michael Neef*, der Vorsitzende Richter am OLG Braunschweig, den VW-Konzern auf, ernsthaft über Vergleichsverhandlungen nachzudenken, s. dazu Redaktion beck-aktuell, VW-Musterklage: Gericht drängt auf Vergleichsgespräche, becklink 2014751; ebenso https://www.lto.de/recht/nachrichten/n/vw-musterfeststellungsklage-diesel-vzbv-olg-braunschweig-vergleich/, zuletzt abgerufen am 28.11.2019.

1430 *Röthemeyer*, MFK, § 611 Rn. 2. *Greger*, in: Höland/Meller-Hannich, 138 (139); S.a. *Heitzig*, Das KapMuG, S. 114; *Wolf*, RIW 2019, 258 (268).

1431 *Weinland*, MFK, Rn. 163. In diese Richtung auch *Dietsche*, in: Schäfer, Der Gesetzesentwurf, 76 (86).

1432 *Kranz*, NZG 2017, 1099 (1101).

1433 *Halfmeier*, ZRP 2017, 201 (203 f.); *Weinland*, MFK, Rn. 163.

1434 *Weinland*, MFK, Rn. 182.

1435 *Hartmann*, VersR 2019, 528 (529); *Weinland*, MFK, Rn. 182.

1436 *Augenhofer*, in: Vorwerk/Wolf, BeckOK ZPO, § 611 Rn. 16; *Beckmann/Waßmuth*, WM 2019, 89 (92); *Mekat*, in: Nordholtz/ders., MFK, § 7 Rn. 67.

gung an diesem Vergleich orientieren und ggf. die Erfolgsaussichten ihres eigenen Prozesses besser einschätzen.[1437] Andererseits geht von dem Vergleichsschluss auch eine Sogwirkung aus, sodass ein verhandlungstechnischer Nachteil darin besteht, die Gerichte von einem abweichenden, vorteilhafteren Ergebnis zu überzeugen.

XII. Besonderheiten der Musterfeststellungsklage

1. Anwendbare Vorschriften

§ 610 ZPO widmet sich den Besonderheiten der Musterfeststellungsklage. E contrario finden hier grundsätzlich die allgemeinen zivilprozessualen Regeln Anwendung.[1438] Trotz Änderung der Zuständigkeit an das OLG regelt Absatz 5 Satz 1 dieser Vorschrift, dass die Vorschriften des Verfahrens vor den LG entsprechend anzuwenden sind.[1439] Außerdem werden ausgewählte Normen explizit von der Anwendung ausgeschlossen. Zu der Aufzählung der nicht anwendbaren Paragraphen reiht sich seit den Gesetzentwürfen nun auch § 128 Abs. 2 ZPO ein. Von einem schriftlichen Verfahren wird abgesehen.[1440] Ebenfalls nicht anwendbar sind § 278 Abs. 2–5 ZPO sowie §§ 306, 348–350 ZPO. Eine gütliche Beilegung des Streits durch Vergleich ist für die Musterfeststellungsklage zwar erstrebenswert, allerdings ist eine obligatorische Güteverhandlung für eine solche aufgrund der komplexen Anforderungen an einen Vergleichsschluss unpassend.[1441] Gleiches gilt für einen Klageverzicht nach § 306 ZPO. Er fügt sich nicht in die Struktur des Musterfeststellungsverfahrens ein.[1442] Wie schon im Rahmen

---

A.A. *Weinland*, MFK, Rn. 184, der annimmt, dass nur die Genehmigung und nicht zwingend der Vergleichstext veröffentlicht werden muss.

1437 BT-Drs. 19/2507, S. 27; *Augenhofer*, in: Vorwerk/Wolf, BeckOK ZPO, § 611 Rn. 16.

1438 BT-Drs. 19/2507, S. 15, 25; *Ring*, NJ 2018, 441 (444); *Waßmuth/Asmus*, ZIP 2018, 657 (662).

1439 BT-Drs. 19/2507, S. 25. *Halfmeier*, in: Prütting/Gehrlein, ZPO, § 610 Rn. 2; s.a. *Weinland*, MFK, Rn. 121.

1440 BT-Drs. 19/2507, S. 26. Die Gesetzesmaterialien sprechen zwar von dem Ausschluss eines Vorverfahrens in Bezug auf § 128 Abs. 2 ZPO. Dazu, dass es sich hier vermutlich um ein Redaktionsversehen handelt, *Lutz*, in: Vorwerk/Wolf, BeckOK ZPO, § 610 Rn. 9.

1441 BT-Drs. 19/2507, S. 26. *Stadler*, in: Musielak/Voit, ZPO, § 610 Rn. 8.

1442 BT-Drs. 19/2507, S. 26.

der Zuständigkeit erwähnt, ist eine Befassung durch den Einzelrichter nicht angebracht, § 610 Abs. 5 ZPO.

2. Parallele Klageerhebung

Da § 261 Abs. 3 Nr. 1 ZPO mangels Parteienidentität nicht einschlägig ist, wird die Unzulässigkeit wegen anderweitiger Rechtshängigkeit in § 610 Abs. 1 ZPO gesondert geregelt.[1443] Eine Musterfeststellungsklage, gerichtet gegen denselben Beklagten, deren Feststellungsziele denselben Lebenssachverhalt und dieselben Feststellungsziele betreffen wie eine bereits rechtshängige Musterfeststellungsklage, ist demnach unzulässig.[1444] Dies gilt auch noch nach rechtskräftigem Abschluss des Verfahrens.[1445] Lediglich wenn die Musterfeststellungsklage ohne Sachentscheidung beendet wird, z.B. wegen Unzulässigkeit, durch Rücknahme oder übereinstimmende Erledigterklärung, kann diese Sperrwirkung aufgehoben werden.[1446] Dies bestimmt nun § 610 Abs. 1 S. 2 ZPO. Für den Fall der gleichzeitigen Erhebung von solch identischen Musterfeststellungsklagen regelt § 610 Abs. 2 ZPO, dass eine Prozessverbindung nach § 147 ZPO möglich ist.[1447] Ohne diese Regelung wäre es letztlich vom Zufall abhängig, welche Klage zuerst zugestellt und damit zuerst rechtshängig wäre.[1448] Sie sind daher bei zeitgleicher Einreichung parallel zulässig.[1449] Auch wenn das Gericht Ermessen darüber hat, ob es eine Verbindung nach § 147 ZPO anordnet, soll-

---

1443 BT-Drs. 19/2507, S. 25.

1444 Im vormaligen Gesetzentwurf BT-Drs. 19/2507, S. 8 wurde nur auf denselben Lebenssachverhalt abgestellt. Aufgrund von Bedenken des Rechtsausschusses und des Bundesrates, dies könnte dazu führen, dass ein weiter Vortrag des Lebenssachverhalts bei gleichzeitig eng gefassten Feststellungszielen weitere Musterfeststellungsklagen ausschließen kann, BT-Drs. 19/2741, S. 25; BR-Drs. 176/1/18, S. 14 f. S. dazu auch *Lutz*, in: Vorwerk/Wolf, BeckOK ZPO, § 610 Rn. 31; *Weinland*, MFK, Rn. 136.

1445 BT-Drs. 19/2507, S. 25.

1446 BT-Drs. 19/2597, S. 25 f.

1447 S. dazu *Ullrich*, Plenarprotokoll 19/37 vom 8.6.2018, S. 3604, der das „Windhundprinzip“ kritisiert und eine Nachbesserung nach Reihenfolge und Rangfolge anstößt, jedoch ohne konkreten Regelungsvorschlag. Ebenfalls kritisch zum "Windhundprinzip", da die Gefahr bestünde, dass ein dem Beklagten zugewandter Verband durch Klageerhebung die Rechtsdurchsetzung "torpediert", *Klever/Schwamberger*, GVRZ 2019, 4 (Rn. 27).

1448 BT-Drs. 19/2741, S. 25. *Weinland*, MFK, Rn. 140.

1449 BT-Drs. 19/2741, S. 25. *Weinland*, MFK, Rn. 140.

te es, um unterschiedliche Ergebnisse zu vermeiden, was vorrangig auch Sinn und Zweck der Norm ist, eine solche Verbindung vornehmen.[1450] Zu beachten ist allerdings, dass eine Verbindung nur in Frage kommt, wenn die Prozesse bei demselben Gericht anhängig sind.[1451]

Eine weitere Sperrwirkung enthält § 610 Abs. 3 ZPO. Während der Rechtshängigkeit dürfen auch keine Individualklagen von angemeldeten Verbrauchern erhoben werden, sofern diese denselben Beklagten, denselben Lebenssachverhalt sowie dieselben Feststellungsziele des angemeldeten Verfahrens betreffen.[1452]

Eine Neuheit im Verhältnis zu den Entwürfen der Regierung bzw. der Fraktionen CDU/CSU und SPD ist die Regelung des Absatzes 4, der bestimmt, dass das Gericht spätestens im ersten Termin zur mündlichen Verhandlung auf sachdienliche Klageanträge hinzuwirken hat. Dies geht auf die Beschlussempfehlungen und den Bericht des Ausschusses für Recht und Verbraucherschutz zurück.[1453] Dem Gericht wird für eine effektive Verfahrensführung frühzeitig ermöglicht, lenkend auf das Verfahren einzuwirken.[1454] Das frühzeitige Hinwirken ermöglicht es den Verbrauchern, sich vor Ablauf der Abmeldungsfrist zu informieren und somit eine weitere Entscheidungsgrundlage für ihre Aufrechterhaltung oder den Austritt zu bekommen.[1455]

3. Nebenintervention

§ 610 Abs. 6 ZPO regelt die vormalige Bestimmung des § 611 Abs. 2 DiskE, § 611 Abs. 3 RefE in systematisch strukturierterer Weise, indem zwischen Anmeldern (Nr. 1) und Verbrauchern, die einen Anspruch für sich beanspruchen, unterschieden wird (Nr. 2). Für beide Gruppen gilt, wie im Abschnitt Beteiligte erläutert, dass §§ 66 bis 74 ZPO für sie im Musterfeststel-

---

1450 *Fritsche*, in: Rauscher/Krüger, MüKo ZPO, Bd. 1, § 147 Rn. 7; *Weinland*, MFK, Rn. 141.

1451 *Weinland*, MFK, Rn. 142.

1452 S. ausführlich in Bezug auf die Forderungszession *Müller*, GWR 2019, 399.

1453 BT-Drs. 19/2741, S. 13.

1454 BT-Drs. 19/2741, S. 25. S.a. *Röthemeyer*, MDR 2019, 6 (11), in Hinblick auf das Recht auf rechtliches Gehör; *ders.*, MFK, § 608 Rn. 4. Dazu, dass das gemäß § 139 Abs. 1 S. 2 ZPO mitwirkt, *Rüßmann*, in: Matusche-Beckmann, Keio-Tage 2014, 39 (40 f.).

1455 *Röthemeyer*, MFK, § 608 Rn. 40.

lungsverfahren keine Anwendung finden.[1456] Weder aus dem Wortlaut noch aus der Teleologie ergibt sich, dass es ebenso ausgeschlossen sein soll, dass der Streit an einen Nicht-Verbraucher verkündet werden kann.[1457] Dem Musterbeklagten muss es möglich sein, Regressansprüche zu sichern.[1458] Uneinigkeit herrscht hingegen darüber, ob auch die Nebenintervention eines Nicht-Verbrauchers möglich sein soll.[1459] Dem Wortlaut nach ist dies nicht ausdrücklich ausgeschlossen.[1460] Während *Lutz* den Sinn und Zweck der Regelung darin sieht, dass die Prozessführung ausschließlich durch die Verbände zu erfolgen hat, Nicht-Verbraucher daher auszuschließen sind,[1461] sehen *Waßmuth/Asmus* den Sinn und Zweck nur darin, dass Verbraucher aus der Prozessführung herausgehalten werden, nicht jedoch Dritte.[1462] Dies ist grundsätzlich nachvollziehbar, da auch Dritte ein Interesse daran haben können, dem Prozess inhaltlich beizutragen.[1463] Es leuchtet zudem nicht ein, warum für Regressansprüche eine Hinzuziehung Dritter möglich sein, ein freiwilliger Beitritt jedoch verwehrt bleiben soll. Die Rechtsprechung des BGH zum KapMuG kann dazu nicht als Argument herangezogen werden.[1464] Hierbei wird die Interventionsfähigkeit verneint, jedoch unter der Prämisse, dass eine solche bereits in den Ausgangsverfahren besteht.[1465] Solche Ausgangsverfahren gibt

---

1456 Dazu ausführlich unter C I 1 ff.

1457 *Halfmeier*, in: Prütting/Gehrlein, ZPO, § 610 Rn. 19; offenlassend *Lutz*, in: Vorwerk/Wolf, BeckOK ZPO, § 610 Rn. 21; *Waßmuth/Asmus*, ZIP 2018, 657 (663); *Weinland*, MFK, Rn. 151.

1458 *Lutz*, in: Vorwerk/Wolf, BeckOK ZPO, § 610 Rn. 21; *Waßmuth/Asmus*, ZIP 2018, 657 (663). Sie führen ebenso an, dass der Beschluss des BGH v. 19.9.2017 – XI ZB 13/14, BGHZ 216, 27 (33 ff.) hinsichtlich der fehlenden Interventionsfähigkeit eines Verfahrens innerhalb des KapMuG hier nicht übertragen werden kann. Dort wird zur Begründung die Interventionsfähigkeit der Ausgangsverfahren herangezogen, was mangels Ausgangsverfahrens innerhalb der Musterfeststellungsklage für sie nicht passt.

1459 Die Anwendbarkeit bejahend, jedoch mangels rechtlichem Interesses ablehnend *Beckmann/Waßmuth*, WM 2019, 45 (51). Ablehnend *Lutz*, in: Vorwerk/Wolf, BeckOK ZPO, § 610 Rn. 21; *Waßmuth/Asmus*, ZIP 2018, 657 (663). Ebenfalls bejahend *Weinland*, MFK, Rn. 151.

1460 *Beckmann/Waßmuth*, WM 2019, 45 (51); *Waßmuth/Asmus*, ZIP 2018, 657 (663).

1461 *Lutz*, in: Vorwerk/Wolf, BeckOK ZPO, § 610 Rn. 21.

1462 *Waßmuth/Asmus*, ZIP 2018, 657 (663). S.a. *de Lind van Wijngaarden*, in: Nordholtz/Mekat, MFK, § 6 Rn. 46.

1463 *De Lind van Wijngaarden*, in: Nordholtz/Mekat, MFK, § 6 Rn. 46; *Waßmuth/Asmus*, ZIP 2018, 657 (663).

1464 *De Lind van Wijngaarden*, in: Nordholtz/Mekat, MFK, § 6 Rn. 45; *Waßmuth/Asmus*, ZIP 2018, 657 (663).

1465 BGH, Beschl v. 19.9.2017 – XI ZB 13/14, BGHZ 216, 27 (33 f.).

es für die Musterfeststellungsklage gerade nicht.[1466] Außerdem hätte der Gesetzgeber, sofern er einen allumfassenden Ausschluss der §§ 66 ff. ZPO hätte erreichen wollen, den Wortlaut nicht einschränkend auf Verbraucher begrenzen dürfen,[1467] so dass sich e contrario die Möglichkeit der Einbeziehung von Nicht-Verbrauchern ergibt.[1468] Eine andere Frage ist sodann, ob die Voraussetzungen einer solchen Nebenintervention auch vorliegen.[1469]

Ebenfalls nicht ausgeschlossen wird die Streitgenossenschaft nach §§ 59, 60 ZPO.[1470] *Weinland* begründet die Anwendbarkeit der Streitgenossenschaft mit dem Sinn und Zweck des Gesetzes sowie dem Regelungszusammenhang. Für die Klägerseite, die dem Wortlaut nach oft im Plural als qualifizierte Einrichtungen bezeichnet wird, ist eine Prozessverbindung nach § 147 ZPO möglich, was zur Folge hat, dass auf derselben Seite mehrere Parteien auftreten.[1471] Auch auf Seiten des Beklagten kann zur Anwendbarkeit der Streitgenossenschaft angeführt werden, dass der Wortlaut von § 610 Abs. 5 S. 1 ZPO eine solche nicht hindert.[1472] Außerdem wurde die Klage nach Ansicht des Bundesrates zwar für Fälle mit nur einem Anspruchsgegner konzipiert,[1473] dies führt jedoch zu einem unnötigen Erschwernis, wenn sich die Betroffenen gegen jedes Unternehmen mittels einer Musterfeststellungsklage wenden müssen und sich so u.U. widersprechenden Entscheidungen gegenüber stehen.[1474]

1466 *De Lind van Wijngaarden*, in: Nordholtz/Mekat, MFK, § 6 Rn. 45; *Waßmuth/Asmus*, ZIP 2018, 657 (663).

1467 *Röthemeyer*, MFK, § 610 Rn. 59.

1468 *De Lind van Wijngaarden*, in: Nordholtz/Mekat, MFK, § 6 Rn. 44.

1469 *Beckmann/Waßmuth*, WM 2019, 45 (51), mangels Bindungswirkung für Dritte nach § 613 ZPO besteht kein rechtliches Interesse. Eine Nebenintervention ist demnach nicht möglich.

1470 *De Lind van Wijngaarden*, in: Nordholtz/Mekat, MFK, § 6 Rn. 40; so auch *Weinland*, MFK, Rn. 146.

1471 *De Lind van Wijngaarden*, in: Nordholtz/Mekat, MFK, § 6 Rn. 41; *Fritsche*, in: Rauscher/Krüger, MüKo ZPO, Bd. 1, § 147 Rn. 9; *Lutz*, in: Vorwerk/Wolf, BeckOK ZPO, § 610 Rn. 22 begrenzt die Bündelung auf Klägerseite auf die Verfahrensverbindung; anders *Weinland*, MFK, Rn. 147 sieht daher eine Streitgenossenschaft auch auf Klägerseite vor.

1472 So auch *de Lind van Wijngaarden*, in: Nordholtz/Mekat, MFK, § 6 Rn. 43; *Röthemeyer*, MFK, § 606 Rn. 51.

1473 BR-Drs. 176/1/18, S. 4 f.

1474 *Weinland*, MFK, Rn. 148.

XIII. Rechtsmittel

Der Abschnitt über die Musterfeststellungsklage endet mit § 614 ZPO, welcher in den Entwürfen der Regierung bzw. der Fraktionen CDU/CSU, SPD noch nicht enthalten war. § 614 ZPO bestimmt, dass gegen Musterfeststellungsklagen die Revision Anwendung findet. Außerdem regelt S. 2, dass die Sache stets grundsätzliche Bedeutung im Sinne des § 543 Abs. 2 Nr. 1 ZPO hat.[1475] Eine Berufung ist mangels einer weiteren Instanz nicht möglich.[1476]

XIV. Fazit zur Musterfeststellungsklage

Der Einstieg zur Untersuchung der Musterfeststellungsklage bestand in der Erkenntnis, dass die bisherigen kollektiven Bündelungsmöglichkeiten im deutschen Recht nicht ausreichend für eine vollständige, effektive Behandlung von Massen- und Streuschäden sind. Im Ergebnis wurde dabei ein Rechtsschutzdefizit festgestellt, was in der Einführung der Musterfeststellungsklage gemündet ist. Uneinigkeit herrscht jedoch darüber, inwiefern diese ein taugliches Mittel zur Überwindung dieses Rechtsschutzdefizits darstellt.[1477]

Grundsätzlich ist die Bewährung des objektiven Rechts nicht die primäre Aufgabe des Zivilprozesses.[1478] Er dient der Durchsetzung von Individualinteressen, sofern der Betroffene eine solche Durchsetzung wünscht.[1479] Nicht erforderlich ist, dass die potentiell Geschädigten zur Klageerhebung animiert werden.[1480] Den einzelnen Personen ist durchaus eine gewisse Selbstverantwortung zuzumuten. Vielmehr obliegt es dem Staat, dass Schäden vermieden und ggf. geahndet werden.[1481] Eine effektive Ausgestaltung verlangt aber gleichwohl, dass in einem angemessenen

1475 Zu alldem ausführlich *Mekat*, in: Nordholtz/ders., MFK, § 9 Rn. 1 ff.

1476 *Mekat*, in: Nordholtz/ders., MFK, § 9 Rn. 8.

1477 *Felgentreu/Gängel*, VuR 2019, 323 (323).

1478 *Balke/Liebscher/Steinbrück*, ZIP 2018, 1321 (1322); *Beck*, in: Husemann/Korves/Rosenkranz, et al., Strukturwandel und Privatrecht, 401 (421).

1479 S. zu den Prozesszwecken Kapitel 1 B III 1.

1480 *Beck*, in: Husemann/Korves/Rosenkranz, et al., Strukturwandel und Privatrecht, 401 (422).

1481 *Beck*, in: Husemann/Korves/Rosenkranz, et al., Strukturwandel und Privatrecht, 401 (422).

Kosten-Nutzen-Verhältnis ohne unüberwindbare Durchsetzungshindernisse Klage erhoben werden kann.[1482]

Ein effektives kollektives Rechtsschutzmodell muss den Spagat zwischen den Verbraucherbedürfnissen und den Interessen der Unternehmer bewältigen. Verbrauchern ist daran gelegen, einfach, ohne viel Aufwand und Eigenleistung ihr Recht zu bekommen.[1483] Die Lethargie der Verbraucher zeigt sich u.a. darin, dass sie es sogar in Kauf nehmen, nur einen gewissen Prozentsatz ihres Anspruchs zu akzeptieren, anstelle einen großen Aufwand für eine 100%ige Entschädigung zu betreiben.[1484] Dies nicht zuletzt, weil das Kostenrisiko sie vor einer eigenen Klage zurückschrecken lässt.[1485] Gleichwohl ist ein Anstieg des Bedeutungsgehaltes für die Inanspruchnahme zur Durchsetzung von Gemeinwohlbelangen im Zivilrecht zu verzeichnen.[1486] Auf der anderen Seite stehen die Unternehmer, die sich einerseits nicht einer geschäftsschädigenden, missbräuchlichen Klageflut ausgesetzt sehen wollen, und andererseits, wenn sie verklagt werden, eine einheitliche Erledigung ohne viel Aufwand anstreben.[1487] Es wird unterschiedlich beurteilt, ob die Musterfeststellungsklage geeignet ist, diesen Spagat zu vollziehen.

Bei einer von *Kilian* durchgeführten statistischen Erhebung begrüßten 46% der Rechtsanwälte die Einführung der Musterfeststellungsklage.[1488] *Metz* ruft aus: „Musterfeststellungsklage: Endlich!“[1489] *Felgentreu* und *Gängel* bezeichnen die Einführung der Musterfeststellungsklage als „wichtigste verbraucherschutzrechtliche Maßnahme der Bundesregierung im Jahre 2018“.[1490] Doch es gibt auch kritische Stimmen.[1491] So spricht *Stadler* von „Placebo-Gesetzgebung“, welche „sehenden Auges ein weitgehend untaug-

---

1482 *Merkt/Zimmermann*, VuR 2018, 363 (365).

1483 *Beck*, in: Husemann/Korves/Rosenkranz, et al., Strukturwandel und Privatrecht, 401 (403, 425).

1484 *Meller-Hannich/Nöhre*, NJW 2019, 2522 (2525) stellen fest: „Je geringer der Aufwand, desto höher erscheint die Akzeptanz“.

1485 *Von Lewinski/Kerstges*, ZZP 132 (2019), 177 (178).

1486 *Gärditz*, Gutachten D 71. DJT, D 30f. Kritisch hinsichtlich des öffentlichen Interesses *Halfmeier*, Popularklagen, S. 202ff.; vgl. *Stadler*, in: Brönneke, Kollektiver Rechtsschutz, 1 (24f.).

1487 *Beck*, in: Husemann/Korves/Rosenkranz, et al., Strukturwandel und Privatrecht, 401 (403).

1488 *Kilian*, ZRP 2018, 72 (74).

1489 *Metz*, VuR 2018, 281.

1490 *Felgentreu/Gängel*, VuR 2019, 323 (323).

1491 S. eine Auflistung kritischer Stimmen *Metz*, VuR 2018, 281 (282).

liches Instrument implementiert".[1492] *Müller-Kraenner,* der Bundesgeschäftsführer der DUH, betitelt das neue Gesetz als „Klageverhinderungsgesetz".[1493]

Zunächst ist es meines Erachtens nicht erforderlich, dass die erstinstanzliche Zuständigkeit auf die OLG übertragen wird. Aus systematischen Gründen und aus Gründen eines effektiven Verfahrens hätten die Prozesse bereits bei den LG beginnen sollen. Der Verzögerungseffekt muss hier im Interesse einer richtigen Entscheidung zurücktreten.

Für eine effektive Ausgestaltung muss zudem eine Schnittmenge zwischen uferlosem, missbräuchlichem Klagen und einem zu eng umgrenzten, in der Praxis nicht durchführbaren Klagemodell gefunden werden. Die in § 606 Abs. 1 S. 2 ZPO geschaffenen Voraussetzungen der Klagebefugnis werden dieser Erwartung im Großen und Ganzen gerecht. Positiv zu werten ist die Einführung eines prozessualen Verbraucherbegriffs, sodass der Anwendungsbereich sich nun auch auf außervertragliche Rechtsbeziehungen erstrecken kann. Nicht nachvollziehbar ist die unterbliebene Definition eines entsprechenden prozessualen Unternehmerbegriffs.

Erforderlich ist darüber hinaus die Erweiterung der Klagebefugnis auch auf Wirtschaftsverbände. Diesbezüglich könnte die Entwicklung innerhalb des UWG abgewartet und eine Übertragung des Begriffs der qualifizierten Wirtschaftsverbände in Erwägung gezogen werden.

Schwierigkeiten und Ungewissheit bestehen auch darin, ob die klagebefugten Einrichtungen aufgrund des großen Kostenrisikos überhaupt Klagen erheben werden oder ob sie sich davon abschrecken lassen.[1494] So antwortete die Bundesregierung auf eine kleine Anfrage, dass zurzeit nicht alle Voraussetzungen der Klagebefugnis „anhand öffentlich zugänglicher Erhebungen nachprüfbar" seien.[1495] Es kann folglich noch nicht festgestellt werden, wie viele und welche qualifizierten Einrichtungen die Voraussetzungen erfüllen.[1496] Es existiert zudem kein eigener finanzieller Anreiz der

---

1492 *Stadler*, VuR 2018, 83 (89). Kritisch, inwiefern eine Verfahrensregelung die Justiz entlasten kann, *Beck*, in: Husemann/Korves/Rosenkranz, et al., Strukturwandel und Privatrecht, 401 (421).

1493 S. dazu die Pressemiteilung, Schwarzer Tag für den Verbraucherschutz: Deutsche Umwelthilfe kritisiert Verabschiedung der Musterfeststellungsklage 14.6.2018, https://www.duh.de/presse/pressemitteilungen/pressemitteilung/schwarzer-tag-fuer-den-verbraucherschutz-deutsche-umwelthilfe-kritisiert-verabschiedung-der-musterfe/, zuletzt abgerufen am 25.9.2019.

1494 *Kranz*, NZG 2017, 1099 (1102).

1495 BT-Drs. 18/2710, S. 6.

1496 BT-Drs. 19/2710, S. 6. Kritisch dazu *Felgentreu/Gängel*, VuR 2019, 323 (324).

Einrichtung, welche diese zu einer Klage motivieren könnte.[1497] Als Motivation bleibt lediglich die Gemeinnützigkeit und das Prestige.[1498] Meines Erachtens liegt darin die größte Gefahr für die Musterfeststellungsklage. In jedem Fall müsste darauf hingewirkt werden, dass die Verbände ihr Klagerecht auch tatsächlich nutzen.

Insgesamt ist die Beschränkung auf Verbände jedoch ein gangbarer Weg, der sich mit der deutschen Rechtsordnung vereinbaren lässt. Von alternativen Ausgestaltungsmöglichkeiten hinsichtlich der Klagebefugnis ist Abstand zu nehmen.

Das zweigeteilte Quorum als Voraussetzung für die Durchführung einer Musterfeststellungsklage stellt einen tauglichen Kompromiss zwischen einer zu hohen und einer zu niedrigen Anzahl von Betroffenen dar. Lediglich individuelle Verfahren werden herausgefiltert und dennoch bleibt die Erreichung des Quorums realisierbar.

Besonders kritisiert wird ferner der zweistufige Ablauf eines Musterfeststellungsverfahrens.[1499] Da eine Musterfeststellungsklage selbst nur auf Feststellung gerichtet ist, müssen die Anmelder im Nachgang einen Individualprozess führen, was einerseits das Verfahren verlängert und andererseits ein weiteres aktives Tun der Anmelder verlangt. Stimmen in der Literatur nehmen sogar an, dass die Unternehmer darauf hoffen könnten, dass viele Anmelder von einer Individualklage absehen werden, es deshalb gerade nicht zu einem Vergleich kommen wird.[1500] Dieser kritische Punkt wird teilweise dadurch relativiert, dass viele Verfahren durch Vergleich beendet würden, es demnach keines weiteren Individualverfahrens bedürfe.

1497 *Merkt/Zimmermann*, VuR 2018, 363 (367).

1498 *Budras*, VW-Opfer, FAS v. 22.9.2019, S. 33, zitiert die Aussage eines beteiligten Anwalts, der angibt, dass sie unter dem Mindestlohn arbeiten.

1499 *DAV*, Stellungnahme 14/2017, S. 8, die Anmeldung wecke die Illusion, dass die Musterfeststellungsklage die Interessen abschließend befriedigt; *Koch*, Verbraucherprozessrecht, S. 68 f.; *Kranz*, NZG 2017, 1099 (1101); *Von Lewinski/Kerstges*, ZZP 132 (2019), 177 (178); *Rother*, Referat 72. DJT, K 23 (K 33). Auf der Verbraucherkonferenz wurde daher die Einführung einer Leistungsklage verlangt, Ergebnisprotokoll der 12. Verbraucherschutzministerkonferenz am 22. April 2016, TOP 51, 52, S. 87, https://www.verbraucherschutzministerkonferenz.de/documents/endgueltiges_protokoll_vsmk_2016_1510317519.pdf, zuletzt abgerufen am 21.9.2016.

1500 S.a. *Gsell/Meller-Hannich/Stadler*, NJW-aktuell 5/2016, 14 (15); a.A. *Merkt/Zimmermann*, VuR 2018, 363 (369), die es als so gut wie sicher ansehen, dass es zu Individualklagen im Anschluss kommen wird; *Rother*, Referat 72. DJT, K 23 (K 33).

Eine solche Mutmaßung ändert jedoch nichts an der gesetzlichen Ausgestaltung und basiert bis dato auf nicht begründeten Annahmen.

Auch wenn ein zweistufiges Verfahren aus zeitlichen sowie aus Gründen der Einfachheit nachteilig ist, so wird dies dadurch abgemildert, dass dem Folgeverfahren verbindliche Ergebnisse aus dem Musterverfahren vorgehalten werden können. Das Vorgehen im nachfolgenden Individualprozess wird deshalb insgesamt vereinfacht.[1501] Es ist daher nur wenig wahrscheinlich, dass die Betroffenen von einer anschließenden Klage absehen werden.[1502] Letztlich führen die Rechtskraftwirkung und die grundlegende Ausgestaltung des deutschen Rechtsystems dazu, dass nicht beliebig Ergebnisse aus anderen Prozessen übertragen werden können, was nicht zuletzt auch Art. 103 Abs. 1 GG geschuldet ist. Dadurch werden aber gleichzeitig die Ausgestaltungsmöglichkeiten eingeengt. Die zweistufige Ausgestaltung versucht diesen Anforderungen gerecht zu werden.[1503]

Die finale Ausgestaltung der Bindungswirkung kann zumindest verfassungsrechtlich nicht beanstandet werden. Eine nur einseitige Verpflichtung hätte zu Ungleichheiten und Ineffizienz geführt. Die Musterfeststellungsklage kann nur dann die durch sie erhoffte Wirkung entfalten, wenn sie wirksam und effektiv ausgestaltet wird.

Eine wirkliche Bewertung der Musterfeststellungsklage wird erst durch die Bewährungsprobe der Praxis und die beabsichtigte Evaluierung des Gesetzes erfolgen können. Unvorhergesehene Situationen sind jederzeit möglich und nicht bis ins kleinste Detail vorauszusehen. Ob die Musterfeststellungsklage ihre Ziele der Justizentlastung und Beschleunigung erfüllen kann, wird sich anhand der künftigen Verfahren messen lassen. Begrüßenswert ist daher die geplante Evaluation, um bei Bedarf nachzubessern.[1504]

Mit der Musterfeststellungsklage hat man einen Versuch gestartet, das bestehende Rechtsschutzdefizit zu schließen. Diese Lösung ist besser, als zusehends die bestehenden Lücken zu tolerieren. *Halfmeier* wählte dafür

---

1501 *Balser/Hägler/Slavik*, Die große Abrechnung, SZ v. 30.9.2019, unter Hinweis darauf, dass Verbraucherschützer hoffen, dass VW freiwillig eine Entschädigung zahlen wird; *Metz*, VuR 2018, 281 (282).

1502 *Kühling/Sackmann*, DuD 2019, 347 (351).

1503 *Merkt/Zimmermann*, VuR 2018, 363 (365).

1504 *Koch*, Verbraucherprozessrecht, S. 69; *Metz*, VuR 2018, 281 (282); BT-Drs. 19/2507, S. 20.

schon treffende Worte, indem er sagte „besser als nichts".[1505] Wünschenswert ist, dass die Musterfeststellungsklage über die VW-Abgasskandal-Problematik hinaus Anwendung findet und nicht zum gefürchteten „zahnlosen Papiertiger" wird. Dafür ist es vor allem wichtig, Klageanreize für kompetente und engagierte Verbände zu schaffen und sie keinesfalls von einer Klageerhebung abzuschrecken.

Letztlich ist die Musterfeststellungsklage in der Gestalt der §§ 606 ff. ZPO eingeführt worden. Als Teil der Rechtsordnung muss sie nun auch so – wie sie ist – angewendet werden. Im Saarland gibt es dafür eine passende Redewendung: „Man muss mit den Mädchen tanzen, die da sind."[1506] Man muss also mit den Rechtsschutzmöglichkeiten auskommen, die man hat.

E. Europäische Sammelklage

Auch auf europäischer Ebene werden die Bestrebungen nach einer effektiven Ausgestaltung kollektiven Rechtsschutzes immer konkreter. Deren Anfänge reichen weit zurück und gewannen ebenso wie auf nationaler Ebene durch den VW-Abgasskandal nochmals an Bedeutung.[1507] Der Vollständigkeit halber wird hier ein kurzer Überblick hinsichtlich der europäischen Bestrebungen gegeben und an passender Stelle kurz Bezug zu der neuen deutschen Musterfeststellungsklage genommen. In Anbetracht der Tatsache, dass das EU-Recht aufgrund seines Anwendungsvorrangs[1508] von

1505 Kritisch, aber der Musterfeststellungsklage eine Chance gebend, *Beck*, in: Husemann/Korves/Rosenkranz, et al., Strukturwandel und Privatrecht, 401 (425); *Halfmeier*, ZRP 2017, 201; *Metz*, VuR 2018, 281 (282), bezeichnet die Klage als "Wehrmutstropfen", hält es aber gleichzeitig für wichtig, nicht noch länger zuzuwarten.

1506 In diese Richtung gehen auch die Aussagen von *Metz*, VuR 2018, 281 (282).

1507 S. Artikel, Brüssel will Verbraucher gegen Konzerne stärken, FAZ Net v. 11.4.2018, https://www.faz.net/aktuell/finanzen/meine-finanzen/geld-ausgeben/sammelklagen-in-eu-bruessel-will-verbraucher-gegen-konzerne-staerken-15536392.html, zuletzt abgerufen am 8.9.2019. *Meller-Hannich*, Gutachten A 72. DJT, A 22; *Spießhofer*, Sammelklagen durch die Hintertür, FAZ Einspruch v. 6.6.2018.

1508 *Erbguth/Guckelberger*, Allg. Verwaltungsrecht, § 3 Rn. 2; *Ruffert*, in: Calliess/ders., EUV/AEUV, Art. 1 AEUV Rn. 16 ff.; BVerfG, Urt. v. 21.6.2016 – 2 BvR 2728/13 u.a., NJW 2016, 2473 (2474); BVerwG, Urt. v. 15.1.2019 – 1 C 15/19, NVwZ 2019, 794 (796). S. dazu auch den Anhang des Vertrags von Lissabon, ABl. EU v. 9.5.2008, C 115/344.

wichtiger Bedeutung auch für die deutsche Rechtsordnung ist, darf es nicht unbeleuchtet bleiben.[1509]

I. Geschichtliche Entwicklung

Erstmalig erwähnt wurde kollektiver Rechtsschutz von der EU-Kommission in einem Memorandum über Rechtsbehelfe des Verbrauchers vom 12.12.1984.[1510]

Über 20 Jahre später, im Dezember 2005, veröffentlichte die EU-Kommission ein Grünbuch mit dem Titel „Schadenersatzklagen wegen Verletzung des EU-Wettbewerbsrechts".[1511] Darin wurden die Haupthindernisse für ein effektiveres Schadensersatzklagensystem identifiziert und Optimierungsmaßnahmen aufgezeigt.[1512] Als wichtige Punkte werden u.a. Schadensersatz, Schutz der Verbraucherinteressen, die Klagebefugnis indirekter Abnehmer sowie die Koordinierung der staatlichen und privaten Wettbewerbsrechtsdurchsetzung genannt.[1513] Bereits hier kamen Ideen hinsichtlich Sammelklagen für Verbraucher zur Bündelung geringfügiger Forderungen auf.[1514]

Nicht ganz zwei Jahre darauf entstand eine „Verbraucherpolitische Strategie der EU" für die Jahre 2007 bis 2013.[1515] Diese verfolgte das Ziel, „einen umfassenderen sowie wirksameren Binnenmarkt herbeizufüh-

---

1509 Dazu, dass die geplante Verbandsklage die deutsche Musterfeststellungsklage ggf. ablösen wird, s. den Artikel von *Solmecke*, EU-Verbandsklage soll kommen wbs-law v. 3.1.2019.

1510 Memorandum der Kommission – Diskussionspapier: Rechtsbeihilfe des Verbrauchers vom 12.12.1984, KOM(84), 692 endg., S. XIII und die ergänzende Mitteilung der Kommission über den Zugang der Verbraucher zum Recht v. 7.5.1987, KOM(87) 210 endg. S.a. KOM(1998) 198, endg., S. 2. *Dürr-Auster*, Die Qualifikation, S. 23; *Kowollik*, Europäische Kollektivklage, S. 70.

1511 KOM(2005) 672 endg.

1512 KOM(2005) 672 endg., S. 4 f.

1513 KOM(2005) 672 endg., S. 7 ff. Ausführlich zu diesem Grünbuch auch *Geiger*, Kollektiver Rechtsschutz, S. 126 ff.; s.a. *Meller-Hannich/Krausbeck*, DAR-Extra 2018, 721 (721).

1514 KOM(2005) 672 endg., S. 9; *Meller-Hannich/Krausbeck*, DAR-Extra 2018, 721 (721).

1515 KOM(2007) 99 endg.

ren".[1516] Dabei nimmt sie u.a. auch die Thematik der besseren Rechtsschutzmöglichkeiten in den Blick.[1517]

Anschließend wurde 2008 ein Weißbuch zu „Schadenersatzklagen wegen Verletzung des EG-Wettbewerbsrechts"[1518] geschaffen. Darin wurden insbesondere Maßnahmen vorgeschlagen, die dazu führen, dass die EU-rechtlich verankerten Ansprüche auf Ersatz bei sämtlichen Verstößen gegen das EG-Wettbewerbsrecht geltend gemacht werden können.[1519] Es sollte der Zugang zu einem wirksamen Rechtsschutzinstrument geschaffen werden, sodass Schäden im vollen Umfang ersetzt werden.[1520] Gleichzeitig wurde der kollektive Rechtsschutz der Verbraucher hervorgehoben und für die Einführung einer Verbandsklage bei Streuschäden geworben.[1521] Im selben Jahr entstand ein weiteres Grünbuch unter dem Titel „über kollektive Rechtsdurchsetzungsverfahren für Verbraucher",[1522] welches sich ganz diesem Thema widmete und dazu vier unterschiedliche Handlungsoptionen vorstellte.[1523]

Im Oktober 2010 folgte ein Papier der Kommissare für Justiz und Grundrechte, für Wettbewerb und Gesundheit und für Verbraucherpolitik.[1524] Inhaltlich ging es darin um eine dezentralisierte und privatisierte Durchsetzung des Unionsrechts durch kollektive Unterlassungs- und besonders Schadensersatzklagen.[1525] Am 4.2.2011 wurde ein von der Kommission erstelltes Konsultationspapier „Kollektiver Rechtsschutz: Hin zu einem kohärenten europäischen Ansatz"[1526] veröffentlicht,[1527] woraufhin

1516 KOM(2007) 99 endg., S. 6; *Geiger*, Kollektiver Rechtsschutz, S. 136.
1517 KOM(2007) 99 endg., S. 12 f.
1518 KOM(2008) 165 endg.
1519 KOM(2008) 165 endg., S. 3.
1520 KOM(2008) 165 endg., S. 3. S.a. *Meller-Hannich/Krausbeck*, DAR-Extra 2018, 721 (721).
1521 KOM(2008) 165 endg. S. 4 f. *Meller-Hannich/Krausbeck*, DAR-Extra 2018, 721 (721). Dazu ausführlich *Geiger*, Kollektiver Rechtsschutz, S. 126 ff.
1522 KOM(2008) 794 endg.
1523 KOM(2008) 794 endg., S. 12 ff. *Geiger*, Kollektiver Rechtsschutz, S. 138 ff.; *Kowollik*, Europäische Kollektivklage, S. 74; *Meller-Hannich*, GPR 2014, 92 (96); *Meller-Hannich/Krausbeck*, DAR-Extra 2018, 721 (721).
1524 SEC(2010) 1192. *Meller-Hannich/Krausbeck*, DAR-Extra 2018, 721 (721).
1525 *Meller-Hannich*, GPR 2014, 92 (96); *dies./Krausbeck*, DAR-Extra 2018, 721 (721).
1526 SEK(2011) 173 endg.
1527 *Geiger*, Kollektiver Rechtsschutz, S. 146; *Kowollik*, Europäische Kollektivklage, S. 75.

ein Jahr später das Parlament die Entschließung mit dem gleichlautenden Titel annahm.[1528]

All dies führte letztlich zu der 2013 entstandenen Empfehlung mit dem Titel „Gemeinsame Grundsätze für kollektive Unterlassungs- und Schadensersatzverfahren in den Mitgliedstaaten bei Verletzung von durch Unionsrecht garantierten Rechten"[1529] der EU-Kommission.[1530] Hierin wurden in unverbindlicher Form allgemeine Grundsätze der kollektiven Rechtsdurchsetzung dargestellt, die mit einer ebenso unverbindlichen Umsetzungsfrist versehen wurden.[1531] Den Mitgliedstaaten wird die Einführung von innerstaatlichen kollektiven Rechtsschutzinstrumenten nahegelegt, welche auf den einheitlichen Grundsätzen der EU basieren sollen.[1532] Die Empfehlung gab aber nur eine Richtungsweise vor, ohne etwas verbindlich anzuordnen.[1533] Der EuGH entschied zwar, dass Empfehlungen bei der Auslegung von nationalen Rechtsvorschriften heranzuziehen seien, weitere Auswirkungen zeigten sich jedoch nicht.[1534] Die Wahl der Vorgehensweise mittels einer Empfehlung gemäß Art. 288 Abs. 5 AEUV erweist sich letztlich als Kompromiss.[1535] Die EU zeigt darin ihre Handlungsbereitschaft, ohne zwanghaft zu agieren, und nimmt insgesamt Rücksicht auf die Verfahrensautonomie der Mitgliedstaaten, s. Art. 291

1528 P7_TA(2012)0021. *Deutlmoser*, EuZW 2013, 652 (652); *Kowollik*, Europäische Kollektivklage, S. 76; *Meller-Hannich/Krausbeck*, DAR-Extra 2018, 721 (721).

1529 Empfehlung der Kommission vom 11.6.2013, 2013/396/EU, ABl. EU v. 26.7.2013, L 201/60.

1530 Dazu ausführlich *Deutlmoser*, EuZW 2013, 652 ff.; *Meller-Hannich/Krausbeck*, DAR-Extra 2018, 721 (721).

1531 *Dürr-Auster*, Die Qualifikation, S. 41 f. Zur Umsetzungsfrist s. Empfehlung der Kommission 2013/396/EU, Nr. 38.

1532 Empfehlung der Kommission 2013/396/EU, Erwägungsgrund 10; COM(2018) 40 final, S. 1; *Kowollik*, Europäische Kollektivklage, S. 108.

1533 EuGH, Urt. v. 20.2.2018 – C-16/16 P, Rn. 26 ff., juris; *Germelmann/Gundel*, BayVBl. 2019, 583 (592).

1534 EuGH, Urt. v. 13.12.1989 – Rs. C-322/88, Slg 1989, 4407, Rn. 18, Grimaldi; Urt. v. 24.4.2008 – Rs. C-55/06, Slg 2008 I-2931, Rn. 94 – Arcor/Deutschland; Urt. v. 18.3.2010 – verb. Rs. C-317/08, C-318/08 – C-320/08, Slg 2010, I-2213, Rn. 4, Alassini u.a.; *Geismann*, in: von der Groeben/Schwarze/Hatje, Europäisches Unionsrecht, Art. 288 AEUV Rn. 66; *Kowollik*, Europäische Kollektivklage, S. 115; *Ruffert*, in: Calliess/ders., EUV/AEUV, Art. 288 AEUV Rn. 95.

1535 *Biard/Kramer*, ZEuP 2019, 249 (249); *Kowollik*, Europäische Kollektivklage, S. 116; *Meller-Hannich*, Gutachten A 72. DJT, A 16, "konsensgesteuertes Minimum an Vorgaben"; *Stadler*, GPR 2013, 281 (281); *dies.*, in: Meller-Hannich/Haertlein/Gaul, et al., FS Schilken, 481 (482); allgemein zu den Schwierigkeiten *Wernicke*, EuZW 2018, 873 (873 f.).

Abs. 1 AEUV.[1536] Die auf den 26.7.2015 datierte Umsetzungsfrist ist in Deutschland fruchtlos abgelaufen.[1537]

Obwohl das Recht der Verbraucher u.a. im „Mehrjährigen Verbraucherprogramm der EU"[1538] von 2014–2020 sowie in der Richtlinie 2014/104/EU[1539] über bestimmte Vorschriften für Schadensersatzklagen im Wettbewerbsrecht vom 26.11.2014 weiterhin thematisiert und entwickelt wurde, fand der kollektive Rechtsschutz dort keinerlei Erwähnung.[1540] Ähnlich wie im deutschen Recht brachte der VW-Abgasskandal auch auf EU-Ebene erneut den Stein des kollektiven Rechtsschutzes ins Rollen.[1541]

Im April 2018 folgte sodann im Rahmen des New Deal for Consumers (nachfolgend NDfC)[1542] ein Richtlinienvorschlag über Verbandsklagen zum Schutz der Kollektivinteressen der Verbraucher und zur Aufhebung

---

1536 *Franzius*, NuR 2019, 649. Vgl. in Hinblick auf ein EU-VwVfG *Guckelberger*, NVwZ 2013, 601 (607). Allgemein zur Verfahrensautonomie der Mitgliedstaaten *Ludwigs*, NVwZ 2018, 1417.

1537 Dazu, dass keines der kollektiven Rechtsschutzmodelle der Mitgliedstaaten denen der Empfehlung entspricht, *Wernicke*, EuZW 2018, 873 (874). S. dazu ausführlich den Bericht der Kommission COM(2018) 40 final, S. 3. Sieben Mitgliedstaaten haben die Empfehlung zwar angenommen und ihre Gesetze reformiert, haben dabei aber nicht immer die Vorstellungen der Empfehlung beachtet. S. ausführlich zur Umsetzung der Empfehlung in den Mitgliedstaaten *Stadler*, ZfPW 2015, 61. Dazu, dass der zuständige Referatsleiter im BMJV *Meyer-Seitz* in einem Vortrag am 11.6.2015 verlautbart haben soll, dass der Empfehlung nicht Folge geleistet werden soll, *Keßler*, ZRP 2016, 2 (2).

1538 https://eur-lex.europa.eu/legal-content/DE/TXT/HTML/?uri=LEGISSUM:090101_1&from=DE, zuletzt abgerufen am 3.6.2019.

1539 Richtlinie 2014/104/EU des Europäischen Parlaments und des Rates vom 26.11.2014 über bestimmte Vorschriften für Schadensersatzklagen nach nationalem Recht wegen Zuwiderhandlungen gegen wettbewerbsrechtliche Bestimmungen der Mitgliedstaaten und der Europäischen Union, ABl. EU v. 5.12.2014, L 349/1.

1540 RL 2014/104/EU ABl. EU 5.12.2014, L 349/1. *Dürr-Auster*, Die Qualifikation, S. 43; zur Stagnation *Kowollik*, Europäische Kollektivklage, S. 117.

1541 Dazu und zu weiteren auslösenden Ereignissen Europäisches Parlament, Zusammenfassung der Studie über kollektiven Rechtsschutz in den Mitgliedstaaten der Europäischen Union, S. 1, http://www.europarl.europa.eu/RegData/etudes/STUD/2018/608829/IPOL_STU(2018)608829(SUM01)_DE.pdf, zuletzt abgerufen am 5.6.2019. *Basedow*, EuZW 2018, 609 (609); *Geissler*, GWR 2018, 189 (189); *Grabitz*, EU will Weg zu Sammelklagen ebnen, Saarbrücker Zeitung v. 12.4.2018. S. dazu auch *Wernicke*, EuZW 2018, 873 (873).

1542 Dieser setzt sich zusammen aus drei Dokumenten: COM(2018) 183, COM(2018) 184 und COM(2018) 185, s. dazu *Hakenberg/Kowollik*, EWS 2019, 61 (62). Zum weiteren Regelungsgehalt des NDfC *Alexander*, WRP 2019, I Nr. 01; *Föhlisch*, CR 2018, 583. Dazu, dass der Begriff des New Deals eigentlich

der Richtlinie 2009/22/EG (nachfolgend RL-E).[1543] Dem vorausgegangen sind die Auswertung des REFIT, „Fitness Check of Consumer and Marketing Law“,[1544] sowie eine Bewertung der Verbraucherrechtsrichtlinie.[1545] Der Richtlinienvorschlag wurde umfassend diskutiert sowie in Stellungnahmen modifiziert.[1546] Das Europäische Parlament hat am 26.3.2019 eine legislative Entschließung über Verbandsklagen im Rahmen der ersten Lesung erstellt.[1547] Am 28. November desselben Jahres haben sich auch die Mitgliedstaaten im Ministerrat auf eine gemeinsame Linie für die Einführung von Sammelklagen geeinigt.[1548]

---

auf US-Präsident *Roosevelt* zurückgeht und so letztendlich doch eine ungewollte Parallele zu den USA hergestellt wird, *Becker*, EU will Sammelklagen gegen Firmen einführen, spiegel online v. 11.4.2018, https://www.spiegel.de/wirtschaft/soziales/verbraucherschutz-eu-kommission-will-sammelklagen-ermoeglichen-a-1202381.html, zuletzt abgerufen am 22.12.2019. Zu letzterem auch der Beitrag „New Deal“ von wikipedia, https://de.wikipedia.org/wiki/New_Deal, zuletzt abgerufen am 15.8.2019.

1543 COM(2018) 184 final. Dazu auch https://en.wikipedia.org/wiki/New_Deal, zuletzt abgerufen am 11.6.2019.

1544 COM(2018) 184 final, S. 1; Commission Staff Working Document v. 23.5.2017, SWD(2017) 209, final; Arbeitsunterlage der Kommissionsdienststellen – Zusammenfassung der Eignungsprüfung v. 23.5.2017, SWD(2017) 208, final. *Augenhofer*, EuZW 2019, 5 (5, 10); *Halfmeier/Rott*, VuR 2018, 243 (243). Zum Refit auch *Zander-Hayat*, VuR 2016, 441.

1545 COM(2017) 259 final. *Augenhofer*, EuZW 2019, 5 (5).

1546 Bericht über den Vorschlag für eine Richtlinie des Europäischen Parlaments und des Rates über Verbandsklagen zum Schutz der Kollektivinteressen der Verbraucher und zur Aufhebung der Richtlinie 2009/22/EG (Com(2018)0184 – C8-0149/2018 – 2018/0089(COD)), A8-0447/2018, 7.12.2018, u.a. Stellungnahme des Ausschusses für Binnenmarkt und Verbraucherschutz, S. 58 ff.; Stellungnahme des Ausschusses für Verkehr und Tourismus, S. 102 ff.

1547 Legislative Entschließung des Europäischen Parlaments vom 26. März 2019 zu dem Vorschlag für eine Richtlinie des Europäischen Parlaments und des Rates über Verbandsklagen zum Schutz der Kollektivinteressen der Verbraucher und zur Aufhebung der Richtlinie 2009/22/EG, (COM(2018)0184 – C8-0149/2018 – 2018/0089(COD)), P8_TA-PROV(2019)0222.

1548 ST 14600 2019 INIT. *Beisel/Finke*, Überraschender Schritt zur europäischen Sammelklage, SZ v. 28.11.2019, https://www.sueddeutsche.de/wirtschaft/sammelklage-verbraucherzentrale-europa-1.4701508, zuletzt abgerufen am 1.12.2019; *Richter*, EU ebnet Weg für gemeinsame Sammelklagen, zeit online v. 28.11.2019, https://www.zeit.de/wirtschaft/2019-11/verbraucherschutz-eu-staaten-sammelklagen-einfuehrung, zuletzt abgerufen am 1.12.2019. Es ist darauf hinzuweisen, dass sich das Parlament und die EU-Mitgliedstaaten im Juni 2020 grdsl. auf die Einführung einer Sammelklage geeinigt haben, s. https://www.zeit.de/wirtschaft/2020-06/verbraucherschutz-eu-parlament-verhandlungen-sammelklagen, zuletzt abgerufen am 6.7.2020.

II. Ziel des New Deal for Consumers

Der NDfC[1549] steht, wie sein Name schon andeutet, im Sinne des Verbraucherschutzes. Er umfasst neben dem Entwurf zur Einführung von Sammelklagen auch die Änderung von vier bestehenden Richtlinien zum Schutz der wirtschaftlichen Interessen der Verbraucher.[1550]

Schon 2012 führte das Europäische Parlament als Vorteile des kollektiven Beschreitens des Rechtswegs die geringeren Kosten und die höhere Rechtssicherheit an.[1551] Dazu sollen qualifizierte Einrichtungen bei Unionsrechtsverstößen mittels einer Verbandsklage die Kollektivinteressen der Verbraucher vertreten und Abhilfemaßnahmen erwirken können.[1552] Der Entwurf ist darauf ausgerichtet, „durch ein hohes Verbraucherschutzniveau zum reibungslosen Funktionieren des Binnenmarkts beizutragen".[1553] Geschaffen werden soll ein spezifischer Verbandsklagemechanismus, der die bestehenden Verfahren der Mitgliedstaaten jedoch nicht ersetzt und deren Rechtstradition wahrt.[1554] Gleichzeitig soll dadurch das Verbrauchervertrauen in den Einzelhandelsbinnenmarkt sowie in den elektronischen Rechtsverkehr gestärkt und die Unternehmer sollen zur Einhaltung des Unionsrechts angehalten werden.[1555] Die Verbandsklage ist darauf ausgerichtet, sich als wirksame und effiziente Möglichkeit zur Gewährleistung der Einhaltung der Unionsvorschriften zu erweisen und dazu zu führen, dass die bisherigen Hindernisse der Klageerhebung – genannt werden u.a. die Unsicherheit in Bezug auf ihre Rechte und die Verfahrensmechanismen, das Zögern, tätig zu werden und die verhältnismäßige Falscheinschätzung der Kosten und Nutzen einer Individualklage – überwunden werden.[1556] Das bereits existierende Unterlassungsverfahren soll an Wirksamkeit gewinnen.[1557] Insgesamt wird „ein ausgewogenes Verhält-

---

1549 Zur Bezeichnung: https://ec.europa.eu/newsroom/just/item-detail.cfm?item_id=620435, zuletzt abgerufen am 15.5.2019. Weniger prägnant ist der deutsche Begriff „Neugestaltung der Rahmenbedingungen für die Verbraucher", COM(2018) 184, S. 1.

1550 COM(2018) 185 final; COM(2018) 184, S. 1. *Dröge*, WRP 2019, 160 (160). S. zur Verbrauchereigenschaft *Krüger/Stüllein*, VuR 2018, 216 (217).

1551 2011/2089(INI), S. 6; COM(2018) 184 final, S. 2.

1552 COM(2018) 184 final, Erwägungsgrund (1), S. 21, 7.

1553 COM(2018) 184 final, Erwägungsgrund (44), S. 7, 29.

1554 COM(2018) 184 final, Erwägungsgrund (24), S. 26, 8.

1555 COM(2018) 184 final, S. 7 f. S.a. COM(2018) 184 final, Erwägungsgrund (2), S. 21.

1556 COM(2018) 184 final, Erwägungsgrund (3), S. 21 f.

1557 COM(2018) 184 final, S. 1.

nis zwischen einem vereinfachten Zugang zur Justiz, um die Verbraucherinteressen zu schützen, und angemessenen Maßnahmen, um Klagemissbrauch zu verhindern“, anvisiert.[1558]

III. Rechtsetzungskompetenz der EU

Anlass zur Diskussion bietet schon die kompetenzrechtliche Grundlage der EU zur Regelung des kollektiven Rechtsschutzes. Anders als der Bundesrepublik Deutschland kommt der EU als supranationaler Organisation[1559] keine Kompetenz-Kompetenz zu.[1560] Nach Art. 5 Abs. 1, 2 EUV gilt der Grundsatz der begrenzten Einzelermächtigung, d.h. ein Tätigwerden der EU ist immer nur für die Bereiche möglich, für die die Mitgliedstaaten ihr die Zuständigkeit übertragen haben.[1561] Eine ausschließliche Gesetzgebungskompetenz für Instrumente des kollektiven Rechtsschutzes bzw. des Prozessrechts der Mitgliedstaaten gibt es nicht.[1562] Grundsätzlich hat der EuGH als entscheidend für die Bestimmung der Kompetenzgrundlage das Ziel und den Inhalt des Rechtakts ausgewiesen.[1563] Während die Empfehlung der Kommission von 2013 noch nicht näher auf eine mögliche Kompetenzgrundlage einging, benennt der Richtlinienvorschlag von 2018 Art. 114 AEUV als Rechtsgrundlage unter dem Hinweis, dass Art. 169 AEUV auf ihn Bezug nimmt.[1564] Der Vorschlag des Rates nimmt diese Rechtsgrundlagen sogar in die Erwägungsgründe auf.[1565] In Zeiten

1558 COM(2018) 184 final, S. 4, Erwägungsgrund (4), S. 22.

1559 *Geber*, Die Netzanbindung, S. 73; *Giegerich*, in: ders./Heinz, 7 (7, 31); *Ohler*, in: Grabitz/Hilf/Nettesheim, Das Recht der Europäischen Union, Art. 48 EUV Rn. 14.

1560 *Geber*, Die Netzanbindung, S. 73; *Kahl*, NVwZ 1996, 865 (868); *Nettesheim*, in: Grabitz/Hilf/Nettesheim, Das Recht der Europäischen Union, Art. 1 AEUV Rn. 18.

1561 EuGH, Urt. v. 11.12.2018 – C-493/17, EuZW 2019, 162 (162 f.). *Calliess*, in: ders./Ruffert, EUV/AEUV, Art. 5 EUV Rn. 6; *Geber*, Die Netzanbindung, S. 73; *Geiger*, in: ders./Khan/Kotzur, EUV, AEUV, Art. 5 EUV Rn. 3; *Hakenberg*, Europarecht, Rn. 92; *Kowollik*, Europäische Kollektivklage, S. 120.

1562 *Halfmeier/Rott*, VuR 2018, 243 (243), die für die Unterlassungsklage-Richtlinie 2009/22/EG anmerken, dass sich die Kompetenz dafür als Annex zur Kompetenz im Verbraucherrecht ergibt; *Kowollik*, Europäische Kollektivklage, S. 121.

1563 EuGH, Urt. v. 21.6.2018 – C-5/16, EuZW 2018, 915 (916); Urt. v. 6.9.2012 – C-490/10, EnWZ 2012, 29 (29). *Geber*, Die Netzanbindung, S. 73 m.w.N.

1564 COM(2018) 184 final, S. 7, 21.

1565 Erwägungsgrund 0c, ST 14600 2019 INIT, S. 3.

vor dem NDfC wurden in der Literatur als mögliche Grundlagen auch Art. 81, 169, und 352 AEUV diskutiert.[1566]

Eine ausführliche Darstellung des Streitstandes wird dem Schwerpunkt dieser Arbeit nicht gerecht, dennoch soll überblicksartig untersucht werden, ob aller Kritik zum Trotz die Union die Kompetenz zum Erlass einer Richtlinie basierend auf dem aktuellen Richtlinienvorschlag besitzt.

1. Art. 114 Abs. 1 AEUV

Gemäß Art. 114 Abs. 1 AEUV sind vorbehaltlich anderer Regelungen in den Verträgen Maßnahmen zur Angleichung der Rechtsvorschriften möglich, sofern dies den Zielen des Art. 26 AEUV, der Verwirklichung des Binnenmarktes, dient. Dafür unterscheidet man eine subjektive Komponente und eine objektive Komponente.[1567] Subjektiv soll die Maßnahme auf eine Rechtsangleichung gerichtet sein und so das Funktionieren des Binnenmarktes verbessern.[1568] Darüber hinaus muss sie objektiv dazu geeignet sein, Unterschiede in den Mitgliedstaaten tatsächlich einzuebnen.[1569]

a) Subjektive Komponente

Eine Rechtsangleichung im Sinne dieser Norm erfordert eine sachbezogene Annäherung der nationalen Vorschriften an einen vom Unionsrecht bestimmten Standard, um hauptsächlich nationale Rechtsunterschiede und hierdurch ausgelöste Wettbewerbsverzerrungen zu beseitigen.[1570] Nicht

---

1566 Ausführlich dazu *Buchner*, Kollektiver Rechtsschutz, S. 124 ff.; *Geiger*, Kollektiver Rechtsschutz, S. 176 ff.; *Kowollik*, Europäische Kollektivklage, S. 120.

1567 *Kowollik*, Europäische Kollektivklage, S. 124; *Saam*, Kollektive Rechtsbehelfe, S. 245.

1568 S.a. *Buchner*, Kollektiver Rechtsschutz, S. 137; *Geiger*, Kollektiver Rechtsschutz, S. 181; *Kowollik*, Europäische Kollektivklage, S. 124; *Tietje*, in: Grabitz/Hilf/Nettesheim, Das Recht der Europäischen Union, Art. 114 Rn. 95.

1569 *Buchner*, Kollektiver Rechtsschutz, S. 137; *Saam*, Kollektive Rechtsbehelfe, S. 245; BR-Drs. 155/1/18, S. 2.

1570 *Geiger*, Kollektiver Rechtsschutz, S. 181; *Khan*, in: Geiger/ders./Kotzur, EUV, AEUV, Art. 114 AEUV Rn. 14; *Korte*, in: Calliess/Ruffert, EUV/AEUV, Art. 114 AEUV Rn. 22; *Terhechte*, in: Pechstein/Nowak/Häde, EUV, GRC, AEUV, Art. 114 AEUV Rn. 46.

gefordert wird eine Uniformität der Regelungen; Abweichungen sind zu tolerieren.[1571]

Zur Bestimmung der subjektiven Komponente können sodann die Erwägungsgründe herangezogen werden.[1572] Darin heißt es u.a., dass durch die Einführung der Verbandsklage der Verbraucherschutz mittels einer einheitlichen Rechtsdurchsetzung ermöglicht werden soll.[1573] Dabei ist die Intention auf eine Annäherung der nationalen Regelungen gerichtet.[1574] Eine unkoordinierte Schaffung von kollektiven Rechtsbehelfen innerhalb der Mitgliedstaaten soll als Beitrag zu einem funktionierenden Binnenmarkt vermieden werden.[1575] Dadurch wird eine Rechtsangleichung zur Vermeidung von Rechtsunterschieden sowie Wettbewerbsverzerrungen bezweckt. Die Verwirklichung des Binnenmarktes spielt auch keine nur untergeordnete Rolle.[1576] Die subjektive Komponente ist hier zu bejahen.

b) Objektive Komponente

Die objektive Komponente setzt eine nicht nur abstrakte Gefahrenlage für die Verwirklichung des Binnenmarktes voraus.[1577] Nach der Rechtsprechung des EuGH reicht es dafür nicht aus, dass lediglich Unterschiede festgestellt werden können.[1578] Vielmehr muss das Entstehen von Hindernissen wahrscheinlich sein, was anhand gerichtlich nachprüfbarer Umstände zu untersuchen ist.[1579] Dies kann einerseits der Fall sein, wenn die Grund-

---

1571 *Korte*, in: Calliess/Ruffert, EUV/AEUV, Art. 114 AEUV Rn. 22; *Kowollik*, Europäische Kollektivklage, S. 124; BVerfG, Urt. v. 30.7.2019 – 2 BvR 1685/14 u.a., WM 2019, 1538 (1546).

1572 *Tietje*, in: Grabitz/Hilf/Nettesheim, Das Recht der Europäischen Union, Art. 114 Rn. 95. S.a. EuGH, Urt. v. 5.10.2000 – C-376/98, Slg 2000, I-8419, Rn. 90 ff., Tabakwerberichtlinie I.

1573 COM(2018) 184 final, Erwägungsgrund (3), S. 21.

1574 COM(2018) 184 final, Erwägungsgrund (5), S. 22.

1575 *Kowollik*, Europäische Kollektivklage, S. 124.

1576 *Buchner*, Kollektiver Rechtsschutz.

1577 EuGH, Urt. v. 5.10.2000 – C-376/98, Slg 2000, I-8419, Rn. 84, Tabakwerberichtlinie I; *Buchner*, Kollektiver Rechtsschutz, S. 140; *Khan*, in: Geiger/ders./Kotzur, EUV, AEUV, Art. 114 AEUV Rn. 13, die Störung muss hinreichend wahrscheinlich sein; *Wendt*, EuZW 2011, 616 (618).

1578 EuGH, Urt. v. 5.10.2000 – C-376/98, Slg 2000, I-8419, Rn. 84, Tabakwerberichtlinie I; *Wernicke*, Referat 72. DJT, K 37 (K 60).

1579 EuGH, Urt. v. 5.10.2000 – C-376/98, Slg 2000, I-8419, Rn. 86, Tabakwerberichtlinie I; *Buchner*, Kollektiver Rechtsschutz, S. 140.

freiheiten gehemmt werden oder es andererseits zu einer Wettbewerbsverzerrung kommt.[1580]

Für prozessrechtliche Vorschriften wurde allerdings bereits höchstrichterlich entschieden, dass deren Divergenz innerhalb der einzelnen Mitgliedstaaten nicht unmittelbar zur Hemmung der Grundfreiheiten führt.[1581] Die im Raum stehenden unterschiedlichen, kollektiven Rechtsschutzinstrumente wirken sich weder auf den Vertrieb eines Produktes noch auf die Ausführung einer Dienstleistung aus. Sie kommen vielmehr dann zum Einsatz, wenn hierbei ein Problem oder eine Unstimmigkeit auftritt.[1582] Die kollektiven Rechtsschutzinstrumente finden dann Anwendung, wenn eine Verletzung der Grundfreiheiten bereits vorliegt.[1583] Rein spekulativ wäre jedoch die Annahme, dass Einzelne bereits im Vorhinein von einem Geschäftsabschluss absehen würden, weil es im jeweils betroffenen Mitgliedstaat keine kollektiven Rechtsschutzinstrumente gibt.[1584] Die Einführung der Sammelklage kann also nicht nachweislich dazu führen, dass eine potentielle Hemmung der Ausübung der Grundfreiheiten vermieden wird.[1585]

Ebenso wenig gibt es Anhaltspunkte dafür, dass die unterschiedlichen Regelungen in den Mitgliedstaaten eine Wettbewerbsverzerrung herbeiführen, also über eine abstrakte Gefahr hinausgehen. Eine solche ist bei einer Behinderung des Wettbewerbs anzunehmen.[1586] Für die kollektiven Rechtsschutzinstrumente bedeutet dies, dass aufgrund deren Existenz Unternehmen in manchen Mitgliedstaaten gegenüber anderen Unternehmen

---

1580 *Buchner*, Kollektiver Rechtsschutz, S. 140; *Khan*, in: Geiger/ders./Kotzur, EUV, AEUV, Art. 114 AEUV Rn. 13; *Korte*, in: Calliess/Ruffert, EUV/AEUV, Art. 114 AEUV Rn. 38; *Kowollik*, Europäische Kollektivklage, S. 124; *Wendt*, EuZW 2011, 616 (618).

1581 So hinsichtlich eines Mahnbescheids, der nicht erlassen werden durfte, da er in einem anderen Mitgliedstaat zugestellt werden musste, EuGH, Urt. v. 22.6.1999 – C-412/97, Slg 1999, I-3945, Rn. 11. *Buchner*, Kollektiver Rechtsschutz, S. 140 f.; *Geiger*, Kollektiver Rechtsschutz, S. 182.

1582 *Buchner*, Kollektiver Rechtsschutz, S. 141.

1583 *Buchner*, Kollektiver Rechtsschutz, S. 141; *Kowollik*, Europäische Kollektivklage, S. 125.

1584 EuGH, Urt. v. 22.6.1999 – C-412/97, Slg 1999, I-3945, Rn. 11. Auch *Buchner*, Kollektiver Rechtsschutz, S. 141; *Geiger*, Kollektiver Rechtsschutz, S. 182; *Kowollik*, Europäische Kollektivklage, S. 125.

1585 So auch *Kowollik*, Europäische Kollektivklage, S. 125. *Buchner*, Kollektiver Rechtsschutz, S. 141 f.

1586 *Buchner*, Kollektiver Rechtsschutz, S. 142; *Tietje*, in: Grabitz/Hilf/Nettesheim, Das Recht der Europäischen Union, Art. 114 Rn. 96.

in den Genuss wirtschaftlicher Vorteile kämen.[1587] Auch dies muss bezweifelt werden, zumal sich die Unternehmen bei Vertrieb ihrer Produkte unter die jeweilige Prozessordnung des Mitgliedstaates stellen, in dem sie tätig werden, und es ferner mit der EUGVVO noch kollisionsrechtliche Bestimmungen gibt.[1588] Ein abschließender Beweis dieser vermeintlichen Wettbewerbsverzerrung, deren Vorliegen schon im Grünbuch[1589] erwähnt wurde, fehlt bislang.[1590]

Sofern eine Wettbewerbsverzerrung allerdings angenommen wird, ist außerdem erforderlich, dass diese spürbar ist.[1591] Die Spürbarkeit wird bei einer rein begünstigenden Gewinnerzielung jedoch verneint.[1592] Nach alldem muss hier eine Gefahr der Wettbewerbsverzerrung negiert werden, sodass Art. 114 Abs. 1 AEUV mangels Erfüllung seiner Voraussetzungen nicht als Rechtsgrundlage für den Erlass einer Richtlinie über eine einheitliche Verbandsklage in Betracht kommt. Zum jetzigen Zeitpunkt kann noch kein Nachweis vorgebracht werden, dass die benannten Gefahren zu konkreten, spürbaren Gefahren heranwachsen. Art. 114 AEUV scheidet somit wider den Ausführungen im Richtlinienentwurf als taugliche Kompetenznorm aus.

1587 *Buchner*, Kollektiver Rechtsschutz, S. 142; *Tietje*, in: Grabitz/Hilf/Nettesheim, Das Recht der Europäischen Union, Art. 114 Rn. 102.

1588 *Buchner*, Kollektiver Rechtsschutz, S. 142.

1589 SEK(2011), 173 endg., Rn. 10. *Jünemann*, in: Brömmelmeyer, Die EU-Sammelklage, 9 (15).

1590 KOM(2008) 794 eng., S. 4; *Kowollik*, Europäische Kollektivklage, S. 119; *Saam*, Kollektive Rechtsbehelfe, S. 250; *Wendt*, EuZW 2011, 616 (618). A.A. hier Europäisches Parlament, Zusammenfassung der Studie über kollektiven Rechtsschutz in den Mitgliedstaaten der Europäischen Union, S. 3 f., http://www.europarl.europa.eu/RegData/etudes/STUD/2018/608829/IPOL_STU(2018)608829(SUM01)_DE.pdf, zuletzt abgerufen am 5.6.2019, allerdings wird hier nur die Divergenz als Beweis angeführt, was wie oben gesehen, nicht ausreichend zur Begründung der objektiven Komponenten ist. Ebenso BR-Drs. 155/1/18, S. 2.

1591 EuGH, Urt. v. 5.10.2000 – C-376/98, Slg 2000, I-8419, Rn. 106, Tabakwerberichtlinie I.

1592 EuGH, Urt. v. 5.10.2000 – C-376/98, Slg 2000, I-8419, Rn. 109, Tabakwerberichtlinie I; *Buchner*, Kollektiver Rechtsschutz, S. 143; *Terhechte*, in: Pechstein/Nowak/Häde, EUV, GRC, AEUV, Art. 114 AEUV Rn. 63.

2. Art. 169 AEUV

Gemäß Art. 169 Abs. 1, 2 AEUV leistet die Union einen Beitrag zur Förderung der Verbraucherinteressen und zur Gewährleistung eines hohen Verbraucherschutzniveaus.

Nach Art. 169 Abs. 1, 2 lit. a AEUV gilt die Kompetenz für Maßnahmen, die sie im Rahmen der Verwirklichung des Binnenmarktes nach Art. 114 AEUV erlässt. Wie bereits dargestellt, liegen die Voraussetzungen des Art. 114 AEUV jedoch nicht vor.[1593] Der EuGH entschied in dem Urteil Tabakwerberichtlinie I, dass Maßnahmen auf dem Gebiet des Gesundheitsschutzes nach Art. 168 AEUV (damals Art. 129 EGV) nur dann erlassen werden können, wenn die Voraussetzungen des Art. 114 AEUV (damals Art. 100a EGV) vorliegen.[1594] Vergleichbares muss für den Verbraucherschutz gelten.[1595] Art. 169 Abs. 1, 2 lit. a AEUV stellt daher keine eigenständige Kompetenzgrundlage dar.[1596] Sowohl der ursprüngliche Richtlinienentwurf als auch der Vorschlag des Rates nennen Art. 169 AEUV nur neben Art. 114 AEUV. Die Voraussetzungen von Art. 114 AEUV sind, wie oben geprüft, jedoch nicht gegeben. Art. 169 Abs. 1, 2 lit. a AEUV allein ist für das Vorhaben keine taugliche Kompetenznorm.

3. Art. 81 Abs. 1, 2 lit. e und f AEUV

Als Alternativnormen werden in der Literatur Art. 81 Abs. 1, Abs. 2 lit. e, f AEUV sowie Art. 352 AEUV angeführt.[1597]

Gemäß Art. 81 Abs. 1 S. 1 AEUV hat die Union auf eine Entwicklung der justiziellen Zusammenarbeit in Zivilsachen hinzuwirken, wozu gemäß Absatz 2 Maßnahmen erlassen werden können. Diese Vorschrift soll den

---

1593 S. vorangegangener Abschnitt.

1594 EuGH, Urt. v. 5.10.2000 – C-376/98, Slg 2000, I-8419, Rn. 83 ff. *Buchner*, Kollektiver Rechtsschutz, S. 145.

1595 *Buchner*, Kollektiver Rechtsschutz, S. 145; *Schmidt-Kessel*, in: Pechstein/Nowak/Häde, EUV, GRC, AEUV, Art. 169 AEUV Rn. 32.

1596 BR-Drs. 155/1/18, S. 3. *Herrnfeld*, in: Schwarze, EU-Kommentar, Art. 114 AEUV Rn. 26; *Krebbe*, in: Calliess/Ruffert, EUV/AEUV, Art. 169 AEUV Rn. 3; *Wendt*, EuZW 2011, 616 (618); *Wernicke*, Referat 72. DJT, K 37 (K 61).

1597 *Geiger*, Kollektiver Rechtsschutz, S. 178 ff.; *Kowollik*, Europäische Kollektivklage, S. 121 ff.

Bürgern einen erleichterten Zugang zu den Gerichten anderer Mitgliedstaaten gewähren und somit einen verbesserten Rechtsschutz hervorrufen.[1598] Für kollektive Rechtsschutzverfahren könnte einerseits Art. 81 Abs. 2 lit. e AEUV z.B. für Bagatellschäden einschlägig sein, da hier der Zugang zum Recht aufgrund der Geringfügigkeit des Schadens oft verschlossen bleibt.[1599] Andererseits ist eine Anwendung von lit. f denkbar, denn gerade bei Massenschadensereignissen fehlt es zurzeit an einer reibungslosen Abwicklung eines Zivilverfahrens.[1600] Grundsätzlich geht Art. 81 AEUV gegenüber Art. 114 AEUV für den Bereich des internationalen Zivilverfahrens-, des Privat- sowie des Zivilprozessrechts bei grenzüberschreitenden Sachverhalten vor.[1601] Nach Einführung des Vertrags von Lissabon und dem damit einhergehenden Wegfall der Binnenmarktfinalität müsste die Unterlassungsklagenrichtlinie heute daher auf Art. 81 AEUV gestützt werden.[1602] Der Richtlinienentwurf für eine kollektive Verbandsklage verweist in den Materialien darauf, dass Art. 114 AEUV u.a. als gleichlautend zur Unterlassungsklagenrichtlinie gewählt wurde, sodass auch hier Art. 81 AEUV als vorrangige Kompetenzgrundlage anzusehen sein könnte.[1603] Allerdings liegen die Voraussetzungen von Art. 81 AEUV ebenso wenig vor, weshalb jene Vorschrift nicht als Kompetenzgrundlage herangezogen werden kann.

Teilweise wird als Argument gegen die Anwendbarkeit von Art. 81 AEUV angeführt, dass die justizielle Zusammenarbeit voraussetzt, dass bereits Bestehendes vereinheitlicht oder angeglichen werden soll und gerade nicht, dass ein originär zu schaffendes Rechtsschutzinstrument entwickelt werden darf. Es soll dabei um die Einebnung von Verfahrenshindernissen gehen, die durch die divergierenden Rechtsordnungen der Mit-

---

1598 *Geiger*, Kollektiver Rechtsschutz, S. 179.

1599 *Buchner*, Kollektiver Rechtsschutz, S. 135.

1600 *Buchner*, Kollektiver Rechtsschutz, S. 135 f.; BR-Drs. 155/1/18, S. 3.

1601 *Buchner*, Kollektiver Rechtsschutz, S. 137; *Leible/Schröder*, in: Streinz/Michl, EUV/AEUV, Art. 114 AEUV Rn. 133; *Leible*, in: Streinz/Michl, EUV/AEUV, Art. 81 AEUV Rn. 52; *Magnus*, ZEuP 2018, 507 (511); *Terhechte*, in: Pechstein/Nowak/Häde, EUV, GRC, AEUV, Art. 114 AEUV Rn. 36.

1602 *Leible*, in: Streinz/Michl, EUV/AEUV, Art. 81 AEUV Rn. 53.

1603 *Leible*, in: Streinz/Michl, EUV/AEUV, Art. 81 AEUV Rn. 53. Vgl. zum Wegfall der Binnenmarktfinalität den Wortlaut des dem heutigen Art. 81 AEUV vorausgegangenen Art. 65 EGV, der davon spricht, dass Maßnahmen nur insofern getroffen werden können, „*soweit* sie für das reibungslose Funktionieren des Binnenmarktes erforderlich sind“. Art. 81 Abs. 2 AEUV statuiert nur, dass Maßnahmen *insbesondere*, wenn sie das reibungslose Funktionieren fördern, erlassen werden dürfen.

gliedstaaten hervorgerufen werden.[1604] Da in manchen Rechtsordnungen keinerlei kollektive Rechtsschutzverfahren vorgesehen sind, bedarf es zur Schaffung einheitlicher kollektiver Standards aber gerade eines neuen Rechtsschutzinstruments.[1605] Folgt man dieser Ansicht, scheidet die Anwendbarkeit schon deshalb aus.

Kritisiert werden kann die vorstehende Ansicht schon dadurch, dass durch den Richtlinienentwurf nur ein äußerer Rahmen von Mindeststandards gesteckt wird. Ein solcher ist übereinstimmend mit *Geiger* kompetenziell abgesichert.[1606] Der Richtlinienentwurf sieht es nämlich geradezu vor, die unterschiedlichen Rechtstraditionen zu berücksichtigen. Außerdem zeigt die Gesetzgebungspraxis der EU, dass sie u.a. in der Bagatell-[1607] und der EuMahnVO[1608] ebenfalls Regelungen basierend auf Art. 81 AEUV eingeführt hat, obwohl nicht alle Mitgliedstaaten solche Verfahren bereits auf nationaler Ebene etabliert hatten.[1609] Auch lässt es sich mit den Zielen des Art. 81 AEUV besser vereinbaren, den Begriff der Angleichung weiter zu verstehen, da sonst Maßnahmen für die justizielle Zusammenarbeit von den Mitgliedstaaten abhängen würden.[1610] Würde nur ein Mitgliedstaat sich weigern, eine Regelung zu erschaffen, wäre ein Berufen auf Art. 81 AEUV unzulässig, da dann ein originäres Handeln für diesen Mitgliedstaat stattfinden würde.

Abzulehnen ist eine Kompetenz aus Art. 81 AEUV aber vor allem daher, dass er einen grenzüberschreitenden Bezug fordert.[1611] Art. 2 Abs. 1 S. 2 RL-E ordnet die Anwendbarkeit der Richtlinie jedoch auch für innerstaatliche Verstöße an. Eine Grenzüberschreitung liegt vor, wenn z.B. über die Grenzen eines Mitgliedstaates hinaus ein rechtlicher Bezug zu Sachen

---

1604 *Geiger*, Kollektiver Rechtsschutz, S. 179 f.

1605 *Geiger*, Kollektiver Rechtsschutz, S. 179 f.; *Kowollik*, Europäische Kollektivklage, S. 123.

1606 Vgl. *Billen*, in: Brömmelmeyer, Die EU-Sammelklage, 21 (26); *Geiger*, Kollektiver Rechtsschutz, S. 180.

1607 KOM(2002) 746 endg., S. 53; *Buchner*, Kollektiver Rechtsschutz, S. 133.

1608 KOM(2002) 746 endg. S. 18 f.; *Buchner*, Kollektiver Rechtsschutz, S. 133.

1609 *Buchner*, Kollektiver Rechtsschutz, S. 133.

1610 Ausführlich zum Streitstand *Buchner*, Kollektiver Rechtsschutz, S. 132 ff.

1611 BR-Drs. 155/1/18, S. 3; *Buchner*, Kollektiver Rechtsschutz, S. 136 f.; *Rossi*, in: Calliess/Ruffert, EUV/AEUV, Art. 81 AEUV Rn. 11 f.; *Wendt*, EuZW 2011, 616 (618). Allgemein zu Unsicherheiten hinsichtlich dieses Begriffs *Magnus*, ZEuP 2018, 507; *Wagner*, ZZP 131 (2018), 183.

oder Personen besteht.[1612] Der Ursprung des materiellen Rechts allein macht den Sachverhalt jedoch nicht zu einem solchen grenzüberschreitender Natur.[1613] Rein innerstaatlich ist z.B. der Fall, dass ein Verbraucher ein defektes Auto bei einem ortsansässigen Autohändler kauft.[1614] Auch wenn die einschlägigen Mängelrechte hier auf EU-Recht zurückgehen, bleibt das Verfahren rein national.[1615] Art. 81 AEUV scheidet daher als Kompetenznorm aus.

4. Art. 352 AEUV

Art. 352 Abs. 1 AEUV wird aufgrund seiner subsidiären Anwendbarkeit oft auch als Lückenfüllungskompetenz bezeichnet.[1616] Er räumt der Union die Befugnis zum Tätigwerden ein, wenn dies erforderlich ist, um eines der Ziele der Verträge zu verwirklichen und wenn die Verträge keine Befugnis dazu vorsehen. Der Rat kann dann einstimmig auf Vorschlag der Kommission und nach Zustimmung des europäischen Parlaments Vorschriften erlassen. Für die Annahme dieser Norm als Kompetenzgrundlage wird schon die nötige Einstimmigkeit und Zustimmung durch das Parlament, vor allem aufgrund der Divergenzen innerhalb der mitgliedstaatlichen Rechtsordnungen, angezweifelt.[1617] Die neueren Bestrebungen, vor allem die Entschließung des Europäischen Parlaments, zeigen jedoch eine geänderte Sichtweise in Bezug auf die Einführung kollektiven Rechtsschutzes, sodass die Zustimmung auf Seiten der EU wachsen könnte. Dennoch wäre ein Vorgehen basierend auf dieser Kompetenznorm mit dem Risiko der

---

1612 *Lenzing*, in: von der Groeben/Schwarze/Hatje, Europäisches Unionsrecht, Art. 81 AEUV Rn. 4; *Rossi*, in: Calliess/Ruffert, EUV/AEUV, Art. 81 AEUV Rn. 12; *Stumpf*, in: Schwarze, EU-Kommentar, Art. 81 AEUV Rn. 8.

1613 *Stadler*, JZ 2017, 693 (697).

1614 Dazu, dass die EU für reine Inlandsfälle unzuständig ist, *Magnus*, ZEuP 2018, 507 (510).

1615 *Stadler*, JZ 2017, 693 (697).

1616 *Khan*, in: Geiger/ders./Kotzur, EUV, AEUV, Art. 352 AEUV Rn. 3, spricht von Flexibilitätsklausel, was einen positiver besetzten Begriff darstellen soll; *Kowollik*, Europäische Kollektivklage, S. 125; zur Subsidiarität *Rossi*, in: Calliess/Ruffert, EUV/AEUV, Art. 352 AEUV Rn. 58; *Streinz*, in: ders./Michl, EUV/AEUV, Art. 352 AEUV Rn. 6.

1617 *Buchner*, Kollektiver Rechtsschutz, S. 147; *Kowollik*, Europäische Kollektivklage, S. 125 f.; *Wendt*, EuZW 2011, 616 (619).

Ablehnung verbunden.[1618] So kann auch angeführt werden, dass z.B. in Deutschland strenge Voraussetzungen an eine Zustimmung durch den Rat im Sinne des Art. 352 Abs. 1 AEUV gestellt werden. Sofern von der Lückenfüllungskompetenz des Art. 352 AEUV Gebrauch gemacht werden soll, ist nach Rechtsprechung des BVerfG jeweils ein Gesetz i.S.d. Art. 23 Abs. 1 S. 2 GG erforderlich.[1619] Für ein solches Gesetz sieht Art. 23 Abs. 1 S. 2, 3 GG sowohl die Zustimmung des Bundestages als auch Bundesrates vor.[1620] Die Erfüllung der von Art. 352 AEUV geforderten Voraussetzungen ist daher zu ungewiss. Dementsprechend scheidet Art. 352 Abs. 1 AEUV als Kompetenznorm aus.

5. Subsidiaritätsprinzip, Art. 5 Abs. 3 UAbs. 1 EUV

Daneben müssten das Subsidiaritäts- sowie Verhältnismäßigkeitsprinzip gewahrt sein.[1621]

Das Subsidiaritätsprinzip ergibt sich aus Art. 5 Abs. 3 UAbs. 1 EUV und findet – wie vorliegend gegeben, s. Art. 4 Abs. 2 lit. a, f AEUV – bei nicht ausschließlicher Zuständigkeit Anwendung.[1622] Dieses bestimmt, ob die EU überhaupt zum Handeln befugt ist.[1623] Die EU darf demnach nur tätig werden, „sofern und soweit die Ziele der in Betracht gezogenen Maßnahmen von den Mitgliedstaaten weder auf zentraler noch auf regionaler und

---

1618 *Buchner*, Kollektiver Rechtsschutz, S. 147. Allgemein dazu, dass die Änderung von Abläufen schwieriger als die Änderung von Inhalten ist, *Hakenberg/Kowollik*, EWS 2019, 61 (61). Nach dem Artikel von *Becker*, EU will Sammelklagen, spiegel online v. 11.4.2018, hat die Kommissarin Jourova selbst davon gesprochen, dass sie Ärger erwarten und heftig lobbyiert werden würde.

1619 BVerfG, Urt. v. 30.6.2009 – 2 BvE 2, 5/08 u.a., BVerfGE 123, 267 (395).

1620 BVerfG, Urt. v. 30.6.2009 – 2 BvE 2, 5/08 u.a., BVerfGE 123, 267 (395); *Buchner*, Kollektiver Rechtsschutz, S. 147 f. Kritisch zur Richtlinie bereits BR-Drs. 155/1/18; ebenso BR-Drs. 155/2/18, S. 3 hinsichtlich der Klagebefugnis. *Nordholtz*, in: ders./Mekat, MFK, § 1 Rn. 42; *Röthemeyer*, MFK, Einf. Rn. 63. S. dazu, dass Deutschland sich bei der Abstimmung im Ministerrat enthalten hat, *Sina*, EU-weite Sammelklagen sollen kommen, tagesschau v. 28.11.2019, https://www.tagesschau.de/ausland/eu-sammelklagen-101.html, zuletzt abgerufen am 1.12.2019.

1621 Ausdrücklich zur Subsidiaritätsprüfung BR-Drs. 155/1/18, S. 1 f.

1622 Allgemein *Geber*, Die Netzanbindung, S. 83; *Geiger*, Kollektiver Rechtsschutz, S. 183; *Wendt*, EuZW 2011, 616 (619).

1623 *Buchner*, Kollektiver Rechtsschutz, S. 149 f.; *Geber*, Die Netzanbindung, S. 83; *Geiger*, Kollektiver Rechtsschutz, S. 183; *Kowollik*, Europäische Kollektivklage, S. 127.

lokaler Ebene ausreichend verwirklicht werden können, sondern vielmehr wegen ihres Umfangs oder ihrer Wirkungen auf Unionsebene besser zu verwirklichen sind“, Art. 5 Abs. 3 EUV. Zur Bestimmung wird dem Gesetzgeber ein weiter Beurteilungs- und Gestaltungsspielraum eingeräumt.[1624] Es ist dabei Aufgabe der Kommission zu begründen, dass die mitgliedstaatlichen Maßnahmen zur Zielerreichung der Union nicht ausreichend sind.[1625] Ausweislich des Richtlinienentwurfes soll sich die Regelung zur Einführung einer Verbandsklage im Rahmen des Subsidiaritätsprinzips des Art. 5 EUV bewegen und verhältnismäßig sein.[1626]

Für die Schaffung einer unionseinheitlichen Lösung spricht die mittlerweile schon eingetretene Zersplitterung des kollektiven Rechtsschutzes innerhalb der EU.[1627] Die Mitgliedstaaten haben teilweise sehr unterschiedliche Rechtsbehelfsinstitute eingeführt, manche sehen weiter ganz von einer Einführung ab.[1628] Dies führt dazu, dass die Verbraucher, aber auch die Unternehmer, EU-weit hinsichtlich des Umfangs ihres Rechtsschutzes unterschiedlich behandelt werden.[1629] Es würde jedoch zu weit greifen, wenn allein diese Divergenz zur Annahme der Kompetenz der Union führen könnte.[1630]

Mit einer einheitlichen Maßnahme auf EU-Ebene soll laut den Gesetzgebungsmaterialien der Waren- und Dienstleistungsaustausch gestärkt werden, indem ein besserer Schutz geboten sowie die Einhaltung des EU-

---

1624 *Buchner*, Kollektiver Rechtsschutz, S. 149; *Geber*, Die Netzanbindung, S. 83.

1625 *Kowollik*, Europäische Kollektivklage, S. 127.

1626 COM(2018) 184 final, Erwägungsgrund (44), S. 29.

1627 *Billen*, in: Brömmelmeyer, Die EU-Sammelklage, 21 (26); *Geiger*, Kollektiver Rechtsschutz, S. 184.

1628 COM(2018) 184 final, S. 8. Europäisches Parlament, Zusammenfassung der Studie über kollektiven Rechtsschutz in den Mitgliedstaaten der Europäischen Union, S. 2 ff., http://www.europarl.europa.eu/RegData/etudes/STUD/2018/608829/IPOL_STU(2018)608829(SUM01)_DE.pdf, zuletzt abgerufen am 5.6.2019. *Augenhofer*, EuZW 2019, 5 (5); *Billen*, in: Brömmelmeyer, Die EU-Sammelklage, 21 (26). Ausführlich mit tabellarischer Übersicht *Meller-Hannich*, Gutachten A 72. DJT, A 17 ff.; *Wernicke*, EuZW 2018, 873 (873); *ders.*, Referat 72. DJT, K 37 (K 38).

1629 COM(2018) 184 final, S. 8. Europäisches Parlament, Zusammenfassung der Studie über kollektiven Rechtsschutz in den Mitgliedstaaten der Europäischen Union, S. 3 f., http://www.europarl.europa.eu/RegData/etudes/STUD/2018/608829/IPOL_STU(2018)608829(SUM01)_DE.pdf, zuletzt abgerufen am 5.6.2019. S.a. *Billen*, in: Brömmelmeyer, Die EU-Sammelklage, 21 (26); *Wernicke*, Referat 72. DJT, K 37 (K 38).

1630 *Geiger*, Kollektiver Rechtsschutz, S. 184; *Kowollik*, Europäische Kollektivklage, S. 127.

Rechts durch die Unternehmer gefördert werden soll.[1631] Somit wird ein einheitliches Vorgehen gegen Verstöße inländischer oder grenzüberschreitender Art gewährleistet.[1632] Gerade bei grenzüberschreitenden Sachverhalten vermag eine Regelung nur auf Ebene der Mitgliedstaaten diese Vereinheitlichung nicht hervorzurufen.[1633] *Kowollik* bringt hervor, dass die Anzahl der grenzüberschreitenden Kollektivklagen in Europa bisher gering ausgefallen ist und sich noch keine massiven Rechtsschutzdefizite herausgestellt haben.[1634] Auch *Wendt* führt an, dass es nicht erwiesen sei, dass die Regelungen der Mitgliedstaaten nicht ausreichend sind.[1635] Allerdings wird sowohl von der Kommission als auch dem Rat vorgebracht, dass das Risiko der Massenschadensereignisse durch die aktuellen Themen der Digitalisierung und Globalisierung der Wirtschaft zunimmt.[1636] Auch *Buchner* führt an, dass das Kaufverhalten der Verbraucher sehr wohl beeinflusst wird.[1637] Dadurch, dass, wie dargelegt, generell keine strengen Anforderungen an diese Merkmale gestellt werden, und der Gesetzentwurf deutlich herausarbeitet, dass die Rechtsschutzdifferenzen zu Problemen führen können, kann die Subsidiarität für grenzüberschreitende Fälle hier noch bejaht werden. Zumal der Richtlinienentwurf keine strikte Klageart vordiktiert, sondern vielmehr Rahmenbedingungen schafft, die die Besonderheiten der mitgliedstaatlichen Rechtsordnung wahren sollen.[1638] Kritisch ist dagegen die vorgesehene Anwendung auf rein nationale Fälle.[1639]

1631 COM(2018) 184 final, S. 8.

1632 COM(2018) 184 final, S. 8.

1633 COM(2018) 184 final, S. 8. *Buchner*, Kollektiver Rechtsschutz, S. 151.

1634 *Kowollik*, Europäische Kollektivklage, S. 127.

1635 *Hakenberg/Kowollik*, EWS 2019, 61 (64); *Wendt*, EuZW 2011, 616 (619). Dazu auch Europäisches Parlament, Zusammenfassung der Studie über kollektiven Rechtsschutz in den Mitgliedstaaten der Europäischen Union, S. 2, http://www.europarl.europa.eu/RegData/etudes/STUD/2018/608829/IPOL_STU(2018)608829(SUM01)_DE.pdf, zuletzt abgerufen am 5.6.2019.

1636 COM(2018) 184 final, S. 8 f.; COM(2018) 40 final, S. 2, mit Bezug auf den VW-Abgasskandal. S.a. Erwägungsgrund 0, ST 14600 2019 INIT, S. 3. *Beck*, in: Husemann/Korves/Rosenkranz, et al., Strukturwandel und Privatrecht, 401 (402); s.a. *Halfmeier*, ZRP 2017, 201 (204).

1637 *Buchner*, Kollektiver Rechtsschutz, S. 154 f.

1638 Ebenso *Buchner*, Kollektiver Rechtsschutz, S. 152, die einen kohärenten Rechtsrahmen für den Verbraucherschutz und die Integration des Binnenmarktes fordert. *Geiger*, Kollektiver Rechtsschutz, S. 184; *Hakenberg/Kowollik*, EWS 2019, 61 (66).

1639 So auch der österreichische Bundesrat, Interinstitutional File: 2018/0089(COD), Proposal for a DIRECTIVE OF THE EUROPEAN PARLIAMENT AND OF THE COUNCIL on representative actions for the protection

In diesem Zusammenhang steht auch der Vorschlag des Rates, der eine Differenzierung zwischen innerstaatlichen und grenzüberschreitenden Verbandsklagen vornimmt. Für erstere beschränkt er die Voraussetzungen auf wenige, für letztere sieht er dahingegen jedoch teilweise sehr detaillierte Anforderungen vor.

Nicht auszuschließen ist, dass sich die Länder gleichwohl für ihre nationalen Regelungen an den Rahmenbedingungen der EU orientieren werden. Dies ist allerdings aufgrund der in Deutschland auf Individualrechtsschutz ausgerichteten, traditionellen Grundstimmung vor allem im Verwaltungsrecht und der generellen Skepsis gegenüber kollektiven Rechtsinstituten eher unwahrscheinlich.

6. Verhältnismäßigkeit, Art. 5 Abs. 4 UAbs. 1 EUV

Außerdem muss neben dem „Dürfen“ auch die Art und Weise der Handlung dem Grundsatz der Verhältnismäßigkeit nach Art. 5 Abs 4 UAbs. 1 EUV entsprechen.[1640] Hier wird dem Gesetzgeber wiederum ein weiter Gestaltungsspielraum zugestanden.[1641] Unzulässig sind dabei zunächst offensichtlich unverhältnismäßige Maßnahmen.[1642] Der Grundsatz besagt, dass die Maßnahmen der Union weder inhaltlich noch formal über das zur Erreichung des Ziels Erforderliche hinausreichen dürfen. Die Schaffung einer einheitlichen kollektiven Klage auf EU-Ebene erweist sich nicht als von vornherein untauglich für die Erreichung der Ziele. Von der Geeignetheit der Maßnahme ist auszugehen.[1643] Auch kann mangels Auffindens von gleich wirksamen alternativen Mitteln die Verhältnismäßig-

---

of the collective interests of consumers, and repealing Directive 2009/22/EC [doc. 7877/18 – COM(2018)184], v. 20.7.2018, 11160/18, S. 4.

1640 *Geber*, Die Netzanbindung, S. 84; in diese Richtung auch *Geiger*, in: ders./Khan/Kotzur, EUV, AEUV, Art. 5 EUV Rn. 17; *Saam*, Kollektive Rechtsbehelfe, S. 262.

1641 EuGH, Urt. v. 12.11.1996 – C-84/94, Slg 1996 I-5793, Rn. 57 f.; im Bereich der Agrarpolitik s.a. EuGH, Urt. v. 20.5.2010 – C-365/08, Slg 2010 I-04341, Rn. 29 ff. S.a. den Schlussantrag d. Generalanwältin *Kokott* v. 23.12.2015 – C-358/14, BeckRS 2015, 82062, Rn. 86, mit dem Hinweis, dass dieser Spielraum auch eingeschränkt werden kann. Zum Spielraum auch *Buchner*, Kollektiver Rechtsschutz, S. 152; *Geber*, Die Netzanbindung, S. 84.

1642 *Geber*, Die Netzanbindung, S. 85; EuGH, Urt. v. 12.11.1996 – C-84/94, Slg 1996 I-5793, Rn. 58; Urt. v. 20.5.2010 – C-365/08, Slg 2010 I-04341, Rn. 30 f.

1643 *Geiger*, Kollektiver Rechtsschutz, S. 185; die Geeignetheit anzweifelnd *Saam*, Kollektive Rechtsbehelfe, S. 263.

keit nicht anhand der Erforderlichkeit verneint werden.[1644] Wie die Erfahrungen mit der Empfehlung aus dem Jahre 2013 zeigen, ist eine unverbindliche Maßnahme nicht ebenso wirksam wie eine verbindliche.[1645]

Letztlich muss eine Abwägung zwischen dem Nutzen der Maßnahme für die Allgemeinheit und der etwaigen Verkürzung von Rechtspositionen der Unionsbürger erfolgen.[1646] Eine für alle verbindliche EU-einheitliche Regelung berührt das nationale Prozessrecht der Mitgliedstaaten nicht nur peripher, sondern stellt einen großen Eingriff darin dar.[1647] *Kowollik* führt zudem an, dass auch die finanziellen Belastungen und der Verwaltungsaufwand für die Beurteilung der Verhältnismäßigkeit herangezogen werden müssen.[1648] Sie spricht sich dafür aus, die existierenden Regeln und Mechanismen der Mitgliedstaaten zu evaluieren und deren Stärken und Schwächen zu prüfen, bevor neue Rechtsschutzinstrumente geschaffen werden.[1649]

Wie in den Gesetzesmaterialien zur Begründung angeführt, muss jedoch auch hier festgehalten werden, dass die Regelungen nur einen Mindeststandard im Sinne von Rahmenregelungen abdecken.[1650] Die genaue Ausgestaltung obliegt den Mitgliedstaaten, sodass diese ihre individuelle Note in ihre nationalen Regelungen einbringen können.[1651] Es soll zu einer Ergänzung der nationalen Regelungen kommen, um ein einheitliches Niveau innerhalb der Union zu erreichen.[1652] Den nationalen Besonderheiten kann aber dennoch Rechnung getragen werden.

Auf den ersten Blick zeugt die vom Rat vorgenomme Zweiteilung der Verbandsklagen – innerstaatlich und grenzüberschreitend – hier für einen praktikablen Kompromiss, um die nationalen Rechtsschutzinstrumente weitgehend beibehalten zu können. Dadurch würde indes dem Merkmal

---

1644 Zur Verordnung als eingriffsintensiveres Mittel *Saam*, Kollektive Rechtsbehelfe, S. 263. Allgemein *Lienbacher*, in: Schwarze, EU-Kommentar, Art. 5 EUV Rn. 38.

1645 *Saam*, Kollektive Rechtsbehelfe, S. 218.

1646 *Geiger*, Kollektiver Rechtsschutz, S. 185; *Lienbacher*, in: Schwarze, EU-Kommentar, Art. 5 EUV Rn. 38, 41. S. dazu auch Art. 5 des Protokolls (Nr. 2) über die Anwendung der Grundsätze der Subsidiarität und der Verhältnismäßigkeit, ABl. EU v. 16.12.2004, C 310/207.

1647 *Kowollik*, Europäische Kollektivklage, S. 128.

1648 *Kowollik*, Europäische Kollektivklage, S. 128.

1649 *Kowollik*, Europäische Kollektivklage, S. 119 f.

1650 COM(2018) 184 final, S. 8. *Geiger*, Kollektiver Rechtsschutz, S. 185; *Meller-Hannich/Krausbeck*, DAR-Extra 2018, 721 (722).

1651 COM(2018) 184 final, S. 8. *Geiger*, Kollektiver Rechtsschutz, S. 185.

1652 COM(2018) 184 final, S. 8.

der Grenzüberschreitung besondere Bedeutung zukommen. Sie wäre ausschlaggebend für die Wahl des Rechtsinstituts. Bei unterschiedlicher Ausgestaltung der innerstaatlichen sowie grenzüberschreitenden Verbandsklagen könnte es somit zu einem Ungleichgewicht zwischen den nationalen und europäischen Regelungen kommen, was Tür und Tor für Missbrauch, z.B. durch fingierte Schaffung einer Grenzüberschreitung, eröffnet.[1653]

Dennoch ist die Intention der einheitlichen europäischen Sammelklagen aus Schutz vor Zersplitterung im Bereich des kollektiven Rechtsschutzes, ohne dass eine Vollharmonisierung angestrebt wird, begrüßenswert. Bei Vollharmonisierung würde den Mitgliedstaaten eine verbindliche Vorgehensweise „vordiktiert" werden, was einen Eingriff in die nationalen prozessrechtlichen Regelungen bedeutet und unverhältnismäßig wäre.[1654] Durch die Wahl von Handlungsempfehlungen, die zwar durch die Form der Richtlinie gemäß Art. 288 Abs. 3 AEUV rechtsverbindliche Wirkung zeitigen, wird den Mitgliedstaaten ein Spielraum gelassen, um die neuen Regelungen gerade an ihre bestehende Rechtsordnung anzupassen, sodass von der Verhältnismäßigkeit der Regelungen auszugehen ist.[1655]

7. Fazit zur Regelungskompetenz der EU

Zusammenfassend ist festzuhalten, dass der Richtlinienentwurf mangels Kompetenzgrundlage als Sekundärrecht gegen das vertragliche Primärrecht verstößt. Die Wahl der falschen Kompetenzgrundlage führt demnach von vornherein dazu, den Richtlinienentwurf als nichtig zu bewerten.[1656] Allein die Tatsache, dass der Richtlinienentwurf und der Vorschlag des Rates Art. 114 AEUV als einschlägig benennen, führt noch nicht zu der Annahme, dass diese Vorschrift auch tatsächlich greift. Für die Einschlägigkeit dieser Norm fehlt es an der objektiven Komponente. So kann bisher nicht nachgewiesen werden, dass es ohne die Einführung einer einheitlichen Klage zu Wettbewerbsverzerrungen oder einer Beeinträchtigung der Grundfreiheiten kommt. Aus dem gleichen Grund kann auch der in den Entwürfen genannte Art. 169 Abs. 1, 2 lit. a AEUV nicht als Kompetenz-

1653 Dazu *Kowollik*, Europäische Kollektivklage, S. 140.

1654 *Kowollik*, Europäische Kollektivklage, S. 128.

1655 *Geiger*, Kollektiver Rechtsschutz, S. 185; COM(2018) 184 final, S. 8. S.a. *Kowollik*, Europäische Kollektivklage, S. 138 ff., die einen kohärenten Referenzrahmen für Kollektivklagen geschaffen hat.

1656 EuGH, Urt. v. 6.9.2012 – C-490/10, BeckRS 2012, 81820, Rn. 87; *Geber*, Die Netzanbindung, S. 73, 83.

grundlage herangezogen werden. Mangels Begrenzung auf rein grenzüberschreitende Sachverhalte findet Art. 81 Abs. 1, 2 lit. e und f AEUV ebenso wenig Anwendung. Die Auffangnorm des Art. 352 Abs. 1 AEUV birgt aufgrund ihres Einstimmigkeitserfordernisses die Gefahr, dass dieses nicht erfüllt wird und ist daher nicht ausreichend. Ein anderes Ergebnis ergibt sich auch nicht durch die Wahrung des Subsidiaritäts- und Verhältnismäßigkeitsprinzips. Die Richtlinie wäre insgesamt als nichtig zu werten.

Es könnte einerseits im Wege der Nichtigkeitsklage gemäß Art. 263 AEUV und andererseits auch durch eine Gültigkeitsvorlage gemäß Art. 267 UAbs. 1 lit. b AEUV gegen diesen Rechtsakt vorgegangen werden.[1657]

IV. Inhalt der Richtlinienvorschläge

1. Wer soll klagen können

Hinsichtlich der konkreten Ausgestaltung der Sammelklagen stehen sich mittlerweile drei mehr oder weniger divergierende Entwürfe gegenüber. Für die finale Ausgestaltung der Richtlinie muss erst noch eine Einigung gefunden werden, sodass zum jetzigen Zeitpunkt keine konkreten Aussagen über den endgültigen Regelungsinhalt gemacht werden können.[1658] Nachfolgend werden daher lediglich die wesentlichen Inhalte der Entwürfe ausschnittsweise vorgestellt.

a) (repräsentative) qualifizierte Einrichtungen

Art. 1 Abs. 1 RL-E gewährt qualifizierten Einrichtungen das Recht zur Erhebung von Verbandsklagen. Die Entschließung des Europäischen Parlaments fügt das Adjektiv „repräsentativ“ hinzu.[1659] Dieses adjektivische Attribut unterstreicht die Stellung der Verbände. Jene treten repräsentativ, sprich stellvertretend,[1660] an die Position der Betroffenen und werden Par-

---

1657 *Geber*, Die Netzanbindung, S. 73.

1658 *Beisel/Finke*, Überraschender Schritt zur europäischen Sammelklage, SZ v. 28.11.2019; *Sina*, EU-weite Sammelklagen sollen kommen, tagesschau v. 28.11.2019.

1659 P8_TA-PROV(2019)0222, Abänderung 31.

1660 Als weitere Synonyme führt Duden „in Vertretung“ sowie „charakteristisch“ an, https://www.duden.de/rechtschreibung/repraesentativ, zuletzt abgerufen

tei des Verfahrens.[1661] Ähnlich wie auch im deutschen Recht kann nicht jede beliebige Stelle klagen. Zur Klage befugt sind nur solche (repräsentative) Einrichtungen, die sich durch besondere Merkmale von anderen Einrichtungen abgrenzen, sich dadurch besonders *qualifizieren*.[1662] Diese qualifizierenden Voraussetzungen werden in Art. 4 Abs. 1 UAbs. 2 RL-E konkretisiert: Die Einrichtung muss danach (lit. a) ordnungsgemäß im Sinne des Rechts des jeweiligen Mitgliedstaates errichtet werden, (lit. b) sie muss gewährleisten, ein berechtigtes Interesse an der Einhaltung der von der Richtlinie umfassten Bestimmungen des Unionsrechts zu haben, darüber hinaus (lit. c) darf sie keinen Erwerbszweck verfolgen.

Für die ordnungsgemäße Errichtung einer qualifizierten Einrichtung nach nationalem Recht sollen die Mitgliedstaaten Transparenzanforderungen hinsichtlich ihrer Gründungsurkunde, Verwaltungsstruktur, Ziele und Arbeitsmethoden erstellen.[1663] Das berechtigte Interesse an der Einhaltung der betroffenen Bestimmungen des Unionsrechts hat sich ausweislich der Entschließung des Europäischen Parlaments bereits aus der Satzung oder anderen Unterlagen zur Ausübung der Leitungsfunktion der Einrichtung zu ergeben.[1664] Zu der dritten Voraussetzung, dass kein Erwerbszweck verfolgt werden darf, wurden vom Parlament nochmals drei weitere Aspekte innerhalb Art. 4 Abs. 1 UAbs. 2 lit. c Entschließung des Europäischen Parlaments hinzugefügt. Demnach ist erforderlich, dass (lit. ca) die Einrichtung unabhängig von anderen Einrichtungen und Personen, die ein wirtschaftliches Interesse am Ausgang der Verbandsklage haben könnten, handelt, (lit. cb) sie keine finanziellen Vereinbarungen mit Anwaltskanzleien, die die Belange der Kläger vertreten, außer gewöhnliche Dienstleistungsverträge unterhält und sie (lit. cc) interne Verfahren zur Verhütung von Interessenkonflikten zwischen sich selbst und ihren Geldgebern einführt.[1665]

Wesentlich strenger sind hier die Regelungen zur Musterfeststellungsklage, die neben einer Mindestanzahl, Gründungszeitraum, Zwecksetzung

---

am 5.6.2019. Instruktiv zur "Repräsentation" im Öffentlichen Recht *Leisner*, DÖV 2019, 359.

1661 COM(2018) 184 final, Erwägungsgrund (15), S. 24; P8_TA-PROV(2019)0222, Abänderung 10.

1662 COM(2018) 184 final, Erwägungsgrund (10), S. 23; P8_TA-PROV(2019)0222, Abänderung 9.

1663 P8_TA-PROV(2019)0222, Abänderung 9. Noch unverbindlicher COM(2018) 184 final, Erwägungsgrund (10), S. 23, hier Anforderungen umfassen *könnte*.

1664 P8_TA-PROV(2019)0222, Abänderung 43.

1665 P8_TA-PROV(2019)0222, Abänderung 44 ff.

und Finanzierung weitere Anforderungen an die qualifizierten Einrichtungen stellen.[1666] Da der Richtlinienentwurf nur Mindeststandards gewährleisten will, wäre eine solche Verschärfung jedoch möglich.

Auch der Entwurf des Rates greift in mancher Hinsicht strengere Anforderungen auf. Er differenziert hinsichtlich der klagebefugten Stellen danach, ob eine innerstaatliche oder grenzüberschreitende Verbandsklage eingelegt werden soll.[1667] Als innerstaatliche definiert er in Art. 3 Abs. 4a, Verbandsklagen von einer qualifizierten Einrichtung *in* dem Mitgliedstaat, in dem sie benannt wurde; grenzüberschreitend sind dementsprechend gemäß Art. 3 Abs. 4b Vorschlag des Rates solche Verbandsklagen in einem *anderen* Mitgliedstaat als dem benennenden.[1668]

Während der Rat die Bestimmung der Voraussetzungen für qualifizierte Einrichtungen für die Zwecke innerstaatlicher Verbandsklagen größtenteils den Mitgliedstaaten überlässt, Art. 4 Vorschlag des Rates, gibt er für Einrichtungen zum Zwecke grenzüberschreitender Verbandsklagen in Art. 4a Abs. 3 Vorschlag des Rates strenge Kriterien vor.[1669] Besonders auffallend ist dabei, dass eine Bestandsdauer von achtzehn Monaten, wobei eine Tätigkeit zum Schutze der Verbraucherinteressen nachweislich mindestens zwölf Monate bestehen muss (lit. a), gefordert wird. Ebenso neu ist, dass die Einrichtung finanziell solide und stabil sein soll (lit. caa). Speziell ist auch, dass Angaben zu den vorstehenden Kriterien sowie zu den Finanzierungsquellen auf der eigenen Website zu erfolgen haben (lit. cc).

Diese zweigeteilte Entwicklung des Rates ist kritisch zu betrachten. Besonders für innerstaatliche Verbandsklagen entstehen Regelungsfreiräume, die in Anbetracht der später noch ausführlich dargestellten Probleme bei Umweltverbandsklagen, zu Umsetzungsschwierigkeiten führen können.[1670] Dort zeigt sich insbesondere, dass der EuGH nicht immer die Auslegung des deutschen Gesetzgebers teilt und dann auf nationaler Ebene nachgebessert werden muss.

Insgesamt besteht insofern Einigkeit, dass die Klagebefugnis auf (repräsentative) qualifizierte Stellen übertragen wird. Hinsichtlich der Anforderungen an die Qualifizierung gibt es jedoch Divergenzen in essentiellen Fragen. Während der ursprüngliche Entwurf der Kommission nur wenige Anforderungen an die Qualifizierung gestellt hat, sieht der Entwurf des

---

1666 *Meller-Hannich/Krausbeck*, DAR-Extra 2018, 721 (725).
1667 ST 14600 2019 INIT, S. 39 f.
1668 ST 14600 2019 INIT, S. 37.
1669 ST 14600 2019 INIT, S. 41.
1670 Ausführlich zur Verbandsklage im Umweltrecht s. Kapitel 3 E III.

Rates vor allem für grenzüberschreitende Verbandsklagen strenge Voraussetzungen vor. Auf welche Anforderungen sich letztlich geeinigt wird, ist daher noch offen.

b) Gründungszeitpunkt

Im Kommissionsvorschlag findet sich hinsichtlich des Zeitpunkts der Gründung der Einrichtung eine wesentliche Abweichung zur deutschen Rechtslage. Art. 4 Abs. 2 RL-E legt ausdrücklich fest, dass eine ad hoc-Benennung der Einrichtung bei Erfüllung der Voraussetzungen erfolgen kann.[1671] Abweichend vom deutschen Recht müsste danach keine Zeitspanne im Umfang der regelmäßigen Verjährung zugewartet werden, bevor eine Vereinigung einen Rechtsbehelf einlegen können soll. Die Entschließung des Europäischen Parlaments stimmt wiederum mit der deutschen Rechtslage überein und streicht die Möglichkeit der ad hoc-Gründung ausnahmslos.[1672]

Der Entwurf des Rates differenziert. Er hält für innerstaatliche Verbandsklagen eine ad hoc-Gründung lediglich für möglich, Art. 4 Abs. 4b Vorschlag des Rates.[1673] Für grenzüberschreitende Verbandsklagen lehnt er diese Möglichkeit aufgrund erforderlicher, gemeinsamer Schutzmaßnahmen vollständig ab.[1674] Es ist daher wahrscheinlich, dass im Bereich der Europäischen Sammelklagen keine Pflicht der Mitgliedstaaten zur Anerkennung von ad hoc-Gründungen eingeführt werden wird, sodass die deutsche Rechtslage keiner Nachbesserung bedürfte.

c) Quorum

Anders als die deutsche Musterfeststellungsklage wird die Anwendbarkeit der Richtlinie nicht an ein großes Quorum von Betroffenen geknüpft. Ausweislich des durch das Europäische Parlament vorgeschlagenen Erwägungsgrundes 6a ist nur das Vorliegen von Verstößen gegen die im Zusammenhang mit den im Anhang I aufgeführten Vorschriften erforderlich, die

---

1671 So auch schon die Empfehlung der Kommission 2003/396/EU, Erwägungsgrund 18, Ziff. 3d), 6, 10.

1672 P8_TA-PROV(2019)0222, Abänderung 49.

1673 ST 14600 2019 INIT, S. 39.

1674 Erwägungsgrund 11 Vorschlag des Rates, ST 14600 2019 INIT, S. 12.

eine breite Wirkung für Verbraucher zeitigen, was laut Satz 2 bereits bei zwei betroffenen Verbrauchern anzunehmen ist.[1675] Der Vorschlag des Rates überlässt den Mitgliedstaaten die Bestimmung eines Quorums.[1676] Eine genaue Festsetzung ist daher noch nicht abzusehen.

d) Publizität

Hinsichtlich der Publizität sind die verschiedenen Vorschläge zumindest inhaltlich sehr ähnlich. Eine wesentliche Abweichung findet sich im Vorschlag des Rates, der für innerstaatliche Verbandsklagen lediglich in Art. 4 Abs. 4c Vorschlag des Rates eine Veröffentlichung von Informationen über die qualifizierten Einrichtungen vorschreibt, ohne dies näher zu konkretisieren. Alles weitere überlässt er den Mitgliedstaaten.

Alle sonstigen, häufig mit den anderen Entwürfen übereinstimmenden, Publikationspflichten beschränkt der Rat auf die grenzüberschreitenden Verbandsklagen.

Der ursprüngliche Richtlinienentwurf der Kommission sieht vor, dass sofern eine Einrichtung die Voraussetzungen des Art. 4 Abs. 1 UAbs. 2 RL-E erfüllt, die Mitgliedstaaten diese auf ihr Ersuchen hin vorab benennen und in ein öffentlich zugängliches Verzeichnis eintragen, Art. 4 Abs. 1 RL-E. Der Rat übernimmt diese Vorschrift bis auf den Zusatz „vorab" in Art. 4a Abs. 1 Vorschlag des Rates. Für die nötige länderübergreifende Information über die klagebefugten qualifizierten Einrichtungen anderer Mitgliedstaaten schreiben sowohl Art. 16 Abs. 3 S. 1, 2 RL-E als auch Art. 4a Abs. 3b Vorschlag des Rates vor, dass die Mitgliedstaaten der Kommission das jeweilige Verzeichnis der (vorab) benannten, qualifizierten Einrichtungen unter Angabe des Namens und Zwecks der qualifizierten Einrichtung zukommen lassen. Nach Art. 16 Abs. 3 S. 3 RL-E macht die Kommission diese Informationen öffentlich zugänglich und aktualisiert sie. Art. 4a Abs. 3b UAbs. 2 Vorschlag des Rates sieht konkret eine mindestens jährliche Aktualisierungspflicht vor.

Die Erfüllung der Eintragungsvoraussetzungen soll der regelmäßigen Prüfung durch die eintragenden Mitgliedstaaten unterstehen, die den qualifizierten Einrichtungen bei nicht oder nicht aufrechterhaltender Erfül-

---

1675 P8_TA-PROV(2019)0222, Abänderung 6; kritisch, inwiefern hier von kollektiven Interessen gesprochen werden kann, *Lühmann*, NJW 2019, 570 (570). Zur urspünglichen Regelung der Kommission *Augenhofer*, EuZW 2019, 5 (12).

1676 ST 14600 2019 INIT, S. 6.

lung den Status als qualifizierte Einrichtung entziehen, Art. 4 Abs. 1 UAbs. 3 RL-E. Für diese Überprüfung sieht der Rat ein Zeitfenster von mindestens fünf Jahren vor, Art. 4a Abs. 4.

Die Mitgliedstaaten sind nach dem Kommissionsvorschlag gemäß Art. 16 Abs. 1 RL-E sowie nach Art. 4b Abs. 3 Vorschlag des Rates dazu angehalten, das Verzeichnis der qualifizierten Einrichtungen gegenseitig zu akzeptieren und so auch eingetragene qualifizierte Einrichtungen eines anderen Mitgliedstaates unter Vorlage des Verzeichnisses als klagebefugt anzusehen, unbeschadet ihres Rechts zu prüfen, ob die Klage im konkreten Fall von Satzungszweck gedeckt ist. Anders in diesem Punkt ist die Entschließung des Europäischen Parlaments. Danach wird den Gerichten und Verwaltungsbehörden gerade ein Überprüfungsrecht der Klagebefugnis eingeräumt.[1677] Auch der Entwurf des Rates gewährt den Mitgliedstaaten in Art. 4b Abs. 4, die Schaffung eines Überprüfungsrechts der Gerichte bzw. der Verwaltungsbehörden hinsichtlich der Erfüllung der Klagebefugniskriterien (nach Art. 4a Abs. 3) bei berechtigten Bedenken.

Ferner können die anderen Mitgliedstaaten sowie die Kommission selbst ihre Bedenken gegen die Klagebefugnis einer qualifizierten Einrichtung hervorbringen, Art. 16 Abs. 4 RL-E, Art. 4a Abs. 5 Vorschlag des Rates.[1678] Gemäß Art. 16 Abs. 4 Entschließung des Europäischen Parlaments sowie auch Art. 4a Abs. 5 Vorschlag des Rates muss der eintragende Mitgliedstaat diese Bedenken überprüfen und ggf. die Benennung aufheben.[1679] Die Entschließung des Europäischen Parlaments sieht zudem auch ein solches Recht für die Unternehmer vor, Art. 16 Abs. 4 Entschließung des Europäischen Parlaments.[1680]

Unabhängig von der generellen Erfüllung der in Art. 4 Abs. 1 S. 2 RL-E genannten, erforderlichen Voraussetzungen, soll es dem Gericht oder der Verwaltungsbehörde freistehen zu prüfen, ob der Zweck der Einrichtung diese auch im konkreten Fall zur Klageerhebung nach Art. 5 Abs. 1 RL-E berechtigt, Art. 4 Abs. 5 RL-E, Art. 4b Abs. 3 UAbs. 1 Vorschlag des Rates. Dieses Überprüfungsrecht soll den Mitgliedstaaten nach Art. 16 Abs. 1 S. 2 RL-E auch bei Vorlage des Verzeichnisses eines anderen Mitgliedstaates nach Art. 16 Abs. 1 S. 1 RL-E erhalten bleiben. Der Vorschlag des Rates sieht zudem eine Ergänzung der Überprüfungsmöglichkeiten des Gerichts oder der Verwaltungsbehörde vor, die darauf gerichtet ist, zu prüfen, ob

1677 P8_TA-PROV(2019)0222, Abänderung 97.
1678 COM(2018) 184 final, S. 4.
1679 P8_TA-PROV(2019)0222, Abänderung 99.
1680 P8_TA-PROV(2019)0222, Abänderung 99.

eine Finanzierung Dritter mit wirtschaftlichen Eigeninteressen vorliegt, Art. 4b Abs. 3 UAbs. 2 Vorschlag des Rates.

Insgesamt besteht ein generelles Interesse an Publizität, damit Transparenz und gegenseitige Akzeptanz, aber auch Kontrolle zwischen den Mitgliedstaaten hergestellt wird.

e) Finanzierung

Ferner müssten sich die qualifizierten Einrichtungen gemäß Art. 7 RL-E vollkommener Transparenz hinsichtlich ihrer Finanzierung unterwerfen. Dabei wird neben der Angabe der sie unterstützenden Mittel im Allgemeinen auch die Offenlegung der für die konkrete Klage aufgewandten Mittel verlangt, Art. 7 Abs. 1 S. 1 RL-E.[1681] Zudem ist erforderlich, dass die klagende Stelle über ausreichende finanzielle Mittel sowohl zur Prozessführung als auch bei Unterliegen des Prozesses verfügt, Art. 7 Abs. 1 S. 2 RL-E. Sollte die Verbandsklage von einem Dritten finanziert werden, so bestimmt Art. 7 Abs. 2 NDfC, dass dieser a) nicht auf die Entscheidung der qualifizierten Einrichtung einwirken darf, und b) die Mittel nicht für eine Kollektivklage gegen seinen Wettbewerber oder jemanden, zu dem er in Abhängigkeit steht, bereitgestellt werden dürfen. Die Mitgliedstaaten haben wiederum dafür Sorge zu tragen, dass die Gerichte respektive Verwaltungsbehörden zur Überprüfung dieser Kriterien befugt sind, Art. 7 Abs. 3 RL-E. Diese Normen sollen einen möglichen Interessenskonflikt zwischen dem finanzierenden Dritten und der klagebefugten qualifizierten Einrichtung vermeiden.[1682] Außerdem soll somit überprüft werden können, ob der Dritte auch im Falle einer Niederlage über ausreichend finanzielle Mittel zur Erfüllung der Verpflichtungen gegenüber den qualifizierten Einrichtungen verfügt.[1683] Weniger streng erweist sich hier die Musterfeststellungsklage. Gemäß § 606 Abs. 1 S. 3 ZPO wird eine Auskunft über die finanziellen Mittel nur bei ernsthaften Zweifeln verlangt.[1684]

Um den klagenden Stellen die Klageerhebung zu erleichtern, bestimmt Art. 15 Abs. 1 RL-E, dass die Verfahrenskosten nicht zum Hindernis der Klage werden sollen, indem die Gerichtskosten bzw. Verwaltungsgebühren begrenzt und bei Bedarf Prozesskostenhilfe oder zweckgebundene öf-

1681 S. zur Finanzierung auch *Domej*, ZEuP 2019, 446 (463 ff.).
1682 COM(2018) 184 final, S. 17.
1683 COM(2018) 184 final, S. 17.
1684 D IV 5.

fentliche Mittel gewährt werden können.[1685] Dies ist vor allem vor dem Hintergrund der strengen Kontrolle und eingeschränkten Beschaffung ihrer finanziellen Mittel gemäß Art. 7 RL-E wichtig, weshalb Art. 15 Abs. 1 Entschließung des Europäischen Parlaments diesen ausdrücklich in den Normtext miteinbezieht.[1686] Darin ordnet das Parlament zudem an, dass die Mitgliedstaaten dafür Sorge tragen, dass die Einrichtungen über ausreichende finanzielle Mittel für eine Klageerhebung verfügen.[1687] Zudem sieht es einen Absatz 1a für Art. 15, der bestimmt, dass die Mitgliedstaaten strukturelle Unterstützung leisten, vor.[1688]

Der Vorschlag des Rates streicht Art. 7 gänzlich und differenziert an dieser Stelle erneut zwischen innerstaatlichen und grenzüberschreitenden Verbandsklagen. Für erstere trifft er keine weiteren Einschränkungen. Für grenzüberschreitende Verbandsklagen nimmt er die Finanzierung in die Kriterien für die Erreichung einer Qualifizierung auf. Die Einrichtung muss finanziell solide und stabil sein, Art. 4a Abs. 3 c, caa Vorschlag des Rates.[1689] Zum Verbot der Einflussnahme findet sich eine entsprechende Regelung in Art. 4a Abs. 3 c, cb Vorschlag des Rates, zur Offenlegung der Finanzierung in Art. 4a Abs. 3 c, cc Vorschlag des Rates.[1690] Hinsichtlich der Finanzierung bestimmt Art. 5 Abs. 4a Vorschlag des Rates, dass den Verbrauchern nur in Ausnahmefällen gemäß den nationalen Vorschriften die Verfahrenskosten auferlegt werden können. Zudem ist es möglich, Beitrittsgebühren oder Teilnahmegebühren zu erheben. Art. 15 Abs. 1 Vorschlag des Rates ist nicht auf finanzielle Hindernisse beschränkt, sondern allgemein auf die Unterstützung zur Überwindung unüberwindlicher Hindernisse erweitert.

Auch wenn systematisch an anderen Stellen verortet, so zeigt sich, dass hinsichtlich der Anforderungen an die Finanzierung ähnliche Schwerpunkte vorliegen. Wichtig ist allen, dass die Finanzierung gesichert und transparent ist, keinen Raum für Beeinflussung von Dritten bietet, indes auch keine Hemmschwelle für die Klageerhebung darstellt.

1685 COM(2018) 184 final, S. 19.
1686 P8_TA-PROV(2019)0222, Abänderung 94.
1687 P8_TA-PROV(2019)0222, Abänderung 94.
1688 P8_TA-PROV(2019)0222, Abänderung 95.
1689 ST 14600 2019 INIT, S. 41.
1690 ST 14600 2019 INIT, S. 41.

f) Besonderheiten

Ausweislich Art. 4 Abs. 3 S. 1 RL-E ist es Aufgabe der Mitgliedstaaten sicherzustellen, dass vor allem Verbraucherorganisationen und unabhängige öffentliche Stellen die Merkmale einer qualifizierten Einrichtung erfüllen. Dem stehen auch länderübergreifende Mitgliedschaften nicht entgegen, Art. 4 Abs. 3 S. 2 RL-E. Der Vorschlag des Rates ordnet sowohl für innerstaatliche als auch für grenzüberschreitende Verbandsklagen nur an, dass die Mitgliedstaaten hinsichtlich der Verbraucherorganisationen sicherstellen, dass diese den Status einer qualifizierten Einrichtung beantragen können, Art. 4 Abs. 3, Art. 4a Abs. 1 Vorschlag des Rates.[1691] Bezüglich der öffentlichen Stellen findet sich jeweils nur eine „kann"-Formulierung, Art. 4 Abs. 4a, Art. 4a Abs. 2 Vorschlag des Rates, sodass die Entscheidung, ob öffentliche Stellen als qualifizierte Einrichtung benannt werden, den Mitgliedstaaten überlassen wird.

Gemäß Art. 16 Abs. 2 RL-E ist vorgesehen, dass mehrere qualifizierte Einrichtungen aus verschiedenen Mitgliedstaaten gemeinsam oder durch eine qualifizierte Einrichtung eine Verbandsklage erheben können. Vergleichbares bestimmt Art. 4 Abs. 2 Vorschlag des Rates.[1692]

Den Mitgliedstaaten *und* der Kommission soll es des Weiteren obliegen, die Zusammenarbeit zwischen den qualifizierten Einrichtungen und deren Erfahrungsaustausch zu unterstützen sowie zu fördern, Art. 15 Abs. 3 RL-E.[1693] Dies soll ausweislich des Normtextes vor allem der verstärkten Anwendung von Verbandsklagen gegen grenzüberschreitende Verstöße dienen.[1694] Der Vorschlag des Rates sieht nur noch eine Verpflichtung der Kommission vor, Art. 15 Abs. 3 Vorschlag des Rates.[1695]

Daneben schreibt Art. 4 Abs. 1 UAbs. 3 S. 1 Entschließung des Europäischen Parlaments den Mitgliedstaaten vor, dass die qualifizierten repräsentativen Einrichtungen in einfacher und verständlicher Sprache auf geeignete Weise öffentlich über ihre Finanzierung und Strukturen, Ziele, Arbeitsmethoden und Tätigkeiten informieren.[1696] Auch der Vorschlag des Rates bestimmt in Art. 4 Abs. 3 c, cc, dass Angaben über Qualifizierungskriterien sowie die Finanzierungsquellen auf der einrichtungseigenen Website zu

---

1691 ST 14600 2019 INIT, S. 39 f.
1692 ST 14600 2019 INIT, S. 43.
1693 COM(2018) 184 final, S. 19.
1694 COM(2018) 184 final, S. 19.
1695 ST 14600 2019 INIT, S. 58.
1696 P8_TA-PROV(2019)0222, Abänderung 47.

publizieren sind.[1697] Somit fordern beide Entwürfe eine hohe Transparenz von den qualifizierten Einrichtungen.

Im ursprünglichen Vorschlag der Kommission war es den einzelnen Mitgliedstaaten ferner gemäß Art. 4 Abs. 4 RL-E vorbehalten, Abstufungen, welche qualifizierten Einrichtungen alle oder ggf. nur eine der Maßnahmen des Art. 5 und 6 erwirken können, zu treffen. Diese Regelung wurde durch das Parlament gestrichen und findet auch im Vorschlag des Rates kein Pendant.[1698]

2. Was und wie kann eingeklagt werden

a) Anwendungsbereich

Art. 2 RL-E ist mit dem Titel Anwendungsbereich versehen und konkretisiert diesen auf Verstöße gegen die im Anhang I genannten Vorschriften des Unionsrechts. Dieser Anhang wurde innerhalb des Richtlinienentwurfs im Verhältnis zur Unterlassungsklagerichtlinie 2009/22/EG erweitert und ist ausweislich der Materialien stetig zu aktualisieren und anzupassen.[1699] Die Entschließung des Europäischen Parlaments sieht eine Erstreckung auf weitere sechs Rechtsgebiete vor.[1700] Der Vorschlag des Rates benennt sogar neun weitere Rechtsgebiete, von denen jedoch nur eines dem Vorschlag des Parlaments entspricht.[1701] Es ist also auch hier offen, wie umfangreich der Anwendungsbereich ausgestaltet sein wird. In Bezug auf den Abgasskandal weisen *Meller-Hannich* und *Krausbeck* zudem darauf hin, dass die EU-Regelungen zur Typengenehmigung nicht in den Katalog aufgenommen wurden.[1702]

1697 ST 14600 2019 INIT, S. 41.

1698 P8_TA-PROV(2019)0222, Abänderung 51.

1699 COM(2018) 184 final, S. 16; Erwägungsgrund 6d Vorschlag des Rates, ST 14600 2019 INIT, S. 21. *Augenhofer*, EuZW 2019, 5 (11); s.a. *Meller-Hannich/Krausbeck*, DAR-Extra 2018, 721 (722); *Scholl*, ZfPW 2019, 317 (354). Kritisch insbesondere, da zu wenige umweltrelevante Rechtsakte umfasst seien und eine Generalklausel hinsichtlich des Verbraucherschutzes fehle *Wagner*, EurUP 2019, 185 (191 f.).

1700 P8_TA-PROV(2019)0222, Abänderung 103–108; *Scholl*, ZfPW 2019, 317 (354).

1701 ST 14600 2019 INIT, S. 63 ff.

1702 *Meller-Hannich/Krausbeck*, DAR-Extra 2018, 721 (722). Allgemein zum Typengenehmigungsrecht für PKW *Schmidt-Kötters/Geber*, NVwZ 2019, 1809 ff.

Auffallend im Unterschied zur deutschen Musterfeststellungsklage ist, dass die im Anhang aufgelisteten Vorschriften nach dem deutschen Verständnis nicht alle dem Zivilrecht zuzuordnen sind. So findet sich neben dem Umweltrecht auch das Datenschutzrecht. Beides wird innerhalb der deutschen Rechtsordnung als Querschnittsmaterie bezeichnet.[1703] Sie sind nicht ausschließlich dem privaten oder dem öffentlichen Recht zuzuweisen. Vor allem das Umweltrecht wird in Deutschland häufig vor den Verwaltungsgerichten eingeklagt, allerdings erfolgt die Abgrenzung zwischen privatem und öffentlichem Recht in anderen Mitgliedstaaten und auch Unionsebene nicht anhand deutscher Vorstellungen.

Insgesamt hat man sich auf europäischer Ebene für einen Anwendungskatalog im Anhang und damit gegen eine allgemein gültige Geltung der Verbandsklagemöglichkeit ausgesprochen. Das bedeutet für die Gesetzgeber der einzelnen Mitgliedstaaten, dass sie nicht dazu verpflichtet sind, eine allumfassende kollektive Klagemöglichkeit zu erschaffen. Dennoch würde eine überobligatorische Umsetzung nicht verwehrt werden.[1704]

b) Konkrete Ausgestaltung

Die Verbandsklage soll gemäß Art. 5 Abs. 1 RL-E erhoben werden können, „sofern ein direkter Zusammenhang zwischen den Hauptzielen der Einrichtung und den nach dem Unionsrecht gewährten Rechten besteht, deren Verletzung mit der Klage geltend gemacht wird“.

In Abgrenzung zur Anwendung der nationalen Regelungen sieht die Entschließung des Europäischen Parlaments nun eine Erweiterung diesen Absatzes vor und stellt klar, dass die qualifizierten repräsentativen Einrichtungen sich frei für ein Verfahren nach nationalem oder EU-Recht entscheiden können, je nachdem, welches den stärkeren Schutz der kollektiven Verbraucherinteressen bringt, Art. 5 Abs. 1 UAbs. 2 Entschließung des Europäischen Parlaments.[1705] Außerdem soll von den Mitgliedstaaten sichergestellt werden, dass keine anderweitig anhängige Klage in einem Mitgliedstaat erhoben wurde, die dieselbe Praktik, denselben Unterneh-

---

1703 *Ingold/Münkler*, EurUP 2018, 468 (484).

1704 S. dazu auch ausdrücklich den Erwägungsgrund 6e des Vorschlags des Rates, ST 14600 2019 INIT, S. 7.

1705 P8_TA-PROV(2019)0222, Abänderung 53.

mer und Verbraucher betrifft, Art. 5 Abs. 1 UAbs. 3 Entschließung des Europäischen Parlaments.[1706]

In Art. 5 Abs. 2, 3 RL-E wird sodann dargestellt, was durch die Verbandsklage erreicht werden soll. Nach Art. 5 Abs. 2 UAbs. 1 lit. a RL-E ist es zunächst möglich, eine einstweilige Verfügung zur Beendigung der Praktik oder bei bisher unangewendeter Praktik ihr Verbot anzustreben. Gemäß lit. b dieser Vorschrift kann eine Verfügung erreicht werden, mit der einerseits festgestellt wird, dass die Praktik eine Rechtsverletzung darstellt und mit der andererseits die Praktik beendet oder vorab verboten werden kann.

Außerdem sollen gemäß Absatz 3 Verbandsklagen erhoben werden können, die Maßnahmen zur Beseitigung erwirken. Näher konkretisiert werden diese Maßnahmen in Art. 6 RL-E. Darin vorgesehen werden u.a. Entschädigungs-, Reparatur- oder Ersatzleistungen, Preisminderung, Kündigung sowie Preisrückerstattung. Der Richtlinienentwurf stellt zugleich in Art. 5 Abs. 4 RL-E noch fest, dass diese Abhilfemaßnahmen gemeinsam mit dem Feststellungsbegehren aus Art. 5 Abs. 2 UAbs. 1 lit. b RL-E eingeklagt werden können. Dies ergibt sich aufgrund der Streichung dieser Regelung durch das Parlament während des Gesetzgebungsverfahrens in dessen Vorschlag aus dem 13. Erwägungsgrund.[1707] Ebenso modifiziert wird, dass die Abhilfemaßnahme nicht mehr notwendigerweise auf die rechtskräftige Feststellung des Rechtsverstoßes gestützt werden muss, so noch Art. 5 Abs. 3 S. 2 RL-E.[1708]

Die Regelungen des Vorschlags des Rates verfolgen eine andere Systematik. Während in Art. 5 Abs. 2 dieses Vorschlags nur allgemein aufgezählt wird, dass Unterlassungsverfügungen (a) und Abhilfemaßnahmen (ba) möglich sind, konkretisiert Art. 5a die Bestimmungen für Unterlassungsverfügungen und Art. 5b die Bestimmungen für Abhilfemaßnahmen.[1709]

Die aufgezählten Abhilfemaßnahmen in Art. 5b Abs. 1 Vorschlag des Rates entsprechen denen des Entwurfs der Kommission. In Absatz 3a wird noch hinzugefügt, dass die beteiligten Verbraucher sich nicht einer anderen Verbandsklage aus demselben Klagegrund gegen denselben Unternehmer anschließen und auch keine dementsprechende Einzelklage erheben

---

1706 P8_TA-PROV(2019)0222, Abänderung 53. Auch *Scherer*, VuR 2019, 243 (249).

1707 COM(2018) 184 final, Erwägungsgrund (10), S. 23. *Lühmann*, NJW 2019, 570 (572). Zur Streichung P8_TA-PROV(2019)0222, Abänderung 58.

1708 P8_TA-PROV(2019)0222, Abänderung 57. S.a. *Lühmann*, NJW 2019, 570 (572).

1709 ST 14600 2019 INIT, S. 44 ff.

dürfen. Dass die Abhilfemaßnahmen zusammen mit den Unterlassungsverfügungen eingeklagt werden können, findet sich in Art. 5 Abs. 4 Vorschlag des Rates. In Art. 5b Abs. 8 Vorschlag des Rates wird ausdrücklich bestimmt, dass Abhilfemaßnahmen keine vorherige Feststellung eines Verstoßes bedürfen.[1710]

In Art. 4a Abs. 3a Vorschlag des Rates wird den Mitgliedstaaten überlassen, ob sie die Klagebefugnis der qualifizierten Einrichtung auf Rechtsverletzungen in ihrem Tätigkeitsbereich beschränken, sodass auch hier ein Zusammenhang zwischen der Einrichtung und dem Klagegegenstand hergestellt werden könnte.[1711]

Letztlich ist allen Vorschlägen gemein, dass sie sowohl auf Unterlassung als auch auf Abhilfe ausgerichtet werden sollen. Insbesondere muss hier ein Konsens hinsichtlich der systematischen Verortung der Regelungen gefunden werden.

c) Ein- oder zweistufiges Verfahren

Wie auch innerhalb des Gesetzgebungsverfahrens in Deutschland sorgt die Ausgestaltung des Verfahrens als ein- oder zweistufig für Uneinigkeit.[1712] Während der Vorschlag der Kommission noch eine, wenn auch enge, Ausnahmeregelung für Fälle mit komplexer Quantifizierung des Anspruches vorsah (Art. 6 Abs. 2 RL-E), favorisiert das Parlament die ausnahmslose Streichung dieser Möglichkeit zugunsten eines einstufigen Klageverfahrens.[1713] Auch der Entwurf des Rates sieht in Art. 5b Abs. 5 Rat ein einstufiges Vorgehen vor.[1714] Vor dem Hintergrund der in Deutschland auftretenden Kritik gegenüber den sich anschließenden Individualklagen erscheint ein einstufiges Klageverfahren zunächst begrüßenswert. Nicht bedacht werden dabei jedoch solche Fälle, in denen es tatsächlich schwierig oder gar unmöglich ist, Schadensersatzansprüche gerecht und ohne Über- oder Unterkompensation zu verteilen.[1715] Hier kann es durchaus sinnvoll sein, neben einer Leistungsklage vorab eine Feststellungsklage zu erhe-

---

1710 ST 14600 2019 INIT, S. 49.
1711 ST 14600 2019 INIT, S. 41.
1712 S. D XIV.
1713 P8_TA-PROV(2019)0222, Abänderung 63.
1714 ST 14600 2019 INIT, S. 49.
1715 *BRAK*, Stellungnahme Nr. 30/2018, S. 4; *Lühmann*, NJW 2019, 570 (572); vgl. hinsichtlich der ursprünglichen Normierung *Meller-Hannich/Krausbeck*, DAR-Extra 2018, 721 (723).

ben.[1716] *Lühmann* schlägt zur Lösung dieses Problems vor, dass die Mitgliedstaaten optional ein Feststellungsverfahren zur Verfügung stellen und die klagende Einrichtung fallabhängig wählen kann, welches Klageinstrument eingesetzt wird.[1717] In Deutschland könnte in einem solchen Fall auf die Musterfeststellungsklage der §§ 606 ff. ZPO abgestellt werden.[1718] Wie sich dies in der Praxis bewährt, muss sich erst noch zeigen. Solange der Entwurf jedoch weiterhin von einem einstufigen Verfahren ausgeht, laufen die Regelungen der deutschen Musterfeststellungsklage diesem zuwider und müssten daher ggf. zukünftig angepasst oder daneben ein weiteres alternatives Rechtsschutzinstitut geschaffen werden.[1719]

d) Opt-in/Opt-out

Zu den Abhilfemaßnahmen finden sich nähere Bestimmungen in Art. 6 Abs. 1 RL-E. Vor dem Abhilfebeschluss optional soll es dem Mitgliedstaat möglich sein, das Mandat der einzelnen Verbraucher zu verlangen. Auch wenn sich aus dem Umkehrschluss bereits ergibt, dass es dementsprechend auch möglich ist, gerade kein Mandat verlangen zu müssen, regelt die Entschließung des Europäischen Parlaments dies sprachlich unschön in einem weiteren Nebensatz am Ende des Art. 6 Abs. 1 UAbs. 1.[1720] Ersteres stellt den klassischen Fall eines Opt-ins, letzterer den des Opt-outs dar.[1721] Ebenso offen ist Art. 5 Abs. 2 UAbs. 2 RL-E für die Maßnahmen zur Beendigung einer Praktik gemäß Art. 5 Abs. 2 UAbs. 1 RL-E. Die Entscheidung über dieses kontroverse Thema wird so den Mitgliedstaaten überlassen.[1722] Im

---

1716 *Lühmann*, NJW 2019, 570 (572).

1717 *Lühmann*, NJW 2019, 570 (572).

1718 *Lühmann*, NJW 2019, 570 (572).

1719 *Domej*, ZEuP 2019, 446 (449 f.); *Hakenberg/Kowollik*, EWS 2019, 61 (65); *Meller-Hannich/Krausbeck*, DAR-Extra 2018, 721 (724). Dazu, dass die europäischen Regelungen über die deutschen hinausgehen, auch *Mendgen*, NZKart 2018, 398 (399); *Sessler/Stein*, Ein Hauch von Class Action, FAZ Einspruch v. 12.12.2018. S. dazu Art. 1 Abs. 2 Vorschlag des Rates, der als ausreichend ansieht, wenn zumindestens ein nationales Verfahren den Anforderungen der Richtlinie entspricht, andere Verfahren jedoch unberührt lässt, ST 14600 2019 INIT, S. 35.

1720 P8_TA-PROV(2019)0222, Abänderung 60.

1721 Zu den Begriffen Opt-in/Opt-out *Vogt*, Bucerius Law Journal 2 (2017), 131 (131).

1722 *Basedow*, EuZW 2018, 609 (612) und zu den diesbezüglichen Problemen im ursprünglichen Kommissionsentwurf. *Lühmann*, NJW 2019, 570 (572); *Meller-*

Richtlinienentwurf wurde für besondere Fälle in Art. 6 Abs. 2 und 3 RL-E eine Anknüpfung an die Mandatierung ausdrücklich abgelehnt, wenn z.B. die Quantifizierung der Ansprüche komplex ist. Das Parlament sieht eine Streichung der Absätze 2 und 3 des Art. 6 RL-E vor, sodass es diesbezüglich keine Besonderheiten mehr gibt, die Mitgliedstaaten demnach vollständig klären müssten, ob sie einem Opt-in oder Opt-out-Modell folgen.[1723]

Letzteres bedeutet, dass schon automatisch alle potentiellen Anspruchsberechtigten erfasst sind, sie jedoch die Möglichkeit haben, auf ihr Verlangen hin, aus dem Verfahren auszutreten.[1724] Opt-in meint dahingegen, dass sich die Verbraucher dem Verfahren ausdrücklich anschließen müssen, da nur so die qualifizierte Einrichtung ihre Rechte durchsetzen kann.[1725]

Auch der Vorschlag des Rates führt in Erwägungsgrund 15b an, dass um der angemessenen Berücksichtigung der Rechtstraditionen willen, die Mitgliedstaaten über Opt-in, Opt-out oder eine Kombination dessen entscheiden sollen.[1726] Gleiches bestimmt Art. 5b Abs. 2 Vorschlag des Rates. Die einzige Einschränkung wird in Erwägungsgrund 15c bzw. Art. 5b Abs. 3 Vorschlag des Rates für betroffene Verbraucher, die ihren gewöhnlichen Aufenthalt nicht in dem Mitgliedstaaten haben, in dem prozessiert wird, gemacht. Diese sollten ihren Beitritt ausdrücklich erklären müssen.[1727]

In Deutschland wurde in §§ 606 ff. ZPO das Opt-in-Modell gewählt.[1728] Die Betroffenen müssen sich gemäß § 608 ZPO in einem Register anmelden. Diese Vorgehensweise stünde daher im Einklang mit den europäischen Vorgaben.

Hannich/Krausbeck, DAR-Extra 2018, 721 (724). Kritisch dazu *Sessler/Stein*, Ein Hauch von Class Action, FAZ Einspruch v. 12.12.2018.

1723 *Domej*, ZEuP 2019, 446 (454 f.); *Meller-Hannich/Krausbeck*, DAR-Extra 2018, 721 (724). Kritisch dazu *Sessler/Stein*, Ein Hauch von Class Action, FAZ Einspruch v. 12.12.2018.

1724 *Klever/Schwamberger*, GVRZ 2019, 4 (Rn. 18).

1725 *Bien*, NZKart 2013, 12 (12); *Klever/Schwamberger*, GVRZ 2019, 4 (Rn. 18).

1726 ST 14600 2019 INIT, S. 20.

1727 ST 14600 2019 INIT, S. 21.

1728 *Geissler*, GWR 2018, 189 (191); s.a. *Meller-Hannich/Krausbeck*, DAR-Extra 2018, 721 (724).

3. Bindungswirkung

Welche Auswirkungen einer rechtskräftigen Entscheidung über die Verbandsklage zukommen, regelt Art. 10 RL-E. Die Wirkung tritt dann ein, wenn wegen denselben Tatsachen gegen denselben Unternehmer geklagt wird, wobei als Kläger nicht zweimal derselbe betroffene Verbraucher in Betracht kommt, so der geänderte Art. 10 Abs. 1 Entschließung des Europäischen Parlaments.[1729] Die vormals getroffene Entscheidung dient in diesem weiteren Verfahren als Beweismittel für die Feststellung, dass entweder ein Verstoß vorliegt oder gerade kein Verstoß vorliegt, Art. 10 Abs. 1 Entschließung des Europäischen Parlaments.[1730] Die Kommission sah eine noch weitere Bindungswirkung vor, indem sie den Verstoß als unwiderlegbar auswies, Art. 10 Abs. 1 RL-E. Durch die Anordnung als Beweismittel kommt der Entscheidung nur Indizwirkung zu.[1731]

Auch Entscheidungen der anderen Mitgliedstaaten müssen mindestens als Beweismittel für das Vorliegen eines Verstoßes betrachtet werden, Art. 10 Abs. 2 Entschließung des Europäischen Parlaments.[1732] Da in Absatz 1 nun auch explizit das Nichtbestehen des Verstoßes als Beweis genannt wird, muss dies auch für Entscheidungen anderer Mitgliedstaaten gelten, auch wenn der Wortlaut in Absatz 2 auf das Vorliegen eines Verstoßes beschränkt wurde.[1733]

Der Vorschlag des Rates komprimiert diese Regelungen in Art. 10 Vorschlag des Rates auf einen Absatz und sieht nur die Möglichkeit vor, dass eine rechtskräftige Entscheidung unabhängig vom entscheidenden Gericht bzw. der entscheidenden Verwaltungsbehörde als Beweis im Einklang mit den nationalen Rechtsvorschriften genutzt werden *kann.*[1734] Der Rat über-

---

1729 P8_TA-PROV(2019)0222, Abänderung 60.

1730 P8_TA-PROV(2019)0222, Abänderung 60.

1731 *Lühmann*, NJW 2019, 570 (574).

1732 Nicht nachvollziehbar ist dagegen der Regelungsgehalt des im Änderungsantrag 85 eingeführten Art. 10 Abs. 2a: Die Mitgliedstaaten stellen sicher, dass eine rechtskräftige Entscheidung eines Gerichts eines Mitgliedstaats, in der festgestellt wird, dass ein Verstoß bzw. dass kein Verstoß vorliegt, für die Zwecke anderer Rechtsschutzklagen vor ihren nationalen Gerichten in einem anderen Mitgliedstaat, die wegen desselben Verstoßes gegen denselben Unternehmer gerichtet sind, als widerlegbare Vermutung gilt.“ Diese Norm scheint dem ebenfalls angepassten Abs. 2 der Vorschrift zu widersprechen. Es bleibt abzuwarten, ob diese Norm im Laufe des Gesetzgebungsverfahrens noch Konkretisierung erfährt. S. dazu auch *Lühmann*, NJW 2019, 570 (575).

1733 *Lühmann*, NJW 2019, 570 (574).

1734 ST 14600 2019 INIT, S. 54.

lässt die Ausgestaltung daher erneut den Mitgliedstaaten. Die finale Ausgestaltung der Bindungswirkung ist daher noch ungewiss.

V. Fazit zur Europäischen Sammelklage

Durch die Schaffung eines Richtlinienentwurfs nehmen die Bestrebungen zur Ausformung des kollektiven Rechtsschutzes auf EU-Ebene zum ersten Mal konkretere, nicht nur unverbindliche, Formen an. Die Ziele hinter der Vorgehensweise sind einerseits löblich, denn grundsätzlich soll eine wirksame und effektive Möglichkeit zum Schutz der Kollektivinteressen der Verbraucher geschaffen werden.[1735] Kritisch anzumerken ist jedoch, ob es dafür überhaupt einer EU-einheitlichen Regelung bedarf. Wie gesehen, ist schon die Frage nach der Regelungskompetenz äußerst problematisch und meines Erachtens abzulehnen. Bloße Unterschiede innerhalb der Rechtsordnungen dürfen nicht automatisch zu einer Befugnis der EU zur Rechtsangleichung führen.[1736] Da die EU keine Kompetenz zur Regelung des Zivilprozessrechts hat, wird hier ein Umweg über einen Annex zum materiellen Recht gewählt.[1737] Grundsätzlich ist aber von der Autonomie der Mitgliedstaaten und somit auch des deutschen Zivilprozessrechts auszugehen.[1738] Die Rechtsordnungen der Mitgliedstaaten sind aufgrund eigener Auffassungen und Traditionen entwickelt worden.[1739] Wie innerhalb der Darstellungen zur Musterfeststellungsklage ersichtlich, hat man sich sehr schwer damit getan, sich überhaupt zur Einführung eines kollektiven Rechtsinstituts durchzuringen. Dieses Novum sollte sich bestmöglich in die deutsche Rechtsordnung einfügen. Da die Prozessordnungen aller Mitgliedstaaten Besonderheiten aufweisen und teilweise stark divergieren, muss davon ausgegangen werden, dass der europäische Entwurf nicht in der gleichen und notwendigen Sorgfalt auf jeden einzelnen Aspekt der individuellen, nationalen Rechtsordnung eingehen kann. Dadurch, dass die im Anhang der Richtlinie aufgelisteten Anwendungsbereiche vielfältig und zahlreich sind, hätte die Einführung dieser Richtlinie aber weitreichende Konsequenzen.

1735 COM(2018) 184 final, Erwägungsgrund (1), S. 21, 7.
1736 *Wernicke*, Referat 72. DJT, K 37 (K 60).
1737 *Scholl*, ZfPW 2019, 317 (354).
1738 *Wernicke*, Referat 72. DJT, K 37 (K 62).
1739 *Wernicke*, Referat 72. DJT, K 37 (K 56).

Letztlich muss zur Abschwächung dieser Kritik vorgebracht werden, dass die Entwürfe nur ein Mindestmaß an Vorgaben enthalten und sich an vielen Stellen nicht verbindlich festlegen, wie z.B. bei der Frage nach dem Opt-in, Opt-out. Insbesondere der Rat betont an mehreren Stellen, dass die nationalen kollektiven Rechtsschutzmöglichkeiten nicht vollständig abgelöst werden sollen. Erforderlich ist lediglich, dass mindestens *ein* Verfahren den Anforderungen der Richtlinie für Verbandsklagen entsprechen soll, Art. 1 Abs. 2 Vorschlag des Rates, Erwägungsgrund 4a Vorschlag des Rates.[1740] Dies gewährt den Mitgliedstaaten eine gewisse Umsetzungsfreiheit, auf der anderen Seite bleibt dann wiederum die Frage nach der Effektivität und Vergleichbarkeit der darauf zurückgehenden, mitgliedstaatlichen Umsetzungsmodelle. Gleichzeitig entsteht Raum für Umsetzungsdefizite und deshalb möglicher vom EuGH auferlegter Korrekturen.

Wenn es zu einer Einführung der europäischen Verbandsklage kommt, bleibt mit Spannung abzuwarten, wie die finale Ausgestaltung aussehen wird. Das Gesetzgebungsverfahren ist noch nicht in Gänze abgeschlossen. Wie gesehen, weichen die einzelnen Entwürfe an vielen Stellen voneinander ab. Offen ist, auf welchen Gesetzestext sich die Mitgliedstaaten mit dem EU-Parlament einigen werden[1741] und ob die deutsche Musterfeststellungsklage deren Anforderungen genügen kann. Insgesamt führen die im Raum schwebenden europäischen Vorschläge dadurch zu einer großen Rechtsunsicherheit.[1742]

Im Endeffekt könnte die neu eingeführte Musterfeststellungsklage schon bald anhand europäischer Vorgaben nachgebessert werden müssen. Allerdings wäre es nicht das erste Mal, dass die europäischen Bestrebungen im Sande verlaufen. Es ist offen, wohin der Weg auf EU-Ebene führen wird.

1740 ST 14600 2019 INIT, S. 35, 5.

1741 *Beisel/Finke*, Überraschender Schritt zur europäischen Sammelklage, SZ v. 28.11.2019; *Sina*, EU-weite Sammelklagen sollen kommen, tagesschau v. 28.11.2019.

1742 *Habbe/Gieseler*, GWR 2018, 227 (230).

Kapitel 3 – Kollektiver und überindividueller Rechtsschutz im Verwaltungsrecht

A. Einleitung

Die umfassenden Neuerungen im Zivilprozessrecht geben Anlass dazu, nochmals einen Blick auf die bestehenden Regelungen im Verwaltungsprozessrecht samt dem dazugehörigen Sonderprozessrecht zu werfen und diese an gegebener Stelle kritisch zu hinterfragen.

Die neu eingeführte Musterfeststellungsklage stellt den kollektiven Rechtsschutz auf eine weitere Stufe. Sie gibt neue Impulse und aller Kritik zum Trotz zeigt sie auf, dass der kollektive Rechtsschutz in Deutschland bis dato nur stiefmütterlich ausgestaltet wurde. Sie schafft ein neues Bewusstsein für die Wichtigkeit kollektiver Rechtsschutzinstrumente. Dieses Bewusstsein könnte als Synergie für die kollektiven, aber auch für die damit im Zusammenhang stehenden überindividuellen, verwaltungsprozessualen Regelungen genutzt werden.

Ebenso wie für den Zivilprozess gibt es im Rahmen des Verwaltungsprozesses Regelungsansätze zur Bewältigung von kollektiven Rechtsschutzverfahren. Doch auch hier wird die Einführung kollektiver Rechtsinstitute nur zögerlich umgesetzt und stets kritisch beäugt.[1743] Während im Zivilprozessrecht kaum eine Argumentation ohne den Hinweis auf die Furcht vor „amerikanischen Verhältnissen“ auskommt,[1744] ist die Intention im Verwaltungsprozessrecht eine andere. Regelrecht unbekannt sind die Musterverfahren nach § 93a VwGO, denen verfassungsrechtliche Bedenken entgegengestellt und die in der Praxis nur selten genutzt werden.[1745]

1743 *Mangold/Wahl*, Die Verw. 48 (2015), 1 (19), dazu, dass gegenüber der Verbandsklage eine spürbare Gegnerschaft besteht.

1744 *Bortenlänger*, Sammelklagen ante portas?, FAZ v. 14.6.2017, S. 18; *Budras*, Kommt jetzt die Klageindustrie?, FAS v. 8.1.2017; *Halfmeier*, VuR 2015, 441 (442).

1745 *Schmid*, in: Sodan/Ziekow, VwGO, 4. Aufl., 2014, § 93a Rn. 35. *W.-R. Schenke*, in: Kopp/ders., VwGO, § 93a Rn. 2. Zur praktischen Bedeutung *Beckermann*, NVwZ 2017, 1431 (1434); *Rudisile*, in: Schoch/Schneider/Bier, VwGO, § 93a Rn. 35; *Schübel-Pfister*, in: Eyermann, VwGO, § 93a Rn. 1, dennoch zumindest bei fachplanungsrechtlichen Vorhaben.

Ferner finden sich sowohl im öffentlichen als auch im privatrechtlichen Rechtsschutz rechtsgebietsspezifische Verbandsklageregelungen, so z.B. § 64 BNatSchG für das Naturschutzrecht, § 2 Abs. 1 UmwRG für das Umweltrecht oder andererseits in § 8 Abs. 3, § 10 UWG, § 3 UKlaG für Unterlassungs- und Gewinnabschöpfungsklagen.

Hinsichtlich der altruistischen Verbandsklagen im öffentlichen Recht ergeben sich die Schwierigkeiten durch den in Art. 19 Abs. 4 GG verorteten Individualrechtsschutz, der prägend für die deutsche Rechtsordnung ist.[1746] Nicht immer gibt es subjektive Rechte, welche der Verband einklagen kann.[1747] Es stellt sich daher die Frage nach der Möglichkeit überindividueller Rechtsbehelfe.[1748] Gerade nicht erwünscht sind Popularklagen oder reine Interessentenklagen.[1749] Dies sind mitunter die Gründe, warum sich auch der überindividuelle Rechtsschutz im deutschen Verwaltungsprozessrecht nur vorsichtig etabliert hat.

Im folgenden Kapitel werden parallel zu den Darstellungen zum Zivilprozess nach einer Einführung in die Begrifflichkeiten zunächst die kollektiven Rechtsinstitute des Verwaltungsprozesses dargestellt und im Anschluss wird auf die (überindividuellen) Verbandsklagen eingegangen. Dabei sollen die Rechtsinstitute auf Rechtsschutzdefizite untersucht werden. An passender Stelle wird ein Vergleich zur Musterfeststellungsklage gezogen und hinterfragt, ob und inwiefern die Erfahrungen der Musterfeststellungsklage dazu genutzt werden können, die teils streitigen Rechtsinstrumente im Verwaltungsprozess zu verbessern.

1746 *Schulze-Fielitz*, in: Dreier, GG, Bd. 1, Art. 19 IV Rn. 8. S.a. *Gärditz*, Gutachten D 71. DJT, D 9 f.; *Ley*, Tierschutz-Verbandsklage, S. 75; *Schmidt-Aßmann*, in: Maunz/Dürig, GG, Art. 19 IV Rn. 8.

1747 *Guckelberger*, Deutsches Verwaltungsprozessrecht, S. 53, 59 f.; *Meier*, Das ideelle Verbandsbeschwerderecht, S. 4.

1748 *Schlacke*, Überindividueller Rechtsschutz, S. 17 f.

1749 *Beckmann*, Referat 71. DJT, N 79 (N 89); *Gärditz*, Gutachten D 71. DJT, D 28; *Halfmeier*, Popularklagen, S. 187 und auf S. 199 ff. ausführlich zur Popularklage.

B. Beteiligte im Verwaltungsprozess

I. Beteiligungseigenschaft, § 63 VwGO

Während § 50 ZPO für den Zivilprozess die Begrifflichkeit der „Parteien" einführt, gibt es im Verwaltungsprozess „Beteiligte".[1750] Hintergrund dessen ist, dass der Verwaltungsprozess nicht typischerweise von einem Zweiparteienstreit geprägt ist, sondern „mehrpolig" angelegt ist.[1751] § 63 VwGO statuiert abschließend, wer die Beteiligten am Verwaltungsprozess sein können, wer also am Prozess mit eigenen Verfahrensrechten ausgestattet ist.[1752] Dies sind der Kläger, der Beklagte, die Beigeladenen und die Vertreter des Bundesinteresses beim BVerwG oder die Vertreter des öffentlichen Interesses, falls sie von ihrer Beteiligungsbefugnis Gebrauch machen. § 63 VwGO bestimmt nur die Beteiligungseigenschaft,[1753] wohingegen für die Beteiligungsfähigkeit am konkreten Prozess § 61 VwGO heranzuziehen ist.

1. § 63 Nr. 1 und Nr. 2 VwGO

Die Hauptbeteiligten im Verwaltungsprozess sind der Kläger und der Beklagte, § 63 Nr. 1 und 2 VwGO.[1754] Je nach Verfahrensart, z.B. beim einstweiligen Rechtsschutz, weicht die Terminologie ab und es wird von An-

---

1750 *Bier/Steinbeiß-Winkelmann*, in: Schoch/Schneider/Bier, VwGO, § 63 Rn. 2; *Czybulka/Siegel*, in: Sodan/Ziekow, VwGO, § 63 Rn. 6; *Hufen*, Verwaltungsprozessrecht, § 12 Rn. 1; *Krausnick*, in: Gärditz, VwGO, § 63 Rn. 7; *Redeker*, in: Redeker/von Oertzen, VwGO, § 63 Rn. 1.

1751 *Bier/Steinbeiß-Winkelmann*, in: Schoch/Schneider/Bier, VwGO, § 63 Rn. 2; *Hufen*, Verwaltungsprozessrecht, § 12 Rn. 1; *Krausnick*, in: Gärditz, VwGO, § 63 Rn. 7; *Leroux/Sittig-Behm*, NVwZ 2016, 1061 (1062); *Schenke*, Verwaltungsprozessrecht, Rn. 448. *Czybulka/Siegel*, in: Sodan/Ziekow, VwGO, § 63 Rn. 6, dazu, dass der Begriff kongruent zum vorherigen Verwaltungsverfahren ausgestaltet wurde.

1752 *Bier/Steinbeiß-Winkelmann*, in: Schoch/Schneider/Bier, VwGO, § 63 Rn. 2; *Hufen*, Verwaltungsprozessrecht, § 12 Rn. 1.

1753 *Erbguth/Guckelberger*, Allg. Verwaltungsrecht, § 20 Rn. 26; *Hufen*, Verwaltungsprozessrecht, § 12 Rn. 1 spricht von der Beteiligteneigenschaft; *Schenke*, Verwaltungsprozessrecht, Rn. 448.

1754 *Bier/Steinbeiß-Winkelmann*, in: Schoch/Schneider/Bier, VwGO, § 63 Rn. 2; *Hufen*, Verwaltungsprozessrecht, § 12 Rn. 2.

tragsteller und -gegner gesprochen.[1755] Wer Kläger oder Beklagter ist, bestimmt die Klage selbst, unabhängig davon, ob der richtige Beklagte bezichtigt wurde, oder der Kläger überhaupt klagebefugt sein kann.[1756] Letzteres ist eine Frage der Klagebefugnis und der sogenannten Aktivlegitimation, ersteres der Beklagtenbefugnis und Passivlegitimation.[1757] Wie auch im Zivilprozess gilt der formelle Parteibegriff,[1758] also, dass derjenige Kläger bzw. Beklagter ist, wer die staatliche Rechtsschutzhandlung im eigenen Namen begehrt oder gegen den die Handlung begehrt wird.[1759] In den überwiegenden Fällen übernimmt die Rolle des Klägers ein Privatrechtssubjekt, welches sich zumeist gegen den Staat oder eine sonstige Körperschaft als Beklagten wendet.[1760] Der umgekehrte Fall ist eher selten, aber z.B. beim öffentlich-rechtlichen Vertrag, § 54 VwVfG, durchaus möglich.[1761]

2. § 63 Nr. 3 VwGO

Durch Zustellung oder Verkündung des Beiladungsbeschlusses in der mündlichen Verhandlung kann ein Dritter als Beigeladener an einem zwischen den Hauptbeteiligten anhängigen Rechtsstreit beteiligt werden, § 63 Nr. 3 VwGO.[1762]

1755 *Hufen*, Verwaltungsprozessrecht, § 12 Rn. 2; *Mann/Wahrendorf*, Verwaltungsprozessrecht, Rn. 136; *Schenke*, Verwaltungsprozessrecht, Rn. 450 ff.

1756 *Bier/Steinbeiß-Winkelmann*, in: Schoch/Schneider/Bier, VwGO, § 63 Rn. 3 f.; *Hufen*, Verwaltungsprozessrecht, § 12 Rn. 2.

1757 *Bier/Steinbeiß-Winkelmann*, in: Schoch/Schneider/Bier, VwGO, § 63 Rn. 3 f.; *Krausnick*, in: Gärditz, VwGO, § 63 Rn. 6.

1758 Dazu ausführlich *Hess/Jauernig*, ZPR, § 18 Rn. 4; *Lindacher*, in: Rauscher/Krüger, MüKo ZPO, Bd. 1, Vorb. § 50 Rn. 2; *Musielak/Voit*, GK ZPO, Rn. 418; LAG BaWü, Urt. v. 23.9.2011 – 18 Sa 49/11, NZA-RR 2012, 33 (34); BGH, Beschl. v. 11.5.2005 – XII ZB 242/03, NJW-RR 2005, 1237.

1759 *Bier/Steinbeiß-Winkelmann*, in: Schoch/Schneider/Bier, VwGO, § 63 Rn. 3 f.

1760 *Hufen*, Verwaltungsprozessrecht, § 12 Rn. 2.

1761 *Hufen*, Verwaltungsprozessrecht, § 12 Rn. 2; *Mann/Wahrendorf*, Verwaltungsprozessrecht, Rn. 136.

1762 *Bier/Steinbeiß-Winkelmann*, in: Schoch/Schneider/Bier, VwGO, § 63 Rn. 5; *Hufen*, Verwaltungsprozessrecht, § 12 Rn. 3. Zur Beiladung s. nachfolgend unter C I.

3. § 63 Nr. 4 VwGO

Vertreter beim BVerwG ist der Vertreter des Bundesinteresses, § 35 Abs. 1 VwGO. Den Ländern ist es ferner freigestellt, Vertreter des öffentlichen Interesses einzusetzen, § 36 Abs. 1 VwGO.[1763] Ihre Rolle als Beteiligte erhalten sie, solange sie vor Ablauf der Rechtsmittelfrist gegenüber sämtlichen, bislang am Verfahren Beteiligten eine Erklärung abgeben, dass sie sich beteiligen, § 63 Nr. 4 VwGO.[1764] Dabei sind sie nicht auf die Mitwirkung des Gerichts angewiesen.[1765]

II. Beteiligungsfähigkeit, § 61 VwGO

Wie dargestellt, ist für eine Beteiligung an einem konkreten Prozess zudem erforderlich, dass die Beteiligten auch beteiligungsfähig nach § 61 VwGO sind. Die Beteiligungsfähigkeit ist eine echte Zulässigkeitsvoraussetzung und geht über die Regelung des § 50 ZPO hinaus.[1766] Geregelt wird die Fähigkeit, Subjekt eines Prozessrechtsverhältnisses vor einem Gericht der Verwaltungsgerichtsbarkeit zu sein und so am Verfahren teilnehmen zu können.[1767] Fähig dazu sind natürliche oder juristische Personen (§ 61 Nr. 1 VwGO), Vereinigungen, soweit ihnen ein Recht zustehen kann (§ 61 Nr. 2 VwGO), und Behörden, sofern das Landesrecht dies bestimmt (§ 61 Nr. 3 VwGO).[1768] Die Beteiligungsfähigkeit orientiert sich an der Rechtsfähigkeit.[1769] Juristische Personen können solche des Zivilrechts

---

1763 *Bier/Steinbeiß-Winkelmann*, in: Schoch/Schneider/Bier, VwGO, § 63 Rn. 6; *Guckelberger*, in: Sodan/Ziekow, VwGO, §§ 35 f. Ausführlich dazu *Guckelberger*, BayVBl. 1998, 257.

1764 *Bier/Steinbeiß-Winkelmann*, in: Schoch/Schneider/Bier, VwGO, § 63 Rn. 6; *Czybulka/Siegel*, in: Sodan/Ziekow, VwGO, § 63 Rn. 18; s. dazu auch *Schmitz*, DVBl 2019, 265 (266).

1765 *Krausnick*, in: Gärditz, VwGO, § 63 Rn. 10.

1766 *Czybulka/Siegel*, in: Sodan/Ziekow, VwGO, § 61 Rn. 4; *Hufen*, Verwaltungsprozessrecht, § 12 Rn. 18.

1767 *Erbguth/Guckelberger*, Allg. Verwaltungsrecht, § 20 Rn. 26; *Koehl*, JuS 2016, 611 (611 f.); *Krausnick*, in: Gärditz, VwGO, § 61 Rn. 2; *Redeker*, in: Redeker/von Oertzen, VwGO, § 61 Rn. 1.

1768 S. VGH BaWü, Beschl. v. 23.1.2019 – 11 S 1109/18, Rn. 13, juris, dazu, dass Behörden in gesetzlicher Prozessstandschaft handeln.

1769 *Erbguth/Guckelberger*, Allg. Verwaltungsrecht, § 20 Rn. 26; *Krausnick*, in: Gärditz, VwGO, § 61 Rn. 11; *Mann/Wahrendorf*, Verwaltungsprozessrecht, § 61 Rn. 2 m.w.Bsp. BVerwG, Urt. v. 9.4.2014 – 8 C 23.12, ZStV 2015, 59 (60).

(z.B. rechtfähiger Verein, AG, GmbH)[1770] oder solche des öffentlichen Rechts (rechtsfähige Körperschaften, Stiftungen, Anstalten) sein.[1771] Nr. 2 erfasst auch nichtrechtsfähige Vereinigungen, denen einzelne Rechte und/ oder Pflichten zukommen, wie z.B. nichtrechtsfähige Vereine.[1772] Relevant ist nicht, dass das Recht konkret besteht, das Bestehen darf jedoch nicht von vornherein ausgeschlossen sein.[1773] Von der Möglichkeit, Behörden nach § 61 Nr. 3 VwGO als beteiligungsfähig zu erklären, hat z.B. das Saarland in § 19 Abs. 1 SaarlAGVwGO Gebrauch gemacht.[1774] Als Behörden gelten solche Stellen, „die durch organisationsrechtliche Rechtssätze gebildet, vom Wechsel des Amtsinhabers unabhängig und nach der einschlägigen Zuständigkeitsregelung berufen sind, unter eigenem Namen für den Staat oder einen anderen Träger öffentlicher Verwaltung Aufgaben der öffentlichen Verwaltung wahrzunehmen".[1775]

III. Klagebefugnis, § 42 Abs. 2 VwGO

Ebenso wie im Zivilprozess fordert der formelle Parteibegriff eine Einschränkung, um Popularklagen auszuschließen.[1776] Wer als Kläger einen Verwaltungsprozess initiieren möchte, muss gemäß § 42 Abs. 2 VwGO klagebefugt sein. Hier findet die Systementscheidung des Art. 19 Abs. 4 S. 1 GG für den Individualrechtsschutz eine einfachgesetzliche Konkreti-

---

1770 *Krausnick*, in: Gärditz, VwGO, § 61 Rn. 9; *Mann/Wahrendorf*, Verwaltungsprozessrecht, Rn. 137; *Redeker*, in: Redeker/von Oertzen, VwGO, § 61 Rn. 2 m.w.Bsp.

1771 *Krausnick*, in: Gärditz, VwGO, § 61 Rn. 13; *Mann/Wahrendorf*, Verwaltungsprozessrecht, Rn. 137; *Redeker*, in: Redeker/von Oertzen, VwGO, § 61 Rn. 3; *Schenke*, Verwaltungsprozessrecht, Rn. 456.

1772 *Erbguth/Guckelberger*, Allg. Verwaltungsrecht, § 20 Rn. 26.

1773 *Czybulka/Siegel*, in: Sodan/Ziekow, VwGO, § 61 Rn. 29; *Mann/Wahrendorf*, Verwaltungsprozessrecht, Rn. 139.

1774 S.a. § 8 Abs. 1 VwGG Bbg; § 8 S. 1 AGVwGO LSA; § 6 S. 1 AGVwGO SH, § 14 Abs. 1 GerStrukGAG M-V; § 79 Abs. 1 NJG. Rheinland-Pfalz hat dies nur für Aufsichtsklagen bestimmt, § 17 Abs. 2 RPAGVwGO. Keine Regelung haben Bayern und Nordrhein-Westfalen getroffen.

1775 *Kintz*, in: Posser/Wolff, BeckOK VwGO, § 61 Rn. 18; *Mann/Wahrendorf*, Verwaltungsprozessrecht, Rn. 138.

1776 *Gersdorf*, Verwaltungsprozessrecht, Rn. 27; *Würtenberger/Heckmann*, Verwaltungsprozessrecht, Rn. 326.

sierung.[1777] § 42 Abs. 2 VwGO regelt ausweislich dessen Überschrift die Klagebefugnis. Im Zivilprozess ist die reine Prozessführungsbefugnis Prozessvoraussetzung, nicht jedoch die Sachlegitimation.[1778] Die Klagebefugnis nach § 42 Abs. 2 VwGO verlangt beides. Die Zulässigkeit einer Klage hängt demnach davon ab, ob der Kläger geltend machen kann, durch den angegriffenen bzw. abgelehnten oder unterlassenen Verwaltungsakt in seinen Rechten verletzt zu sein, dies zumindest soweit es keine anderweitige gesetzliche Regelung gibt, Hs. 1. Zu prüfen ist somit, ob die Möglichkeit besteht, dass der Kläger in einem subjektiven öffentlichen Recht verletzt ist, sog. Möglichkeitstheorie.[1779] Erforderlich ist demnach zuvörderst, dass ein möglicherweise subjektives Recht gegeben ist. Wann ein solches vorliegt, ist, wie in Kapitel 1 B II 1 dargestellt, mittels der Schutznormtheorie zu bestimmen. In einem zweiten Schritt ist dann die mögliche Verletzung zu untersuchen. Bloßes Behaupten genügt dafür nicht.[1780] Die Möglichkeit besteht aber erst dann nicht, wenn die Verletzung eines subjektiven Rechts des Klägers offensichtlich nach jeder Betrachtungsweise auszuschließen ist.[1781]

Unabhängig von der wortlautgetreuen Einschränkung auf Anfechtungs- und Verpflichtungsklagen wird das Erfordernis der Klagebefugnis auch bei Leistungsklagen oder der Fortsetzungsfeststellungsklage analog ange-

---

1777 *Erbguth/Guckelberger*, Allg. Verwaltungsrecht, § 9 Rn. 10; *Guckelberger*, Deutsches Verwaltungsprozessrecht, S. 44; *Held*, DÖV 2019, 121 (122); *Schmidt-Kötters*, in: Posser/Wolff, BeckOK VwGO, § 42 Rn. 110; *Sodan*, in: ders./Ziekow, VwGO, § 42 Rn. 367; *Wahl/Schütz*, in: Schoch/Schneider/Bier, VwGO, § 42 Abs. 2 Rn. 6; *Scharl*, Die Schutznormtheorie, S. 26; BVerwG, Urt. v. 5.4.2016 – 1 C 3/15, BVerwGE 154, 328 (332 f.); Urt. v. 5.9.2013 – 7 C 21/12, BVerwGE 147, 312 (316); Urt. v. 18.4.1996 – BVerwG 11 A 86.95, BVerwGE 101, 73 (81 f.); Urt. v. 30.5.1984 – BVerwG 4 C 58.81, BVerwGE 69, 256 (260); Beschl. v. 27.1.1982 – BVerwG 4 ER 401.81, BVerwGE 64, 347 (352); Urt. v. 29.4.1993 – BVerwG 7 A 3.92, BVerwGE 92, 263 (264).

1778 *Hess/Jauernig*, ZPR, § 22 Rn. 4.

1779 *Erbguth/Guckelberger*, Allg. Verwaltungsrecht, § 20 Rn. 20; § 9 Rn. 12; *Schenke*, Verwaltungsprozessrecht, Rn. 494; *Würtenberger/Heckmann*, Verwaltungsprozessrecht, Rn. 326; BVerwG, Urt. v. 28.1.2010 – 8 C 38.09, BVerwGE 136, 75 (80).

1780 *Schenke*, Verwaltungsprozessrecht, Rn. 493.

1781 BVerwG, Urt. v. 5.8.2015 – 6 C 8/14, BVerwGE 152, 355 (357); Urt. v. 27.4.2017 – 9 A 30/15, NVwZ 2017, 1309 (1309); Urt. v. 13.7.1973 – VII C 6.72, BVerwGE 44, 1 (3). *Erbguth/Guckelberger*, Allg. Verwaltungsrecht, § 9 Rn. 12; *Gärditz*, in: ders., VwGO, § 42 Rn. 107.

wandt.[1782] Die Notwendigkeit der Klagebefugnis wird immer gleichlautend mit dem Ausschluss von Popularklagen als deren Hauptzweck verknüpft.[1783] Nicht zu vernachlässigen ist ferner, dass durch das Erfordernis der Verletzung eines Rechts gleichwohl auch Interessentenklagen ausgeschlossen werden.[1784] Durch die Voraussetzung der Klagebefugnis wird zugleich dem Gewaltenteilungsgrundsatz gedient, indem festgelegt wird, dass die Gerichte die Exekutive in der Regel nur aufgrund subjektivrechtlich veranlasster Streitigkeiten kontrollieren dürfen.[1785] Insgesamt soll es dadurch auch zu einer Entlastung der Gerichte kommen.[1786]

Die gesetzliche Exemtion des § 42 Abs. 2 Hs. 1 VwGO stellt das Erfordernis der möglichen subjektiven Rechtsverletzung unter den Vorbehalt anderweitiger gesetzlicher Regelungen. Dadurch wird eine gesetzliche Prozessstandschaft, also die Möglichkeit, fremde Rechte im eigenen Namen geltend zu machen, gestattet, ausgeschlossen wird gleichwohl die bloß gewillkürte Prozessstandschaft.[1787] Diese Ausweitung eröffnet den Weg für

---

1782 *Erbguth/Guckelberger*, Allg. Verwaltungsrecht, § 9 Rn. 11; *Sodan*, in: ders./Ziekow, VwGO, § 42 Rn. 371, 375; *Wahl/Schütz*, in: Schoch/Schneider/Bier, VwGO, § 42 Abs. 2 Rn. 22, 33 f.; *Guckelberger*, Deutsches Verwaltungsprozessrecht, S. 45. Zur Leistungsklage BVerwG, Urt. v. 27.2.2019 – 6 C 1/18, GewArch 2019, 292 (293); Urt. v. 5.9.2013 – 7 C 21/12, BVerwGE 147, 312 (316). Zur Fortsetzungsfeststellungsklage s.a. BVerwG, Urt. v. 2.3.2017 – 3 C 19/15, NJW 2017, 2215 (2216). Uneinigkeit zwischen Lit. und Rspr. besteht allerdings hins. der analogen Anwendung auf die Feststellungsklage, s. dazu *Sodan*, in: ders./Ziekow, VwGO, § 42 Rn. 372 ff.; *Wahl/Schütz*, in: Schoch/Schneider/Bier, VwGO, § 42 Abs. 2 Rn. 23 ff. Ebenfalls analog in Form der Antrags- bzw. Widerspruchsbefugnis für Widerspruchsverfahren und Verfahren im einstweiligen Rechtsschutz, *Erbguth/Guckelberger*, Allg. Verwaltungsrecht, § 9 Rn. 11.

1783 *Scharl*, Die Schutznormtheorie, S. 26; *Schmidt-Kötters*, in: Posser/Wolff, BeckOK VwGO, § 42 Rn. 109; *Sodan*, in: ders./Ziekow, VwGO, § 42 Rn. 365; *Wahl/Schütz*, in: Schoch/Schneider/Bier, VwGO, § 42 Abs. 2 Rn. 7; *Guckelberger*, Deutsches Verwaltungsprozessrecht, S. 45; *dies.*, JA 2014, 647 (649); BVerwG, Beschl. v. 25.8.2014 – 4 B 20/14, BRS 82 Nr. 163 (2014) Rn. 4.

1784 *Guckelberger*, JA 2014, 647 (649); *Sodan*, in: ders./Ziekow, VwGO, § 42 Rn. 365; *Wahl/Schütz*, in: Schoch/Schneider/Bier, VwGO, § 42 Abs. 2 Rn. 7 f. S.a. *Gärditz*, in: ders., VwGO, § 42 Rn. 49; *Scharl*, Die Schutznormtheorie, S. 26.

1785 *Gärditz*, NJW-Beilage 2016, 41 (42); *Pernice*, JZ 2015, 967 (967); *Wahl/Schütz*, in: Schoch/Schneider/Bier, VwGO, § 42 Abs. 2 Rn. 16.

1786 *Wahl/Schütz*, in: Schoch/Schneider/Bier, VwGO, § 42 Abs. 2 Rn. 2.

1787 *Erbguth/Guckelberger*, Allg. Verwaltungsrecht, § 9 Rn. 11; *Gersdorf*, Verwaltungsprozessrecht, Rn. 27; *Schmidt-Kötters*, in: Posser/Wolff, BeckOK VwGO, § 42 Rn. 114; *Wahl/Schütz*, in: Schoch/Schneider/Bier, VwGO, § 42 Abs. 2 Rn. 37. Zur Prozessstandschaft auch Kapitel 2 B II.

Popular- oder Interessentenklagen, also Klagen losgelöst von der Individualisierung, aber auch für objektive Verbandsklagen.[1788] Gebrauch gemacht wird davon z.B. im Umwelt- und Naturschutzrecht durch altruistische Verbandsklagen oder aufgrund unionsrechtlicher Vorgaben.[1789] Ein Verstoß gegen Art. 19 Abs. 4 GG wird dadurch aber grundsätzlich nicht verursacht. Art. 19 Abs. 4 GG gibt eine Mindestanforderung vor, die solange gewahrt wird, bis entweder die Entindividualisierung zu einer so starken Belastung führt, dass effektiver subjektiver Rechtsschutz kaum mehr möglich wäre, die Verwaltungsgerichtsbarkeit sich daher verfremde, oder aber die Kontrolle der Exekutive durch die Judikative zu übermächtig wird, weswegen der Gewaltenteilungsgrundsatz nach Art. 20 Abs. 2 und 3 GG als Grenze auftritt.[1790] Allerdings zeigt die nur geringe Nutzung dieser Ausnahme, dass momentan keinerlei Anlass für solche Bedenken besteht.

IV. Klagebefugnis unter Einfluss des Unionsrechts

Die Voraussetzung des § 42 Abs. 2 VwGO ist auf europäischer Ebene in der Vergangenheit häufig vor allem in Bezug auf das Umweltrecht Anlass von Untersuchungen gewesen. Grundsätzlich ist festzuhalten, dass die Klagebefugnis selbstverständlich auch durch Unionsrecht begründet werden kann.[1791] Auch hier gilt, dass ein Recht, das subjektive Rechte verleiht, unproblematisch zum Vorliegen einer Klagebefugnis führt. Das subjektive Recht kann dabei entweder durch die Umsetzung des EU-Rechts begründet werden oder sich daraus ergeben, dass solches Unionsrecht unmittel-

1788 *Wahl/Schütz*, in: Schoch/Schneider/Bier, VwGO, § 42 Abs. 2 Rn. 37.

1789 *Schenke*, Verwaltungsprozessrecht, Rn. 490a. Dazu nachfolgend unter E.

1790 *Erbguth/Guckelberger*, Allg. Verwaltungsrecht, § 9 Rn. 10; *Gärditz*, Gutachten D 71. DJT, D 39, fordert die Abschaffung dieser Öffnungsklausel oder allenfalls die Begrenzung auf die Durchsetzung von Landesrecht, da sonst die Gefahr besteht, die fundamentale Systementscheidung des Individualrechtsschutzes auszuhebeln; *Schmidt-Aßmann*, Verwaltungsrechtsschutz, S. 22; *Wahl/Schütz*, in: Schoch/Schneider/Bier, VwGO, § 42 Abs. 2 Rn. 38. Zur Abschaffung der Öffnungsklausel nachfolgend E VIII 7 b cc (1).

1791 *Erbguth/Guckelberger*, Allg. Verwaltungsrecht, § 9 Rn. 13; *R. P. Schenke*, in: Kopp/Schenke, VwGO, § 42 Rn. 153; *Würtenberger/Heckmann*, Verwaltungsprozessrecht, Rn. 81.

bar angewendet wird, welches subjektive Rechte enthält.[1792] Eine Systemänderung hin zur Interessentenklage wird durch das Unionsrecht nicht gefordert.[1793] In der Entscheidung Trianel wird verdeutlicht, dass der EuGH sich nicht für eine Interessentenklage ausspricht, sondern vielmehr sowohl die Möglichkeit der Interessenten- als auch der Verletztenklage anerkennt.[1794] Als Beispiel sei dafür die UVP-Richtlinie[1795] angeführt, deren Art. 11 Abs. 1 lit. a die Interessentenklage und in lit. b. die Verletztenklage normiert. Welche Form gewählt wird, ist Sache der Mitgliedstaaten.[1796] Ebenfalls unter Einfluss des EU-Rechts steht die Frage, ob und inwiefern Verfahrensrechte eine Klagebefugnis begründen können.[1797]

Diffiziler wird es, wenn die umgesetzte unionsrechtliche Norm nach deutschem Recht nicht den Voraussetzungen für ein subjektives Recht entspricht.[1798] Dies ist vor allem deshalb von Relevanz, da Unionsgerichte gegenüber der deutschen Schutznormtheorie einen großzügigeren Maßstab zur Begründung subjektiver Rechte („Rechte des Einzelnen")[1799] anlegen.[1800] Im Unionsrecht ist es ausreichend, dass die Norm auch im Interesse des Einzelnen liegt, eine genaue Abgrenzung des Einzelnen von der Allgemeinheit wird aber nicht gefordert.[1801]

In der Literatur haben sich drei denkbare Ansätze zum Umgang mit etwaigen Divergenzen entwickelt. Zunächst ist es denkbar, eine Lösung über § 42 Abs. 2 Hs. 1 VwGO im Sinne einer prozessualen Lösung zu bestreiten,

---

1792 *Erbguth/Guckelberger*, Allg. Verwaltungsrecht, § 9 Rn. 13; *Gärditz*, Gutachten D 71. DJT, D 27; *Schenke*, Verwaltungsprozessrecht, Rn. 531b. *Würtenberger/Heckmann*, Verwaltungsprozessrecht, Rn. 81.

1793 *Gärditz*, Gutachten D 71. DJT, D 26; *Schoch*, VBlBW 2013, 361 (365).

1794 *Guckelberger*, Referat 71. DJT, N 9 (N 30).

1795 Richtlinie 2011/92/EU des Europäischen Parlaments und des Rates vom 13.12.2011 über die Umweltverträglichkeitsprüfung bei bestimmten öffentlichen und privaten Projekten, ABl. EU v. 28.1.2012, L 26/1, zuletzt geändert durch Richtlinie 2014/52/EU des Europäischen Parlaments und des Rates vom 16.4.2014, ABl. EU v. 25.4.2014, L 124/1.

1796 EuGH, Urt. v. 12.5.2011 – C-115/09, NJW 2011, 2779 (2780).

1797 S. dazu das Urteil „Altrip", EuGH, Urt. v. 7.11.2013 – C-72/12, NVwZ 2014, 49; EuGH, Urt. v. 15.10.2015 – C-137/14, NVwZ 2015, 1665 ff.

1798 *Erbguth/Guckelberger*, Allg. Verwaltungsrecht, § 9 Rn. 13; *Würtenberger/Heckmann*, Verwaltungsprozessrecht, Rn. 82.

1799 *Ebers*, Rechte, S. 68 f.; *Guckelberger*, Deutsches Verwaltungsprozessrecht, S. 47.

1800 *Guckelberger*, Deutsches Verwaltungsprozessrecht, S. 48; *dies.*, Referat 71. DJT, N 9 (N 25, 29); *dies.*, ZEuS 2012, 1 (10); BVerwG, Urt. v. 5.9.2013 – 7 C 21/12, BVerwGE 147, 312 (325); *Wegener*, ZUR 2018, 217 (217).

1801 *Kahl/Ohlendorf*, JA 2011, 41 (43); *Würtenberger/Heckmann*, Verwaltungsprozessrecht, Rn. 82.

indem der Gesetzgeber jeweils eine diesbzgl. Klagebefugnis gewährt.[1802] Diese Exemtion wird jedoch nur sehr restriktiv angewandt[1803] und sie zieht zudem als „Rattenschwanz" eine ständige Überprüfung des Unionsrechts sowie eine Bereitstellung diesbezüglicher Regelungen nach sich.[1804] Dies würde zu einem unüberwindbaren Arbeitsanstieg des Gesetzgebers führen.[1805] Außerdem hätte dieses Vorgehen Auswirkungen auf die Begründetheitsprüfung, wo insbesondere für Anfechtungsklagen eine Rechtsverletzung untersucht werden soll, Ausnahmeregelungen könnten jedoch auch hier Abweichendes bestimmen.[1806]

Zweitens ist für den Bereich des Unionsrechts an eine Interessentenklage zu denken, was durch eine Neuformulierung des § 42 Abs. 2 VwGO möglich wäre.[1807] Aber das Unionsrecht verlangt gerade nicht, dass die Verletztenklage gegen die Interessentenklage getauscht wird, sondern überlässt diese Entscheidung dem nationalen Gesetzgeber. Zudem wird die Annahme eines Interesses genauso Abgrenzungsschwierigkeiten hervorrufen wie das Vorliegen eines subjektiven Rechts.[1808]

Als vorzugswürdige dritte Variante ist eine materielle Lösung über § 42 Abs. 2 Hs. 2 VwGO durch eine unionsrechtskonforme Auslegung denkbar, wie sie auch das BVerwG vornimmt.[1809] Die einzelnen Normen sind daher unionsrechtskonform darauf zu untersuchen, ob sie die Voraussetzungen des § 42 Abs. 2 Hs. 2 VwGO erfüllen können. Auch *Erbguth/Guckelberger*

1802 *Erbguth/Guckelberger*, Allg. Verwaltungsrecht, § 9 Rn. 13; *Franzius*, in: ders., FS Kloepfer, 377 (382); *ders.*, DVBl 2014, 543 (548 f.); *Guckelberger*, Deutsches Verwaltungsprozessrecht, S. 50 ff.; *dies.*, Referat 71. DJT, N 9 (N 26); *Held*, DVBl 2016, 12 (17); *Kahl/Ohlendorf*, JA 2011, 41 (43); *Pernice*, JZ 2015, 967 (972); *Würtenberger/Heckmann*, Verwaltungsprozessrecht, Rn. 83.

1803 BVerwG, Urt. v. 5.9.2013 – 7 C 21/12, BVerwGE 147, 312 (319).

1804 *Erbguth/Guckelberger*, Allg. Verwaltungsrecht, § 9 Rn. 13; *Guckelberger*, Referat 71. DJT, N 9 (N 26).

1805 *Guckelberger*, Referat 71. DJT, N 9 (N 26); *Wegener*, Rechte des Einzelnen, S. 295 f.; BVerwG, Urt. v. 5.9.2013 – 7 C 21/12, BVerwGE 147, 312 (318 f.). S. allgemein zu Rezeption durch Anpassung auch *Kadelbach*, Allg. Verwaltungsrecht, S. 291 f.

1806 *Würtenberger/Heckmann*, Verwaltungsprozessrecht, Rn. 83.

1807 *Erbguth/Guckelberger*, Allg. Verwaltungsrecht, § 9 Rn. 13; *Franzius*, in: ders., FS Kloepfer, 377 (383 f.).

1808 *Erbguth/Guckelberger*, Allg. Verwaltungsrecht, § 9 Rn. 13.

1809 BVerwG, Urt. v. 5.9.2013 – 7 C 21/12, BVerwGE 147, 312 (325). *Erbguth/Guckelberger*, Allg. Verwaltungsrecht, § 9 Rn. 13; *Guckelberger*, Referat 71. DJT, N 9 (N 26); *Schlacke*, Überindividueller Rechtsschutz, S. 95 f. Allgemein zur "Europäisierung des subjektiven öffentlichen Rechts" auch *Mangold/Wahl*, Die Verw. 48 (2015), 1 (3 ff.).

geben dieser Lösung den Vortritt, welche flexibel auf in Streit stehende Konstellationen anwendbar ist. Diese Vorgehensweise ist vor dem Hintergrund des Effektivitätsgebots begrüßenswert.[1810] Außerdem soll § 42 Abs. 2 Hs. 1 VwGO die Ausnahme sein und bleiben.[1811]

V. Rechtskraftwirkung

§ 121 VwGO enthält eine Regelung hinsichtlich der Rechtskraft für Urteile im Verwaltungsprozess. Dieser betrifft nur die materielle Rechtskraft. Die formelle Rechtskraft ergibt sich aus allgemeinen Grundsätzen.[1812] Die Begriffe der materiellen und formellen Rechtskraft sind von ihrer Bedeutung her identisch mit den im vorherigen Kapitel dargestellten Erläuterungen.[1813] Die formelle Rechtskraft tritt ein, wenn eine Entscheidung nicht mehr mit ordentlichen Rechtsmitteln angegriffen werden kann.[1814] Die materielle Rechtskraft bezeichnet die inhaltliche Bindungswirkung der Beteiligten, ihrer Rechtsnachfolger und gemäß § 121 Nr. 2 VwGO der Personen, die nach § 65 Abs. 3 VwGO einen Antrag auf Beiladung nicht oder nicht fristgemäß gestellt haben.[1815] Es besteht keine inter omnes Wirkung.[1816] Durch § 121 Nr. 2 VwGO werden Personen, die in Massenverfahren von einer Beiladung abgesehen haben, von der Rechtskraftwirkung eingeschlossen.[1817] Dies ist für die Wirksamkeit des § 65 Abs. 3 VwGO unerlässlich.[1818]

1810 BVerwG, Urt. v. 5.9.2013 – 7 C 21/12, BVerwGE 147, 312 (325); *Voßkuhle/Schemmel*, JuS 2019, 347 (349).

1811 *Guckelberger*, Deutsches Verwaltungsprozessrecht, S. 51.

1812 *Kilian/Hissnauer*, in: Sodan/Ziekow, VwGO, § 121 Rn. 1; BT-Drs. 3/55, S. 44.

1813 Kapitel 2 B III.

1814 *Clausing*, in: Schoch/Schneider/Bier, VwGO, § 121 Rn. 6; *Kilian/Hissnauer*, in: Sodan/Ziekow, VwGO, § 121 Rn. 10; *Lindner*, in: Posser/Wolff, BeckOK VwGO, § 121 Rn. 5.

1815 *Lindner*, in: Posser/Wolff, BeckOK VwGO, § 121 Rn. 9.

1816 *Lindner*, in: Posser/Wolff, BeckOK VwGO, § 121 Rn. 47.

1817 *Lindner*, in: Posser/Wolff, BeckOK VwGO, § 121 Rn. 52.

1818 *Clausing*, in: Schoch/Schneider/Bier, VwGO, § 121 Rn. 105; *Kilian/Hissnauer*, in: Sodan/Ziekow, VwGO, § 121 Rn. 103. Näher dazu unter C I.

C. *Kollektive Rechtsinstitute*

Um die Auswirkungen der Veränderungen der ZPO auf das Verwaltungsrecht beurteilen zu können, ist erforderlich, die bereits bestehenden Rechtsinstitute der Verwaltungsgerichtsordnung zu betrachten, die Rechtsschutz für mehr als zwei Beteiligte gewährleisten.

I. Beiladung, § 65 VwGO

Die Beiladung stellt eine der Möglichkeiten der Beteiligung Dritter an einem Rechtsprozess dar.[1819] Sie ist eine gesetzliche Form der Nebenintervention und im Verwaltungsprozess häufig anzutreffen. Darüber hinaus gibt es keine dem Zivilprozess entsprechende Haupt- und Nebenintervention oder Streitverkündung im Verwaltungsprozess.[1820] Auch wenn die VwGO keine explizite Aussage hinsichtlich der Anwendbarkeit der §§ 64 ff. ZPO trifft, so wurde in den Gesetzgebungsmaterialien deutlich bestimmt, dass die Beiladung „das spezifische prozessuale Mittel[,] im Verwaltungsgerichtsprozeß [ist], [...] eine Nichtpartei am Rechtsstreit zu beteiligen“.[1821] Während der Nebenintervenient abhängig von der Hauptpartei ist, kann sich ein Beigeladener unabhängig von den Hauptparteien am Prozess beteiligen. Es gibt demnach keinen Raum für eine zusätzliche Nebenintervention innerhalb des Verwaltungsprozesses.[1822]

Einerseits dient die Beiladung dem Beigeladenen, adäquaten Rechtsschutz zu erlangen, indem nicht ohne ihn über seine rechtlichen Interessen entschieden wird und dadurch auch seine Grundrechte gewahrt werden. Andererseits wird eine umfassende Fallaufklärung ermöglicht und durch die Rechtskrafterstreckung auf Dritte gemäß § 121 Nr. 1 VwGO letztlich für Rechtssicherheit gesorgt, da widersprüchliche Entscheidungen vermieden werden können. Generell wird also der Prozessökonomie gedient.[1823] Das alleinige Interesse an einer verbesserten Sachverhaltserklä-

1819 *Guckelberger*, JuS 2007, 436 (436); *Koehl*, JuS 2016, 133 (134).

1820 *Koehl*, JuS 2016, 133 (134); *Nolte*, Die Eigenart, S. 407, s.a. S. 113 ff., 407 ff., hier findet sich ein umfassender Vergleich der Nebenintervention mit der Beiladung. Dazu Kapitel 2 C I.

1821 BT-Drs. 3/55, S. 37; *Nolte*, Die Eigenart, S. 408.

1822 Ausführlich dazu *Nolte*, Die Eigenart, S. 407 ff.

1823 Zu alldem *Guckelberger*, JuS 2007, 436 (436 f.); *Erbguth/dies.*, Allg. Verwaltungsrecht, § 20 Rn. 33; *Hufen*, Verwaltungsprozessrecht, § 12 Rn. 4; *Schneider*, in:

rung und die mögliche Stärkung der Verfahrensposition eines Prozessbeteiligten genügt für eine Beiladung jedoch nicht.[1824]

Unterschieden wird zwischen einfacher Beiladung und notwendiger Beiladung. Die einfache Beiladung zeichnet sich dadurch aus, dass die *rechtlichen* Interessen eines Dritten durch die Gerichtsentscheidung berührt werden, § 65 Abs. 1 VwGO. Nicht ausreichend, um ein solches Interesse zu begründen, ist jedes berechtigte ideelle, soziale, kulturelle oder wirtschaftliche Interesse, sondern der Dritte muss in seiner vom öffentlichen oder privaten Recht geschützten Rechts- oder Interessenssphäre berührt werden.[1825] Das ist dann der Fall, wenn sich die Gerichtsentscheidung auf ihn verbessernd oder verschlechternd auswirkt.[1826] Diese Form der Beiladung steht im Ermessen des Gerichts.[1827] Die einfache Beiladung *kann* erfolgen, sie muss es jedoch nicht.

Anders verhält sich die notwendige Beiladung, sie *muss* erfolgen. So ist nach § 65 Abs. 2 VwGO eine notwendige Beiladung vorzunehmen, wenn eine Entscheidung nur einheitlich ergehen kann. Das Erfordernis der zwingenden Einheitlichkeit ist gegeben, wenn die Sachentscheidung unmittelbar auf die Rechte oder Rechtsbeziehung Dritter einwirkt, sie z.B. verändert, gestaltet, bestätigt, aufhebt oder feststellt.[1828] Sie muss aus Rechtsgründen einheitlich sein.[1829] Zu denken ist z.B. an den Fall, bei dem ein Nachbar die Baugenehmigungserteilung eines Dritten angreift.[1830]

Insgesamt gewährt die Beiladung die Möglichkeit, weitere Personen in einem Prozess miteinzubeziehen. Sie kann auf Antrag oder von Amts we-

---

Gärditz, VwGO, § 65 Rn. 1; OVG des Saarlandes, Beschl. v. 19.9.2017 – 2 E 426/17, Rn. 4, juris.

1824 BVerwG, Beschl. v. 28.8.2017 – 9 B 16/17, NVwZ 2018, 330 (331); OVG des Saarlandes, Beschl. v. 19.9.2017 – 2 E 426/17, Rn. 4, juris.

1825 *Erbguth/Guckelberger*, Allg. Verwaltungsrecht, § 20 Rn. 33; *Guckelberger*, JuS 2007, 436 (438); *Schneider*, in: Gärditz, VwGO, § 65 Rn. 3.

1826 *Erbguth/Guckelberger*, Allg. Verwaltungsrecht, § 20 Rn. 33; *Guckelberger*, JuS 2007, 436 (438); *Koehl*, JuS 2016, 133 (134); BayVGH, Beschl. v. 6.7.2017 – 22 C 17.639, Rn. 7, juris; AGH NRW, Beschl. v. 21.9.2017 – 1 AGH 2/17, BeckRS 2017, 127852, Rn. 4.

1827 *Guckelberger*, JuS 2007, 436 (439); *Koehl*, JuS 2016, 133 (134); BVerwG, Beschl. v. 29.7.2013 – 4 C 1/13, Rn. 7, juris.

1828 *Erbguth/Guckelberger*, Allg. Verwaltungsrecht, § 20 Rn. 33; *Guckelberger*, JuS 2007, 436 (439); *Leroux/Sittig-Behm*, NVwZ 2016, 1061 (1062); *Schneider*, in: Gärditz, VwGO, § 65 Rn. 5; NdsOVG, Beschl. v. 6.9.2017 – 1 OB 115/17, BauR 2017, 2168, (2169).

1829 BVerwG, Beschl. v. 9.3.1977 – I CB 41/76, NJW 1977, 1603; AGH NRW, Beschl. v. 21.9.2017 – 1 AGH 2/17, BeckRS 2017, 127852, Rn. 2.

1830 *Guckelberger*, JuS 2007, 436 (439); *Koehl*, JuS 2016, 133 (134).

gen erfolgen.[1831] Gerade im Falle der einfachen Beiladung ist jedoch erforderlich, dass die potentiellen Beigeladenen Kenntnis von dem Rechtsstreit haben, was je nach Größe, Komplexität und Streubreite des Streitgegenstandes nicht immer der Fall sein wird.[1832] Auch wenn das Gericht seine Möglichkeit der Beiladung von Amts wegen nutzt, ist erforderlich, dass ihm die potentiell betroffenen Personen bekannt sind. Bei Massenverfahren führt eine solche Ermittlung zu erheblicher Mehrarbeit.

Für Fälle der notwendigen Beiladung enthält § 65 Abs. 3 VwGO daher eine abweichende Regelung zur zwingenden Beiladungspflicht.[1833] Demnach kann das Gericht bei mehr als fünfzig notwendig beizuladenden Personen durch unanfechtbaren Beschluss anordnen, dass nur diejenigen, die dies innerhalb einer angemessenen Frist beantragen, beizuladen sind. Dieser Beschluss ist im Bundesanzeiger sowie in relevanten Tageszeitungen zu veröffentlichen, § 65 Abs. 3 S. 3, 4 VwGO. Weitere zusätzliche Veröffentlichungen sind gemäß § 65 Abs. 3 S. 5 VwGO möglich. Die Frist zur Beiladung hat sodann ab Veröffentlichung mindestens drei Monate zu betragen, § 65 Abs. 3 S. 6 VwGO. § 65 Abs. 3 VwGO ist jedoch von nur geringer Praxisrelevanz und darüber hinaus auf Fälle der notwendigen Beiladung beschränkt.[1834]

II. Streitgenossenschaft, § 64 VwGO

§ 64 VwGO regelt die Streitgenossenschaft, indem er auf §§ 59–63 ZPO verweist. Aus prozessökonomischen Gründen können auch im Verwaltungsprozess Prozessrechtsverhältnisse gebündelt werden. Da sich die VwGO vollständig auf die ZPO bezieht, sei auf die obigen Darstellungen verwiesen.[1835]

III. Prozessverbindung, § 93 VwGO

Die VwGO kennt mit § 93 VwGO ebenfalls eine Möglichkeit der Prozessverbindung. Diese kann aus prozessökonomischen Gesichtspunkten erfol-

1831 *Kintz*, in: Posser/Wolff, BeckOK VwGO, § 65 Rn. 25.
1832 *Porz*, in: Fehling/Kastner/Störmer, VwVfG, VwGO, § 65 VwGO Rn. 19.
1833 *Porz*, in: Fehling/Kastner/Störmer, VwVfG, VwGO, § 65 VwGO Rn. 19.
1834 *Kintz*, in: Posser/Wolff, BeckOK VwGO, § 65 Rn. 22.
1835 Kapitel 2 C I 1; *Nolte*, Die Eigenart, S. 204.

gen, um die Prozessführung effektiver und strukturierter auszugestalten.[1836] Möglich ist dadurch die Verbindung, aber auch die Trennung von bei Gericht anhängigen Verfahren unabhängig vom Verfahrensstadium, von der Instanz und der Klageart.[1837] Die zu verbindenden Verfahren müssen dabei aber derselben Verfahrens- oder Prozessart der gleichen Instanz angehören.[1838]

Voraussetzung für eine Verbindung ist, dass bei demselben Gericht ein Verfahren über den gleichen Gegenstand anhängig ist.[1839] Der Verfahrensgegenstand darf dabei nicht identisch sein, da sonst ein Fall unzulässiger doppelter Rechtshängigkeit vorläge.[1840] Ausreichend ist, wenn die Streitgegenstände im Wesentlichen auf denselben oder gleichartigen tatsächlichen oder rechtlichen Gründen beruhen.[1841] Ein Indiz dafür ist gegeben, wenn die Beteiligten ihre Verfahren selbst hätten verbinden können, z.B. durch objektive Klagehäufung oder Streitgenossenschaft.[1842]

Eine Prozessverbindung ist auch bei unterschiedlichen Prozessbeteiligten möglich.[1843] Die Entscheidung zur Verbindung von Prozessen erfolgt

---

1836 BVerwG, Beschl. v. 24.8.2017 – 4 B 35.17, BeckRS 2017, 126659, Rn. 1; OVG SH, Beschl. v. 18.10.2018 – 4 O 34/18, AGS 2018, 528 (529). *Garloff*, in: Posser/Wolff, BeckOK VwGO, § 93 Rn. 3; *Peters/Pätzold*, in: Sodan/Ziekow, VwGO, § 93 Rn. 9; *Porz*, in: Fehling/Kastner/Störmer, VwVfG, VwGO, § 93 VwGO Rn. 1.

1837 S.a. *Porz*, in: Fehling/Kastner/Störmer, VwVfG, VwGO, § 93 VwGO Rn. 2.

1838 *Garloff*, in: Posser/Wolff, BeckOK VwGO, § 93 Rn. 1; *Haack*, in: Gärditz, VwGO, § 93 Rn. 2.

1839 *Haack*, in: Gärditz, VwGO, § 93 Rn. 7; *Peters/Pätzold*, in: Sodan/Ziekow, VwGO, § 93 Rn. 4.

1840 *Garloff*, in: Posser/Wolff, BeckOK VwGO, § 93 Rn. 2; *Haack*, in: Gärditz, VwGO, § 93 Rn. 7; *Peters/Pätzold*, in: Sodan/Ziekow, VwGO, § 93 Rn. 6.

1841 *Garloff*, in: Posser/Wolff, BeckOK VwGO, § 93 Rn. 2; *Peters/Pätzold*, in: Sodan/Ziekow, VwGO, § 93 Rn. 7; *Porz*, in: Fehling/Kastner/Störmer, VwVfG, VwGO, § 93 VwGO Rn. 3; BVerwG, Urt v. 7.2.1965 – BVerwG VII C 68.72, BVerwGE 48, 1 (2); OVG SH hat eine Verbindung von Kostenfestsetzungsanträgen nach zuvor getrennten Prozessen abgelehnt, weil diese rechtlich unselbstständig sind, OVG SH, Beschl. v. 18.10.2018 – 4 O 34/18, AGS 2018, 528 (529). *Stuhlfauth*, in: Bader/Funke-Kaiser, et al., VwGO, § 93 Rn. 4, benennt als Beispiele die Klagen mehrerer Grundstücksnachbarn gegen eine Baugenehmigung oder das Vorgehen von mehreren Teilnehmern einer Demonstration gegen den Einsatz der Polizei.

1842 *Haack*, in: Gärditz, VwGO, § 93 Rn. 7; *Peters/Pätzold*, in: Sodan/Ziekow, VwGO, § 93 Rn. 8; *Porz*, in: Fehling/Kastner/Störmer, VwVfG, VwGO, § 93 VwGO Rn. 3.

1843 *Haack*, in: Gärditz, VwGO, § 93 Rn. 8; *Peters/Pätzold*, in: Sodan/Ziekow, VwGO, § 93 Rn. 7.

als Beschluss und steht im Ermessen des Gerichts.[1844] Es kann einerseits anordnen, dass die Verfahren nur gemeinsam verhandelt werden oder die Beweisaufnahme gemeinsam erfolgt,[1845] andererseits ist es aber auch möglich, die Verfahren zur gemeinsamen Verhandlung und Entscheidung zu verbinden.[1846] In letzterem Fall kommt es zu einem einzigen Verfahren mit mehreren Klagegegenständen, bei dem die Beklagten oder Kläger zu Streitgenossen werden.[1847] Bei sonstiger Verbindung bleiben die Verfahren dahingegen selbstständig.[1848] Eine verpflichtende Anordnung ist dann gegeben, wenn eine Form der notwendigen Streitgenossenschaft vorliegt[1849] oder z.B. ein Ausgangsverwaltungsakt und der dagegen erhobene Widerspruchsbescheid getrennt eingeklagt wurden.[1850]

Als kollektives Rechtsinstitut stellen sich für die Prozessverbindung im Verwaltungsprozess die gleichen Hindernisse wie im Zivilprozess. Bei weit verbreiteten Streitgegenständen ist eine kollektive Klageabwicklung je nach Zuständigkeitsregelung mangels identischen Gerichts nicht möglich. Die Prozessverbindung setzt zudem zunächst ein aktives Tätigwerden der Betroffenen durch die Klageerhebung voraus. Bei zu vielen ähnlichen Prozessen kommt die Prozessverbindung an ihre Grenzen, die Prozesse

1844 BVerwG, Beschl. v. 24.8.2017 – 4 B 35.17, BeckRS 2017, 126659, Rn. 1. *Peters/Pätzold*, in: Sodan/Ziekow, VwGO, § 93 Rn. 9; *Porz*, in: Fehling/Kastner/Störmer, VwVfG, VwGO, § 93 VwGO Rn. 4.

1845 *Garloff*, in: Posser/Wolff, BeckOK VwGO, § 93 Rn. 6; *Peters/Pätzold*, in: Sodan/Ziekow, VwGO, § 93 Rn. 15; *Stuhlfauth*, in: Bader/Funke-Kaiser, et al., VwGO, § 93 Rn. 6, dazu, dass dieser Fall von § 93 VwGO nicht erfasst wird, aber dennoch möglich ist. BVerwG, Urt v. 7.2.1965 – BVerwG VII C 68.72, BVerwGE 48, 1 (2).

1846 *Haack*, in: Gärditz, VwGO, § 93 Rn. 13; *Peters/Pätzold*, in: Sodan/Ziekow, VwGO, § 93 Rn. 13.

1847 *Garloff*, in: Posser/Wolff, BeckOK VwGO, § 93 Rn. 5; *Porz*, in: Fehling/Kastner/Störmer, VwVfG, VwGO, § 93 VwGO Rn. 5; *Stuhlfauth*, in: Bader/Funke-Kaiser, et al., VwGO, § 93 Rn. 8.

1848 *Garloff*, in: Posser/Wolff, BeckOK VwGO, § 93 Rn. 6.

1849 *Garloff*, in: Posser/Wolff, BeckOK VwGO, § 93 Rn. 4; *Haack*, in: Gärditz, VwGO, § 93 Rn. 12; *Porz*, in: Fehling/Kastner/Störmer, VwVfG, VwGO, § 93 VwGO Rn. 4; *Stuhlfauth*, in: Bader/Funke-Kaiser, et al., VwGO, § 93 Rn. 2. So auch im Umkehrschluss BVerwG, Beschl. v. 15.9.2014 – 4 B 23/14, Rn. 2, juris; Urt. v. 18.7.2012 – BVerwG 8 C 4.11, NVwZ 2013, 209 (218).

1850 *Garloff*, in: Posser/Wolff, BeckOK VwGO, § 93 Rn. 4; *Porz*, in: Fehling/Kastner/Störmer, VwVfG, VwGO, § 93 VwGO Rn. 4; *Rennert*, in: Eyermann, VwGO, § 93 Rn. 3; unter Hinweis auf § 79 und § 113 Abs. 1 *Stuhlfauth*, in: Bader/Funke-Kaiser, et al., VwGO, § 93 Rn. 2.

können sich aufgrund steigender Anzahl und zunehmenden Beteiligten verkomplizieren und aufblähen.

IV. Aussetzung des Verfahrens, § 94 VwGO

Wie auch in § 148 ZPO für den Zivilprozess geregelt, gibt es innerhalb des Verwaltungsprozesses in § 94 VwGO die Möglichkeit zur Verfahrensaussetzung.[1851] Das Gericht kann dabei anordnen, das Verfahren bis zur Erledigung eines anderen Rechtsstreits oder einer verwaltungsbehördlichen Entscheidung auszusetzen. Dies dient neben der Prozessökonomie auch der Vermeidung widersprüchlicher Entscheidungen.[1852]

Eine Aussetzung ist unabhängig von der Verfahrensart und dem Verfahrensstand sowie in jeder Instanz möglich.[1853] Die Parteien müssen dabei nicht identisch sein.[1854] Außerdem ist nicht erforderlich, dass der abgewartete Prozess Bindungswirkungen für den ausgesetzten entfaltet.[1855] Voraussetzung für die Aussetzung ist, wie auch im Zivilprozess, die Vorgreiflichkeit.[1856]

Eine Vorgreiflichkeit liegt vor, wenn die Entscheidung des auszusetzenden Verfahrens vom Bestehen oder Nichtbestehen eines Rechtsverhältnis-

1851 *Peters/Schwarzburg*, in: Sodan/Ziekow, VwGO, § 94 Rn. 1, 6; *Rudisile*, in: Schoch/Schneider/Bier, VwGO, § 94 Rn. 1. BT-Drs. III/55, S. 41.

1852 *Garloff*, in: Posser/Wolff, BeckOK VwGO, § 94; *Haack*, in: Gärditz, VwGO, § 93 Rn. 1 f.; *Peters/Schwarzburg*, in: Sodan/Ziekow, VwGO, § 94 Rn. 2; *Rudisile*, in: Schoch/Schneider/Bier, VwGO, § 94 Rn. 11; *Stuhlfauth*, in: Bader/Funke-Kaiser, et al., VwGO, § 94 Rn. 1.

1853 *Garloff*, in: Posser/Wolff, BeckOK VwGO, § 94 Rn. 7; *Peters/Schwarzburg*, in: Sodan/Ziekow, VwGO, § 94 Rn. 4 f.; *Porz*, in: Fehling/Kastner/Störmer, VwVfG, VwGO, § 94 VwGO Rn. 2; *Stuhlfauth*, in: Bader/Funke-Kaiser, et al., VwGO, § 94 Rn. 3.

1854 *Garloff*, in: Posser/Wolff, BeckOK VwGO, § 94 Rn. 4; *Haack*, in: Gärditz, VwGO, § 93 Rn. 9; *Porz*, in: Fehling/Kastner/Störmer, VwVfG, VwGO, § 94 VwGO Rn. 4.

1855 *Garloff*, in: Posser/Wolff, BeckOK VwGO, § 94 Rn. 4; *Porz*, in: Fehling/Kastner/Störmer, VwVfG, VwGO, § 94 VwGO Rn. 4; *Rudisile*, in: Schoch/Schneider/Bier, VwGO, § 94 Rn. 18.

1856 *Garloff*, in: Posser/Wolff, BeckOK VwGO, § 94 Rn. 1; *Rudisile*, in: Schoch/Schneider/Bier, VwGO, § 94 Rn. 18; OVG Bln-Bbg, Beschl. v. 20.4.2016 – OVG 11 L 4.16, NVwZ-RR 2016, 639; Beschl. v. 30.11.2015 – OVG 11 L 30.15, Rn. 4, juris.

ses abhängt.[1857] Es darf nicht möglich sein, ohne Klärung der Vorfrage im anderen Prozess eine Entscheidung im anhängigen Prozess herbeiführen zu können.[1858] Nicht ausreichend ist die bloße Klärung derselben Rechtsfrage[1859] oder die Überprüfung der Gültigkeit einer Norm.[1860] Geht es um die Gültigkeit einer Rechtsnorm und ist eine Normenkontrolle oder eine Verfassungsbeschwerde darüber bereits zur Entscheidung angenommen, ist eine analoge Anwendung der Aussetzung aus Gründen der Prozessökonomie möglich.[1861] Im ersteren Fall, bei lediglich derselben Rechtsfrage, ist eine analoge Anwendung auszuschließen.[1862] Denn, wie auch die zivilrechtliche Regelung, kann § 94 VwGO für Parallelprozesse nicht angewandt werden.[1863] § 93a VwGO ist für solche Parallelprozesse einschlägig, eine Regelungslücke besteht daher nicht, vielmehr würde eine analoge Anwendung von § 94 VwGO die besonderen Voraussetzungen des

---

1857 *Garloff*, in: Posser/Wolff, BeckOK VwGO, § 94 Rn. 1; *Porz*, in: Fehling/Kastner/Störmer, VwVfG, VwGO, § 94 VwGO Rn. 9; *Stuhlfauth*, in: Bader/Funke-Kaiser, et al., VwGO, § 94 Rn. 3.

1858 *Garloff*, in: Posser/Wolff, BeckOK VwGO, § 94 Rn. 1; *Peters/Schwarzburg*, in: Sodan/Ziekow, VwGO, § 94 Rn. 9.

1859 NdsOVG, Beschl. v. 22.7.2013 – 5 OB 146/13, Rn. 8, juris; BayVGH, Beschl. v. 21.12.2018 – 14 ZB 18.1000, Rn. 3, juris. *Peters/Schwarzburg*, in: Sodan/Ziekow, VwGO, § 94 Rn. 8.

1860 OVG Bln-Bbg, Beschl. v. 20.4.2016 – OVG 11 L 4.16, NVwZ-RR 2016, 639. *Garloff*, in: Posser/Wolff, BeckOK VwGO, § 94 Rn. 3; *Peters/Schwarzburg*, in: Sodan/Ziekow, VwGO, § 94 Rn. 8; *Rudisile*, in: Schoch/Schneider/Bier, VwGO, § 94 Rn. 21.

1861 *Garloff*, in: Posser/Wolff, BeckOK VwGO, § 94 Rn. 3; *Peters/Schwarzburg*, in: Sodan/Ziekow, VwGO, § 94 Rn. 48 f., 53; OVG NRW, Urt. v. 21.12.2010 – 2 A 1419/09, Rn. 45, juris; VGH Mannheim, Beschl. v. 21.3.2012 – 6 S 2325/11, NVwZ-RR 2012, 622 (622).

1862 NdsOVG, Beschl. v. 22.7.2013 – 5 OB 146/13, Rn. 9 f., juris; OVG Bln-Bbg, Beschl. v. 20.4.2016 – OVG 11 L 4.16, NVwZ-RR 2016, 639. *Peters/Schwarzburg*, in: Sodan/Ziekow, VwGO, § 94 Rn. 48; *Rudisile*, in: Schoch/Schneider/Bier, VwGO, § 94 Rn. 43. Dazu, dass eine Verfassungsbeschwerde vom Bundesverfassungsgericht erst gemäß § 93a BVerfGG angenommen sein muss, BayVGH, Beschl. v. 21.12.2018 – 14 ZB 18.1000, Rn. 3, juris. Dazu, dass ein Vorlage gemäß Art. 267 AEUV vor den EuGH die Aussetzung analog § 94 VwGO ermöglicht, *Stuhlfauth*, in: Bader/Funke-Kaiser, et al., VwGO, § 94 Rn. 2.

1863 NdsOVG, Beschl. v. 22.7.2013 – 5 OB 146/13, Rn. 8, juris; OVG Bln-Bbg, Beschl. v. 20.4.2016 – OVG 11 L 4.16, NVwZ-RR 2016, 639.

§ 93a VwGO unterlaufen.[1864] Nicht als vorgreiflich anzusehen ist auch eine erwartete revisionsgerichtliche Entscheidung.[1865] Mit Einverständnis der Beteiligten ist dann die Anordnung des Ruhens des Verfahrens möglich, sodass eine analoge Anwendung von § 94 VwGO obsolet ist.[1866] Nicht ausreichend ist ferner das Abwarten von Rechtsänderungen, z.B. den Erlass eines Gesetzes[1867] oder eines Bebauungsplans.[1868] So hat das BVerwG jüngst entschieden, dass das Abwarten eines Beschlusses gemäß § 214 Abs. 4 BauGB nicht vorgreiflich für eine Nichtzulassungsbeschwerde ist, da dieser auf einen neuen, nicht vorgreiflichen Satzungsbeschluss abzielt.[1869]

Ob das Verfahren auszusetzen ist, liegt im Ermessen des Gerichts.[1870] In die Ermessenserwägungen sind die Prozessökonomie sowie das Interesse an einer zügigen Prozessführung einzustellen.[1871] Sollte eine abschließende Klärung ohne Entscheidung hinsichtlich des anderen Rechtsverhältnisses nicht möglich sein, so kann sich das Ermessen auf Null reduzieren,

1864 Zu § 93a ausführlich s. nachfolgend D. NdsOVG, Beschl. v. 22.7.2013 – 5 OB 146/13, Rn. 8, juris; OVG Bln-Bbg, Beschl. v. 20.4.2016 – OVG 11 L 4.16, NVwZ-RR 2016, 639. *Beckermann*, GVRZ 2019, 16 (Rn. 49 ff.); § 93a als lex specialis *Schübel-Pfister*, in: Eyermann, VwGO, § 93a Rn. 2.

1865 *Garloff*, in: Posser/Wolff, BeckOK VwGO, § 94 Rn. 3a m.w.N.; *Peters/Schwarzburg*, in: Sodan/Ziekow, VwGO, § 94 Rn. 8; OVG NRW, Beschl. v. 25.2.2011 – 6 E 121/11, IÖD 2011, 83. A.A. VGH Mannheim, Beschl. v. 21.3.2012 – 6 S 2325/11, NVwZ-RR 2012, 622 (622) *W.-R. Schenke*, in: Kopp/ders., VwGO, § 94 Rn. 4a.

1866 *Garloff*, in: Posser/Wolff, BeckOK VwGO, § 94 Rn. 3a; *Peters/Schwarzburg*, in: Sodan/Ziekow, VwGO, § 94 Rn. 8.

1867 BVerwG, Beschl. v. 13.2.1962 – I B 14/62, NJW 1962, 1170 (1171); OVG NRW, Urt. v. 21.12.2010 – 2 A 1419/09, Rn. 47, juris. BayVGH, Beschl. v. 28.2.1984 – Nr. 26 C 83A.1931, BayVBl. 1984, 341 (342); *Garloff*, in: Posser/Wolff, BeckOK VwGO, § 94 Rn. 5; *Rudisile*, in: Schoch/Schneider/Bier, VwGO, § 94 Rn. 18.

1868 *Garloff*, in: Posser/Wolff, BeckOK VwGO, § 94 Rn. 5. Zum Bebauungsplan OVG NRW, Urt. v. 21.12.2010 – 2 A 1419/09, Rn. 47, juris.

1869 BVerwG, Beschl. v. 21.3.2019 – 4 BN 34/18, Rn. 2, juris. S. weitere Positiv- sowie Negativbeispiele *Garloff*, in: Posser/Wolff, BeckOK VwGO, § 94 Rn. 2.1 f.

1870 OVG Bln-Bbg, Beschl. v. 30.11.2015 – OVG 11 L 30.15, Rn. 5, juris; BayVGH, Beschl. v. 21.12.2018 – 14 ZB 18.1000, Rn. 3, juris; *Garloff*, in: Posser/Wolff, BeckOK VwGO, § 94 Rn. 6; *Peters/Schwarzburg*, in: Sodan/Ziekow, VwGO, § 94 Rn. 15.

1871 VG Magdeburg, Urt. v. 28.2.2019 – 8 A 25/18, BeckRS 2019, 8142, Rn. 16. *Rudisile*, in: Schoch/Schneider/Bier, VwGO, § 94 Rn. 31.

eine Aussetzung wird dann unumgänglich.[1872] Wird ein ausgesetztes Verfahren fortgeführt, ist das Gericht an die zugewartete Entscheidung jedoch nicht gebunden.[1873] Für Massenverfahren erscheint dieses Rechtsschutzinstitut letztlich untauglich, denn mangels Vorgreiflichkeit von Parallelverfahren findet die Aussetzung schon keine Anwendung. Zudem würde die fehlende Bindungswirkung zu Rechtsunsicherheiten führen.

D. Musterverfahren, § 93a VwGO

I. Historischer Hintergrund und Ziele

Seit 1991 „schlummert" zudem eine Regelung für Musterverfahren in der VwGO, die in der Praxis von eher geringer Bedeutung ist.[1874] Wie an dem Buchstabenzusatz „a" des Paragraphen § 93a VwGO erkennbar, existierte diese Norm in der ursprünglichen Fassung der VwGO nicht.[1875] Sie wurde erst nachträglich durch ein Änderungsgesetz eingefügt und mit einem Buchstaben versehen, um so die weiteren Gliederungsebenen nicht zu verschieben.[1876] Ebenso wie die Musterfeststellungsklage findet auch § 93a VwGO seinen Ursprung in einem aktuellen Ereignis. Im Rahmen des Flughafenbaus München II kam es in den 1980er Jahren zu 5724 Kla-

1872 *Peters/Schwarzburg*, in: Sodan/Ziekow, VwGO, § 94 Rn. 17; *Porz*, in: Fehling/Kastner/Störmer, VwVfG, VwGO, § 94 VwGO Rn. 8; *Rudisile*, in: Schoch/Schneider/Bier, VwGO, § 94 Rn. 32.

1873 *Garloff*, in: Posser/Wolff, BeckOK VwGO, § 94 Rn. 10.

1874 Zur praktischen Unbedeutsamkeit *Beckermann*, NVwZ 2017, 1431 (1434); vor allem kritisch in Bezug auf die Änderungen *Meier*, NVwZ 1998, 688 (694); *Peters/Müller*, in: Sodan/Ziekow, VwGO, § 93a Rn. 2; *Rudisile*, in: Schoch/Schneider/Bier, VwGO, § 93a Rn. 35; *Schenke*, NJW 1997, 81 (93). Dazu, dass die Norm vor allem bei planungsrechtlichen Vorhaben Anwendung findet, *Schübel-Pfister*, in: Eyermann, VwGO, § 93a Rn. 1.

1875 Zur Parallelvorschrift § 114a SGG *Hauck*, jurisPR-SozR 17/2008, Anm. 4 (unter 4.). Zur Einführung von Pilotverfahren im Strafprozess *Knauer*, ZStW 120 (2008), 826; *Mühlbauer*, Die Aussetzung, S. 146 f., lehnt eine entsprechende Anwendung auf Verwaltungsverfahren aufgrund der spezielleren §§ 17 ff. VwVfG ab; *Zuck*, ZRP 2010, 241, befürwortet eine entsprechende Regelung für Verfassungsbeschwerden.

1876 BT-Drs. 11/7030, S. 28. *BMJV*, Handbuch der Rechtsförmlichkeit, Rn. 593. Zur Verwendung eines Buchstabenzusatzes *Guckelberger*, Öffentliche Verwaltung, Rn. 711.

gen gegen den Planungsfeststellungsbeschluss.[1877] Zu dieser Zeit existierte keine Norm, ob und inwieweit diese Verfahren gebündelt und effektiv verhandelt werden können.[1878] Das Verwaltungsgericht entschied daher eigenwillig, 30 Verfahren auszuwählen und diese vorab zu verhandeln, wohingegen die anderen Verfahren ausgesetzt wurden.

Da diese Vorgehensweise in der VwGO nicht angelegt war und sich Beschwerden auf Seiten der Betroffenen häuften, kam es zu einer Überprüfung durch das Bundesverfassungsgericht.[1879] Dieses hielt die gewählte Methode für statthaft.[1880] Es verneinte einen Verstoß gegen Art. 19 Abs. 4 GG sowohl für die Betroffenen, deren Verfahren ausgesetzt, als auch für diejenigen, deren Verfahren für eine mündliche Verhandlung auserwählt wurden.[1881] Letztere können gerade nicht hervorbringen, dass sich ihr Prozessrisiko erhöhe, weil sie bei Klageeinreichung bereits damit rechnen müssten, dass ihre Verfahren verhandelt werden, ein Anspruch auf Niedrighaltung der Prozesskosten durch gleichzeitiges Verhandeln aller anhängiger Verfahren bestehe nicht.[1882] Erstere Gruppe sei nicht dadurch verletzt, dass ihre Verfahren ausgesetzt wurden, da ihnen weiterhin alle prozessualen Möglichkeiten zur Erlangung eines umfassenden gerichtlichen Schutzes offenständen.[1883] Auch eine Verletzung von Art. 3 Abs. 1 GG wurde mangels Willkür abgelehnt.[1884] Die Verfahren seien vielmehr anhand sachlicher Gründe auserwählt worden.[1885]

Dieser Fall aus der Praxis brachte die Verfahrensmöglichkeiten innerhalb des deutschen Rechts an ihre Grenzen. Die bestehenden Instrumente reichten nicht aus, um in einem solchen Mammutprozess Abhilfe zu leisten. Für ein effektives Verfahren bedurfte es einer eigenwilligen Entscheidung eines Gerichts. Der Bedarf nach einer gesetzlichen Normierung wurde dadurch offensichtlich. Dies sah auch der Gesetzgeber, sodass

---

1877 BT-Drs. 11/7030, S. 28; BVerfG, Beschl. v. 27.3.1980 – 2 BvR 316/80, BVerfGE 54, 39 (40). *Boermann*, in: Thießen, Der Richter, 50 (52); ausführlich dazu *Kruppa*, KapMuG, S. 74 ff.; *Peters/Müller*, in: Sodan/Ziekow, VwGO, § 93a Rn. 1; *Reuschle*, WM 2004, 966 (974).

1878 BT-Drs. 11/7030, S. 28.

1879 BVerfG, Beschl. v. 27.3.1980 – 2 BvR 316/80, BVerfGE 54, 39 ff.; *Boermann*, in: Thießen, Der Richter, 50 (52).

1880 BVerfG, Beschl. v. 27.3.1980 – 2 BvR 316/80, BVerfGE 54, 39 (40).

1881 BVerfG, Beschl. v. 27.3.1980 – 2 BvR 316/80, BVerfGE 54, 39 (40 f.).

1882 BVerfG, Beschl. v. 27.3.1980 – 2 BvR 316/80, BVerfGE 54, 39 (41). *Beckermann*, NVwZ 2017, 1431 (1434); *Schübel-Pfister*, in: Eyermann, VwGO, § 93a Rn. 3.

1883 BVerfG, Beschl. v. 27.3.1980 – 2 BvR 316/80, BVerfGE 54, 39 (42).

1884 BVerfG, Beschl. v. 27.3.1980 – 2 BvR 316/80, BVerfGE 54, 39 (42).

1885 BVerfG, Beschl. v. 27.3.1980 – 2 BvR 316/80, BVerfGE 54, 39 (42).

§ 93a VwGO im Rahmen des 4. VwGOÄndG[1886] am 1.1.1991 Einzug in das Gesetz erhielt.[1887]

Die praktische Bedeutsamkeit der Norm wurde von der Literatur häufig bestritten.[1888] Tatsächlich finden sich kaum Fälle, in denen von § 93a VwGO Gebrauch gemacht wurde. Der Hauptanwendungsbereich bewegt sich dabei im Flughafenbau.[1889] In neuerer Zeit kam es zu Musterverfahren im Rahmen der Erweiterung des Flughafens Frankfurt am Main.[1890] Gegen den dazu erhobenen Planfeststellungsbeschluss vom 18.12.2007 wurden elf Musterverfahren ausgewählt, die sonstigen Verfahren bis zur Entscheidung ausgesetzt und im Anschluss größtenteils ohne Durchführung einer mündlichen Verhandlung abgeschlossen.[1891] Eine Überprüfung durch das BVerwG bestätigte, dass diese Vorgehensweise für die Nachverfahren zulässig gewesen ist.[1892]

Auch ist bezeichnend, dass sich die Literatur lediglich vor und nach Einführung von § 93a VwGO sowie des 6. Änderungsgesetzes intensiv mit dieser Norm befasst hat. Das Gros der Beiträge zu Musterverfahren stammt aus dieser Zeit. Mit Einführung des KapMuG traten die Musterverfahren nochmals in den Fokus der Untersuchung, dies jedoch eher am Rande. Generell ist die Befassung mit dieser Norm eher dürftig.

1886 Gesetz zur Neuregelung des verwaltungsgerichtlichen Verfahrens (Viertes Gesetz zur Änderung der Verwaltungsgerichtsordnung) v. 17.12.1990, BGBl. I 1990, S. 2809.

1887 *Boermann*, in: Thießen, Der Richter, 50 (53).

1888 *Beckermann*, NVwZ 2017, 1431 (1434); *Rudisile*, in: Schoch/Schneider/Bier, VwGO, § 93a Rn. 35; *Schübel-Pfister*, in: Eyermann, VwGO, § 93a Rn. 1, dennoch zumindest bei fachplanungsrechtlichen Vorhaben.

1889 Z.B. Flughafen Leipzig/Halle. Hier wurden von insgesamt 35 Klagen fünf als Musterverfahren geführt, s. exemplarisch BVerwG, Beschl. v. 23.8.2006 – 4 A 2000/05; Beschl. v. 31.5.2007 – 4 A 2006/07 u.a.; Beschl. v. 2.5.2007 – 4 A 2000/07 u.a.; Flughafen Berlin-Schönefeld ca. 4000 Verfahren in 60 Verfahren zusammengefasst, wiederum exemplarisch BVerwG, Beschl. v. 7.5.2008 – 4 A 1009/07, NVwZ 2008, 1007; BVerwG, Beschl. v. 1.11.2007 – 4 A 1009/07 u.a., juris; zum Vorherigen ausführlich *Kruppa*, KapMuG, S. 84 ff.; *Schübel-Pfister*, in: Eyermann, VwGO, § 93a Rn. 1.

1890 *Kruppa*, KapMuG, S. 88 f.

1891 S. dazu exemplarisch HessVGH, Urt. v. 12.4.2016 – 9 C 1498/12.T, juris; Urt. v. 21.8.2009 – 11 C 227/08.T u.v.w., juris.

1892 BVerwG, Beschl. v. 14.6.2017 – 4 B 22/16, juris. S.a. die dagegen erhobene Anhörungsrüge, Beschl. v. 24.1.2018 – 4 B 34/17 u.a., Rn. 23 ff., juris.

Das Ziel von § 93a VwGO ist die Erleichterung der gerichtlichen Verfahren in Massenfällen.[1893] Wie auch im Zivilprozess sollen Musterverfahren einem effektiven Rechtsschutz und einer kostengünstigen Streitbeilegung dienen.[1894] Es geht darum, paralleles Verhandeln mit abweichenden Ergebnissen zu vermeiden.[1895] Insgesamt soll Rechtsfrieden geschaffen werden.[1896] Meist handelt es sich dabei um technisch-naturwissenschaftliche Sachverhalte mit aufwendigen Verfahren und dem Erfordernis zahlreicher Sachverständiger.[1897] Im Verwaltungsprozess kommt u.a. bei Planfeststellungsbeschlüssen auch dem Interesse nach Verfahrensbeschleunigung eine wichtige Rolle zu. Die Realisierung großer Infrastrukturvorhaben soll nicht durch mangelnde Kooperationsbereitschaft verzögert werden.[1898]

II. Systematik

Während der Musterfeststellungsklage in der ZPO ein ganzes Buch gewidmet ist, umfasst die Regelung der VwGO nur einen Paragraphen bestehend aus zwei Absätzen. Allein der Regelungsumfang zeigt, dass § 93a VwGO in seinem Regelungsgehalt und seiner Wirkung weit hinter der Musterfeststellungsklage zurückbleibt.[1899]

Systematisch bestehen Musterverfahren aus drei Stufen. Zunächst bedarf es der individuellen Klageerhebung durch die Betroffenen bei Gericht. § 93a VwGO knüpft daran an und regelt den Ablauf der nächsten beiden Phasen.[1900] Wenn die erhobenen Klagen gemäß ihrer Anzahl und ihres Gehalts die Voraussetzungen des § 93a Abs. 1 VwGO erfüllen, kommt es zum eigentlichen Musterverfahren. Während des Musterverfahrens werden einige der zunächst erhobenen Klagen verhandelt, wohingegen andere ausgesetzt werden. Dem Musterverfahren folgt sodann ein Nachverfahren.

1893 BT-Drs. 11/7030, S. 28; BVerfG, Beschl. v. 24.2.2009 – 1 BvR 165/09, NVwZ 2009, 581 (584); *Peters/Müller*, in: Sodan/Ziekow, VwGO, § 93a Rn. 1.

1894 Kritisch dazu *Schmid*, in: Sodan/Ziekow, VwGO, 4. Aufl., 2014, § 93a Rn. 1.

1895 *Christonakis*, Das verwaltungsprozessuale Rechtsschutzinteresse, S. 331.

1896 *Christonakis*, Das verwaltungsprozessuale Rechtsschutzinteresse, S. 332.

1897 *Schlacke/Römling*, in: Schlacke/Schrader/Bunge, Aarhus-Handbuch, § 3 Rn. 33.

1898 *Rudisile*, in: Schoch/Schneider/Bier, VwGO, § 93a Rn. 7; s. dazu auch BT-Drs. 10/171, S. 7; *Ottaviano*, Der Anspruch auf rechtzeitigen Rechtsschutz, S. 159 f.

1899 *Peters/Müller*, in: Sodan/Ziekow, VwGO, § 93a Rn. 1, damals noch in Bezug auf den DiskE.

1900 *Peters/Müller*, in: Sodan/Ziekow, VwGO, § 93a Rn. 4, sprechen daher nur von einer Zweiteilung.

Hierbei werden die zuvor ausgesetzten Verfahren abschließend entschieden. Nähere Bestimmungen dazu finden sich in § 93a Abs. 2 VwGO.

III. Zuständigkeit

Abweichend zur Musterfeststellungsklage gibt es für Musterverfahren nach § 93a VwGO keinerlei besondere Regelungen hinsichtlich der Zuständigkeit.

Es existiert keine dem § 610 Abs. 5 ZPO vergleichbare Regelung, sodass eine Befassung durch den Einzelrichter nach den allgemeinen Regeln möglich ist.[1901] Grundsätzlich finden sich für die Übertragung auf einen Einzelrichter in § 6 Abs. 1 VwGO nähere Anforderungen für den Verwaltungsprozess. Eine solche Übertragung soll vorgenommen werden, wenn die Sache keine besonderen Schwierigkeiten tatsächlicher oder rechtlicher Art aufweist (Nr. 1) und wenn die Rechtssache keine grundsätzliche Bedeutung hat (Nr. 2). Die beiden Voraussetzungen stehen in einer wedernoch Beziehung.[1902]

Besondere tatsächliche oder rechtliche Schwierigkeiten im Sinne von § 6 Abs. 1 Nr. 1 VwGO können nicht pauschal festgestellt werden, sondern müssen in jedem Verfahren gesondert geprüft werden.[1903] Es kann daher keine allgemeingültige Aussage über Musterverfahren getroffen werden.

Grundsätzliche Bedeutung nach § 6 Abs. 1 Nr. 2 VwGO kommt einer Rechtssache zu, wenn die Wirkung der Entscheidung über den Einzelfall hinausgeht.[1904] Die Auswirkungen müssen sich auf eine größere Anzahl von Verfahren erstrecken, wobei sich die Kommentarliteratur zu § 6 VwGO dabei an der Zahlengröße des § 93a VwGO, also 20 Verfahren, orientiert.[1905] Diese Zahl ist jedoch keine starre Grenze. Zur näheren Bestimmung könnten auch die Erwägungen für die zivilprozessualen Regelungen herangezogen werden. Für die Musterfeststellungsklagen wird die

---

1901 *Rudisile*, in: Schoch/Schneider/Bier, VwGO, § 93a Rn. 12; *Schübel-Pfister*, in: Eyermann, VwGO, § 93a Rn. 5.

1902 *Clausing*, in: Schoch/Schneider/Bier, VwGO, § 6 Rn. 20; *Gersdorf*, in: Posser/Wolff, BeckOK VwGO, § 6 Rn. 20.

1903 *Gersdorf*, in: Posser/Wolff, BeckOK VwGO, § 6 Rn. 22. S.a. *Funke-Kaiser*, in: Bader/ders., et al., VwGO, § 6 Rn. 6.

1904 *Clausing*, in: Schoch/Schneider/Bier, VwGO, § 6 Rn. 27; *Gersdorf*, in: Posser/Wolff, BeckOK VwGO, § 6 Rn. 30; *Schübel-Pfister*, in: Eyermann, VwGO, § 6 Rn. 17.

1905 *Gersdorf*, in: Posser/Wolff, BeckOK VwGO, § 6 Rn. 30.

Befassung des Einzelrichters ausgeschlossen, weil für sie eine grundsätzliche Bedeutung der Entscheidung für eine Vielzahl von Betroffenen angenommen wird.[1906]

Da für die Musterverfahren stets 20 Verfahren vorausgesetzt werden und sie damit Auswirkungen über den Einzelfall hinaus haben, kommt diesen Verfahren meines Erachtens grundsätzliche Bedeutung zu, weshalb die Übertragung auf den Einzelrichter schon aus § 6 Abs. 1 Nr. 2 VwGO abzulehnen ist. Aufgrund der Komplexität und des Umfangs der Massenverfahren empfiehlt sich eine Übertragung auf den Einzelrichter hier ebenso wenig wie für Musterfeststellungsklagen.[1907] Überdies ergibt sich aus der Systematik des § 93a VwGO, der in Absatz 2 von Einstimmigkeit spricht, dass von einem Spruchkörper ausgegangen wird.[1908] Um Klarheit zu schaffen, ist daher auch hier über eine Normierung zum expliziten Ausschluss des Einzelrichters nachzudenken.

a) Örtliche Zuständigkeit

Ebenso abweichend zur zivilprozessualen Regelung gibt es keine Zuständigkeitskonzentration. In örtlicher Hinsicht erübrigt sich eine solche Konzentration, da sich die Klagebegehren gegen identische behördliche Maßnahmen richten müssen. Die örtliche Zuständigkeit ergibt sich dabei anhand der allgemeinen Regelung gemäß § 52 VwGO. Demnach ist gemäß § 52 Nr. 2–5 VwGO bei einer Klage gegen den Staat in der Regel der Sitz der Behörde ausschlaggebend. Eine identische Klage gegen ein ortsgebundenes Recht würde auch gemäß § 52 Nr. 1 VwGO vor dem gleichen Verwaltungsgericht verhandelt werden. Der Wortlaut von § 93a Abs. 1 S. 1, Abs. 2 S. 1 VwGO spricht von *dem* Gericht und zeigt dadurch, dass der Gesetzgeber davon ausgeht, dass die Verfahren vor demselben Gericht verhandelt werden. Es bedarf demnach keiner speziellen Ausgestaltung in örtlicher Hinsicht.

1906 Kapitel 2 D III.

1907 *Greger*, ZZP 131 (2018), 317 (327 f.); *Wolf*, RIW 2019, 258 (267), bringt hervor, dass eine Steigerung der Leistungsfähigkeit der Zivilkammern durch eine Übertragung an den Einzelrichter gerade nicht eingetreten ist. *Schübel-Pfister*, in: Eyermann, VwGO, § 93a Rn. 3.

1908 *Peters/Müller*, in: Sodan/Ziekow, VwGO, § 93a Rn. 6; s.a. *Rudisile*, in: Schoch/Schneider/Bier, VwGO, § 93a Rn. 12; vgl. *Schübel-Pfister*, in: Eyermann, VwGO, § 93a Rn. 3.

b) Sachliche Zuständigkeit und Zuständigkeitskonzentration

Während für den Zivilprozess noch am Ende des Gesetzgebungsverfahrens zur Musterfeststellungsklage die erstinstanzliche Zuständigkeit von den LG auf die OLG übertragen wurde, können die Musterverfahren im Verwaltungsrecht nach den allgemeinen Regelungen aus §§ 45, 47, 48, 50 VwGO als erstinstanzliche Verfahren je nach Verfahrensgegenstand schon vor dem VG, OVG oder dem BVerwG beginnen.[1909] Eine sachliche Konzentration gibt es nicht. Ggf. ist daher auch hier über eine Verkürzung des Instanzenzugs durch Übertragung der erstinstanzlichen Zuständigkeit auf die OVG nachzudenken.

Für Verfahren des Verwaltungsprozesses ist anzumerken, dass sie gemäß § 2 VwGO nur maximal drei Instanzen umfassen können. Eine erstinstanzliche Übertragung auf die OVG käme einer Übertragung an die OLG gleich. Darüber gibt es jeweils nur eine weitere Instanz. Grundsätzlich kommt dem OVG gemäß § 46 VwGO die Funktion eines Rechtsmittelgerichts zu, welches als zweite Tatsacheninstanz dient.[1910] Kommt es zur erstinstanzlichen Zuständigkeit des OVG, fällt eine sachliche Prüfungsinstanz weg.[1911] Insgesamt führt dies zu einer Verfahrensbeschleunigung.[1912] Der Rechtszug kann anschließend nur gemäß § 49 VwGO vor dem BVerwG fortgeführt werden, welches allein rechtliche Aspekte überprüft.[1913]

Für die erstinstanzliche Übertragung der Musterfeststellungsklagen auf die OLG werden hauptsächlich dieser Beschleunigungseffekt sowie die Spezialisierung und Qualität der Entscheidung vorgebracht.[1914] Vor allem weil die Musterfeststellungsklage keinen vollstreckbaren Titel erzielen kann, sich die nachträglichen Individualverfahren derweil ebenso über

---

1909 *Rudisile*, in: Schoch/Schneider/Bier, VwGO, § 93a Rn. 8; *Schübel-Pfister*, in: Eyermann, VwGO, § 93a Rn. 4.

1910 *Berstermann*, in: Posser/Wolff, BeckOK VwGO, § 46 Rn. 1; *Wysk*, in: ders., VwGO, § 46 Rn. 3.

1911 *Hoppe*, in: Eyermann, VwGO, § 48 Rn. 1.

1912 *Hoppe*, in: Eyermann, VwGO, § 48 Rn. 1; vgl. *Würtenberger/Heckmann*, Verwaltungsprozessrecht, Rn. 257; *Wysk*, in: ders., VwGO, § 48 Rn. 3; *Ziekow*, in: Sodan/ders., VwGO, § 48 Rn. 3; BT-Drs. 10/171, S. 7.

1913 *Bamberger*, in: Wysk, VwGO, § 49 Rn. 1. *Paetow*, NVwZ 2007, 36 (38) weist darauf hin, dass bei Rechtsstreitigkeiten hinsichtlich der Planung von Verkehrswegeinfrastrukturvorhaben eher selten Revision eingelegt wird.

1914 BT-Drs. 19/2701, S. 2. S. dazu Kapitel 2 D III 1. S.a. *Rohls*, in: Nordholtz/Mekat, MFK, § 3 Rn. 6; *Scholl*, ZfPW 2019, 317 (339).

mehrere Instanzen erstrecken können, wurde der Instanzenzug für sie aus Zeitgründen verkürzt.[1915]

Auch für die ausgesetzten Verfahren gemäß § 93a VwGO entsteht keine abschließende Klärung nach Durchführung der Musterverfahren. Sie müssen im Rahmen eines Folgeverfahrens fortgeführt werden. Dies kann durch Urteil oder im Beschlussverfahren erfolgen. Doch selbst für letzteres ordnet § 93a Abs. 2 S. 5 VwGO an, dass den Betroffenen alle Rechtsmittel zustehen, die ihnen auch gegen ein Urteil zustünden. Die Folgeverfahren können sich so über mehrere Instanzen erstrecken. Ebenso können gegen die zuvor durchgeführten Musterverfahren, die nach allgemeinen prozessualen Regeln ablaufen, diverse Rechtsmittel eingelegt werden, sodass eine rechtskräftige Entscheidung, welche für die Weiterverhandlung der ausgesetzten Verfahren notwendig ist, lange hinausgezögert werden kann. Die Verkürzung des Verfahrenzugs würde auch hier zu einer Beschleunigung beitragen.[1916]

Innerhalb der Gesetzgebungsmaterialien stellt der Bundesrat die Änderung der erstinstanzlichen Zuständigkeit der OVG für technische Vorhaben in direkten Zusammenhang mit der Einführung von Regelungen über Massenverfahren.[1917] Beide Änderungen sollen zu spürbaren Entlastungen der Verwaltungsgerichtsbarkeit und zur Kürzung der Verfahrensdauer beitragen.[1918] Im Gegensatz zu den zivilrechtlichen Normen wird dennoch von einer generellen Übertragung der erstinstanzlichen Zuständigkeit für Musterverfahren abgesehen. Die erstinstanzliche Zuständigkeit der OVG ergibt sich vielmehr dadurch, dass der Hauptanwendungsfall von § 93a VwGO bisher innerhalb solcher Großvorhaben zu verorten gewesen ist[1919] und daher durch § 48 VwGO die Zuständigkeit des OVG oder gemäß § 50 Abs. 1 Nr. 6 VwGO sogar des BVerwG begründet wird. Vor allem da als musterverfahrensfähig, wie später noch dargestellt wird,[1920] auch einfache Verwaltungsakte gemäß § 35 S. 1 VwVfG angesehen werden, bleiben je nach Inhalt der Maßnahme Konstellationen denkbar, in denen der Instanzenzug regulär bei den Verwaltungsgerichten beginnt.

1915 BT-Drs. 19/2701, S. 2. Kapitel 2 D III 1.

1916 S.a. den Gesetzentwurf des Bundesrates zur Übertragung der ersten Instanz auf die OVG aus Gründen der Beschleunigung planungsrechtlicher Verfahren, BR-Drs. 113/19. Dazu auch *Beckmann*, DÖV 2019, 773 (776).

1917 BT-Drs. 10/171, S. 1, 7.

1918 BT-Drs. 10/171, S. 1; *Kruppa*, KapMuG, S. 90, sieht darin den entscheidenden Faktor für eine effektive Bewältigung.

1919 *Schübel-Pfister*, in: Eyermann, VwGO, § 93a Rn. 1.

1920 Dazu unter IV 3 a.

Die unterschiedliche Ausgestaltung der Zuständigkeitsregelungen der Musterfeststellungsklage und der Musterverfahren ist aufgrund der divergierenden Ausgangssituationen begründbar. Bei der Musterfeststellungsklage kommt es erst durch ihre Erhebung zu einer Klage. Der größte Teil der Betroffenen hat sich lediglich in einem Klageregister registriert, ohne zuvor Klage erhoben zu haben. Bei den verwaltungsprozessualen Verfahren gibt es dahingegen schon anhängige Klagen, die aufgrund der allgemeinen Zuständigkeitsregelungen einem Gericht zugewiesen wurden. Erst dann kommt es zur Durchführung der Musterverfahren vor genau diesem Gericht. Diesem die Zuständigkeit aufgrund einer vermehrten Anzahl von Verfahren zu entziehen, führt dazu, dass ein ggf. nicht mit der Sache vertrautes OVG darüber zu entscheiden hätte. Naheliegender ist es daher, dass das Gericht zur Entscheidung berufen wird, welches auch bei einem nur singulären Verfahren zur Entscheidung befugt wäre. Dies kann für die in § 48 VwGO festgeschriebenen Fälle auch das OVG sein.

Diese erstinstanzliche Zuständigkeit wird aber mit der landesweiten Bedeutung der Verfahren, z.B. bei Planfeststellungen für Flughäfen (§ 48 Abs. 1 Nr. 6 VwGO), begründet.[1921] Sie wurde nicht allein aufgrund der Komplexität etwaiger Verfahren eingeführt.[1922] Die Fälle des § 48 VwGO sind zudem so gelagert, dass deren Rechtmäßigkeit bereits Prüfungsgegenstand umfassender Verwaltungsverfahren gewesen ist, sodass eine Verkürzung des Instanzenzugs in Kauf genommen werden kann.[1923] § 93a VwGO führt nur zu prozessualen Besonderheiten, materiell-rechtlich können die Streitigkeiten stark divergieren, sodass die Bildung einer spezialgesetzlichen Zuweisung nicht zielführend ist. Die enorme Dauer der Planfeststellungsverfahren findet in § 48 VwGO Berücksichtigung, allerdings vermag der Beschleunigungsaspekt allein, eine allgemeine Verkürzung nicht zu rechtfertigen, denn es gibt durchaus Rechtsgebiete, z.B. das Ausländer- und Asylrecht, bei denen ebenfalls ein Bedürfnis der Beschleunigung besteht, ohne dass eine Verkürzung durch Übertragung der erstinstanzlichen Zuständigkeit auch nur in Erwägung gezogen wird.[1924] Wie auch im Zivilprozess ist eine mögliche zeitliche Verlängerung des Verfahrens aufgrund der angestrebten Richtigkeit des Ergebnisses hinzunehmen. Für die Mus-

---

1921 *Wysk*, in: ders., VwGO, § 48 Rn. 1; BT-Drs. 10/171, S. 7.

1922 *Wysk*, in: ders., VwGO, § 48 Rn. 1.

1923 *Wysk*, in: ders., VwGO, § 48 Rn. 3; s.a. *Ziekow*, in: Sodan/ders., VwGO, § 48 Rn. 3.

1924 S.a. *Gärditz*, Gutachten D 71. DJT, D 47; *Paetow*, NVwZ 2007, 36 (38). S.a. *BRAK*, Stellungnahme 18/2018, S. 5 dazu, dass § 48 VwGO Ausnahmecharakter haben soll. Dazu auch *Beckmann*, DÖV 2019, 773 (776).

terfeststellungsklage sprechen die besseren Argumente gegen eine erstinstanzliche Zuständigkeit der OLG,[1925] deshalb sollte auch von einer generellen erstinstanzlichen Zuständigkeit der OVG abgesehen werden.

IV. Auswahlverfahren

1. Anwendungsbereich

Der Anwendungsbereich der Musterverfahren ist wie der der Musterfeststellungsklage auf Verfahren mit vielen Betroffenen ausgelegt. Dabei geht das schädigende Ereignis für Verfahren nach § 93a VwGO von einem staatlichen Hoheitsträger aus. Die betroffenen Bürger wenden sich gegen eine behördliche Maßnahme, sodass die Verfahren außerhalb rein privatrechtlicher Tätigkeiten einzuordnen sind. Ähnlich wie bei der Musterfeststellungsklage kommt es zu einer Bündelung der Verfahren. In der Vergangenheit spielte § 93a VwGO vor allem bei Planungsentscheidungen eine Rolle.[1926] Der Anwendungsbereich der Musterverfahren steht unter strengen Voraussetzungen, nicht zuletzt, weil hier eine Abweichung vom Grundsatz des Individualrechtsschutzes vorliegt.[1927]

2. Verfahrensart

§ 93a Abs. 1 S. 1 VwGO spricht davon, dass „geeignete Verfahren vorab" durchzuführen sind, ohne diese Verfahren näher zu bestimmen. § 93a VwGO ist abstrakt formuliert und enthält keine Beschränkung auf eine Verfahrensart.[1928] Mangels Einschränkung ergibt sich daraus, dass Musterverfahren grundsätzlich in allen Klage- und darüber hinaus auch Antragsarten denkbar, damit abweichend zur zivilrechtlichen Musterfeststellungsklage nicht auf Feststellungen begrenzt sind.[1929] Zu den Antragsarten zählen neben den selbstständigen Beschlussverfahren nach

---

1925 Kapitel 2 D III 1.

1926 *Schübel-Pfister*, in: Eyermann, VwGO, § 93a Rn. 1.

1927 *Beckermann*, NVwZ 2017, 1431 (1434). Generell zum verfassungsrechtlichen Rahmen für kollektiven Rechtsschutz Kapitel 1 C IV.

1928 *Kothe*, in: Redeker/von Oertzen, VwGO, § 93a Rn. 2, spricht davon, dass diese abstrakte Formulierung auch bewusst gewählt wurde.

1929 *Peters/Müller*, in: Sodan/Ziekow, VwGO, § 93a Rn. 3; *Rudisile*, in: Schoch/Schneider/Bier, VwGO, § 93a Rn. 8, der jedoch die Anwendbarkeit der Nor-

§§ 80, 80a, 123 VwGO[1930] auch das Normenkontrollverfahren nach § 47 VwGO.[1931]

Musterfeststellungsklagen nach der ZPO sind, wie der Name andeutet, allein auf Feststellungsklagen beschränkt. Dabei ist es unerheblich, in welcher Verfahrensart die anschließenden Individualprozesse ablaufen. Mit der Eintragung in das Register geben die Anmelder nur zum Ausdruck, dass ihre Ansprüche respektive Rechtsverhältnisse von den Feststellungszielen abhängig sind. Diese Abhängigkeit kann sich grundsätzlich unterschiedlich darstellen, sodass die übertragbaren Musterfeststellungsverfahren auf einzelne Fragen beschränkt werden.[1932] Aufgrund der Komplexität vor allem bei Schadensersatzansprüchen ist dieses Vorgehen nachvollziehbar, denn häufig weisen die Ansprüche individuelle Besonderheiten, z.B. bei der Schadenshöhe auf, sodass nur einzelne Feststellungen prozessökonomischerweise übertragen werden können.[1933] Die verwaltungsgerichtlichen Musterverfahren werden vollständig verhandelt und enden mit einer abschließenden Entscheidung. Diese Entscheidung kann insgesamt für die ausgesetzten Verfahren übernommen werden. Ein Vorgehen ist deshalb in jedweder Klage- bzw. Antragsart möglich.

Zudem befindet sich § 93a VwGO systematisch im Abschnitt über die Verfahren im ersten Rechtszug, also für erstinstanzliche Verfahren. Da die Vorschriften dieses Abschnitts gemäß § 125 Abs. 1 S. 1, § 141 VwGO für die Berufung und die Revision entsprechend anwendbar sind und keine Begrenzung auf erstinstanzliche Verfahren benannt wird, können zumindest theoretisch Verfahren der Berufung, Beschwerde oder der Revision als Musterverfahren verhandelt werden.[1934]

---

menkontrolle für streitig ansieht; *Stuhlfauth*, in: Bader/Funke-Kaiser, et al., VwGO, § 93a Rn. 3.

1930 *Rudisile*, in: Schoch/Schneider/Bier, VwGO, § 93a Rn. 8.

1931 *Kothe*, in: Redeker/von Oertzen, VwGO, § 93a Rn. 2; *Peters/Müller*, in: Sodan/Ziekow, VwGO, § 93a Rn. 3; *Rudisile*, in: Schoch/Schneider/Bier, VwGO, § 93a Rn. 8, hält die Anwendbarkeit für eine Normenkontrolle für streitig, widerlegt die dafür vorgebrachten Argumente jedoch.

1932 *Reuschle*, WM 2004, 966 (976); BT-Drs. 15/5091, S. 14 f.

1933 *Reuschle*, WM 2004, 966 (976); BT-Drs. 15/5091, S. 14 f.

1934 *Peters/Müller*, in: Sodan/Ziekow, VwGO, § 93a Rn. 3. A.A. *Kothe*, in: Redeker/von Oertzen, VwGO, § 93a Rn. 2, beschränkt die Anwendbarkeit auf Tatsacheninstanzen.

3. Voraussetzungen

a) Identische behördliche Maßnahme

Aus den Umständen ergibt sich ferner, dass Verfahren nur dann als echte Massenverfahren einzuordnen sind, wenn sie sich gegen *eine* identische behördliche Maßnahme richten.[1935] Die behördliche Maßnahme muss dabei gleichzeitig mehrere Personen betreffen.[1936] Solche behördliche Maßnahmen können bspw. multipolare Verwaltungsakte, Allgemeinverfügungen, Planfeststellungsbeschlüsse oder die Anordnung der sofortigen Vollziehung sein.[1937]

Verfahren, die lediglich wegen vergleichbarer rechtlicher, z.B. Basieren auf derselben Rechtsgrundlage, oder tatsächlicher Gründe angriffen werden, genügen als unechte Massenverfahren gerade nicht den Anforderungen.[1938] Solche unechten Massenverfahren sind bspw. bei der Ablehnung einer Hochschulzulassung aufgrund von Numerus clausus-Anforderungen oder in der Erhebung von Beiträgen zu finden.[1939] Demzufolge entschied das VG Schleswig-Holstein, dass § 93a VwGO keine Anwendung findet, wenn sich die Beteiligten gegen Abwassergebühren, die ihr Grundstück betreffen, wenden, auch wenn sie sich alle insgesamt gegen die Steigung

---

1935 *Boermann*, in: Thießen, Der Richter, 50 (56); *Garloff*, in: Posser/Wolff, BeckOK VwGO, § 93a Rn. 1; *Peters/Müller*, in: Sodan/Ziekow, VwGO, § 93a Rn. 7; *Porz*, in: Fehling/Kastner/Störmer, VwVfG, VwGO, § 93a VwGO Rn. 5; *Rudisile*, in: Schoch/Schneider/Bier, VwGO, § 93a Rn. 9.

1936 *Boermann*, in: Thießen, Der Richter, 50 (56).

1937 *Garloff*, in: Posser/Wolff, BeckOK VwGO, § 93a Rn. 1; *Porz*, in: Fehling/Kastner/Störmer, VwVfG, VwGO, § 93a VwGO Rn. 5; *W.-R. Schenke*, in: Kopp/ders., VwGO, § 93a Rn. 3.

1938 *Beckermann*, NVwZ 2017, 1431 (1434); *Garloff*, in: Posser/Wolff, BeckOK VwGO, § 93a Rn. 1; dazu, dass die Fälle der Sozialgerichtsbarkeit zu dieser Gruppe gehören, *Hauck*, jurisPR-SozR 17/2008, Anm. 4 (4 (2)); *Peters/Müller*, in: Sodan/Ziekow, VwGO, § 93a Rn. 7; *Rudisile*, in: Schoch/Schneider/Bier, VwGO, § 93a Rn. 9; *Schübel-Pfister*, in: Eyermann, VwGO, § 93a Rn. 6. VG SH, Urt. v. 27.8.2018 – 4 A 180/17, Rn. 16, juris; Urt. v. 27.8.2018 – 4 A 177/17, Rn. 24, juris.

1939 *Boermann*, in: Thießen, Der Richter, 50 (56); *Peters/Müller*, in: Sodan/Ziekow, VwGO, § 93a Rn. 7; *Porz*, in: Fehling/Kastner/Störmer, VwVfG, VwGO, § 93a VwGO Rn. 5. Bspw. die Kürzung von Sozialleistungen *Hauck*, jurisPR-SozR 17/2008, Anm. 4 (4(2)); auch für Abwasserbescheide VG SH, Urt. v. 27.8.2018 – 4 A 180/17, Rn. 16, juris; Urt. v. 27.8.2018 – 4 A 177/17, Rn. 24, juris. Aufgrund der spezielleren Regelung scheidet auch eine Anwendung von § 94 VwGO analog aus. *Beckermann*, GVRZ 2019, 16 (Rn. 46 ff.).

der Abwassergebühren richten.[1940] Obschon in diesen Fällen gleichgelagerte tatsächliche und rechtliche Probleme auftreten, so trifft ein Beitragsbescheid jeden Betroffenen individuell.[1941] Wenngleich mehrere Bescheide auf derselben Rechtsgrundlage und denselben Gründen beruhen, besteht für jeden einzelnen Adressaten ein individueller Sachverhalt, der eigenständig verfolgt werden muss.[1942] In Betracht kommt hier höchstens eine Prozessverbindung gemäß § 93 VwGO. Es handelt sich jedoch nicht um eine identische behördliche Maßnahme im Sinne von § 93a VwGO.

Ferner ist für die Durchführung von Musterverfahren zu fordern, dass dasselbe Rechtsschutzziel verfolgt wird.[1943] Grundsätzlich muss es sich demnach auch um Verfahren derselben Klage- oder Antragsart handeln.[1944] Nur dann können die Ergebnisse des Musterverfahrens auf die Nachverfahren übertragen werden.

b) Quorum

Voraussetzung für die Durchführung von Musterverfahren ist zunächst das Erreichen des von § 93a Abs. S. 1 VwGO festgesetzten Quorums. Es müssen demnach mehr als zwanzig, also mindestens 21 Verfahren anhängig sein, in denen die Rechtmäßigkeit einer behördlichen Maßnahme bestritten wird.[1945] Diese Größenordnung erhielt erst mit dem 6. VwGOÄndG Einzug in das Gesetz.[1946] Bis 1996 wurden mehr als 50 Verfahren, also das Zweieinhalbfache, vorausgesetzt.[1947]

Wie zuvor dargelegt, gab es auch innerhalb der Entwicklung der Musterfeststellungsklage gerade bei der Festsetzung eines Quorums Uneinig-

---

1940 VG SH, Urt. v. 27.8.2018 – 4 A 180/17, Rn. 16, juris; Urt. v. 27.8.2018 – 4 A 177/17, Rn. 24, juris; Urt. v. 27.8.2018 – 4 A 173/17, juris.

1941 *Boermann*, in: Thießen, Der Richter, 50 (56).

1942 *Boermann*, in: Thießen, Der Richter, 50 (56).

1943 *Garloff*, in: Posser/Wolff, BeckOK VwGO, § 93a Rn. 2; *Rudisile*, in: Schoch/Schneider/Bier, VwGO, § 93a Rn. 9.

1944 *Peters/Müller*, in: Sodan/Ziekow, VwGO, § 93a Rn. 8; *Rudisile*, in: Schoch/Schneider/Bier, VwGO, § 93a Rn. 9.

1945 *Rudisile*, in: Schoch/Schneider/Bier, VwGO, § 93a Rn. 9.

1946 Sechstes Gesetz zur Änderung der Verwaltungsgerichtsordnung und anderer Gesetze v. 1.11.1996, BGBl. I 1996, S. 1626.

1947 *Boermann*, in: Thießen, Der Richter, 50 (54); *Stuhlfauth*, in: Bader/Funke-Kaiser, et al., VwGO, § 93a Rn. 1; *W.-R. Schenke*, in: Kopp/ders., VwGO, § 93a Rn. 1.

keiten und mitunter extreme Abweichungen innerhalb der Entwürfe.[1948] Ebenso wie bei der Abgrenzung verschiedener Schadenstypen anhand der Anzahl der Geschädigten, fällt es auch für die Festlegung der Größe zur Eröffnung von Musterfeststellungsklagen schwer, eine bestimmte Richtzahl zu bestimmen. Gleiches gilt für Musterverfahren.

Für die Zulässigkeit einer Musterfeststellungsklage ist zunächst ausreichend, dass das Vorliegen von zehn Verfahren glaubhaft gemacht wird. Diese Zahlengröße stellt gerade einmal die Hälfte zu der der VwGO dar. Die Abgrenzung zum allein individuellen Bezug der Klage schafft die ZPO, indem sie ein Registrierungsverfahren anschließt und dabei für die weitere Zulässigkeit einer Musterfeststellungsklage 50 Eintragungen in ein Klageregister voraussetzt. Diese Zahl entspricht der ursprünglichen Größenordnung der VwGO. Durch das Erfordernis der Registrierung wird bewusst von der Anhängigkeit eines Verfahrens abgesehen.[1949]

Die VwGO kennt diese Zweiteilung nicht. Als Gründe für die damalige Absenkung führte der Gesetzgeber ein praktisches Bedürfnis an.[1950] Mitunter ausschlaggebend scheint die eher geringe praktische Bedeutung der Musterverfahren gewesen zu sein. Ein Absenken auf zehn Verfahren, um mit den Anforderungen der Musterfeststellungsklage gleichzuziehen, ist jedoch abzulehnen. Diese Zahlengröße erscheint nur im Zusammenspiel mit den später geforderten 50 weiteren Verfahren überzeugend.

Außerdem kritisierte *Schenke* schon im Zuge der ersten Absenkung die Herabsetzung der Zahl. Diese würde die verfassungsrechtlichen Bedenken hinsichtlich des Rechts auf rechtliches Gehör aus Art. 103 Abs. 1 GG verstärken.[1951] Er hält die Neuregelung und Absenkung auf 21 Verfahren jedoch noch aus Effektivitätsgründen für gerechtfertigt.[1952] Bei einer weiteren Absenkung könnte sich die Gewichtung der Effektivitätserwägungen als Rechtfertigungsgrund verschieben.

Sollten lediglich zehn gleiche Verfahren vorliegen, können Instrumente wie die Klagehäufung oder Prozessverbindung zur effektiven Prozessführung herangezogen werden. Zwar gewähren diese nicht die verfahrensrechtlichen Besonderheiten des § 93a Abs. 2 VwGO, allerdings ist bei Prozessverbindung sogar eine verbindliche Entscheidung denkbar.[1953] Der

---

1948 Kapitel 2 D VI 2.
1949 S. zum Klageregister der Musterfeststellungsklage Kapitel 2 D IX.
1950 BT-Drs. 13/3993, S. 12.
1951 *Schenke*, NJW 1997, 81 (93).
1952 *Schenke*, NJW 1997, 81 (93).
1953 S. dazu C III.

Umfang und die Komplexität sind bei der Verbindung von zehn Verfahren nicht als übermäßig hoch einzustufen. Eine effektive Streitbeilegung erscheint dadurch nicht unerreichbar. In der Forderung von 21 Verfahren ist insgesamt ein angemessenes Quorum zu sehen. Von einer Erhöhung der Zahl ist aufgrund der Erfahrungen in der Vergangenheit abzusehen.

Als maßgeblicher Beurteilungszeitpunkt für die Erfüllung der Mindestanzahl ist der Beschluss nach § 93a Abs. 1 S. 3 VwGO relevant. Genauso wie bei der Musterfeststellungsklage ist ein nachträgliches Absinken ohne Bedeutung.[1954] Dies ist aus Sicht der Rechtssicherheit nachvollziehbar, da sonst die Durchführung der Musterverfahren vor allem bei nur knappem Einhalten des Quorums lange ungewiss bliebe.

Auch hier stellt sich die Frage, wie zu verfahren ist, wenn nach Ablauf des Stichtags bedeutend viele der ausgesetzten Verfahren zurückgenommen oder auf andere Weise beendet werden. Ebenso wie für die Musterfeststellungsklage muss gefragt werden, bis wann eine Durchführung eines Musterprozesses noch sinnvoll ist.

Im Zivilprozess ergibt sich die Zweckwidrigkeit daraus, dass anstelle eines Individualprozesses immer zweistufig mit Vorschaltung einer Feststellungsklage vorgegangen wird, was das Verfahren insgesamt verlängert, sodass der Sinn und Zweck der Musterfeststellungsklage bei zu drastischem Absinken der Verfahren nicht mehr erfüllt werden kann.[1955] Hier bietet es sich darum ab einer zu geringen Zahl an, die Musterfeststellungsklage zu beenden und weiter einstufig im Individualverfahren vorzugehen.[1956]

Allerdings liegt die Situation im verwaltungsgerichtlichen Prozess anders. Wenn alle ausgesetzten Verfahren vor Abschluss der oder des Musterprozesses beendet werden, ändert dies nichts daran, dass die Musterverfahren als echte Verfahren ebenso weitergeführt und beendet werden müssen. Da für die Musterprozesse keine besonderen Prozessregeln gelten, macht es keinen Unterschied, ob sie als einzelne Klage oder als Musterverfahren verhandelt werden. Die Besonderheiten zu parallel verhandelten Individualverfahren ergeben sich daraus, dass nur im Musterverfahren die Privilegien nach § 93a Abs. 2 VwGO für die ausgesetzten Verfahren angewendet werden können. Wenn kein Verfahren mehr ausgesetzt wäre, erübrigen

---

1954 *Peters/Müller*, in: Sodan/Ziekow, VwGO, § 93a Rn. 9; *Porz*, in: Fehling/Kastner/Störmer, VwVfG, VwGO, § 93a VwGO Rn. 5; *Schübel-Pfister*, in: Eyermann, VwGO, § 93a Rn. 7.

1955 Dazu ausführlich Kapitel 2 D VI 2 d; *de Lind van Wijngaarden*, in: Nordholtz/Mekat, MFK, § 6 Rn. 22; *Schweiger/Meißner*, CB 2018, 240 (243).

1956 Mangels Rechtsschutzbedürfnisses *Schweiger/Meißner*, CB 2018, 240 (243).

sich die Voraussetzungen für ein Nachverfahren. Die zweite Stufe findet nicht statt.

Sind nur noch wenige Verfahren ausgesetzt, so ist fraglich, ob zur Beschleunigung die Aussetzung nicht aufgehoben werden sollte und die Prozesse parallel verhandelt werden können oder aber auf eine Prozessverbindung zurückgegriffen wird. Im Verwaltungsprozess obliegt diese Entscheidung von vornherein dem Gericht.

c) Anhörung der Beteiligten

Vor der Auswahlentscheidung sind alle Beteiligten gemäß § 93a Abs. 1 S. 2 VwGO anzuhören. Alle bedeutet dabei nicht nur die an den Musterverfahren Beteiligten, sondern jeden Betroffenen.[1957] Einwände dagegen, dass sich eine solche Anhörung verfahrensverzögernd auswirkt, weshalb eine Begrenzung der anzuhörenden Personen erfolgen muss,[1958] sind zu entkräften.[1959] Die Anhörung kann unter der strikten Setzung einer Frist sowie durch technische Mittel zügig erfolgen.[1960] Außerdem besteht keine Bindung an das Anhörungsergebnis.[1961] Eine umfassende Anhörung ist zu fordern, weil sie neben der Frage, ob Musterverfahren durchgeführt werden sollen, auch Aufschluss über die Auswahl der Musterverfahren gibt.[1962] Sie ist vor allem, wie nachfolgend noch ausgeführt wird, aufgrund von Art. 103 Abs. 1 GG sowie Art. 19 Abs. 4 GG unverzichtbar.[1963] Die Aussetzung des eigenen Verfahrens und das Verhandeln eines Musterprozesses, auf den der Betroffene keinen Einfluss hat, beschneiden seine Möglichkeiten, am Prozess mitzuwirken, obschon der Ausgang des Musterpro-

---

1957 *Porz*, in: Fehling/Kastner/Störmer, VwVfG, VwGO, § 93a VwGO Rn. 6; *Rudisile*, in: Schoch/Schneider/Bier, VwGO, § 93a Rn. 10; *Schübel-Pfister*, in: Eyermann, VwGO, § 93a Rn. 11.

1958 *Schmid*, in: Sodan/Ziekow, VwGO, 4. Aufl., 2014, § 93a Rn. 10.

1959 *Porz*, in: Fehling/Kastner/Störmer, VwVfG, VwGO, § 93a VwGO Rn. 6; *Rudisile*, in: Schoch/Schneider/Bier, VwGO, § 93a Rn. 10; so aber noch *Schmid*, in: Sodan/Ziekow, VwGO, 4. Aufl., 2014, § 93a Rn. 10.

1960 *Porz*, in: Fehling/Kastner/Störmer, VwVfG, VwGO, § 93a VwGO Rn. 6; *Rudisile*, in: Schoch/Schneider/Bier, VwGO, § 93a Rn. 10.

1961 *Porz*, in: Fehling/Kastner/Störmer, VwVfG, VwGO, § 93a VwGO Rn. 6.

1962 *Porz*, in: Fehling/Kastner/Störmer, VwVfG, VwGO, § 93a VwGO Rn. 6; *Rudisile*, in: Schoch/Schneider/Bier, VwGO, § 93a Rn. 10; *Schübel-Pfister*, in: Eyermann, VwGO, § 93a Rn. 11.

1963 S. ausführlich zur Vereinbarkeit mit höherrangigem Recht unter VII. Zur diesbezüglichen Anhörung vor allem VII 1 und 2 b aa.

zesses Auswirkungen auf den eigenen Prozess haben kann. Ferner kann sich die Auswahl als Musterkläger nachteilig erweisen, denn diese haben einen vollen Prozess zu führen, wohingegen die ausgesetzten Verfahren u.U. durch Beschluss ohne mündliche Verhandlung und Beweisaufnahme wesentlich kostengünstiger entschieden werden können. Beides hielt vor dem BVerfG schon vor Normierung von § 93a VwGO stand.[1964] Die Anhörung bietet den Betroffenen die Möglichkeit darzustellen, ob und warum ihr Verfahren als Musterverfahren oder gerade nicht in Betracht kommt.

4. Gerichtliche Ermessensentscheidung

Sind diese Gegebenheiten erfüllt, steht es im Ermessen des Gerichts darüber zu befinden, ob der Weg über Musterverfahren einzuschlagen ist und wenn ja, welche Verfahren als Musterverfahren zu bestimmen sind.[1965] Diese Entscheidung muss unter dem Gesichtspunkt des effektiven Rechtsschutzes erfolgen.[1966]

a) „Ob“

Zunächst trifft das Gericht somit eine Ermessensentscheidung, ob es tatsächlich den Weg über Musterverfahren gehen möchte. Das ist vor allem dann sinnvoll, wenn die Verfahren dieselben rechtlichen und tatsächlichen Zweifel an der Rechtmäßigkeit der behördlichen Maßnahme betreffen.[1967] So reichen Abwägungsfragen bspw. innerhalb von Planfeststellungsbeschlüssen nicht aus.[1968] Sie stellen sich u.U. für jeden Kläger anders dar, sodass eine Musterentscheidung dann nicht möglich ist.[1969]

1964 BVerfG, Beschl. v. 27.3.1980 – 2 BvR 316/80, BVerfGE 54, 39.

1965 *Peters/Müller*, in: Sodan/Ziekow, VwGO, § 93a Rn. 12; *Porz*, in: Fehling/Kastner/Störmer, VwVfG, VwGO, § 93a VwGO Rn. 7.

1966 *Peters/Müller*, in: Sodan/Ziekow, VwGO, § 93a Rn. 13; *Schübel-Pfister*, in: Eyermann, VwGO, § 93a Rn. 8.

1967 *Garloff*, in: Posser/Wolff, BeckOK VwGO, § 93a Rn. 2; *Kothe*, in: Redeker/von Oertzen, VwGO, § 93a Rn. 3.

1968 *Garloff*, in: Posser/Wolff, BeckOK VwGO, § 93a Rn. 2; *Kothe*, in: Redeker/von Oertzen, VwGO, § 93a Rn. 3.

1969 *Kothe*, in: Redeker/von Oertzen, VwGO, § 93a Rn. 5.

Die Entscheidung erfolgt als unanfechtbarer Beschluss. Dennoch kann der Beschluss durch das Gericht abgeändert werden. Darauf wird später noch detailliert eingegangen.[1970]

Für die Durchführung von zivilrechtlichen Musterfeststellungsklagen ist allein das Vorliegen der Voraussetzungen entscheidend.[1971]

Dem Gericht kommt keine Ermessensentscheidung zu. Letztere hat für die Musterverfahren nach § 93a VwGO zur Folge, dass das Gericht eigenmächtig auch bei Erreichen des Quorums von einem Musterverfahren absehen kann.

Die unterschiedliche Ausgestaltung der zivil- sowie verwaltungsprozessualen Verfahren ist vor dem Hintergrund der divergierenden Prozessmaximen verständlich. Im Zivilprozess entscheiden die Parteien aufgrund ihrer Dispositionsbefugnis eigenmächtig über den Prozessbeginn und die Prozessführung.[1972] Zudem müssen sie im Rahmen des Beibringungsgrundsatzes die zur Entscheidung gewünschten Tatsachen eigenständig vortragen.[1973] Im Verwaltungsprozess findet zwar auch die Dispositionsmaxime Anwendung,[1974] allerdings gilt hier der Amtsermittlungs- bzw. Untersuchungsgrundsatz, vgl. § 86 VwGO.[1975] Das Gericht muss daher von Amts wegen den Sachverhalt erforschen und dabei die materielle Wahrheit finden.[1976] Auch wenn die Prozessbeteiligten als Ausfluss des Dispositionsgrundsatzes zur Rücknahme, Vergleichsschluss oder Erledigungser-

---

1970 S. dazu VI 3.

1971 S.a. *Reuschle*, WM 2004, 966 (975) zur damaligen Einführung des KapMuG.

1972 *Brand*, NJW 2017, 3558 (3562); *Grunsky/Jacoby*, ZPR, Rn. 84; *Musielak/Voit*, GK ZPO, Rn. 205; *Rüßmann*, in: Matusche-Beckmann, Keio-Tage 2014, 39 (40).

1973 *Brand*, NJW 2017, 3558 (3560); *Grunsky/Jacoby*, ZPR, Rn. 99; *Guckelberger*, DVBl 2017, 222 (223); *dies.*, in: Verein Deutscher Verwaltungsgerichtstag e.V., 18. Deutscher Verwaltungsgerichtstag, 377 (382); *Musielak/Voit*, GK ZPO, Rn. 208. Dazu, dass das Gericht dennoch unterstützend mitwirkt, *Rüßmann*, in: Matusche-Beckmann, Keio-Tage 2014, 39 (41 f.); *Schübel-Pfister*, in: Eyermann, VwGO, § 86 Rn. 4. S. zu den Problemen bei der Tatsachenfeststellung bei Musterfeststellungsklagen *Beck*, ZIP 2018, 1915; BT-Drs. 15/5091, S. 14.

1974 *Decker*, in: Wolff/der., VwGO, VwVfG, Vor § 81 VwGO Rn. 4; *Wimmer*, in: Gärditz, VwGO, § 86 Rn. 4.

1975 *Guckelberger*, VerwArch 2017, 1 (19); *dies.*, DVBl 2017, 222 (223); *dies.*, in: Verein Deutscher Verwaltungsgerichtstag e.V., 18. Deutscher Verwaltungsgerichtstag, 377 (382); *Schlacke/Römling*, in: Schlacke/Schrader/Bunge, Aarhus-Handbuch, § 3 Rn. 181; *Schübel-Pfister*, in: Eyermann, VwGO, § 86 Rn. 4; *Wimmer*, in: Gärditz, VwGO, § 86 Rn. 4.

1976 *Decker*, in: Wolff/ders., VwGO, VwVfG, § 86 VwGO Rn. 2 f.; *Guckelberger*, in: Verein Deutscher Verwaltungsgerichtstag e.V., 18. Deutscher Verwaltungsgeklärung befugt sind,[1977] so betrifft die Ermessensentscheidung innerhalb von § 93a VwGO eine Entscheidung über ein effektives Vorgehen,[1978] was letztlich gleichzeitig dazu dient, die materielle Wahrheit zu finden und eine gerechte Entscheidung zu treffen. Das entspricht auch dem öffentlichen Interesse an der Richtigkeit einer Entscheidung.[1979] Davon muss sich das Gericht letztlich leiten lassen.

Parallelen finden sich ferner auch zur Maxime der Verfahrenskonzentration. Hier wirkt das Gericht darauf hin, dass es aus prozessökonomischen Gründen nur zu einer mündlichen Verhandlung kommt.[1980] § 93a VwGO dient gleichermaßen einer Verfahrenskonzentration. Auch aus systematischer Sicht ist eine Entscheidung durch das Gericht nachvollziehbar. Die Anwendung kollektiver Rechtsinstitute beruht im Regelfall immer auf einer Ermessensentscheidung des Gerichts, so u.a. bei der Prozessverbindung oder -trennung nach § 93 VwGO,[1981] Aussetzung § 94 VwGO[1982] und Beiladung § 65 Abs. 1 VwGO.[1983] Für die Prozessverbindung werden die Arbeits- und Zeitersparnisse zur Ausübung des Ermessens herangezogen.[1984] Es besteht eine Wechselbeziehung zwischen der Dispositionsbefugnis der Kläger bzw. Antragsteller und der gerichtlichen Fürsorgepflicht innerhalb des Verwaltungsprozesses.[1985] Gleiches kann für die Entscheidungen über Musterverfahren vorgebracht werden.

Im Rahmen des 6. VwGOÄndG hat der Bundesrat vorgeschlagen, § 93a Abs. 1 S. 2 VwGO für mehr als 50 Verfahren als Soll-Vorschrift auszugestal-

---

richtstag, 377 (382); *dies.*, DVBl 2017, 222 (223); *Wimmer*, in: Gärditz, VwGO, § 86 Rn. 6. Ausführlich *Guckelberger*, VerwArch 2017, 1 (19 ff.). Allgemein *Rüßmann*, in: Matusche-Beckmann, Keio-Tage 2014, 39 (41); BT-Drs. 15/5091, S. 14.

1977 *Decker*, in: Wolff/ders., VwGO, VwVfG, Vor § 81 VwGO Rn. 4; *Rüßmann*, in: Matusche-Beckmann, Keio-Tage 2014, 39 (40).

1978 *Jacob*, in: Gärditz, VwGO, § 93a Rn. 3; *Rudisile*, in: Schoch/Schneider/Bier, VwGO, § 93a Rn. 7.

1979 *Guckelberger*, VerwArch 2017, 1 (19); *dies.*, in: Verein Deutscher Verwaltungsgerichtstag e.V., 18. Deutscher Verwaltungsgerichtstag, 377 (382); *dies.*, DVBl 2017, 222 (224).

1980 *Decker*, in: Wolff/ders., VwGO, VwVfG, § 87 VwGO Rn. 1; *Jacob*, in: Gärditz, VwGO, § 87 Rn. 1.

1981 *Rennert*, in: Eyermann, VwGO, § 93 Rn. 3, 8.

1982 *Decker*, in: Wolff/ders., VwGO, VwVfG, § 94 VwGO Rn. 6, eine Ermessensreduzierung wird nur in Ausnahmefällen angenommen.

1983 *Hoppe*, in: Eyermann, VwGO, § 65 Rn. 27, Abweichungen ergeben sich dabei nur, wenn eine notwendige Beiladung nach § 65 Abs. 2 VwGO vorliegt.

1984 *Rennert*, in: Eyermann, VwGO, § 93 Rn. 3.

1985 *Rennert*, in: Eyermann, VwGO, § 88 Rn. 3.

ten und es bei weniger Verfahren in einem weiteren Satz bei einer Ermessensentscheidung zu belassen.[1986] Zur Begründung führte er an, dass bei dieser immensen Anzahl die Verfahren ein Ausmaß erreicht haben, „daß eine zügige Abwicklung nur noch mit den Verfahrenserleichterungen [des § 93a VwGO] gewährleistet“ sei.[1987] Ein Abweichen wäre dann nur noch in atypischen Konstellationen denkbar gewesen. Dem ist der Gesetzgeber indes nicht gefolgt, sondern hat lediglich das Quorum abgesenkt.[1988]

In Übereinstimmung mit der Größenordnung des Bundesrates wird für zivilrechtliche Prozesse letztlich das Vorliegen von 50 Anmeldungen als ausreichend zur Durchführung eines Musterfeststellungsverfahrens angesehen. Demnach wird ein praktisches Bedürfnis für den Zivilprozess bei der Zahlengröße angenommen, die auch der Bundesrat zugrunde gelegt hat. Allerdings führt die differenzierte Ausgestaltung des Bundesrates abhängig von der Anzahl der Betroffenen dazu, dass die Ausgestaltung von § 93a VwGO komplexer wird.[1989] Wenngleich die Zahl der Verfahren mathematisch bestimmbar und daher ein taugliches Abgrenzungskriterium darstellen könnte, ergeben sich wiederum Ungewissheiten bei Absinken der Anzahl z.B. durch Klagerücknahmen. Je nachdem wäre die Entscheidung über das „Ob“ durch eine Soll-Vorschrift vorgeprägt oder es bliebe bei einer Ermessensentscheidung durch das Gericht. Ferner zeigt ein Vergleich zu anderen Musterverfahren wie der Musterfeststellungsklage oder den Kapitalanlegermusterverfahren, dass diese keine weiteren Unterteilungen anhand der Anzahl treffen.[1990] Es ist daher vertretbar, an einem allgemeinen Ermessenserfordernis unabhängig von der Größe festzuhalten.

Inwieweit ein Gericht darüber hinaus bei Vorliegen einer immensen Anzahl von Fällen praktisch noch von einer Durchführung von Musterverfahren absehen wird, ist fraglich. Es müssten schon gewichtige Gründe für eine solche Ablehnung vorliegen, denn für eine Durchführung spricht vor allem die Prozessökonomie. Aus Effektivitätsgründen wird sich seine Ermessensentscheidung auf die Durchführung von Musterverfahren verdichten, was letztlich auch dem Gericht zugutekommt. Schließlich führen die Musterverfahren zu einer Arbeitsentlastung.[1991] Das Gericht muss im Einzelfall entscheiden.

1986 BT-Drs. 13/1433, S. 5; *Knauer*, ZStW 120 (2008), 826 (839).

1987 BT-Drs. 13/1433, S. 12.

1988 BT-Drs. 13/3993, S. 5.

1989 Vgl. *Knauer*, ZStW 120 (2008), 826 (851), der eine Differenzierung nach Schwierigkeitsgrad für Musterverfahren im Strafrecht ablehnt.

1990 Vgl. *Knauer*, ZStW 120 (2008), 826 (851).

1991 BT-Drs. 11/7030, S. 28; *Peters/Müller*, in: Sodan/Ziekow, VwGO, § 93a Rn. 1.

b) Auswahlentscheidung

Neben dem „Ob" stellt sich sodann die schwierigere Frage, welches oder welche Verfahren als Musterprozesse auszuwählen sind.[1992] Diese Entscheidung bedeutet gleichfalls, dass die sonstigen Verfahren bis zum Abschluss der Musterprozesse ausgesetzt werden, § 93a Abs. 1 S. 1 VwGO. Dem Gericht ist es dabei frei überlassen, wie viele Verfahren es als Musterverfahren vorsieht. Höchst- oder Mindestanforderungen gibt es nicht,[1993] obschon es sich empfiehlt, nicht nur ein Verfahren auszuwählen. So kann etwaig auftretenden Abweichungen, z.B. in Form der Klagerücknahme, des Vergleichs oder des Todes dieses einzelnen Musterklägers, leichter begegnet werden, indem die weiteren Musterverfahren problemlos fortgeführt werden und nicht mangels rechtshängigem Musterprozesses nochmal von vorne mit der Auswahl eines solchen begonnen werden muss.[1994] Grundsätzlich hat die Auswahlentscheidung nach sachgerechten Kriterien, also nicht willkürlich, zu erfolgen.[1995] Es ist gemäß § 93a Abs. 1 S. 1 VwGO zu fragen, welche Verfahren als Musterprozesse geeignet sind. Ein großer Vorteil für die Entscheidung ist, dass dem Gericht alle potentiellen Musterkläger bekannt sind.[1996]

Eine Eignung liegt vor, wenn möglichst alle sich bei der streitgegenständlichen Maßnahme stellenden, tatsächlichen und rechtlichen Fragen in den ausgewählten Verfahren auftreten.[1997] Es soll eine umfassende Klärung der aufgeworfenen Rechtsfragen erfolgen, die auch für die ausgesetzten Verfahren von Relevanz sind.[1998] Die vorgreifliche Entscheidung kann

---

1992 *Garloff*, in: Posser/Wolff, BeckOK VwGO, § 93a Rn. 5; *Peters/Müller*, in: Sodan/Ziekow, VwGO, § 93a Rn. 12; *Rudisile*, in: Schoch/Schneider/Bier, VwGO, § 93a Rn. 11; *W.-R. Schenke*, in: Kopp/ders., VwGO, § 93a Rn. 5 f.

1993 *Peters/Müller*, in: Sodan/Ziekow, VwGO, § 93a Rn. 12.

1994 *Garloff*, in: Posser/Wolff, BeckOK VwGO, § 93a Rn. 5; auch *Boermann*, in: Thießen, Der Richter, 50 (61). Dazu, dass ein Anerkenntnisurteil den Zweck des Musterverfahrens konterkarieren würde, *Christonakis*, JA 2000, 498 (501).

1995 *Porz*, in: Fehling/Kastner/Störmer, VwVfG, VwGO, § 93a VwGO Rn. 7; *Rudisile*, in: Schoch/Schneider/Bier, VwGO, § 93a Rn. 11; *Schübel-Pfister*, in: Eyermann, VwGO, § 93a Rn. 8; *W.-R. Schenke*, in: Kopp/ders., VwGO, § 93a Rn. 6.

1996 *Kruppa*, KapMuG, S. 96.

1997 *Garloff*, in: Posser/Wolff, BeckOK VwGO, § 93a Rn. 5; *Peters/Müller*, in: Sodan/Ziekow, VwGO, § 93a Rn. 14; *Porz*, in: Fehling/Kastner/Störmer, VwVfG, VwGO, § 93a VwGO Rn. 7.

1998 *Garloff*, in: Posser/Wolff, BeckOK VwGO, § 93a Rn. 5; *Peters/Müller*, in: Sodan/Ziekow, VwGO, § 93a Rn. 14; *Porz*, in: Fehling/Kastner/Störmer,

somit als Muster für die ausgesetzten Verfahren dienen.[1999] Ungeeignet sind daher solche Verfahren, die bloße Einzelfragen aufwerfen, die sich für die ausgesetzten Verfahren nicht stellen.[2000] Eine Übertragbarkeit wäre dann nicht möglich.

Sofern zwischen den Betroffenen und der Behörde Einigkeit besteht, welche Verfahren auszuwählen sind, diese Entscheidung nicht gänzlich sachfremd ist und die Verfahren sich als geeignet erweisen, empfiehlt es sich, dass das Gericht sich daran orientiert.[2001] Absprachen zwischen dem Gericht und einzelnen Betroffenen sind dagegen unzulässig.[2002]

c) Unanfechtbarkeit des Beschlusses

Die Entscheidung über „Ob“ und „Wie“ wird gemäß § 93a Abs. 1 S. 3 VwGO als unanfechtbarer Beschluss getroffen.[2003]

Die Anordnung der Unanfechtbarkeit des Beschlusses hat zur Folge, dass ein Verfahrensmangel nur zu berücksichtigen ist, sofern er in dem später angefochtenen Urteil selbst inhärent ist.[2004] Ansonsten kommt als Rechtsmittel höchstens die äußerst umstrittene Untätigkeitsbeschwerde bei Hinauszögern des Verfahrens in Betracht.[2005] Nicht gewollt ist geradezu, dass die Frage über die Zulassung von Rechtsmitteln die Massenproblematik von der einen auf eine andere Stufe verlagert.[2006]

VwVfG, VwGO, § 93a VwGO Rn. 7; BVerfG, Beschl. v. 24.2.2009 – 1 BvR 165/09, NVwZ 2009, 581 (584).

1999 *Garloff*, in: Posser/Wolff, BeckOK VwGO, § 93a Rn. 5.

2000 *Garloff*, in: Posser/Wolff, BeckOK VwGO, § 93a Rn. 5.

2001 *Rudisile*, in: Schoch/Schneider/Bier, VwGO, § 93a Rn. 11; *Schübel-Pfister*, in: Eyermann, VwGO, § 93a Rn. 11.

2002 *Boermann*, in: Thießen, Der Richter, 50 (58).

2003 *Garloff*, in: Posser/Wolff, BeckOK VwGO, § 93a Rn. 4; *Peters/Müller*, in: Sodan/Ziekow, VwGO, § 93a Rn. 15; *Porz*, in: Fehling/Kastner/Störmer, VwVfG, VwGO, § 93a VwGO Rn. 8; *Rudisile*, in: Schoch/Schneider/Bier, VwGO, § 93a Rn. 12.

2004 *Kothe*, in: Redeker/von Oertzen, VwGO, § 93a Rn. 5; i.Erg. auch *Porz*, in: Fehling/Kastner/Störmer, VwVfG, VwGO, § 93a VwGO Rn. 8; *Rudisile*, in: Schoch/Schneider/Bier, VwGO, § 93a Rn. 14.

2005 *Rudisile*, in: Schoch/Schneider/Bier, VwGO, § 93a Rn. 15. S. ausführlich dazu *Guckelberger*, in: Sodan/Ziekow, VwGO, § 146 Rn. 9 ff.

2006 BT-Drs. 11/7030, S. 28; *Kruppa*, KapMuG, S. 99.

Dennoch gibt es auf Seiten des Gerichts die Möglichkeit, diesen Beschluss abzuändern.[2007] Als bloßer Auswahlbeschluss erwächst die Auswahlentscheidung nicht in materielle Rechtskraft und unterliegt auch keiner vergleichbaren Bindungswirkung.[2008] Dies ist indes vor allem der Fall, wenn Beschlüsse anstelle eines Urteils getroffen werden.[2009] Nur dann wäre das Gericht an seine eigenen Beschlüsse gebunden. Der Hessische VGH führt für § 93a VwGO aus, dass diese Beschlüsse lediglich die Gestaltung des späteren Verfahrens betreffen.[2010] Die Auswahlentscheidung birgt auch keinerlei Vertrauensschutz.[2011] Eine Aufhebung ist somit möglich.

Zweckmäßige und gebotene Gründe für die Aufhebung des Beschlusses können in einer veränderten prozessualen Situation begründet sein.[2012] Das ist bspw. der Fall, wenn eine Vielzahl der ausgesetzten Verfahren zurückgenommen oder anderweitig beendet wird, die gestufte Durchführung von Muster- und Folgeverfahren sich dadurch als umständlich und überflüssig erweist.[2013] In einem Beschluss des Hessischen VGH wurde einem ursprünglich als Musterverfahren auserwählten Verfahren nachträglich dieser Status entzogen.[2014] Diese Entscheidung hielt einer Überprüfung des BVerfG stand.[2015] Der Grund dafür lag darin, dass während die Klägerin eigenwillig einen Termin für die mündliche Verhandlung aufgehoben hatte, weitere acht Verfahren beendet wurden und Revision gegen diese eingelegt worden ist.[2016] Das Gericht sah mangels zu erwartendem Erkenntnisgewinns und des vermehrten Aufwands keine Notwendigkeit,

2007 HessVGH, Beschl. v. 22.3.2010 – 22 C 322/08.T, BeckRS 2010, 143321, Rn. 1; *Kothe*, in: Redeker/von Oertzen, VwGO, § 93a Rn. 5; *Porz*, in: Fehling/Kastner/Störmer, VwVfG, VwGO, § 93a VwGO Rn. 7; *Rudisile*, in: Schoch/Schneider/Bier, VwGO, § 93a Rn. 16.

2008 HessVGH, Beschl. v. 22.3.2010 – 22 C 322/08.T, BeckRS 2010, 143321, Rn. 1.

2009 HessVGH, Beschl. v. 22.3.2010 – 22 C 322/08.T, BeckRS 2010, 143321, Rn. 1.

2010 HessVGH, Beschl. v. 22.3.2010 – 22 C 322/08.T, BeckRS 2010, 143321, Rn. 1. Bestätigt durch das BVerfG, Beschl. v. 8.12.2010 – 1 BvR 1188/10, NVwZ 2011, 611 (612).

2011 HessVGH, Beschl. v. 22.3.2010 – 22 C 322/08.T, BeckRS 2010, 143321, Rn. 4.

2012 *Kothe*, in: Redeker/von Oertzen, VwGO, § 93a Rn. 5; *Porz*, in: Fehling/Kastner/Störmer, VwVfG, VwGO, § 93a VwGO Rn. 7; *Rudisile*, in: Schoch/Schneider/Bier, VwGO, § 93a Rn. 16; HessVGH, Beschl. v. 22.3.2010 – 22 C 322/08.T, BeckRS 2010, 143321, Rn. 2.

2013 *Rudisile*, in: Schoch/Schneider/Bier, VwGO, § 93a Rn. 16.

2014 HessVGH, Beschl. v. 22.3.2010 – 22 C 322/08.T, BeckRS 2010, 143321.

2015 BVerfG, Beschl. v. 8.12.2010 – 1 BvR 1188/10, NVwZ 2011, 611 ff.

2016 HessVGH, Beschl. v. 22.3.2010 – 22 C 322/08.T, BeckRS 2010, 143321, Rn. 2.

auf den Abschluss des Verfahrens der Klägerin zu warten.[2017] In dieser Konstellation ist es begründbar, den Auswahlbeschluss abändern zu können. Insgesamt sind die Beschlüsse daher nur aus zweckmäßigen Gründen zu verändern.

V. Durchführung des Musterverfahrens

In den Musterverfahren der VwGO erhebt zu Beginn jeder Betroffene einen eigenständigen Rechtsbehelf gegen eine bestimmte behördliche Maßnahme. Wird sodann die Durchführung von Musterverfahren angeordnet, werden die als Musterverfahren ausgewählten abschließend mit all ihren Besonderheiten entschieden.[2018]

Es wird individuell auf das Verfahren des jeweiligen Musterklägers eingegangen. In diesen ausgesuchten Musterprozessen werden die dazugehörigen Kläger zu Musterklägern und treten ohne Abweichung zu den normalen prozessualen Regeln als Beteiligte auf.[2019] Sie sind als Kläger Beteiligte nach § 63 Nr. 1 VwGO und beteiligungsfähig gemäß § 61 VwGO. Spiegelbildlich ist als Beklagter meist eine Behörde beteiligt, von der die schädigende Maßnahme ausgeht, § 63 Nr. 2 VwGO. Diese ist je nach landesrechtlicher Ausgestaltung gemäß § 61 Nr. 1, 2. Alt. VwGO oder § 61 Nr. 3 VwGO i.V.m. dem jeweiligen Landesrecht bspw. § 19 Abs. 1 SaarlAGVwGO beteiligungsfähig in diesem Prozess.[2020] Gleiches ergibt sich für die Beteiligungsfähigkeit von Antragsteller und -gegner, für die diese Vorschriften entsprechend Anwendung finden.[2021] Die Kläger bzw. Antragsteller der ausgesetzten Verfahren nehmen dabei zunächst keine Rolle ein.

Dies entspricht dem Bild der Musterfeststellungsklage. Auch hier findet die Prozessführung auf erster Stufe allein zwischen dem Verband und dem

---

2017 HessVGH, Beschl. v. 22.3.2010 – 22 C 322/08.T, BeckRS 2010, 143321, Rn. 3. Bestätigt durch das BVerfG, Beschl. v. 8.12.2010 – 1 BvR 1188/10, NVwZ 2011, 611 (613).

2018 S. dazu auch VI 2.

2019 Dazu, dass nur diese dispositionsbefugt sind, HessVGH, Beschl. v. 21.2.2017 – 9 C 318/13.T, Rn. 19, juris.

2020 Mecklenburg-Vorpommern § 14 Abs. 2 AGGerStrG M-V; Brandenburg § 8 BbgVwGG; eingeschränkt auch Niedersachsen § 8 NdsAGVwGO; Sachsen-Anhalt § 8 AGVwGO LSA; Schleswig-Holstein § 69 Abs. 1 LJG SH; für Beanstandungsklagen Rheinland-Pfalz § 17 Abs. 2 AGVwGO RP.

2021 S. z.B. *Gersdorf*, in: Posser/Wolff, BeckOK VwGO, § 80 Rn. 169; *Kuhla*, in: Posser/Wolff, BeckOK VwGO, § 123 Rn. 4.

Beklagten statt. Die sonstigen Betroffenen werden nicht Partei des Prozesses und sind höchstens als Zeugen vernehmbar.[2022] Die Klageführung im Musterfeststellungsprozess übernimmt ein nichtbetroffener Verband. Dieser klagt keine eigenen Rechte, sondern Rechte der Betroffenen ein.[2023]

Keinerlei Erwähnung findet sich im Normtext dazu, wie und ob sich die Betroffenen der ausgesetzten Prozesse an den Musterverfahren nach § 93a VwGO beteiligen können. Während § 610 Abs. 6 ZPO eine Norm über den Ausschluss diverser Normen zur Beteiligung Dritter, §§ 66 bis 74 ZPO in Bezug auf die Streitverkündung oder Nebenintervention der Verbraucher, enthält, gibt es in der VwGO keine speziellen Voraussetzungen. Im Zivilprozess dient der Ausschluss prozessökonomischen Gründen, selbst wenn den Betroffenen ein rechtliches Interesse am Ausgang zukommt. Durch die Verfahrenswahl der Musterfeststellungsklage werden die angemeldeten Verbraucher in genügender Weise beteiligt, sodass eine weitere Beteiligung der Anmelder die Klärung der Musterfragen nur verkomplizieren würde. Auch für das KapMuG wurde höchstrichterlich entschieden, dass innerhalb der Musterprozesse eine Interventionsfähigkeit nicht möglich ist.[2024] Allerdings liegt dem Musterverfahren nach dem KapMuG kein bestimmter Rechtsstreit zugrunde, sondern es wird abstrakt über ein Muster von Tatsachen und Rechtsfragen entschieden.[2025]

Für die ausgewählten Verfahren trifft die VwGO keine gesonderten Regeln, sodass die normalen prozessualen Grundsätze und Regelungen gelten.[2026] Daher ist auch eine Verfahrensverbindung gemäß § 93 VwGO möglich.[2027] Dies lässt im Endeffekt nur den Schluss zu, dass die Normen zur Beteiligung Dritter ohne Abweichung Anwendung finden. Die Rechtsinstitute der Nebenintervention und Streitverkündung existieren innerhalb der VwGO nicht.[2028] Es ist höchstens an eine Beteiligung in Form der Streitgenossenschaft oder mittels Beiladung zu denken.[2029] Zusätzlich ist

---

2022 Kapitel 2 V.

2023 *Rohls*, in: Nordholtz/Mekat, MFK, § 3 Rn. 19; *Stadler*, in: Musielak/Voit, ZPO, § 606 Rn. 4. S. dazu Kapitel 2 D IV 2.

2024 BGH, Beschl v. 19.9.2017 – XI ZB 13/14, BGHZ 216, 27 (33 f.).

2025 BGH, Beschl v. 19.9.2017 – XI ZB 13/14, BGHZ 216, 27 (33).

2026 *Garloff*, in: Posser/Wolff, BeckOK VwGO, § 93a Rn. 5; *Rudisile*, in: Schoch/Schneider/Bier, VwGO, § 93a Rn. 13; *Stuhlfauth*, in: Bader/Funke-Kaiser, et al., VwGO, § 93a Rn. 8.

2027 BVerwG, Beschl. v. 23.8.2006 – 4 A 2000/05, Rn. 2, juris; *Kruppa*, KapMuG, S. 92.

2028 *Nolte*, Die Eigenart, S. 407.

2029 S. dazu unter C I und II.

§ 65 Abs. 3 VwGO zu beachten. Dieser enthält konkrete Vorgaben zur Beiladung von mehr als 50 Personen.[2030]

Ob eine Beiladung bzw. Streitgenossenschaft auf Klägerseite prozessökonomisch ist, ist fraglich. Mehr Beteiligte bedeuten zumeist auch ein komplexeres Verfahren.[2031] Die Ergebnisse der Musterverfahren können den Prozessen der ausgesetzten Kläger zugrunde gelegt werden. Bei Annahme einer einfachen Streitgenossenschaft müsste jeder Streitgenosse für sich über seinen Prozess verfügen. Die Entscheidung würde auch nicht zwingend einheitlich ausfallen. Zudem besteht für sie durch die Musterverfahrenslösung nach § 93a VwGO eine Beteiligungsmöglichkeit, sodass nicht ersichtlich ist, wofür es einer Streitgenossenschaft noch zusätzlich bedarf. Hier käme es so zu einer Doppelung. Es darf letztlich nicht dazu kommen, dass sich durch die vermehrte Beteiligung von Betroffenen der ausgesetzten Verfahren in den Musterverfahren eine Verlagerung der Problematik von der einen Verfahrensstufe auf die nächste einstellt, indem nun innerhalb der Musterverfahren eine große Masse an Beteiligten mitwirkt.[2032] Dies würde gerade nicht zur erwünschten effektiven Prozessführung beitragen.[2033] Da die Beiladung sowie die Zulassung der Streitgenossenschaft im Ermessen des Gerichts stehen, muss dieses im Einzelfall im Sinne eines möglichst effektiven Rechtsschutzes entscheiden.

Eine andere Frage wäre zudem, ob die Voraussetzungen der Beiladung der mitbetroffenen Kläger nach § 65 VwGO überhaupt vorliegen. Nicht ausreichend für eine Beiladung ist das Interesse nach einer verbesserten Sachverhaltsklärung oder die Stärkung des Musterklägers.[2034] Vielmehr muss sich die Gerichtsentscheidung verbessernd oder verschlechternd auf den Beigeladenen auswirken. Die Voraussetzungen einer notwendigen Beiladung verlangen sogar, dass unmittelbar auf die Rechte des Dritten eingewirkt wird.[2035] Dies ist bei einem parallelen Angreifen einer behördlichen

2030 Dazu C I.

2031 Vgl. *Beck*, in: Husemann/Korves/Rosenkranz, et al., Strukturwandel und Privatrecht, 401 (404); so wohl auch *Kruppa*, KapMuG, S. 99.

2032 Vgl. BT-Drs. 11/7030, S. 28, dazu, dass eine Verlagerung der Massenverfahren nicht erwünscht ist. Außerdem *Kruppa*, KapMuG, S. 99 f.

2033 Kritisch hinsichtlich der aktiven Teilnahme aller Beigeladenen an Musterverfahren nach dem KapMuG *Kruppa*, KapMuG, S. 99.

2034 OVG des Saarlandes, Beschl. v. 19.9.2017 – 2 E 426/17, Rn. 4, juris. S.a. unter C I.

2035 NdsOVG, Beschl. v. 6.9.2017 – 1 OB 115/17, BauR 2017, 2168, (2169); *Erbguth/Guckelberger*, Allg. Verwaltungsrecht, § 20 Rn. 33; *Guckelberger*, JuS 2007, 436 (439); *Leroux/Sittig-Behm*, NVwZ 2016, 1061 (1062).

Entscheidung nicht der Fall. Von den Musterverfahren geht noch keine unmittelbare Bindungswirkung auf die ausgesetzten Verfahren der Kläger aus. Letztlich hat das Gericht hier im Einzelfall zu entscheiden. Da die Musterverfahren nach allgemeinen Regeln verhandelt werden, kann kein pauschaler Ausschluss der Beteiligung Dritter angenommen werden.

VI. Nachverfahren

Nach Abschluss des Musterverfahrens schließen sich die Folgeverfahren an, d.h. die ausgesetzten Verfahren werden nun wieder aufgenommen. Diese Fortführung kann grundsätzlich als normales Verfahren mit anschließendem Urteil, in Verfahren des vorläufigen Rechtsschutzes als Beschluss, oder als Gerichtsbescheid gemäß § 84 VwGO erfolgen.[2036] Als Besonderheit für Musterverfahren sieht § 93a Abs. 2 S. 1 VwGO vor, dass die Nachverfahren unter eingeengten, nachfolgend ausführlich dargestellten, Voraussetzungen, im einfachen Verfahren ohne obligatorische mündliche Verhandlung durch Beschluss erfolgen können.[2037]

1. Bindungswirkung

In diesen sich anschließenden Nachverfahren ist das Gericht nicht an die Entscheidung der Musterverfahren gebunden.[2038] Schon in den Gesetzgebungsmaterialien wird eine Rechtskrafterstreckung nach § 121 VwGO ausgeschlossen.[2039] Die einzelnen Verfahren bleiben selbstständig.[2040]

2036 *Peters/Müller*, in: Sodan/Ziekow, VwGO, § 93a Rn. 20; *Rudisile*, in: Schoch/Schneider/Bier, VwGO, § 93a Rn. 33 f. Allgemein zu den gerichtlichen Handlungs- und Entscheidungsformen *Koehl*, NJ 2019, 197 ff.

2037 *Koehl*, NJ 2019, 197 (198); *Stuhlfauth*, in: Bader/Funke-Kaiser, et al., VwGO, § 93a Rn. 9.

2038 *Peters/Müller*, in: Sodan/Ziekow, VwGO, § 93a Rn. 23; *Rudisile*, in: Schoch/Schneider/Bier, VwGO, § 93a Rn. 23; *Schübel-Pfister*, in: Eyermann, VwGO, § 93a Rn. 20; *W.-R. Schenke*, in: Kopp/ders., VwGO, § 93a Rn. 10; BVerfG, Beschl. v. 8.12.2010 – 1 BvR 1188/10, NVwZ 2011, 611 (612); Beschl. v. 17.3.2009 – 1 BvR 432/09, NVwZ 2009, 908 (909).

2039 BT-Drs. 11/7030, S. 29. *Schübel-Pfister*, in: Eyermann, VwGO, § 93a Rn. 20.

2040 *Rudisile*, in: Schoch/Schneider/Bier, VwGO, § 93a Rn. 23.

Kothe nimmt eine faktische Bindung der Gerichte an die Ergebnisse der Musterverfahren an.[2041] Diese läuft aber dem ausdrücklichen Wortlaut der Gesetzgebungsmaterialien zuwider, die sich gerade gegen eine Rechtskrafterstreckung aussprechen.[2042] Außerdem verkürzt das den Rechtsschutz der Kläger der ausgesetzten Verfahren immens. Sie sind nicht Beteiligte der Musterverfahren, müssten jedoch gleichwohl das Ergebnis dieser Verfahren gegen sich gelten lassen. Zwar ist diese Wirkung in § 613 ZPO für die Musterfeststellungsklagen bestimmt, allerdings ist die Ausgangssituation hier eine andere. Dennoch wäre ein Abweichen trotz Vorliegen der Voraussetzungen des § 93a Abs. 2 VwGO sinnwidrig. Die Durchführung des Musterverfahrens bliebe ergebnislos. In der Praxis hat das zur Folge, dass sich vor allem bei Verfahren ohne mündliche Verhandlung die Gerichte an den Musterverfahrensurteilen orientieren,[2043] sie können an Vorwissen anknüpfen und schneller entscheiden.

Anderes kann sich dann ergeben, sofern neue Tatsachen oder Beweismittel auftreten, die zu einer Neubewertung führen, oder wenn im Nachverfahren unerwarteterweise Tatsachen- oder Rechtsfragen auftreten, die in den Musterverfahren nicht behandelt wurden.[2044] In einer solchen Situation ist ein Abweichen vom Ergebnis der Musterverfahren nachvollziehbar und ggf. unausweichlich vor allem aufgrund der Bindung der Rechtsprechung an Recht und Gesetz gemäß Art. 20 Abs. 3 GG.[2045]

Besonderheiten bei der Bindungswirkung ergeben sich dann, wenn die Musterverfahren verschiedene Instanzen durchlaufen und mit divergierenden Ergebnissen beendet werden. Unter dem Gesichtspunkt eines effektiven Verfahrens kann im Ergebnis nur dem Urteil der höheren Instanz gefolgt werden.[2046] Würde die abweichende unterinstanzliche Entscheidung zugrunde gelegt werden, hieße dies, dass eine Rechtsmitteleinlegung ge-

---

2041 *Kothe*, in: Redeker/von Oertzen, VwGO, § 93a Rn. 7. *Schmid*, in: Sodan/Ziekow, VwGO, 4. Aufl., 2014, § 93a Rn. 25, differenziert an dieser Stelle.

2042 BT-Drs. 11/7030, S. 29. Ebenso dieser Ansicht *Garloff*, in: Posser/Wolff, BeckOK VwGO, § 93a Rn. 6; *Peters/Müller*, in: Sodan/Ziekow, VwGO, § 93a Rn. 23; *Rudisile*, in: Schoch/Schneider/Bier, VwGO, § 93a Rn. 23.

2043 *Peters/Müller*, in: Sodan/Ziekow, VwGO, § 93a Rn. 23.

2044 *Peters/Müller*, in: Sodan/Ziekow, VwGO, § 93a Rn. 23.

2045 *Peters/Müller*, in: Sodan/Ziekow, VwGO, § 93a Rn. 23.

2046 *Kothe*, in: Redeker/von Oertzen, VwGO, § 93a Rn. 6; *Rudisile*, in: Schoch/Schneider/Bier, VwGO, § 93a Rn. 19; *Schübel-Pfister*, in: Eyermann, VwGO, § 93a Rn. 21.

gen die Nachverfahren erfolgversprechend wäre.[2047] Es käme zu einer überflüssigen Verlängerung der Verfahren.[2048]

2. Reguläres Verfahren

Die Entscheidung, welcher Verfahrensweg eingeschlagen werden kann, hängt davon ab, ob das Gericht einstimmig annimmt, dass sich im Nachverfahren Abweichungen zu den durchgeführten Musterverfahren ergeben werden.[2049] Bei Vorliegen solcher Abweichungen wird es häufig den Weg über ein normales Verfahren im Wege eines Urteilsverfahrens beschreiten.[2050] Wählt das Gericht das Vorgehen mittels eines Urteilsverfahrens, gelten die Besonderheiten des § 93a Abs. 2 VwGO gerade nicht.[2051] Es muss vollumfänglich verhandelt werden.[2052] Gleiches gilt für ein reguläres Beschlussverfahren innerhalb von Verfahren des einstweiligen Rechtsschutzes.

3. Besonderes Beschlussverfahren

Das Vorgehen im besonderen Beschlussverfahren nach § 93 Abs. 2 S. 1 VwGO setzt kumulativ voraus, dass eine rechtskräftige Musterentscheidung vorliegt, der Sachverhalt nach einstimmiger Auffassung geklärt ist und keine wesentlichen rechtlichen Besonderheiten bei den ausgesetzten Verfahren bestehen. Wählt das Gericht den Weg des Beschlussverfahrens, so kann es nach freiem Ermessen entscheiden, ob es eine mündliche Verhandlung und ob es eine Beweisaufnahme durchführen möchte.[2053]

2047 *Schübel-Pfister*, in: Eyermann, VwGO, § 93a Rn. 21.

2048 *Schübel-Pfister*, in: Eyermann, VwGO, § 93a Rn. 21.

2049 *Schübel-Pfister*, in: Eyermann, VwGO, § 93a Rn. 14.

2050 Dazu, dass sofern das Gericht von Anfang an von den Musterverfahren abweichen will, es nicht durch Beschluss entscheiden darf, *Jacob*, in: Gärditz, VwGO, § 93a Rn. 18; *Rudisile*, in: Schoch/Schneider/Bier, VwGO, § 93a Rn. 23.

2051 *Schübel-Pfister*, in: Eyermann, VwGO, § 93a Rn. 14; *Rudisile*, in: Schoch/Schneider/Bier, VwGO, § 93a Rn. 33; *Stuhlfauth*, in: Bader/Funke-Kaiser, et al., VwGO, § 93a Rn. 9. A.A. *Jacob*, in: Gärditz, VwGO, § 93a Rn. 25.

2052 *Schübel-Pfister*, in: Eyermann, VwGO, § 93a Rn. 14.

2053 S. *Schübel-Pfister*, in: Eyermann, VwGO, § 93a Rn. 23. *Jacob*, in: Gärditz, VwGO, § 93a Rn. 18, nimmt eine Ermessensreduzierung an, sofern das Gericht eine abweichende Entscheidung bezweckt.

a) Anhörung

Die Beteiligten sind vor Aufnahme eines vereinfachten Verfahrens wiederum anzuhören, § 93a Abs. 2 S. 1 VwGO. Diese Anhörung muss Bezug auf die angestrebte Verfahrensart nehmen.[2054] Sie gibt den Betroffenen Gelegenheit darzustellen, dass ihr Fall ggf. abweichend gelagert und daher doch eine mündliche Verhandlung erforderlich ist.[2055] Dies ist aufgrund des Rechts auf rechtliches Gehör unumgänglich.[2056]

b) Rechtskräftige Entscheidung

Zunächst ist das Vorliegen einer rechtskräftigen Entscheidung erforderlich. Der Wortlaut von § 93a Abs. 2 S. 1 VwGO ist insoweit klar gefasst, dass über *die* durchgeführten Verfahren rechtskräftig entschieden werden muss.[2057] Schon allein diese sprachliche Formulierung tritt möglichen Ansichten entgegen, welche bezweifeln, ob tatsächlich alle Verfahren abgeschlossen sein müssen.[2058]

Denkbar wäre es, ein oder mehrere ausgesetzte Verfahren, für deren Ausgang das oder die noch ausstehenden Musterverfahren belanglos geworden sind, aufgrund von Art. 19 Abs. 4 GG schnell zu beenden.

Dies widerspricht jedoch der Teleologie von § 93a VwGO. Werden gerade mehrere Verfahren als Musterverfahren ausgewählt, so geht diese Auswahl auf sachgerechte Kriterien zurück. Wie dargestellt, sollen im Musterverfahren die wesentlichen Sach- und Rechtsfragen geklärt werden. Dies kann jedoch nur geschehen, wenn auch alle erwählten Verfahren verhandelt wurden.[2059] Ansonsten wäre es bereits zweifelhaft, warum die Auswahlentscheidung in dieser Form getroffen wurde.[2060] Außerdem könnte

---

2054 *Peters/Müller*, in: Sodan/Ziekow, VwGO, § 93a Rn. 26; *Rudisile*, in: Schoch/Schneider/Bier, VwGO, § 93a Rn. 22.

2055 BVerwG, Beschl. v. 18.4.2007 – 4 A 1003/07, BeckRS 2007, 23817, Rn. 10; *Rudisile*, in: Schoch/Schneider/Bier, VwGO, § 93a Rn. 22.

2056 Dazu unter VII 2.

2057 *Boermann*, in: Thießen, Der Richter, 50 (61); *Peters/Müller*, in: Sodan/Ziekow, VwGO, § 93a Rn. 22; *Porz*, in: Fehling/Kastner/Störmer, VwVfG, VwGO, § 93a VwGO Rn. 9; *Schübel-Pfister*, in: Eyermann, VwGO, § 93a Rn. 17.

2058 *W.-R. Schenke*, in: Kopp/ders., VwGO, § 93a Rn. 9.

2059 *Boermann*, in: Thießen, Der Richter, 50 (61); *Porz*, in: Fehling/Kastner/Störmer, VwVfG, VwGO, § 93a VwGO Rn. 9.

2060 *Porz*, in: Fehling/Kastner/Störmer, VwVfG, VwGO, § 93a VwGO Rn. 9.

ein frühzeitiges Fortführen eines Nachverfahrens voreilig zu einem anderen Ergebnis führen, als letztlich insgesamt im Musterverfahren erreicht wird.[2061] Aus verfahrensökonomischen Gründen sowie unter dem Gesichtspunkt des effektiven Rechtsschutzes ist ein solches Ergebnis geradezu unerwünscht.

Unproblematisch ist es, wenn eines der Musterverfahren vorab anderweitig beendet wurde.[2062] Dies ist aufgrund der Dispositionsbefugnis der Beteiligten, z.B. durch Klagerücknahme oder Erledigungserklärung, weiterhin möglich.[2063] Es ist nur erforderlich, dass alle Verfahren rechtskräftig beendet worden sind, bevor die ausgesetzten Verfahren fortgesetzt werden. Auf welche Art und Weise die Beendigung erfolgt, kann dahinstehen. Da eine rechtskräftige Entscheidung verlangt wird, bedeutet dies ebenso, dass u.U. die Entscheidung des Rechtsmittelverfahrens abgewartet werden muss, selbst wenn nur gegen eines der Verfahren ein Rechtsmittel eingelegt worden ist.[2064]

c) Wesentliche Besonderheiten tatsächlicher oder rechtlicher Art

Zudem ist erforderlich, dass sich bei den ausgesetzten Verfahren keinerlei wesentliche Besonderheiten tatsächlicher oder rechtlicher Art im Hinblick auf die Musterverfahren auftun. Wesentliche Besonderheiten sind gegeben, wenn neue Rechts- oder Tatsachenfragen aufgeworfen werden, „deren Beantwortung das in den entschiedenen Verfahren gefundene Ergebnis in Zweifel ziehen oder jedenfalls seine Übertragbarkeit als problematisch erscheinen lassen könnte".[2065] Abweichungen jeglicher Art genügen demnach nicht, sie müssen in gewisser Weise atypisch sein.[2066] Es müssen

---

2061 *Boermann*, in: Thießen, Der Richter, 50 (61); *Porz*, in: Fehling/Kastner/Störmer, VwVfG, VwGO, § 93a VwGO Rn. 9.

2062 *Boermann*, in: Thießen, Der Richter, 50 (S. 61); *Peters/Müller*, in: Sodan/Ziekow, VwGO, § 93a Rn. 22.

2063 *Boermann*, in: Thießen, Der Richter, 50 (61); *Rudisile*, in: Schoch/Schneider/Bier, VwGO, § 93a Rn. 18; s.a. *Rüßmann*, in: Matusche-Beckmann, Keio-Tage 2014, 39 (40).

2064 *Kothe*, in: Redeker/von Oertzen, VwGO, § 93a Rn. 6; *Schübel-Pfister*, in: Eyermann, VwGO, § 93a Rn. 17.

2065 BVerwG, Beschl. v. 18.4.2007 – 4 A 1003/07, Rn. 12, juris. *Garloff*, in: Posser/Wolff, BeckOK VwGO, § 93a Rn. 6; *Porz*, in: Fehling/Kastner/Störmer, VwVfG, VwGO, § 93a VwGO Rn. 10; *Rudisile*, in: Schoch/Schneider/Bier, VwGO, § 93a Rn. 20.

2066 *Boermann*, in: Thießen, Der Richter, 50 (63).

rechtserhebliche Unterschiede zwischen den Musterverfahren und denen im Nachverfahren zu verhandelnden Verfahren bestehen.[2067]

d) Geklärter Sachverhalt

Ferner muss der Sachverhalt geklärt sein. Ein geklärter Sachverhalt liegt nur dann vor, wenn keine weitere Beweisaufnahme erforderlich ist.[2068] Der entscheidungserhebliche Zeitpunkt dafür ist der Zeitpunkt der Fortsetzung des ausgesetzten Verfahrens.[2069] Das Nachverfahren darf nicht dazu missbraucht werden, die Entscheidung des Musterverfahrens erneut umfassend zu prüfen und sich so einer richterlichen Selbstprüfung zu unterziehen.[2070] Allerdings muss es vor dem Hintergrund der Gesetzesmaterialien möglich sein, dass sich das Gericht bei Zweifeln über die Richtigkeit des Musterverfahrens nochmals damit befasst.[2071]

e) Einstimmigkeit

Des Weiteren wird die Einstimmigkeit explizit angeordnet, d.h. alle Mitglieder des Spruchkörpers müssen darüber übereinkommen, dass sich in den Nachverfahren keine wesentlichen Besonderheiten auftun werden.[2072] Auch wenn es keine Verpflichtung zur Dokumentation dieses Konsenses gibt, empfiehlt sich aus Transparenzgründen und aus Gründen des fairen Verfahrens, die Einstimmigkeit festzuhalten.[2073] Das Erfordernis der Ein-

---

2067 *Porz*, in: Fehling/Kastner/Störmer, VwVfG, VwGO, § 93a VwGO Rn. 10; *Schübel-Pfister*, in: Eyermann, VwGO, § 93a Rn. 18.

2068 *Boermann*, in: Thießen, Der Richter, 50 (63); *Rudisile*, in: Schoch/Schneider/Bier, VwGO, § 93a Rn. 20.

2069 *Peters/Müller*, in: Sodan/Ziekow, VwGO, § 93a Rn. 24; *Rudisile*, in: Schoch/Schneider/Bier, VwGO, § 93a Rn. 20.

2070 BVerwG, Beschl. v. 24.2.2018 – 4 B 34/17 u.a., Rn. 31, juris; Beschl. v. 14.6.2017 – 4 B 22/16, Rn. 24, juris; Beschl. v. 4.5.2017– 4 B 57.15, Rn. 24, juris; i.Erg. auch HessVGH, Beschl. v. 21.2.2017 – 9 C 318/13.T, Rn. 38, juris.

2071 BT-Drs. 11/7030, S. 29; *Boermann*, in: Thießen, Der Richter, 50 (64 f.), kritisch gegenüber der Aussage, dass keine Selbstkontrolle erfolgen kann, da es so zu einer "faktischen Rechtskrafterstreckung" kommen würde. Offenlassend das BVerwG, Beschl. v. 24.2.2018 – 4 B 34/17 u.a., Rn. 31, juris.

2072 *Schübel-Pfister*, in: Eyermann, VwGO, § 93a Rn. 19.

2073 *Peters/Müller*, in: Sodan/Ziekow, VwGO, § 93a Rn. 25; *Porz*, in: Fehling/Kastner/Störmer, VwVfG, VwGO, § 93a VwGO Rn. 11.

stimmigkeit führt zu einer deutlichen Einengung der Durchführung von vereinfachten Verfahren nach § 93a Abs. 2 VwGO.

f) Ablauf des Beschlussverfahrens

Sollte das Gericht keinerlei Besonderheiten feststellen, kann es ohne Durchführung einer mündlichen Verhandlung wirksam über die Verfahren der Betroffenen entscheiden, § 93a Abs. 2 S. 1; § 101 Abs. 3 VwGO.[2074] Kommt das Gericht zur Überzeugung, dass die Voraussetzungen für ein vereinfachtes Verfahren nicht gegeben sind, verbleibt der oben dargestellte Weg des normalen Verfahrens.[2075] Die Durchführung der mündlichen Verhandlung steht im gerichtlichen Ermessen.[2076]

Da das Entfallen der mündlichen Verhandlung sowie der Beweisaufnahme zu einer Beschleunigung und Vereinfachung des Verfahrens führt und so zu einer effektiven Behandlung von Massenverfahren beiträgt,[2077] wird die mündliche Verhandlung regelmäßig nur in Ausnahmefällen durchgeführt werden.[2078] Dies ist z.B. insoweit denkbar, wenn das Gericht von dem Ergebnis des Musterverfahrens abweichen möchte.[2079]

§ 93a Abs. 2 S. 2 Hs. 1 VwGO ermöglicht, Beweisergebnisse der Musterverfahren einzuführen. *W.-R. Schenke* vertritt hier die Ansicht, dass diese Erleichterung nur bei Vorgehen im Beschlussverfahren ohne mündliche Verhandlung nach § 93a Abs. 2 S. 1 VwGO möglich ist.[2080] Eine solche Einschränkung kann dem Gesetzeswortlaut jedoch nicht entnommen werden. § 93a Abs. 2 S. 2 Hs. 1 VwGO ist neutral formuliert und verweist nicht

---

2074 *Garloff*, in: Posser/Wolff, BeckOK VwGO, § 93a Rn. 6; *Schübel-Pfister*, in: Eyermann, VwGO, § 93a Rn. 23.

2075 *Peters/Müller*, in: Sodan/Ziekow, VwGO, § 93a Rn. 26; *W.-R. Schenke*, in: Kopp/ders., VwGO, § 93a Rn. 9.

2076 *Jacob*, in: Gärditz, VwGO, § 93a Rn. 18, nimmt eine Ermessensreduzierung auf Durchführung an, sofern das Gericht eine abweichende Entscheidung beabsichtigt. *Rudisile*, in: Schoch/Schneider/Bier, VwGO, § 93a Rn. 24; *Schübel-Pfister*, in: Eyermann, VwGO, § 93a Rn. 23.

2077 *Peters/Müller*, in: Sodan/Ziekow, VwGO, § 93a Rn. 27.

2078 *Jacob*, in: Gärditz, VwGO, § 93a Rn. 17; *Rudisile*, in: Schoch/Schneider/Bier, VwGO, § 93a Rn. 24.

2079 *Rudisile*, in: Schoch/Schneider/Bier, VwGO, § 93a Rn. 23.

2080 *W.-R. Schenke*, in: Kopp/ders., VwGO, § 93a Rn. 11; a.A. *Jacob*, in: Gärditz, VwGO, § 93a Rn. 25.

auf Satz 1 dieses Abschnittes.[2081] Sinn und Zweck dieser Norm ist die Erleichterung des Verfahrens, die erst recht auch dann in Betracht kommen sollte, wenn die Verfahrenserleichterung der fehlenden mündlichen Verhandlung nicht erfolgen kann.[2082]

Dabei ist umstritten, ob die Beweisergebnisse als Urkundenbeweise[2083] eingeführt werden oder ihre ursprüngliche Qualität beibehalten[2084]. Für letztere Ansicht streitet insbesondere *Rudisile.* Er führt vor allem den Wortlaut der Norm an, der von dem „Einführen" erhobener Beweise anstelle von der „Beiziehung" der Beweisurkunden spricht.[2085] Ferner stellt er auf die Systematik des Gesetzes ab, nämlich, dass im § 93a Abs. 2 S. 2 Hs. 2 VwGO von der *wiederholten Vernehmung* eines Zeugen bzw. einer *neuen* Begutachtung gesprochen wird.[2086] Die Verwendung der Begriffe Wiederholung und neu deutet er als Argumente für die Beibehaltung der ursprünglichen Beweisqualität.[2087]

Diese Ansicht ist jedoch abzulehnen. Während *Rudisile* seine Argumentation insbesondere auf sprachliche Spitzfindigkeiten stützt, streiten Sinn und Zweck des § 93a Abs. 2 S. 1 Hs. 1 VwGO sowie praktische Erwägungen für die gegenteilige Ansicht.

Diese Norm dient vor allem der Verfahrenserleichterung und Beschleunigung.[2088] Generell sieht § 96 Abs. 1 S. 1 VwGO vor, dass das Gericht Beweise in der mündlichen Verhandlung erhebt. Durch die Anordnung der Einführung erhobener Beweise aus den Musterverfahren bietet § 93a Abs. 2 S. 2 Hs. 1 VwGO dafür eine zulässige gesetzliche Ausnahme.[2089]

2081 Dafür streitet z.B. auch die Darstellung bei *Peters/Müller*, in: Sodan/Ziekow, VwGO, § 93a Rn. 27 ff., die unter dem Punkt "Erleichterung des Verfahrens" sowohl das Absehen der mündlichen Verhandlung als auch in einem separaten Punkt das Absehen der Beweisaufnahme anführen.

2082 *Jacob*, in: Gärditz, VwGO, § 93a Rn. 25; *Peters/Müller*, in: Sodan/Ziekow, VwGO, § 93a Rn. 27.

2083 *Schübel-Pfister*, in: Eyermann, VwGO, § 93a Rn. 24; *Stuhlfauth*, in: Bader/Funke-Kaiser, et al., VwGO, § 93a Rn. 11.

2084 Ursprüngliche Qualität bleibt erhalten *Jacob*, in: Gärditz, VwGO, § 93a Rn. 26; *Rudisile*, in: Schoch/Schneider/Bier, VwGO, § 93a Rn. 25 ff. *Peters/Müller*, in: Sodan/Ziekow, VwGO, § 93a Rn. 29, die Vorschrift fingiert den Erhalt der Beweisqualität.

2085 *Rudisile*, in: Schoch/Schneider/Bier, VwGO, § 93a Rn. 26.

2086 *Rudisile*, in: Schoch/Schneider/Bier, VwGO, § 93a Rn. 26.

2087 *Rudisile*, in: Schoch/Schneider/Bier, VwGO, § 93a Rn. 26.

2088 *Rudisile*, in: Schoch/Schneider/Bier, VwGO, § 93a Rn. 24; *W.-R. Schenke*, in: Kopp/ders., VwGO, § 93a Rn. 11.

2089 *Peters/Müller*, in: Sodan/Ziekow, VwGO, § 93a Rn. 29; *Rudisile*, in: Schoch/Schneider/Bier, VwGO, § 93a Rn. 27.

Wenn man sich aus Gründen der Verfahrensökonomie die Beweise der Musterverfahren zu eigen macht, kommt es in den Nachverfahren gerade nicht zu einer nochmaligen Zeugenvernehmung oder einem Sachverständigengutachten.[2090] Noch nicht einmal eine mündliche Verhandlung ist unbedingt notwendig.[2091]

Es liegt keine formelle Unmittelbarkeit im Sinne von § 96 Abs. 1 S. 1 VwGO vor.[2092] Vielmehr werden lediglich die in Musterverfahren angefertigten Protokolle über die Beweise zur Entscheidung herangezogen.[2093] Diese Vorgehensweise in der Praxis streitet daher dafür, dass die Beweisqualität gerade nicht erhalten bleibt.

Eine Wiederholung der Beweisaufnahme nach § 93a Abs. 2 S. 2 Hs. 2 VwGO kann erforderlich sein, wenn nachträglich die Glaubwürdigkeit eines Zeugen angezweifelt wird oder neue Umstände auftreten, die eine Beweisaufnahme unumgänglich machen.[2094] Die Entscheidung liegt im Ermessen des Gerichts. In dieser Situation ist dann auch eine mündliche Verhandlung geboten.[2095]

Nach § 93a Abs. 2 S. 3 VwGO können, sofern das Gericht der Auffassung ist, dass eine weitere Beweisaufnahme nicht zum Nachweis neuer Tatsachen beizutragen vermag und sie zu einer absoluten Verfahrensverzögerung führen würde, Beweisanträge abgelehnt werden und im Wege der vorweggenommenen Beweiswürdigung eine Tatsache ohne weitere Beweisaufnahme als erwiesen angesehen werden.[2096]

Eine absolute Verfahrensverzögerung liegt in Anlehnung an die Rechtsprechung des BGH dann vor, wenn bei Zulassung des Beweismittels der Prozess länger dauern würde als bei dessen Zurückweisung.[2097] Nicht gewollt ist, dass der Kläger eine mündliche Verhandlung ungerechtfertigter-

2090 *Rudisile*, in: Schoch/Schneider/Bier, VwGO, § 96 Rn. 45.

2091 *Peters/Müller*, in: Sodan/Ziekow, VwGO, § 93a Rn. 28; *Rudisile*, in: Schoch/Schneider/Bier, VwGO, § 93a Rn. 24.

2092 *Schübel-Pfister*, in: Eyermann, VwGO, § 96 Rn. 3.

2093 *Schübel-Pfister*, in: Eyermann, VwGO, § 93a Rn. 24; *W.-R. Schenke*, in: Kopp/ders., VwGO, § 93a Rn. 11.

2094 *Jacob*, in: Gärditz, VwGO, § 93a Rn. 27; *Rudisile*, in: Schoch/Schneider/Bier, VwGO, § 93a Rn. 29; *Schübel-Pfister*, in: Eyermann, VwGO, § 93a Rn. 25.

2095 *Jacob*, in: Gärditz, VwGO, § 93a Rn. 27; *Rudisile*, in: Schoch/Schneider/Bier, VwGO, § 93a Rn. 29.

2096 *Peters/Müller*, in: Sodan/Ziekow, VwGO, § 93a Rn. 30; *Stuhlfauth*, in: Bader/Funke-Kaiser, et al., VwGO, § 93a Rn. 12.

2097 BGH, Urt. v. 3.7.2012 – VI ZR 120/11, NJW 2012, 2808 (2809). Allgemein dazu *Baudewin/Wegner*, NJW 2014, 1479 (1481); *Rudisile*, in: Schoch/Schneider/Bier, VwGO, § 93a Rn. 30; *Schübel-Pfister*, in: Eyermann, VwGO, § 93a Rn. 25.

weise durch Beweisanträge erzwingen kann, weshalb die Ablehnung der Beweisanträge innerhalb des das Folgeverfahren beendenden Beschlusses nach Satz 1 des § 93a Abs. 2 VwGO möglich ist, § 93a Abs. 2 S. 3, 4 VwGO.[2098] Liegen neue Tatsachen vor, über die bisher noch kein Beweis erhoben wurde, gelten diese Besonderheiten nicht und es bleibt bei den allgemeinen Regelungen über die Ablehnung von Beweisanträgen.[2099]

Da die Entscheidung im vereinfachten Verfahren durch Beschluss getroffen wird, ordnet § 93a Abs. 2 S. 5 VwGO explizit an, dass gegen diesen Beschluss dieselben Rechtsmittel wie gegen ein Urteil zustehen. Hierüber sind die Beteiligten zu belehren, § 93a Abs. 2 S. 6 VwGO.

g) Vergleich mit Musterfeststellungsklagen

Die Vorgehensweise durch ein Nachverfahren erinnert nur auf den ersten Blick an die zweistufige Ausgestaltung der Musterfeststellungsklage, wo im Anschluss an die eigentliche Musterfeststellungsklage die Individualklagen folgen. Bei genauerem Hinsehen ergeben sich jedoch große Abweichungen, die sich aufgrund der divergierenden Ausgestaltung der Prozesse erklären lassen.

Wie schon zuvor festgestellt, sind die Ausgangssituationen dahingehend verschieden, dass bei Musterverfahren identische behördliche Maßnahmen anhand identischer Sach- und Rechtsfragen angegriffen werden, wohingegen sich im Zivilprozess die Ansprüche meist nur in einigen Punkten gleichen.[2100] So ist es schon in den Gesetzesmaterialien der Musterfeststellungsklage angelegt,[2101] dass die sich anschließenden Individualprozesse zu unterschiedlichen Ergebnissen anhand der Besonderheiten des jeweiligen Prozesses gelangen können, bspw. durch abweichende Schadenshöhen. Darum werden nur Vor- bzw. Teilfragen, nicht jedoch ganze Leistungsansprüche entschieden.[2102] Die Situation, dass in den nachfolgenden Indivi-

---

2098 BT-Drs. 13/3993, S. 12.

2099 *Jacob*, in: Gärditz, VwGO, § 93a Rn. 28; *Rudisile*, in: Schoch/Schneider/Bier, VwGO, § 93a Rn. 30.

2100 *Boermann*, in: Thießen, Der Richter, 50 (56); *Garloff*, in: Posser/Wolff, BeckOK VwGO, § 93a Rn. 1; *Peters/Müller*, in: Sodan/Ziekow, VwGO, § 93a Rn. 7; *Porz*, in: Fehling/Kastner/Störmer, VwVfG, VwGO, § 93a VwGO Rn. 5; *Rudisile*, in: Schoch/Schneider/Bier, VwGO, § 93a Rn. 9. Zum Anwendungsbereich der Musterverfahren s. ausführlich V.

2101 BT-Drs. 15/5091, S. 14 f.

2102 BT-Drs. 15/5091, S. 14 f.

dualprozessen ohne mündliche Verhandlung durch Beschluss entschieden wird, ist hier nicht denkbar, zumal im Zivilprozess der Beibringungsgrundsatz gilt.[2103] In der ZPO gibt es ferner keine Regelungen über Beweiserleichterungen im Folgeverfahren, wie es sie in § 93a Abs. 2 VwGO für die Musterverfahren gibt. Es findet demnach eine vollumfängliche Verhandlung statt. Die Parteien sind verpflichtet, die für sie günstigen Tatsachen vorzutragen und Beweise einzubringen. Es kommt nicht zu einer Amtsermittlung durch die Gerichte, die eine allumfassende Aufklärung der Verfahren beinhaltet.[2104]

Die Gerichte sind dabei in Ausnahme vom Beibringungsgrundsatz von Amts wegen an den Tenor sowie die begründenden Tatsachen der Musterfeststellungsverfahren gebunden, sofern die Entscheidung von den Feststellungszielen des vorangegangenen Musterfeststellungsverfahrens betroffen ist.[2105] Eine generelle Übertragung der Beweisergebnisse kollidiert mit dem Recht auf rechtliches Gehör.[2106] Die Bindung umfasst daher meist nur Teilfragen, die individuellen Besonderheiten werden im sich anschließenden Individualverfahren geklärt und berücksichtigt. Zuvor muss geprüft werden, ob überhaupt eine Abhängigkeit zwischen den Feststellungszielen und dem eingeklagten Anspruch bzw. Rechtsverhältnis besteht. Die Betroffenen können ihre möglicherweise anders gelagerte Situation vorbringen. Die Wirkung nach § 613 Abs. 1 ZPO kann dabei auch zu Lasten der Verbraucher ausfallen.

Im Verwaltungsprozess kommt es zwar nicht zu einer Rechtskrafterstreckung, jedoch ist es dabei ohne jeglichen vorherigen Beteiligungsakt sogar möglich, dass das Gericht ohne mündliche Verhandlung und ohne Beweisaufnahme das Ergebnis des Musterverfahrens auf einen der ausgesetzten Prozesse durch Beschluss überträgt. Individuelle Besonderheiten können dabei nur im Rahmen der Anhörung vorgebracht werden, ansonsten wird, wenn die Möglichkeiten des § 93a Abs. 2 VwGO genutzt werden, davon ausgegangen, dass keine wesentlichen Besonderheiten vorliegen, eine Übertragung daher möglich ist.[2107] Letztlich ist die Auswirkung viel weitreichender.

2103 S. dazu Kapitel 2 B und D VI 1.

2104 *Reuschle*, WM 2004, 966 (974).

2105 Zur Bindungswirkung innerhalb der Musterfeststellungsklage Kapitel 2 D X.

2106 BT-Drs. 15/5091, S. 14 f.

2107 *Garloff*, in: Posser/Wolff, BeckOK VwGO, § 93a Rn. 6; *Rudisile*, in: Schoch/Schneider/Bier, VwGO, § 93a Rn. 24.

Die Schwierigkeiten für die Begründung einer Bindungswirkung liegen sowohl im Zivil- als auch im Verwaltungsprozessrecht im Anspruch auf rechtliches Gehör.

In der Entwicklung der Musterfeststellungsklage ist zu beobachten, dass die Reichweite der Bindungswirkung Anlass zu Diskussionen gab.[2108] Der ursprüngliche RefE sah eine Bindungswirkung nur einseitig für die Betroffenen vor.[2109] Für die endgültige Version entschied man sich jedoch für eine umfassende Bindungswirkung, die auch zu Ungunsten der Verbraucher bei nachteiligem Ausgang der Musterfeststellungsklage ausfallen kann, § 613 ZPO.

Die Betroffenen der Musterfeststellungsklage entscheiden sich durch ihre Eintragung aktiv dafür, dass sie Teil eines Musterfeststellungsklageprozesses sein wollen. Auch wenn vor allem die Informationen über die Folgen der Anmeldung noch nachbesserungswürdig sind, erfolgt dennoch eine *freiwillige* Anmeldung. Da nach dem Beibringungsgrundsatz die Parteien verantwortlich sind, die entscheidungserheblichen Tatsachen vorzutragen, könnte das Gericht auch nicht von Amts wegen eine vollständige Entscheidung aus einem anderen Verfahren heranziehen.[2110] § 613 Abs. 1 ZPO stellt hier insoweit schon eine Besonderheit dar,[2111] die aus den oben dargestellten Gründen jedoch mit dem Recht auf rechtliches Gehör vereinbart werden kann.[2112]

Für die Betroffenen im Rahmen der Musterverfahren der VwGO ist die Ausgangssituation eine andere. Sie werden ohne Einfluss aufgrund einer Ermessensentscheidung Teil des Musterverfahrens.[2113] Ihr Recht auf rechtliches Gehör würde verletzt, wenn sie ohne jegliche Äußerungsmöglichkeit eine bindende Entscheidung zugeordnet bekämen.[2114] Daher ist die divergierende Ausgestaltung der Bindungswirkung nachvollziehbar und begründbar.

2108 Dazu umfassend Kapitel 2 D.

2109 § 614 Abs. 1 S. 1 RefE, S. 24 f.

2110 *Brand*, NJW 2017, 3558 (3560); *Grunsky/Jacoby*, ZPR, Rn. 99; *Guckelberger*, in: Verein Deutscher Verwaltungsgerichtstag e.V., 18. Deutscher Verwaltungsgerichtstag, 377 (382); *dies.*, DVBl 2017, 222 (223); *Musielak/Voit*, GK ZPO, Rn. 208; *Schübel-Pfister*, in: Eyermann, VwGO, § 86 Rn. 4.

2111 Bindungswirkung sui generis *Stadler*, in: Musielak/Voit, ZPO, § 613 Rn. 2.

2112 Kapitel 2 D X 3.

2113 S. den Wortlaut von § 93a Abs. 1 S. 1 VwGO, der von „kann" spricht. Dazu ausführlich VI 1.

2114 *Radtke/Hagemeier*, in: Epping/Hillgruber, BeckOK GG, Art. 103 Rn. 11.

Eine andere Frage ist sodann, ob eine solche Regelung sinnvoll erscheint, da die Musterverfahren praktisch nur zu Effizienzgewinnen führen, wenn es gerade keine Ausweichmöglichkeit gibt.[2115] Es stellt sich die Frage, ob gleichlautend mit den Musterfeststellungsklagen eine Bindungswirkung durch einen vormaligen Beteiligungsakt der Betroffenen in Form eines wirksamen Verzichts möglich ist und so die Beeinträchtigung ihres Rechts auf rechtliches Gehör rechtfertigen kann. Wie dargestellt, kann ein wirksamer Verzicht auf rechtliches Gehör innerhalb der Musterfeststellungsklage angenommen werden, sofern die erforderlichen Informationspflichten nachgebessert werden, sodass der Einzelne umfassend Kenntnis über die Folgen seiner Anmeldung hat. Die Ausübung erfolgt sodann in Form der Registrierung in ein Klageregister. Eine Möglichkeit wäre es daher, auch im Verwaltungsprozessrecht ein Verfahrensregister zwecks Registrierungsakts zu schaffen.

Dadurch würde sich indes die Systematik der Musterverfahren gänzlich verändern. Anstelle des bisherigen Vorverfahrens käme es zu einer Eintragung und erst nach Abschluss des Musterverfahrens könnten die Betroffenen in einem individuellen Verfahren Rechtsschutz ersuchen.

Ferner ist der Hintergrund und das bezweckte Ziel der Einführung des Klageregisters vor allem die Erreichbarkeit über weite Flächen ggf. sogar über Landesgrenzen hinweg.[2116] Wenn man das Beispiel des Abgasskandals betrachtet, dann kam es vielerorts zu Schädigungen, wobei, obschon die Ursache der Streitigkeiten in der Manipulation der Abgaswerte lag, sich die Konstellationen der einzelnen Betroffenen aufgrund individueller Kaufverträge unterscheiden. Die Gemeinsamkeiten der Klagen beschränken sich dabei meistens auf wenige Aspekte.[2117] Für die zivilprozessualen Verfahren entschied man sich dadurch außerdem gegen eine benötigte Anhängigkeit. Das Klageregister dient der Sammlung von Ansprüchen. Es wird auch als Hürde im Bereich unter der Klageerhebung zur Überwindung der rationalen Apathie angesehen und soll daher von den Bürgern eher angenommen werden.[2118]

2115 *Peters/Müller*, in: Sodan/Ziekow, VwGO, § 93a Rn. 23.

2116 S. zum Klageregister Kapitel 2 D IX; BT-Drs. 19/2507, S. 23, 25. *Boese/Bleckwenn*, in: Nordholtz/Mekat, MFK, § 4 Rn. 3, das Klageregister als zentrale Informationsquelle bezeichnend.

2117 BT-Drs. 15/5091, S. 14. *Reuschle*, WM 2004, 966 (975); *Stadler*, in: Brönneke, Kollektiver Rechtsschutz, 1 (24).

2118 Ausführlich dazu Kapitel 2 D IX. BT-Drs. 19/2507, S. 24; *Ring*, NJ 2018, 441 (443); *Weinland*, MFK, Rn. 90.

Die sich daraus ergebende Frage ist, ob es eine solche auch im öffentlichen Recht gibt. Wenn sich die Bürger aufgrund einer behördlichen Maßnahme benachteiligt fühlen, können sie gegen diese Rechtsbehelfe einlegen. Kommt es nicht zu einer Rechtsbehelfseinlegung, sondern vielmehr zu einer Duldung, stellt sich die Situation anders als im Zivilrecht dar. So ist es beispielsweise in der Rechtsordnung akzeptiert, dass ein rechtswidriger Verwaltungsakt in Bestandskraft erwachsen kann, § 43 Abs. 2 VwVfG.[2119] Folglich kann die Bestandskraft Ausfluss von bürgerlicher Apathie sein, sofern der Adressat seinerseits nicht gegen den rechtswidrigen Verwaltungsakt vorgeht. Denkbar ist dies z.B. im Bereich der Digitalisierung beim vollständig automatisierten Verwaltungsakt. Vor allem schwächere Bevölkerungsgruppen sehen hier mangels Fachkenntnissen oder technischer Voraussetzungen möglicherweise von einem Rechtsbehelf ab und werden somit abgehängt.[2120]

Im Zivilrecht kann die rationale Apathie zu einer Wettbewerbsverzerrung führen, indem sie systematisch von Schädigern zu ihren Gunsten genutzt wird.[2121] Im Verwaltungsrecht erfährt die Apathie durch die Möglichkeit formloser Rechtsbehelfe und das Vertrauen in die Gesetzmäßigkeit der Verwaltung eine Abmilderung.[2122] Vom Staat ist ein systematisches Ausnutzen der Bürger nicht zu erwarten. Es ist vielmehr davon auszugehen, dass dieser gewillt und verpflichtet ist, rechtmäßig zu handeln. Dies ergibt sich vor allem aus der Bindung der Verwaltung an Gesetz und Recht gemäß Art. 20 Abs. 3 GG.[2123] Außerdem bleiben z.B. auch für die

2119 *Kainz*, NZS 2015, 767 (768); *Sachs*, in: Stelkens/Bonk/ders., VwVfG, § 43 Rn. 3.

2120 Sog. Digital Divide *Guckelberger*, Öffentliche Verwaltung, Rn. 44.

2121 S. dazu Kapitel 1 C II 1, 3.

2122 Bspw. *Guckelberger*, Öffentliche Verwaltung, Rn. 540.

2123 Ähnlich ist auch die Argumentation hinsichtlich der Subsidiarität von Feststellungsklagen gegenüber Leistungsklagen bei Klagen gegen einen Träger öffentlicher Gewalt. Hier wird in der als „Ehrenmann-Theorie“ bezeichneten Begründung angeführt, dass die Hoheitsträger aufgrund ihrer Bindung aus Art. 20 Abs. 3 GG ein Feststellungsurteil beachten werden und es daher keiner auf Leistung gerichteten Klage bedarf. S. dazu *Erbguth/Guckelberger*, Allg. Verwaltungsrecht, § 10 Rn. 12. Vergleichbar ist auch das Vorbringen bei der Heilung einer unterbliebenen Anhörung im Widerspruchsverfahren. Während teilweise vertreten wird, dass dies nicht möglich sei, weil sonst die Behörde stets von der Anhörung absehen könnte, da eine Heilung gleichermaßen eintritt, argumentiert die Gegenseite damit, dass ein solches Verhalten seitens der Behörden aufgrund von Art. 20 Abs. 3 GG nicht abzusehen sei. Dazu ebenso *dies.*, Allg. Verwaltungsrecht, § 15 Rn. 17.

schwächeren Personengruppen im Bereich der Digitalisierung die erwähnten formlosen Rechtbehelfe erhalten.[2124]

Die Ausgangssituationen liegen hier folglich anders. Für verwaltungsprozessuale Verfahren bedarf es keiner Überwindung der rationalen Apathie durch ein Klageregister.

Außerdem ist die Reichweite der behördlichen Handlung meistens begrenzt. In der Regel sind die Individualklagen gegen eine identische behördliche Maßnahme vor demselben Gericht einzulegen, sodass die Information über Klagen, die mit ihrer Erhebung unmittelbar rechtshängig werden (§ 90 S. 1 VwGO), zugänglich erscheint. Auch dieser Zweck zur Einführung eines Klageregisters besteht im Verwaltungsprozessrecht nicht. Der Anknüpfungspunkt an die Klageerhebung erscheint im öffentlichen Recht als nicht unüberwindbare Hürde.

Durch die Eintragung in das Klageregister bringen die Betroffenen darüber hinaus zumindest zum Ausdruck, dass sie Interesse an einer Vorgehensweise in einem Musterfeststellungsverfahren haben. Im verwaltungsgerichtlichen Verfahren entscheidet über die Vorgehensweise als Musterverfahren das Gericht. Die Betroffenen haben hier keinerlei Einfluss.

Käme es im Verwaltungsprozess zu einer Führung eines Klageregisters und der dafür erforderlichen Zahl an Eintragungen, wäre es für die Bürger schwer begründbar, wenn sich das Gericht aufgrund seiner Ermessensentscheidung gegen die Durchführung eines Musterverfahrens entscheidet. Darüber hinaus hieße diese Ungewissheit für die Betroffenen, dass sie dennoch eigenständig eine Klage erheben müssten. Je nach Klageart könnten durch die Eintragung Fristen abgelaufen sein, sofern nicht etwaige Fristaussetzungen vorgesehen sind. Die Eintragung wäre damit mit einem großen Nachteil verbunden. Ein Klageregister ist daher nur sinnvoll, wenn das Erreichen des Quorums auch automatisch zu einem Musterverfahren führt. Wie oben jedoch bereits dargestellt, ist die Ermessensentscheidung des Gerichts hinsichtlich der Durchführung eines Musterverfahrens im Gesamtsystem der VwGO verständlich und daher beizubehalten.

Neben der Möglichkeit der Eintragung müsste gleichfalls auch geklärt werden, was mit den Verfahren passiert, die nicht eingetragen wurden, und ob es eine Möglichkeit gibt, eine Eintragung rückwirkend zu löschen. Die Konsequenz für nicht eingetragene Verfahren kann nur ein eigenständiges Individualverfahren sein, auf die die Musterverfahren keinerlei Auswirkung haben.[2125] Prozessökonomisch ist dieses Vorgehen jedoch gerade

---

2124 *Guckelberger*, Öffentliche Verwaltung, Rn. 529 ff., 616.
2125 OLG SH, Beschl. v. 8.3.2019 – 17 W 3/19, Rn. 8, juris.

nicht. Es bleibt bei einem Risiko divergierender Entscheidungen und einer doppelten Prozessführung, die gerade nicht gewünscht ist.

Letztlich ist die Ausgestaltung der Musterverfahren sowie der Musterfeststellungsklagen aufgrund von praktischen Bedürfnissen entstanden, die in sich jedoch unterschiedlich gewesen sind und daher auch unterschiedliche Rechtsschutzverfahren erfordern. Das Rechtsschutzdefizit, welches zur Einführung der Musterfeststellungsklage geführt hat, ergab sich daraus, dass es keine effektive Möglichkeit innerhalb des Zivilprozesses gab, um einerseits die rationale Apathie der Bürger zu überwinden und andererseits Verfahren hinsichtlich Massenschäden zu bewältigen. Hier erweist sich die Vorgehensweise durch Eintragung in das Klageregister zur Sammlung der Ansprüche als taugliches Mittel. Die Einführung eines Klageregisters allein zur Schaffung von Bindungswirkung ist aber abzulehnen und daher für die Musterverfahren der VwGO nicht relevant. Auch wenn keine explizite Rechtskrafterstreckung der Musterverfahren auf die Nachverfahren vorliegt, so ist ein Abweichen von dem gefundenen Ergebnis nur in besonderen Fällen begründbar und prozessökonomisch. Ansonsten bleibt den Betroffenen die Möglichkeit, Rechtsmittel gegen das Urteil einzulegen. Insgesamt wird den Betroffenen durch ihre Anhörungsrechte die Möglichkeit eingeräumt, Besonderheiten darzustellen und so die Übertragung der Ergebnisse zu beeinflussen.

Abschließend ist die gewählte Ausgestaltung der Nachverfahren in § 93a Abs. 2 VwGO im Gesamtkonzept der Norm stringent. Die Ausgestaltung der Musterfeststellungsklage hier vergleichend heranzuziehen, scheitert schon daran, dass dieser unterschiedliche Parameter zugrunde liegen.

VII. Vereinbarkeit mit höherrangigem Recht

1. Art. 19 Abs. 4 GG

Insgesamt steht die Durchführung von Musterverfahren nach § 93a VwGO häufig unter Kritik. Insbesondere wurde die Verfassungsmäßigkeit der Vorschrift bezweifelt.[2126] Problematisch ist dabei u.a. der zeitliche Aspekt.

2126 *Schmid*, in: Sodan/Ziekow, VwGO, 4. Aufl., 2014, § 93a Rn. 35. Vgl. auch *W.-R. Schenke*, in: Kopp/ders., VwGO, § 93a Rn. 2.

a) Schutzbereich

Art. 19 Abs. 4 GG beinhaltet in seiner Rechtsweggarantie ein echtes Grundrecht.[2127] In sachlicher Hinsicht werden dabei Rechtsverletzungen durch die öffentliche Gewalt im Wesentlichen ausgehend von der Exekutive umfasst.[2128] Als Rechtsweg wird der Zugang zu staatlichen Gerichten verstanden, welche die Voraussetzungen der Art. 92 und 97 GG erfüllen.[2129] Garantiert wird nicht nur, dass eine Kontrollmöglichkeit vorliegt, sondern auch die Art und Weise der Kontrolle.[2130] Gewährleistet wird ein effektiver Rechtsschutz, also ein lückenloser, tatsächlicher, wirksamer gerichtlicher Rechtsschutz.[2131] Die Effektivität verlangt zudem, dass innerhalb einer angemessenen Zeit eine abschließende Entscheidung getroffen wird.[2132] Diese Anforderung muss der Ausgestaltung prozessrechtlicher Normen zugrunde gelegt werden.[2133] Gemeint ist dabei jedoch nicht, die Schnelligkeit über alles zu stellen.[2134]

b) Vereinbarkeit mit Art. 19 Abs. 4 GG

Die Aussetzung des Verfahrens im Rahmen von § 93a VwGO kann sich über lange Zeit erstrecken und könnte so dazu führen, dass gerade kein effektiver, zügiger Rechtsschutz besteht.[2135] Die Verhandlung in Form von Musterprozessen dient bei Massenstreitigkeiten gerade dazu, ein effektives und beschleunigtes Vorgehen zu schaffen.[2136] Dies ist nur bei einer gebün-

---

2127 *Schulze-Fielitz*, in: Dreier, GG, Bd. 1, Art. 19 IV Rn. 39.

2128 *Schulze-Fielitz*, in: Dreier, GG, Bd. 1, Art. 19 IV Rn. 48 ff. Näher dazu Sodan, in: ders., GG, Art. 19 Rn. 28.

2129 *Sodan*, in: ders., GG, Art. 19 Rn. 29.

2130 *Schulze-Fielitz*, in: Dreier, GG, Bd. 1, Art. 19 IV Rn. 147.

2131 *Antoni*, in: Wolff/Hömig, GG, Art. 19 Rn. 12; *Jarass*, in: ders./Pieroth, GG, Art. 19 Rn. 50; *Schulze-Fielitz*, in: Dreier, GG, Bd. 1, Art. 19 IV Rn. 80; *Sodan*, in: ders., GG, Art. 19 Rn. 31.

2132 *Jarass*, in: ders./Pieroth, GG, Art. 19 Rn. 66; *Ottaviano*, Der Anspruch auf rechtzeitigen Rechtsschutz, S. 7 f.; *Schulze-Fielitz*, in: Dreier, GG, Bd. 1, Art. 19 IV Rn. 111.

2133 *Schulze-Fielitz*, in: Dreier, GG, Bd. 1, Art. 19 IV Rn. 111.

2134 *Schulze-Fielitz*, in: Dreier, GG, Bd. 1, Art. 19 IV Rn. 112.

2135 Dazu auch *Meller-Hannich*, Gutachten A 72. DJT, A 39 f.

2136 BVerfG, Beschl. v. 24.2.2009 – 1 BvR 165/09, NVwZ 2009, 581 (584); *Jarass*, in: ders./Pieroth, GG, Art. 19 Rn. 61; *Rudisile*, in: Schoch/Schneider/Bier, VwGO, § 93a Rn. 3; *Sachs*, in: ders., GG, Art. 19 Rn. 144.

delten Vorgehensweise möglich. Die Aussetzung ist insbesondere dadurch, dass nach dem Musterprozess alle prozessualen Möglichkeiten fortbestehen, mit Art. 19 Abs. 4 GG vereinbar.[2137] Etwaige Verfahrensverzögerungen werden dadurch aufgewogen.

Zudem enthält § 93a Abs. 2 VwGO weitere Elemente zur Beschleunigung, welche ebenfalls unter Kritik stehen, z.B. das Absehen von einer mündlichen Verhandlung. Es lässt sich aus Art. 19 Abs. 4 GG jedoch kein Anspruch auf die zwingende Durchführung einer mündlichen Verhandlung ableiten, sodass auch das Vorgehen in abgekürzter Form gemäß § 93a Abs. 2 S. 1 VwGO nicht zu beanstanden ist.[2138] Auch stellt es keinen Verstoß gegen Art. 19 Abs. 4 GG dar, wenn jemand seine Musterverfahrensposition verliert.[2139] Darauf besteht kein Anspruch.[2140] Spiegelbildlich liegt auch keine Verletzung von Art. 19 Abs. 4 GG darin, dass das eigene Verfahren als Musterverfahren ausgewählt und deshalb vollumfänglich verhandelt wird. Schon vor Einführung des Gesetzes stellte das BVerfG klar, dass es keinen Anspruch auf Geringhaltung der Prozesskosten gibt.[2141] Denn der Kläger entscheidet sich bereits bei Klageeinreichung für die Durchführung und ebenso für die Kosten der Durchführung des Verfahrens. Zu dieser Zeit konnte er noch nicht von den Erleichterungen durch Musterverfahren ausgehen.[2142] Außerdem scheidet eine Verletzung aufgrund willkürlichen Vorgehens sowohl gemäß Art. 19 Abs. 4 GG als auch nach Art. 3 Abs. 1 GG aus, sofern die Verfahren, so wie das Gesetz es bestimmt, anhand sachgerechter Gründe ausgewählt werden.[2143]

Es ist daher schon fraglich, ob durch § 93a VwGO überhaupt ein Eingriff in Art. 19 Abs. 4 GG begründet werden kann, in jedem Fall wäre ein solcher Eingriff aus Gründen des effektiven Rechtsschutzes gerechtfertigt.

2137 BVerfG, Beschl. v. 27.3.1980 – 2 BvR 316/80, BVerfGE 54, 39 (41 f.); *W.-R. Schenke*, in: Kopp/ders., VwGO, § 93a Rn. 2.

2138 *Schulze-Fielitz*, in: Dreier, GG, Bd. 1, Art. 19 IV Rn. 111, 115.

2139 BVerfG, Beschl. v. 8.12.2010 – 1 BvR 1188/10, NVwZ 2011, 611 (612).

2140 BVerfG, Beschl. v. 8.12.2010 – 1 BvR 1188/10, NVwZ 2011, 611 (613).

2141 BVerfG, Beschl. v. 27.3.1980 – 2 BvR 316/80, BVerfGE 54, 39 (41).

2142 BVerfG, Beschl. v. 27.3.1980 – 2 BvR 316/80, BVerfGE 54, 39 (41). *Beckermann*, NVwZ 2017, 1431 (1434); *Schübel-Pfister*, in: Eyermann, VwGO, § 93a Rn. 3.

2143 BVerfG, Beschl. v. 27.3.1980 – 2 BvR 316/80, BVerfGE 54, 39 (42). Ebenso BVerfG, Beschl. v. 8.12.2010 – 1 BvR 1188/10, NVwZ 2011, 611 (613). *Schübel-Pfister*, in: Eyermann, VwGO, § 93a Rn. 8.

2. Art. 103 Abs. 1 GG

Die in § 93a VwGO festgeschriebene Vorgehensweise ist auch aus anderen Gründen nicht ganz unbedenklich. Probleme ergeben sich dabei neben dem Anspruch auf rechtliches Gehör gemäß Art. 103 Abs. 1 GG aus Art. 6 Abs. 1 EMRK (dazu unter 3.) und Art. 47 GRCh (dazu unter 4.).

a) Gewährleistungsgehalt von Art. 103 Abs. 1 GG

Wie bereits im Rahmen der Musterfeststellungsklage dargelegt, gewährleistet Art. 103 Abs. 1 GG, dass es den Betroffenen möglich sein muss, sich am Verfahren zu beteiligen. Ihnen steht ein Recht auf Äußerung, Information und Berücksichtigung bzw. Einflussnahme sowie auf Kenntnisnahme und Einbeziehung ihrer Äußerungen in die gerichtliche Entscheidung zu.[2144] Es besteht indes für sie keine Pflicht zur Äußerung. [2145]

Ein Eingriff liegt dann vor, wenn es für den Betroffenen keine Gelegenheit zur Äußerung weder in tatsächlicher noch rechtlicher Hinsicht sowie keine Möglichkeit zur Antragstellung gibt.[2146] Er kann ferner darin begründet sein, dass abweichend vom Regelfall keine mündliche Verhandlung stattfindet und kein Verzicht seitens des Klägers vorliegt.[2147]

2144 BVerfG, Einstw. Anordnung v. 24.6.2019 – 1 BvQ 51/19, Rn. 14, juris; Beschl. v. 5.6.2019 – 1 BvR 675/19, Rn. 12, juris; Beschl. v. 1.4.2019 – 2 BvR 382/19, Rn. 42, juris; Beschl. v. 12.3.2019 – 1 BvR 2721/16, Rn. 17, juris. *Degenhart*, in: Sachs, GG, Art. 103 Rn. 11; *Röthemeyer*, MDR 2019, 6 (7); auch Recht auf Teilnahme an der mündlichen Verhandlung *Schmidt*, NZS 2019, 293 (295).

2145 *Remmert*, in: Maunz/Dürig, GG, Art. 103 Abs. 1 Rn. 63.

2146 BVerfG, Beschl. v. 1.4.2019 – 2 BvR 382/19, Rn. 41; Beschl. v. 12.3.2019 – 1 BvR 2721/16, Rn. 17, juris; Beschl. v. 18.9.1952 – 1 BvR 612/52, BVerfGE 1, 418 (429); *Degenhart*, in: Sachs, GG, Art. 103 Rn. 21; *Kunig*, in: von Münch/ders., GG, Bd. 2, Art. 103 Rn. 9; *Radtke/Hagemeier*, in: Epping/Hillgruber, BeckOK GG, Art. 103 Rn. 11.

2147 *Schulze-Fielitz*, in: Dreier, GG, Bd. 3, Art. 103 I Rn. 52.

b) Mögliche Anknüpfungspunkte einer Verletzung des rechtlichen Gehörs

Es können vier Anknüpfungspunkte für eine Verletzung des rechtlichen Gehörs in Zusammenhang mit Musterverfahren nach § 93a VwGO herausgearbeitet werden.

Zunächst könnte schon in der Tatsache der zweiteiligen Vorgehensweise im Wege von Musterverfahren und der damit verbundenen Auswahlentscheidung eine Verletzung des rechtlichen Gehörs gesehen werden (aa).

Ferner ist zu untersuchen, ob eine Verletzung des rechtliches Gehörs darin liegt, dass innerhalb der ausgewählten Musterverfahren jeweils nur die Musterkläger beteiligt werden. Für die Kläger der ausgesetzten Verfahren sieht § 93a VwGO keine explizite Beteiligung vor (bb).

Andererseits ist auch eine Verletzung des rechtlichen Gehörs der Kläger der ausgesetzten Verfahren auf zweiter Stufe in den Nachverfahren denkbar, nämlich dann, wenn aufgrund eines vorangegangenen Musterverfahrens die Nachverfahren gemäß § 93a Abs. 2 S. 1 VwGO ohne mündliche Verhandlung erfolgen (cc).

Zuletzt könnte eine Verletzung des rechtlichen Gehörs darin begründet sein, dass gemäß § 93a Abs. 2 S. 3 VwGO Beweisanträge innerhalb der Nachverfahren aufgrund der vorherigen Musterverfahren abgelehnt werden (dd).

aa) Verletzung des rechtlichen Gehörs durch die Auswahlentscheidung

Anders als im Zivilprozess gibt es keine aktive Beteiligungshandlung der Kläger in Form einer Anmeldung zu einem Musterverfahren, der als Verzicht gedeutet werden könnte.[2148] Es steht im Ermessen der Gerichte, über die Musterverfahrensweise zu entscheiden und die Musterverfahren auszuwählen.[2149] Wenn sodann die ausgesetzten Verfahren durch Beschluss ohne Beweisaufnahme erledigt werden, indem die Ergebnisse der Musterverfahren auf diese übertragen werden, wird den Betroffenen insoweit das

2148 Kritisch dazu *Röthemeyer*, MDR 2019, 6 (7 f.).

2149 S. zur Verwertung von Beweisergebnissen unter f. *Peters/Müller*, in: Sodan/Ziekow, VwGO, § 93a Rn. 12; *Porz*, in: Fehling/Kastner/Störmer, VwVfG, VwGO, § 93a VwGO Rn. 7. Zum Spielraum der Verwaltungsgerichte s.a. BVerfG, Beschl. v. 17.3.2009 – 1 BvR 432/09, NVwZ 2009, 908 (909).

Recht genommen, sich zu beteiligen,[2150] daher könnte schon von vornherein die Auswahlentscheidung und demnach die generelle Vorgehensweise im Wege eines Musterverfahrens unvereinbar mit dem Recht auf rechtliches Gehör sein.

Gemäß § 93a Abs. 1 S. 2 VwGO werden, wie oben dargestellt, vor Auswahl der Musterverfahren alle Betroffenen angehört und bekommen so die Möglichkeit, ihren Sachverhalt darzustellen und somit rechtliches Gehör. Sie können hier auf ihre Situation hinweisen und Einfluss auf die Auswahlentscheidung nehmen. Außerdem gibt es weitere Anhörungserfordernisse im Nachverfahren gemäß § 93a Abs. 2 VwGO. Schon an dieser Stelle scheint ein Eingriff in das rechtliche Gehör daher fraglich.

Ferner unterliegt die Garantie auf rechtliches Gehör als vorbehaltloses grundrechtsgleiches Recht nur verfassungsimmanenten Schranken.[2151] Beschränkungen sind zur Gewährleistung eines effektiven Rechtsschutzes und zur Rechtssicherheit möglich.[2152] Das Recht auf rechtliches Gehör und seine Modalitäten sind grundsätzlich durch einfaches Prozessrecht auszugestalten.[2153] Für ein Vorgehen im Rahmen von Musterverfahren kommt als Rechtfertigung des Eingriffs vor allem die Effektivität des Rechtsschutzes in Betracht. Ähnlich wie Präklusionsvorschriften unter engen Voraussetzungen aufgrund der Beschleunigung des Verfahrens gestattet werden,[2154] dient auch das Vorgehen im Rahmen eines Musterprozesses dem effektiven und zügigen Rechtsschutz.[2155] Hier erfahren die verfassungsimmanenten Schranken eine einfachgesetzliche Ausgestaltung.

Daher ist die generelle Vorgehensweise im Wege von Musterverfahren bei gleichzeitiger Aussetzung anderer Verfahren mit Art. 103 Abs. 1 GG vereinbar.

2150 *Heitzig*, Das KapMuG, S. 116.

2151 *Degenhart*, in: Sachs, GG, Art. 103 Rn. 12; *Kunig*, in: von Münch/ders., GG, Bd. 2, Art. 103 Rn. 3c; *Pieroth*, in: Jarass/ders., GG, Art. 103 Rn. 21; *Radtke/Hagemeier*, in: Epping/Hillgruber, BeckOK GG, Art. 103 Rn. 15; *Sodan*, in: ders., GG, Art. 103 Rn. 13; *Wolff*, in: ders./Hömig, GG, Art. 103 Rn. 11.

2152 *Degenhart*, in: Sachs, GG, Art. 103 Rn. 12; BVerfG, Beschl. v. 27.10.1999 – 1 BvR 385/90, BVerfGE 101, 106 (129 f.).

2153 *Degenhart*, in: Sachs, GG, Art. 103 Rn. 12, 14, 22; *Radtke/Hagemeier*, in: Epping/Hillgruber, BeckOK GG, Art. 103 Rn. 6; BVerfG, Beschl. v. 5.6.2019 – 1 BvR 675/19, Rn. 13, juris.

2154 *Kunig*, in: von Münch/ders., GG, Bd. 2, Art. 103 Rn. 9; *Radtke/Hagemeier*, in: Epping/Hillgruber, BeckOK GG, Art. 103 Rn. 12; *Remmert*, in: Maunz/Dürig, GG, Art. 103 Abs. 1 Rn. 104; *Sodan*, in: ders., GG, Art. 103 Rn. 13.

2155 *Heitzig*, Das KapMuG, S. 116 f.; *Jacob*, in: Gärditz, VwGO, § 93a Rn. 19; s.a. *Schenke*, NJW 1997, 81 (93).

bb) Rechtliches Gehör innerhalb der Musterverfahren

Innerhalb der Musterverfahren sind in der Regel nur der Musterkläger sowie der Musterbeklagte beteiligt, nicht jedoch die Kläger der ausgesetzten Verfahren. Ihnen wird keine generelle Möglichkeit gewährt, in diesen Prozessen gehört zu werden. Daher ist zu prüfen, ob auch diese Musterprozesse materiell-rechtliche Wirkungen gegenüber den Klägern der ausgesetzten Verfahren zeigen und ihnen so innerhalb dieser Prozesse rechtliches Gehör eingeräumt werden müsste.

Anders als bei den Anmeldern der Musterfeststellungsklage im Zivilprozess besteht keine unmittelbare Bindung an die Ergebnisse der Musterverfahren.[2156] Dennoch haben die Musterverfahren auch ohne Rechtskrafterstreckung der Urteile Auswirkungen auf die ausgesetzten Verfahren. So bestimmt § 93a Abs. 2 S. 1VwGO, dass die ausgesetzten Verfahren im Anschluss an die Musterverfahren ggf. durch Beschluss ohne mündliche Verhandlung entschieden werden können. Dabei werden die in den Musterverfahren gefundenen Ergebnisse den ausgesetzten Verfahren zugrunde gelegt.[2157] Zumindest eine mittelbare Wirkung ist demnach gegeben. Allerdings wird noch nicht unmittelbar in die rechtliche Stellung der Kläger der ausgesetzten Verfahren eingegriffen. Zwischengeschaltet ist eine nach Anhörung der Betroffenen erfolgte Entscheidung des Gerichts, ob es zu einer mündlichen Verhandlung und Beweisaufnahme kommt.

Für Musterverfahren der VwGO muss somit differenziert angenommen werden, dass die Kläger nur innerhalb ihrer eigenen Verfahren einen Anspruch auf rechtliches Gehör haben. Ihnen muss jedoch kein Gehör in den Musterverfahren zukommen.

Darüber hinaus ist die gebündelte Vorgehensweise gemäß § 93a VwGO aus Gründen des effektiven Rechtsschutzes nachvollziehbar und begründbar.[2158] Selbst wenn ein Eingriff angenommen würde, wäre dieser gerechtfertigt. Der Individualrechtsschutz wird zur Entlastung der Verwaltung und der Verwaltungsgerichtsbarkeit zurückgestellt.[2159] Die in § 93a VwGO angelegte kollektive Verfahrensweise kommt nicht nur den Prozessen über die streitgegenständliche behördliche Maßnahme zugute, sondern dient generell der prozessökonomischen Abwicklung auch anderer Verfahren

2156 *Röthemeyer*, MDR 2019, 6 (7).
2157 *Schübel-Pfister*, in: Eyermann, VwGO, § 93a Rn. 20.
2158 *Jacob*, in: Gärditz, VwGO, § 93a Rn. 3.
2159 *Nolte*, Die Eigenart, S. 107.

der Gerichte.[2160] Insgesamt wird das Recht auf rechtliches Gehör der Kläger der ausgesetzten Verfahren nicht dadurch verletzt, dass sie in den Musterverfahren nicht gehört werden.

cc) Vorgehensweise nach § 93a Abs. 2 S. 1 VwGO

Teilweise wird ferner die fehlende Mündlichkeit kritisiert, wenn das Gericht von seiner Möglichkeit aus § 93a Abs. 2 S. 1 VwGO Gebrauch macht und die Entscheidung der Nachverfahren als Beschluss ohne mündliche Verhandlung und gesonderte Beweisaufnahme trifft. Aufgrund der förmlichen Beteiligung der Kläger der ausgesetzten Verfahren in ihren im Nachverfahren verhandelten Verfahren genießen sie dabei unstreitig den Schutz aus Art. 103 Abs. 1 GG. Aus dem Absehen von der mündlichen Verhandlung kann indes nicht schon pauschal ein Verstoß gegen Art. 103 Abs. 1 GG angenommen werden.[2161] Denn Art. 103 Abs. 1 GG verleiht dem Einzelnen mit wenigen Ausnahmen kein Recht auf eine mündliche Verhandlung.[2162] Ist aber eine mündliche Verhandlung von Gesetzes wegen vorgesehen, z.B. in § 495a S. 2 ZPO, so besteht aufgrund des Anspruchs auf rechtliches Gehör gemäß Art. 103 Abs. 1 GG ein Recht auf eine mündliche Verhandlung und auf Äußerung in dieser.[2163]

§ 93a VwGO sieht gerade keine verpflichtende mündliche Verhandlung vor, sondern ermöglicht die Entscheidung im Nachverfahren ohne mündliche Verhandlung.

Die Vorgehensweise in Beschlussform ohne mündliche Verhandlung unterliegt den strengen Voraussetzungen des § 93a Abs. 2 S. 1 VwGO, insbesondere ist die Einstimmigkeit des Spruchkörpers erforderlich.[2164] Außerdem wird in der Regel nur dann ohne mündliche Verhandlung vorgegangen, wenn die Nachverfahren nicht wesentlich von den Musterverfahren abweichen. Auch wenn keine unmittelbare Rechtskrafterstreckung

---

2160 *Heitzig*, Das KapMuG, S. 117.

2161 BVerfG, Beschl. v. 8.12.2010 – 1 BvR 1188/10, NVwZ 2011, 611 (612). Hess-VGH, Beschl. v. 21.2.2017 – 9 C 318/13.T, Rn. 25, juris.

2162 BVerfG, Beschl. v. 2.3.2017 – 2 BvR 977/16, NJW-RR 2017, 690 (691); *Jacob*, in: Gärditz, VwGO, § 93a Rn. 19; *Remmert*, in: Maunz/Dürig, GG, Art. 103 Abs. 1 Rn. 65. S.a. BVerfG, Beschl. v. 18.7.2001 – 2 BvR 982/00, Rn. 20, juris, worin das BVerfG klarstellt, dass selbst ein Verzicht auf eine mündliche Verhandlung das Recht auf rechtliches Gehör nach Art. 103 Abs. 1 GG nicht berührt.

2163 BVerfG, Beschl. v. 2.3.2017 – 2 BvR 977/16, NJW-RR 2017, 690 (691).

2164 *Heitzig*, Das KapMuG, S. 117; *Jacob*, in: Gärditz, VwGO, § 93a Rn. 25.

hinsichtlich der Musterverfahren besteht, so ist zumindest festzustellen, dass in einem wesentlich gleichen Verfahren bereits eine umfassende mündliche Verhandlung stattgefunden hat, in der die wesentlichen Aspekte geklärt worden sind. Da es demnach bereits zu einer richterlichen Entscheidung in einer sehr ähnlichen Sache gekommen ist, ist eine Übertragung der dortigen Erwägungen nicht sehr einschneidend.[2165]

Ansonsten besteht für die Betroffenen wiederum das Recht, gehört zu werden und auf die Besonderheiten und ggf. Abweichungen ihres Falles hinzuweisen, § 93a Abs. 2 S. 1 VwGO.[2166] An dieser Stelle kommt es demnach zu dem aus Art. 103 Abs. 1 GG geforderten rechtlichen Gehör. Mangels Bindungswirkung der Musterprozesse[2167] kann der Betroffene daher auf eine mündliche Verhandlung und eine abweichende Entscheidung in seinem Nachverfahren hinwirken.

Das Absehen von der mündlichen Verhandlung und die damit einhergehende Entscheidung in Beschlussform benachteiligt die Kläger der ausgesetzten Verfahren auch deshalb nicht, da § 93a Abs. 2 S. 5 VwGO anordnet, dass gegenüber dem Beschluss alle Rechtsmittel zulässig sind, die auch gegen ein Urteil zustünden.[2168] Das Vorgehen ohne mündliche Verhandlung ist vor allem aufgrund der vorherigen Anhörung ebenso mit Art. 103 Abs. 1 GG vereinbar.

dd) Verwertung und Ablehnung von Beweisen

Darüber hinaus stellt die Gewährung der Ablehnung und Verwertung von Beweisen aus dem Musterverfahren eine Besonderheit dar, deren Vereinbarkeit mit dem in Art. 103 Abs. 1 GG festgeschriebenen rechtlichen Gehör jedoch anzunehmen ist. Erforderlich ist lediglich, dass die Beteiligten vor Einführung der Beweise aus den Musterverfahren angehört werden und dabei die Gelegenheit bekommen, sich dazu zu äußern.[2169] § 93a Abs. 2 S. 1 VwGO sieht eine solche Anhörung vor. Es muss ihnen ferner ermöglicht werden, Kenntnis über die erhobenen Beweise und die Beweis-

---

2165 *Jacob*, in: Gärditz, VwGO, § 93a Rn. 19.

2166 *Heitzig*, Das KapMuG, S. 117.

2167 BVerfG, Beschl. v. 8.12.2010 – 1 BvR 1188/10, NVwZ 2011, 611 (612).

2168 BVerfG, Beschl. v. 8.12.2010 – 1 BvR 1188/10, NVwZ 2011, 611 (612); HessVGH, Beschl. v. 21.2.2017 – 9 C 318/13.T, Rn. 25, juris; Beschl. v. 11.7.2010 – 9 C 1497/12.T, Rn. 38, juris.

2169 BVerfG, Beschl. v. 18.7.2001 – 2 BvR 982/00, Rn. 15, juris; *Rudisile*, in: Schoch/Schneider/Bier, VwGO, § 93a Rn. 28.

würdigung zu erlangen, was z.B. mittels Übersendung der Protokolle der Beweiserhebungen im vorangegangen Musterverfahren geschehen kann.[2170] Die Ablehnung der Beweisanträge führt ebenso wenig zu einer Verletzung des rechtlichen Gehörs. Die Beteiligten werden vor Einführung der Beweisergebnisse angehört. Dies ist insofern ausreichend.[2171]

Insgesamt ist § 93a VwGO durch seine Ausgestaltung daher mit Art. 103 Abs. 1 GG vereinbar.

3. Art. 6 Abs. 1 EMRK

Art. 6 Abs. 1 EMRK gewährleistet ein Recht auf ein faires Verfahren innerhalb einer angemessenen Frist.[2172] Obschon der Wortlaut von Art. 6 Abs. 1 EMRK lediglich von zivilrechtlichen Ansprüchen und Verpflichtungen bzw. von strafrechtlichen Anklagen spricht, führt die autonome Auslegung dieser Norm dazu, dass der Anwendungsbereich nicht auf zivilrechtliche Rechtsverhältnisse im traditionellen Sinne beschränkt ist.[2173] Umfasst sind solche Verfahren, die sich unmittelbar auf die private Lebensgestaltung des Beschwerdeführers auswirken.[2174] Folglich müssen die Grundsätze des fairen Verfahrens u.U. auch in einigen Verwaltungsprozessen beachtet werden.[2175]

2170 *Rudisile*, in: Schoch/Schneider/Bier, VwGO, § 93a Rn. 28; *Schübel-Pfister*, in: Eyermann, VwGO, § 93a Rn. 24.

2171 *Jacob*, in: Gärditz, VwGO, § 93a Rn. 28; *Rudisile*, in: Schoch/Schneider/Bier, VwGO, § 93a Rn. 3, 31.

2172 *Gaede*, in: Knauer/Kudlich/Schneider, MüKo StPO, Art. 6 EMRK Rn. 16; *Meyer-Ladewig/Harrendorf/König*, in: Meyer-Ladewig/Nettesheim/Raumer, EMRK, Art. 6 Rn. 87 ff.; *Schulze-Fielitz*, in: Dreier, GG, Bd. 1, Art. 19 IV Rn. 15.

2173 *Boermann*, in: Thießen, Der Richter, 50 (65); *Dörr*, in: Sodan/Ziekow, VwGO, EVR Rn. 290; *Guckelberger*, DÖV 2012, 289 (290); *Meyer-Ladewig/Harrendorf/König*, in: Meyer-Ladewig/Nettesheim/Raumer, EMRK, Art. 6 Rn. 5, 9; *Ottaviano*, Der Anspruch auf rechtzeitigen Rechtsschutz, S. 17; s.a. *Valerius*, in: Graf, BeckOK StPO, Art. 6 EMRK Rn. 2. Zur autonomen Auslegung auch EGMR, Urt. v. 5.4.2016 – 33060/10, NJW 2017, 2455 (2456).

2174 *Dörr*, in: Sodan/Ziekow, VwGO, EVR Rn. 291; s.a. *Meyer-Ladewig/Harrendorf/König*, in: Meyer-Ladewig/Nettesheim/Raumer, EMRK, Art. 6 Rn. 9; *Ottaviano*, Der Anspruch auf rechtzeitigen Rechtsschutz, S. 17.

2175 HessVGH, Beschl. v. 21.2.2017 – 9 C 318/13.T, Rn. 27, juris. *Guckelberger*, DÖV 2012, 289 (290) m.w.Bsp.; *Jacob*, in: Gärditz, VwGO, § 93a Rn. 19; *Linke*, in: Knopp, Effektives Rechtsschutzgebot, 15 (17); *Meyer-Ladewig/Harrendorf/König*, in: Meyer-Ladewig/Nettesheim/Raumer, EMRK, Art. 6 Rn. 5, 9; *Schulze-Fielitz*, in: Dreier, GG, Bd. 1, Art. 19 IV Rn. 15.

Vom Schutzgehalt des Art. 6 Abs. 1 EMRK eingeschlossen ist die Gewähr des effektiven Rechtsschutzes.[2176] Diese enthält auch die Gelegenheit für Stellungnahmen hinsichtlich der Tatsachen und Rechtsfragen.[2177] Außerdem beinhalten die Gewährleistungen im Gegensatz zu Art. 103 Abs. 1 GG einen absoluten Anspruch auf Öffentlichkeit und demnach auch, dass mindestens in einer Instanz eine mündliche Verhandlung stattfinden muss.[2178] Insgesamt soll den Betroffenen die Möglichkeit gegeben werden, gehört zu werden, dass ihr Vorbringen Beachtung findet und darüber entschieden wird.[2179] Ferner verbürgt Art. 6 Abs. 1 EMRK gleichfalls eine Entscheidung innerhalb einer angemessenen Frist.[2180]

Indem § 93a Abs. 2 S. 1 VwGO das Absehen von einer mündlichen Verhandlung in das Ermessen des Gerichts stellt, läuft diese Vorschrift dem in Art. 6 Abs. 1 EMRK normierten Anspruch zuwider. Für die Betroffenen kommt es zu einem Eingriff in ihren absoluten Anspruch auf Öffentlichkeit.

Dieser Anspruch gilt dennoch nicht unbeschränkt. Einschränkungen oder gar ein Verzicht sind mit Einverständnis der Parteien möglich.[2181] Insbesondere sind Einschränkungen aus Gründen eines effektiven und wirtschaftlichen Rechtsschutzes hinnehmbar.[2182] Ausnahmen zur zügigen Erledigung des Rechtsstreits sind ebenfalls möglich.[2183] Eine mündliche Verhandlung ist nach dem EGMR u.a. dann nicht erforderlich, soweit sich keine Fragen hinsichtlich der Glaubwürdigkeit oder über erörterungsbe-

---

2176 *Degenhart*, in: Sachs, GG, Art. 103 Rn. 6; *Dörr*, in: Sodan/Ziekow, VwGO, EVR Rn. 299; *Schulze-Fielitz*, in: Dreier, GG, Bd. 3, Art. 103 I Rn. 9.

2177 HessVGH, Beschl. v. 21.2.2017 – 9 C 318/13.T, Rn. 29, juris. *Dörr*, in: Sodan/Ziekow, VwGO, EVR Rn. 299; *Meyer-Ladewig/Harrendorf/König*, in: Meyer-Ladewig/Nettesheim/Raumer, EMRK, Art. 6 Rn. 96; *Valerius*, in: Graf, BeckOK StPO, Art. 6 EMRK Rn. 11.

2178 S.a. *Boermann*, in: Thießen, Der Richter, 50 (66); *Dörr*, in: Sodan/Ziekow, VwGO, EVR Rn. 300.

2179 *Meyer-Ladewig/Harrendorf/König*, in: Meyer-Ladewig/Nettesheim/Raumer, EMRK, Art. 6 Rn. 96 f.; *Valerius*, in: Graf, BeckOK StPO, Art. 6 EMRK Rn. 11.

2180 *Jacob*, in: Gärditz, VwGO, § 93a Rn. 19; HessVGH, Beschl. v. 21.2.2017 – 9 C 318/13.T, Rn. 29, juris.

2181 *Dörr*, in: Sodan/Ziekow, VwGO, EVR Rn. 301; *Valerius*, in: Graf, BeckOK StPO, Art. 6 EMRK Rn. 9.

2182 *Boermann*, in: Thießen, Der Richter, 50 (66); ausführlich *Gaede*, in: Knauer/Kudlich/Schneider, MüKo StPO, Art. 6 EMRK Rn. 76 ff.; *Jacob*, in: Gärditz, VwGO, § 93a Rn. 19; EGMR, Urt. v. 5.4.2016 – 33060/10, NJW 2017, 2455 (2457).

2183 *Jacob*, in: Gärditz, VwGO, § 93a Rn. 19; *Meyer-Ladewig/Harrendorf/König*, in: Meyer-Ladewig/Nettesheim/Raumer, EMRK, Art. 6 Rn. 172.

dürftige, bestrittene Tatsachen stellen.[2184] Auch nationale Normen können das Recht einschränken und die mündliche Verhandlung unter den Vorbehalt eines Antrags stellen.[2185] Der HessVGH führte erst vor kurzem dazu aus, dass eine Beschränkung der mündlichen Verhandlung gerade durch § 93a VwGO erfolgen kann.[2186] Die Entscheidungen eines Gerichts vom Absehen der mündlichen Verhandlung muss daher den Anforderungen des Art. 6 Abs. 1 EMRK genügen.

Im Rahmen von § 93a VwGO werden den Betroffenen ausreichende Möglichkeiten eingeräumt, vorzutragen. Bevor von der mündlichen Verhandlung abgesehen wird, können sie die Besonderheiten ihres Falles dartun, § 93a Abs. 2 S. 1 VwGO. Wie dargestellt, kann bei außergewöhnlichen Umständen dennoch eine mündliche Verhandlung durchgeführt werden.[2187] Ihr Ausschluss ist nicht absolut. Insbesondere wird gerade verlangt, dass sich im Nachverfahren keine wesentlichen Besonderheiten in Bezug auf das Musterverfahren ergeben dürfen. Ein Absehen ist daher nur möglich, sofern es keine erörterungsbedürftigen, bestrittenen Tatsachen mehr gibt. Auch die sonstigen strengen Voraussetzungen, die § 93a Abs. 2 S. 1 VwGO an das Absehen einer mündlichen Verhandlung knüpft, tragen zur Vereinbarkeit mit Art. 6 Abs. 1 EMRK bei.

Durch die Musterverfahren nach § 93a VwGO wird eine effektive Streitbeilegung angestrebt. Es soll darüber hinaus zu einer zügigen und widerspruchsfreien Klärung der ausgesetzten Verfahren kommen, also zügiger Rechtsschutz erreicht werden. Dass dazu eine Einschränkung hinsichtlich der mündlichen Verhandlung getroffen wird, ist ausnahmsweise unter Einbeziehung prozessökonomischer Gründe u.a. in Form von zügigem und effektivem Rechtsschutz mit Art. 6 Abs. 1 EMRK zu vereinbaren.[2188]

2184 EGMR, Urt. v. 5.4.2016 – 33060/10, NJW 2017, 2455 (2457); HessVGH, Beschl. v. 21.2.2017 – 9 C 318/13.T, Rn. 29, juris. *Meyer-Ladewig/Harrendorf/König*, in: Meyer-Ladewig/Nettesheim/Raumer, EMRK, Art. 6 Rn. 172.

2185 HessVGH, Beschl. v. 21.2.2017 – 9 C 318/13.T, Rn. 29, juris. *Dörr*, in: Sodan/Ziekow, VwGO, EVR Rn. 301; *Ottaviano*, Der Anspruch auf rechtzeitigen Rechtsschutz, S. 157 f.

2186 HessVGH, Beschl. v. 21.2.2017 – 9 C 318/13.T, Rn. 29 ff., juris. S.a. *Meyer-Ladewig/Harrendorf/König*, in: Meyer-Ladewig/Nettesheim/Raumer, EMRK, Art. 6 Rn. 170.

2187 HessVGH, Beschl. v. 21.2.2017 – 9 C 318/13.T, Rn. 29, juris; vgl. EGMR, Urt. v. 5.4.2016 – 33060/10, NJW 2017, 2455 (2457).

2188 *Schübel-Pfister*, in: Eyermann, VwGO, § 93a Rn. 28, legt § 93a VwGO insofern einschränkend aus, dass ein Antrag auf mündliche Verhandlung hier analog § 84 VwGO möglich sein soll.

Hinsichtlich der sonstigen Anknüpfungspunkte für eine Verletzung des rechtlichen Gehörs in Zusammenhang mit § 93a VwGO kann auf die oben ausgearbeiteten Argumente zurückgegriffen werden. Sie sind mit Art. 6 Abs. 1 EMRK zu vereinbaren.

4. Art. 47 Abs. 2 GRCh

Art. 47 Abs. 2 GRCh gewährleistet ebenso, dass für Personen bei Verletzungen in durch Unionsrecht garantierten Rechten oder Freiheiten, ein faires Verfahren öffentlich und innerhalb angemessener Frist verhandelt wird, was auch hier einen Anspruch auf rechtliches Gehör beinhaltet.[2189] Doch Art. 52 GRCh normiert ausdrücklich, dass dabei Einschränkungen möglich sind.[2190] Eine mündliche Verhandlung kann aus wichtigen öffentlich-rechtlichen Gründen unterbleiben.[2191] Im Rahmen von § 93a VwGO wird eine solche Ausnahme bestimmt.[2192] Diese Vorschrift dient der effektiven Gewährleistung von Rechtsschutz und gewährt ausreichend Anhörungsmöglichkeiten der Betroffenen.[2193] Außerdem ist das Absehen von einer mündlichen Verhandlung innerhalb von § 93a Abs. 2 S. 1 VwGO unter strenge Voraussetzungen gestellt.[2194] Nur sofern sich keinerlei wesentliche Besonderheiten ergeben und der Sachverhalt geklärt ist, sowie darüber einstimmig entschieden wurde, ist eine Entscheidung ohne mündliche Verhandlung möglich, § 93a Abs. 2 S. 1 VwGO. Einen absoluten Anspruch auf eine mündliche Verhandlung gibt es nicht, sodass auch Art. 47 GRCh nicht verletzt wird.[2195]

VIII. Fazit zu Musterverfahren nach § 93a VwGO

Die eingangs aufgeworfene Frage nach Synergien der Musterfeststellungsklage fällt ernüchternd aus. Bis auf den Namensteil „Muster“ haben die

---

2189 HessVGH, Beschl. v. 21.2.2017 – 9 C 318/13.T, Rn. 30, juris. *Bergmann*, in: ders./Dienelt, Ausländerrecht, Art. 47 GrCh Rn. 2; *Jarass*, in: ders., GRCh, Art. 47 Rn. 31 f.; *Martini/Wagner/Wenzel*, VerwArch 109 (2018), 163 (179).

2190 *Jarass*, in: ders., GRCh, Art. 47 Rn. 36.

2191 HessVGH, Beschl. v. 21.2.2017 – 9 C 318/13.T, Rn. 30, juris.

2192 HessVGH, Beschl. v. 21.2.2017 – 9 C 318/13.T, Rn. 32, juris.

2193 S. dazu ausführlich unter VII.

2194 Vgl. HessVGH, Beschl. v. 21.2.2017 – 9 C 318/13.T, Rn. 32, juris.

2195 HessVGH, Beschl. v. 21.2.2017 – 9 C 318/13.T, Rn. 28, juris.

Verfahren nach § 93a VwGO mit der Musterfeststellungsklage nach §§ 606 ff. ZPO nicht viel gemeinsam. Die Modelle sind unterschiedlich aufgebaut und weichen auch in ihren Rechtswirkungen voneinander ab. Beide dienen der effektiven Abwicklung von Streitigkeiten mit Breitenwirkung. Die ausgestalteten Institute sehen unterschiedliche Wege vor. Dafür bestehen, wie festgestellt, sachliche Gründe.

Schon ein Vergleich des Regelungsumfangs der Musterverfahren in einem Paragraphen gegenüber der Ausgestaltung der Musterfeststellungsklagen in neun Paragraphen zeigt eine offensichtliche Diskrepanz. Auch die Wahl der Quoren ist abweichend geregelt. Während § 93a VwGO 21 Klagen verlangt, ist für die Musterfeststellungsklage eine Zweiteilung, einmal zehn glaubhaft gemachte, abhängige Fälle und darüber hinaus die Anmeldung 50 weiterer Verfahren nötig. Die unterschiedliche Ausgestaltung ergibt sich – wie gesehen – aber jeweils aufgrund eines praktischen Bedürfnisses. Im Zivilrecht geht es vor allem darum, Klagen mit nur singulären Interessen auszuschließen, im Verwaltungsprozessrecht möchte man vor allem eine erreichbare Hürde errichten, damit die Norm auch praktische Anwendung finden kann, daher ist die Anzahl hier angemessen.

Ferner ist das Zustandekommen der Musterverfahren und der Musterfeststellungsklagen gänzlich verschieden. Wie gesehen, ist es im Rahmen des Verwaltungsprozesses jedoch vertretbar, dass die Entscheidung über Musterverfahren ins Ermessen des Gerichts fällt. Zudem ist die Einführung eines Klageregisters untauglich.

Im Rahmen einer Musterfeststellungsklage wird in einem Prozess abstrakt über bestimmte Feststellungsziele entschieden. Diese Entscheidung entfaltet in einem sich anschließenden Individualverfahren Bindungswirkung. Im Zivilprozess hat man von einer vollständigen Übertragung einer Entscheidung abgesehen und die Klage daher auf Feststellungen begrenzt. Dies ist nachvollziehbar, weil die hier eingeforderten Ansprüche meist von individuellen Besonderheiten geprägt sind. Die Registrierung im Klageregister gewährt bei korrekter Ausgestaltung eine Möglichkeit, um Konflikte mit dem Recht auf rechtliches Gehör zu bewältigen.

Für § 93a VwGO werden dahingegen meist mehrere Verfahren als Musterverfahren vollständig verhandelt. Die Ergebnisse dieser Verfahren sind nicht bindend für die ausgesetzten Verfahren der weiteren Kläger, dennoch können sie gemäß § 93a Abs. 2 VwGO weitreichende Auswirkungen zeigen. Dies ist jedoch nur dann möglich, wenn die Ergebnisse mangels wesentlicher Besonderheiten übertragen werden können. Aufgrund der Grundrechtssensibilität in diesem Bereich ist es zu begrüßen, dass diese Übertragung an strenge Voraussetzungen geknüpft wird. Eine weitere Einschränkung erfahren die Musterverfahren, da sie sich nur auf identische behördliche Maßnahmen beziehen können. Dadurch wird aber auch eine vollständige Übertragung ermöglicht, welche im Zivilprozess aufgrund der Diskrepanzen nicht vorgenommen werden kann. Dies engt den Anwendungsbereich der Verfahren gleichfalls aber stark ein.

Letztlich sind die strengen Voraussetzungen ein Pro- und auch ein Kontrapunkt der Musterverfahren zugleich. Als Pro-Argument dienen sie deshalb, da nur eine enge Begrenzung es rechtfertigt, die Verfahrensbeschleunigungsmöglichkeiten des § 93a Abs. 2 VwGO zu nutzen. Negativ daran ist derweil, dass der Anwendungsbereich sich dadurch auf eine kleine Nische begrenzt, was letztendlich dazu führt, dass sie kaum genutzt werden können. Doch nur diese strenge Ausgestaltung sowie diverse Anhörungsrechte ermöglichen es, dass § 93a VwGO mit der Verfassung vereinbar ist. Die Einführung einer § 613 ZPO entsprechenden Bindungswirkung lässt die Ausgestaltung nicht zu.

Die Musterverfahren nach § 93a VwGO führen ein Schattendasein innerhalb der VwGO. Dennoch ist § 93a VwGO sinnvoll und meines Erachtens zum jetzigen Zeitpunkt, vielleicht auch nur mangels Alternativen, unverzichtbar für die deutsche Rechtsordnung zur Bewältigung von Massenschäden im Verwaltungsprozessrecht.[2196]

Dies wird allein daraus ersichtlich, dass ihr Ursprung in einer praktischen Situation liegt, für deren Bewältigung es bis dato kein Rechtsinstitut gab.[2197] Es wäre wünschenswert, wenn die Musterverfahren mehr in das Bewusstsein der Verwaltungsgerichte gelangen. Trotz unterschiedlicher Gerichtsbarkeiten könnte die Aufmerksamkeit, die der Musterfeststellungsklage zukommt, hierzu ein Anstoß sein.[2198] Wie jedoch an den gegebenen Stellen erörtert, basieren die Unterschiede zur Musterfeststellungsklage auf nachvollziehbaren Gründen und letztlich auf der Gesamtbetrachtung des Verfahrens.

2196 Dazu bereits Kapitel 2 D VI 1 a, wonach selbst bei vor den ordentlichen Gerichten ausgetragenen Amtshaftungsansprüchen, unabhängig von der Anzahl der Geschädigten die Anwendung einer Musterfeststellungsklage nach §§ 606 ff. ZPO ausscheidet.

2197 In diese Richtung auch *Rudisile*, in: Schoch/Schneider/Bier, VwGO, § 93a Rn. 35.

2198 Dazu, dass öffentliches und privates Recht zwar unterscheidbar sind, aber voneinander lernen können, s. *Becker*, NVwZ 2019, 1385 (1392).

E. Verbandsklage

I. Typen der Verbandsklage

Die Verbandsklage im deutschen Recht löst viele Kontroversen aus. Vorab ist festzuhalten, dass es keine verfassungsrechtliche Pflicht gibt, eine solche in Deutschland zu etablieren. Weder aus Art. 20a GG[2199] als Staatszielbestimmung, noch aus Art. 9 Abs. 1 GG[2200] kann sich eine solche Pflicht ergeben.[2201] Ferner kann auch weder aus Art. 6 EMRK noch aus Art. 47 GRCh eine allgemeine Verpflichtung zur Etablierung einer Verbandsklage abgeleitet werden.[2202]

Bezüglich der Verbandsklage werden diverse Arten unterschieden. Teilweise wird eine Zweiteilung vertreten, andere differenzieren dreiteilig. Nach der dreiteiligen Gliederung wird zwischen der egoistischen und der altruistischen Verbandsklage sowie der Verbandsverletztenklage unterschieden.[2203] Letztere ist strenggenommen keine Verbandsklage im eigentlichen Sinn, da der Verband dabei als juristische Person getreu des § 42 Abs. 2 Hs. 2 VwGO die Verletzung verbandseigener Rechte geltend macht, z.B. bei einem Vereinsverbot.[2204] In Abgrenzung dazu beschreibt die egoistische Verbandsklagemöglichkeit solche Rechtsbehelfe, bei denen der Verband im eigenen Namen die Individualinteressen einzelner oder aller Ver-

---

2199 *Dietz*, UPR Sonderheft 2016, 469 (476); *Gärditz*, Gutachten D 71. DJT, D 42; ausführlich in Bezug auf die Tierschutzverbandsklage *Ley*, Tierschutz-Verbandsklage, S. 89 ff.; *Rossi*, NuR 2016, 733 (734); *ders.*, in: Kloepfer/Kluge, Die tierschutzrechtliche Verbandsklage, 73 (78 ff.); *Ziekow/Siegel*, Anerkannte Naturschutzverbände, S. 28 f.

2200 *Dietz*, UPR Sonderheft 2016, 469 (476); *Niesler*, Individualrechtsschutz, S. 114 ff.; *Guckelberger*, ZBl 1998, 345 (363 f.).

2201 *Guckelberger*, Deutsches Verwaltungsprozessrecht, S. 76; *Kloepfer*, Umweltrecht, § 8 Rn. 66; *Schlacke*, Überindividueller Rechtsschutz, S. 65 ff.; s.a. BVerfG, Beschl. v. 10.5.2001 – 1 BvR 481/01 u. 1 BvR 518/01, NVwZ 2001, 1148 (1149).

2202 *Meller-Hannich*, Gutachten A 72. DJT, A 39.

2203 *Ley*, Tierschutz-Verbandsklage, S. 85; *Radespiel*, Die naturschutzrechtliche Verbandsklage, S. 33; *Wahl/Schütz*, in: Schoch/Schneider/Bier, VwGO, § 42 Abs. 2 Rn. 229.

2204 *Radespiel*, Die naturschutzrechtliche Verbandsklage, S. 34; *Wahl/Schütz*, in: Schoch/Schneider/Bier, VwGO, § 42 Abs. 2 Rn. 230. S.a. *Ley*, Tierschutz-Verbandsklage, S. 85; *Schlacke*, Überindividueller Rechtsschutz, S. 176.

bandsmitglieder geltend macht.[2205] Diese Konstellation erweist sich als typischer Fall der Prozessstandschaft.[2206] Aus Sicht der Prozessökonomie ist es hier sinnvoll, dass nicht jeder Einzelne eine Klage anstrengt, sondern der Verband die Interessen bündelt.[2207] Es handelt sich dabei um kollektive Interessen. Die Vertreter, die von zwei Verbandsklagetypen ausgehen, fassen unter den Begriff der egoistischen Verbandsklage den Regelungsgehalt der Verbandsverletztenklage.[2208]

Einigkeit herrscht bei dem Begriff der altruistischen Verbandsklage. Hierunter versteht man einen Rechtsbehelf, bei dem die Verbände wiederum im eigenen Namen Verletzungen öffentlich-rechtlicher Normen rügen können, die ihnen keinerlei subjektive Rechte verleihen, also rein objektive Rechte sind.[2209] Es geht u.a. um die Verfolgung von Belangen oder Interessen der Allgemeinheit.[2210] *Niesler* betitelt diese Klagemöglichkeit als „Wächter der Rechtsstaatlichkeit".[2211] Nach der obigen Begriffsauslegung liegt hier die beispielhafte Form des überindividuellen Rechtsschutzes vor. Denn dieser Rechtsbehelf ermöglicht es, Interessen geltend zu machen, deren Verletzung sonst ungesühnt bliebe.[2212] Problematisch erweist sich diese Konstellation jedoch vor dem Hintergrund des Art. 19 Abs. 4 S. 1 GG konkretisierenden § 42 Abs. 2 VwGO, der dem Grundsatz nach eine subjektive Rechtsverletzung erfordert. Dies bietet Anlass für umfassende Auseinandersetzungen im Schrifttum. Regelmäßig bleibt nur die Möglichkeit,

---

2205 *Guckelberger*, JA 2014, 647 (651); *dies.*, Deutsches Verwaltungsprozessrecht, S. 74 f.; *Hufen*, Verwaltungsprozessrecht, § 14 Rn. 93; *Meier*, Das ideelle Verbandsbeschwerderecht, S. 6; *Niesler*, Individualrechtsschutz, S. 36; *Radespiel*, Die naturschutzrechtliche Verbandsklage, S. 36; *Wahl/Schütz*, in: Schoch/Schneider/Bier, VwGO, § 42 Abs. 2 Rn. 234.

2206 *Guckelberger*, Deutsches Verwaltungsprozessrecht, S. 74 f.; *Niesler*, Individualrechtsschutz, S. 36; *Radespiel*, Die naturschutzrechtliche Verbandsklage, S. 36.

2207 *Meier*, Das ideelle Verbandsbeschwerderecht, S. 6.

2208 *Breuer*, Die Verw. 45 (2012), 171 (176); *Gärditz*, Gutachten D 71. DJT, D 41; *Schenke*, Verwaltungsprozessrecht, Rn. 525.

2209 *Guckelberger*, JA 2014, 647 (651); *dies.*, Deutsches Verwaltungsprozessrecht, S. 75, die den Begriff der überindividuellen Verbandsklage gleichsetzt; *Niesler*, Individualrechtsschutz, S. 35; *Radespiel*, Die naturschutzrechtliche Verbandsklage, S. 33.

2210 *Guckelberger*, Deutsches Verwaltungsprozessrecht, S. 75; *Hufen*, Verwaltungsprozessrecht, § 14 Rn. 93; *Meier*, Das ideelle Verbandsbeschwerderecht, S. 4; *Niesler*, Individualrechtsschutz, S. 35; *Radespiel*, Die naturschutzrechtliche Verbandsklage, S. 33; *Schenke*, Verwaltungsprozessrecht, Rn. 525.

2211 *Niesler*, Individualrechtsschutz, S. 35; *Pernice*, JZ 2015, 967 (968).

2212 *Meier*, Das ideelle Verbandsbeschwerderecht, S. 4.

die Exemtion des § 42 Abs. 2 Hs. 1 VwGO zu nutzen und kraft gesetzlicher Anordnung ein solches Verbandsklagerecht zu gewähren.[2213]

II. Kritik an der Verbandsklage

Doch gebietet u.a. gerade dies immensen Raum für Kritik. Größtenteils zu Unrecht werden der Verbandsklage die Argumente entgegengebracht, die gegen eine Popularklage angeführt werden. Teilweise wird antizipiert, dass diese gerade nichts anderes darstelle, als eine eben selbige.[2214] Die Popularklage steht im Verruf, eine Klageflut auslösen zu können und dadurch die Arbeit der Gerichte zu erschweren oder gar unmöglich zu machen.[2215] Rechtsschutz ist als knappe Ressource aber mit Bedacht zu verteilen.[2216] Eine Überlastung der Gerichte führt zur generellen Verschlechterung des Rechtsschutzes in Deutschland. Verfahren werden übermäßig in die Länge gezogen und erschweren effektiv ausgestalteten Rechtsschutz.[2217] Das soll u.a. auch dazu führen, dass Deutschland als Wirtschaftsstandort an Attraktivität verliert.[2218]

Diese Bedenken können jedoch nicht genauso auf die Verbandsklage übertragen werden. Ein signifikanter Unterschied zwischen der Popular- und der Verbandsklage ist, dass der Klägerkreis bei der Verbandsklage schon von vornherein auf eine bestimmte Gruppe beschränkt ist.[2219] Nur Verbänden ist es gestattet, diese Klageart zu nutzen, bei Popularklagen kann dagegen jede beliebige Person als Kläger auftreten.[2220] Bezüglich der Verbandsklage hat sich gerade herausgestellt, dass die befürchtete Klage-

---

2213 *Guckelberger*, Deutsches Verwaltungsprozessrecht, S. 74; *Külpmann*, DVBl 2019, 140 (141).

2214 *Guckelberger*, Deutsches Verwaltungsprozessrecht, S. 76; *Scholz*, ZGR 2003, 248 (251).

2215 *Beckmann*, Referat 71. DJT, N 79 (N 80).

2216 *Breuer*, Die Verw. 45 (2012), 171 (185); *Gärditz*, Gutachten D 71. DJT, D 47 f.

2217 *Breuer*, Die Verw. 45 (2012), 171 (185); *Gärditz*, Gutachten D 71. DJT, D 48; *Guckelberger*, Deutsches Verwaltungsprozessrecht, S. 76.

2218 *Beckmann*, Referat 71. DJT, N 79 (N 80); *Breuer*, Die Verw. 45 (2012), 171 (185); *Guckelberger*, Deutsches Verwaltungsprozessrecht, S. 76; *Pernice*, JZ 2015, 967 (970); s.a. *Wolf*, RIW 2019, 258.

2219 *Gärditz*, Gutachten D 71. DJT, D 28, 41.

2220 *Beckmann*, Referat 71. DJT, N 79 (N 84); *Franzius*, UPR 2016, 281 (292); *Gärditz*, Gutachten D 71. DJT, D 28; ausführlich dazu *Halfmeier*, Popularklagen, S. 199 ff.; *Kloepfer*, Umweltrecht, § 8 Rn. 46; *Niesler*, Individualrechtsschutz, S. 35.

flut ausgeblieben[2221] und ein verantwortungsbewusster Umgang mit ihr die Regel ist.[2222] Außerdem gibt es dafür im Umweltrecht besondere unionseinheitliche Vorgaben für alle Mitgliedstaaten, die alle Wirtschaftsstandorte der EU im gleichen Maße ausgestalten.[2223] Zudem ist *Beckmann* darin zuzustimmen, dass knappe Ressourcen keine Rechtsschutzverkürzung bzw. -verweigerung rechtfertigen können.[2224]

Ebenfalls wird kritisiert, dass die Verbandsklage nicht nur die gerichtlichen Verfahren hinauszögere, sondern auch dazu missbraucht werde, um Großprojekte zu verhindern und so kommunale und regionale Planungen erheblich erschwere.[2225] Wenn mehrere Personen zu einer Überprüfung berechtigt sind, erhöht dies die Rechtbehelfsanfälligkeit.[2226] Nicht zu vernachlässigen ist jedoch, dass die Verbandsklage im Idealfall aber gleichwohl präventive Auswirkungen hat, indem schon im Vorfeld eine genauere Prüfung vorgenommen wird, um Klagen zu vermeiden, was das Verfahren geradezu beschleunigt.[2227] Außerdem führt eine genauere Prüfung letztlich auch zu einer Verbesserung der Verwaltungsverfahren[2228] und somit dazu, dass auf die Gesetzmäßigkeit der Verwaltung hingewirkt wird.[2229] Diese weitere Kontrollmöglichkeit ermöglicht, dass das objektive Recht strengere Beachtung findet, wodurch das materielle Recht an

---

2221 *Beckmann*, Referat 71. DJT, N 79 (N 89); *Breuer*, Die Verw. 45 (2012), 171 (185); *Breuer*, in: Franzius, FS Kloepfer, 315 (328); *Guckelberger*, Deutsches Verwaltungsprozessrecht, S. 80; *Führ/Schenten/Schulze*, et al., NVwZ 2014, 1041 (1042 f.); *Pernice*, JZ 2015, 967 (970); *Seibert*, NVwZ 2013, 1040 (1048 f.).

2222 *Guckelberger*, Deutsches Verwaltungsprozessrecht, S. 80. S. nachfolgend unter VIII 7 b cc (2) dazu, dass in NRW von der tierschutzrechtlichen Verbandsklage nur mäßig Gebrauch gemacht worden ist. Kritisch ist hier anzumerken, dass diese Argumentation letztlich zum Anlass genommen wurde, die tierschutzrechtliche Verbandsklage durch Zeitablauf außer Kraft zu setzen.

2223 *Guckelberger*, Deutsches Verwaltungsprozessrecht, S. 79.

2224 *Beckmann*, Referat 71. DJT, N 79 (N 84).

2225 *Beckmann*, Referat 71. DJT, N 79 (N 86); *Bringewat*, ZNER 2014, 50 (53), der eine Überprüfung außerhalb eines UVP-Verfahrens als sinnlos erachtet, da es bereits genügende Überprüfungsverfahren gibt. *Guckelberger*, Deutsches Verwaltungsprozessrecht, S. 77; *Hufen*, Verwaltungsprozessrecht, § 14 Rn. 93; *Meier*, Das ideelle Verbandsbeschwerderecht, S. 11.

2226 *Beckmann*, Referat 71. DJT, N 79 (N 86).

2227 *Guckelberger*, Deutsches Verwaltungsprozessrecht, S. 79; *Meier*, Das ideelle Verbandsbeschwerderecht, S. 5, 64.

2228 *Bringewat*, ZNER 2014, 50 (50); *Gellermann*, in: Landmann/Rohmer, UmwR, Vorb. §§ 63, 64 BNatSchG Rn. 4.

2229 Zur Gesetzmäßigkeit der Verwaltung ausführlich *Erbguth/Guckelberger*, Allg. Verwaltungsrecht, § 8; *Guckelberger*, Deutsches Verwaltungsprozessrecht, S. 79. S.a. *Beckmann*, DVBl 2019, 1172 (1179), dazu, dass Behörden in Kenntnis

Durchsetzungskraft gewinnt,[2230] wenngleich dem auch entgegenzuhalten ist, dass die Durchsetzung von Normen im öffentlichen Interesse primäre Aufgabe der staatlichen Behörden ist.[2231] Die Gewaltenteilung setzt den Verbandsklagemöglichkeiten daher Grenzen insofern, als die Einräumung einer weiteren Klagemöglichkeit gleichfalls zu einer weiteren Überwachungsmöglichkeit der Exekutive führt.[2232]

Auch aus prozessökonomischer Sicht ist die Verbandsklage begrüßenswert. Es findet gerade keine Verschwendung der Gerichtsressourcen statt, wenn anstelle von vielen einzelnen ein gebündeltes Verfahren angestrebt wird. Dies ist nicht nur effektiv, sondern auch kostengünstiger.[2233] Des Weiteren kann aus Art. 19 Abs. 4 GG keine Grenze angenommen werden, soweit weiterhin ein effektiver Individualrechtsschutz gewährleistet ist. Dieser, nur als Mindestgarantie ausgestaltete Artikel, stellt keine Verpflichtung zum absoluten Individualrechtsschutz auf.[2234] Besonders in bestimmten Rechtsbereichen kann die Verbandsklage ein gutes Instrument zur Überwindung von Vollzugsdefiziten darstellen.[2235]

Mittlerweile finden sich im deutschen Recht Verbandsklagemöglichkeiten, u.a. im Umweltrecht, im Naturschutzrecht,[2236] auf Landesebene im Tierschutzrecht,[2237] diskutiert werden sie zudem für das Denkmalschutz-

---

der Rechtswidrigkeit an ihrem Handeln festhalten, in der Annahme, dass den Betroffenen kein klagefähiges Recht zusteht.

2230 *Meier*, Das ideelle Verbandsbeschwerderecht, S. 6.

2231 *Guckelberger*, JA 2014, 647 (651).

2232 S.a. *Guckelberger*, Deutsches Verwaltungsprozessrecht, S. 77; *Meier*, Das ideelle Verbandsbeschwerderecht, S. 65.

2233 *Breuer*, Die Verw. 45 (2012), 171 (185); GA'in *Sharpston*, Rs. C-115/09, Schlussanträge vom 16.12.2010, ZuR 2011, 79 (83).

2234 *Breuer*, Die Verw. 45 (2012), 171 (186); *Gärditz*, Gutachten D 71. DJT, D 42; *Scholz*, ZGR 2003, 248 (251).

2235 *Guckelberger*, JA 2014, 647 (651); *dies.*, Deutsches Verwaltungsprozessrecht, S. 79; *Rennert*, Referat 71. DJT, N 123 (N 132).

2236 *Bunge*, ZUR 2015, 531 (533); *Fischer-Hüftle*, NuR 2011, 237.

2237 Baden-Württemberg (2015), Gesetz über Mitwirkungsrechte und das Verbandsklagerecht für anerkannte Tierschutzorganisationen, GBl. S. 317; Bremen (2007), Gesetz über das Verbandsklagerecht für Tierschutzvereine, Brem.GBl. S. 455; Hamburg (2013), Gesetz über das Verbandsklagerecht für Tierschutzvereine, HmbGVBl. S. 247 (248); Niedersachsen (2017), Gesetz über die Mitwirkungs- und Klagerechte von Tierschutzorganisationen v. 6.4.2017, Nds. GVBl. 2017, S. 108; Rheinland-Pfalz (2014), Landesgesetz über Mitwirkungsrechte und das Verbandsklagerecht für anerkannte Tierschutzvereine, GVBl. 2014, S. 44; Saarland (2013), Gesetz Nr. 1810 über das Verbandsklagerecht[2238] sowie das Datenschutzrecht.[2239] Nachfolgend werden die Verbandsklagemodelle dieser ausgewählten Rechtsgebiete exemplarisch dargestellt.

Aufgrund der besonderen Bedeutung wird dabei mit der Verbandsklage im Umweltrecht (III.) begonnen. Obwohl zeitlich vorausgehend, wird erst im Anschluss daran überblicksartig auf die Verbandsklage im Naturschutzrecht (IV.) eingegangen. Es folgen kurze Ausführungen zum Tierschutz- (V.), Denkmalschutz- (VI.) und Datenschutzrecht (VII.) Abschließend wird eine allgemeine Betrachtung der Auswirkungen der Musterfeststellungsklage auf die Verbandsklagen (VIII.) angestellt.

III. Verbandsklagen im Umweltrecht

1. Entwicklung

a) Das Umweltrechtsbehelfsgesetz von 2006

Um die Ausgestaltung der Verbandsklage im Umweltrecht nachvollziehen zu können, ist deren geschichtliche Entwicklung zu betrachten, die zurück ins Jahr 1998 führt. 1998 unterzeichnete Deutschland selbst sowie die Europäische Union die Aarhus-Konvention (nachfolgend AK), einen völkerrechtlichen Vertrag.[2240] In Deutschland gibt es seither Schwierigkeiten,

---

recht für anerkannte Tierschutzverbände, ABl. 2013, S. 268; Schleswig-Holstein (2015), Gesetz zum Tierschutz-Verbandsklagerecht, GVO-Bl. S. 44. Das Gesetz in Nordrhein-Westfalen (2013), Gesetz über das Verbandsklagerecht und Mitwirkungsrechte für Tierschutzvereine GV. NRW S. 416, ist mittlerweile wieder außer Kraft getreten. S. zu alldem ausführlich, *Gieseler*, NVwZ 2016, 1462; *Guckelberger*, Deutsches Verwaltungsprozessrecht, S. 82 f.; *Kloepfer*, NuR 2016, 729; *Rossi*, NuR 2016, 733; *Schürmeier*, NuR 2017, 316.

2238 *Guckelberger*, NVwZ 2016, 17 (24); *dies.*, Deutsches Verwaltungsprozessrecht, S. 84 f.; *Kleine-Tebbe*, in: Martin/Krautzberger, Hdb Denkmalschutz, A Rn. 33 ff. S. auch zu einer etwaigen Verbandsklage im Klimaschutzrecht *Wagner*, EurUP 2019, 185.

2239 *Guckelberger*, Deutsches Verwaltungsprozessrecht, S. 85 ff.; *Köpernik*, VuR 2014, 240; *Schantz/Wolff*, Das neue Datenschutzrecht. Darüber hinaus gibt es weitere Verbandsklagemöglichkeiten im Sozialrecht für Interessenverbände der Behindertenselbsthilfe. *Guckelberger*, Deutsches Verwaltungsprozessrecht, S. 80 ff.; *Hlava*, Die verbandlichen Klagerechte; *Schlacke*, Überindividueller Rechtsschutz, S. 128 ff.

2240 *Bringewat*, ZNER 2014, 50 (50); *Franzius*, EurUP 2014, 283 (284); näher dazu auch *Guckelberger*, NuR 2008, 78 (78 ff.); *dies.*, NuR 2018, 378 (379); *Streinz*,

wie die Bestimmungen der AK in die deutsche Rechtsordnung umzusetzen sind. Dass die EU ebenfalls Vertragspartner ist und die Bestimmungen der AK teilweise in das EU-Recht übernimmt, verstärkt diese Schwierigkeiten.

Die AK enthält Grundsätze für die Staat-Bürger-Beziehung im Bereich des Umweltrechts.[2241] Eine der drei Säulen des Vertrags widmet sich dem Zugang zu Gericht.[2242] Gemäß Art. 9 Abs. 2 AK stellt jede Vertragspartei im Rahmen ihrer innerstaatlichen Rechtsvorschriften sicher, dass die Mitglieder der betroffenen Öffentlichkeit Zugang zu einem Überprüfungsverfahren vor Gericht oder alternativ einer unparteiischen Stelle haben, um die materiell-rechtliche und verfahrensrechtliche Rechtmäßigkeit von Entscheidungen nach Art. 6 AK überprüfen zu können. Diese Vorschrift lässt dabei offen, ob die Mitglieder der betroffenen Öffentlichkeit gemäß lit. a ein ausreichendes Interesse (so z.B. bei Interessentenklage) haben oder lit. b eine Rechtsverletzung geltend machen müssen (so z.B. bei einer Verletztenklage). Gemäß Art. 2 Nr. 5 AK fallen nichtstaatliche Organisationen, die sich für den Umweltschutz einsetzen und die innerstaatlichen Voraussetzungen erfüllen unter den Begriff der betroffenen Öffentlichkeit. Dazu zählen insbesondere Verbände.[2243]

Auf Unionsebene findet sich Art. 9 Abs. 2 AK fast wortlautgetreu in Art. 11 UVP-Richtlinie[2244] wieder.[2245] In Deutschland trat Ende des Jahres

JuS 2018, 728 (729); *Wegener*, ZUR 2018, 217 (218); BVerwG, Urt. v. 5.9.2013 – 7 C 21.12, BVerwGE 147, 312 (317).

2241 *Schlacke/Römling*, in: Schlacke/Schrader/Bunge, Aarhus-Handbuch, § 3 Rn. 40 f. Vgl. auch *Rennert*, Referat 71. DJT, N 123 (N 130 f.).

2242 *Epiney*, EurUP 2019, 2 (2); *Ruffert*, DVBl 2019, 1033 (1034); *Sauer*, EurUP 2019, 33 (37); *Sprißler*, DVBl 2019, 873 (873).

2243 *Epiney/Diezig/Pirker*, et al., AK, Art. 2 Rn. 31.

2244 Richtlinie 2011/92/EU des Europäischen Parlaments und des Rates vom 13.12.2011 über die Umweltverträglichkeitsprüfung bei bestimmten öffentlichen und privaten Projekten, ABl. EU v. 28.1.2012, L 26/1. Zuvor befand sich die Umsetzung in Art. 10a Richtlinie 2003/35/EG des Europäischen Parlaments und des Rates vom 26.5.2003 über die Beteiligung der Öffentlichkeit bei der Ausarbeitung bestimmter umweltbezogener Pläne und Programme und zur Änderung der Richtlinien 85/337/EWG und 96/61/EG des Rates in Bezug auf die Öffentlichkeitsbeteiligung und den Zugang zu Gerichten, ABl. EU v. 25.6.2013, L 156/17.

2245 *Epiney*, EurUP 2019, 2 (10); *Schlacke/Römling*, in: Schlacke/Schrader/Bunge, Aarhus-Handbuch, § 3 Rn. 59.

2006 sodann das erste Umwelt-Rechtsbehelfsgesetz[2246] zur Umsetzung des Art. 10a EG-Richtlinie 2003/35/EG[2247], dem heute Art. 11 UVP-Richtlinie entspricht, in Kraft. Nach § 2 Abs. 1 Nr. 1 UmwRG dieser Fassung war es Vereinigungen möglich, Rechtsbehelfe einzulegen, wenn sie geltend machen können, dass Rechtsvorschriften tangiert sind, welche dem *Umweltschutz dienen*, die *Rechte Einzelner* begründen und die für die *Entscheidung von Bedeutung* sein können.

Im Frühjahr 2011 traf der EuGH in der Rechtssache „über den slowakischen Braunbären"[2248] eine Entscheidung und nahm zur Einordnung der AK Stellung. Dabei bezog er sich dieses Mal insbesondere auf Art. 9 Abs. 3 AK. Im Unterschied zu Art. 9 Abs. 2 AK wurde dieser nicht wortlautgetreu in bestehendes europäisches und innerstaatliches Recht umgesetzt.[2249]

Die Norm sieht vor, „daß die Mitglieder der Öffentlichkeit, sofern sie etwaige in ihrem innerstaatlichen Recht festgelegte Kriterien erfüllen, Zugang zu verwaltungsbehördlichen oder gerichtlichen Verfahren haben, um die von Privatpersonen und Behörden vorgenommenen Handlungen und begangenen Unterlassungen anzufechten, die gegen umweltbezogene Bestimmungen ihres innerstaatlichen Rechts verstoßen".[2250]

In Abgrenzung zu Absatz 2 ist Absatz 3 nicht auf Art. 6 AK beschränkt und kann daher bei sonstigen Verstößen gegen innerstaatliches Umweltrecht geltend gemacht werden.[2251] Die Vorschrift beinhaltet ein allgemeines Zugangsrecht in Umweltangelegenheiten.[2252] Verlangt wird ein Bezug zu umweltbezogenen Bestimmungen, wobei der Umweltbezug nicht zu eng ausgelegt werden darf.[2253]

Der EuGH negierte in seiner Entscheidung indes eine unmittelbare Wirkung der AK, ordnete aber dennoch an, dass sie als Auslegungsgrundlage heranzuziehen ist.[2254] So sollen bei Auslegung des nationalen Rechts in Be-

2246 Gesetz über ergänzende Vorschriften zu Rechtsbehelfen in Umweltangelegenheiten nach der EG-Richtlinie 2003/35/EG vom 7. Dezember 2006, BGBl. 2006 I, S. 2816.

2247 S. vorstehend Fußnote 2246.

2248 EuGH, Urt. v. 8.3.2011 – C 240/09, NVwZ 2011, 673 (673 ff.).

2249 BT-Drs. 16/2497, S. 46. *Epiney*, EurUP 2019, 2 (10); *Sauer*, EurUP 2019, 33 (38).

2250 Kritisch dazu *Ruffert*, DVBl 2019, 1033 (1035 f.).

2251 *Franzius*, NVwZ 2018, 219 (220); *Lammers/Römling*, ZUR 2019, 332 (338); *Wegener*, ZUR 2018, 217 (220).

2252 *Schlacke/Römling*, in: Schlacke/Schrader/Bunge, Aarhus-Handbuch, § 3 Rn. 52.

2253 *Schlacke/Römling*, in: Schlacke/Schrader/Bunge, Aarhus-Handbuch, § 3 Rn. 53.

2254 EuGH, Urt. v. 8.3.2011 – C 240/09, NVwZ 2011, 673 (675).

reichen des Umweltrechts der Union vor allem aufgrund der Gewährung eines effektiven gerichtlichen Rechtsschutzes die in Art. 9 Abs. 3 AK festgelegten Ziele, so weit wie möglich, beachtet werden.[2255] Letztlich kam der EuGH zu dem Ergebnis, dass kein unmittelbarer Anspruch aus Art. 9 Abs. 3 AK auf Zugang zu Gericht abgeleitet werden konnte.[2256]

b) Ursachen der Novelle von 2013 – Rechte Einzelner

Anlass für Streitigkeiten gab die erste Fassung des UmwRG zunächst aufgrund des Terminus der „Rechte Einzelner". Vor dem Hintergrund des in Deutschland verbreiteten Individualrechtsschutzes mag eine solche Formulierung gerade im Hinblick auf die Schutznormtheorie sinnvoll sowie konsequent erscheinen und in Einklang mit dem Erfordernis der Klagebefugnis gemäß § 42 Abs. 2 VwGO stehen, auf unionaler Ebene erwies sich dies als problematisch.

Zwei Monate nach der Entscheidung „über den slowakischen Braunbären" hat der EuGH in der Entscheidung „Trianel" das Erfordernis, dass die Rechtsvorschrift Rechte Einzelner begründen muss, als unionsrechtswidrig eingestuft. Umweltverbände müssten unabhängig davon, ob der Mitgliedstaat den Weg der Interessenten- oder Verletztenklage wählt, die Möglichkeit haben, vor Gericht die materiell-rechtliche und verfahrensrechtliche Rechtmäßigkeit von Entscheidungen, Handlungen oder Unterlassungen im Sinne des Art. 10a RL 85/337/EWG[2257] anzufechten.[2258] Dem nationalen Gesetzgeber sei es zwar möglich, die Rechte, die zu Rechtsbehelfen nach Art. 10a RL 85/337/EWG führen können, auf subjektiv-öffentliche Rechte zu beschränken, dies jedoch nicht für Umweltverbände. Eine solche Beschränkung laufe den Zielen des Art. 10a Abs. 3 S. 3 der RL zuwider, einen weiten Zugang zu Gericht zu gewähren, und widerspreche ferner

---

2255 *Guckelberger/Gard*, EurUP 2016, 168 (180); *Wegener*, ZUR 2018, 217 (218); EuGH, Urt. v. 8.3.2011 – C-240/09, NVwZ 2011, 673 (675). A.A. *Ruffert*, DVBl 2019, 1033 (1035).

2256 EuGH, Urt. v. 8.3.2011 – C 240/09, NVwZ 2011, 673 (675).

2257 Richtlinie 85/337/EWG des Rates vom 27.6.1985 über die Umweltverträglichkeitsprüfung bei bestimmten öffentlichen und privaten Projekten, ABl. EU v. 5.7.1985, Nr. L 175/40. Jetzt Richtlinie 2011/92/EU.

2258 EuGH, Urt. v. 12.5.2011 – C 115/09, NJW 2011, 2779 (2780).

dem Effektivitätsgrundsatz.[2259] Auch hier ist zu beachten, dass das in der zuvor getroffenen Entscheidung Hervorgehobene gilt, und die Normen im Lichte und unter Berücksichtigung der Ziele der AK auszulegen sind.[2260]

Daraufhin wurde der Wortlaut des UmwRG geändert und die Voraussetzung „Rechte Einzelner begründen“ wurde gestrichen.[2261] In einem späteren, von der Europäischen Kommission angestrebten, Vertragsverletzungsverfahren bestätigte der EuGH seine Sicht.[2262]

c) Ursachen der Novelle von 2017 – dem Umweltschutz dienen

Ferner sorgte die Einschränkung, dass die Normen dem Umweltschutz dienen sollen, innerhalb von § 2 Abs. 1 Nr. 1 UmwRG für Missmut.[2263] Das Compliance-Committee der AK stellte fest, dass diese Terminologie nicht mit dem Wortlaut des Art. 9 Abs. 2 S. 2 AK in Einklang steht. Vielmehr findet sich in dieser Norm keinerlei Beschränkung.[2264] Auch diese Formulierung wurde aus dem UmwRG von 2017 entfernt, sodass der Wortlaut auf „wenn die Vereinigung geltend macht, dass eine Entscheidung nach § 1 Abs. 1 S. 1 [UmwRG] oder deren Unterlassen Rechtsvorschriften, die für die Entscheidung von Bedeutung sein können, widerspricht“ begrenzt wurde.

2259 EuGH, Urt. v. 12.5.2011 – C 115/09, NJW 2011, 2779 (2780); Urt. v. 15.10.2015 – C-137/14, NVwZ 2015, 1665 (1670); BVerwG, Urt. v. 1.6.2017 – 9 C 2/16, DVBl 2017, 1105 (1106).

2260 EuGH, Urt. v. 12.5.2011 – C 115/09, NJW 2011, 2779 (2780).

2261 UmwRG vom 21.1.2013; *Bunge*, ZUR 2015, 531 (535).

2262 EuGH, Urt. v. 15.10.2015 – C-137/14, NVwZ 2015, 1665 (1670).

2263 *Berkemann*, DVBl 2015, 389 (391 ff.) mit genauer Auseinandersetzung zu dem Begriff "dem Umweltschutz dienend"; *Bruckert*, NuR 2015, 541 (544); *Pernice-Warnke*, DÖV 2017, 846 (850). Auch *Bunge*, ZUR 2015, 531 (534).

2264 BT-Drs. 18/9536, S. 38; Fall ACCC/C/2008/31, Ziffer 78; *Berkemann*, DVBl 2015, 389 (391); Entscheidung V/9h, Dok. ECE/MP.PP/2014/2/Add. 1 S. 66 vom 14.10.2014 (5.Tagung der Aarhus Vertragsparteien). Kritisch wegen der schwachen Legitimation dieses Committees *Rennert*, Referat 71. DJT, N 123 (N 134), der eine Umsetzung als vorauseilenden Gehorsam ansieht, für den es keine sachliche Rechtfertigung gibt. Allgemein zum Compliance-Mechanismus *Sauer*, EurUP 2019, 33 (35 f.).

d) Exkurs: Einführung von prokuratorischen Rechten

In der Zwischenzeit musste sich auch der 7. Senat des BVerwG 2013 mit der Klagebefugnis einer Umweltvereinigung gegen einen Luftreinhalteplan befassen.[2265] Das BVerwG befand hier zutreffend, dass in dieser Zeit weder aus nationalem noch aus Unionsrecht eine Regelung entnommen werden konnte, die den Umweltschutzvereinigungen eine Klagebefugnis losgelöst von subjektiven Rechten in Bezug auf einen Luftreinhalteplan vermittelte. Weder die bis dato existierende Verbandsklagemöglichkeit des § 64 BNatSchG noch die des UmwRG a.F. waren anwendbar.[2266]

Weil der EuGH jedoch bereits mehrfach, wie z.B. bei der Entscheidung über den slowakischen Braunbären und Trianel, den weiten Gerichtszugang von Umweltverbänden betonte, hat das BVerwG um einer drohenden weiteren Unionsrechtswidrigkeit zu entgehen, anstatt die Schließung der aufgezeigten Rechtsschutzlücke dem demokratisch legitimierten Gesetzgeber zu überlassen – die, wie gesehen, erst mit der Novelle 2017 vorgenommen wurde –, in einer Art „Notlösung" versucht, das Defizit der nicht bzw. nicht ausreichenden Umsetzung des Art. 9 Abs. 3 AK zu beheben.[2267]

In dieser Entscheidung nahm das BVerwG an, dass neben den natürlichen Personen auch von den Immissionen räumlich betroffene juristische Personen eigene Rechte geltend machen können.[2268] Zudem stellte das Gericht fest, dass sich die Klagebefugnis des Verbands in diesem Fall nicht auf § 42 Abs. 2 Hs. 1 VwGO stützen kann, da mangels Anpassung weder direkt noch analog auf § 2 UmwRG a.F. zurückgegriffen, noch unmittelbar auf Art. 9 Abs. 3 AK abgestellt werden konnte.[2269]

Für Aufruhr in der Literatur sorgte dann die weitere Annahme des BVerwG, dass das Unionsrecht eine erweiternde Auslegung der subjektiven Rechtspositionen erfordere und deshalb durch eine unionsrechtskonforme Auslegung des § 42 Abs. 2 Hs. 2 VwGO subjektives Recht begründet werden könne und dadurch eine Klagebefugnis zu bejahen sei. Das

2265 BVerwG, Urt. v. 5.9.2013 – 7 C 21/12, BVerwGE 147, 312.

2266 *Guckelberger*, JA 2014, 647 (653).

2267 *Guckelberger*, Deutsches Verwaltungsprozessrecht, S. 59 m.w.N.; *Held*, DVBl 2016, 12 (17).

2268 EuGH, Urt. v. 25.7.2008 – C 237/07, NVwZ 2008, 984 (985); BVerwG, Urt. v. 5.9.2013 – 7 C 21/12, BVerwGE 147, 312 (323); *Seifert*, ZEuS 2016, 49 (77).

2269 BVerwG, Urt. v. 5.9.2013 – 7 C 21/12, BVerwGE 147, 312 (318 ff.); *Bringewat*, ZNER 2014, 50 (51); *Franzius*, EurUP 2014, 283 (285); *Kahl*, JZ 2014, 722 (730); *Pernice-Warnke*, DÖV 2017, 846 (851).

BVerwG wählte damit einen Weg, der nur über die Erweiterung der Klagebefugnis nach § 42 Abs. 2 Hs. 2 VwGO führte, abseits der die Öffnungsklausel nach § 42 Abs. 2 Hs. 1 VwGO ausfüllenden Verbandsklagemöglichkeit des UmwRG.

Zur Begründung führte das BVerwG die Bezeichnung der „prokuratorischen" Rechtsstellung ein. Diese nähme der Bürger demzufolge bezogen auf das objektive Interesse an einer Sicherung der praktischen Wirksamkeit und der Einheit des Unionsrechts ein.[2270] Bei den prokuratorischen Rechten wird einer Person ein eigenes subjektives öffentliches Recht zur Durchsetzung fremder oder altruistischer Interessen eingeräumt.[2271] Dabei geht es gerade nicht um den Schutz der individuellen Selbstentfaltung des Einzelnen.[2272] Aufgrund dieser von der üblichen Lesart der Schutznormtheorie abweichenden Ausweitung des Klagerechts erhoben sich zahlreiche Stimmen im Schrifttum.

Als positiv wurde die Entscheidung deshalb aufgenommen, da sich so die teilweise nur sehr schwierige Abgrenzung zwischen privaten und öffentlichen Interessen einstellt.[2273] Außerdem ist auch hier der Berechtigte dispositionsbefugt und autonom in seiner Entscheidung, klagen zu wollen.[2274] Diese Handhabung der Rechtsprechung führt zudem dazu, dass ein Einschreiten des Gesetzgebers in Form einer erneuten UmwRG-Novelle nicht mehr nötig gewesen wäre, welcher basierend auf den Erfahrungen der Vergangenheit in diesem Rechtsgebiet häufig schon versagt hatte.[2275] Dabei wurde angedacht, die Schutznormtheorie zu erweitern und so zu fassen, dass eine Norm ein subjektiv-öffentliches Recht gewährt, wenn „sie

---

2270 BVerwG, Urt. v. 5.9.2013 – 7 C 21/12, BVerwGE 147, 312 (325). S.a. BayVGH, Urt. v. 28.7.2016 – 14 N 15.1870, ZUR 2017, 34 (36 ff.), zur Annahme prokuratorischer Rechte im Rahmen des § 47 Abs. 2 S. 1 VwGO.

2271 *Guckelberger*, Deutsches Verwaltungsprozessrecht, S. 117.

2272 *Erbguth/Guckelberger*, Allg. Verwaltungsrecht, § 9 Rn. 13; *Guckelberger*, Deutsches Verwaltungsprozessrecht, S. 55.

2273 *Guckelberger*, Deutsches Verwaltungsprozessrecht, S. 56; *dies.*, JA 2014, 647 (653). Allg. zur Schwierigkeit der Abgrenzung *Bull/Mehde*, Allg. Verwaltungsrecht, Rn. 147; *Krüper*, in: Kloepfer, Rechtsschutz im Umweltrecht, 163 (176); *R. P. Schenke*, in: Kopp/Schenke, VwGO, § 42 Rn. 153.

2274 *Guckelberger*, Deutsches Verwaltungsprozessrecht, S. 56; *Krüper*, in: Kloepfer, Rechtsschutz im Umweltrecht, 163 (176, 183); *Schmidt-Aßmann*, Verwaltungsrechtsschutz, S. 21; *ders.*, EurUP 2016, 360 (366).

2275 *Guckelberger*, Deutsches Verwaltungsprozessrecht, S. 56; *R. P. Schenke*, in: Kopp/Schenke, VwGO, § 42 Rn. 153.

entweder zumindest auch individuelle Interessen schützt *oder zur individuellen Durchsetzung öffentlicher Interessen berechtigen soll.*"[2276]

Letztlich würde somit also strenggenommen nach der obigen Differenzierung keine altruistische Verbandsklage begründet werden, sondern durch die Annahme eigener subjektiver Rechte eine Verbandsverletztenklage, welche dadurch im Einklang mit § 42 Abs. 2 VwGO stehen würde.[2277]

e) Das Verhältnis prokuratorischer Rechte zur Verbandsklage

Dennoch war der deutsche Gesetzgeber weiterhin bemüht, das UmwRG bestmöglich weiterzuentwickeln, was zu der oben dargestellten Novelle von 2017 führte. Gleichzeitig wurde die Schaffung von prokuratorischen Rechten stark kritisiert. Mit Einführung des novellierten UmwRG stellte sich dann die Frage, inwiefern es überhaupt noch prokuratorischer Rechte zur Begründung der Klagebefugnis bedurfte.

Mit der Einführung prokuratorischer Rechte neben der Möglichkeit von Verbandsklagen gemäß dem UmwRG können einzelne Personen und Verbände eine Rechtsschutzmöglichkeit unabhängig von einer Verletzung eines subjektiven Recht im klassischen Sinne nutzen.[2278]

Prokuratorische Rechte können flexibel je nach Bedarf, so wie er in seiner Entscheidung des 7. Senats des BVerwG ausgemacht wurde, angewandt werden.[2279] Dahingegen braucht die Einräumung der Klagebefugnis eines Verbands aufgrund der Öffnungsklausel des § 42 Abs. 2 Hs. 1 VwGO eine vorherige gesetzliche Normierung und dadurch einen gewissen zeitlichen Vorlauf. Allerdings stößt die Flexibilität der Rechtsprechung, prokuratorische Rechte zur Vermeidung von Unions-

2276 *Guckelberger*, JA 2014, 647 (653); *dies.*, Deutsches Verwaltungsprozessrecht, S. 55. Dazu auch *Franzius*, UPR 2016, 281 (290); *Hong*, JZ 2012, 380 (384); *Masing*, in: Hoffmann-Riem/Schmidt-Aßmann, Grundlagen des Verwaltungsrechts, Bd. 1, § 7 (Rn. 115). Ferner dazu *Scharl*, Die Schutznormtheorie, die unter Betrachtung der historischen Entwicklung auf S. 231 f. einen positiven Ausblick hinsichtlich des Fortbestehens der Schutznormtheorie annimmt. Zur Wandelbarkeit der Schutznormtheorie auch *Mangold/Wahl*, Die Verw. 48 (2015), 1 (24 ff.).

2277 *Guckelberger*, Deutsches Verwaltungsprozessrecht, S. 118 ff.

2278 *Guckelberger*, Deutsches Verwaltungsprozessrecht, S. 132.

2279 *Guckelberger*, Deutsches Verwaltungsprozessrecht, S. 133.

bzw. Völkerrechtswidrigkeit anzunehmen, an ihre Grenzen, da sie nur punktuell und nicht verallgemeinernd angenommen werden kann.[2280]

Des Weiteren gilt im deutschen Recht der Grundsatz, dass wesentliche Entscheidungen dem demokratisch legitimierten Gesetzgeber vorbehalten sind.[2281] Hier ist nicht auszuschließen, dass durch die erweiterte Einräumung von Klagerechten Rechte Dritter berührt werden, weswegen ein Handeln des Gesetzgebers zu fordern gewesen wäre.[2282]

Grundsätzlich ist zwar, wie unter B IV aufgezeigt, eine unionsrechtskonforme Auslegung gewünscht. Hier wird aber vor allem die AK zur Auslegung herangezogen. Teilweise wird deshalb sogar angeführt, dass das deutsche Recht keine Möglichkeit für eine erweiternde völkerrechtliche Auslegung eröffnet.[2283] Die Schaffung von prokuratorischen Rechten stimmt gerade nicht mit dem deutschen Systemverständnis überein.[2284]

Insoweit wird es kritisch gesehen, dass der EuGH zu einer Auslegung anhand der Ziele des Art. 9 Abs. 3 AK verpflichtet.[2285] Gerade weil eine unmittelbare Anwendung der AK nach der Rechtsprechung des EuGH nicht möglich ist, soll eine solche nicht auf Umwegen durch die Auslegung des nationalen Rechts erfolgen.[2286]

Dennoch wird man zumindest sagen müssen, dass die geforderte Auslegung nicht ultra vires ist, da das BVerfG an die Annahme eines ultra vires Akts erhöhte Anforderungen stellt und eine Kontrolle zurückhaltend ausübt.[2287] Bei Auslegungsfragen des Unionsrecht ist eine unterschiedliche Auslegung durch den EuGH vielmehr von Seiten des BVerfG hinzuneh-

---

2280 *Guckelberger*, Deutsches Verwaltungsprozessrecht, S. 133.

2281 *Guckelberger*, Deutsches Verwaltungsprozessrecht, S. 133; *Pernice-Warnke*, DÖV 2017, 846 (852); *Schoch*, VBlBW 2013, 361 (367). Zur Wesentlichkeitslehre *Erbguth/Guckelberger*, Allg. Verwaltungsrecht, § 8 Rn. 6; BVerfG, Urt. v. 14.7.1998 – 1 BvR 1640/97, NJW 1998, 2515 (2520).

2282 *Kahl*, JZ 2014, 722 (730); *Pernice-Warnke*, DÖV 2017, 846 (852).

2283 *Seibert*, NVwZ 2013, 1040 (1043).

2284 *Gärditz*, in: Reclam, Dokumentation zur 37. Fachtagung, 35 (Rn. 18).

2285 *Franzius*, EurUP 2014, 283 (284 f.); *Gärditz*, in: Reclam, Dokumentation zur 37. Fachtagung, 35 (Rn. 18); *Schoch*, VBlBW 2013, 361 (367). A.A. *Skouris*, DVBl 2016, 937 (942 f.), der betont, dass es nicht "um ein Grundsatzurteil über den Auf- und Ausbau der Verwaltungsgerichtsbarkeit" geht.

2286 *Gärditz*, in: Reclam, Dokumentation zur 37. Fachtagung, 35 (Rn. 18).

2287 *Franzius*, DVBl 2018, 410 (414); *Guckelberger*, NuR 2020, 149 (155 f.). S. die Rechtsprechung des BVerfG zu ultra-vires Akten, BVerfG, Urt. v. 21.6.2016 – 2 BvR 2728/13 u.a., NJW 2016, 2473 (2478 ff.); Urt. v. 30.7.2018 – 2 BvR 1685/14 u.a., NJW 2019, 3204 (3210 ff.); Beschl. v. 6.7.2010 – 2 BvR 2661/06, NJW 2010, 3422 (3425).

men.[2288] Diese Unterschiede sind der Eigenart der Verträge geschuldet und daher zu tolerieren,[2289] sofern die Auslegung der Verträge nicht objektiv willkürlich ist, was hier zu verneinen ist.[2290]

Außerdem räumt schon § 42 Abs. 2 Hs. 1 VwGO eine Möglichkeit des Ersuchens von Rechtsschutz fernab der Verletzung von subjektiven Rechten ein. Daneben tritt nun die Einräumung von prokuratorischen Rechten, was dazu führen kann, dass die eigentliche in § 42 Abs. 2 VwGO herrschende Struktur aufweicht oder gar verlustig gemacht wird.[2291]

Im Verwaltungsprozess bedarf die Rechtsnatur einer Norm einer genauen Untersuchung.[2292] Es ist gewollt, dass objektive Rechte nur begrenzt einklagbar sind.[2293] Während es im Zivilrecht im UKlaG und UWG eine Zuweisung von originär einklagbaren Rechten an die Verbände gibt,[2294] muss eine solche für das Verwaltungsrecht abgelehnt werden. Das Zivilrecht ist geprägt von subjektiven Rechten.[2295] Für den Verwaltungsprozess ein Recht auf politische Teilhabe oder sonstige objektive Rechte, die versubjektiviert werden, anzunehmen, würde die Prägung des Individualrechtsschutzes erschüttern.[2296] Sonst wird geradezu der Einführung von Popularklagen Tür und Tor geöffnet.[2297] Es ist daher naheliegender und vor allem auch übersichtlicher, einen solchen Rechtsschutz in engen Gren-

---

2288 BVerfG, Beschl. v. 6.7.2010 – 2 BvR 2661/06, NJW 2010, 3422 (3425).

2289 BVerfG, Beschl. v. 6.7.2010 – 2 BvR 2661/06, NJW 2010, 3422 (3425).

2290 BVerfG, Urt. v. 30.7.2018 – 2 BvR 1685/14 u.a., NJW 2019, 3204 (3210).

2291 *Kahl*, JZ 2014, 722 (730); *Schlacke*, NVwZ 2014, 11 (16).

2292 *Guckelberger*, Deutsches Verwaltungsprozessrecht, S. 133 ff.; *Scharl*, Die Schutznormtheorie, S. 25.

2293 *Gärditz*, Gutachten D 71. DJT, D 42. Zur Systementscheidung für den Individualrechtsschutz s. *Guckelberger*, Deutsches Verwaltungsprozessrecht, S. 44; *Held*, DÖV 2019, 121 (122); *Meissner/Steinbeiß-Winkelmann*, in: Schoch/Schneider/Bier, VwGO, § 173 Rn. 79; *Schmidt-Aßmann/Schenk*, in: Schoch/Schneider/Bier, VwGO, Einl. Rn. 1; BVerwG, Urt. v. 5.4.2016 – 1 C 3/15, BVerwGE 154, 328 (332); Urt. v. 30.5.1984 – 4 C 58.81, BVerwGE 69, 256 (260); Beschl. v. 27.1.1982 – 4 ER 401.81, BVerwGE 64, 347 (352); Urt. v. 29.4.1993 – 7 A 3.92, BVerwGE 92, 263 (264); Urt. v. 18.4.1996 – 11 A 86.95, BVerwGE 101, 73 (81 f.).

2294 *Guckelberger*, Deutsches Verwaltungsprozessrecht, S. 133; *Scharl*, Die Schutznormtheorie, S. 25.

2295 *Erbguth/Guckelberger*, Allg. Verwaltungsrecht, § 9 Rn. 3; *Guckelberger*, Deutsches Verwaltungsprozessrecht, S. 133, 135; *Scharl*, Die Schutznormtheorie, S. 25.

2296 *Beckmann*, Referat 71. DJT, N 79 (N 84, 89); *Gärditz*, Gutachten D 71. DJT, D 35 und auf D 29 mit weiteren verallgemeinerungsfähigen Rechten.

2297 *Beckmann*, Referat 71. DJT, N 79 (N 89); *Gärditz*, Gutachten D 71. DJT, D 28, 45.

zen nur auf Verbände, die nach gewissen Kriterien ausgewählt werden, im Wege einer altruistischen Klage zu überantworten.[2298]

Ferner schafft die Gerichtsentscheidung des BVerwG spiegelbildlich zu ihrer vermeintlichen Klärung von Unsicherheiten neue Unsicherheiten.[2299] Ungeklärt ist, ob prokuratorische Rechte stets einen personalen Bezug erfordern[2300] oder ob natürliche Personen Verletzungen objektiver Rechte einklagen können sollen.[2301] Insgesamt führt die Vermischung zu Unklarheiten und einer Vermengung der verschiedenen Ansätze.[2302]

Dieser Streitstand könnte sich jedoch durch die Novellierung des UmwRG einebnen.[2303] Wegen der nun weiträumigen Änderung des § 1 UmwRG bedarf es u.U. keiner prokuratorischen Rechte mehr, da der Gesetzgeber von der Exemtion des § 42 Abs. 2 Hs. 1 VwGO in hinreichendem Maße Gebrauch gemacht haben könnte. Das VG Düsseldorf bezeichnet prokuratorische Rechte deshalb als „prozessrechtliches Übergangsphänomen“.[2304] Dies wäre vor dem Hintergrund, dass solche mit dem deutschen Verwaltungsrechtsschutzsystem nicht kompatibel sind, begrüßenswert und würde etwas mehr Ruhe in dieses turbulente Rechtsgebiet bringen.[2305]

Allerdings darf nicht verkannt werden, dass nur § 2 Abs. 1 S. 1 Nr. 1 UmwRG geändert wurde, hinsichtlich der Nrn. 2a–6 gilt die Beschränkung „die dem Umweltschutz dienen“ weiterhin (§ 2 Abs. 1

2298 *Beckmann*, Referat 71. DJT, N 79 (N 89); *Gärditz*, Gutachten D 71. DJT, D 45; *Guckelberger*, Deutsches Verwaltungsprozessrecht, S. 135. In diese Richtung auch *Mangold/Wahl*, Die Verw. 48 (2015), 1 (24).

2299 *Guckelberger*, Deutsches Verwaltungsprozessrecht, S. 57; *dies.*, Referat 71. DJT, N 9 (N 27).

2300 *Epiney*, VVDStRL 61 (2002), 369 (399 ff.); *Franzius*, EurUP 2014, 283 (286); *ders.*, UPR 2016, 281 (290); *Kahl*, JZ 2014, 722 (730); *Lau*, NVwZ 2014, 637 (639); *Sennekamp*, in: Fehling/Kastner/Störmer, VwVfG, VwGO, § 42 VwGO Rn. 184.

2301 *Franzius*, UPR 2016, 281 (290); *Guckelberger*, Deutsches Verwaltungsprozessrecht, S. 57 f.; *Kokott/Sobotta*, in: Reclam, Dokumentation zur 37. Fachtagung, 17 (Rn. 36); *Schlacke*, NVwZ 2014, 11 (13 f.).

2302 *Guckelberger*, Deutsches Verwaltungsprozessrecht, S. 58.

2303 *Buchberger*, EurUP 2019, 377 (385); *Erbguth/Guckelberger*, Allg. Verwaltungsrecht, § 9 Rn. 13; *Fellenberg*, NVwZ 2017, Editorial, Heft. Nr. 11; *Franzius*, NVwZ 2018, 219 (219). VG Düsseldorf, Urt. v. 24.1.2018 – 6 K 12341/17, Rn. 196 ff., juris.

2304 VG Düsseldorf, Urt. v. 24.1.2018 – 6 K 12341/17, Rn. 196, juris.

2305 Optimistisch *Fellenberg*, AnwBl. 2016, 648 (650).

S. 2 UmwRG), und gibt daher Raum für prokuratorische Rechte.[2306] Auch wurde nur eine sektorspezifische Lösung innerhalb des Umweltrechts gefunden. Andere Rechtsgebiete sind hinsichtlich der Durchsetzung fremder Rechte noch weit zurück.[2307] 2017 entschied das BVerwG zwar hinsichtlich der Antragsbefugnis einer Studierendenschaft abschlägig und lehnte dabei eine prokuratorische Rechtstellung ab.[2308] Es kann aber nicht ausgeschlossen werden, dass das Institut der „prokuratorischen Rechte" erneut herangezogen wird. Nicht abschließend geklärt ist zudem das Verhältnis von prokuratorischen Rechten und der Verbandsklage.[2309]

Prokuratorische Rechte sind daher insgesamt abzulehnen. Der Gesetzgeber sollte sich mehr auf den Ausbau bzw. die Regulierung der altruistischen Verbandsklagen beschränken.

f) Zukünftige Entwicklung – Protect-Entscheidung

Doch auch nach der letzten UmwRG-Novelle scheint keine abschließende Klärung in Sicht. Das ACC hat 2017 zunächst ausgesprochen, dass die deutschen Regelungen, vorbehaltlich weiterer Überprüfungen, Art. 9 Abs. 2 und Abs. 3 AK nicht mehr widersprechen.[2310] Jedoch traf der EuGH am 20.12.2017 auf ein Vorabentscheidungsersuchen des Verwaltungsgerichtshofs Österreich hin eine Entscheidung hinsichtlich der Klagerechte von Umweltverbänden.[2311] Dabei stand Art. 9 Abs. 3 AK im Fokus. Unverändert hielt er daran fest, dass diese Vorschrift keine unmittelbaren Aus-

2306 *Buchberger*, EurUP 2019, 377 (385); *Franzius*, in: Schink/Reidt/Mitschang, UVPG UmwRG, § 2 UmwRG Rn. 16, hegt Zweifel, ob diese Ausgestaltung völkerrechtskonform ist.

2307 S. z.B. nachfolgend die nur zögerliche Einführung einer tierschutzrechtlichen Verbandsklage V. Hinsichtlich der Einführung einer Verbandsklage im Denkmalschutz- sowie Datenschutzrecht, VI, VII.

2308 BVerwG, Beschl v. 3.1.2017 – 6 BN 2/16, NVwZ-RR 2017, 331 (332).

2309 *Franzius*, UPR 2016, 281 (291 f.); *Guckelberger*, Deutsches Verwaltungsprozessrecht, S. 117 ff.

2310 ECE/MP.PP/2017/40, Nr. 68. S. dazu den Bericht des Compliance-Komitees der Aarhus-Konvention vom 31. Juli 2017 zur Einhaltung der Verpflichtungen gemäß der Konvention durch Deutschland, ZUR 2018, 23 ff. *Buchberger*, EurUP 2019, 377 (385); *Klinger*, ZUR 2017, 577 (577 f.); *Schlacke/Römling*, in: Schlacke/Schrader/Bunge, Aarhus-Handbuch, § 3 Rn. 257.

2311 EuGH, Urt. v. 20.12.2017 – C-664/15, EuZW 2018, 158, Protect. Dazu, dass die deutsche Rechtslage hier jedoch erheblich von der österreichischen abweicht, *Ruffert*, DVBl 2019, 1033 (1038 f.).

wirkungen zeitigt.[2312] Deutlich weitgehender führt er dann jedoch aus, dass unter Rückgriff auf Art. 47 GRCh und der darin verorteten Rechtsschutzgarantie Art. 9 Abs. 3 AK dennoch Wirkungen habe.[2313] Die Mitgliedstaaten seien dazu verpflichtet, ihr Verfahrensrecht so weit als möglich im Sinne eines effektiven Verfahrens und dem Art. 9 Abs. 3 AK auszurichten.[2314] Bei Widersprüchlichkeiten seien die nationalen Normen unionsrechtskonform auszulegen, damit diese Normen volle Wirksamkeit erfahren können.[2315]

Einschneidend ist die Entscheidung vor allem deshalb, weil sie ausdrücklich bestimmt, dass sofern eine unionsrechtskonforme Auslegung nicht möglich ist, die Normen des nationalen Rechts unangewendet bleiben müssen.[2316] Auf indirektem Wege erhält die AK dadurch einen Anwendungsvorrang gegenüber dem nationalen Recht.[2317] Zur Begründung führt der EuGH an, dass Kriterien im nationalen Recht den Umweltorganisationen nicht die Möglichkeit nehmen dürfen, Rechtsvorschriften des Unionsumweltrechts gerichtlich überprüfen zu lassen, zumal diese Organisationen auf den Schutz von Allgemeininteressen ausgerichtet sind.[2318] Der EuGH hat somit für Umweltorganisationen eine Klagemöglichkeit zur Durchsetzung von objektivem Unionsumweltrecht geschaffen.[2319]

2312 EuGH, Urt. v. 20.12.2017 – C-664/15, EuZW 2018, 158 (161), Protect.

2313 EuGH, Urt. v. 20.12.2017 – C-664/15, EuZW 2018, 158 (161), Protect. *Lammers/Römling*, ZUR 2019, 332 (339); *Schlacke/Römling*, in: Schlacke/Schrader/Bunge, Aarhus-Handbuch, § 3 Rn. 57.

2314 EuGH, Urt. v. 20.12.2017 – C-664/15, EuZW 2018, 158 (161), Protect. *Lammers/Römling*, ZUR 2019, 332 (339).

2315 EuGH, Urt. v. 20.12.2017 – C-664/15, EuZW 2018, 158 (161), Protect. *Schlacke/Römling*, in: Schlacke/Schrader/Bunge, Aarhus-Handbuch, § 3 Rn. 57.

2316 EuGH, Urt. v. 20.12.2017 – C-664/15, EuZW 2018, 158 (161), Protect. *Klinger*, NVwZ 2018, 231 (231), spricht von "abgeschafft".

2317 *Gärditz*, Die Verw. 52 (2019), 259 (294 f.); *Lammers/Römling*, ZUR 2019, 332 (339); *Ruffert*, DVBl 2019, 1033 (1037 f.); *Schlacke/Römling*, in: Schlacke/Schrader/Bunge, Aarhus-Handbuch, § 3 Rn. 57; *Schlacke*, EurUP 2018, 127 (141); s.a. *Wegener*, ZUR 2018, 217 (219). VG Düsseldorf, Urt. v. 24.1.2018 – 6 K 12341/17, Rn. 224, juris.

2318 EuGH, Urt. v. 20.12.2017 – C-664/15, EuZW 2018, 158 (161), Protect. *Held*, DÖV 2019, 121 (126); *Sobotta*, JEEPL 15 (2018), 241 (244). Kritisch dazu *Ruffert*, DVBl 2019, 1033 (1037).

2319 *Epiney*, EurUP 2019, 2 (13 ff.); *Franzius*, NVwZ 2018, 219 (221); *Klinger*, NVwZ 2018, 231 (232); *Lammers/Römling*, ZUR 2019, 332 (339); *Wegener*, ZUR 2018, 217 (221). Diesbzgl. liegt ein Vorlagebeschluss durch das BVerwG vor, Beschl. v. 25.4.2018 – 9 A 16.16, ZUR 2018, 615 (621).

In den meisten Mitgliedstaaten der EU ist die Interessentenklage vorherrschend.[2320] Deutschland stellt mit seiner Verletztenklage eine Minderheit dar. Art. 9 Abs. 2 und 3 AK erkennen diese beiden Rechtsschutzsysteme grundsätzlich als gleichwertig an.[2321] Ebenso hat sich der EuGH bisher nie auf eine Interessentenklage festgelegt und den Mitgliedstaaten stets die Ausgestaltung überlassen. In diesem Urteil wird nun einem Umweltverband losgelöst von der Rechtsverletzung ein Klagerecht eingeräumt, was dem Modell der Verletztenklage grundsätzlich zuwiderläuft.[2322]

Diese Entscheidung gibt Raum für Interpretationen und Auslegungsmöglichkeiten.[2323] Erste nationale Entscheidungen gehen unterschiedlich mit dem Inhalt des Protect Urteils um. Dabei wird divergierend aufgefasst, inwieweit tatsächlich unmittelbar aus Art. 9 Abs. 3 AK i.V.m. Art. 47 Abs. 1 GRCh ein Klagerecht abgeleitet werden kann.

Während das VG Düsseldorf einengend entscheidet, dass Art. 9 Abs. 3 AK i.V.m. Art. 47 GRCh nicht verlangen, dass Umweltverbände Verbandsklagerechte zukommen, die über die im § 1 Abs. 1 S. 1 UmwRG geregelten Fälle hinausgehen,[2324] nimmt das VG Berlin eine weite Auffassung an.[2325]

Das VG Düsseldorf entschied, dass Art. 9 Abs. 3 AK i.V.m. Art. 47 GRCh außerhalb des Anwendungsbereichs des UmwRG keine weiterführenden Klagerechte für Umweltverbände fordern, woraufhin es die Klagebefugnis in dem von ihm zu entscheidenden Fall aufgrund geringer Umweltrelevanz ablehnte.[2326] Dabei wurde jedoch verkannt, dass Art. 9 Abs. 3 AK generell auf Verstöße umweltbezogener Vorschriften abstellt und dabei keine Erheblichkeitsschwelle festlegt.[2327] Die Schaffung einer Schwelle birgt wiederum neue Abgrenzungsschwierigkeiten, wann die Grenze für die Einräumung eines Klagerechts überschritten wird.

2320 *Sauer*, EurUP 2019, 33 (38); *Sommermann*, DÖV 2019, 293 (294 ff.), vergleicht die französische Interessentenklage mit der deutschen Verletztenklage. Vgl. dazu auch *Marsch*, Subjektivierung. S.a. *Ludwigs*, NVwZ 2018, 1417 (1421 f.), dazu, dass z.B. in Frankreich eine stärkere Subjektivierung erkennbar ist.

2321 *Ruffert*, DVBl 2019, 1033 (1033); *Sauer*, EurUP 2019, 33 (38).

2322 S.a. *Sauer*, EurUP 2019, 33 (38).

2323 Allgemein zur Vereinbarkeit des EU-Rechts mit der AK *Krämer*, EurUP 2019, 17 (28 f.). S. zu den Auswirkungen auf die Behördenarbeit *Klein*, EurUP 2019, 44 (48 ff.).

2324 VG Düsseldorf, Urt. v. 24.1.2018 – 6 K 12341/17, Rn. 199 ff., juris.

2325 VG Berlin, Urt. v. 18.11.2018 – VG 11 K 216.17, ZUR 2018, 497. Dazu und zu Nachfolgendem *Guckelberger*, NuR 2020, 217 (222 ff.).

2326 VG Düsseldorf, Urt. v. 24.1.2018 – 6 K 12341/17, Rn. 199 ff., 233, juris.

2327 *Guckelberger*, NuR 2020, 217 (224).

Wesentlich weiter ist daher die Entscheidung des VG Berlin. Dieses wandte § 42 Abs. 2 Hs. 2 VwGO mit der Maßgabe an, „dass es für die Bejahung der Klagebefugnis jedenfalls ausreichend ist, dass eine nach § 3 UmwRG anerkannte Umweltvereinigung die Beachtung der aus dem Unionsumweltrecht hervorgegangenen Rechtsvorschriften begehrt.[2328] Die Einhaltung rein objektiv-rechtlicher auf Unionsumweltrecht basierender Umweltvorschriften soll durch Umweltverbände gerichtlich erzwungen werden können.[2329] Eine Differenzierung nach der Umweltrelevanz wird von diesem Gericht nicht vorgenommen. Vor dem Hintergrund, dass nach einhelliger EuGH Rechtsprechung die Mitgliedstaaten dazu verpflichtet sind, ihr Verfahrensrecht so weit wie möglich im Sinne eines effektiven Verfahrens und dem Art. 9 Abs. 3 AK auszurichten, erscheint diese weite Auslegung konsequent.[2330]

Unter Bezugnahme auf die konträre Rechtsprechung innerhalb Deutschlands hat das VG Schleswig-Holstein im November 2019 den Schritt eines Vorabentscheidungsgesuchs gewagt, in dem es die Entscheidung darüber anstrebt, ob eine Klagebefugnis von Umweltverbänden *unmittelbar* aus dem Unionsrecht hergeleitet werden kann, demnach aus Art. 9 Abs. 3 AK i.V.m. Art. 47 Abs. 1 GRCh.[2331] Diese Vorgehensweise ist in Anbetracht der herrschenden Unsicherheiten zu begrüßen, kann jedoch auch dazu führen, dass Deutschland nochmals nachjustieren muss.

Keine abschließende Klärung erfolgt ferner darüber, wie sich die Protect-Entscheidung auf Klagen Einzelner auswirkt. In der Urteilsbegründung führt der EuGH grundsätzlich an, dass die praktische Wirksamkeit der betroffenen Richtlinie und die Ziele des Umweltschutzes es verlangen, dass der „Einzelne *oder* gegebenenfalls eine ordnungsgemäß gegründete Umweltorganisation sich vor Gericht auf sie berufen“ können muss.[2332] Dass der EuGH für Verbände Art. 47 GRCh anwendet, der dem Wortlaut nach insbesondere für Einzelpersonen gilt, und darüber die Anwendung von Art. 9 Abs. 3 AK bejaht, halten *Schlacke/Römling* für ein Indiz dafür, dass der EuGH nicht zwischen dem Rechtsschutz eines Verbands bzw. des

---

2328 VG Berlin, Urt. v. 18.11.2018 – VG 11 K 216.17, ZUR 2018, 497 (500).

2329 VG Berlin, Urt. v. 18.11.2018 – VG 11 K 216.17, ZUR 2018, 497 (499).

2330 EuGH, Urt. v. 20.12.2017 – C-664/15, EuZW 2018, 158 (161), Protect; EuGH, Urt. v. 8.3.2011 – C-240/09, NVwZ 2011, 673 (675); *Lammers/Römling*, ZUR 2019, 332 (339).

2331 VG SH, Beschl. v. 20.11.2019 – 3 A 113/18.

2332 EuGH, Urt. v. 20.12.2017 – C-664/15, EuZW 2018, 158 (160), Protect. Kursivhervorhebung durch die Verfasserin.

Einzelnen differenziert.[2333] Da das Wort „Person" innerhalb von Art. 47 GRCh auch weit verstanden wird, z.B. auch juristische Personen miteinbeziehen kann, ist schon fraglich, ob ein auf den Wortlaut gestütztes Argument hier überzeugt.[2334]

Anders ist auch die Haltung von *Held*, der davon ausgeht, dass der EuGH *ein* Instrument zur Durchsetzung objektiver Rechte als ausreichend empfindet und dafür Umweltverbände bevorzugt.[2335] Er interpretiert die Entscheidung deshalb dahin, dass der EuGH es akzeptiert, dass der Individualrechtsschutz auf subjektive Rechtsverletzungen begrenzt ist.[2336] Aufgrund der gewählten Konjunktion „oder" sieht auch das BVerwG eine unterschiedliche Ausgestaltung für Klagen Einzelner als möglich an.[2337] Eine entsprechende Vorlagefrage wurde eingereicht.[2338]

Unabhängig davon, welcher Ansicht letztlich zu folgen ist, könnte die Annahme eines Anwendungsvorrangs der AK Auswirkungen auf die deutsche Klagebefugnis sowie das UmwRG nehmen.[2339] Da Deutschland selbst Vertragspartei der AK ist, könnte eine solche Auslegung des Art. 9

2333 In diese Richtung auch *Franzius*, NVwZ 2018, 219 (221); *Schlacke/Römling*, in: Schlacke/Schrader/Bunge, Aarhus-Handbuch, § 3 Rn. 57; *Streinz*, JuS 2018, 728 (730); *Wegener*, ZUR 2018, 217 (221). Argumente für ein Klagerecht Einzelner *Krämer*, EurUP 2019, 17 (32). Dazu auch *Storost*, UPR 2018, 52 (55); vgl. auch *Gärditz*, EurUP 2018, 158 (162).

2334 Z.B. *Guckelberger*, Deutsches Verwaltungsprozessrecht, S. 139 ff.

2335 S.a. *Gärditz*, Die Verw. 52 (2019), 259 (295), der die Entscheidung des EuGH daher für inkonsistent hält, da er den Regelungsgehalt des Art. 47 GRCh auf den Individualrechtsschutz begrenzt.
Held, DÖV 2019, 121 (126). So auch das Vorabentscheidungsersuchen des BVerwG, Beschl. v. 25.4.2018 – 9 A 16.16, ZUR 2018, 615 (621).

2336 *Held*, DÖV 2019, 121 (127).

2337 BVerwG, Beschl. v. 25.4.2018 – 9 A 16.16, ZUR 2018, 615 (621).

2338 BVerwG, Beschl. v. 25.4.2018 – 9 A 16.16, ZUR 2018, 615 (621);VG SH, Beschl. v. 20.11.2019 – 3 A 113/18.

2339 *Groß*, in: Sommermann/Schaffarzik, Hdb der Geschichte, Bd. 1, 1077 (1091); *Klinger*, EurUP 2019, 51 (53 f.); *Wegener*, ZUR 2018, 217 (221 f.); VG Düsseldorf, Urt. v. 24.1.2018 – 6 K 12341/17, Rn. 224, juris, erkennt keinen völlig einschränkungslosen Zugang zum Gericht an. S.a. OVG Hamburg, Urt. v. 8.4.2019 –1 Bf 200/15, BeckRS 2019, 10739, Rn. 97. Strenger hier das VG Berlin, Urt. v. 18.4.2018 – VG 11 K 216.17, ZUR 2018, 497 (499): „[A]lle hinreichend bestimmten und damit unmittelbar wirksamen Umweltschutznormen des Unionsrechts [sind] durch anerkannte Umweltvereinigungen gerichtlich einklagbar" und darüber hinaus legt es auf S. 500 fest, „dass es für die Bejahung der Klagebefugnis jedenfalls ausreichend ist, dass eine nach § 3 UmwRG anerkannte Umweltvereinigung die Beachtung der aus dem Unionsumweltrecht hervorgegangenen Rechtsvorschriften begehrt".

Abs. 3 AK auch dazu führen, dass sie über das Unionsrecht hinaus für das nationale Umweltrecht gilt.[2340] *Wegener* empfiehlt sogar, dass die Beschränkungen umfassend und nicht nur für das Umweltrecht der Union beseitigt werden sollten.[2341]

Vor diesem Hintergrund hat die CDU einen Vorschlag entwickelt, indem die Bundesregierung die EU-Ratspräsidentschaft im zweiten Halbjahr 2020 dazu nutzen solle, die AK zu reformieren.[2342] Zurzeit haben 47 Staaten die AK ratifiziert. Die Abänderung eines völkerrechtlichen Vertrags mit vielen Mitgliedern ist schwierig, langwierig und daher schwer vorstellbar.

Fraglich ist zudem, wie sich diese Rechtsprechung mit der Richtlinie im Rahmen des NDfC verhält, die für das Umweltrecht Anwendung finden soll.[2343] Auch darin wird das Erfordernis einer Rechtsverletzung nicht ausgeschlossen.

Insgesamt kann zum jetzigen Zeitpunkt noch nicht abgesehen werden, ob und inwiefern das aktuelle UmwRG den Anforderungen des EuGH standhalten wird. Aktuell gibt es in diesem Bereich bereits zwei Vorlagefragen vor dem EuGH, deren Beantwortung noch aussteht.[2344]

Zu beobachten ist, dass sich die Ausgestaltung des UmwRG als besonders langwierig erweist. Dies ist nicht zuletzt darauf zurückzuführen, dass die Bundesrepublik Deutschland vehement an dem bewährten System des Individualrechtsschutzes festhalten möchte und nur in kleinen Schritten davon abweicht. Dabei besteht die Gefahr, dass der EuGH die deutsche Umsetzung ein weiteres Mal für europarechtswidrig erklärt. Bis es zu einer abschließenden Entscheidung durch den EuGH kommt, vergeht jedoch meist viel Zeit. Insgesamt ist daher festzustellen, dass die „Mühlen im Bereich des EU-Rechts langsamer mahlen“. Die Umsetzung hat stets im Lich-

---

2340 *Wegener*, ZUR 2018, 217 (222).

2341 *Wegener*, ZUR 2018, 217 (222).

2342 *Kaufmann/Hoenig/Münch*, CDU will Klagen gegen neue Stromtrassen erschweren, spiegel online v. 16.9.2019, https://www.spiegel.de/wirtschaft/cdu-will-klagen-gegen-neue-stromtrassen-erschweren-a-1287109.html, zuletzt abgerufen am 20.9.2019.

2343 Anhänge des Vorschlags für eine Richtlinie des Europäischen Parlaments und des Rates über Verbandsklagen zum Schutz der Kollektivinteressen der Verbraucher und zur Aufhebung der Richtlinie 2009/22/EC, COM(2018) 184 final, ANNEXES 1, Nr. 25, 30.

2344 BVerwG, Beschl. v. 25.4.2018 – 9 A 16.16, ZUR 2018, 615 (621); VG SH, Beschl. v. 20.11.2019 – 3 A 113/18. Dazu, dass die Verwaltungsgerichte vermehrt von dieser Möglichkeit Gebrauch machen sollten, *Guckelberger*, NuR 2020, 217 (225).

te der EuGH-Rechtsprechung zu erfolgen, diese bewertet jedoch Missstände bei der Gesetzgebung erst im Nachhinein, sodass immer neue Novellen die Folgen sind.

2. Ziele der umweltrechtlichen Verbandsklage

Zur Umwelt zählen nach dem für das deutsche Recht geltenden anthropozentrischen Begriff u.a. Menschen, Tiere, Pflanzen, Wasser, Luft, deren Beziehungen untereinander und deren Beziehungen zum Menschen als Teil der Umwelt.[2345] Das Umweltrecht befasst sich mit Normen, die u.a. eine gesunde Umwelt sichern und dem Schutz von Umweltgütern zu dienen bestimmt sind.[2346] Wie vermehrt herausgearbeitet, liegt dem deutschen Recht grundsätzlich die Systementscheidung des Art. 19 Abs. 4 GG zugrunde, weshalb der Individualrechtsschutz vorherrschend ist. Für die Umwelt stellt dies jedoch eine nahezu unüberwindbare Hürde dar, da sie selbst weder Trägerin subjektiver Rechte, noch Beteiligte sein kann.[2347] Um die Einhaltung des Rechts in diesem Bereich durchsetzen zu können, werden Dritte benötigt, also natürliche oder juristische Personen.[2348] Erschwerend kommt außerdem hinzu, dass das Umweltrecht viele Normen enthält, die nur die Allgemeinheit schützen und daher als subjektive Rechte im Sinne der Schutznormtheorie ausscheiden.[2349] Dadurch entsteht ein Rechtsschutzdefizit.

Ergo muss bei der Anwendung der Normen des UmwRG stets bedacht werden, dass diese nicht so ausgelegt werden dürfen, dass sie faktisch den Zugang zu Gericht vereiteln.[2350] Eine zu eng gefasste Anwendung kann zur Ineffektivität des Rechtsbehelfs führen. Das Defizit innerhalb des Rechtsschutzes würde bestehen bleiben. Gleichwohl ist aber auch keine

---

2345 *Bruckert*, NuR 2015, 541 (545); dezidiert zum Begriff der Umwelt *Kloepfer*, Umweltrecht, § 1 Rn. 52 ff.; *Peters/Hesselbarth/Peters*, Umweltrecht, Rn. 2; *Ziekow/Siegel*, Anerkannte Naturschutzverbände, S. 24 f.

2346 *Bruckert*, NuR 2015, 541 (541).

2347 *Bruckert*, NuR 2015, 541 (541).

2348 *Bruckert*, NuR 2015, 541 (541).

2349 *Breuer*, Die Verw. 45 (2012), 171 (180); *Bruckert*, NuR 2015, 541 (542); *Gärditz*, Gutachten D 71. DJT, D 43; *Guckelberger*, Deutsches Verwaltungsprozessrecht, S. 79. *Schlacke/Römling*, in: Schlacke/Schrader/Bunge, Aarhus-Handbuch, § 3 Rn. 1; BayVGH, Urt. v. 28.7.2016 – 14 N 15.1870, ZUR 2017, 34 (36).

2350 In diese Richtung auch *Gröhn*, NuR 2019, 225 (227); *Wegener*, ZUR 2018, 217 (218). EuGH, Urt. v. 15.10.2009 – C-263/08, Slg 2009, I-9967 Rn. 47 ff.

uferlose Ausweitung erforderlich.[2351] Diese Wechselwirkung muss der Anwendung der Normen zugrunde gelegt werden.

3. Wer soll klagen können

Klageberechtigt nach dem UmwRG ist eine nach § 3 anerkannte inländische oder ausländische Vereinigung. Ausweislich des Art. 11 UVP-RL ist es Sache der Mitgliedstaaten zu bestimmen, welche Anforderungen an eine Vereinigung zu stellen sind. Dies hat Deutschland im Rahmen des § 3 UmwRG sachgerecht getan.

§ 3 Abs. 1 S. 1 UmwRG setzt für die Anerkennung zunächst einen Antrag voraus. Im zweiten Satz dieses Absatzes werden abschließend fünf kumulative Voraussetzungen für die Anerkennung aufgezählt.[2352] Bei Vorliegen der Voraussetzungen besteht ein Anspruch auf Anerkennung.[2353]

Die Vereinigungen müssen nach ihrer Satzung ideell und nicht nur vorübergehend vorwiegend die Ziele des Umweltschutzes fördern (§ 3 Abs. 1 S. 2 Nr. 1 UmwRG) und dies mindestens für die Dauer ihres Mindestbestands von drei Jahren (Nr. 2), eine Gewähr für eine sachgerechte Aufgabenerfüllung bieten, wofür die Art und der Umfang der bisherigen Tätigkeit, der Mitgliederkreis sowie die Leistungsfähigkeit herangezogen werden können (Nr. 3), gemeinnützige Zwecke im Sinne von § 52 AO verfolgen (Nr. 4) und neuen Mitgliedern den Zutritt unter vollem Stimmrecht in der Mitgliederversammlung ermöglichen (Nr. 5).

Im Februar 2019 wurde ein Gesetzentwurf der AfD zur Verschärfung der Anerkennungsvoraussetzungen eingereicht, der nunmehr einen neun Nummern umfassenden Anforderungskatalog für die Anerkennung vorsieht.[2354] Zur Begründung wird eine mögliche Missbrauchsgefahr angeführt, vor allem da Vereinigungen auch kommerzielle Interessen verfolgen würden.[2355] Inwiefern dieser Gesetzentwurf tatsächlich zu Änderungen des

---

2351 *Heß*, ZUR 2018, 686 (688); *Spieth/Hellermann*, NVwZ 2019, 745 (748).

2352 *Fellenberg/Schiller*, in: Landmann/Rohmer, UmwR, § 3 UmwRG Rn. 9.

2353 *Bunge*, in: ders., UmwRG, § 3 Rn. 17; *Franzius*, in: Schink/Reidt/Mitschang, UVPG UmwRG, § 3 UmwRG Rn. 5.

2354 BT-Drs. 19/7702.

2355 BT-Drs. 19/7702, S. 1 f. In Einklang mit den zivilrechtlichen Bestimmungen für Verbände wird auch hier eine Regelung hinsichtlich der Abmahntätigkeit eines Verbands aufgenommen, die ausweislich des Entwurfs keinen erheblichen Teil der finanziellen Mittel des Verbands ausmachen darf, § 3 Abs. 1 S. 2 Nr. 3 UmwRG-E. Ferner wird in Nr. 9 eine Regelung hinsichtlich der Veröf-

UmwRG führt, ist derzeit noch offen und nicht absehbar. Es muss dabei beachtet werden, dass die Anforderungen nicht so eng gefasst werden, dass letztlich niemand oder nur sehr wenige Vereinigungen sie erfüllen und demnach die Rechtsbehelfe des UmwRG nutzen können.

Die Anerkennung tritt unabhängig von der Rechtsform der Vereinigung ein, auch die Rechtsfähigkeit ist nicht vorgeschrieben.[2356] Allerdings muss es sich um einen Zusammenschluss Privater, nicht von staatlichen Stellen handeln.[2357]

a) § 3 Abs. 1 S. 1 Nrn. 1–3 UmwRG

Die Interessen des Umweltrechts sind weit zu fassen. Darunter sind neben den Zielen des Naturschutzes und der Landschaftspflege alle Maßnahmen zum Schutz der Umwelt zu verstehen, die das Ziel der Erhaltung von „natürlichen Lebensgrundlagen aller Lebewesen mit einem funktionierenden Naturhaushalt“ verfolgen.[2358] Das Merkmal ideell soll rein wirtschaftlich betriebene Verbände exkludieren.[2359] Gefordert wird ein altruistisches, kein gruppenegoistisches Handeln.[2360]

§ 3 Abs. 1 S. 1 Nr. 1 UmwRG verlangt, dass „vorwiegend“ die Ziele des Umweltschutzes gefördert werden. Der Umweltschutz muss also nicht der alleinige Zweck sein.[2361] Durchaus möglich ist die Verfolgung weiterer Zwecke, wobei der Umweltschutz den Hauptzweck einnehmen muss.[2362]

---

fentlichung von Spenden vorgeschrieben. Zudem ist ein § 3a UmwRG-E vorgesehen, der sich vollständig mit Zuwendungen und Spenden befasst.

2356 *Fellenberg/Schiller*, in: Landmann/Rohmer, UmwR, § 3 UmwRG Rn. 11; *Franzius*, in: Schink/Reidt/Mitschang, UVPG UmwRG, § 3 UmwRG Rn. 6; *Schlacke/Römling*, in: Schlacke/Schrader/Bunge, Aarhus-Handbuch, § 3 Rn. 86.

2357 *Bunge*, in: ders., UmwRG, § 3 Rn. 28. Für den damaligen § 29 BNatSchG OVG des Saarlandes, Beschl. v. 26.6.1985 – 2 R 269/83, NVwZ 1986, 320. A.A. *Fellenberg/Schiller*, in: Landmann/Rohmer, UmwR, § 3 UmwRG Rn. 12.

2358 *Fellenberg/Schiller*, in: Landmann/Rohmer, UmwR, § 3 UmwRG Rn. 16. BFH, Urt. v. 20.3.2017 – X R 13/15, NVwZ-RR 2017, 979 (983).

2359 *Bunge*, in: ders., UmwRG, § 3 Rn. 43; *Fellenberg/Schiller*, in: Landmann/Rohmer, UmwR, § 3 UmwRG Rn. 15.

2360 *Fellenberg/Schiller*, in: Landmann/Rohmer, UmwR, § 3 UmwRG Rn. 15; *Schieferdecker*, in: Hoppe/Beckmann/Kment, UVPG, UmwRG, § 3 UmwRG Rn. 29. HessVGH, Beschl. v. 24.1.2019 – 9 B 2455/18, ZUR 2019, 437 (437).

2361 *Gröhn*, NuR 2019, 225 (228).

2362 BT-Drs. 16/2495, S. 13. VG München, Urt. v. 3.12.2015 – M 24 K 12.6289, BeckRS 2016, 44654; *Fellenberg/Schiller*, in: Landmann/Rohmer, UmwR, § 3 UmwRG Rn. 18; *Franzius*, in: Schink/Reidt/Mitschang, UVPG UmwRG,

Der Gesetzentwurf vom Februar 2019 ist hier wesentlich schärfer, indem er in § 3 Abs. 1 S. 2 Nr. 2 UmwRG-E verlangt, dass die Vereinigung aufgrund ihrer Finanzierungsstruktur gewährleistet, dass ihre Tätigkeit *ausschließlich* am Ziel des Umweltschutzes ausgerichtet ist. Sollte es zu dieser Verschärfung kommen, müssten die Vereine ihre Zwecke auf den Umweltschutz begrenzen.

Diese Einschränkung könnte sich in der Praxis als schwierig erweisen, vor allem hinsichtlich sich überschneidender Bereiche, die nicht strikt getrennt werden können. Außerdem könnte die Einschränkung zu einer Unionsrechtswidrigkeit führen, denn die Kommission hat in einer Mitteilung über den Zugang zu Gerichten in Umweltangelegenheiten ausdrücklich ausgeführt, dass aus der Rechtsprechung des EuGH eine solche Begrenzung nicht abgeleitet werden kann.[2363]

Das Merkmal „nicht nur vorübergehend" wird erfüllt, wenn sich die Vereinigung ohne zeitliche Beschränkung und nicht nur aufgrund eines Vorhabens für die Ziele des Umweltrechts einsetzt.[2364]

§ 3 Abs. 1 S. 1 Nr. 2 UmwRG erfordert eine Mindestbestandsdauer von drei Jahren und übernimmt damit den zeitlichen Rahmen aus § 59 Abs. 1 S. 2 Nr. 3 BNatSchG a.F. Innerhalb dieser drei Jahre muss der Verband im Sinne der in Nr. 1 festgeschriebenen Tätigkeiten aktiv werden.

Für § 3 Abs. 1 S. 1 Nr. 3 UmwRG ist eine sachgerechte Aufgabenerfüllung erforderlich, ergo dass eine dauerhafte, zielgerichtete Vereinsarbeit möglich ist. Die Vereinigung muss organisatorisch dazu in der Lage sein.[2365] Es soll sichergestellt werden, dass die Ziele der Satzung eingehalten werden und dass nur solche Verbände anerkannt werden, die auch fähig dazu sind, die daran geknüpften Aufgaben, z.B. in Form einer Klageerhebung, zu erfüllen.[2366] Dafür bedarf es einer Prognoseentscheidung der

§ 3 UmwRG Rn. 9; *Gröhn*, NuR 2019, 225 (228), dementsprechend nicht gleichrangig; *Schmidt/Schrader/Zschiesche*, Die Verbandsklage, Rn. 121. Als Negativbeispiel nennt letzterer den Verband deutscher Sportfischer, da die Ausübung der Sportfischerei nicht ohne Friktionen mit den Zielen des Umweltschutzes möglich ist.

2363 C(2017) 2616 final, Rn. 79. *Guckelberger*, NuR 2020, i.E.

2364 *Schieferdecker*, in: Hoppe/Beckmann/Kment, UVPG, UmwRG, § 3 UmwRG Rn. 28.

2365 *Bunge*, in: ders., UmwRG, § 3 Rn. 46; *Franzius*, in: Schink/Reidt/Mitschang, UVPG UmwRG, § 3 UmwRG Rn. 11; *Gröhn*, NuR 2019, 225 (230).

2366 VG Hamburg, Urt. v. 28.11.2003 – 22 VG 2478/2002, BeckRS 2004, 22963, Rn. 18; VG Wiesbaden, Beschl. v. 22.8.2019 – 4 L 2007/18.WI, BeckRS 2019, 23019, Rn. 41; HessVGH, Beschl. v. 24.1.2019 – 9 B 2455/18, NVwZ-RR 2019,

Anerkennungsbehörde unter Einbeziehung aller Gesamtumstände.[2367] Dabei sind Art und Umfang der bisherigen Tätigkeit, die Mitglieder und finanzielle Leistungsfähigkeit der Vereinigung, aber auch die bisherige Kooperationsbereitschaft mit den Behörden heranzuziehen.[2368] Dies darf jedoch nicht dahingehend verstanden werden, dass nur solche Vereinigungen anerkannt werden können, die „pflegeleichte" Gesprächspartner darstellen.[2369]

b) Gemeinnützigkeit, § 3 Abs. 1 S. 1 Nr. 4 UmwRG

Die Gemeinnützigkeit wird in Abkehr vom vormaligen § 59 Abs. 2 S. 1 BNatSchG a.F. nicht durch eine Befreiung von der Körperschaftssteuer belegt, sondern nach § 52 AO bestimmt. Dadurch soll die Diskriminierung von ausländischen Vereinigungen vermieden werden.[2370] Gemäß § 52 Abs. 1 S. 1 AO verfolgt eine Körperschaft dann gemeinnützige Zwecke, wenn ihr Tätigwerden darauf angelegt ist, die Allgemeinheit in materieller, geistiger oder sittlicher Richtung selbstlos zu fördern. In der aktuellen Attac-Entscheidung des BFH betonte das Gericht, dass die Verfolgung politischer Zwecke kein gemeinnütziges Tätigwerden gemäß § 52 Abs. 2 S. 1 Nr. 24 AO darstellt.[2371] Wenn die Tätigkeit des Verbands politisch ausgerichtet ist, muss sich dieser Zweck dem gemeinnützigen Hauptzweck un-

---

770 (771). Vgl. auch *Schlacke*, EurUP 2018, 127 (131), dazu, dass die Behörde anhand dessen die Anerkennung inhaltlich und räumlich beschränken kann. S. das Thesenblatt von *v. Bernstorff*, Tagung der Vereinigung der Deutschen Staatsrechtslehrer Marburg 2019 hinsichtlich der Legitimität der Beteiligung von Nichtregierungsorganisationen aufgrund ihrer Expertise.

2367 VG Hamburg, Urt. v. 28.11.2003 – 22 VG 2478/2002, BeckRS 2004, 22963, Rn. 18; VG Wiesbaden, Beschl. v. 22.8.2019 – 4 L 2007/18.WI, BeckRS 2019, 23019, Rn. 41; HessVGH, Beschl. v. 24.1.2019 – 9 B 2455/18, NVwZ-RR 2019, 770 (771).

2368 *Gröhn*, NuR 2019, 225 (230); HessVGH, Beschl. v. 24.1.2019 – 9 B 2455/18, NVwZ-RR 2019, 770 (771); VG Wiesbaden, Beschl. v. 22.8.2019 – 4 L 2007/18.WI, BeckRS 2019, 23019, Rn. 41.

2369 VG Wiesbaden, Beschl. v. 22.8.2019 – 4 L 2007/18.WI, BeckRS 2019, 23019, Rn. 41; HessVGH, Beschl. v. 24.1.2019 – 9 B 2455/18, NVwZ-RR 2019, 770 (771). Dazu auch *Guckelberger*, NuR 2020, i.E.

2370 *Schmidt/Schrader/Zschiesche*, Die Verbandsklage, Rn. 126.

2371 BFH, Urt. v. 10.1.2019 – V R 60/17, NJW 2019, 877 (878). Ausführlich zu dieser Entscheidung auch *Leisner-Egensperger*, NJW 2019, 964 (966 f.); *Michel*, jM 2019, 212; *Spieth/Hellermann*, NVwZ 2019, 745 (746 f.).

terordnen.[2372] Gemeinnützigkeit aufgrund einer allgemeinpolitischen Zielsetzung des Vereins ist auszuschließen.[2373] Die privilegierte Stellung der Umweltverbände, die ihnen eine Klagebefugnis einräumt, erhalten sie, da sie das Allgemeinwohl fördern sollen und nicht aufgrund einer politischen Zielsetzung.[2374]

Auf einer Linie mit dieser Rechtsprechung ist auch die Entscheidung des Finanzamts Berlin, welches der Vereinigung Campact den Status der Gemeinnützigkeit im Oktober 2019 aberkannt hat.[2375] Campact führt auf seiner Internetseite aus, dass der Vereinigung aufgrund der Beeinflussung politischer Willensbildung die Gemeinnützigkeit entzogen wurde.[2376] Wegen ihres progressiven Wertefundamentes sei sie zwar unabhängig und parteiübergreifend, nicht jedoch politisch neutral.[2377] Sie ermuntert Menschen auch dazu, sich in politische Debatten einzumischen.[2378] Genau das wurde jedoch hinsichtlich Attac vom BFH bemängelt und führte letztlich auch zur Entziehung des Gemeinnützigkeitstatus von Campact.[2379] Diese Entscheidung wird von Seiten Campact aufgrund der höchstrichterlichen Entscheidung im vergleichbaren Attac-Urteil akzeptiert. Von einer gerichtlichen Überprüfung wird abgesehen.[2380]

Unter anderem als Reaktion darauf wird nun auch ein Bestreben von Finanzminister *Olaf Scholz* laut, der die Abgabenordnung hinsichtlich der Gemeinnützigkeit reformieren will.[2381] Einerseits sollen reine Männervereine, die Frauen ohne triftige Gründe ausschließen, den Status der Ge-

---

2372 Unter Verweis auf vorherige Entscheidungen BFH, Urt. v. 10.1.2019 – V R 60/17, NJW 2019, 877 (878); Urt. v. 20.3.2017 – X R 13/15, NVwZ-RR 2017, 979 (985). *Leisner-Egensperger*, NJW 2019, 964 (967).

2373 BFH, Urt. v. 10.1.2019 – V R 60/17, NJW 2019, 877 (878). *Spieth/Hellermann*, NVwZ 2019, 745 (746 f.).

2374 *Spieth/Hellermann*, NVwZ 2019, 745 (747).

2375 https://www.sueddeutsche.de/politik/campact-attac-gemeinnuetzig-spenden-spendenquittung-1.4649829, zuletzt abgerufen am 5.12.2019.

2376 *Ahlemeier*, Campact verliert Status der Gemeinnützigkeit, spiegel online v. 21.10.2019, https://www.spiegel.de/politik/deutschland/campact-verliert-status-der-gemeinnuetzigkeit-a-1292571.html; https://www.campact.de/gemeinnuetzigkeit/, jeweils zuletzt abgerufen am 5.12.2019.

2377 https://www.campact.de/gemeinnuetzigkeit/, zuletzt abgerufen am 5.12.2019.

2378 https://www.campact.de/gemeinnuetzigkeit/, zuletzt abgerufen am 5.12.2019.

2379 https://www.campact.de/gemeinnuetzigkeit/, zuletzt abgerufen am 5.12.2019.

2380 https://www.campact.de/gemeinnuetzigkeit/, zuletzt abgerufen am 5.12.2019.

2381 *Janisch*, Ein Platz am Topf, SZ v. 25.10.2019, S. 7. Dazu auch *Guckelberger*, NuR 2020, i.E.

meinnützigkeit verlieren.[2382] Andererseits sollen Vereine sich auch zukünftig politisch engagieren und Stellung zur Tagespolitik abgeben dürfen, ohne ihre Gemeinnützigkeit zu verlieren.[2383] Als Begründung wird von Seiten des Ministers angeführt, dass „[w]enn Organisationen, die sich für Demokratie und Menschenrechte einsetzen, schlechter gestellt werden als jeder x-beliebige Verein", das Steuerrecht geändert werden müsse.[2384]

Es bleibt insofern abzuwarten, wie sich die gesetzlichen Bestimmungen hinsichtlich der Gemeinnützigkeit in nächster Zeit entwickeln, da diese direkten Einfluss auf die Anerkennung nach dem UmwRG und somit auch auf die Klagebefugnis der Verbände nehmen wird.

c) Binnendemokratie, § 3 Abs. 1 S. 1 Nr. 5 UmwRG

Durch das Erfordernis der Binnendemokratie gemäß § 3 Abs. 1 S. 2 Nr. 5 UmwRG kommt es für die Vereinigungen zu einer Einschränkung ihrer bürgerlich-rechtlichen Organisationsautonomie.[2385] Diese Rückbindung dient dazu, dass die Verbände ihre privilegierte Stellung in Bezug auf Klagerechte nutzen, um Allgemeininteressen und nicht bloß einseitige In-

---

2382 Dazu auch *Büscher/Kuhn/Pfitzenmaier*, Das Problem der traditionellen Herrenklubs, welt v. 15.11.2019, https://www.welt.de/politik/deutschland/article203545786/Maennervereine-Drohende-Aberkennung; *Frahm*, Olaf Scholz will Steuervorteile für Männervereine abschaffen, spiegel online v. 10.11.2019, https://www.spiegel.de/politik/deutschland/olaf-scholz-reine-maennervereine-sollen-nicht-mehr-gemeinnuetzig-sein-a-1295744.html, jeweils zuletzt abgerufen am 5.12.2019. Vergleichbar hier das Urteil des BFH hinsichtlich einer traditionellen Freimaurerloge, BFH, Urt. v. 17.5.2017 – V R 52/15. Dazu Deutscher Bundestag, Ausarbeitung – Gemeinnützigkeit von Vereinen mit selektierter Mitgliederstruktur, 30.8.2017, WD 4 – 3000 – 069/17, https://www.bundestag.de/resource/blob/529308/8bfbc306d2e7c3abe36339 5ce579e221/wd-4-069-17-pdf-data.pdf, zuletzt abgerufen am 5.12.2019.

2383 *Geil*, Bundesfinanzminister stoppt umstrittene Steuerpläne für Vereine, zeit online v. 29.11.2019, https://www.zeit.de/politik/deutschland/2019-11/gemeinnuetzigkeit-olaf-scholz-vereine-reform-stopp, zuletzt abgerufen am 5.12.2019.

2384 https://www.bundesregierung.de/breg-de/suche/regierungspressekonferenz-vom-23-oktober-2019-1684742, zuletzt abgerufen am 5.12.2019; *Janisch*, Ein Platz am Topf, SZ v. 25.10.2019, S. 7.

2385 *Franzius*, in: Schink/Reidt/Mitschang, UVPG UmwRG, § 3 UmwRG Rn. 13; *Spieth/Hellermann*, NVwZ 2019, 745 (748).

teressen zu verfolgen.[2386] *Spieth/Hellermann* führen dazu an, dass, wenn man die Interessen der Allgemeinheit wahrnehmen möchte, man letztlich offen der Allgemeinheit gegenüberstehen sollte.[2387] Nicht jeder beliebige Interessenvertreter soll diese Sondervorteile erlangen können.[2388] Das OVG Niedersachsen hat die Erfüllung dieser Voraussetzung bei Greenpeace abgelehnt. Denn laut deren Vereinssatzung war das Stimmrecht daran geknüpft, dass in der Vergangenheit bewiesen wurde, dass der- oder diejenige sich für die Ziele von Greenpeace aktiv einsetzt.[2389] Ferner begrenzt Greenpeace die Anzahl der Stimmberechtigten auf 40 Personen, weshalb es insgesamt nicht zu einer Mitbestimmung aller Mitglieder kommen kann.[2390]

Ebenso ist es auch WWF als Stiftung verwehrt, Klagen nach dem UmwRG zu erheben, weil hier gerade keine demokratische Binnenstruktur existiert. Diesbezüglich wurde ein Verfahren vor dem ACC eröffnet.[2391] *Gröhn* betrachtet diese Einschränkung kritisch, da auch Stiftungen Mitwirkungsmöglichkeiten Einzelner bieten, sie Sachverstand bündeln und strukturieren sowie Entscheidungen in gruppendynamischen Prozessen treffen können. Insofern ist der Ausschluss von Stiftungen zunächst unverständlich.[2392] Auch die Kommission führt an, dass Stiftungen bedeutende EuGH-Urteile initiiert haben.[2393] Dieses Vorbringen ist vor dem Hintergrund, dass nur wenige Vereine von ihrem Klagerecht Gebrauch machen und WWF ein großer und auch einflussreicher Akteur für die klagweise Durchsetzung von Umweltangelegenheiten sein könnte, nachvollziehbar.

2386 *Fellenberg/Schiller*, in: Landmann/Rohmer, UmwR, § 3 UmwRG Rn. 30; *Spieth/Hellermann*, NVwZ 2019, 745 (748); *Sprißler*, DVBl 2019, 873 (874), verwendet die Bezeichnung "Jedermann-Merkmal".

2387 *Spieth/Hellermann*, NVwZ 2019, 745 (748).

2388 *Sprißler*, DVBl 2019, 873 (874).

2389 *Spieth/Hellermann*, NVwZ 2019, 745 (748). Verweist auf das noch unveröffentlichte Urteil des NdsOVG – 7 KS 82/15. Zum Beispiel der DUH *Sprißler*, DVBl 2019, 873 (875).

2390 *Spieth/Hellermann*, NVwZ 2019, 745 (748); noch nicht veröffentlichtes Urteil NdsOVG – 7 KS 82/15.

2391 Mitteilung WWF Deutschland an das Compliance Commitee v. 10.2.2016, https://www.unece.org/fileadmin/DAM/env/pp/compliance/C2015-137_Germany/Communication_Germany_WWF_resubmitted_10.02.2016.pdf, zuletzt abgerufen am 14.12.2019. S.a. *Guckelberger*, NuR 2020, i.E.

2392 *Gröhn*, NuR 2019, 225 (232 f.).

2393 C(2017) 2616 final, Rn. 80; *Guckelberger*, NuR 2020, i.E.

Allerdings ist die Rechtsverfolgung durch Verbände Teil der deutschen Rechtstradition. Die pluralistische Willensbildung führt dazu, dass keine berufsständischen oder parteipolitischen vorgeprägten Interessen die Entscheidung leiten, sondern diese im demokratischen Prozess erarbeitet werden.[2394] Stiftungen haben keine Mitglieder, sie verfolgen letztlich einen von dem Stifter festgelegten – ggf. auch gemeinnützigen – Zweck.[2395]

Insbesondere vor dem Hintergrund, dass die Verbände eine privilegierte Stellung in der Rechtsdurchsetzung einnehmen können, ist die Nähe zur Allgemeinheit und Offenheit ihr gegenüber begrüßenswert. Verbände repräsentieren die Allgemeinheit und müssen demnach auch für die Allgemeinheit zugänglich sein. Dies wird letztlich durch Mitgliedschaften und innerdemokratische Strukturen gewährleistet und ist daher im Gesamtsystem verständlich.[2396]

d) Mindestmitgliederzahl

Anders als im Zivilrecht finden sich keine Angaben zu einer Mindestmitgliederzahl.[2397] Bei der Musterfeststellungsklage ist gerade die Festsetzung des Quorums ein reger Streitpunkt.[2398] Im Naturschutzrecht entschied das BVerwG in einer älteren Entscheidung, dass die Anerkennung von Naturschutzverbänden aufgrund niedriger Mitgliederzahl abgelehnt werden kann.[2399] Einer zu hoch angesetzten Anzahl trat der EuGH mit seiner Rechtsprechung entgegen. Er entschied, dass die Mindestanzahl von 2000 Personen europarechtswidrig sei, da dadurch der Zugang zu Gericht wesentlich erschwert werde.[2400] In der Literatur wird teilweise versucht eine Größenordnung zu bestimmten. Die Zahlen divergieren dabei zwischen

---

2394 *Spieth/Hellermann*, NVwZ 2019, 745 (748); *Ziekow/Siegel*, Anerkannte Naturschutzverbände, S. 43.

2395 *Morsch*, in: Herberger/Martinek/Rüßmann, et al., jurisPK-BGB, Bd. 1, § 80 Rn. 2.

2396 S.a. *Guckelberger*, NuR 2020, i.E., dazu, dass den Mitgliedstaaten eine Gestaltungsfreiheit hinsichtlich der Anerkennungsvoraussetzungen zukommt, diese jedoch nicht zu eng gezogen werden darf.

2397 *Franzius*, in: Schink/Reidt/Mitschang, UVPG UmwRG, § 3 UmwRG Rn. 11.

2398 S. dazu Kapitel 2 D VI 2.

2399 BVerwG, Urt. v. 6.12.1985 – 4 C 55/82, BVerwGE 72, 277 (280). *Fellenberg/Schiller*, in: Landmann/Rohmer, UmwR, § 3 UmwRG Rn. 25; *Franzius*, in: Schink/Reidt/Mitschang, UVPG UmwRG, § 3 UmwRG Rn. 11.

2400 EuGH, Urt. v. 15.10.2009 – C-263/08, Slg 2009, I-9967, Rn. 47 ff.; *Franzius*, in: Schink/Reidt/Mitschang, UVPG UmwRG, § 3 UmwRG Rn. 11. Der EuGH

25 und 100 Mitgliedern. Letztlich trifft der Wortlaut aber keine Einschränkung. Der neue Gesetzentwurf sieht eine Regelung hinsichtlich der Mitgliederzahl vor. So soll laut § 3 Abs. 1 S. 2 Nr. 8 UmwRG-E eine Mindestmitgliederzahl aus dem Verhältnis 1/1000 der Mitglieder zu den wahlberechtigten Einwohnern im Tätigkeitsbereich des Verbands, wobei die Mitgliederzahlen der zugehörigen juristischen Personen hinzugerechnet werden, bestimmt werden. Hierbei handelt es sich demnach nicht um eine starre Größe, sondern findet eine rechnerische Ermittlung je nach Einzelfall statt.

Wie so oft gilt aber auch hier der Grundsatz Qualität vor Quantität. Für eine sachgerechte Aufgabenerfüllung kommt es vor allem darauf an, dass es genügend aktive und engagierte Personen gibt.[2401] Außerdem kann die sachgerechte Aufgabenerfüllung auch bei geringer Mitgliederzahl durch einen erhöhten Sachverstand und Teilhabe erreicht werden.[2402] Die kleineren Verbände, die ggf. auch in ihrem Tätigkeitsbereich beschränkt sind, sollen nicht von vornherein ausgeschlossen werden.[2403] Gerade hier bedarf es dann qualifizierter und engagierter Mitglieder.[2404] Im Endeffekt liegt die Entscheidung über die Mindestgröße daher einzelfallabhängig bei der Rechtsprechung.

e) Anerkennung

Inländischen Vereinigungen spricht gemäß § 3 Abs. 3 UmwRG die zuständige Behörde des Landes die Anerkennung aus, außer ihre Tätigkeit ist länderübergreifend, dann ist das Umweltbundesamt zuständig, § 3 Abs. 2 S. 1 UmwRG. Ausländischen Vereinigungen ist ebenso eine Anerkennung zu erteilen, § 3 Abs. 1 S. 1 UmwRG. Diese wird durch das Umweltbundesamt ausgesprochen, § 3 Abs. 2 S. 1 UmwRG. Eine Begrenzung auf das EU-

---

schließt jedoch gleichfalls nicht aus, dass eine Mindestmitgliederzahl sachdienlich für den Nachweis über die Existenz der Vereinigung sein kann.

2401 *Schieferdecker*, in: Hoppe/Beckmann/Kment, UVPG, UmwRG, § 3 UmwRG Rn. 43.

2402 HessVGH, Beschl. v. 24.1.2019 – 9 B 2455/18, ZUR 2019, 437 (437).

2403 *Bunge*, in: ders., UmwRG, § 3 Rn. 49. S. dazu auch C(2017) 2616 final, Rn. 80.

2404 *Gröhn*, NuR 2019, 225 (231).

Ausland gibt es dabei nicht.[2405] Als Verwaltungsakt ist die Anerkennung nach den allgemeinen Regeln des VwVfG aufhebbar, §§ 48 f. VwVfG.[2406]

Die Anerkennung muss grundsätzlich bei Klageerhebung vorliegen.[2407] Nicht anerkannte Vereinigungen können nur dann klageberechtigt sein, wenn sie die zusätzlichen Voraussetzungen des § 2 Abs. 2 UmwRG erfüllen. Darin wird gefordert, dass die Voraussetzungen für eine Anerkennung erfüllt sind, ein Antrag auf Anerkennung gestellt wurde und die Gründe für das Ausstehen der Entscheidung darüber nicht von der Vereinigung zu vertreten sind.[2408] Diesbezüglich ist eine Prognoseentscheidung durch Auslegung der unbestimmten Rechtsbegriffe anhand des Sinn und Zwecks des Gesetzes vorzunehmen. Im Januar 2019 entschied der Hessische VGH, dass diese Voraussetzung nicht schon dann abzulehnen ist, wenn sich der Verband als „hartleibiger und schwieriger Verhandlungspartner" gegenüber der Behörde erweist.[2409]

4. Was kann eingeklagt werden

Die Umweltverbände können sich aller Klagearten der VwGO und darüber hinaus der Anträge nach §§ 47, 80, 80a, 123 VwGO bedienen sowie ein Vorverfahren initiieren, § 2 Abs. 1 S. 1 UmwRG.[2410] Als mögliche Rechtsbehelfe kommen neben der Anfechtungsklage auch die Normenkontrolle, Verpflichtungs-, Leistungs- und Feststellungsklage in Betracht.[2411] Inhaltlich muss es um eine Entscheidung nach § 1 Abs. 1 S. 1 UmwRG oder deren Unterlassen (S. 2) gehen. Diese Vorschrift enthält eine abschließende Aufzählung und wurde durch die Novelle 2017 um

---

2405 *Fellenberg/Schiller*, in: Landmann/Rohmer, UmwR, § 3 UmwRG Rn. 13.

2406 *Bunge*, in: ders., UmwRG, § 3 Rn. 19; *Schlacke/Römling*, in: Schlacke/Schrader/Bunge, Aarhus-Handbuch, § 3 Rn. 84; *Schmidt/Schrader/Zschiesche*, Die Verbandsklage, Rn. 114; *Spieth/Hellermann*, NVwZ 2019, 745 (747).

2407 *Römling*, NuR 2018, 538 (538).

2408 S. HessVGH, Beschl. v. 30.4.2019 – 9 A 936/17.Z, ZUR 2019, 554, dazu, dass § 2 Abs. 2 S. 1 UmwRG nur Anwendung findet, wenn im Zeitpunkt der Entscheidung keine Anerkennung vorliegt, und deshalb nicht anzuwenden ist, wenn die Anerkennung kurze Zeit nach Einlegung des Rechtsbehelfs erfolgt.

2409 HessVGH, Beschl. v. 24.1.2019 – 9 B 2455/18, ZUR 2019, 437 (437).

2410 *Schlacke*, in: Gärditz, VwGO, § 2 UmwRG Rn. 19.

2411 *Schlacke/Römling*, in: Schlacke/Schrader/Bunge, Aarhus-Handbuch, § 3 Rn. 103 ff.

drei weitere Ziffern erweitert.[2412] Ausdrücklich nicht gewünscht wurde eine generalklauselartige Übertragung von Art. 9 Abs. 3 AK.[2413] Verbandsklagemöglichkeiten bestehen bspw. gegenüber Genehmigungsentscheidungen von UVP-pflichtigen Vorhaben (§ 1 Abs. 1 S. 1 Nr. 1, 2 UmwRG), aber auch gegen Aufsichtsmaßnahmen (§ 1 Abs. 1 S. 1 Nr. 2, 3, 6 UmwRG) oder Plänen und Programmen, § 1 Abs. 1 S. 1 Nr. 4 UmwRG.[2414]

5. Besonderheiten hinsichtlich Typengenehmigung

§ 1 Abs. 1 S. 1 Nr. 5 UmwRG gewinnt im Zusammenhang mit dem Dieselabgasskandal an Bedeutung. Hierbei kam es zu umweltrechtlichen Verbandsklagen wegen Anfechtung von EG-Typengenehmigungen von Kraftfahrzeugen. Die VG Düsseldorf und Schleswig-Holstein lehnten eine Klagebefugnis der Umweltverbände ab.[2415] Entscheidend ist dabei vor allem, ob die EG-Typengenehmigung unter den Katalog des § 1 Abs. 1 S. 1 Nr. 5 UmwRG subsumiert werden kann und dadurch der Anwendungsbereich des § 2 Abs. 1 UmwRG für Verbandsklagen eröffnet ist.

Entscheidungen nach § 1 Abs. 1 S. 1 Nr. 5 UmwRG sind „Verwaltungsakte oder öffentlich-rechtliche Verträge, durch die andere als in den Nummern 1 bis 2b genannte Vorhaben unter Anwendung umweltbezogener Rechtsvorschriften des Bundesrechts, des Landesrechts oder unmittelbar geltender Rechtsakte der Europäischen Union zugelassen werden".

Die Typengenehmigung eines Fahrzeugs stellt nach der Rechtsprechung der oben genannten VG keinen solchen Verwaltungsakt dar.[2416] Zur Begründung wird zunächst der Wortlaut des Gesetzes herangezogen, der von

---

2412 *Ingold/Münkler*, EurUP 2018, 468 (470); *Pernice-Warnke*, DÖV 2017, 846 (853). Zum Regelungsgehalt dieser Nummern s. ausführlich *Schlacke*, NVwZ 2017, 905 (907 f.).

2413 BT-Drs. 18/9526 S. 37; *Franzius*, in: Schink/Reidt/Mitschang, UVPG UmwRG, § 1 UmwRG Rn. 2; *Heß*, ZUR 2018, 686 (688); *Pernice-Warnke*, DÖV 2017, 846 (853); *Schlacke*, NVwZ 2017, 905 (908); *dies.*, EurUP 2018, 127 (139). S.a. *Guckelberger*, NuR 2020, 217 (217) m.w.N. dazu, dass das Listenprinzip für Neuerungen zu unflexibel sei.

2414 Zu alldem ausführlich *Ingold/Münkler*, EurUP 2018, 468 (470 ff.).

2415 VG Düsseldorf, Urt. v. 24.1.2018 – 6 K 12341/17; VG SH, Urt. v. 13.12.2017 – 3 A 38/17, ZUR 2018, 239; so auch Urt. v. 13.12.2017 – 3 A 26/17; Urt. v. 13.12.2017 – 3 A 142/17; Urt. v. 13.12.2017 – 3 A 59/17. Dazu und zu Nachfolgendem ausführlich auch *Guckelberger*, NuR 2020, 217 (222 ff.).

2416 VG Düsseldorf, Urt. v. 24.1.2018 – 6 K 12341/17, Rn. 79, juris. Zum Typengenehmigungsrecht für PKW *Schmidt-Kötters/Geber*, NVwZ 2019, 1809 ff.

einem „Vorhaben“ spricht. Im natürlichen Sprachgebrauch verstehe man unter Vorhaben, eine Absicht, einen Plan oder ein Projekt.[2417] Im juristischen Sprachgebrauch werde darunter vor allem die Umsetzung planerischer Maßnahmen meist in Bezug auf Anlagen gefasst.[2418] Dafür streite auch die Systematik der Norm. § 1 Abs. 1 S. 1 Nr. 5 UmwRG bezieht sich ausdrücklich auf § 1 Abs. 1 S. 1 Nrn. 1 bis 2b UmwRG. All diese Nummern betreffen planerische Maßnahmen in Zusammenhang mit ortsfesten Anlagen oder Eingriffen ortsspezifischer Art in Natur und Landschaft.[2419]

Neben der Systematik wird auch der Telos gegen die Annahme eines Vorhabens angeführt. § 1 Abs. 1 S. 1 Nr. 5 UmwRG gelte als Ausnahmevorschrift und sei daher eng auszulegen.[2420] Sie verfehle ihren Zweck, wenn jegliche umweltbezogene Behördenentscheidung darunter gefasst werden würde.[2421] Wie gesehen, habe sich der Gesetzgeber bewusst gegen eine Generalklausel, wie in Art. 9 Abs. 3 AK angedacht, entschieden.[2422] Diese Entscheidung würde durch eine uferlose Auslegung konterkariert werden.[2423]

Zudem zeige ein Blick in die Entstehungsgeschichte der Norm, dass obwohl schon frühzeitig im Gesetzgebungsverfahren erörtert wurde, dass Produktzulassungen aus dem Anwendungsbereich herausfallen würden, an dem Wortlaut festgehalten wurde.[2424] Dies streite für eine bewusste Beschränkung und widerspreche der Annahme eines Redaktionsversehens.

Außerdem zeige die Entstehungsgeschichte, dass § 2 Abs. 4 UVPG zur Auslegung des Vorhabens herangezogen werden soll.[2425] Auch danach werden Vorhaben in Zusammenhang mit der Errichtung, Änderung oder Erweiterung und dem Betrieb technischer Anlagen, dem Bau einer sonstigen Anlage und der Durchführung sonstiger Maßnahmen, die in Natur und Landschaft eingreifen, verstanden.[2426]

2417 VG Düsseldorf, Urt. v. 24.1.2018 – 6 K 12341/17, Rn. 86, juris.

2418 VG Düsseldorf, Urt. v. 24.1.2018 – 6 K 12341/17, Rn. 89, juris.

2419 VG Düsseldorf, Urt. v. 24.1.2018 – 6 K 12341/17, Rn. 91, juris.

2420 VG Düsseldorf, Urt. v. 24.1.2018 – 6 K 12341/17, Rn. 107, juris.

2421 VG Düsseldorf, Urt. v. 24.1.2018 – 6 K 12341/17, Rn. 104, juris.

2422 *Heß*, ZUR 2018, 686 (688); *Schlacke*, EurUP 2018, 127 (139).

2423 VG Düsseldorf, Urt. v. 24.1.2018 – 6 K 12341/17, Rn. 151, juris.

2424 VG Düsseldorf, Urt. v. 24.1.2018 – 6 K 12341/17, Rn. 118 ff., 132, juris. S. dazu das Wortprotokoll der 91. Sitzung des Ausschuss für Umwelt, Naturschutz, Bau und Reaktorsicherheit, Protokoll-Nr. 18/91, Anlage 3, S. 3, https://www.bundestag.de/resource/blob/478438/5fff13ee179c1a998ac6f6bf0b03 6d32/protokoll-18-91-data.pdf, zuletzt abgerufen am 25.11.2019.

2425 VG Düsseldorf, Urt. v. 24.1.2018 – 6 K 12341/17, Rn. 136, juris.

2426 VG Düsseldorf, Urt. v. 24.1.2018 – 6 K 12341/17, Rn. 139, juris. Vgl. auch VG SH, Urt. v. 13.12.2017 – 3 A 38/17, ZUR 2018, 239 (240).

All dies führt zu der Annahme, dass der Anwendungsbereich des § 1 Abs. 1 S. 1 Nr. 5 UmwRG eng auszulegen sei, sodass Typengenehmigungen von Kraftzeugen nicht als Vorhaben nach § 1 Abs. 1 S. 1 Nr. 5 UmwRG angesehen werden können.[2427] Somit ist festzustellen, dass sie keine planerische Maßnahme betreffen und keinen ortsfesten Bezug aufweisen. Aufgrund der Fortbewegungseigenschaft eines PKW führen sie nicht zu einem ortsspezifischen Eingriff in Natur und Landschaft.[2428]

Weiterhin lehnen die betroffenen VG eine Interpretationsfähigkeit der Norm ab. Der Wortlaut sei ihrer Meinung nach klar gefasst, sodass es keiner weiteren Auslegung bedürfe.[2429] Auch eine analoge Anwendung von § 1 Abs. 1 S. 1 Nr. 5 UmwRG wird von ihnen mangels planwidriger Lücke abgelehnt.[2430] Wie oben erwähnt, wurde im Gesetzgebungsverfahren explizit über den Ausschluss von Produktzulassungen informiert, der Gesetzgeber habe sich dennoch bewusst für die Formulierung in Nr. 5 entschieden. Ein planwidriges Vorgehen könne daher nicht angenommen werden, sodass die Typengenehmigungen letztlich auch nicht über eine entsprechende Auslegung unter § 1 Abs. 1 S. 1 Nr. 5 UmwRG gefasst werden können.[2431] Die Voraussetzungen von § 2 Abs. 1 UmwRG für eine Verbandsklage werden daher als nicht vorliegend abgelehnt. Für die Verbände besteht somit keine Klagebefugnis.

Vor dem Hintergrund einer neuen Entscheidung des OVG Berlin-Brandenburg kann dieses Ergebnis jedoch hinterfragt werden.[2432] Das OVG Berlin-Brandenburg hat in einem Verfahren hinsichtlich einer pflanzenschutzrechtlichen Genehmigung zur Ausbringung eines Pflanzenschutzmittels nach § 18 Abs. 2 PflSchG abweichend zu der oben erwähnten Haltung der VG eine weite Auslegung von § 1 Abs. 1 S. 1 Nr. 5 UmwRG bejaht.[2433] Zur Begründung führt es an, dass Art. 9 Abs. 3 AK vollständig in das deutsche Recht umgesetzt werden solle und § 1 Abs. 1 S. 1 Nr. 5 UmwRG als Auffangtatbestand konzipiert sei.[2434] Außerdem trägt

---

2427 VG Düsseldorf, Urt. v. 24.1.2018 – 6 K 12341/17, Rn. 80, juris; VG SH, Urt. v. 13.12.2017 – 3 A 38/17, ZUR 2018, 239 (240).

2428 VG Düsseldorf, Urt. v. 24.1.2018 – 6 K 12341/17, Rn. 80, juris.

2429 VG Düsseldorf, Urt. v. 24.1.2018 – 6 K 12341/17, Rn. 153 ff., juris. VG SH, Urt. v. 13.12.2017 – 3 A 38/17, ZUR 2018, 239 (240 f.).

2430 VG Düsseldorf, Urt. v. 24.1.2018 – 6 K 12341/17, Rn. 178 ff., juris.

2431 VG Düsseldorf, Urt. v. 24.1.2018 – 6 K 12341/17, Rn. 181, juris.

2432 OVG Bln-Bbg, Beschl. v. 17.5.2019 – OVG 11 S 40.19. Dazu und zu Nachfolgendem ausführlich auch *Guckelberger*, NuR 2020, 217 (222).

2433 OVG Bln-Bbg, Beschl. v. 17.5.2019 – OVG 11 S 40.19, Rn. 7, juris.

2434 OVG Bln-Bbg, Beschl. v. 17.5.2019 – OVG 11 S 40.19, Rn. 7, juris.

das Gericht vor, dass das ACC ihrerseits eine weite Auslegung des Anwendungsbereichs von Art. 9 Abs. 3 AK vertrete.[2435] Art. 9 Abs. 3 AK verlangt den Zugang zu gerichtlichen Verfahren allgemein für Handlungen oder Unterlassungen, die gegen umweltbezogene Bestimmungen verstoßen.[2436] Ein Ermessen der Vertragsparteien diesen Verfahrensgegenstand einzuschränken, wird abgelehnt.[2437] Außerdem habe insbesondere die Rechtsprechung verdeutlicht, dass die deutschen Gerichte das nationale Verwaltungsprozessrecht soweit wie möglich im Lichte der Ziele von Art. 9 Abs. 3 AK auszulegen haben.[2438] Für die Genehmigung der Ausbringung von Pflanzenschutzmittel wird daher eine Anwendung des § 1 Abs. 1 S. 1 Nr. 5 UmwRG aufgrund einer erweiterten Auslegung angenommen und damit gleichzeitig die Klagebefugnis für den Verband bejaht.[2439] Es bleibt offen, ob die Entscheidungen hinsichtlich fahrzeugrechtlicher Typengenehmigungen, die eine solche Auslegung ablehnen, vor den OVG Bestand haben werden.

Wie vormals bereits dargestellt, hat das VG Schleswig-Holstein nun eine Vorlage an den EuGH gerichtet, um zu klären, ob sich eine Klagebefugnis unabhängig von der Interpretation des § 1 Abs. 1 S. 1 Nr. 5 UmwRG auch unmittelbar aus dem Unionsrecht, demnach aus Art. 9 Abs. 3 AK i.V.m. Art. 47 GRCh, ergeben kann.[2440] Es ist wünschenswert, dass der EuGH nun insgesamt im Bereich der Typengenehmigungen für Klarheit sorgt.

6. Sonstige Voraussetzungen

a) Entscheidungsrelevanz, § 2 Abs. 1 S. 1 Nr. 1 UmwRG

Als einziges sonstiges Erfordernis ist in § 2 Abs. 1 S. 1 Nr. 1 UmwRG erhalten geblieben, dass eine Entscheidungsrelevanz bestehen muss.[2441] Insgesamt bestimmt diese Vorschrift, dass eine Vereinigung nach § 3 UmwRG

2435 OVG Bln-Bbg, Beschl. v. 17.5.2019 – OVG 11 S 40.19, Rn. 7, juris. BT-Drs. 422/16, S. 27.
2436 OVG Bln-Bbg, Beschl. v. 17.5.2019 – OVG 11 S 40.19, Rn. 7, juris.
2437 OVG Bln-Bbg, Beschl. v. 17.5.2019 – OVG 11 S 40.19, Rn. 7, juris, mit Verweis auf ACCC/C/2008/32 (EU) Part II, Rn. 51 ff., 95.
2438 OVG Bln-Bbg, Beschl. v. 17.5.2019 – OVG 11 S 40.19, Rn. 7, juris. S. dazu EuGH, Urt. v. 8.3.2011 – C-240/09, NVwZ 2011, 673 (675).
2439 OVG Bln-Bbg, Beschl. v. 17.5.2019 – OVG 11 S 40.19, Rn. 7, juris.
2440 VG SH, Beschl. v. 20.11.2019 – 3 A 113/18.
2441 *Franzius*, in: Schink/Reidt/Mitschang, UVPG UmwRG, § 2 UmwRG Rn. 17.

Rechtsbehelfe der VwGO gegen Entscheidungen nach § 1 Abs. 1 S. 1 UmwRG oder deren Unterlassen ohne Verletzung subjektiver Rechte einlegen kann, jedoch unter der Maßgabe, dass sie geltend machen kann, dass die Entscheidung Rechtsvorschriften widerspricht, die für die Entscheidung von Bedeutung sein können. So soll ausgeschlossen werden, dass entscheidungsunerhebliche Aspekte Eingang in die Umweltverträglichkeitsprüfung (UVP) erhalten.[2442]

Für Entscheidungen nach § 1 Abs. 1 S. 1 Nr. 2a–6 UmwRG muss indes § 2 Abs. 1 S. 2 UmwRG beachtet werden, der nach wie vor eine Verletzung umweltbezogener Rechtsvorschriften verlangt. Umweltbezogene Rechtsvorschriften definiert § 1 Abs. 4 UmwRG als Bestimmungen, die zum Schutz von Mensch und Umwelt Bezug zu den Umweltbestandteilen oder Faktoren des § 2 Abs. 3 Nrn. 1, 2 UIG nehmen, dies unabhängig von der Nennung des Begriffs Umwelt in Titel oder Überschrift der Norm.[2443]

Das Erfordernis des Umweltbezugs ist Art. 9 Abs. 3 AK entnommen und unzulässig, wenn es sich um eine Klage handelt, die auf Art. 9 Abs. 2 AK zurückgeht. Daran angelehnt, erklärt sich die unterschiedliche Ausgestaltung des § 2 Abs. 1 UmwRG hinsichtlich § 1 Abs. 1 S. 1 Nr. 2a–6 , welche dem Anwendungsbereich von Art. 9 Abs. 3 AK unterfallen, und § 1 Abs. 1 S. 1 Nrn. 1–2 UmwRG, die Art. 9 Abs. 2 AK zuzuordnen sind.[2444]

Diese Einordnung ist jedoch nicht allgemeingültig. Es sind Konstellationen denkbar, in denen z.B. auch ein Fall von § 1 Abs. 1 S. 1 Nr. 5 UmwRG in den Anwendungsbereich von Art. 9 Abs. 2 AK fallen kann.[2445] Ggf. widerspricht der Umweltbezug dann den Anforderungen der AK und dürfte daher nicht angewendet werden, sofern es um im Europarecht wurzelnde Naturschutzvorschriften geht.[2446] Demnach müsste in der Praxis immer

2442 BR-Drs. 552/06, S. 20; *Balensiefen*, in: ders., UmwRG, § 2 Rn. 6. Allgemein dazu auch *Kment*, NVwZ 2018, 921 (922 f.). S. z.B. HessVGH, Beschl. v. 25.9.2018 – 3 B 1684/18.N, ZfBR 2019, 56 (57), hier werden Verstöße gegen artenschutzrechtliche Bestimmungen des BNatSchG als dem Umweltschutz dienend eingeordnet.

2443 BayVGH, Beschl v. 11.4.2018 – 2 CS 18.198, NuR 2019, 483 (483); VG Neustadt a.d. Weinstraße, Beschl. v. 26.9.2019 – 5 L 963/19.NW, BeckRS2019, 23378, Rn. 19.

2444 *Buchberger*, EurUP 2019, 377 (384); *Fischer-Hüftle*, NuR 2018, 735 (740); *Guckelberger*, NuR, i.E; *Ingold/Münkler*, EurUP 2018, 468 (470).

2445 *Fischer-Hüftle*, NuR 2018, 735 (740).

2446 *Fischer-Hüftle*, NuR 2018, 735 (740).

vorab geprüft werden, ob ein Vorhaben unter Art. 9 Abs. 2 oder 3 AK zu subsumieren ist.[2447]

b) Berührtsein in satzungsgemäßem Aufgabenbereich, § 2 Abs. 1 S. 1 Nr. 2 UmwRG

Daneben verlangt Nr. 2 einen Zusammenhang zwischen dem satzungsgemäßen Aufgabenbereich des Vereins und der angegriffenen Entscheidung. Dies bezieht sich u.a. auf den örtlichen Wirkungsbereich des Verbands, der auf ein Bundesland begrenzt sein kann.[2448] Des Weiteren können auch die Ziele beschränkt sein.[2449] Nicht jeder Rechtsverstoß ist dadurch rügefähig.[2450] Letztlich muss zwischen der angegriffenen Entscheidung und dem satzungsgemäßen Aufgabenbereich ein Sachzusammenhang bestehen.[2451] Durch die Bindung an die Ziele des Umweltschutzes wird zudem eine Verbindung zwischen der Rechtsverletzung und dem Tätigkeitskreis des Verbands hergestellt.[2452]

Von einer zu engen Auslegung der Voraussetzung ist allerdings abzusehen, um der angepassten Norm gerecht zu werden.[2453] Es ist gerade nicht gewollt, dass ein zu eng umgrenzter Satzungszweck die Voraussetzung der Nr. 1 konterkarieren kann. Letztlich wird nur von einem „Berührtsein" gesprochen. Ausreichend ist daher eine mittelbare Verknüpfung der Ziele der Vereinigung mit dem Rechtsverstoß. Nicht erforderlich ist ferner, dass in der Zulässigkeit überprüft werden muss, dass jede einzelne Rüge dem satzungsgemäßen Aufgabenbereich unterfällt.[2454]

2447 *Brigola/Heß*, NuR 2017, 729 (733). *Schlacke*, NVwZ 2017, 905 (909), die eine Gleichbehandlung der Vorhaben für zielführender hält.

2448 *Bunge*, in: ders., UmwRG, § 2 Rn. 45; *Franzius*, in: Schink/Reidt/Mitschang, UVPG UmwRG, § 2 UmwRG Rn. 18; *Kment*, NVwZ 2018, 921 (923).

2449 *Franzius*, in: Schink/Reidt/Mitschang, UVPG UmwRG, § 2 UmwRG Rn. 18.

2450 *Franzius*, in: Schink/Reidt/Mitschang, UVPG UmwRG, § 2 UmwRG Rn. 10.

2451 VG Frankfurt, Urt. v. 7.3.2017 – 8 K 395/15.F; HessVGH, Beschl. v. 30.4.2019 – 9 A 936/17.Z, ZNER 2019, 348 (348).

2452 *Kment*, NVwZ 2018, 921 (923); *Schlacke/Römling*, in: Schlacke/Schrader/Bunge, Aarhus-Handbuch, § 3 Rn. 110.

2453 *Bunge*, in: ders., UmwRG, § 2 Rn. 16, 52.

2454 *Guckelberger*, NuR 2020, i.E.

c) Mitwirkungserfordernis

aa) § 2 Abs. 1 S. 1 Nr. 3 UmwRG

§ 2 Abs. 1 S. 1 Nr. 3 UmwRG statuiert ferner ein Mitwirkungserfordernis der Vereinigung am Verwaltungsverfahren.[2455] Dabei erfordert lit. a lediglich, dass die Vereinigung bei Entscheidungen nach § 1 Abs. 1 S. 1 Nrn. 1–2b UmwRG zur Beteiligung berechtigt war.[2456] Dahingegen verlangt lit. b UmwRG, dass bei Entscheidungen nach § 1 Abs. 1 S. 1 Nr. 4 UmwRG die Vereinigung sich neben der berechtigten Beteiligung auch in der Sache geäußert hat oder ihr entgegen den Rechtsvorschriften keine Gelegenheit zur Äußerung gegeben wurde. Diese Norm enthält insoweit eine Präklusion.

bb) Exkurs: Präklusion

Die Präklusionsvorschriften innerhalb des deutschen Verfahrensrechts waren in der Vergangenheit der Kritik des EuGH ausgesetzt. Generell dienen Präklusionsvorschriften der Herbeiführung von Rechtssicherheit und Verfahrensbeschleunigung, da die Parteien dazu angehalten werden, ihren Sachverstand schon frühzeitig im Verwaltungsverfahren einzubringen.[2457] In der vorherigen Fassung des UmwRG befand sich eine allgemeine Regelung zur materiellen Präklusion in § 2 Abs. 3 UmwRG, welche wegen fehlender Unionsrechtskonformität gestrichen wurde.[2458] Diese sah vor, dass eine Vereinigung, die im Verfahren nach § 1 Abs. 1 S. 1 UmwRG a.F. Gelegenheit zur Äußerung hatte, mit allen Einwendungen im Rechtsbehelfsverfahren ausgeschlossen ist, die sie im Verfahren nach § 1 Abs. 1

2455 *Balensiefen*, in: ders., UmwRG, § 2 Rn. 7 f.

2456 S. dazu, dass es für einen noch nicht anerkannten Umweltverband im Laufe des Anerkennungsverfahrens keine Pflicht gibt, sich am Genehmigungsverfahren zu beteiligen, HessVGH, Beschl. v. 30.4.2019 – 9 A 936/17.Z, ZUR 2019, 554 (555).

2457 *Guckelberger/Geber*, EurUP 2014, 167 (168); BVerfG, Beschl. v. 8.7.1982 – 2 BvR 1187/80, BVerfGE 61, 82 (116); BVerwG, Beschl. v. 11.11.2009 – 4 B 57.09, ZUR 2010, 382 (382). S.a. für das Zivilrecht BVerfG, Beschl. v. 27.2.2018 – 2 BvR 2821/14, NJW-RR 2018, 694 (695).

2458 EuGH, Urt. v. 15.10.2015 – C-137/14, NVwZ 2015, 1665 (1669 f.). Näher dazu *Guckelberger/Geber*, EurUP 2014, 167; s. dazu auch *Steinbeiß-Winkelmann*, NVwZ 2016, 713 (718 ff.). Ausführlich und kritisch *Gärditz*, Die Verw. 52 (2019), 259 (290 ff.).

S. 1 UmwRG a.F. nicht oder nicht rechtzeitig geltend gemacht hat, obwohl sie es hätte können.

In Zusammenhang mit Art. 9 Abs. 2 AK verwarf der EuGH die Regelung der materiellen Präklusion des § 2 Abs. 3 UmwRG a.F. als unionsrechtswidrig und lehnte die Anwendbarkeit der materiellen Präklusionsvorschrift des § 73 Abs. 4 S. 3–6 VwVfG ab, da die Normen der EU einen weiten Gerichtszugang bezwecken und eine umfassende Kontrolle der Rechtmäßigkeit gewährleisten wollen.[2459] Außerdem ist eine solche Einschränkung weder nach Art. 11 RL 2011/92/EU noch nach Art. 25 RL 2010/75/EU vorgesehen.[2460]

Während die Kommission annimmt, diese Rechtsprechung sinngemäß auf Art. 9 Abs. 3 AK übertragen zu können,[2461] hat der EuGH in der Entscheidung Protect für Art. 9 Abs. 3 AK eine weniger ablehnende Haltung eingenommen. Er hat entschieden, dass Art. 9 Abs. 3 AK es den Mitgliedstaaten nicht verwehrt, eine unionsrechtskonforme Ausschlussregelung als Vorbedingung einer Klage aufzustellen, sofern diese Regelung verhältnismäßig ausgestaltet sei.[2462] Dies darf jedoch nicht dazu führen, erneut materielle Präklusionsvorschriften auch für den Anwendungsbereich von Art. 9 Abs. 2 AK einzuführen.

Heute sieht lediglich § 7 Abs. 3 UmwRG eine Präklusionsvorschrift für anerkannte Umweltverbände in einem Verfahren nach § 1 Abs. 1 S. 1 Nr. 4 UmwRG, unter Ausnahme von Bebauungsplänen nach § 10 BauGB, vor.[2463] § 7 Abs. 4 UmwRG bestimmt darüber hinaus, dass die Regelungen zur materiellen Präklusion des § 73 Abs. 4 S. 3–6 und Abs. 8 VwVfG für Entscheidungen nach § 1 Abs. 1 S. 1 Nrn. 1–2b UmwRG unanwendbar

---

2459 Dazu, dass sich dies rechtsschutzerweiternd auswirkt, da 36,2 % der Klagen von Umweltverbänden an Präklusionsvorschriften scheitern *Führ/Schenten/Schreiber*, et al., Evaluation von Gebrauch und Wirkung der Verbandsklagemöglichkeiten nach dem Umwelt-Rechtsbehelfsgesetz (UmwRG), 14/2014, S. 94, https://www.umweltbundesamt.de/sites/default/files/medien/378/publikationen/texte_14_2014_evaluation_von_gebrauch_und_wirkung_der_verbandsklagemoeglichkeiten_0.pdf, zuletzt abgerufen am 5.12.2019; *Geiger/Mader*, GewArch 2017, 366 (369).

2460 EuGH, Urt. v. 15.10.2015 – C-137/14, NVwZ 2015, 1665 (1669 f.).

2461 C(2017) 2616 final, Rn. 121. A.A. hier *Schlacke*, NVwZ 2019, 1392 (1397).

2462 EuGH, Urt. v. 20.12.2017 – C-664/15, EuZW 2018, 158 (163 f.), Protect. S. in diesem Zusammenhang das Rechtsgutachten von *Durner*, Rechtsgutachten zur Wiedereinführung der Präklusion.

2463 *Decker*, VBlBW 2018, 441 (445). Die Vereinbarkeit mit Art. 9 Abs. 3 AK bezweifelnd *Buchberger*, EurUP 2019, 377 (379).

sind.[2464] Diese Norm kommt auch für Individualkläger und sonstige Vereinigungen gemäß § 4 Abs. 1 S. 1 Nr. 1 UmwRG zur Anwendung.

d) Frist

Die Rechtsbehelfsfrist beträgt in Fällen fehlender Bekanntgabe ein Jahr ab Kenntnis bzw. potentieller Kenntnis der Entscheidung durch den Verein, § 2 Abs. 3 S. 1 UmwRG. Rechtsbehelfe gegen Entscheidungen nach § 1 Abs. 1 S. 1 Nr. 5 und 6 UmwRG müssen spätestens innerhalb von zwei Jahren nach Erteilung des Verwaltungsakts erhoben werden.

e) Begründetheit

Absatz 4 der Vorschrift geht auf den Prüfungsmaßstab der Begründetheit ein, welcher spiegelbildlich zur Klagebefugnis ausgestaltet ist.[2465] Diese Vorschrift verdrängt somit § 113 Abs. 1 und 5 VwGO.[2466] Für die Begründetheit ist erforderlich, dass der Rechtsverstoß Belange berührt, die im satzungsgemäßen Aufgabenbereich liegen.[2467] Es kommt gerade nicht zu einem objektiven Beanstandungsverfahren.[2468] Für Verfahren gemäß § 1 Abs. 1 S. 1 Nrn. 2a–6 UmwRG muss zudem eine Verletzung umweltrechtlicher Vorschriften vorliegen.[2469] Zur Konkretisierung der umweltrechtlichen Vorschriften ist wiederum auf § 1 Abs. 4 UmwRG zurückzugreifen.[2470] Für Verfahren gegen Entscheidungen nach § 1 Abs. 1 S. 1 Nrn. 1, 2 UmwRG muss ein entscheidungsrelevanter Rechtsverstoß bestehen.

2464 S. *Rubel*, EurUP 2019, 386 (394) dazu, dass eine verzögerende Wirkung der gerichtlichen Verfahren zwar nicht auszuschließen sei, sie bisher jedoch nicht auffällig geworden sei.

2465 *Bunge*, in: ders., UmwRG, § 2 Rn. 14; *Franzius*, in: Schink/Reidt/Mitschang, UVPG UmwRG, § 2 UmwRG Rn. 24; *Kment*, NVwZ 2018, 921 (927). BVerwG, Beschl. v. 12.7.2018 – 7 B 15/17, AbfallR 2019, 55 (59).

2466 *Kment*, NVwZ 2018, 921 (927).

2467 *Franzius*, in: Schink/Reidt/Mitschang, UVPG UmwRG, § 2 UmwRG Rn. 8, bezweifelt die Konventionsmäßigkeit.

2468 *Franzius*, in: Schink/Reidt/Mitschang, UVPG UmwRG, § 2 UmwRG Rn. 7, 24; *Kment*, NVwZ 2018, 921 (927).

2469 BVerwG, Beschl. v. 12.7.2018 – 7 B 15/17, AbfallR 2019, 55 (59). *Schlacke/Römling*, in: Schlacke/Schrader/Bunge, Aarhus-Handbuch, § 3 Rn. 107.

2470 *Schlacke/Römling*, in: Schlacke/Schrader/Bunge, Aarhus-Handbuch, § 3 Rn. 17.

§ 2 Abs. 4 S. 2 UmwRG fordert zudem, dass für Entscheidungen nach § 1 Abs. 1 S. 1 Nr. 1 und 4 UmwRG eine Pflicht zur Umweltprüfung nach § 1 Abs. 1 Nr. 1 UVPG bestehen muss. Diese Verweisung geht fehl, da der Wortlaut sich noch auf § 1 Nr. 1 UVPG a.F. bezieht, der als Umweltprüfung, sowohl die UVP als auch die SUP umfasste, der jetzige § 1 Abs. 1 Nr. 1 UVPG sich jedoch allein auf die UVP beschränkt. Der Verweis müsste auf § 2 Abs. 10 UVPG abgeändert werden, da dieser nun die entsprechende Legaldefinition enthält.[2471]

f) Weitere Besonderheiten

Das UmwRG enthält noch weitere, teils sehr spezifische Voraussetzungen. Einige gelten dabei nicht nur für Rechtsbehelfe anerkannter Umweltvereinigungen, sondern finden darüber hinaus auf nicht anerkannte Vereinigungen im Sinne dieses Gesetzes sowie Individualkläger Anwendung.[2472] Der Vollständigkeit halber werden nachfolgend ausgewählte Bestimmungen überblicksartig dargestellt.

aa) § 5 UmwRG

In der Entscheidung des EuGH, in der er die materielle Präklusion in Zusammenhang mit Art. 9 Abs. 2 AK für unzulässig erklärt hat, hat er gleichzeitig hervorgehoben, dass die Mitgliedstaaten spezifische Verfahrensvorschriften vorsehen können und dadurch ein missbräuchliches oder unredliches Vorbringen als unzulässig ausgeschlossen werden kann, wenn die Maßnahmen geeignet sind, die Wirksamkeit des gerichtlichen Verfahrens zu gewährleisten.[2473] Diese Rechtsprechung zum Anlass führte zu § 5 UmwRG, der dies fast wortgleich übernimmt.[2474] Gemäß § 5 UmwRG wird bestimmt, dass Einwendungen von Personen oder Vereinigungen im Sinne des § 4 Abs. 3 S. 1 UmwRG, die erstmals im Rechtsbehelfsverfahren erhoben werden, unberücksichtigt bleiben, wenn die erstmalige Geltend-

2471 *Guckelberger*, NuR 2020, i.E.

2472 *Ingold/Münkler*, EurUP 2018, 468 (474); *Guckelberger*, NuR 2020, i.E.

2473 EuGH, Urt. v. 15.10.2015 – C-137/14, NVwZ 2015, 1665 (1670); *Guckelberger*, NuR 2020, i.E.

2474 *Guckelberger*, NuR 2020, i.E.; *Schlacke*, in: Faßbender/Köck, Umweltrechts, 21 (33); *dies.*, NVwZ 2019, 1392 (1395).

machung im Rechtsbehelfsverfahren missbräuchlich oder unredlich ist.[2475] Die Auslegung dieser unbestimmten Rechtsbegriffe muss auch hier wieder vor dem Sinn eines effektiven und weiten Zugangs zu Gericht erfolgen und darf daher gleichwohl nicht so stark eingeengt werden, dass nach Abschaffung der ursprünglichen Präklusionsvorschrift eine solche „durch die Hintertür“ wieder eingeführt wird.[2476] Klarheit könnte die Einführung von Regelbeispielen schaffen.[2477] Die offene gesetzliche Formulierung legt die Konkretisierung in die Hände der Rechtsprechung. Insgesamt ist eine enge Auslegung zu befürworten.[2478] Demnach ist übereinstimmend mit dem Niedersächsischen OVG das bloße Schweigen im Umkehrschluss aus § 2 Abs. 1 Nr. 3a UmwRG nicht ausreichend.[2479] Die Beweislast ist den staatlichen Stellen aufzuerlegen.[2480]

bb) § 6 UmwRG

Des Weiteren wurde als Kompensation für die Streichung der materiellen Präklusion und zur Beschleunigung des Verfahrens mit § 6 UmwRG eine innerprozessuale Präklusion für die Begründung einer Klage gegen eine Entscheidung nach § 1 Abs. 1 S. 1 UmwRG eingeführt.[2481] Hiernach muss der Rechtsbehelfsführer innerhalb von zehn Wochen ab Klageerhebung die zur Klagebegründung dienenden Tatsachen und Beweismittel angeben. Dies dient der frühen Sammlung des Prozessstoffs und präkludiert verspätetes Vorbringen von Gesetzes wegen.[2482] Die Norm ist kompliziert ausgestaltet und führt bei erstmaligem Lesen nicht unbedingt zu einem korrekten Verständnis. Sie gilt auch für Individualkläger und kann weitrei-

2475 *Siegel*, ZUR 2017, 451 (454).

2476 *Brigola/Heß*, NuR 2017, 729 (732); *Dikaios*, Überindividueller Umweltrechtsschutz, S. 529; *Guckelberger*, NuR 2020, i.E. S.a. *Franzius*, NuR 2019, 649 (653). BT-Drs. 18/12146, S. 9.

2477 *Dikaios*, Überindividueller Umweltrechtsschutz, S. 529; *Guckelberger*, NuR 2020, i.E.; *Siegel*, ZUR 2017, 451 (455).

2478 *Dikaios*, Überindividueller Umweltrechtsschutz, S. 529; *Schlacke*, NVwZ 2019, 1392 (1395).

2479 NdsOVG, Urt. v. 15.11.2018 – 1 KN 29/17, NJW-RR 2019, 631 (632); Beschl. v. 15.3.2018 – 8 B 736/17, Rn. 7, juris.

2480 *Guckelberger*, NuR 2020, i.E.

2481 *Gärditz*, EurUP 2018, 158 (159); *Guckelberger*, NuR 2020, i.E.; *Marquard*, NVwZ 2019, 1162 (1162). *Geiger/Mader*, GewArch 2017, 366 (369). *Siegel*, ZUR 2017, 451 (455), spricht von "Ersatz".

2482 *Gärditz*, EurUP 2018, 158 (161); *Marquard*, NVwZ 2019, 1162 (1162).

chende Folgen haben.[2483] Bei Anwendung dieser Vorschrift ist daher darauf zu achten, sie nicht durch übermäßige Anforderungen unbrauchbar zu machen. Gerade für Individualkläger sollten keine überzogenen Erwartungen an ihren tatsächlichen Vortrag oder die angegebenen Beweismittel gestellt werden.[2484] Die zehnwöchige Frist ist nach Satz 4 verlängerbar, ein verspätetes Vorbringen kann nur noch unter den Voraussetzungen des § 6 S. 2 und 3 UmwRG zugelassen werden.

cc) § 7 Abs. 2 UmwRG

Besonderheiten finden sich in § 7 Abs. 2 UmwRG für Entscheidungen nach § 1 Abs. 1 S. 1 Nr. 4 UmwRG, die sich auf bundes- oder landesrechtliche SUP(Strategische Umweltprüfung)-pflichtige Pläne oder Programme beziehen. Satz 1 ordnet für diese Verfahren die sachliche Zuständigkeit unabhängig von der Art des Rechtsbehelfs dem OVG zu. Es findet demnach eine sachliche Zuständigkeitskonzentration statt. Da es sich hierbei um vergleichbare Planungsentscheidungen wie die in § 47, 48 VwGO handelt, für die eine Zuständigkeitskonzentration angenommen wird, ist diese Norm aus systematischer Sicht verständlich.[2485]

Satz 3 überträgt die örtliche Zuständigkeit bei länderübergreifenden Plänen oder Programmen auf das OVG, in dessen Bezirk die über die Annahme entscheidende Behörde ihren Sitz hat. Beide Zuständigkeitsvorschriften gelten aufgrund von § 7 Abs. 6 UmwRG auch für Rechtsbehelfe von Personen und Vereinigungen nach § 4 Abs. 3 S. 1 Nr. 1 UmwRG, sind demnach nicht auf Rechtsbehelfe der Umweltverbände beschränkt.

§ 7 Abs. 2 S. 2 UmwRG erweitert die in der VwGO abschließend geregelten Rechtsbehelfe, indem er eine analoge Anwendung des § 47 VwGO anordnet, wenn weder Gestaltungs- oder Leistungsklagen noch ein Antrag nach § 47 VwGO statthaft sind.[2486] Aus dem Kontext bezieht sich diese Regelung ebenfalls auf Entscheidungen nach § 1 Abs. 1 S. 1 Nr. 4 UmwRG. Somit kann Rechtsschutz gegenüber Plänen und Programmen erlangt werden, die nach den Regelungen der VwGO mangels statthaften Rechtsbe-

---

2483 *Guckelberger*, NuR 2020, i.E.; *Marquard*, NVwZ 2019, 1162 (1162).

2484 *Marquard*, NVwZ 2019, 1162 (1165); s.a. *Gärditz*, EurUP 2018, 158 (163); *Guckelberger*, NuR 2020, i.E.

2485 *Durner*, EurUP 2018, 142 (146); *Winkler*, in: Hoppe/Beckmann/Kment, UVPG, UmwRG, § 7 UmwRG Rn. 7.

2486 *Decker*, VBlBW 2018, 441 (444).

helfs nicht gerichtlich überprüft werden konnten.[2487] § 7 Abs. 6 UmwRG verweist gerade nicht auf diesen Absatz, sodass dieser Rechtsbehelf nur von anerkannten Umweltvereinigungen wahrgenommen werden kann.[2488]

7. Fazit

Im Bereich der Umweltverbandsklagen ist insgesamt ein starker Anpassungsdruck zu erkennen. Noch kann nicht abgesehen werden, inwiefern die deutschen Regelungen in ihrer momentanen Fassung den Anforderungen des Völker- und Unionsrechts entsprechen und dauerhaft Bestand haben werden. Letztlich kann und sollte auch insbesondere durch Vorabentscheidungsverfahren Klarheit erzielt werden, um so vor allem Rechtssicherheit zu schaffen.

IV. Im Naturschutzrecht

Im Jahr 2002 hat man sich dazu entschlossen, mit § 61 BNatSchG a.F. (heute § 64 BNatSchG) eine bundeseinheitliche Regelung für die Verbandsklage im Naturschutzrecht zu schaffen, um so Vollzugsdefiziten in diesem Rechtsbereich entgegenzutreten.[2489] Anerkannten Naturschutzvereinigungen ist es gestattet, ohne subjektive Rechtsverletzung gegen Entscheidungen nach § 63 Abs. 1 Nr. 2 bis 4 und Abs. 2 Nr. 4a bis 7 BNatSchG unter bestimmten Voraussetzungen Rechtsbehelfe einzulegen. Mögliche Rechtsbehelfe sind alle Klage- und Antragsarten sowie Rechtsmittel der VwGO,[2490] z.B. die Anfechtung einer Befreiungsentscheidung oder eine Feststellungsklage gerichtet auf Feststellung der Mitwirkungsrechte der

---

2487 *Gärditz*, EurUP 2018, 158 (167).

2488 Kritisch, weil Individualkläger eine Feststellungsklage erheben müssten und somit nicht, wie es innerhalb der VwGO üblich ist, der angegriffene Gegenstand, sondern der Status der klagenden Partei über die Art des Rechtsbehelfs entscheidet, *Gärditz*, EurUP 2018, 158 (171).

2489 Gesetz zur Neuregelung des Rechts des Naturschutzes und der Landschaftspflege und zur Anpassung anderer Rechtsvorschriften vom 25.3.2002, BGBl. I 2002, S. 1193. In den BT-Drs. 14/6378, S. 60 noch als § 60 normiert. *Gellermann*, in: Landmann/Rohmer, UmwR, Vorb. §§ 63, 64 BNatSchG Rn. 1; *Guckelberger*, JA 2014, 647 (651); *dies.*, Deutsches Verwaltungsprozessrecht, S. 77 f.; *Heselhaus*, in: Frenz/Müggenborg, BNatSchG, § 64 Rn. 1, 4.

2490 *Kleve*, in: Giesberts/Reinhardt, BeckOK Umweltrecht, § 64 BNatSchG Rn. 5.

Naturschutzvereinigung.[2491] Durch § 64 BNatSchG wurde demnach „etwas anderes“ im Sinne des § 42 Abs. 2 Hs. 1 VwGO normiert.[2492]

§ 64 BNatSchG verweist auf den ähnlich aufgebauten § 2 UmwRG. § 1 Abs. 3 UmwRG statuiert für das Verhältnis der beiden Verbandsklagemöglichkeiten, dass, sofern ein Planfeststellungsverfahren die Belange des § 1 Abs. 1 S. 1 Nr. 1, 2 oder 5 UmwRG betrifft, die Rechtsbehelfe nach dem UmwRG eröffnet sind, diametral die Anwendung von § 64 BNatSchG ausgeschlossen ist.[2493] Allerdings ist eine parallele Anwendung nicht völlig exkludiert, z.B. wenn die Zulassungsentscheidung für ein UVP-pflichtiges Vorhaben nicht bereits die naturschutzrechtliche Befreiung enthält.[2494]

1. Wer soll klagen können

Berechtigte aus § 64 Abs. 1 BNatSchG sind anerkannte Naturschutzvereinigungen. In § 63 Abs. 1 BNatSchG werden sie als nach § 3 UmwRG anerkannte Vereinigungen, die nach ihrem satzungsgemäßen Aufgabenbereich im Schwerpunkt die Ziele des Naturschutzes und der Landschaftspflege fördern, definiert.[2495] Die Anerkennung kann dabei vom Bund (§ 63 Abs. 1 BNatSchG) oder vom Land, sofern die Vereinigung landesweit tätig ist, (§ 63 Abs. 2 BNatSchG) erfolgen. Dafür genügt es nicht, wenn sich ebenso umfassend mit anderen Zielen auseinandergesetzt wird. Der Vorrang muss sich eindeutig ergeben.[2496] Ebenso klageberechtigt sind die Vereinigungen, deren Altanerkennung nach § 8 Abs. 3 UmwRG fort gilt.[2497]

2491 *Gellermann*, in: Landmann/Rohmer, UmwR, § 64 BNatSchG Rn. 6; *Heselhaus*, in: Frenz/Müggenborg, BNatSchG, § 64 Rn. 9; *Kleve*, in: Giesberts/Reinhardt, BeckOK Umweltrecht, § 64 BNatSchG Rn. 6.

2492 *Fischer-Hüftle*, NuR 2011, 237 (237).

2493 BT-Drs. 17/10957, S. 15; *Heselhaus*, in: Frenz/Müggenborg, BNatSchG, § 64 Rn. 45.

2494 BT-Drs. 17/10957, S. 15. *Heselhaus*, in: Frenz/Müggenborg, BNatSchG, § 64 Rn. 8; *Schlacke/Römling*, in: Schlacke/Schrader/Bunge, Aarhus-Handbuch, § 3 Rn. 167. S.a. *Schlacke*, NVwZ 2017, 905 (908) dazu, dass die naturschutzrechtliche Verbandsklage aufgrund ihrer Entstehungsgeschichte, ihres Anwendungsbereichs und der Rechtssystematik nicht in das UmwRG integriert werden sollte. In diese Richtung auch *Buchberger*, EurUP 2019, 377 (379).

2495 Zu § 3 UmwRG ausführlich III 3.

2496 *Bunge*, in: ders., UmwRG, § 3 Rn. 35.

2497 *Gellermann*, in: Landmann/Rohmer, UmwR, § 64 BNatSchG Rn. 5.

2. Was kann eingeklagt werden

Beanstandet werden können Befreiungen, Planfeststellungen sowie Plangenehmigungen.[2498] Zu schützende Gebiete können z.B. Meeresgebiete (§ 64 Abs. 1 i.V.m. § 63 Abs. 1 Nr. 2 BNatSchG), Nationalparks, Naturschutzgebiete (§ 64 Abs. 1 i.V.m. § 63 Abs. 2 Nr. 5 BNatSchG) u.v.m. sein. Planfeststellungsverfahren sind angreifbar, wenn sie mit Eingriffen in Natur und Landschaft verbunden sind (§ 64 Abs. 1 i.V.m. § 63 Abs. 1 Nr. 3, Abs. 2 Nr. 6 BNatSchG),[2499] Plangenehmigungen dann, wenn eine Öffentlichkeitsbeteiligung vorgesehen ist (§ 64 Abs. 1 i.V.m. § 63 Abs. 1 Nr. 4, Abs. 2 Nr. 7 BNatSchG).[2500] Die anzugreifenden Gegenstände sind abschließend normiert. Eine analoge Anwendung ist daher ausgeschlossen.[2501] Dabei handelt es sich teilweise um Verwaltungsakte im Sinne des § 35 S. 1 VwVfG, weshalb häufig eine Anfechtungsklage oder aber Anträge auf vorläufigen Rechtsschutz gemäß §§ 80 Abs. 5, 80a VwGO in Betracht kommen. Die sonstigen Klagearten der VwGO sind dennoch nicht ausgeschlossen.[2502]

3. Sonstige Voraussetzungen

Für die Einlegung einer Verbandsklage müssen drei Voraussetzungen erfüllt sein: Es bedarf der Verletzung einer naturschutzrelevanten Vorschrift (§ 64 Abs. 1 Nr. 1 BNatSchG), einer Berührung des satzungsgemäßen Tätigkeitsbereichs der Naturschutzvereinigung (§ 64 Abs. 1 Nr. 2 BNatSchG) und der Berechtigung der Mitwirkung der Vereinigung im Verwaltungsverfahren (§ 64 Abs. 1 Nr. 3 BNatSchG).

2498 *Fischer-Hüftle*, in: Schumacher/ders., BNatSchG, § 64 Rn. 10; *ders.*, NuR 2011, 237 (238 f.), mit der zusätzlichen Frage, ob auch Bauleitpläne beanstandet werden können; *Kleve*, in: Giesberts/Reinhardt, BeckOK Umweltrecht, § 64 BNatSchG Rn. 2 ff. S. dazu auch OVG M-V, Beschl. v. 19.8.2015 – 3 M 64/14, NVwZ-RR 2016, 94.

2499 *Heselhaus*, in: Frenz/Müggenborg, BNatSchG, § 64 Rn. 17.

2500 *Heselhaus*, in: Frenz/Müggenborg, BNatSchG, § 64 Rn. 22; *Schlacke/Römling*, in: Schlacke/Schrader/Bunge, Aarhus-Handbuch, § 3 Rn. 170.

2501 BayVGH, Urt. v. 14.3.2017 – 22 B 17.12, NVwZ-RR 2017, 554 (555).

2502 *Schlacke/Römling*, in: Schlacke/Schrader/Bunge, Aarhus-Handbuch, § 3 Rn. 172. S. BVerwG, Urt v. 9.6.2004 – 9 A 11.03, BVerwGE 121, 72 (73, 81 ff.), hinsichtlich einer Verpflichtungssituation.

Naturschutzrelevanz gemäß § 64 Abs. 1 Nr. 1 BNatSchG hat eine Vorschrift, wenn sie zumindest auch den Belangen des Naturschutzes oder der Landschaftspflege zu dienen bestimmt ist.[2503] Das Gericht wird somit in seiner Prüfungskompetenz eingeschränkt.[2504] Eine allumfassende gerichtliche Kontrolle ist ausgeschlossen, nur solche Normen mit naturschutzrechtlichem Bezug können überprüft werden.[2505]

Der satzungsgemäße Tätigkeitsbereich der Naturschutzvereinigung im Sinne des § 64 Abs. 1 Nr. 2 BNatSchG ist berührt, wenn deren Anerkennung sich darauf bezieht.[2506]

Das Erfordernis der Mitwirkung gemäß § 64 Abs. 1 Nr. 3 BNatSchG ermöglicht zum einen, dass die Naturschutzvereinigungen ihren Sachverstand frühzeitig einbringen können und zum anderen, dass es im anschließenden Gerichtsverfahren nicht zu einem überraschenden Vortrag für den Vorhabenträger kommt.[2507] Grundsätzlich wird dadurch der Mitwirkung im Verwaltungsverfahren Vorrang gegenüber einer späteren Klage eingeräumt.[2508] § 64 Abs. 1 Nr. 3 Hs. 1 BNatSchG bestimmt, dass sich das Mitwirkungsrecht aus § 63 Abs. 1 Nr. 2 oder Abs. 2 Nr. 4a bis 5 BNatSchG ergeben kann. Der zweite Halbsatz der Ziffer betrifft die Mitwirkung bei Planfeststellungsverfahren nach § 63 Abs. 1 Nr. 3 sowie Abs. 2 Nr. 6 BNatSchG, dies jedoch nur, sofern die Anwendung des BNatSchG nach dem oben bereits erwähnten § 1 Abs. 3 UmwRG ausgeschlossen ist. Dadurch wird Rücksicht auf die im Bereich der Umweltverbandsklage angeführte Rechtsprechung des EuGH hinsichtlich der Mitwirkungspflicht bei UVP-Verfahren genommen.[2509]

Darüber hinaus bleibt es den Ländern unbenommen, weitergehende Regelungen zu erlassen, § 64 Abs. 3 BNatSchG. Bisher haben Baden-Württemberg (§ 50 NatschG), Berlin (§ 46 NatSchG), Brandenburg, (§ 37 BbgNatschAG), Mecklenburg-Vorpommern (§ 30 Abs. 5 NatSchAG MV),

---

2503 *Fischer-Hüftle*, in: Schumacher/ders., BNatSchG, § 64 Rn. 27; *Kleve*, in: Giesberts/Reinhardt, BeckOK Umweltrecht, § 64 BNatSchG Rn. 10.

2504 *Kleve*, in: Giesberts/Reinhardt, BeckOK Umweltrecht, § 64 BNatSchG Rn. 10.

2505 *Gellermann*, in: Landmann/Rohmer, UmwR, § 64 BNatSchG Rn. 15; *Guckelberger*, JA 2014, 647 (651); *Kleve*, in: Giesberts/Reinhardt, BeckOK Umweltrecht, § 64 BNatSchG Rn. 10; BVerwG, Beschl. v. 23.11.2007 – 9 B 38.07, NuR 2008, 176 (177).

2506 BT-Drs. 14/6378, S. 62; *Heselhaus*, in: Frenz/Müggenborg, BNatSchG, § 64 Rn. 31.

2507 BT-Drs. 14/6378, S. 62; *Gellermann*, in: Landmann/Rohmer, UmwR, § 64 BNatSchG Rn. 20; *Heselhaus*, in: Frenz/Müggenborg, BNatSchG, § 64 Rn. 32.

2508 *Kleve*, in: Giesberts/Reinhardt, BeckOK Umweltrecht, § 64 BNatSchG Rn. 16.

2509 *Kleve*, in: Giesberts/Reinhardt, BeckOK Umweltrecht, § 64 BNatSchG Rn. 15.

Nordrhein-Westfalen, (§ 68 LNatschG), Rheinland-Pfalz (§ 31 LNatSchG RP), Sachsen (§ 34 SächsNatSchG) und Thüringen (§ 29 Abs. 5 ThürNatG) davon Gebrauch gemacht.[2510]

V. Im Tierschutzrecht

Spätestens die Erweiterung der Staatszielbestimmung des Art. 20a GG auf Tiere führte dazu, dass eine tierschutzrechtliche Verbandsklage vermehrt in den Fokus der Bundesländer und der Literatur getreten ist.[2511] Dabei werden häufig Parallelen zur zuvor dargestellten Klage im Naturschutzrecht gezogen.[2512] Ein Versuch Schleswig-Holsteins zur Einführung einer bundeseinheitlichen Verbandsklage in den Bundesrat im Jahr 2004 scheiterte.[2513] Stattdessen führte Bremen als erstes Bundesland 2007 eine landesrechtliche Regelung für tierschutzrechtliche Verbandsklagen ein.[2514] Weitere sieben Bundesländer folgten.[2515] Das Gesetz von Nordrhein-Westfalen ist in der Zwischenzeit durch Zeitablauf außer Kraft getreten.[2516]

2510 S.a. *Schlacke/Römling*, in: Schlacke/Schrader/Bunge, Aarhus-Handbuch, § 3 Rn. 197.

2511 *Caspar*, DÖV 2008, 145 (145); *Fest/Köpernik*, DVBl 2012, 1473 (1473 ff.); *Kloepfer*, NuR 2016, 729 (729); *Näckel/Wasielewski*, NordÖR 2014, 379 (379 f.); *Schröter*, NuR 2007, 468 (472 f.); *Schürmeier*, NuR 2017, 316 (318); *Weidemann/Rheindorf*, DVP 2015, 148 (145 f.).

2512 *Caspar*, DÖV 2008, 145 (145); *Hager*, NuR 2016, 831 (831); *Rossi*, NuR 2016, 733 (733); *ders.*, in: Kloepfer/Kluge, Die tierschutzrechtliche Verbandsklage, 73 (73); *Schröter*, NuR 2007, 468 (472).

2513 *Caspar*, DÖV 2008, 145 (145); *Fest/Köpernik*, DVBl 2012, 1473 (1475); *Näckel/Wasielewski*, NordÖR 2014, 379 (379); *Schröter*, NuR 2007, 468 (473).

2514 Gesetz über das Verbandsklagerecht für Tierschutzvereine vom 25.9.2007, Brem.GBl. 2007, S. 455; *Caspar*, DÖV 2008, 145 (146); *Fest/Köpernik*, DVBl 2012, 1473 (1473); *Kloepfer*, NuR 2016, 729 (729).

2515 Baden-Württemberg § 3 Abs. 1 TierSchMVG BaWü; Hamburg § 1 Abs. 1 HmbTierSchVKG; Niedersachsen § 2 TierSchKG ND; Rheinland-Pfalz § 3 Abs. 1 TierSchLMVG RP; Saarland § 1 Abs. 1 SaarlTSVKG; Schleswig-Holstein § 1 Abs. 1 TierSchVKG SH. Auch in Berlin liegt seit dem 4.10.2019 eine Vorlage zur Beschlussfassung hinsichtlich eines Gesetzes zur Einführung des Tierschutzverbandsklagerechts vor, Drs. 18/2229.

2516 S. für das mittlerweile außer Kraft getretene Gesetz aus Nordrhein-Westfalen § 1 Abs. 1 TierschutzVMG NRW.

Bei den ausgestalteten tierschutzrechtlichen Verbandsklagen handelt es sich jeweils um altruistische Verbandsklagen.[2517] Dadurch, dass es keine einheitliche bundesgesetzliche Verbandsklagemöglichkeit gibt, sind, auch wenn sie teilweise große Ähnlichkeiten aufweisen, die einzelnen Verbandsklagen der Bundesländer verschieden.

1. Gesetzgebungskompetenz

Für Unstimmigkeiten sorgt schon die Gesetzgebungskompetenz der Länder.[2518] Gemäß Art. 74 Abs. 1 Nr. 1 sowie Nr. 20 GG erstreckt sich die konkurrierende Gesetzgebungskompetenz des Bundes sowohl auf die Befugnis zur Regelung des Verfahrensrechts als auch des Tierschutzes.[2519] Dies führt dazu, dass die Länder entgegen dem Grundsatz aus Art. 30, 70 Abs. 1 GG nur dann zur Gesetzgebung befugt sind, sofern der Bund nicht abschließend von seiner Gesetzgebungskompetenz Gebrauch gemacht hat.[2520]

Der Bund hat zwar mit der VwGO eine abschließende Regelung hinsichtlich des Verfahrensrechts getroffen,[2521] allerdings enthält diese in § 42 Abs. 2 Hs. 1 VwGO durch ihre Öffnungsklausel geradezu die Befugnis, dass auf Bundes-, aber auch auf Landesebene abweichende Regelungen getroffen werden können.[2522] Einer Verbandsklage im Tierschutzrecht steht dies nicht entgegen.[2523]

2517 *Hager*, NuR 2016, 831 (831); *Kloepfer*, NuR 2016, 729 (731). Darüber hinaus bezeichnet er auf S. 733 die Klage als quasi-egoistische Verbandsklage, da die Verbände neben den Interessen der Tiere auch ihre eigenen Interessen verfolgen. Durch die Klagemöglichkeiten wird ihre Legitimation gestärkt. *Ley*, Tierschutz-Verbandsklage, S. 85; *Rossi*, NuR 2016, 733 (734); *ders.*, in: Kloepfer/Kluge, Die tierschutzrechtliche Verbandsklage, 73 (74).

2518 Sehr ausführlich dazu *Caspar*, DÖV 2008, 145 (146 ff.); *Rossi*, NuR 2016, 733 (735 ff.); *ders.*, in: Kloepfer/Kluge, Die tierschutzrechtliche Verbandsklage, 73 (82 ff.).

2519 *Caspar*, DÖV 2008, 145 (146); *Rossi*, NuR 2016, 733 (735); *Schürmeier*, NuR 2017, 316 (318).

2520 *Caspar*, DÖV 2008, 145 (146); *Schürmeier*, NuR 2017, 316 (318); BVerfG, Beschl. v. 18.12.2018 – 1 BvR 142/15, NVwZ 2019, 381 (385); Beschl. v. 15.11.2018 – 1 BvR 1572/17, NZA 2019, 302 (303).

2521 *Caspar*, DÖV 2008, 145 (146); *Fest/Köpernik*, DVBl 2012, 1473 (1476); *Rossi*, NuR 2016, 733 (736). S. zur StPO BVerfG, Beschl. v. 18.12.2018 – 1 BvR 142/15, NVwZ 2019, 381 (385).

2522 *Caspar*, DÖV 2008, 145 (146 f.); *Fest/Köpernik*, DVBl 2012, 1473 (1476); *Schürmeier*, NuR 2017, 316 (319).

2523 *Caspar*, DÖV 2008, 145 (146 f.).

Ferner wird eine umfassende Regelung des Bundes im Tierschutzgesetz gesehen.[2524] Allerdings kam es auf Bundesebene weder bei Einführung der Tierschutzverbandsklage noch während der Änderungen innerhalb des Tierschutzgesetzes noch zu einem anderen Zeitpunkt zu einer bewussten Entscheidung des Bundes gegen eine Verbandsklage, sodass auch darin keine abschließende Normierung des Bundes liegt.[2525] Allein der Umstand, dass der Bund ein Bundesgesetz erlassen hat, lässt nicht automatisch den Schluss zu, dass die Gesetzgebung der Länder ausgeschlossen ist.[2526] Ein Regelungswille ist nicht hinreichend erkennbar.[2527] Die Länder sind daher befugt, landesrechtliche Regelungen zu erschaffen. Diese Befugnis gilt jedoch nur so lange, bis eine abschließende bundesrechtliche Regelung, z.B. in Form einer bundeseinheitlichen Verbandsklage im Tierschutzrecht, erlassen wird.

2. Ziele einer tierschutzrechtlichen Verbandsklage

Durch die Verbandsklage soll eine Möglichkeit geschaffen werden, dass die Interessen der Tiere geschützt werden, indem ihre Rechte durchgesetzt werden können.[2528] Da Tiere keine Rechtspersönlichkeit in der vom Individualrechtsschutz geprägten deutschen Rechtsordnung haben,[2529] soll da-

2524 *Caspar*, DÖV 2008, 145 (147 ff.); ausführlich zur möglichen abschließenden Regulierung durch das Tierschutzrecht *Ley*, Tierschutz-Verbandsklage, S. 96 ff.; offenlassend *Schröter*, NuR 2007, 468 (473).

2525 *Caspar*, DÖV 2008, 145 (149 ff.); zum Streitstand *Fest/Köpernik*, DVBl 2012, 1473 (1476 f.); *Schürmeier*, NuR 2017, 316 (319).

2526 *Caspar*, DÖV 2008, 145 (148); *Rossi*, NuR 2016, 733 (735); BVerfG, Urt. v. 10.2.2004 – 2 BvR 834, 1588/02, BVerfGE 109, 190 (229 f.); Beschl. v. 29.3.2000 – 2 BvL 3/96, BVerfGE 102, 99 (114 f.); Beschl. v. 9.10.1984 – 2 BvL 10/82, BVerfGE 67, 299 (324); BayVerfGH, Urt. v. 16.7.2019 – Vf. 41-IX-19, Rn. 81 f., juris.

2527 *Caspar*, DÖV 2008, 145 (148); BVerfG, Beschl. v. 14.1.2015 – 1 BvR 931/12, BVerfGE 138, 261 (280); Urt. v. 16.3.2005 – 1 BvR 668/04, BVerfGE 113, 348 (372); Urt. v. 27.10.998 – 1 BvR 2306, u.a, BVerfGE 98, 265 (300 f.).

2528 *Caspar*, DÖV 2008, 145 (146).

2529 *Caspar*, DÖV 2008, 145 (146). S. ausführlich zur Natur als Rechtsperson *Fischer-Lescano*, ZUR 2018, 205; s.a. *Greco*, JZ 2019, 390 (392 f.); *Hager*, NuR 2016, 831 (831); s. dazu auch *Herzog*, in: Kloepfer/Kluge, Die tierschutzrechtliche Verbandsklage, 47 (57 ff.); auch *Ley*, Tierschutz-Verbandsklage, S. 80 ff. In Kolumbien wurde 2016 der Fluss Rio Atrato als Rechtsperson angesehen, s. dazu ebenfalls *Fischer-Lescano*, ZUR 2018, 205 (206 f.); https://www.aau.at/blog/der-fluss-das-rechtssubjekt/, zuletzt abgerufen am 16.9.2019.

durch gleichzeitig das daraus resultierende Vollzugsdefizit beseitigt werden.[2530] Im Unterschied zum Naturschutzrecht bezweckt die Einführung des Tierschutzes nicht den Schutz für die zukünftigen Generationen, sondern einen Schutz aus moralischen Gründen für die Tiere selbst.[2531]

3. Wer soll klagen können

So wie es für die Musterfeststellungsklage und gleichfalls für andere Verbandsklagen geschehen ist, wird auch die Klagebefugnis für tierschutzrechtliche Verbandsklagen auf bestimmte Verbände beschränkt. Die Gesetze der Länder sprechen dabei von anerkannten Verbänden. Die Voraussetzungen für die Anerkennung bestimmen die Gesetze jeweils in einer separaten Norm.[2532] Sie wird auf Antrag vom Ministerium erteilt. Antragsteller können Vereine oder teilweise auch Stiftungen sein.[2533]

Voraussetzung für die Anerkennung ist unisono, dass die Vereinigung nach ihrer Satzung ideell und nicht nur vorübergehend vorwiegend die Ziele des Tierschutzes fördert. Sie muss ihren Sitz im jeweiligen Bundesland haben, wo sich ihr satzungsgemäßes Tätigkeitsgebiet befindet. Im Zeitpunkt der Anerkennung muss sie seit mindestens fünf Jahren bestehen und während dieses Zeitraums im Sinne des Tierschutzes tätig gewesen sein. Es ist ferner erforderlich, dass sie die Gewähr für eine sachgerechte Aufgabenerfüllung bietet. Dabei sollen die Art und der Umfang ihrer bisherigen Tätigkeit, der Mitgliederkreis sowie die Leistungsfähigkeit berücksichtigt werden. Mangels subjektiven Rechts wird so eine Verbindung zwischen der Verletzung und dem Verband hergestellt, sodass nicht jede beliebige Rechtsverletzung ausreicht.[2534]

2530 OVG NRW, Urt. v. 5.7.2019 – 20 A 1165/16, Rn. 64 ff.; LT-Drs. NRW 16/177, S. 1, 11 f. S. dazu ausführlich unter 6.

2531 *Greco*, JZ 2019, 390 (392); *Hager*, NuR 2016, 831 (832). Er findet daher die Einführung einer Tierschutzklage auf der Grundlage von Eigenrechten der Tiere am passensten. *Ders.*, in: Kloepfer/Kluge, Die tierschutzrechtliche Verbandsklage, 61 (62 f.). Der Vollzug sollte dazu führen, dass es den Tieren besser geht, *Martin*, in: Kloepfer/Kluge, Die tierschutzrechtliche Verbandsklage, 25 (27).

2532 § 5 TierSchMVG BaWü; § 3 TSVbklG Bremen; § 2 HmbTierSchVKG; § 3 TierSchKG ND; § 2 TierSchLMVG RP; § 3 TSVKG Saarland; § 3 SchlH-TierSVbKlG; auch ehemalig § 3 TierschutzVMG NRW.

2533 So ausdrücklich § 5 Abs. 1 S. 1 TierSchMVG BaWü; § 3 Abs. 1 S. 1 TSVKG Saarland.

2534 *Weidemann/Rheindorf*, DVP 2015, 148 (151).

Es wird des Weiteren vorausgesetzt, dass der Verband gemeinnützige Zwecke verfolgt und daher von der Körperschaftsteuer befreit ist. Außerdem soll es jedem ermöglicht werden, neues Mitglied mit vollem Stimmrecht in der Mitgliederversammlung zu werden. Keine Bestimmungen finden sich hinsichtlich einer bestimmten Größe des Vereins. Die Anerkennung kann ihrerseits widerrufen oder zurückgenommen werden. Darüber hinaus gibt es in manchen Gesetzen noch weitere Anforderungen an die Anerkennung, z.B. fordert das Gesetz aus Rheinland-Pfalz einen jährlichen Rechenschaftsbericht, § 2 Abs. 1 Nr. 7 TierSchLMVG, in Baden-Württemberg wird nach § 5 Abs. 1 S. 2 Nr. 7 TierSchMVG BaWü zudem ein vertraulicher Umgang mit den Daten vorausgesetzt. In Niedersachsen wird die Anerkennung im Ministerialblatt publiziert, § 3 Abs. 3 TierSchKG ND, in Baden-Württemberg wird sie auf der Internetseite des Ministeriums veröffentlicht, § 5 Abs. 2 S. 2 TierSchMVG BaWü.

4. Was kann eingeklagt werden

Im Rahmen der tierschutzrechtlichen Verbandsklage können anerkannte Verbände eine Rechtsverletzung einklagen, ohne eine eigene subjektive Rechtsverletzung geltend machen zu müssen.[2535]

Innerhalb der Länder haben sich zwei Modelle gebildet. Die Gesetze von Bremen, Hamburg und Niedersachsen begrenzen die Klagemöglichkeit auf die Feststellung der Rechtswidrigkeit.[2536] Die übrigen Länder, Baden-Württemberg, Rheinland-Pfalz, Saarland und Schleswig-Holstein sowie das außer Kraft getretene Gesetz aus Nordrhein-Westfalen, treffen grundsätzlich keine Einschränkung hinsichtlich der Klageart.[2537] Den Verbänden stehen so alle in der VwGO normierten Rechtsbehelfe zur Verfügung.

Die Verfahrensgegenstände sind dabei auf folgende enumerierte Fälle beschränkt: Die Einlegung von Rechtsbehelfen ist möglich gegen Genehmigungen zum Schlachten von Tieren (§ 4a Abs. 2 Nr. 2 TSchG), zum Schnabelkürzen bei Legehennen und Nutzgeflügel (§ 6 Abs. 3 TSchG), für Zucht, Haltung und Handel von Tieren, § 11 Abs. 1 TSchG. Außerdem be-

2535 *Näckel/Wasielewski*, NordÖR 2014, 379 (382).
2536 § 1 TSVbklG Bremen; § 1 HmbTierSchVKG; § 2 TierSchKG ND.
2537 § 3 TierSchLMVG RP; § 1 TSVKG Saarland; § 1 SchlHTierSVbKlG; auch ehemalig § 1 TierschutzVMG NRW. § 3 TierSchMVG BaWü begrenzt die Klagemöglichkeiten auf § 42 Abs. 1 VwGO.

steht eine Klagemöglichkeit gegenüber bau- und immissionsschutzrechtlichen Genehmigungen für Vorhaben zum Halten von Tieren zu Erwerbszwecken sowie gegen Anordnungen oder Unterlassungen nach § 16a Abs. 1 TSchG. Hinsichtlich der Genehmigungen für Tierversuche an Wirbeltieren oder Kopffüßern gemäß § 8 Abs. 1 TSchG kann auch nach den zuletzt aufgelisteten Bundesländern nur eine Feststellungsklage erhoben werden.[2538]

Die Begrenzung auf eine Feststellungsklage wird mit der befürchteten aufschiebenden Wirkung der Anfechtungsklage begründet.[2539] Dabei wird allerdings verkannt, dass in eiligen Fällen immer noch eine sofortige Vollziehbarkeit einzelner Verwaltungsakte angeordnet werden könnte und einstweiliger Rechtsschutz begehrt werden kann. Durch die Feststellungsklage lassen sich akute Situationen nicht beseitigen.[2540] Für einen umfassenden Rechtsschutz erscheint daher die Einräumung aller Verfahrensarten nach der VwGO am effektivsten.

Fest und *Köpernik* bezweifeln sogar, dass eine Begrenzung auf die Feststellungsklage verfassungsgemäß ist, weil die VwGO die Klagearten abschließend regelt.[2541] Diese Zweifel sind nachvollziehbar.

So findet sich in § 43 VwGO zwar eine Regelung zur Feststellungsklage, deren Anwendungsbereich wird jedoch auf die Feststellung des Bestehens oder Nichtbestehens eines Rechtsverhältnisses oder der Nichtigkeit eines Verwaltungsakts begrenzt. Innerhalb der tierschutzrechtlichen Verbandsklagen von Hamburg, Bremen und Niedersachsen kommt eine Feststellungsklage unabhängig vom Vorliegen dieser Voraussetzungen zur Anwendung. Auch die restlichen Länder kennen eine Beschränkung auf die Feststellungsklage für die Genehmigung für Tierversuche an Wirbeltieren und Kopffüßern. Dies führt dazu, dass selbst bei der Überprüfung der Rechtmäßigkeit eines Verwaltungsakts, für die die VwGO die Anfechtungs- oder Verpflichtungsklage vorsieht, eine Feststellungsklage zu erheben ist.[2542] Dies widerspricht dem in der VwGO festgelegten Anwendungsbereich der Feststellungsklage, deshalb ist zu klären, ob hier eine kompetenzwidrige Erweiterung der Klagearten durch die Länder vorliegt, sofern

2538 *Knitsch*, in: Kloepfer/Kluge, Die tierschutzrechtliche Verbandsklage, 105 (105); *Weidemann/Rheindorf*, DVP 2015, 148 (150).

2539 *Fest/Köpernik*, DVBl 2012, 1473 (1477); *Gröpl*, in: ders./Guckelberger/Wohlfarth, Landesrecht, § 2 Rn. 168a.

2540 *Schürmeier*, NuR 2017, 316 (322).

2541 *Fest/Köpernik*, DVBl 2012, 1473 (1477).

2542 Dazu auch *Löwer*, Stellungnahme 15/1110, Landtag NRW, S. 9.

deren Gesetzgebungsbefugnis nicht auch die Erweiterung der Klagearten umfasst.

Aus Art. 74 Abs. 1 Nr. 1 GG ergibt sich – wie gesehen – eine konkurrierende Gesetzgebungskompetenz des Bundes zur Regelung des gerichtlichen Verfahrens, worunter auch die VwGO und das Verwaltungsprozessrecht fallen. Nach Art. 72 Abs. 1 GG sind die Länder nur zur Gesetzgebung befugt, soweit und solange der Bund nicht abschließend von seiner Kompetenz Gebrauch gemacht hat.[2543] Innerhalb der VwGO legt der Bund die Klagearten und deren Regelungsgehalt für einen Verwaltungsprozess abschließend fest.[2544] Eine Öffnung befindet sich jedoch in § 42 Abs. 2 Hs. 1 VwGO.

Die Öffnungsklausel aus § 42 Abs. 2 Hs. 1 VwGO gestattet eine gesetzliche Regelung unabhängig von einer möglichen individuellen Rechtsverletzung, aber trifft keine Aussage hinsichtlich einer möglichen Schaffung neuer oder der Erweiterung des Anwendungsbereichs der normierten Klagearten.

Interpretiert man diese Öffnungsklausel so, dass Verbandsklagen ohne Einschränkungen eingeführt werden können, also keine Bindung an die Klagearten der VwGO bestünde, so kann insgesamt festgestellt werden, dass der Bund nicht abschließend von seiner Kompetenz Gebrauch gemacht hätte. Die Öffnungsklausel würde ermöglichen, dass auch auf landesrechtlicher Ebene die Voraussetzungen der in der VwGO geregelten Klagearten modifiziert werden könnten.[2545]

Andererseits kann die Öffnungsklausel auch so gelesen werden, dass sie nur eine Abweichung vom Erfordernis der Rechtsverletzung beinhaltet.[2546] Hinsichtlich der sonstigen Voraussetzungen und Anforderungen müssten die in der VwGO abschließend geregelten Bestimmungen herangezogen werden. Bezüglich der Klagearten ist dann in unveränderter Form

---

2543 *Caspar*, DÖV 2008, 145 (146); *Schürmeier*, NuR 2017, 316 (318); BVerfG, Beschl. v. 18.12.2018 – 1 BvR 142/15, NVwZ 2019, 381 (385); Beschl. v. 15.11.2018 – 1 BvR 1572/17, NZA 2019, 302 (303).

2544 *Caspar*, DÖV 2008, 145 (146); *Fest/Köpernik*, DVBl 2012, 1473 (1476); *Rossi*, NuR 2016, 733 (736). S. zur StPO BVerfG, Beschl. v. 18.12.2018 – 1 BvR 142/15, NVwZ 2019, 381 (385).

2545 S. dazu *Maisack*, Stellungnahme 15/1111, Landtag NRW, S. 22 f., der vertritt, dass die Feststellungsklage ein „Weniger" gegenüber der Anfechtungsklage darstellt, ein Verstoß gegen § 42 Abs. 2 Hs. 1 VwGO nur dann vorliegen würde, wenn eine neue, weitere Klageart geschaffen werden würde. *Fest/Köpernik*, DVBl 2012, 1473 (1477).

2546 *Gärditz*, Gutachten D 71. DJT, D 42.

auf die der VwGO zurückzugreifen.[2547] Für eine erweiternde Regelung durch Landesrecht bestünde somit kein Raum.[2548]

Gegen diese enge Lesart könnte ein Vergleich zur saarländischen und rheinland-pfälzischen Aufsichtsklage sprechen. Auch hier hat der Landesgesetzgeber von der Öffnungsklausel Gebrauch gemacht und einen besonderen Rechtsbehelf geschaffen. Hierbei ist jedoch anzumerken, dass diese gerade als Anfechtungsklage klassifiziert wird und sich somit in die vorgegebenen Klagearten der VwGO einreiht.[2549] Zur Begründung wird auch hier vorgetragen, dass die Aufsichtsklage nur so mit der als abschließend angesehenen Schaffung der Klagearten des Bundesgesetzgebers konform ist, also über die Öffnungsklausel gerade keine Klageart sui generis geschaffen werden könnte.[2550] Dies spricht demnach für eine enge Interpretation.

Ebenso kann aus dem Wortlaut keine weite Interpretation entnommen werden. In § 42 Abs. 2 VwGO finden sich keine Anhaltspunkte zur Ausgestaltung der abweichenden gesetzlichen Regel, sondern nur, dass eine Abweichung vom Erfordernis der Geltendmachung der Rechtsverletzung möglich ist.[2551]

Auch die systematische Stellung der Öffnungsklausel ist ein Indiz für eine enge Lesart. Sie ist in Absatz 2 des Paragraphen mit dem Titel Anfechtungs- und Verpflichtungsklage angeordnet, sodass es naheliegend ist, dass der Wortlaut „Klage" sich gerade auf diese festgelegten Klagearten bezieht. Außerdem kennt die VwGO mit § 47 Abs. 1 Nr. 2 VwGO eine weite Öffnungsklausel zugunsten der Länder. Die in § 42 Abs. 2 VwGO gefasste Vorschrift stellt sich inhaltlich hingegen anders dar.

Allerdings trifft der Bund selbst Beschränkungen auf reine Feststellungsklagen, so z.B. innerhalb des § 15 BGG, oder bestimmt besondere Rechtsbehelfe gemäß § 7 Abs. 2 S. 2 UmwRG. Ihm steht aufgrund seiner Kompetenz in Art. 74 Abs. 1 Nr. 1 GG jedoch die Befugnis zur Erweiterung der Klagearten zu.

Aus Gründen der Rechtseinheit spricht meines Erachtens mehr dafür, die Feststellungsklage innerhalb der Rechtsordnung einheitlich zu verstehen. Eine Ausweitung auf Landesebene könnte zu nicht gewollten Rechtsunsicherheiten und einer Rechtszersplitterung führen. *Schlacke* spricht von

---

2547 *Löwer*, Stellungnahme 15/1110, Landtag NRW, S. 9; *Fest/Köpernik*, DVBl 2012, 1473 (1477).

2548 So auch *Löwer*, Stellungnahme 15/1110, Landtag NRW, S. 9.

2549 *Guckelberger/Heimpel*, LKRZ 2012, 6 (7).

2550 *Guckelberger/Heimpel*, LKRZ 2012, 6 (7).

2551 So auch *Löwer*, Stellungnahme 15/1110, Landtag NRW, S. 9. A.A. *Fest/Köpernik*, DVBl 2012, 1473 (1477).

„rechtssystematischen Friktionen“.[2552] Die Kodifikationsidee hinter der VwGO ist die Normierung eines einheitlichen Verwaltungsprozessrechts in einem Gesetz. Die Schaffung von Sonderprozessrecht weicht diese Bedeutung immer weiter auf.[2553] Damit könnte neben der Kohärenz auch die Stringenz verloren gehen. Im Sinne der Rechtseinheit sollte der Begriff der Feststellungsklage zumindest innerhalb des Verwaltungsprozessrechts einheitlich verstanden werden.

Letztlich wird es de lege ferenda die Entscheidung des Bundesgesetzgebers sein, ob er den Ländern die Befugnis zugesteht, dass sie eigene abweichende Klagearten entwickeln können. Gleichwohl könnte er selbst durch eine bundeseinheitliche tierschutzrechtliche Verbandsklagemöglichkeit eine Begrenzung auf Feststellungsklagen vornehmen und so die Frage der Interpretation der Öffnungsklausel dahinstehen lassen.

5. Sonstige Voraussetzungen

Als weitere Zulässigkeitsvoraussetzung wird gefordert, dass die angegriffene Maßnahme tierschutzrelevanten Vorschriften widerspricht, welche innerhalb der Gesetze näher konkretisiert werden. Ferner muss dadurch der Aufgabenbereich des Verbands berührt werden. Mangels subjektiver Rechtsverletzung wird damit eine Verbindung zum Wirkungsbereich des Verbands geschaffen, sodass nicht jedes rechtswidrige Tun oder Unterlassen geahndet werden kann.[2554] Außerdem muss der Verband zur Mitwirkung berechtigt gewesen sein und sich entweder bereits geäußert haben oder ihm die Gelegenheit zur Äußerung beschnitten worden sein. Für verspätetes Vorbringen enthalten einige Gesetze eine materielle Präklusion.[2555] Innerhalb der Gesetze von Bremen und Hamburg gibt es stattdessen das Erfordernis, dass der Verband die Behörde vorab schriftlich zur Beseitigung des Rechtsverstoßes aufgefordert haben muss und diese der Aufforderung nicht binnen drei Monaten nachgekommen ist, § 1 Abs. 3 S. 1 TSVbklG Bremen, § 1 Abs. 3 S. 1 HmbTierSchVKG.

2552 *Schlacke*, Stellungnahme 15/1112, Landtag NRW, S. 2; *Fest/Köpernik*, DVBl 2012, 1473 (1477).

2553 Zur Zersplitterung des Prozessrechts *BDVR*, Effektiven Rechtsschutz sichern; *Schlacke*, NVwZ 2019, 1392 (1401).

2554 *Weidemann/Rheindorf*, DVP 2015, 148 (151).

2555 § 3 Abs. 4 TierSchMVG BaWü; § 3 Abs. 3 TierSchLMVG RP; § 1 Abs. 3 TSVKG Saarland; § 1 Abs. 3 SchlHTierSVbKlG; auch ehemalig § 1 Abs. 3 TierschutzVMG NRW.

6. Einführung einer (bundesrechtlichen) tierschutzrechtlichen Verbandsklage

Zunächst ist festzuhalten, dass sich allein aus der Staatszielbestimmung des Art. 20a GG und auch aus den vergleichbaren Normierungen in den Landesverfassungen keine Pflicht zur Einführung einer Verbandsklage ergibt.[2556] Das Bedürfnis zur Einführung einer Verbandsklage entsteht daraus, dass Tieren keine Rechtspersönlichkeit im deutschen Recht zukommt,[2557] die Klageerhebung nach der VwGO jedoch an die Geltendmachung einer subjektiven Rechtsverletzung gekoppelt ist.[2558] Das Tierschutzrecht dient, wie sein Name es besagt, größtenteils objektiv dem Schutz der Tiere. So wird als Zweck des TierSchG in § 1 TierSchG zwar der Schutz des Lebens und des Wohlbefindens der Tiere normiert, die Tiere können dies mangels eigener Rechtspersönlichkeit jedoch nur durch menschliche Treuhänder geltend machen.[2559] Letztere können aber regelmäßig keine Verletzung eigener subjektiver Rechte nachweisen.[2560] Diese Ausgangslage führt zu der paradoxen Situation, dass Bürger gegen eine Genehmigungsablehnung, z.B. für Tierversuche, Klage erheben können, es aber keine Klagemöglichkeit gegen eine erteilte Genehmigung gibt.[2561] Es fehlt an einer „Rechtserzwingungsposition“[2562], was letztlich ebenso zu

---

2556 OVG NRW, Urt. v. 5.7.2019 – 20 A 1165/16, Rn. 58, juris. *Groß*, Die Rechtsdurchsetzung von Tierbelangen, S. 147 ff.; *Ley*, Tierschutz-Verbandsklage, S. 87 ff.

2557 *Caspar*, DÖV 2008, 145 (146). S. ausführlich zur Natur als Rechtsperson *Fischer-Lescano*, ZUR 2018, 205 (ff.); s.a. *Greco*, JZ 2019, 390 (392 f.); *Hager*, NuR 2016, 831 (831); s. dazu auch *Herzog*, in: Kloepfer/Kluge, Die tierschutzrechtliche Verbandsklage, 47 (57 ff.); auch *Ley*, Tierschutz-Verbandsklage, S. 80 ff. In Kolumbien wurde 2016 der Fluss Rio Atrato als Rechtsperson angesehen, s. dazu *Fischer-Lescano*, ZUR 2018, 205 (206 f.); https://www.aau.at/blog/der-fluss-das-rechtssubjekt/, zuletzt abgerufen am 16.9.2019.

2558 *Caspar*, DÖV 2008, 145 (146); *Hager*, NuR 2016, 831 (831); *Martin*, in: Kloepfer/Kluge, Die tierschutzrechtliche Verbandsklage, 25 (29).

2559 *Hager*, NuR 2016, 831 (831); *ders.*, in: Kloepfer/Kluge, Die tierschutzrechtliche Verbandsklage, 61 (62).

2560 *Caspar*, DÖV 2008, 145 (146).

2561 *Fest/Köpernik*, DVBl 2012, 1473 (1474); *Hager*, NuR 2016, 831 (831); *Martin*, in: Kloepfer/Kluge, Die tierschutzrechtliche Verbandsklage, 25 (29); *Weidemann/Rheindorf*, DVP 2015, 148 (150). Ausführlich LT-Drs. NRW 16/177, S. 11.

2562 *Kloepfer*, NuR 2016, 729 (731).

einem Vollzugsdefizit führt.[2563] Zur Ahndung von Rechtsverstößen verbleibt höchstens eine strafrechtliche Verfolgung, z.B. aus § 17 TierSchG, oder ein Hinweis an die Aufsichtsbehörde.[2564]

Tierschutzverbände erweisen sich als wichtige Akteure zur Durchsetzung von Rechtsvorschriften und zur Aufdeckung der herrschenden Missstände.[2565] Sie verfügen über Fachkompetenz, was auch vorteilig für die Behörden sein kann.[2566] Außerdem dienen etwaige Präzedenzfälle der Orientierung und Rechtssicherheit sowie der Prävention.[2567] Die Kontrollwirkung setzt schon ab Bestehen der Klagemöglichkeit an, allein ihre Existenz hält zu einem rechtmäßigen Handeln an.[2568] Dass ein Missbrauch nicht ganz ausgeschlossen werden kann, ist offensichtlich, jedoch schadet sich ein Verband selbst, wenn er in der Öffentlichkeit für erfolglose Klagen bekannt wird.[2569] Ferner hat er die Kosten des Unterliegens zu tragen.[2570] Zukünftig kann ihm ebenfalls die Anerkennung entzogen werden.[2571]

Negative Stimmen gegen die Einführung einer Verbandsklage im Tierschutzrecht gibt es dennoch. Die Argumente sind nahezu identisch mit den oben bereits allgemein dargestellten Argumenten gegen die Einführung von Verbandsklagen. Auch hier ist die gefürchtete Klageflut unter Verweis auf die ordnungsgemäße Durchführung von Verbandsklagen im

---

2563 *Fest/Köpernik*, DVBl 2012, 1473 (1475); *Hager*, NuR 2016, 831 (831); *ders.*, in: Kloepfer/Kluge, Die tierschutzrechtliche Verbandsklage, 61 (64); *Kloepfer*, NuR 2016, 729 (730 f.); *Schürmeier*, NuR 2017, 316 (317).

2564 *Fest/Köpernik*, DVBl 2012, 1473 (1474); *Hager*, NuR 2016, 831 (831).

2565 *Schürmeier*, NuR 2017, 316 (317).

2566 *Fest/Köpernik*, DVBl 2012, 1473 (1476); *Gieseler*, NVwZ 2016, 1462 (1462); *Näckel/Wasielewski*, NordÖR 2014, 379 (384).

2567 Dazu auch *Hager*, in: Kloepfer/Kluge, Die tierschutzrechtliche Verbandsklage, 61 (65); *Kloepfer*, NuR 2016, 729 (731); *Rossi*, NuR 2016, 733 (734); *ders.*, in: Kloepfer/Kluge, Die tierschutzrechtliche Verbandsklage, 73 (77); *Schürmeier*, NuR 2017, 316 (322). Zur Prävention auch *Ramsauer*, NordÖR 2019, 157 (166).

2568 Vgl. *Radespiel*, Die naturschutzrechtliche Verbandsklage, S. 375 f.; *Rossi*, NuR 2016, 733 (734); *ders.*, in: Kloepfer/Kluge, Die tierschutzrechtliche Verbandsklage, 73 (77).

2569 *Fest/Köpernik*, DVBl 2012, 1473 (1476).

2570 *Weidemann/Rheindorf*, DVP 2015, 148 (151).

2571 § 5 Abs. 3 TierSchMVG BaWü; § 3 Abs. 3 TSVbklG Bremen; § 2 Abs. 3 HmbTierSchVKG; § 2 Abs. 3 TierSchLMVG RP; § 3 Abs. 3 TSVKG Saarland; § 3 Abs. 3 SchlHTierSVbKlG; auch ehemalig § 3 Abs. 3 TierschutzVMG NRW.

Umweltrecht abzulehnen.[2572] Einer etwaigen Verzögerung von Tierschutzversuchen kann durch die Anordnung der sofortigen Vollziehung und Instrumenten des einstweiligen Rechtsschutzes begegnet werden.[2573] Die ggf. auftretende Mehrarbeit der Gerichte muss im Sinne der Rechtsmäßigkeit des Handelns hingenommen werden.[2574] Durch die Einführung der Verbandsklage kann daher nicht pauschalierend eine Überforderung des vom Individualrechtsschutz geprägten Verwaltungsrechts angenommen werden.[2575]

Letztlich sind die Argumente gegen eine Einführung einer (bundeseinheitlichen) Tierschutzverbandsklage nicht überzeugend. Vielmehr ist ein strukturelles Vollzugsdefizit innerhalb des Tierschutzrechts erkennbar, welches grundlegend auch vergleichbar zu den Defiziten im Umwelt- und Naturschutzrecht ist. Tierschutz ist nur dann effektiv, wenn er durchgesetzt werden kann.[2576] Die Verbandsklage bietet ein taugliches Instrument, um diesen Durchsetzungslücken zu begegnen. Die Einräumung der Klagebefugnis von Verbänden begrenzt die Bedenken einer ausufernden Klageflut. Nur Verbänden, die hohe Voraussetzungen erfüllen, wird diese Befugnis zuteil. Ausfluss dessen ist, dass durch die hohen Anforderungen an die Klagbefugnis auch die Verbandsklage insgesamt einer strengen Kontrolle zugeführt wird. Die tierschutzrechtliche Verbandsklage erweist sich daher als ein wirksames Rechtsinstrument, das sich zugleich in die deutsche Rechtsordnung einfügt.

VI. Im Denkmalschutzrecht

Eine ähnliche Situation wird für das Denkmalschutzrecht angenommen. Auch hier gibt es vereinzelt Versuche, eine Verbandsklage einzuführen. So

---

2572 *Hager*, NuR 2016, 831 (832); *ders.*, in: Kloepfer/Kluge, Die tierschutzrechtliche Verbandsklage, 61 (64); *Kloepfer*, NuR 2016, 729 (732); unter Hinweis auf die gemachten Erfahrungen in NRW *Knitsch*, in: Kloepfer/Kluge, Die tierschutzrechtliche Verbandsklage, 105 (108 f.); *Kremer*, in: Kloepfer/Kluge, Die tierschutzrechtliche Verbandsklage, 117 (119); *Näckel/Wasielewski*, NordÖR 2014, 379 (384). *Ley*, Tierschutz-Verbandsklage, S. 178 ff. stellt eine ausführliche Untersuchung dazu an.

2573 *Hager*, in: Kloepfer/Kluge, Die tierschutzrechtliche Verbandsklage, 61 (64).

2574 *Fest/Köpernik*, DVBl 2012, 1473 (1476); *Groß*, Die Rechtsdurchsetzung von Tierbelangen, S. 191; *Hager*, NuR 2016, 831 (832).

2575 *Ley*, Tierschutz-Verbandsklage, S. 85.

2576 *Groß*, Die Rechtsdurchsetzung von Tierbelangen, S. 199.

befassten sich im Laufe der Zeit Gesetzesinitiativen mit der Einführung einer Verbandsklage im Denkmalschutzrecht.[2577] Die aktuellste Ablehnung erfuhr die Partei Bündnis 90/Die Grünen in Sachsen im Mai 2019 hinsichtlich ihres im Herbst 2018 eingereichten Gesetzentwurfs eines Gesetzes zur Einführung von Mitwirkungsrechten und zum Verbandsklagerecht für anerkannte Denkmalschutzvereinigungen.[2578] Dieser sah vor, das bisherige Denkmalschutzgesetz parallel zu den Vorschriften des UmwRG und des Naturschutzrechts um Vorschriften zur Mitwirkung und Rechtsbehelfen anerkannter Verbände in drei Paragrafen gefasst zu erweitern.[2579] Am 22.5.2019 empfahl der Innenausschuss jedoch, dem nicht zuzustimmen.[2580]

Parallelen zum oben Dargestellten ergeben sich insoweit, dass es auch hier keine Rechtserzwingungsposition gibt.[2581] Die Denkmäler selbst sind nicht Träger subjektiver Rechte und den Verbänden kommen in dieser Situation keine eigenen subjektiven Rechte zu, ihnen fehlt damit die Klagebefugnis.[2582] Letztlich bleiben nur die Eigentümer, doch aus dem Eigen-

2577 S. Änderungsantrag der Fraktion die Linke in Hessen, Hess. LT Drs. 19/3788, wird in der Beschlussempfehlung vom 17.11.2016 abgelehnt, Hess. LT Drs. 19/4096, S. 2 und letztlich nicht im Gesetz umgesetzt. S. dazu auch https://www.archaeologie-online.de/artikel/2017/hessen-hat-ein-neues-denkmalschutzgesetz-eine-maengelliste/, zuletzt abgerufen am 6.8.2019. Die Arbeitskammer des Saarlandes stieß hinsichtlich des Gesetzentwurfs zur Neuordnung des saarländischen Denkmalschutzes und der saarländischen Denkmalpflege (Art. 3 des Gesetzes Nr. 1946, Amtsblatt 2018, 358) ebenfalls die Einführung einer Verbandsklage an, welche jedoch nicht umgesetzt wurde. S. dazu https://www.arbeitskammer.de/fileadmin/user_upload/ak_download_datenbank/Publikationen/Stellungnahmen/Stellungnahmen_2018/SDschG_Stellungnahme_AK.pdf, zuletzt abgerufen am 6.8.2018. In Schleswig-Holstein gab es 2014 ebenfalls einen Referentenentwurf, der eine Verbandsklage vorsah, s. *Kemper*, Archäologische Informationen 40 (2017), 43 (45); *Möller*, in: Landesdenkmalamt Berlin, Zwischen Welterbe und Denkmalalltag, 346 (346). 2013 scheiterten einige Abgeordnete zusammen mit dem B90/Die Grünen vor dem Deutschen Bundestag mit einem „Musterdenkmalschutzgesetz“, BT-Drs. 17/13914. Nichts anderes ergab sich 2011 in Niedersachsen, auch der dortige Entwurf des B90/Die Grünen scheiterte, Nds. LT- Drs. 16/3668. Zu alldem auch *Möller*, in: Landesdenkmalamt Berlin, Zwischen Welterbe und Denkmalalltag, 346 (346).

2578 Sächsischer Landtag, Drs. 6/14736.

2579 Sächsischer Landtag, Drs. 6/14736, S. 2.

2580 Sächsischer Landtag, Drs. 6/17665.

2581 *Kloepfer*, NuR 2016, 729 (731).

2582 *Kemper*, Archäologische Informationen 40 (2017), 43 (45); *Kloepfer*, NuR 2016, 729 (731); vgl. auch *Möller*, in: Landesdenkmalamt Berlin, Zwischen Welterbe und Denkmalalltag, 346 (347).

tumsgrundrecht nach Art. 14 GG allein lässt sich nicht zwingend ein Grundrecht auf Denkmalschutz ableiten,[2583] zumal die Interessen des Eigentümers von ihren eigenen, nicht notwendigerweise dem Allgemeininteresse an der Bewahrung des Denkmals entsprechenden Interessen geprägt sind.[2584] Obschon nach der Rechtsprechung des BVerwG aus Art. 14 GG teilweise Drittschutz für z.B. Nachbarn abgeleitet werden kann,[2585] heißt das nicht, dass die Nachbarn von diesem Recht auch Gebrauch machen werden, sodass eine vollumfängliche Überprüfungsmöglichkeit fehlt.[2586]

Darüber hinaus könnten sich Überprüfungsmöglichkeiten aus dem UmwRG ergeben.[2587] Wie gesehen, kann gemäß § 2 Abs. 1 UmwRG eine nach § 3 UmwRG anerkannte Vereinigung Rechtsbehelfe nach Maßgabe der VwGO gegen Entscheidungen nach § 1 Abs. 1 S. 1 UmwRG oder deren Unterlassen (S. 2) geltend machen. Diese Ansprüche sind an den Begriff der Umwelt gekoppelt. Ferner wird für die Nrn. 2–6 in § 2 Abs. 1 S. 2 UmwRG ausdrücklich eine Geltendmachung umweltbezogener Rechtsvorschriften verlangt.

Eine Legaldefinition von umweltbezogenen Rechtsvorschriften findet sich in § 1 Abs. 4 UmwRG. Demnach sind Bestimmungen, die sich zum Schutz von Mensch und Umwelt auf (Nr. 1) den Zustand von Umweltbestandteilen im Sinne von § 2 Abs. 3 UIG oder (Nr. 2) Faktoren im Sinne von § 2 Abs. 3 Nr. 2 UIG beziehen, umweltbezogene Vorschriften. Es findet sich kein ausdrücklicher Anknüpfungspunkt für Denkmäler. Die durch das Wort „wie“ eingeleitete Auflistung des § 2 Abs. 3 Nrn. 1, 2 UIG deutet aber auf eine nur beispielhafte Aufzählung hin.[2588]

2583 *Guckelberger*, Deutsches Verwaltungsprozessrecht, S. 96; *Kloepfer*, NuR 2016, 729 (731).

2584 *Guckelberger*, Deutsches Verwaltungsprozessrecht, S. 85, 97; *Kloepfer*, NuR 2016, 729 (731).

2585 BVerwG, Urt. v. 21.4.2009 – 4 C 3.08, BVerwGE 133, 347 (354). Darauf bezugnehmend BVerwG, Beschl. v. 12.1.2016 – 4 BN 11.15, ZfBR 2016, 263 (264); Beschl. v. 10.6.2013 – 4 B 6.13, BeckRS 2013, 52214, Rn. 8. Die Klagebefugnis des Eigentümers gegen eine erhaltungsrechtliche Genehmigung ablehnend VG Berlin, Urt. v. 11.5.2019 – 13 K 91.18, Rn. 21, juris.

2586 *Guckelberger*, Deutsches Verwaltungsprozessrecht, S. 96 f.; *dies.*, NVwZ 2016, 17 (24); *Mast*, ZRP 2019, 237 (237). BVerwG, Urt. v. 21.4.2009 – 4 C 3.08, BVerwGE 133, 347 (354); s.a. OVG Hamburg, Urt. v. 12.2.2019 –3 Bf 116/15, Rn. 80 f., juris; BayVGH, Beschl. v. 19.4.2017 – 9 CS 17.195, Rn. 19 f., juris, m.w.N.

2587 So auch bei *Mast*, ZRP 2019, 237 (238 ff.).

2588 Guckelberger, NuR 2020, i.E.

Das BVerwG hat – zwar noch für die alte Fassung des UmwRG – entschieden, dass sich zur Bestimmung des Begriffs der Umwelt an den Begrifflichkeiten des UVPG zu orientieren ist.[2589] Diese Rechtsprechung ist auf die heutige Rechtslage zu übertragen. Der Umweltbegriff der UVP-Richtlinie in Art. 3 lit. c bzw. § 2 Abs. 1 Nr. 4 UVPG erstreckt sich ausdrücklich auch auf das kulturelle Erbe.[2590] Dazu zählen Denkmäler, Bodendenkmäler und Bauwerke, denen architektonisch, ingenieurstechnisch oder kunsthistorische Bedeutung zukommt.[2591] Weil der Begriff der umweltbezogenen Vorschriften nach dem UmwRG weit zu verstehen ist, ist somit grundsätzlich auch eine Verbandsklage aus Gründen des Denkmalschutzes möglich.[2592]

Allerdings gelten für die Verbandsklage im Umweltrecht strenge Voraussetzungen. Die klagebefugten Verbände müssten die Voraussetzungen des § 3 Abs. 1 UmwRG zur Anerkennung erfüllen. Es ist insbesondere erforderlich, dass die Vereinigung den Denkmalschutz in ihren satzungsgemäßen Aufgabenbereich aufnimmt und gemäß § 3 Abs. 1 S. 1 Nr. 1 UmwRG dieses Ziel ideell und nicht nur vorübergehend vorwiegend fördert.

Als Satzungszweck ausreichend ist, wenn einzelne Umweltgüter geschützt werden sollen, sodass auch eine Begrenzung auf den Denkmalschutz § 3 Abs. 1 S. 1 Nr. 1 UmwRG nicht entgegensteht, eine Anerkennung vorbehaltlich der anderen Voraussetzungen möglich ist.[2593] Um die Rechtsbehelfsmöglichkeit des UmwRG für den Denkmalschutz nutzbar zu machen, bedarf es daher spezieller Vereinigungen, die überwiegend auf den Denkmalschutz fokussiert sind.[2594] Insgesamt können daher auch rei-

---

2589 BVerwG, Urt. v. 10.10.2012 – 9 A 18/11, NVwZ 2013, 642 (643). *Kemper*, Archäologische Informationen 40 (2017), 43 (352 f.).

2590 S. ausführlich zum Drittschutz im Denkmalrecht *Blume*, in: Deutsches Nationalkomitee für Denkmalschutz, Quo vadis Denkmalrecht?, 75 (75 ff.); *Gellermann*, DVBl 2013, 1341 (1343); *Guckelberger*, NVwZ 2016, 17 (24); *dies.*, Deutsches Verwaltungsprozessrecht, S. 84; s.a. *Kemper*, Archäologische Informationen 40 (2017), 43 (47); ausführlich dazu *Möller*, in: Landesdenkmalamt Berlin, Zwischen Welterbe und Denkmalalltag, 346 (349 ff.). Ausführlich dazu *Mast*, ZRP 2019, 237 (238).

2591 NdsOVG, Beschl. v. 16.11.2016 – 12 ME 132/16, BeckRS 2016, 55246, Rn. 48. *Appold*, in: Hoppe/Beckmann/Kment, UVPG, UmwRG, § 2 UVPG Rn. 59.

2592 *Kleine-Tebbe*, in: Martin/Krautzberger, Hdb Denkmalschutz, A Rn. 44; *Oeebecke*, DVBl 2015, 1288 (1295).

2593 *Schieferdecker*, in: Hoppe/Beckmann/Kment, UVPG, UmwRG, § 3 UmwRG Rn. 26; *Schlacke*, in: Gärditz, VwGO, § 3 UmwRG Rn. 14.

2594 *Guckelberger*, Deutsches Verwaltungsprozessrecht, S. 85.

ne Denkmalschutzorganisationen das Denkmalrecht über das UmwRG im Wege einer Verbandsklage verfolgen.[2595]

Aber selbst wenn Naturschutz- oder Umweltverbände den Denkmalschutz in ihre Satzungen aufnehmen, wird dieser in der Regel nicht den Schwerpunkt ihrer Tätigkeit ausmachen. Außerdem können mit Hilfe dieser Verbandsklage nur die in § 1 Abs. 1 S. 1 UmwRG genannten Entscheidungen durchgesetzt werden, für andere denkmalschutzrelevanten Entscheidungen scheidet die Verbandsklage aus.[2596] Zwar sind mittlerweile durch die zwischenzeitliche Erweiterung des Katalogs des § 1 Abs. 1 S. 1 UmwRG auch Baugenehmigungen (Nr. 5) und aufsichtsrechtliche Maßnahmen (Nr. 6) vom Anwendungsbereich umfasst, sodass denkmalschutzrechtliche Belange innerhalb der umweltschutzrechtlichen Verbandsklage umfassend Berücksichtigung finden könnten. Dennoch führen vor allem die strengen Anerkennungsvoraussetzungen der klagebefugten Verbände dazu, dass umweltschutzrechtliche Verbandsklagen nicht ausreichen, um effektiven Rechtschutz im Rahmen denkmalschutzrechtlicher Belange erreichen zu können.

Eine eigenständige denkmalschutzrechtliche Verbandsklage ist erforderlich. Nur so kann eine Abgrenzung zu den Rechtsbehelfen nach dem UmwRG erfolgen und dadurch gleichfalls mehr Aufmerksamkeit für die denkmalschutzrechtlichen Verbandsklagen erreicht werden. Als gesonderter denkmalschutzrechtlicher Rechtsbehelf kann die denkmalschutzrechtliche Verbandsklage vor allem von den potentiell klagebefugten Denkmalschutzvereinen wahrgenommen und genutzt werden. Somit lässt sich ein effektiver Rechtsbehelf schaffen.[2597] Die Einführung der denkmalschutzrechtlichen Verbandsklage allein aufgrund der Existenz der umweltrechtlichen Verbandsklage abzulehnen, ist unbefriedigend. Insgesamt existiert ein administratives Vollzugsdefizit im Bereich des Denkmalschutzrechts.[2598]

Weil der Umweltbegriff der UVP-Richtlinie in Art. 3 lit. c bzw. § 2 Abs. 1 Nr. 4 UVPG ausdrücklich Sachgüter und das kulturelle Erbe um-

---

2595 *Mast*, ZRP 2019, 237 (238).

2596 *Oeebecke*, DVBl 2015, 1288 (1295). Ähnlich jedoch ohne Einbeziehung der Erweiterung des Katalogs von § 1 Abs. 1 S. 1 UmwRG *Mast*, ZRP 2019, 237.

2597 In diese Richtung auch *Mast*, ZRP 2019, 237 (240).

2598 *Guckelberger*, NVwZ 2016, 17 (24); *dies.*, Deutsches Verwaltungsprozessrecht, S. 85; *Kemper*, Archäologische Informationen 40 (2017), 43 (48).

fasst,[2599] könnte sich überdies sogar die Notwendigkeit der Einführung einer eigenständigen denkmalschutzrechtlichen Verbandsklage vergleichbar dem Umweltrecht aus Art. 9 Abs. 2, 3 AK ergeben. Eine eigene Definition der Umwelt gibt die Aarhus-Konvention selbst nicht vor, tendiert jedoch zu einer weiten Interpretation,[2600] sodass grundsätzlich angenommen werden kann, dass auch der Umweltbegriff der Aarhus Konvention Denkmäler erfasst. Art. 9 Abs. 2 und 3 AK setzen nur einen Zugang zu gerichtlichen Überprüfungsmaßnahmen voraus, geben jedoch keinerlei Aufschluss über die Art und Weise der Ausgestaltung.[2601] Insofern sind die Regelungen des UmwRG, welche, wie gesehen, unter bestimmten Voraussetzungen auch Verbandsklagen im Bereich des Denkmalschutzes umfassen, ausreichend, um diese Verpflichtung zu erfüllen.

Gegen eine Einführung einer denkmalschutzrechtlichen Verbandsklage wird vor allem das bekannte Argument der drohenden Klageflut vorgebracht. Ein ausufernder Gebrauch ist gleichfalls nicht zu erwarten.[2602] Als weitere Gegenargumente bringt *Kemper* hervor, dass die Verbandsklage auch deshalb bei den Behörden auf Ablehnung stößt, da sie befürchten, dadurch zu Erhaltungsanordnungen getrieben zu werden, wodurch sie ihre Leistungsfähigkeit gefährdet sowie den Haushalt belastet sehen.[2603] Er schwächt diese Kritik ab, indem der Einsatzbereich der Verbandsklage auf größere, UVP-pflichtige Vorhaben beschränkt werden soll.[2604] Eher zum Vorteil für die Behörde kann aber erwachsen, dass sie durch die Verbandsklagemöglichkeit an politischem Gewicht zunehmen.[2605] Im Endeffekt sollte jedoch schon vor Klageerhebung eine Möglichkeit geschaffen werden, das Fachwissen sowohl der Behörden als auch der Verbände zu bündeln.[2606] Letztlich ist das Denkmalschutzrecht gemäß Art. 30, 70 GG Lan-

2599 S. ausführlich zum Drittschutz im Denkmalrecht *Blume*, in: Deutsches Nationalkomitee für Denkmalschutz, Quo vadis Denkmalrecht?, 75 (75 ff.); *Gellermann*, DVBl 2013, 1341 (1343); *Guckelberger*, NVwZ 2016, 17 (24); *dies.*, Deutsches Verwaltungsprozessrecht, S. 84; s.a. *Kemper*, Archäologische Informationen 40 (2017), 43 (47); ausführlich dazu *Möller*, in: Landesdenkmalamt Berlin, Zwischen Welterbe und Denkmalalltag, 346 (349 ff.).

2600 *Epiney/Diezig/Pirker*, et al., AK, Art. 2 Rn. 23.

2601 *Heß*, ZUR 2018, 686 (687).

2602 *Kemper*, Archäologische Informationen 40 (2017), 43 (48).

2603 *Kemper*, Archäologische Informationen 40 (2017), 43 (48).

2604 *Kemper*, Archäologische Informationen 40 (2017), 43 (48 f.).

2605 *Kemper*, Archäologische Informationen 40 (2017), 43 (49).

2606 S.a. *Guckelberger*, NVwZ 2016, 17 (24); *Kemper*, Archäologische Informationen 40 (2017), 43 (49).

desrecht.[2607] Eine Verbandsklage könnte demnach auf Landesebene eingeführt werden. Die neueren Gesetzgebungsaktivitäten der Länder zeigen jedoch, dass sie gerade nicht von einem Vollzugsdefizit und daher nicht von einem Handlungsbedarf ausgehen. Vielleicht möchte aber auch nur kein Gesetzgeber den Anfang machen.[2608]

VII. Im Datenschutzrecht

Ebenso wird im Datenschutzrecht die Einführung einer Verbandsklage thematisiert.[2609] Noch zeitlich vor Inkrafttreten der DSGVO, am 25.5.2018[2610], wurde bereits im Februar 2016 eine zivilrechtliche Durchsetzungsmöglichkeit in Form einer Verbandsklage gegen datenschutzrechtliche Verstöße in § 2 Abs. 2 Nr. 11 UKlaG verankert.[2611]

Innerhalb der DSGVO gibt es in Art. 80 DSGVO eine Regelung zur Rechtsdurchsetzung. Art. 80 Abs. 1 DSGVO enthält die Befugnis, dass ein Verband die Rechte von Betroffenen im Auftrag geltend machen kann. Es handelt sich dabei nicht um eine altruistische Verbandsklage, sondern vielmehr um eine Art Prozessvertretung, denn der Verband macht keine eigenen, sondern fremde Rechte geltend.[2612] Letztlich stellt diese Vorgehens-

---

2607 *Guckelberger*, Deutsches Verwaltungsprozessrecht, S. 99; *Kemper*, Archäologische Informationen 40 (2017), 43 (47).

2608 *Kemper*, Archäologische Informationen 40 (2017), 43 (46).

2609 *Guckelberger*, Deutsches Verwaltungsprozessrecht, S. 85 ff.

2610 Verordnung (EU) 2016/679 des Europäischen Parlaments und des Rates v. 27.4.2016 zum Schutz natürlicher Personen bei der Verarbeitung personenbezogener Daten, zum freien Datenverkehr und zur Aufhebung der Richtlinie 95/46/EG (Datenschutz-Grundverordnung), ABl. EU v. 4.5.2016, L 119/1. Art. 99 Abs. 2.

2611 Gesetz zur Verbesserung der zivilrechtlichen Durchsetzung von verbraucherschützenden Vorschriften des Datenschutzrechts v. 17.2.2016, BGBl. I Nr. 8, S. 233 ff.; *Dünkel*, DuD 2019, 483 (487); *Guckelberger*, Deutsches Verwaltungsprozessrecht, S. 85 f.; *Schefzig/Rothkegel/Cornelius*, in: Moos/Schefzig/Arning, Die neue DS-GVO, Rn. 160 (171); *Schürmeier*, NuR 2017, 316 (317).

2612 *Becker*, in: Plath, DSGVO/BDSG, Art. 80 DSGVO Rn. 3; *Boehm*, in: Simitis/Hornung/Spiecker gen. Döhmann, Datenschutzrecht, Art. 80 Rn. 10; *Frenzel*, in: Paal/Pauly, DS-GVO/BDSG, Art. 80 Rn. 7; *Guckelberger*, Deutsches Verwaltungsprozessrecht, S. 87; *Kreße*, in: Sydow, DSGVO, Art. 80 Rn. 10; *Werkmeister*, in: Gola, DS-GVO, Art. 80 Rn. 7 f. Mittlerweile offenlassend *Karg*, in: Wolff/Brink, BeckOK DatenschutzR, Art. 80 DS-GVO Rn. 8. A.A. geht von einer Prozessstandschaft aus *Moos/Schefzig*, in: Taeger/Gabel, DSGVO/BDSG, Art. 80 DSGVO Rn. 15; *Schantz*, NJW 2016, 1841 (1847); *Schefzig/Rothkegel/*

weise eine weitere individuelle Rechtsdurchsetzung dar. Kollektiv wird sie nur, sofern der Verband mehrere Betroffene vertritt.[2613] Die Möglichkeit der Verbandsklage befindet sich in Art. 80 Abs. 2 DSGVO, darin wird einer Vereinigung gestattet, ohne Auftrag einer betroffenen Person, Rechtsverletzungen gerichtlich geltend zu machen.

Eine Umsetzung dieser Regelungen im BDSG unterblieb.[2614] Die einzige Ausgestaltung findet sich im Zivilrecht in dem eingangs erwähnten Katalog des § 2 Abs. 2 UKlaG. Dabei handelt es sich jedoch nur um eine Teilumsetzung.[2615] Denkbar ist auch eine Verfolgung von Datenschutzverstößen mittels einer Musterfeststellungsklage.[2616]

Da ebenso öffentliche Träger vermehrt digital arbeiten und generell persönliche Daten sammeln, könnte über eine Einführung der Verbandsklage auf verwaltungsrechtlicher Ebene nachgedacht werden.[2617] Art. 80 Abs. 2 DSGVO enthält eine Zielvorgabe.[2618] Allerdings besteht daraus keine Verpflichtung, eine Verbandsklagemöglichkeit im nationalen Recht zu etablieren.[2619] Es wird daher auch von einer „fakultativen Öffnungsklausel“ gesprochen.[2620] Eine Vollharmonisierung wird in Art. 80 DSGVO

Cornelius, in: Moos/Schefzig/Arning, Die neue DS-GVO, Rn. 160 (161). Letztere verkennen jedoch, dass sich der Wortlaut „in ihrem Namen“ auf die Betroffenen und nicht auf die Vereinigung bezieht. *Ingold/Münkler*, EurUP 2018, 468 (484), sprechen von einer besonderen Form prokuratorischer Rechtsdurchsetzung; *Kühling/Sackmann*, DuD 2019, 347 (352), sehen in der Musterfeststellungsklage eine Umsetzung im nationalen Recht.

2613 *Frenzel*, in: Paal/Pauly, DS-GVO/BDSG, Art. 80 Rn. 6.

2614 *Becker*, in: Plath, DSGVO/BDSG, Art. 80 DSGVO Rn. 3; s.a. *Ingold/Münkler*, EurUP 2018, 468 (484); *von Lewinski*, in: Auernhammer, DSGVO/BDSG, Art. 80 DSGVO Rn. 22; *Moos/Schefzig*, in: Taeger/Gabel, DSGVO/BDSG, Art. 80 DSGVO Rn. 23; *Ohly*, GRUR 2019, 686 (688); *Schefzig/Rothkegel/Cornelius*, in: Moos/Schefzig/Arning, Die neue DS-GVO, Rn. 160 (170).

2615 *Baumgartner/Sitte*, ZD 2018, 555 (558); *Dünkel*, DuD 2019, 483 (487). Kritisch hinsichtlich dieser Norm *Köhler*, WRP 2018, 1269 (1275 f.).

2616 *Kühling/Sackmann*, DuD 2019, 347.

2617 *Guckelberger*, Deutsches Verwaltungsprozessrecht, S. 86; in diese Richtung auch *Rennert*, Referat 71. DJT, N 123 (N 132); allgemein dazu, dass Behörden die DSGVO beachten müssen, *Rumschöttel*, SKZ 2018, 64 (64 ff.).

2618 *Guckelberger*, Deutsches Verwaltungsprozessrecht, S. 89; *Karg*, in: Wolff/Brink, BeckOK DatenschutzR, Art. 80 DS-GVO Rn. 7.

2619 *Becker*, in: Plath, DSGVO/BDSG, Art. 80 DSGVO Rn. 4; *Gärditz*, Gutachten D 71. DJT, D 42; *Guckelberger*, Deutsches Verwaltungsprozessrecht, S. 89; *Karg*, in: Wolff/Brink, BeckOK DatenschutzR, Art. 80 DS-GVO Rn. 7.

2620 *Karg*, in: Wolff/Brink, BeckOK DatenschutzR, Art. 80 DS-GVO Rn. 19; *Schefzig/Rothkegel/Cornelius*, in: Moos/Schefzig/Arning, Die neue DS-GVO, Rn. 160 (169).

ebenso nicht beabsichtigt, sodass auch eine Teilumsetzung, wie sie für § 2 Abs. 2 Nr. 11 UKlaG angesehen wird, möglich ist.[2621] Sie gewährt den Betroffenen schließlich einen zusätzlichen Rechtsbehelf.[2622] Sollte eine Umsetzung für verwaltungsgerichtliche Verfahren erfolgen, würde dadurch von der Ausnahmemöglichkeit des § 42 Abs. 2 Hs. 1 VwGO Gebrauch gemacht werden.[2623]

Gleichwohl erweisen sich die Vorgaben der DSGVO als Regelungsgrenze. Die einzelnen Mitgliedstaaten dürfen die Regelung inhaltlich nicht überschreiten, indem sie z.B. die Anforderungen an die Organisation unterlaufen.[2624]

1. Ziele der datenschutzrechtlichen Verbandsklage

Die Begründung für die Einführung einer Verbandsklage auch auf Seiten des Datenschutzrechtes wird mit einem Vollzugsdefizit angeführt.[2625]

Das Datenschutzrecht gibt Raum für Bagatellschäden.[2626] Die Betroffenen wissen häufig nichts von der Verletzung ihrer Rechte. Zu komplex sind die dahinterstehenden Prozesse und Strukturen der Datenverarbei-

---

2621 *Baumgartner/Sitte*, ZD 2018, 555 (559); *Becker*, in: Plath, DSGVO/BDSG, Art. 80 DSGVO Rn. 6; *Bergt*, in: Kühling/Buchner, DS-GVO/BDSG, Art. 80 DS-GVO Rn. 13; *Boehm*, in: Simitis/Hornung/Spiecker gen. Döhmann, Datenschutzrecht, Art. 80 Rn. 16; *Karg*, in: Wolff/Brink, BeckOK DatenschutzR, Art. 80 DS-GVO Rn. 20; *Kreße*, in: Sydow, DSGVO, Art. 80 Rn. 16; *von Lewinski*, in: Auernhammer, DSGVO/BDSG, Art. 80 DSGVO Rn. 23. A.A. *Köhler*, WRP 2018, 1269 (1275 ff.); *Werkmeister*, in: Gola, DS-GVO, Art. 80, geht von einem "Alles oder Nichts"- Prinzip aus.

2622 *Baumgartner/Sitte*, ZD 2018, 555 (559).

2623 *Guckelberger*, Deutsches Verwaltungsprozessrecht, S. 88.

2624 Vgl. hinsichtlich Mitbewerbern *Baumgartner/Sitte*, ZD 2018, 555 (557); *Kreße*, in: Sydow, DSGVO, Art. 80 Rn. 17; hinsichtlich der Einbeziehung von Mitbewerbern *Ohly*, GRUR 2019, 686 (688 f.); s.a. *Uebele*, GRUR 2019, 694 (697 ff.); *Werkmeister*, in: Gola, DS-GVO, Art. 80 Rn. 11.

2625 *Karg*, in: Wolff/Brink, BeckOK DatenschutzR, Art. 80 DS-GVO Rn. 1; *Schefzig/Rothkegel/Cornelius*, in: Moos/Schefzig/Arning, Die neue DS-GVO, Rn. 160 (160). S.a. den Beitrag „Dr. Datenschutz", Möglichkeiten zur Verbandsklage nach DSGVO, https://www.datenschutzbeauftragter-info.de/moeglichkeiten-zur-verbandsklage-nach-dsgvo/, zuletzt abgerufen am 5.8.2019.

2626 *Bergt*, in: Kühling/Buchner, DS-GVO/BDSG, Art. 80 DS-GVO Rn. 1; *Wybitul*, NJW 2018, 113 (117).

tung.[2627] Die Schäden können darüber hinaus weit verbreitet auftreten und sind dabei meist nur von geringem Umfang, sodass die Kosten der Rechtsverfolgung dazu außer Verhältnis stehen.[2628] Bei den Betroffenen liegt – wie im Zivilprozessrecht bekannt – ein rationales Desinteresse vor.[2629] Auch wenn dem Einzelnen subjektive Rechte gegen eine missbräuchliche Verarbeitung seiner Daten zustehen, ergibt sich aus der Unwissenheit ein strukturelles Vollzugsdefizit.[2630] Die Verbandsklage soll dabei nicht als Substitut für die Klagen der Einzelnen geschaffen werden, sondern eine zusätzliche Möglichkeit darstellen.[2631] Die Betroffenenrechte sollen dadurch gestärkt und eine effektive Rechtsdurchsetzung ermöglicht werden.[2632]

Wie auch in den anderen Rechtsgebieten gibt es skeptische Stimmen gegenüber der Verbandsklage im Datenschutzrecht. Gewarnt wird vor einer Welle an Abmahnungen, welche die Wirtschaft schädigen.[2633] Es soll nicht zu einer Abmahnpraxis, wie sie in Kapitel 2 D IV 3b dargestellt wurde, kommen.[2634] Diese Problematik ist jedoch vor allem im Zivilrecht bedeutsam. Es sei auf den aktuellen Gesetzentwurf für einen fairen Wettbewerb verwiesen, wo vor allem für das UKlaG und das UWG Änderungen zugunsten der Vermeidung von Abmahnungen geplant werden.[2635] Abmah-

---

2627 BT-Drs. 18/4631, S. 11; *Boehm*, in: Simitis/Hornung/Spiecker gen. Döhmann, Datenschutzrecht, Art. 80 Rn. 2; *Guckelberger*, Deutsches Verwaltungsprozessrecht, S. 89.

2628 BT-Drs. 18/4631, S. 11; *Bergt*, in: Kühling/Buchner, DS-GVO/BDSG, Art. 80 DS-GVO Rn. 1; *Guckelberger*, Deutsches Verwaltungsprozessrecht, S. 89 f.; *Ingold/Münkler*, EurUP 2018, 468 (485). Zur Streuung auch *Wybitul*, NJW 2018, 113 (117).

2629 *Von Lewinski*, in: Auernhammer, DSGVO/BDSG, Art. 80 DSGVO Rn. 1. *Ingold/Münkler*, EurUP 2018, 468 (485).

2630 *Guckelberger*, Deutsches Verwaltungsprozessrecht, S. 89; *Ingold/Münkler*, EurUP 2018, 468 (485); *Kühling/Sackmann*, DuD 2019, 347 (347).

2631 BT-Drs. 18/4631, S. 12; *Guckelberger*, Deutsches Verwaltungsprozessrecht, S. 91.

2632 BT-Drs. 18/4631, S. 12; *Boehm*, in: Simitis/Hornung/Spiecker gen. Döhmann, Datenschutzrecht, Art. 80 Rn. 2; *„Dr. Datenschutz"*, Möglichkeiten zur Verbandsklage nach DSGVO, https://www.datenschutzbeauftragter-info.de/moeglichkeiten-zur-verbandsklage-nach-dsgvo/, zuletzt abgerufen am 5.8.2019.

2633 *„Dr. Datenschutz"*, Möglichkeiten zur Verbandsklage nach DSGVO, https://www.datenschutzbeauftragter-info.de/moeglichkeiten-zur-verbandsklage-nach-dsgvo/, zuletzt abgerufen am 5.8.2019. *Dünkel*, DuD 2019, 483 (483).

2634 *„Dr. Datenschutz"*, Möglichkeiten zur Verbandsklage nach DSGVO, https://www.datenschutzbeauftragter-info.de/moeglichkeiten-zur-verbandsklage-nach-dsgvo/, zuletzt abgerufen am 5.8.2019.

2635 BT-Drs. 19/12084.

nungen auf Grundlage von § 3a UWG sind mangels Einordnung als Marktverhaltensregelung und wegen des Vorrangs der DSGVO ausgeschlossen.[2636] Zudem kommt den Mitbewerbern kein Recht aus Art. 80 Abs. 2 DSGVO zu.[2637] Bisher ist die antizipierte Abmahnwelle ausgeblieben,[2638] es besteht daher ein eher nur geringes Risiko.[2639]

2. Wer soll klagen können

Art. 80 Abs. 2 DSGVO gewährt das Recht der Verbandsklage nur bestimmten, in Absatz 1 näher konkretisierten Organisationen. Es gibt dafür aber keine – wie aus Art. 4 Abs. 3 RL 98/27/EG bekannt – europaweit geführte Liste.[2640] Art. 80 Abs. 1 DSGVO bestimmt, dass die klagebefugten Einrichtungen keine Gewinnerzielungsabsicht verfolgen dürfen, sie ordnungsgemäß in einem Mitgliedstaat gegründet worden sein, ihre satzungsmäßigen Ziele im öffentlichen Interesse liegen und sie im Datenschutz tätig sein müssen.

Die Rechtsform der Organisation wird nicht näher festgelegt, denkbar sind daher verschiedene Formen.[2641] Die Organisation muss Träger von Rechten und Pflichten innerhalb eines Mitgliedstaates sein können.[2642] Erforderlich ist dafür eine ordnungsgemäße Gründung in einem Mitgliedstaat, wodurch solche Organisationen mit Sitz im Ausland ausgeschlossen werden.[2643] Irrelevant ist jedoch, in welchem der Mitgliedstaaten die Ein-

2636 *Baumgartner/Sitte*, ZD 2018, 555 (556 ff., 560); *Köhler*, WRP 2018, 1269 (1269 ff.); *ders.*, ZD 2019, 285 (286); a.A. *Uebele*, GRUR 2019, 694 (695 f.). Allgemein dazu auch *Dünkel*, DuD 2019, 483 (486 f.).

2637 *Köhler*, WRP 2018, 1269 (1269 ff., 1273 f.).

2638 *Dünkel*, DuD 2019, 483 (483); *Kremer*, Der Betrieb 2019, 1429 (1429 f.); *Schefzig/Rothkegel/Cornelius*, in: Moos/Schefzig/Arning, Die neue DS-GVO, Rn. 160 (174); *Uebele*, GRUR 2019, 694 (694).

2639 *Baumgartner/Sitte*, ZD 2018, 555 (560); *Köhler*, ZD 2019, 285 (286).

2640 *Kreße*, in: Sydow, DSGVO, Art. 80 Rn. 8; *Werkmeister*, in: Gola, DS-GVO, Art. 80 Rn. 6.

2641 *Bergt*, in: Kühling/Buchner, DS-GVO/BDSG, Art. 80 DS-GVO Rn. 5; *Boehm*, in: Simitis/Hornung/Spiecker gen. Döhmann, Datenschutzrecht, Art. 80 Rn. 7; *Karg*, in: Wolff/Brink, BeckOK DatenschutzR, Art. 80 DS-GVO Rn. 10; *Kreße*, in: Sydow, DSGVO, Art. 80 Rn. 4; *von Lewinski*, in: Auernhammer, DSGVO/BDSG, Art. 80 DSGVO Rn. 5; *Werkmeister*, in: Gola, DS-GVO, Art. 80 Rn. 4.

2642 *Bergt*, in: Kühling/Buchner, DS-GVO/BDSG, Art. 80 DS-GVO Rn. 5; *Werkmeister*, in: Gola, DS-GVO, Art. 80 Rn. 6.

2643 *Kreße*, in: Sydow, DSGVO, Art. 80 Rn. 6; *von Lewinski*, in: Auernhammer, DSGVO/BDSG, Art. 80 DSGVO Rn. 5.

richtung tätig werden will.[2644] Das Merkmal „ohne Gewinnerzielungsabsicht“ meint, dass die Organisation gemeinnützig im Sinne des Europarechts handeln muss.[2645] Der unionsrechtliche Begriff der Gemeinnützigkeit ist zur einheitlichen Interpretation innerhalb der EU autonom auszulegen und nicht zwangsläufig identisch mit dem eines Mitgliedstaates.[2646] Die Gemeinnützigkeit muss sich dabei auf die gesamte Organisation beziehen.[2647] Eine Finanzierung nach dem Kostendeckungsprinzip ist möglich.[2648] Diese Voraussetzung bezweckt insbesondere, dass reine Abmahnvereine von der Klagebefugnis ausgeschlossen werden.[2649]

Auch die Beurteilung, ob die Ziele der Satzung im öffentlichen Interesse liegen, muss unionsrechtlich bestimmt werden.[2650] Der Schutz von natürlichen Personen innerhalb der Datenverarbeitung stellt ein solches Ziel dar.[2651] Es dürfen jedoch nicht ausschließlich Individualinteressen verfolgt werden, sondern zumindest auch Interessen der Allgemeinheit.[2652] Dies sind z.B. die Prävention oder Vermeidung von Datenschutzverstößen.[2653] Das Erfordernis der Satzung ist dabei nicht im formellen Sinne zu verste-

---

2644 *Bergt*, in: Kühling/Buchner, DS-GVO/BDSG, Art. 80 DS-GVO Rn. 5; *Kreße*, in: Sydow, DSGVO, Art. 80 Rn. 6; *Werkmeister*, in: Gola, DS-GVO, Art. 80 Rn. 6.

2645 *Bergt*, in: Kühling/Buchner, DS-GVO/BDSG, Art. 80 DS-GVO Rn. 6; *Boehm*, in: Simitis/Hornung/Spiecker gen. Döhmann, Datenschutzrecht, Art. 80 Rn. 8.

2646 *Becker*, in: Plath, DSGVO/BDSG, Art. 80 DSGVO Rn. 2; *Bergt*, in: Kühling/Buchner, DS-GVO/BDSG, Art. 80 DS-GVO Rn. 6; *Kreße*, in: Sydow, DSGVO, Art. 80 Rn. 8; *von Lewinski*, in: Auernhammer, DSGVO/BDSG, Art. 80 DSGVO Rn. 6.

2647 *Becker*, in: Plath, DSGVO/BDSG, Art. 80 DSGVO Rn. 2; *Bergt*, in: Kühling/Buchner, DS-GVO/BDSG, Art. 80 DS-GVO Rn. 6; *Boehm*, in: Simitis/Hornung/Spiecker gen. Döhmann, Datenschutzrecht, Art. 80 Rn. 8.

2648 *Becker*, in: Plath, DSGVO/BDSG, Art. 80 DSGVO Rn. 2; *Bergt*, in: Kühling/Buchner, DS-GVO/BDSG, Art. 80 DS-GVO Rn. 7; *Boehm*, in: Simitis/Hornung/Spiecker gen. Döhmann, Datenschutzrecht, Art. 80 Rn. 8; *Kreße*, in: Sydow, DSGVO, Art. 80 Rn. 6.

2649 *Bergt*, in: Kühling/Buchner, DS-GVO/BDSG, Art. 80 DS-GVO Rn. 7; *Boehm*, in: Simitis/Hornung/Spiecker gen. Döhmann, Datenschutzrecht, Art. 80 Rn. 8; *Karg*, in: Wolff/Brink, BeckOK DatenschutzR, Art. 80 DS-GVO Rn. 11.2 m.w.Bsp.; *Kreße*, in: Sydow, DSGVO, Art. 80 Rn. 2; *Schefzig/Rothkegel/Cornelius*, in: Moos/Schefzig/Arning, Die neue DS-GVO, Rn. 160 (167). Zum Begriff des Abmahnvereins s.a. Kapitel 2 D IV 3b.

2650 *Kreße*, in: Sydow, DSGVO, Art. 80 Rn. 7.

2651 *Kreße*, in: Sydow, DSGVO, Art. 80 Rn. 7.

2652 *Karg*, in: Wolff/Brink, BeckOK DatenschutzR, Art. 80 DS-GVO Rn. 11; *Werkmeister*, in: Gola, DS-GVO, Art. 80 Rn. 5.

2653 *Erbguth/Guckelberger*, Allg. Verwaltungsrecht, S. 97.

hen, ausreichend ist, dass die Ziele verbindlich festgelegt wurden.[2654] Die Tätigkeit der Einrichtung muss den Datenschutz umfassen. Nicht verlangt wird aber, dass die Einrichtung allein im Datenschutz agiert.[2655] Durch dieses Merkmal soll letztlich eine Sachnähe zur Vereinigung hergestellt werden und dass diese nicht nur ihre eigenen Interessen verfolgt.[2656] Beispielhaft können Verbraucherschutzverbände oder die Deutsche Vereinigung für Datenschutz als Bürgerrechtsvereinigung angeführt werden.[2657]

3. Anforderung an die Rechtsverletzung einer betroffenen Person

Charakteristisch für eine altruistische Verbandsklage ist, dass eine Klage allein aus überindividuellen Interessen erhoben wird.[2658] Der Wortlaut von Art. 80 Abs. 2 DSGVO knüpft die Klageerhebung des Verbands daran, dass Rechte einer betroffenen Person verletzt worden sind. Die Klagemöglichkeit ist demnach nicht völlig losgelöst von subjektiven Rechten auf objektive Rechte begrenzt.[2659] Nicht vereinbar mit der deutschen Rechtsordnung wäre es jedoch, wenn die Rechte der Betroffenen ohne ihre Einwilligung durch einen Verband geltend gemacht werden könnten, sie dadurch Gegenstand eines Prozesses wären, den sie selbst nicht beabsichtigt haben.[2660] Es darf nicht zu einer inzidenten Überprüfung der Rechtsverlet-

---

2654 *Boehm*, in: Simitis/Hornung/Spiecker gen. Döhmann, Datenschutzrecht, Art. 80 Rn. 8.

2655 *Becker*, in: Plath, DSGVO/BDSG, Art. 80 DSGVO Rn. 2; *Bergt*, in: Kühling/Buchner, DS-GVO/BDSG, Art. 80 DS-GVO Rn. 9; *Boehm*, in: Simitis/Hornung/Spiecker gen. Döhmann, Datenschutzrecht, Art. 80 Rn. 8; *Frenzel*, in: Paal/Pauly, DS-GVO/BDSG, Art. 80 Rn. 14; *Karg*, in: Wolff/Brink, BeckOK DatenschutzR, Art. 80 DS-GVO Rn. 11; *von Lewinski*, in: Auernhammer, DSGVO/BDSG, Art. 80 DSGVO Rn. 7.

2656 *Kreße*, in: Sydow, DSGVO, Art. 80 Rn. 9.

2657 S.a. *Becker*, in: Plath, DSGVO/BDSG, Art. 80 DSGVO Rn. 1; *Boehm*, in: Simitis/Hornung/Spiecker gen. Döhmann, Datenschutzrecht, Art. 80 Rn. 8; *von Lewinski*, in: Auernhammer, DSGVO/BDSG, Art. 80 DSGVO Rn. 8; *Schefzig/Rothkegel/Cornelius*, in: Moos/Schefzig/Arning, Die neue DS-GVO, Rn. 160 (167).

2658 *Boehm*, in: Simitis/Hornung/Spiecker gen. Döhmann, Datenschutzrecht, Art. 80 Rn. 13. S. vorstehend unter I.

2659 *Bergt*, in: Kühling/Buchner, DS-GVO/BDSG, Art. 80 DS-GVO Rn. 14; *Boehm*, in: Simitis/Hornung/Spiecker gen. Döhmann, Datenschutzrecht, Art. 80 Rn. 13.

2660 *Boehm*, in: Simitis/Hornung/Spiecker gen. Döhmann, Datenschutzrecht, Art. 80 Rn. 13; *Frenzel*, in: Paal/Pauly, DS-GVO/BDSG, Art. 80 Rn. 12; *Guckelberger*, Deutsches Verwaltungsprozessrecht, S. 88, 91 ff.

zung von betroffenen Personen kommen.[2661] Letztlich muss die Ausgestaltung von Art. 80 Abs. 2 DSGVO so verstanden werden, dass nur abstrakt geprüft wird, ob bei einer Vielzahl von Personen Verletzungen entstanden sind.[2662] Abzulehnen ist dahingegen die Auslegung von *Frenzel*, der eine teleologische Reduktion der Norm darauf, dass nur drittschützende Normen überprüft werden, vornehmen möchte.[2663] Der Verband handelt im fremden und auch im öffentlichen Interesse, wenn er die Einhaltung des Datenschutzes überprüfen lässt.[2664] Dieses Interesse wäre als überindividuelles Interesse mit einer altruistischen Verbandsklage verfolgbar.[2665] Dass es zu einer vermeintlichen Überprüfung von subjektiven Rechten Dritter kommt, muss vor dem Bedürfnis der umfassenden Durchsetzbarkeit des Datenschutzrechtes hingenommen werden.[2666] Sollten die Betroffenen mit den Verstößen einverstanden sein, bleibt ihnen die Möglichkeit der Einwilligung erhalten.[2667]

4. Einführung einer datenschutzrechtlichen Verbandsklage

Vor Einführung einer Verbandsklage im Datenschutzrecht muss bedacht werden, dass das Defizit hier nicht daher rührt, dass es an Klagemöglichkeiten der betroffenen Personen mangelt. Diese sind vielmehr befugt, individuell gegen sie betreffende Rechtsverstöße vorzugehen.[2668] Das Defizit ergibt sich insbesondere daraus, dass den Betroffenen nicht gewahr ist, dass ihnen ein Klagerecht zusteht oder sie bewusst von einer Klage absehen, da die Kosten-Nutzen-Bilanz einer Klage für den oftmals geringen Verstoß zulasten einer Klage ausfällt.[2669] Zur Bewältigung von Rechts-

---

2661 *Frenzel*, in: Paal/Pauly, DS-GVO/BDSG, Art. 80 Rn, 12; *Guckelberger*, Deutsches Verwaltungsprozessrecht, S. 92 f.

2662 *Boehm*, in: Simitis/Hornung/Spiecker gen. Döhmann, Datenschutzrecht, Art. 80 Rn. 13; in diese Richtung auch *Guckelberger*, Deutsches Verwaltungsprozessrecht, S. 101.

2663 *Frenzel*, in: Paal/Pauly, DS-GVO/BDSG, Art. 80 Rn. 12; ebenso ablehnend *Guckelberger*, Deutsches Verwaltungsprozessrecht, S. 93.

2664 *Guckelberger*, Deutsches Verwaltungsprozessrecht, S. 88.

2665 *Boehm*, in: Simitis/Hornung/Spiecker gen. Döhmann, Datenschutzrecht, Art. 80 Rn. 13.

2666 *Von Lewinski*, in: Auernhammer, DSGVO/BDSG, Art. 80 DSGVO Rn. 13.

2667 *Bergt*, in: Kühling/Buchner, DS-GVO/BDSG, Art. 80 DS-GVO Rn. 15.

2668 *Guckelberger*, Deutsches Verwaltungsprozessrecht, S. 88.

2669 *Guckelberger*, Deutsches Verwaltungsprozessrecht, S. 97; *Nietsch*, CR 2014, 272 (277).

durchsetzungsdefiziten wird, wie bereits zuvor dargestellt,[2670] die Einführung von Verbandsklagen erwogen, sodass auch für das Datenschutzrecht über die Implementierung einer solchen nachgedacht werden kann.[2671] Es müsste somit vorab geklärt werden, wie das Verhältnis der Klage der Verbände zu den Klagen der Einzelnen auszugestalten ist.[2672] Im Umwelt- und Tierschutzrecht wird häufig damit argumentiert, dass ein Vollzugsdefizit deshalb begründet wird, weil es keine subjektiven Rechtsträger gibt, die Klage erheben können. Hier besteht insoweit ein wesentlicher Unterschied.

Aus der Verfassung und auch aufgrund der offenen Formulierung von Art. 80 DSGVO ergibt sich keine Pflicht, eine Verbandsklagemöglichkeit einzuführen. Sollte es jedoch zu einer Einführung kommen, muss der Gesetzgeber die Grundrechte, wie Art. 7, 8 GRCh so wie das Recht auf informationelle Selbstbestimmung und das Recht auf Vertraulichkeit und Integrität informationstechnischer Systeme, bei der Ausgestaltung beachten.[2673] Dabei muss nochmals bewusst gemacht werden, dass in der deutschen Rechtsordnung der Individualrechtsschutz prägend und vorherrschend ist.[2674] Die Einführung von Rechtsschutzmöglichkeiten aus allein objektiv-rechtlichen Dimensionen stellt immer eine Ausnahme dar, die nicht ausufernd, sondern mit Bedacht zu gebrauchen ist. Raum für eine solche Ausnahme bietet letztlich § 42 Abs. 2 Alt. 1 VwGO.[2675]

In seinem Gutachten auf dem 71. DJT spricht *Gärditz* von einem „Megatrend" zur Einführung von Verbandsrechtsschutz.[2676] Dieser darf nicht dazu führen, dass der Individualrechtsschutz, den Art. 19 Abs. 4 GG gewährleistet, leidet.[2677] *Gärditz* stellt daher die These auf, dass eine Verbandsklage nur dann in Betracht kommt, wenn es keinerlei Möglichkeiten für ein-

---

2670 S. dazu die vorherigen Kapitel zum Umwelt-, Natur,- und Tierschutzrecht, III, IV, V.

2671 *Halfmeier*, NJW 2016, 1126 (1126).

2672 *Guckelberger*, Deutsches Verwaltungsprozessrecht, S. 91.

2673 *Guckelberger*, Deutsches Verwaltungsprozessrecht, S. 90 f.; s.a. zu den Grundrechten *Veil*, NVwZ 2018, 686 (693 f.); *Werkmeister*, in: Gola, DS-GVO, Art. 80 Rn. 11.

2674 *Von Lewinski*, in: Auernhammer, DSGVO/BDSG, Art. 80 DSGVO Rn. 15. Zum Individualrechtsschutz als verfassungsrechtlicher Normalfall Kapitel 1 C IV 1.

2675 *Guckelberger*, Deutsches Verwaltungsprozessrecht, S. 89, 94.

2676 *Gärditz*, Gutachten D 71. DJT, D 41; kritisch *Guckelberger*, Deutsches Verwaltungsprozessrecht, S. 94.

2677 *Groß*, Die Rechtsdurchsetzung von Tierbelangen, S. 130 f.; *Guckelberger*, Deutsches Verwaltungsprozessrecht, S. 91, 94 f.

zelne Betroffene gibt, Rechtsschutz zu erlangen.[2678] Dies wäre im Datenschutzrecht jedoch gerade der Fall.

Diese Ansicht ist als zu eng abzulehnen.[2679] Ein Blick ins Zivilrecht zeigt, dass auch hier neben der Möglichkeit der selbstständigen Anspruchsdurchsetzung eine Eintragung zur Musterfeststellungsklage und somit zur gebündelten Durchsetzung durch einen Verband geschaffen wurde. Vergleichend kann ebenso die Verbandsklage im Umweltrecht angeführt werden. Hier tritt die Klagemöglichkeit aus Art. 9 Abs. 2 AK gleichfalls neben die Klagebefugnis der betroffenen Personen.[2680] Es sind durchaus Situationen denkbar, in denen das meist objektiv ausgestaltete Umweltrecht Einzelpersonen klagefähige Rechte zuordnet.[2681] Wie auch im Denkmalschutzrecht würde dann der Rechtsschutz damit stehen oder fallen, ob die Betroffenen von ihren Klagerechten Gebrauch machen.[2682] Ein Rechtsschutzdefizit entsteht aber auch dann, wenn die Betroffenen nicht klagen wollen.[2683] Die Gründe dafür können, wie oben dargelegt, unterschiedlich sein. Letztlich entsteht eine Situation, die im Zivilrecht dazu geführt hat, die Musterfeststellungsklage zu etablieren. Es kommt zu einem strukturellen Rechtsschutzdefizit.

Die Vorteile einer Verbandsklage liegen dabei vor allem in ihrer Effektivität. Aufgrund der Vielzahl an Vorgängen sind mögliche Rechtsverletzungen für den Einzelnen kaum zu überblicken und zu handhaben. Außerdem sind die Erfolgsaussichten einer Klage häufig ungewiss. Gerade da das Datenschutzrecht stark individualrechtlich geprägt ist, besteht aber ein großes Bedürfnis, Missstände auszuräumen.[2684] In Deutschland ist für die-

---

2678 *Gärditz*, Gutachten D 71. DJT, D 102; ebenso *Groß*, Die Rechtsdurchsetzung von Tierbelangen, S. 145; a.A. *Guckelberger*, Deutsches Verwaltungsprozessrecht, S. 95. *Rennert*, Referat 71. DJT, N 123 (N 132), sieht die objektive Verwaltungskontrolle dort für erforderlich, wo subjektive Klägerrechte nicht oder nicht ohne weiteres hinreichen. .

2679 Ebenso ablehnend *Guckelberger*, Deutsches Verwaltungsprozessrecht, S. 95.

2680 *Guckelberger*, Deutsches Verwaltungsprozessrecht, S. 97.

2681 *Guckelberger*, Deutsches Verwaltungsprozessrecht, S. 95 f.; in diese Richtung auch *Koch*, NVwZ 2007, 369 (377). S. dazu NdsOVG, Urt. v. 11.12.2018 – 1 KN 185/16, BauR 2019, 613 ff. Hier klagen eine Einzelperson sowie eine anerkannte Vereinigung. Dazu auch *Meier*, Das ideelle Verbandsbeschwerderecht, S. 4; *Rehbinder/Burgbacher/Knieper*, S. 149.

2682 *Guckelberger*, Deutsches Verwaltungsprozessrecht, S. 97.

2683 *Guckelberger*, Deutsches Verwaltungsprozessrecht, S. 95 f.; in diese Richtung auch *Koch*, NVwZ 2007, 369 (377); *Meier*, Das ideelle Verbandsbeschwerderecht, S. 4.

2684 *Guckelberger*, Deutsches Verwaltungsprozessrecht, S. 100.

se Konstellationen die Rechtsdurchsetzung in Form einer Verbandsklage naheliegend.[2685] Außerdem ginge von ihr Präventivwirkung auf künftige Fälle aus, sodass die Behörden gehalten sind, frühzeitig rechtmäßig zu handeln.[2686]

Dennoch muss beachtet werden, dass es alternative Möglichkeiten innerhalb des Datenschutzrechtes gibt. So können die Betroffenen sich an den Datenschutzbeauftragten oder an Aufsichtsbehörden wenden.[2687] Ähnlich wie auch für das Denkmalschutzrecht angedacht, macht es Sinn, auch die datenschutzrechtliche Verbandsklage auf Fälle zu beschränken, die nicht wenige Betroffene tangieren, um so das Verhältnis zu Klagen einzelner Betroffener auszugestalten.

Generell raten *Kühling* und *Sackmann* dazu, von den Öffnungsklauseln der DSGVO auf Bundes- oder Landesebene nur zurückhaltend Gebrauch zu machen und insbesondere fakultative Öffnungsklauseln ausschließlich zu nutzen, wenn es absolut notwendig ist.[2688] Gegen eine Einführung bringt *Becker* hervor, dass zunächst abgewartet werden kann, wie sich die Verfahren nach dem UKlaG bewähren.[2689] Noch sei kein massives Vollzugsdefizit zu vermerken, da die Unternehmen verantwortungsvoll mit dem Datenschutz umgehen.[2690] Es ist davon auszugehen, dass auch staatliche Stellen grundsätzlich aufgrund ihrer Bindung an Gesetz und Recht aus Art. 20 Abs. 3 GG den Datenschutz gewissenhaft einhalten. Dennoch spielt die Überprüfung von Verwaltungsentscheidungen als Teil der Gewaltenteilung eine große Rolle im Rechtsstaat.[2691] Würden die Behörden immerzu rechtmäßig handeln, wäre eine Verwaltungsgerichtsbarkeit schier überflüssig.[2692] Eine effektive Ausgestaltung von Rechtsschutz, ob mit oder ohne verwaltungsrechtliche Verbandsklage, ist unerlässlich.

Für die Verfolgung mittels einer Verbandsklage kann zudem angeführt werden, dass besonders die Digitalisierung zu einem erhöhten Bedarf an

---

2685 *Halfmeier*, NJW 2016, 1126 (1126).

2686 *Guckelberger*, Deutsches Verwaltungsprozessrecht, S. 97.

2687 *Guckelberger*, Deutsches Verwaltungsprozessrecht, S. 100.

2688 *Kühling/Sackmann*, NVwZ 2018, 681 (683).

2689 *Becker*, in: Plath, DSGVO/BDSG, Art. 80 DSGVO Rn. 7.

2690 *Becker*, in: Plath, DSGVO/BDSG, Art. 80 DSGVO Rn. 7; a.A. *Halfmeier*, NJW 2016, 1126 (1126).

2691 *Groß*, Die Rechtsdurchsetzung von Tierbelangen, S. 141.

2692 *Groß*, Die Rechtsdurchsetzung von Tierbelangen, S. 141. S.a. *Beckmann*, DVBl 2019, 1172 (1179), dazu, dass Behörden in Kenntnis der Rechtswidrigkeit an ihrem Handeln festhalten, in der Annahme, dass den Betroffenen kein klagefähiges Recht zusteht. In diese Richtung auch *Buchberger*, EurUP 2019, 377 (380).

Unterstützung durch sachkundige Verbände führt. Die Vorgänge der Digitalisierung sind komplex und für den Einzelnen nur schwer einsehbar und nachzuvollziehen. Sachkundige Verbände können hier als Mittler dienen und die Rechtspositionen des Einzelnen dort vertreten, wo er mangels Sachverstand von einer Verfolgung absehen würde.

Ein anderer Ansatz ist zurzeit in den Bestrebungen zur Einführung einer Verbandsklage für Verbraucherschutz im Rahmen des NDfC zu vermerken.[2693] Dieser beinhaltet eine Richtlinie zur Einführung einer Verbandsklagemöglichkeit u.a. für Datenschutzverletzungen auf europäischer Ebene.[2694] Deutschland könnte spätestens dadurch die Verpflichtung auferlegt werden, nachzujustieren. *Uebele* sieht darin einen Paradigmenwechsel, weil das Datenschutzrecht sodann als Verbraucherschutzrecht normiert werden würde.[2695]

Die bisher erfolgte Teilumsetzung im UKlaG ist nicht deckungsgleich mit den Bestimmungen des europäischen Richtlinienvorschlags. Eine Angleichung wäre dann erforderlich. Noch sind keine inländischen Bestrebungen zur Einführung einer datenschutzrechtlichen Verbandsklage gegen behördliches Handeln ersichtlich. Es bleibt abzuwarten, wie sich die Ausgestaltung zukünftig erweisen wird.

VIII. Auswirkungen der Musterfeststellungsklage auf die Verbandsklagen

Im Zivilprozess gewinnt die kollektive Rechtsverfolgung immer mehr an Bedeutung.[2696] Die Globalisierung und das Internet ermöglichen es, schnelle Zusammenschlüsse Gleichbetroffener zu begründen. Der Wille nach gebündelter Rechtsdurchsetzung nimmt zu.[2697] Die Einführung der

---

2693 *„Dr. Datenschutz"*, Möglichkeiten zur Verbandsklage nach DSGVO, https://www.datenschutzbeauftragter-info.de/moeglichkeiten-zur-verbandsklage-nach-dsgvo/, zuletzt abgerufen am 5.8.2019. S. ausführlich zur Europäischen Sammelklage Kapitel 2 E.

2694 Anhänge des Vorschlags für eine Richtlinie des Europäischen Parlaments und des Rates über Verbandsklagen zum Schutz der Kollektivinteressen der Verbraucher und zur Aufhebung der Richtlinie 2009/22/EC, COM(2018) 184 final, ANNEXES 1, Nr. 53.

2695 *Uebele*, GRUR 2019, 694 (703).

2696 BT-Drs. 19/2507, S. 1; *Alexander*, JuS 2009, 590 (590); *Gärditz*, Gutachten D 71. DJT, D 30 f.

2697 S. dazu bereits Kapitel 1 A.

Musterfeststellungsklage als neuartiges Instrument reagierte auf diese Bedürfnisse.

Letztlich stellte sich im Zivilrecht die Frage, wie der Rechtsschutz effektiver ausgestaltet werden kann, ob individualrechtliche Rechtsbehelfe ausreichen, oder ob es einer Erweiterung in Form von anderen Strukturen bedarf. Denn wie in Kapitel 2 C V gezeigt, ergaben sich im Bereich des kollektiven Rechtsschutzes Rechtsschutzdefizite. Zur Überwindung dieses Missstandes entschied man sich für die Einführung der Musterfeststellungsklage. Eine ebensolche Frage stellt sich auch im Verwaltungsprozessrecht.

1. Intention

Die Musterfeststellungsklage dient vor allem der Bündelung von Ansprüchen. Die Musterfeststellung eines Rechtsverstoßes soll die Verfahren verkürzen, aber auch die Hürde einer Individualklage einebnen. Insgesamt soll ein effektives Verfahren gewährleistet werden. Während man sich im Zivilrecht nun dazu durchgerungen hat, eine einheitliche Regelung in der ZPO zu installieren, tut man sich im Verwaltungsrecht weiterhin schwer, eine entsprechende Regelung für Verbandsklagen in die VwGO oder in einem separaten Gesetz zu etablieren.

Die Ausgangslage einer Verbandsklage im öffentlichen Recht gestaltet sich derart, dass es entweder dadurch, dass es keine natürlichen oder juristischen Personen gibt, die in ihren subjektiven Rechten verletzt werden, oder dadurch, dass diese Personen aus anderen, nachvollziehbaren Motiven von einer Klage absehen, erhebliche Vollzugsdefizite ergeben. In der Verwaltungsgerichtsordnung ist durch § 42 Abs. 2 VwGO, welcher zumindest analog für alle (je nach Auffassung außer der Feststellungsklage) Klage- und auch Antragsarten gilt, die Klageerhebung an die subjektive Rechtsverletzung gekoppelt. Im Gegensatz zum Zivilrecht ist das öffentliche Recht aber auch von objektiv-rechtlichen Normen geprägt.[2698] Die Annahme subjektiver Rechte, und somit die Begründung der Klagebefugnis, bedarf im Verwaltungsrecht immer einer besonderen Begründung, so auch für Verbände.[2699]

2698 *Guckelberger*, Deutsches Verwaltungsprozessrecht, S. 133, 135; *Scharl*, Die Schutznormtheorie, S. 25.

2699 *Guckelberger*, Deutsches Verwaltungsprozessrecht, S. 133.

Kommt es zu einem Verstoß gegen tierschutz-, naturschutz- oder umweltrechtliche Vorschriften, so fehlt in der Regel ein verletzter Kläger. Betroffen sind vielmehr die Umwelt oder Tiere als solche, welche mangels Rechtspersönlichkeit nicht Beteiligte an bzw. klagebefugt in einem verwaltungsprozessualen Verfahren sein können. Daher agieren neutrale Stellen in Form von Verbänden, um ihrerseits das Recht durchzusetzen. Hierin liegt der klassische Fall einer altruistischen Verbandsklage, die vor allem durch die AK und die daran anknüpfende EuGH-Rechtsprechung im Bereich des Umweltrechts determiniert wurde. Es handelt sich dabei um überindividuellen Rechtsschutz.

Die Einführung kollektiver bzw. überindividueller Rechtsinstitute geht letztlich sowohl im Zivil- als auch im Verwaltungsprozessrecht auf bestehende Rechtsschutzdefizite zurück, welche in ihrer Begründung jedoch verschieden sind.

2. Dogmatische Einordnung

Die bisherigen Verbandsklagerechte des Zivilrechts zeichneten sich dadurch aus, dass der Verband ein eigenes gerichtlich durchsetzbares Recht einklagt. Es wird ihm originär verliehen, eine Prozessstandschaft negiert.[2700] Letztlich ist diese Situation vergleichbar mit der Rechtsprechung des BVerwG, das einem Verband originäre prokuratorische Rechte zugewiesen hat.[2701] Bei der Musterfeststellungsklage ist die Situation noch nicht abschließend geklärt. Hier liegt nach der oben zugrunde gelegten Ansicht eine Form der Prozessstandschaft sui generis vor, bei der der Verband im eigenen Namen fremde Rechte einklagt, somit kollektive Interessen verfolgt.

Um die oben genannte Dreiteilung aufzugreifen, ist die Musterfeststellungsklage als egoistische Verbandsklage einzuordnen. Der Verband, eine qualifizierte Einrichtung, macht im eigenen Namen die Rechte der Anmelder geltend.[2702]

2700 *Guckelberger*, Deutsches Verwaltungsprozessrecht, S. 118. S. dazu bereits die Ausführungen in Kapitel 2 C II 1 a.

2701 Zu den prokuratorischen Rechten bereits E III 1a. BVerwG, Urt. v. 5.9.2013 – 7 C 21/12; BVerwGE 147, 312. *Guckelberger*, Deutsches Verwaltungsprozessrecht, S. 119.

2702 *Guckelberger*, JA 2014, 647 (651); *dies.*, Deutsches Verwaltungsprozessrecht, S. 74 f.; *Hufen*, Verwaltungsprozessrecht, § 14 Rn. 93; *Meier*, Das ideelle Verbandsbeschwerderecht, S. 6; *Niesler*, Individualrechtsschutz, S. 36; *Radespiel*,

Eine prokuratorische Vorgehensweise, die im Zivilrecht vorgenommen wird, ist für den Verwaltungsprozess abzulehnen.[2703] Auch kann keine Prozessstandschaft begründet werden, weil es mangels Rechtsträgers keine Möglichkeit für einen Verband gibt, fremde Rechte geltend zu machen. Es handelt sich hierbei letztlich um eine altruistische Verbandsklage, bei der der Verband ermächtigt wird, überindividuelle Interessen geltend zu machen.

3. Verfahrensmaxime

Außerdem sind die Verbände im Zivilprozess aufgrund des Beibringungsgrundsatzes dazu verpflichtet, die entscheidungserheblichen Tatsachen vorzutragen, wohingegen im Verwaltungsprozess der Grundsatz der Amtsermittlung gilt.[2704] Obschon im Rahmen des Zivilrechts darüber nachgedacht wurde, den Beibringungsgrundsatz für gebündelte Verfahren abzuschaffen,[2705] hat gerade die Einführung der Musterfeststellungsklage nochmals gezeigt, dass trotz erhöhter Komplexität der Verfahren an den bestehenden Prinzipien festgehalten wird.[2706] Im Zivilprozessrecht kann das Gericht, wie z.B. gemäß § 610 Abs. 4 ZPO, auf sachdienliche Anträge hinwirken, ansonsten werden über die Beweislastverteilung mögliche Schwächen des Beibringungsgrundsatzes korrigiert.[2707] Auch im Verwaltungsprozess wird nicht vom bestehenden Untersuchungsgrundsatz abgewichen.[2708]

Die Entscheidung für oder gegen die Einführung des Beibringungsgrundsatzes oder des Untersuchungsgrundsatzes ist also keine spezifische Frage des kollektiven bzw. überindividuellen Rechtsschutzes, sondern viel-

---

Die naturschutzrechtliche Verbandsklage, S. 36; *Wahl/Schütz*, in: Schoch/Schneider/Bier, VwGO, § 42 Abs. 2 Rn. 234.

2703 *Guckelberger*, Deutsches Verwaltungsprozessrecht, S. 147.

2704 *Schlacke*, Überindividueller Rechtsschutz, S. 353 f.

2705 *Halfmeier*, Popularklagen, S. 131, 166 ff., 196 f.; *Schlacke*, Überindividueller Rechtsschutz, S. 354 f. S.a. *Schröder*, DVBl 2019, 1097 (1106), dazu, dass ein Mehr an Amtsermittlungsgrundsatz vor den Zivilgerichten kaum Anhänger finden werde.

2706 S.a. *Micklitz/Rott*, in: Vorwerk/Wolf, BeckOK ZPO, § 5 UKlaG Rn. 4.

2707 *Geiger*, Kollektiver Rechtsschutz, S. 249; *Micklitz/Rott*, in: Vorwerk/Wolf, BeckOK ZPO, § 5 UKlaG Rn. 4. Kritisch *Halfmeier*, Popularklagen, S. 349.

2708 *Beckmann*, Referat 71. DJT, N 79 (N 90). *Rennert*, Referat 71. DJT, N 123 (N 137); *Schlacke*, Überindividueller Rechtsschutz, S. 354. A.A. *Gärditz*, Gutachten D 71. DJT, D 49 f.

mehr eine generelle Frage innerhalb der ZPO und der VwGO.[2709] Eine Vereinheitlichung oder Annäherung ist hier nicht in Sicht.

4. Was kann eingeklagt werden

Unterschiede ergeben sich ferner anhand der Streitgegenstände. Im Verwaltungsprozess kann eine Verbandsklage in jeglicher Klageart erfolgen, im Zivilprozess sind die Musterfeststellungsklagen auf Feststellungen begrenzt und sehen ein zweistufiges Vorgehen vor, die sonstigen Verbandsklagen aus UWG, GWB und UKlaG sind auf Unterlassungs- und Beseitigungsansprüche beschränkt, erfordern daher ein Vorgehen mittels Leistungsklage.[2710] Die Verbandsklagen des öffentlichen Rechts zielen auf ein endgültiges Urteil ab, eine zweite Stufe der Prozessführung ist hier nicht nötig. Die Verfahren gestalten sich daher komplementär.

5. Wer soll klagen können

Da die deutschen Zivil- bzw. Verwaltungsgerichte nicht von sich aus tätig werden können, ein gerichtliches Verfahren von der Dispositionsbefugnis abhängt, bedarf es sowohl im Zivilprozess als auch im Verwaltungsprozess eines Klägers, der diese Klage erhebt,[2711] respektive eines Antragsstellers, der einen Antrag stellt.

Auffallend ist, dass unabhängig vom Rechtsgebiet der Klägerkreis für Verbandsklagen begrenzt ist. Im Zivilrecht knüpft § 606 Abs. 1 S. 2 ZPO strenge Voraussetzungen an die Klagebefugnis einer qualifizierten Einrichtung. Auch im Umwelt- und Naturschutzrecht weist § 3 Abs. 1 UmwRG spezifische Anforderungen an die Klagebefugnis einer Vereinigung aus. Gleiches gilt in den landesgesetzlichen Tierschutzverbandsklagen sowie hinsichtlich der Vereinigungen nach Art. 80 DSGVO. Eindeutig unerwünscht sind Popularklagen, bei denen allen Bürgern ein Klagerecht ein-

---

2709 *Halfmeier*, Popularklagen, S. 341; *Schlacke*, Überindividueller Rechtsschutz, S. 357 f. Vgl. *Schröder*, DVBl 2019, 1097 (1106).

2710 *Leipold*, in: Gilles, Effektivität des Rechtsschutzes, 57 (94 f.); *Scharl*, Die Schutznormtheorie, S. 25; *Schlacke*, Überindividueller Rechtsschutz, S. 350 f., 508 f.

2711 *Rennert*, Referat 71. DJT, N 123 (N 132).

geräumt wird.[2712] Hier würden diese sozusagen als Anwälte der Allgemeinheit auftreten.[2713] Die Begrenzung auf Verbände ist begrüßenswert. Sie schafft eine gewisse Kontrolle und schränkt ein rechtsmissbräuchliches Vorgehen, z.B. durch Abmahnvereine, ein. *Gärditz* führt zutreffend an, dass dadurch „blinde Flecke" vermieden werden.[2714]

Im Zivilrecht ist die Intention dabei vor allem, „amerikanische Zustände" zu vermeiden, also Klagen rein aus Profitgier.[2715] Im Verwaltungsrecht wird ermöglicht, dass nur eine vorselektierte Gruppe, der ein Interesse an der bzw. eine Fähigkeit zur Rechtsdurchsetzung unterstellt wird, auch objektives Recht einklagen kann.[2716] Indem für die Verbände im Verwaltungsrecht eine Anerkennung durch Hoheitsakt erforderlich wird und diese Anerkennung durch ein Gesetz näher ausgeformt ist, werden sie zugleich in gewisser Weise legitimiert.[2717] Auch die qualifizierten Einrichtungen nach § 606 ZPO müssen entweder in einer vom Bundesamt der Justiz geführten Liste gemäß § 4 UKlaG oder in die Liste der Kommission nach Art. 4 Abs. 3 RL 2009/22/EG aufgenommen worden sein. Dies zeigt der Verweis auf § 3 Abs. 1 S. 1 Nr. 1 UKlaG in § 606 Abs. 1 S. 1 S. 2 ZPO. Ihnen wird ein bestimmtes Vertrauen entgegengebracht und zugleich ein Interesse an einer fairen und sachgerechten Rechtsdurchsetzung unterstellt. Sowohl für die Zivil- als auch die Verwaltungsprozesse werden die klagebefugten Stellen daher streng eingegrenzt.

Im Folgenden sollen nun die Anforderungen an die klagebefugten Stellen der Musterfeststellungsklage und den Verbandsklagen im öffentlichen Recht verglichen werden.

2712 *Beckmann*, Referat 71. DJT, N 79 (N 89); *Gärditz*, Gutachten D 71. DJT, D 28; *Halfmeier*, Popularklagen, S. 187 und auf S. 199 ff. ausführlich zur Popularklage.

2713 *Gärditz*, Gutachten D 71. DJT, D 28.

2714 *Gärditz*, Gutachten D 71. DJT, D 40. S.a. *Mangold/Wahl*, Die Verw. 48 (2015), 1 (18). Dazu, ob Gemeinden als Verbände klagen können, i.Erg. ablehnend *Rennert*, DVBl 2019, 133 (134).

2715 S. allgemein zum Verhältnis der US-Sammelklagen zum kollektiven Rechtsschutz der EU schon *Brand*, NJW 2012, 1116.

2716 *Gärditz*, Gutachten D 71. DJT, D 28.

2717 *Fellenberg/Schiller*, in: Landmann/Rohmer, UmwR, § 3 UmwRG Rn. 2; *Ziekow/Siegel*, Anerkannte Naturschutzverbände, S. 37. Anders *Gärditz*, Gutachten D 71. DJT, D 39.

a) Mitgliederzahl

Die erste Voraussetzung für klagebefugte Verbände der Musterfeststellungsklage legt die Größe des Verbands fest. Die Zahlengröße wurde im Laufe des Gesetzgebungsverfahrens drastisch erhöht, von drei auf zehn Verbände bzw. von 75 auf 350 Mitglieder. Durch den Anstieg sollen finanzschwache Verbände ausgeschlossen werden.[2718] Für keine der Verbandsklagemöglichkeiten im Verwaltungsprozessrecht gibt es eine feste Mitgliedergröße. Weder das Unionsrecht noch die AK sehen eine solche vor.[2719] Lediglich ein Urteil des EuGH bestimmt, dass ein Mindesterfordernis von 2000 Mitgliedern nicht unionsrechtskonform sei.[2720] Diese Größe ist ca. das Fünffache von der im Zivilprozess verlangten und deutlich überzogen. Ob eine feste Zahlengröße wirklich für ein effektiveres Recht spricht, kann bezweifelt werden. Es ist vor allem wichtig, dass der Verband engagierte und aktive Mitglieder aufweist, die sich für eine Klageeinlegung einsetzen.[2721] Da auch für die Verbandsklage im öffentlichen Recht in der Literatur immer mehr über etwaige Zahlengrößen nachgedacht wird,[2722] könnte ein vergleichender Blick ins Zivilrecht nützlich sein.

Während das Unionsrecht einen weiten Zugang zu Gericht für Verbände wünscht,[2723] möchte man im deutschen Zivilrecht durch die Mindestgröße einen ausufernden Zugang verhindern. Das Erfordernis einer Mindestmitgliederzahl im Verwaltungsrecht dient als Nachweis dafür, dass die Vereinigung überhaupt existiert.[2724] Die geringe Anzahl soll einer sachgerechten Ausübung nicht entgegenstehen.[2725] Für beide Rechtsgebiete kann die Mitgliederanzahl ein Indiz dafür sein, dass die Vereinigung in der Lage ist, komplexe Verfahren zu durchlaufen. Außerdem stellt das Erfordernis

---

2718 *Röthemeyer*, MFK, § 606 Rn. 28.

2719 *Schieferdecker*, in: Hoppe/Beckmann/Kment, UVPG, UmwRG, § 3 UmwRG Rn. 40.

2720 EuGH, Urt. v. 15.10.2009 – C 1-263/08, NVwZ 2009, 1553 (1556); *Schieferdecker*, in: Hoppe/Beckmann/Kment, UVPG, UmwRG, § 3 UmwRG Rn. 41.

2721 *Schieferdecker*, in: Hoppe/Beckmann/Kment, UVPG, UmwRG, § 3 UmwRG Rn. 43.

2722 Dazu bereits im Rahmen der Verbandsklage im Umweltrecht III 3 d.

2723 *Schieferdecker*, in: Hoppe/Beckmann/Kment, UVPG, UmwRG, § 3 UmwRG Rn. 42.

2724 EuGH, Urt. v. 15.10.2009 – C 1-263/08, NVwZ 2009, 1553 (1556); *Schieferdecker*, in: Hoppe/Beckmann/Kment, UVPG, UmwRG, § 3 UmwRG Rn. 41.

2725 *Schieferdecker*, in: Hoppe/Beckmann/Kment, UVPG, UmwRG, § 3 UmwRG Rn. 43.

der Mindestanzahl zugleich einen sachlichen Grund für die Differenzierung bezüglich der Klagebefugnis dar.

Schieferdecker nennt als Zahlengröße 25 bis 50 Personen für Verwaltungsprozesse.[2726] Diese Zahlengröße liegt noch unterhalb der ursprünglich für die ZPO geforderten Anzahl. An anderer Stelle werden 100 Mitglieder gefordert.[2727] Insgesamt ist festzustellen, dass 350 Personen für verwaltungsprozessuale Klagen abzulehnen sind. Ein organisiertes Arbeiten kann durchaus schon bei einer geringeren Anzahl möglich sein. Hier könnte man in Anlehnung an den ursprünglichen RefE an 50–75 Personen denken.

Auch wenn einzuräumen ist, dass eine große Mitgliederzahl nicht allein zu einer sachgerechten Aufgabenerfüllung führt, so gibt eine Mindestmitgliederzahl eine gewisse Richtschnur vor und dient vor allen Dingen dazu, sehr kleine Verbände vor einer Überforderung durch eine mögliche Klage zu bewahren. Die Mitgliederanzahl zeugt von einer gewissen personellen und finanziellen Ausstattung.[2728] Außerdem könnte das Absehen von einer Mindestmitgliederzahl dazu führen, dass die Begründung der Klagebefugnis gegen ggf. eher individuelle Interessen, über den Umweg der Verbandsgründung gegangen werden kann.

Allerdings sollte, wie im Rahmen der Umweltverbände schon dargestellt, vor allem berücksichtigt werden, dass es genügend aktive und engagierte Personen gibt.[2729]

b) Bestandsdauer

Als zweite Voraussetzung knüpft die ZPO in § 606 Abs. 1 S. 2 Nr. 2 ZPO eine Bestandsdauer von mindestens vier Jahren an die Qualifizierung eines Verbands. Im Datenschutzrecht befindet sich keine Grenze, jedoch wird auf die ordnungsgemäße Gründung im Mitgliedstaat verwiesen. Für die

---

2726 *Schieferdecker*, in: Hoppe/Beckmann/Kment, UVPG, UmwRG, § 3 UmwRG Rn. 42.

2727 *Fellenberg/Schiller*, in: Landmann/Rohmer, UmwR, § 3 UmwRG Rn. 25; *Louis*, NuR 1994, 381 (384); *Lorz/Müller/Stöckel*, Naturschutzrecht, § 59 Rn. 12, letztere fordern 200 Mitglieder bei länderübergreifenden, 100 bei landesweiten Verbänden. Sie begründen das Erfordernis mit einer ausreichenden finanziellen und personellen Ausstattung.

2728 *Lorz/Müller/Stöckel*, Naturschutzrecht, § 59 Rn. 12.

2729 *Schieferdecker*, in: Hoppe/Beckmann/Kment, UVPG, UmwRG, § 3 UmwRG Rn. 43.

neu installierte Norm innerhalb des Zivilrechts beträgt die Bestandsdauer nur ein Jahr, § 4 Abs. 2 S. 1 Nr. 2 UKlaG.

Bestandsgrenzen sind auch im öffentlichen Recht angesetzt, wenngleich sie von der Dauer variieren. Während im Umwelt- und Naturschutzrecht von drei Jahren gesprochen wird, verlangen die tierschutzrechtlichen Verbandsklagen ein fünfjähriges Bestehen. Dabei ist nicht allein der zeitliche Rahmen entscheidend. In dieser Zeit muss der Verband auch ohne Unterbrechung im Sinne seiner Satzung tätig gewesen sein.[2730]

In beiden Rechtsgebieten ist es gewollt, durch diese Voraussetzung ad hoc gegründete Vereinigungen auszuschließen. Dies hat in Deutschland eine gewisse Tradition.[2731] Die Bestandsdauer stellt ein Indiz für Seriosität und Langfristigkeit dar.[2732] Die Verbände sollen sich organisatorisch verfestigt haben,[2733] was für langwierige Verfahren unerlässlich sein kann.[2734] Insgesamt soll die Bestandsdauer das Vertrauen in die Verbände stärken und die Klagebefugnis solchen Institutionen überlassen, die über eine gewisse Erfahrung verfügen.

Die Zahlengröße von vier Jahren aus dem Zivilprozessrecht ergibt sich aus der allgemeinen Verjährungsfrist des Zivilrechts von drei Jahren gemäß § 195 BGB. Eine Neugründung und Abwarten der Mindestbestandsdauer wird somit ausgeschlossen.[2735] Im Natur- und Umweltschutzrecht stützte man sich für eine dreijährige Frist auf die Erfahrungen der Länder, die zuvor eine naturschutzrechtliche Verbandsklage eingeführt hatten.[2736]

Woher die unterschiedlichen Zeitfenster zwischen naturschutz- respektive umwelt- und tierschutzrechtlicher Verbandsklage kommen, ist schwer nachvollziehbar. Auch die Gesetzesmaterialien zu den Tierschutzverbandsklagen geben keinerlei Aufschluss über die Gründe der Abweichung. Sie verweisen größtenteils auf die umwelt- und naturschutzrechtlichen Verbandsklagen, ohne die abweichende Bestandsdauer zu thematisieren.[2737]

2730 *Schieferdecker*, in: Hoppe/Beckmann/Kment, UVPG, UmwRG, § 3 UmwRG Rn. 32; *Schlacke*, in: Gärditz, VwGO, § 3 UmwRG Rn. 18.

2731 *Schmidt/Schrader/Zschiesche*, Die Verbandsklage, Rn. 108.

2732 BT-Drs. 19/2507, S. 21.

2733 *Fellenberg/Schiller*, in: Landmann/Rohmer, UmwR, § 3 UmwRG Rn. 19.

2734 *GDV*, Stellungnahme, S. 3.

2735 *Stadler*, in: Musielak/Voit, ZPO, § 606 Rn. 7.

2736 *Schieferdecker*, in: Hoppe/Beckmann/Kment, UVPG, UmwRG, § 3 UmwRG Rn. 31.

2737 LT-Drs. BaWü, 15/6593, S. 19; LT-Drs. Bremen 17/39, S. 8; LT-Drs. Hmb, 20/3512, S. 7. So auch für die mittlerweile außer Kraft getretene Verbandsklage in NRW, LT-Drs. NRW 16/177, S. 18.

Im saarländischen Landtag blieben Abänderungsanträge zur Verkürzung der Dauer auf zwei bzw. drei Jahre unerhört.[2738] Dass die Tierschutzverbände an höhere Anforderungen gebunden sind, ist ein Indiz dafür, sie durch strengere Voraussetzungen schwächen zu wollen. Es ist nicht ersichtlich, warum die verwaltungspraktischen Erfahrungen hier anders sein sollten als im Naturschutz. Eine zu hoch angesetzte Zahl kann dazu führen, dass die Verbandsklage an Wirksamkeit verliert. Der Kreis der klagebefugten Verbände ist durch viele Voraussetzungen und durch das abschreckende Kostenrisiko einer Klage enorm begrenzt und würde so weiter verkleinert.[2739] Es bleibt abzuwarten, ob eine Annäherung der Zahlengrößen zumindest zwischen dem Tierschutz- und Naturschutz- bzw. Umweltrecht stattfinden wird. Für eine potentielle öffentlich-rechtliche, datenschutzrechtliche Verbandsklage ist es zudem naheliegender, dass sie sich in Abweichung zu den Bestimmungen aus dem UKlaG an der Zahlenordnung der öffentlichen Verbandsklagen orientiert. Da die Intention hinter einer Mindestbestandsdauer immer dieselbe ist, ist aus Einheitlichkeitsgründen eine Angleichung für öffentliche Verbandsklagen wünschenswert.

c) Wahrnehmung satzungsgemäßer Aufgaben

Die dritte Voraussetzung im Zivilrecht bestimmt, dass die Verbände in Erfüllung ihrer satzungsgemäßen Aufgaben die Wahrung von Verbraucherinteressen weitgehend durch nicht gewerbsmäßige aufklärende oder beratende Tätigkeiten verfolgen. Diese Anforderung fordert dreierlei. Zunächst bedarf es einer Satzung, deren Satzungszweck den konkreten Fall umfasst. Weiterhin müssen Verbraucherinteressen gewahrt werden und als drittes darf keine überwiegende Aufklärung bzw. Beratung ausgeübt werden. Insgesamt sollen rein kommerziell agierende Verbände ausgeschlossen wer-

2738 Ein Abänderungsantrag der Piraten v. 19.6.2013 sah eine Verkürzung auf zwei Jahre vor, LT-Drs. Saar, 15/538, S. 1, entsprechende Anträge des B90/Grüne-Landtagsfraktion v. 24.3.2013, LT-Drs. Saar 1/551, S. 2 sowie der Linken v. 20.6.2013, LT-Drs. Saar 15/547, S. 2, drei Jahre.

2739 *Stadler*, in: Musielak/Voit, ZPO, § 606 Rn. 7 hält eine flächendeckende Verfolgung von Rechtsverstößen gegen das Verbraucherschutzrecht dadurch für unerreichbar.

den.[2740] Dabei ist im Zivilrecht umstritten, ob das Kostendeckungsprinzip gilt.[2741]

Die Bindung an die Zwecke des Verbraucherschutzes ist identisch mit denen der öffentlich-rechtlichen Verbandsklagen. Auch hier wird eine Verfolgung von Zwecken des Umwelt-, Natur-, Tier-, und Datenschutzes verlangt. Grundsätzlich wird die Vereinstätigkeit konkretisiert und Sachnähe hergestellt.[2742] Nicht gewollt ist, dass jeder Verband unabhängig von seinem Tätigkeitsbereich jede Rechtsverletzung einklagen kann.[2743] Ein gewisser Bezug zu dem Verband soll erkennbar sein. Für die Bewertung dessen zieht § 606 Abs. 1 S. 2 Nr. 3 ZPO das Gesamtbild des Vereins heran. Es wird u.a. nach den Interessen der Mitglieder geschaut. Wichtig ist zudem, dass die gerichtliche Verfolgung nicht vorrangiger Zweck des Verbands ist.[2744] Reine Abmahnvereine sind ausgeschlossen.

Auch für die verwaltungsrechtlichen Verbandsklagen muss der Verband Gewähr für eine sachgerechte Aufgabenerfüllung bieten. Dafür werden gleichfalls die Kriterien der Mitglieder usw. herangezogen. Es soll gewährleistet werden, dass der Verband organisatorisch zu einer dauerhaften und zielgerichteten Vereinsarbeit in der Lage ist.[2745] Die Anbindung an den Satzungszweck stellt dafür einen tauglichen Nachweis dar.

d) Ausschluss der Gewinnerzielungsabsicht

Eng damit verknüpft ist § 606 Abs. 1 S. 2 Nr. 4 ZPO, der voraussetzt, dass die Klageerhebung nicht zum Zwecke der Gewinnerzielung angestrebt wird. In Abgrenzung zu den amerikanischen Verhältnissen wird verlangt, dass der Verband nicht aus überwiegend wirtschaftlichen Motiven heraus handelt. Ein solidarischer, gemeinnütziger Zweck soll erkennbar sein.[2746]

2740 BT-Drs. 19/2507, S. 22.

2741 Für eine Finanzierung rein aus Mitgliedsbeiträgen *Halfmeier*, in: Prütting/Gehrlein, ZPO, § 4 UKlaG Rn. 3; *Klocke*, Rechtsschutz, S. 94; *Witt*, in: Ulmer/Brandner/Hensen, AGB-Recht, § 4 UKlaG Rn. 3b. So noch *Grüneberg*, in: Palandt, BGB, 78. Aufl. 2019, § 4 UKlaG Rn. 6. Anders jetzt *ders.*, in: Palandt, BGB, § 4 UKlaG Rn. 6.

2742 *Klocke*, Rechtsschutz, S. 95; *Kreße*, in: Sydow, DSGVO, Art. 80 Rn. 9.

2743 Vgl. *Weidemann/Rheindorf*, DVP 2015, 148 (151).

2744 BT-Drs. 19/2507, S. 22; *Weinland*, MFK, Rn. 53.

2745 *Bunge*, in: ders., UmwRG, § 3 Rn. 46; *Franzius*, in: Schink/Reidt/Mitschang, UVPG UmwRG, § 3 UmwRG Rn. 11.

2746 BT-Drs. 19/2507, S. 22.

Im Verwaltungsrecht wird diese Eigenschaft durch die Bindung des Verbands an ideelle Zwecke eingeführt. Damit soll ebenso die Gewinnerzielung ausgeschlossen werden.[2747] Im öffentlichen Recht ist die Gemeinnützigkeit u.a. durch steuerrechtliche Konstellationen nachzuweisen. So wird für den Tierschutz die Befreiung von der Körperschaftssteuer (§ 5 Abs. 1 Nr. 9 KStG) verlangt, im Umweltrecht, aufgrund der Einbeziehung ausländischer Verbände, eine Befreiung nach § 52 AO. Es bietet sich an, diese Normen für die Auslegung der Voraussetzung für Musterfeststellungsklagen ebenfalls heranzuziehen. Die steuerrechtlichen Normen bieten nämlich eine feste und nachvollziehbare Größe, stellen so ein taugliches Abgrenzungskriterium dar.

Im Datenschutz erfolgt der Ausschluss der Gewinnerzielung durch die vorausgesetzte Gemeinnützigkeit. Dieser Begriff muss autonom ausgelegt werden und kann mitunter nicht dem deutschen Begriff der Steuerbegünstigung entsprechen. Auch wenn eine Umsetzung der Vorgaben aus Art. 80 Abs. 2 DSGVO in eine nationale Norm sich an den sonstigen existierenden Verbandsklagen orientiert, müsste diese daher ggf. anders ausgelegt werden, somit können diese Voraussetzungen nur schwer auf einen gemeinsamen Nenner gebracht werden.

e) Finanzierung

Die letzte Voraussetzung für qualifizierte Einrichtungen betrifft deren Finanzierung. Qualifizierte Einrichtungen nach dem Zivilrecht sollen nicht mehr als fünf Prozent ihrer Finanzierung durch Unternehmen erhalten, § 606 Abs. 1 S. 2 Nr. 5 ZPO. Dies soll Interessenkonflikten vorbeugen.[2748] Die Musterfeststellungsklage soll nicht dazu instrumentalisiert werden, dass einzelne Unternehmen Verbände für Klagen gegen Wettbewerbsunternehmen ausnutzen.

Eine solche Normierung ist für verwaltungsrechtliche Verbandsklagen nicht vorgesehen. Dennoch ist gerade die finanzielle Ausstattung der Verbände für die Durchführung der Verbandsklagen auch im öffentlichen Recht von Bedeutung, da eine Prozessführung hohe Kosten verursacht. Keinesfalls dürfen die Anforderungen an die Finanzierung der Verbände so ausgestaltet sein, dass sie letztlich finanziell nicht in der Lage sind, Pro-

---

2747 *Fellenberg/Schiller*, in: Landmann/Rohmer, UmwR, § 3 UmwRG Rn. 15; *Schieferdecker*, in: Hoppe/Beckmann/Kment, UVPG, UmwRG, § 3 UmwRG Rn. 29.
2748 BT-Drs. 19/2507, S. 22.

zesse zu führen. Größtenteils sind die Verbände nämlich auf staatliche Mitfinanzierung angewiesen. Da Klagegegner der Staat ist, kommt es hier im Idealfall nicht zu Konfliktsituationen, daher bedarf es keiner äquivalenten Regelung im Verwaltungsprozessrecht.

f) Demokratische Binnenstruktur

Im Verwaltungsrecht wird viel Wert auf den Zugang zum Verband gelegt. Neumitgliedern soll eine Teilhabe in der Mitgliederversammlung möglich sein. Verlangt wird eine demokratische Binnenstruktur.[2749] Diese Rückkopplung wird vor allem damit begründet, dass die Verbände aufgrund dessen, dass sie Allgemeininteressen verfolgen sollen, hinsichtlich ihrer Klagerechte privilegiert werden.[2750]

Für zivilrechtliche Verbände wird dieses Erfordernis nicht besonders hervorgehoben. Da die zivilrechtlichen Verbände nicht unbedingt Allgemeininteressen verfolgen, sondern auch gerade einseitigen Interessen nachgehen können, erklärt sich die unterschiedliche Ausgestaltung. Gleiches muss im Bereich des Datenschutzrechts gelten, wo die Verbände ebenso anstelle der konkret Betroffenen die Rechtsverfolgung betreiben.

g) Ausländische Verbände

Im Umwelt- und Naturschutzrecht ist die Klagebefugnis nicht auf inländische Verbände beschränkt, gleiches gilt für Musterfeststellungsklagen. Aufgrund des Diskriminierungsverbots innerhalb der EU dürfen Verbände der Mitgliedstaaten nicht von der Klageerhebung ausgeschlossen werden. Sowohl für das Zivil- als auch Verwaltungsrecht ergeben sich diesbezüglich keine Besonderheiten.

6. Fazit

Abschließend lässt sich feststellen, dass die Begrenzung der klagebefugten Verbände im Zivil- und Verwaltungsrecht ähnliche Strukturen aufweist,

---

2749 *Schieferdecker*, in: Hoppe/Beckmann/Kment, UVPG, UmwRG, § 3 UmwRG Rn. 56.

2750 *Spieth/Hellermann*, NVwZ 2019, 745 (748).

die jedoch meist bedingt durch die Besonderheiten des Rechtsgebiets abweichend ausgestaltet sind. Ähnlichkeiten bestehen zunächst darin, dass beide Rechtsgebiete Rechtsbehelfe auf gewisse Verbände beschränken. Diese müssen eine bestimmte Bestandsdauer nachweisen, sich eine Satzung auferlegt haben und im Bereich dieser tätig werden. Ferner müssen sie gemeinnützig agieren. Abweichungen gibt es hinsichtlich der Mindestmitgliedergröße sowie der demokratischen Binnenstruktur und Finanzierung. Die unterschiedliche Normierung macht auch deutlich, dass die Schwerpunkte innerhalb der Rechtsordnungen verschieden sind, was die teils unterschiedliche gesetzliche Ausgestaltung rechtfertigt.

7. Einheitliche Kodifizierung

Das Bedürfnis zur Schaffung neuartiger Regelungen spiegelt letztlich nur die Bestrebungen nach Bündelung, welche es in der Wirtschaft, Gesellschaft und Verwaltung zu bezeichnen gibt, wider.[2751] Daher ist es fraglich, ob die momentane Ausgestaltung der Regelungen noch zeitgemäß ist. Da es vor allem im Verwaltungsprozessrecht bereichsspezifische Regelungen gibt, stellt sich die Frage nach einer einheitlichen Kodifizierung der Verbandsklagen.

Bereits im Rahmen des 71. DJT wurde eine einheitliche Kodifizierung von Verbandsklagen in der VwGO thematisiert.[2752] Hier stimmte die Mehrheit der Teilnehmer jedoch nur für die Implementierung einer Rahmenregelung kombiniert mit Anordnungen im Fachrecht.[2753]

Des Öfteren gab es auch die Empfehlung, die Verbandsklagemöglichkeiten des Zivilrechts einheitlich in einem Gesetz zu regeln.[2754] In der Begründung der Musterfeststellungsklage wird deutlich darauf hingewiesen,

2751 *Schmidt-Aßmann*, EurUP 2016, 360 (366).

2752 *BDVR*, Effektiven Rechtsschutz sichern, S. 2; *Müggenborg*, NuR 2016, 473 (474).

2753 Beschluss Nr. 11a 71. DJT, N159-N164 (N 161), 26:14:1.

2754 *Baetge*, ZZP 112 (1999), 329 (342); *Geiger*, Kollektiver Rechtsschutz, S. 198; *Halfmeier*, Popularklagen, S. 393; *Heß*, in: Ernst/Zimmermann, Zivilrechtswissenschaft, 527 (542 f.); *ders.*, JZ 2011, 66 (71); *Koch*, ZZP 113 (2000), 413 (441); *Lange*, Gruppenverfahren, S. 333; dazu, dass das UKlaG verallgemeinerungsfähige Strukturen aufweist, *Schlacke*, Überindividueller Rechtsschutz, S. 333; *Schilken*, in: Meller-Hannich, 21 (48), bevorzugt eine Eingliederung in die ZPO.

dass damit ein rechtsgebietsübergreifendes Gesetz geschaffen wurde.[2755] Für die Musterfeststellungsverfahren gelten die in der ZPO ausgewiesenen allgemeinen Regeln, lediglich unpassende Paragraphen werden von der Anwendung ausgeschlossen.[2756]

Ein noch weitergehender Schritt wäre die Schaffung eines einheitlichen Verbandsklagegesetzes sowohl für zivil- als auch verwaltungsprozessuale Klagen. Was sich auf den ersten Blick als vielsprechende Lösung darstellt, wirft jedoch viele Rechtsfragen auf und wird daher im nachfolgenden Abschnitt näher betrachtet. Im Anschluss folgen Ausführungen hinsichtlich der Vor- und Nachteile einer einheitlichen Kodifizierung allein für das Verwaltungsprozessrecht.

a) Einheitliches Gesetz für zivil- und verwaltungsprozessuale Verbandsklagen

Für die Etablierung eines eigenen Verbandsklagegesetzes müssten alle Verbandsklagen, sowohl die zivil- als auch die verwaltungsrechtlichen, normierbare Gemeinsamkeiten vorweisen.[2757]

Wenngleich der Grundgedanke ähnlich ist, indem Verbände im Gegensatz zu einzelnen Klägern Klage erheben, führt dies allein nicht dazu, die im deutschen Rechtssystem verankerte Trennung von öffentlichem und Privatrecht zu erodieren.[2758] Wie im vorherigen Abschnitt umfassend dargestellt, weisen die Verbandsklagen deutliche Unterschiede hinsichtlich ihres Einsatzbereichs, ihrer Ausgestaltung und ihrer Intention aus. Ihnen ist lediglich gemein, dass sich die Klagebefugnis auf Verbände beschränkt, gleichwohl ist die dogmatische Einordnung dieser Klagebefugnis jeweils eine andere. Auch wenn die Systematisierung und Rechtsklarheit durch ein einheitliches Gesetz auf eine höhere Stufe gestellt werden könnte, ist

---

2755 BT-Drs. 19/2597, S. 14 f.

2756 BT-Drs. 19/2507, S. 15, 25. Umkehrschluss aus § 610 ZPO.

2757 Vgl. *Guckelberger*, Deutsches Verwaltungsprozessrecht, S. 148; *Schlacke*, Überindividueller Rechtsschutz, S. 368.

2758 S. dazu ausführlich *Becker*, NVwZ 2019, 1385. *Seckelmann*, DVBl 2019, 1107 (1107) spricht von dem Erfordernis einer bestmöglichen Verzahnung, s.a. S. 1114. *Schröder*, DVBl 2019, 1097 (1106), dazu, dass die Unterschiede sinnvoll sind.

ein einheitliches zivil- und verwaltungsgerichtliches Vorgehen aufgrund der Differenzen abzulehnen.[2759]

b) Einheitliche Kodifizierung der verwaltungsprozessualen Verbandsklagemöglichkeiten

Weiterer Untersuchung bedarf jedoch die Frage, ob es ein Verbandsklagegesetz nur für verwaltungsprozessuale Verbandsklagemöglichkeiten geben sollte.[2760] Alternativ wäre eine vollständige Integration in die VwGO oder zumindest die Aufnahme von Mindeststandards innerhalb der VwGO denkbar. Bisher befinden sich die Regelungen zur Verbandsklage in Spezialgesetzen, die teilweise zusätzlich materielles Recht ausformen.[2761]

Für eine Vereinheitlichung können zunächst die offensichtlichen Kritikpunkte angeführt werden. Eine bereichsspezifische Ausgestaltung ist unübersichtlicher als die Verfestigung in einem Gesetz.[2762] Dadurch ergibt sich auch Rechtsklarheit, versteckten Ausnahmen wird vorgebeugt.[2763] Die Rechtssuche wird insgesamt vereinfacht.[2764] Außerdem würden klare Standards festgelegt, die einheitlich gelten und eine Rechtszersplitterung verhindern.[2765] Es soll ein stringentes System erkennbar sein, was durch die

---

2759 *Guckelberger*, Deutsches Verwaltungsprozessrecht, S. 147; *Schlacke*, Überindividueller Rechtsschutz, S. 508 f. mit Verweis auf eine umfassende Prüfung der Gemeinsamkeiten.

2760 Dazu, dass sich etwa 80% der Verwaltungsrichter dafür aussprechen, https://www.bdvr.de/index.php/id-20202021.html?file=files/bdvr-site/content/stellungnahmen/st_2020-04-09_Fuer_eine_Verbandsklageordnung.pdf, zuletzt abgerufen am 6.7.2020.

2761 *Schlacke*, Überindividueller Rechtsschutz, S. 474.

2762 *Schlacke*, Überindividueller Rechtsschutz, S. 507 f.; *dies.*, NVwZ 2017, 905 (912); *dies.*, NVwZ 2019, 1392 (1401). S.a. *Guckelberger*, Deutsches Verwaltungsprozessrecht, S. 147 f. So bezeichnet *Gärditz*, EurUP 2018, 158 (173), das UmwRG als unlesbares und verquastes Sonderprozessrecht. S.a. *Guckelberger*, NuR 2020, 149 (153). Auch *Buchberger*, EurUP 2019, 377 (383).

2763 *Neidhardt*, Nationale Rechtsinstitute, S. 172; *Schlacke*, NVwZ 2017, 905 (912); *Schlacke/Römling*, in: Schlacke/Schrader/Bunge, Aarhus-Handbuch, § 3 Rn. 144; *Schlacke*, NVwZ 2019, 1392 (1401).

2764 *Guckelberger*, Deutsches Verwaltungsprozessrecht, S. 148; *Schlacke*, Überindividueller Rechtsschutz, S. 507.

2765 *BDVR*, Effektiven Rechtsschutz sichern, S. 2; *Geiger*, Kollektiver Rechtsschutz, S. 198; *Guckelberger*, Deutsches Verwaltungsprozessrecht, S. 150; vgl. *Neidhardt*, Nationale Rechtsinstitute, S. 170; *Schlacke*, NVwZ 2019, 1392 (1401).

aufgeteilten Regelungen durchbrochen wird.[2766] Auch im Zivilrecht wurde die Rechtszersplitterung scharf kritisiert[2767] und war letztlich mitunter Anlass für eine einheitliche Kodifizierung.[2768] Als weitere Vorteile werden eine Folgenabschätzung auf den Individualrechtsschutz und Evaluierung der Verbandsklage ermöglicht.[2769]

Die Vorteile einer einheitlichen Kodifizierung sind unbestritten, allerdings schließt sich die Frage an, wo diese zu erfolgen hat. Ebenso wie im Zivilprozessrecht könnte eine Implementierung in die VwGO in Erwägung gezogen werden, doch auch ein separates Gesetz wäre denkbar.

aa) Separates Gesetz

Hinsichtlich einer einheitlichen Kodifizierung aller verwaltungsgerichtlichen Verbandsklagen in einem separaten Gesetz ist nicht voreilig zu urteilen. *Guckelberger* ist skeptisch, ob die Zeit dafür schon gekommen ist.[2770] Ein weiteres Gesetz schafft erneute Unübersichtlichkeit, weil der Rechtssuchende nun zwischen der Verwaltungsgerichtsordnung und dem Verbandsklagegesetz, aber auch den separat geregelten materiellen Bestimmungen hin und her blicken müsste.[2771]

Im Rahmen der Schuldrechtsmodernisierung tat sich im Zivilrecht eine ähnliche Frage auf, die letztlich zugunsten eines separaten Gesetzes in Form des UKlaG beantwortet wurde. Dieses diente der Schaffung einer einheitlichen Verbandsklagemöglichkeit gegen AGBs.[2772] Während die materiellen Regelungen des AGBG mit der Begründung, dass das Verbraucherrecht als Privatrecht grundsätzlich jeden Bürger treffen kann, die auftretenden Fragen miteinander verbunden sind, in das BGB integriert wur-

2766 *Schlacke*, Überindividueller Rechtsschutz, S. 507 f.

2767 *Schlacke*, Überindividueller Rechtsschutz, S. 507. *Geiger*, Kollektiver Rechtsschutz, S. 198.

2768 S. BT-Drucks. 19/2507, S. 14 f.

2769 *Guckelberger*, Deutsches Verwaltungsprozessrecht, S. 148.

2770 *Guckelberger*, Deutsches Verwaltungsprozessrecht, S. 149; s.a. *Fellenberg*, AnwBl. 2016, 648 (653). So aber vertreten von *Gärditz*, Gutachten D 71. DJT, D 104 in seiner 18. These.

2771 *Fellenberg*, AnwBl. 2016, 648 (653).

2772 S. BT-Drs. 14/6040, S. 274 f.

de,[2773] sah man, obwohl von mancher Seite aus gefordert,[2774] von einer Integration der prozessualen Vorschriften in die ZPO ab. *Walker* begründet diese Vorgehensweise damit, dass noch nicht absehbar sei, wie sich das UKlaG in Bezug auf die Ausgestaltungen anderer Länder entwickeln wird und daher Abweichungen zur ZPO begründet werden.[2775] Außerdem enthält das UKlaG mit §§ 1–4a einen materiell-rechtlichen Teil, der in der ZPO unüblich ist und daher einen Systembruch bedeuten würde.[2776]

Dass dieses Vorgehen letztlich wenig effizient war, zeigt nicht zuletzt die Einführung der Musterfeststellungsklage, die gerade aufgrund von Rechtsschutzdefiziten etabliert wurde. Im UKlaG wurde nur ein Teil von Verbandsklagen umfasst und keine allgemeingültige Lösung normiert.[2777] Das Bedürfnis nach einer rechtsgebietsunabhängigen Verbandsklage blieb daher weiterhin bestehen.

Für die Musterfeststellungsklage entschied man sich derweil anders und nahm sie in die ZPO auf. Grund dafür ist, dass damit eine vollständig eigenständige Klagemöglichkeit geschaffen wurde, für die die Normen der ZPO überwiegend zur Anwendung kommen.[2778] Möglicherweise könnte dies dazu beitragen, dass, um es mit *Guckelbergers* Worten zu sagen, „die Zeit für eine solche Verallgemeinerungsfähigkeit der Verbandsklage in einem zentralen allgemeinen Gesetz“ gekommen ist.[2779]

Gärditz vertrat auf dem benannten DJT in seinem Gutachten den Standpunkt, dass die Verbandsklage in ein Beanstandungssonderprozessrecht zu überführen sei.[2780] Folgt man diesem Ansatz, so würde eine gesonderte Kodifizierung außerhalb der VwGO zu mehr Übersichtlichkeit und einer klaren Abgrenzung führen.[2781] Allerdings ist nicht nachvollziehbar, warum die Beteiligung eines Verbands zu Abstrichen im Prozessrecht führen

---

2773 BT-Drs. 14/6040, S. 91 f. Dazu, ob das Verbraucherrecht Sonderprivatrecht darstellt, *Koch*, Verbraucherprozessrecht, S. 210 ff.

2774 *Baetge*, ZZP 112 (1999), 329 (342); *Geiger*, Kollektiver Rechtsschutz, S. 198; *Hess*, JZ 2011, 66 (71); *Koch*, ZZP 113 (2000), 413 (441); *Lange*, Gruppenverfahren, S. 333 f.

2775 *Walker*, in: ders., UKlaG, Einleitung Rn. 2.

2776 *Walker*, in: ders., UKlaG, Einleitung Rn. 2.

2777 *Halfmeier*, Popularklagen, S. 357.

2778 BT-Drs. 19/2507, S. 15, 25. Umkehrschluss zu § 610 ZPO. S.a. *Heß*, in: Ernst/Zimmermann, Zivilrechtswissenschaft, 527 (542), mit der gleichen Argumentation hinsichtlich der Integration des UKlaG in die ZPO.

2779 *Guckelberger*, Deutsches Verwaltungsprozessrecht, S. 149.

2780 *Gärditz*, Gutachten D 71. DJT, D 49.

2781 *Guckelberger*, Deutsches Verwaltungsprozessrecht, S. 147.

soll.[2782] Es sollten kaum Unterschiede gemacht werden,[2783] zumal eine identische Verwaltungsentscheidung durchaus sowohl von einer Vereinigung als auch von einem einzelnen Betroffenen angegriffen werden kann. Es wäre nicht nachvollziehbar, warum diese Verfahren anders ablaufen sollten.[2784] Der Verbandsrechtsschutz muss dem Individualrechtsschutz vielmehr ebenbürtig ausgestaltet sein, um effektiv zu sein.[2785] *Gärditz* Ansatz ist abzulehnen.[2786]

Ebenso lässt sich letzteres Argument gegen ein separates Verbandsgesetz anführen. Die Klageverfahren von Verbänden sowie Einzelpersonen können nicht immer vollständig getrennt werden. So kann es z.B. im Datenschutzrecht neben dem Kollektiv auch einzelne Betroffene geben, denen eine Klagebefugnis zukommt.[2787] Die dabei auftretenden Fragen sind miteinander verbunden, sie können sich ergänzen, aber auch überlagern.[2788] Diese Verknüpfung wird durch eine getrennte Kodifikation nicht deutlich.[2789] Zudem läuft eine unterschiedliche Kodifikation Gefahr, sich in unterschiedliche Richtungen zu entwickeln, z.B. was die Auslegung von Begrifflichkeiten, allgemeine Rechtsgrundsätze oder Wertungsmaßstäbe anbelangt.[2790] Dadurch, dass sich Recht und Gesetz häufig im Wandel befinden, empfiehlt es sich nicht, diese Entwicklungen jeweils in Sondergesetzen zu verorten. Sie sollten vielmehr in bestehende Kodifikationen etabliert werden.[2791]

Außerdem bestehen, wie oben dargestellt, deutliche Unterschiede zwischen den einzelnen Verbandsklagen. Das Verbandsklagegesetz könnte daher nur die wenigen Gemeinsamkeiten sinnvoll regulieren und wäre somit

---

2782 *Guckelberger*, Deutsches Verwaltungsprozessrecht, S. 143 und auf S. 136 ff. ausführlich zum Streitstand. *Rennert*, Referat 71. DJT, N 123 (N 136).

2783 *Rennert*, Referat 71. DJT, N 123 (N 136).

2784 Ebenso ablehnend *Beckmann*, Referat 71. DJT, N 79 (N 90); *Rennert*, Referat 71. DJT, N 123 (N 136).

2785 *Guckelberger*, Deutsches Verwaltungsprozessrecht, S. 143.

2786 *Beckmann*, Referat 71. DJT, N 79 (N 90); ebenso *Guckelberger*, Deutsches Verwaltungsprozessrecht, S. 143; *Rennert*, Referat 71. DJT, N 123 (N 136).

2787 *Guckelberger*, Deutsches Verwaltungsprozessrecht, S. 88; *Schlacke*, Überindividueller Rechtsschutz, S. 483. S. dazu bereits unter VII.

2788 BT-Drs. 14/6040, S. 92.

2789 BT-Drs, 14/6040, S. 92.

2790 BT-Drs. 14/6040, S. 92.

2791 *Halfmeier*, Popularklagen, S. 394; *Schlacke*, Überindividueller Rechtsschutz, S. 508; *dies.*, NVwZ 2019, 1392 (1401). Zur Zersplitterung durch Sonderprozessrecht *BDVR*, Effektiven Rechtsschutz sichern; *Schlacke*, NVwZ 2019, 1392 (1401).

vom Inhalt her eher übersichtlich.[2792] Wenn über eine einheitliche Kodifizierung der Verbandsklagen nachgedacht wird, dann sollte dies zumindest innerhalb der Regelungen der VwGO erfolgen. Letztlich zeigen die Erfahrungen im Zivilrecht, dass das UKlaG als einheitliches Verbandsklagegesetz nicht die erhoffte Wirkung erzielt hat und es im Endeffekt doch zu einer vollständigen Normierung innerhalb der ZPO gekommen ist. Ein neu geschaffenes, eigenständiges Gesetz hilft zwar insofern ab, dass eine einheitliche Klärung der Standards geregelt werden kann, ist jedoch unzureichend, um die Unübersichtlichkeiten zu beheben und das Verhältnis zu den Individualklagen nachvollziehbar auszugestalten.[2793]

bb) Vollständige Integration in die VwGO

Da man im Zivilrecht den Weg der Integration in die ZPO gegangen ist, könnte sich die Sichtweise zur Implementierung der Verbandsklagen in die VwGO verändert haben.

Eine rechtsgebietsübergreifende Regelung innerhalb der VwGO vereinfacht die Rechtsfindung, indem nur an einer Stelle gesucht werden muss. Die instinktive Suche nach Klagemöglichkeiten beginnt zudem innerhalb der jeweiligen Prozessordnung und nicht in der Suche nach etwaigem Sonderprozessrecht.[2794]

Vorbild könnte hier die Integration der Musterfeststellungsklage in die ZPO sein. Musterfeststellungsprozesse sind grundsätzlich in jedem Rechtsbereich denkbar, bei dem eine Vielzahl von Anspruchstellern erwartet werden kann.[2795] Schadensersatzansprüche können bspw. aus unterschiedlichen Bereichen stammen. Allerdings ist kritisch anzumerken, dass obwohl der Gesetzgeber deutlich und wohl mit einem gewissen Grad an Begeisterung hervorhebt, dass nun ein einheitlicher Rechtsbehelf ohne spezialgesetzlichen Bezug geschaffen wurde,[2796] auch die Musterfeststellungsklage auf den Anwendungsbereich des Verbraucherschutzrechts beschränkt ist. Man erinnere sich an den Handwerker, der seinen PKW für seinen Geschäftsbetrieb nutzt, welcher aufgrund seiner Stellung als Unternehmer

---

2792 *Guckelberger*, Deutsches Verwaltungsprozessrecht, S. 150; *Ingold/Münkler*, EurUP 2018, 468 (484), dazu, dass das komparative Element nur sehr gering ausgeprägt ist.

2793 *Schlacke*, Überindividueller Rechtsschutz, S. 508.

2794 *Müggenborg*, NuR 2016, 473 (474).

2795 S.a. BT-Drs. 19/2507, S. 14 f.

2796 BT-Drs. 19/2507, S. 14 f.

nicht von der Musterfeststellungsklage umfasst sein kann.[2797] Eine allumfassende Lösung stellt die Musterfeststellungsklage trotz ihres Standorts innerhalb der ZPO somit nicht dar.

Dabei ist anzumerken, dass jeder Bürger in bestimmten Situationen Verbraucher sein kann und jeder Verbraucher auch immer ein Bürger ist.[2798] Das Verbraucherrecht ist kein Sonderprivatrecht, das für bestimmte Personengruppen oder Sachgebiete besondere Regelungen enthält, wie dies z.B. innerhalb des UWG und GWB der Fall ist.[2799] Als Teil des allgemeinen Privatrechts wird es innerhalb des Bürgerlichen Gesetzbuches geregelt.[2800] Insofern ist die Reichweite der Musterfeststellungsklage weit. Die Musterfeststellungsklage dient einer prozessökonomischeren Verhandlungsweise, sie ist jedoch nicht von den materiell-rechtlichen Ansprüchen geprägt, sondern vielseitig einsetzbar. Im Zivilrecht hat man daher pioniermäßig den Schritt für eine einheitliche Kodifikation in der Zivilprozessordnung gewählt.

Anders ist dies jedoch für verwaltungsprozessuale Verbandsklagen. Allein die Betrachtung der Rechtsgebiete lässt den Gedanken der Implementierung in die VwGO abermals verwerfen. Auch wenn zwischen dem Tierschutz und Umwelt- und Naturschutz eine gewisse Ähnlichkeit angenommen werden kann, so fällt spätestens das Datenschutzrecht als Regelungsmaterie aus dem Muster.[2801] Die Einführung der Verbandsklage im Datenschutz rührt daher, dass staatliche Aufsichts- und Kontrollmaßnahmen oftmals nicht ausreichen, wenn Kläger bewusst von einer Klage absehen.[2802] Im Umwelt- und Tierschutzrecht entsteht der Bedarf nach Verbandsklagen indes daraus, dass es keinen sonstigen Kläger gibt.[2803]

Verbandsklagen existieren zudem zur Gleichstellung von Menschen mit Behinderung, § 15 BGG. Dies ist ebenfalls ein völlig anderes Terrain. Hier soll in Bezug auf Art. 3 GG für gleichwertige Lebensbedingungen von

---

2797 Kapitel 2 D IV 7 c.

2798 BT-Drs. 14/6040, S. 91. *Ellenberger*, in: Palandt, BGB, § 13 Rn. 2; *Larenz/Wolf*, AT BGB, § 1 Rn. 60. S.a. *Wolf/Neuner*, AT BGB, § 15 Rn. 2.

2799 BT-Drs. 14/6040, S. 91; *Grüneberg*, in: Palandt, BGB, Einleitung Rn. 1. S.a. *Koch*, Verbraucherprozessrecht, S. 210 ff.; *Larenz/Wolf*, AT BGB, § 1 Rn. 60 f.

2800 Vgl. *Larenz/Wolf*, AT BGB, § 1 Rn. 59.

2801 *Guckelberger*, Deutsches Verwaltungsprozessrecht, S. 149.

2802 *Guckelberger*, Deutsches Verwaltungsprozessrecht, S. 149.

2803 *Breuer*, Die Verw. 45 (2012), 171 (180); *Bruckert*, NuR 2015, 541 (541); *Caspar*, DÖV 2008, 145 (146); *Gärditz*, Gutachten D 71. DJT, D 43; *Guckelberger*, Deutsches Verwaltungsprozessrecht, S. 79; *Hager*, NuR 2016, 831 (831).

Menschen mit und ohne Behinderung gesorgt werden.[2804] Da die gesetzlich ausgeformten Bestimmungen zur Schaffung von Barrierefreiheit nicht unbedingt als subjektiv-öffentliche Rechte ausgestaltet sind, welche von Menschen mit Behinderung einklagbar wären, soll dieses Defizit mittels der Verbandsklage geschlossen werden.[2805] Diese ist gemäß § 15 Abs. 2 S. 2 BGG nur bei allgemeiner Bedeutung zulässig, soweit Menschen mit Behinderung ihre Rechte nicht selbst klageweise verfolgen können.[2806] Gemäß Satz 3 dieser Vorschrift ist dies insbesondere bei einer Vielzahl gleich gelagerter Fälle der Fall. Dies ist beispielsweise bei Schaffung von Barrierefreiheit anzunehmen.[2807] Massenverfahren soll entgegengewirkt werden.[2808] Die Verbandsklage ist dabei auf Feststellungsklagen begrenzt, § 15 Abs. 1 S. 1 BGG.

Bei letzterer Fallgruppe sowie dem Datenschutzrecht gibt es außerdem die Besonderheit, dass individuelle Rechtsverletzungen möglich sind.[2809] Es wäre – wie oben beim Datenschutz aufgeworfen – die Frage zu klären, wie das Verhältnis zwischen Rechtsbehelfen des Verbands und einzelner Betroffener auszugestalten sei. Ferner hat sich u.a. das UmwRG als komplexes Sonderprozessrecht entwickelt, das viele Verweise und Sondervorschriften beinhaltet.[2810] Vor allem divergierende unionsrechtliche Ausgestaltungen sind erschwerend für eine Vereinheitlichung. Die Verbandsklagemöglichkeiten lassen sich nur schwer auf einen gemeinsamen Nenner bringen.

Fraglich ist ebenfalls, ob sich eine Integration mit der Systematik der VwGO überhaupt verträgt. Die VwGO ist wie die ZPO als allgemeines Gesetz ausgestaltet. Sie gilt für alle verwaltungsgerichtlichen Verfahren.[2811] Besondere Regelungen, die nur bereichsspezifisch angewandt werden, sind in gesonderten Gesetzen verortet, z.B. finden sich in § 54 BeamtStG besondere Regelungen für Verfahren von Beamten oder in § 11 AsylG hinsicht-

2804 BT-Drs. 14/7420, S. 18; *Dopatka*, in: Kossens/Heide/Maaß, SGB IX, § 13 BGG Rn. 2; *Guckelberger*, Deutsches Verwaltungsprozessrecht, S. 81.

2805 BT-Drs. 14/8043, S. 17 f., damals noch § 13 BGG a.F. S.a. *Klemm*, Barrierefreie Websites, S. 146.

2806 Zum Erfordernis dieser Einschränkung zum Ausschluss von Popularklagen *Klemm*, Barrierefreie Websites, S. 149.

2807 BT-Drs. 18/7824, S. 43; *Klemm*, Barrierefreie Websites, S. 149.

2808 BT-Drs. 14/8043, S. 18, damals noch § 13 BGG a.F.

2809 *Guckelberger*, Deutsches Verwaltungsprozessrecht, S. 149.

2810 *Schlacke/Römling*, in: Schlacke/Schrader/Bunge, Aarhus-Handbuch, § 3 Rn. 144 und in Rn. 258 als "kleine Verwaltungsgerichtsordnung" bezeichnend. So auch bei *Milstein*, NuR 2019, 601 (601).

2811 *Guckelberger*, Deutsches Verwaltungsprozessrecht, S. 151.

lich des Widerspruchs im Rahmen von Asylangelegenheiten. *Guckelberger* wendet diesbezüglich ein, dass eine Implementierung von besonderen Normen nur als besonderer Teil in die VwGO vorgenommen werden könnte, dann jedoch das gesamte Sonderprozessrecht miteinbezogen werden müsste.[2812] Der Regelungsumfang der VwGO würde sich so nicht nur vergrößern, sie würde auch an Übersichtlichkeit einbüßen. Die VwGO müsste dafür gänzlich überholt werden.[2813]

Wenngleich eine Umstrukturierung und damit einhergehende vollständige Überarbeitung Vorteile bringen kann,[2814] darf nicht verkannt werden, dass die Verbandsklage einen engen Zusammenhang mit der für sie geltenden Sachmaterie hat.[2815] Insbesondere der materielle Gehalt des Umwelt- und Naturschutzrechts lässt eine Forderung für eine Verbandsklage laut werden. Die Besonderheiten des materiellen Rechts führen dazu, dass eine spezielle prozessuale Ausgestaltung hervorgerufen wird.[2816] Die Verbandsklage dient dabei als Hilfsinstrument, um Strukturdefizite auszugleichen. Außerdem befinden sich die Verbandsklagemöglichkeiten in regem Wandel und unterliegen strengen Voraussetzungen durch das Europarecht. Von ihr geht ein bedeutendes Entwicklungspotenzial aus, das zunächst abgewartet werden soll.[2817] Mit eben diesem Argument sprach sich *Hess* damals gegen die Integration des UKlaG in die ZPO aus,[2818] gerade auf europäischer Ebene ist noch zu vieles im Umbruch, als dass eine abschließende vollständige Implementierung sinnvoll sein kann. Auszuschließen ist daher eine vollständige und ausschließliche Integration in die VwGO.

2812 *Guckelberger*, Deutsches Verwaltungsprozessrecht, S. 151. S. unter Hinweis auf Ministerialrat *Matthias Sauer*, der vorbrachte, dass die "Reinhaltung" der VwGO gefordert (und durchgesetzt) worden ist, *Milstein*, NuR 2019, 601 (602).

2813 *Guckelberger*, Referat 71. DJT, N 9 (N 50), die i.Erg. eine Regelung innerhalb der VwGO kombiniert mit bereichsspezifischen Ausgestaltungen am sinnvollsten hält.

2814 *Neidhardt*, Nationale Rechtsinstitute, S. 176.

2815 *Fellenberg*, AnwBl. 2016, 648 (653); *Schlacke*, Überindividueller Rechtsschutz, S. 508.

2816 S.a. *Ingold/Münkler*, EurUP 2018, 468 (484); *Schlacke*, Überindividueller Rechtsschutz, S. 508.

2817 In diese Richtung auch *Gärditz*, Gutachten D 71. DJT, D 101; *Heß*, in: Ernst/Zimmermann, Zivilrechtswissenschaft, 527 (544).

2818 *Heß*, in: Ernst/Zimmermann, Zivilrechtswissenschaft, 527 (544).

cc) Veränderung der bestehenden Normen der VwGO

Als Anknüpfungspunkt für Verbandsklagen dient bisher § 42 Abs. 2 Hs. 1 VwGO, „[s]oweit gesetzlich nichts anderes bestimmt ist“, ansonsten schweigt die VwGO über eine nähere Ausgestaltung. Es fragt sich daher, ob diese Norm den zunehmend an Bedeutung gewinnenden Verbandsklagen weiterhin gerecht wird. Wenngleich die überzeugenderen Argumente gegen eine vollständige Aufnahme von Verbandsklagen in die VwGO sprechen, so könnte zumindest eine den Mindeststandard festsetzende Regelung geschaffen werden.

(1) Abschaffung der Öffnungsklausel

Einen gänzlich anderen Weg wählte *Gärditz* in seinem Gutachten auf dem 71. DJT. Er hat sich auf den Standpunkt gestellt, dass § 42 Abs. 2 Hs. 1 VwGO im Interesse der Gesamtkohärenz und Einheitlichkeit des Rechtsschutzes abzuschaffen sei oder durch Landesrecht begrenzt werden solle.[2819] Er sieht darin die Gefahr, dass die Systementscheidung zum Individualprozess ausgehebelt werden könne.[2820]

Begrüßenswert an der Öffnungsklausel ist zunächst, dass auch die Länder sie nutzen können. Die Gesetzgebungskompetenzen werden in Deutschland umsichtig zwischen Bund und Ländern aufgeteilt. Die Art. 70 ff. GG weisen ein ausgeklügeltes System auf. Die Länder können innerhalb der ihnen zugeteilten Zuständigkeitsbereiche viel besser überblicken, ob ein Handlungsbedarf aufgrund eines Strukturdefizits besteht und eine Verbandsklagemöglichkeit als taugliche Lösung herangezogen werden kann.[2821] Durch Streichung der Öffnungsklausel hätten die Länder darauf keinen Einfluss mehr und müssten auf ein Einschreiten des Bundes hoffen, was, wie z.B. im Tier- oder Denkmalschutzrecht, schon lange auf sich warten lässt. Zudem zeigt die Praxis, dass, wie in den obigen Darstellungen ersichtlich, bisher mit sehr viel Bedacht von der Öffnungsklausel Gebrauch gemacht wurde.[2822] So wird u.a. im Tierschutzrecht schon lange

2819 *Gärditz*, Gutachten D 71. DJT, D 42.

2820 *Gärditz*, Gutachten D 71. DJT, D 42; *Guckelberger*, Deutsches Verwaltungsprozessrecht, S. 143.

2821 *Guckelberger*, Deutsches Verwaltungsprozessrecht, S. 145.

2822 *Guckelberger*, Deutsches Verwaltungsprozessrecht, S. 144. S.a. *Beckmann*, Referat 71. DJT, N 79 (N 89); *Hager*, NuR 2016, 831 (832); *Kloepfer*, NuR 2016, 729 (732); *Pernice*, JZ 2015, 967 (970); *Seibert*, NVwZ 2013, 1040 (1048 f.).

Zeit auf eine Einführung gepocht, doch die meisten Gesetzgeber der Länder zollen sich in Zurückhaltung.[2823] Eine sukzessive Umsetzung durch die Länder ermöglicht es zudem, Erfahrungen zu sammeln, die andere Länder oder der Bund nutzen können.[2824]

Außerdem wird durch die Abschaffung der Öffnungsklausel die Umsetzung unionsrechtlicher Vorgaben erschwert. Dient die Öffnungsklausel doch auch dazu, kurzfristig und unkompliziert die Bestimmungen des Unionsrechts in das nationale Recht zu integrieren.[2825]

Eine Gefahr des Verlustes der Prägung der deutschen Rechtsordnung vom Individualrechtsschutz kann darin nicht gesehen werden. Momentan gibt es keine Bestrebungen, die Öffnungsklausel abzuschaffen.[2826] Die Länder verhalten sich vielmehr bundesfreundlich und sind sich der Bedeutung von Art. 19 Abs. 4 GG bewusst.[2827] Die Öffnungsklausel zeigt ihrem Wortlaut nach ferner auf, dass der Individualrechtsschutz nicht ausschließlich gilt, sondern das Rechtssystem offen für Erweiterungen ist.[2828] Das ist auch vereinbar mit Art. 19 Abs. 4 GG, der den Individualrechtsschutz nicht absolut vorschreibt.

Die Öffnungsklausel dient zudem nicht nur dazu, Verbandsklagemöglichkeiten zu etablieren. So haben das Saarland und Rheinland-Pfalz davon Gebrauch gemacht, um eine Aufsichtsklage zu normieren.[2829] Die Öffnungsklausel sollte nicht abgeschafft werden.

2823 Zur tierschutzrechtlichen Verbandsklage auch unter V.

2824 S. *Becker*, in: Plath, DSGVO/BDSG, Art. 80 DSGVO Rn. 7; *Guckelberger*, Deutsches Verwaltungsprozessrecht, S. 146.

2825 *Guckelberger*, Deutsches Verwaltungsprozessrecht, S. 145.

2826 *Guckelberger*, Deutsches Verwaltungsprozessrecht, S. 144.

2827 *Guckelberger*, Deutsches Verwaltungsprozessrecht, S. 145. Zum bundesfreundlichen Verhalten BVerfG, Beschl. v. 30.6.2015 – 2 BvR 1282/11, BVerfGE 139, 321 (353); *Rossi*, NuR 2016, 733 (739).

2828 *Guckelberger*, Deutsches Verwaltungsprozessrecht, S. 146; *Halfmeier*, Popularklagen, S. 364. *Erbguth/Guckelberger*, Allg. Verwaltungsrecht, § 9 Rn. 11; *Schmidt-Aßmann*, Das allgemeine Verwaltungsrecht, S. 22; *Wahl/Schütz*, in: Schoch/Schneider/Bier, VwGO, § 42 Abs. 2 Rn. 38.

2829 *Classen*, NJW 2016, 2621 (2622 f.); *Gröpl*, in: ders./Guckelberger/Wohlfarth, Landesrecht, § 2 Rn. 166 ff.; *Guckelberger/Heimpel*, LKRZ 2012, 6; *Guckelberger*, Deutsches Verwaltungsprozessrecht, S. 145.

(2) Kein praktisches Bedürfnis für eine Veränderung

Gegen eine Veränderung des Regelungskonzepts für Verbandsklagen kann kritisch angeführt werden, ob es dieser vor dem Hintergrund, dass sie kaum genutzt werden, überhaupt bedarf. So kam das Land Nordrhein-Westfalen letztlich zum Ergebnis, dass es seine tierschutzrechtliche Verbandsklage nicht verlängert hat, weil sie praktisch kaum genutzt würde.[2830]

Dem ist jedoch entgegenzuhalten, dass so mit zweierlei Maß gemessen wird. Einerseits wird befürchtet, dass die Verbandsklage missbräuchlich zu einer Flut an Klagen führen wird, daher werden an sie spezielle Anforderungen gestellt. Daraufhin folgt ein Ergebnis, dass die Klagen mit Bedacht erhoben werden, sodass eigentlich Zufriedenheit herrschen müsste, denn das Ziel einer angemessenen Verfolgung mittels Verbandsklagen wird erreicht, und dennoch werden ihr die ursprünglichen Befürchtungen zu Last gelegt.[2831] Dabei darf vor allem die bereits erwähnte Präventionswirkung nicht außer Acht gelassen werden. Allein die Existenz einer Verbandsklagemöglichkeit soll und kann die Adressaten zu einem rechtmäßigen Verhalten anhalten, sodass es keiner klageweisen Durchsetzung bedarf.[2832] Daher überzeugt es nicht, die Verbandsklage aufgrund der geringen Stückzahl gänzlich abzulehnen. Sie muss vielmehr durch eine gestärkte Kodifikation an Bedeutung gewinnen.

(3) Erweiternde Normierung innerhalb der VwGO

Es fragt sich des Weiteren, ob die Normierung der Verbandsklage innerhalb der VwGO modifiziert bzw. erweitert werden muss.

Wie oben bereits dargestellt, führten mangelnde Klagemöglichkeiten letztlich dazu, dass das BVerwG die Existenz prokuratorischer Rechte an-

---

2830 S. dazu das Plenarprotokoll des LT-NRW 17/45, S. 90 ff. *Leopold*, NRW kippt Verbandsklagerecht für Tierschutzverbände, agrarheute v. 13.12.2018, https://www.agrarheute.com/tier/nrw-kippt-verbandsklagerecht-fuer-tierschutzverbaende-550313, zuletzt abgerufen am 14.12.2019.

2831 S. dazu das Plenarprotokoll des LT-NRW 17/45, S. 90 ff.

2832 *Kloepfer*, NuR 2016, 729 (731); *Külpmann*, DVBl 2019, 140 (141); *Ramsauer*, NordÖR 2019, 157 (166); *Rossi*, NuR 2016, 733 (734); *ders.*, in: Kloepfer/Kluge, Die tierschutzrechtliche Verbandsklage, 73 (77); *Schürmeier*, NuR 2017, 316 (322).

nahm.[2833] Im Einklang mit der obigen Ansicht, dass diese zugunsten der altruistischen Verbandsklage abzuschaffen sind, könnte der Gesetzgeber durch die Einführung einer generalklauselartigen Normierung innerhalb der VwGO diesen Standpunkt unterstreichen.[2834]

Die Ausgestaltung in § 42 Abs. 2 Hs. 1 VwGO ist nur sehr kurz gegriffen, ohne nähere Angaben zur Verbandsklage zu machen. Die Öffnungsklausel ist darüber hinaus nicht auf Verbandsklagen beschränkt und kann unterschiedlich weit aufgefasst werden.[2835] Da die Bedeutung von Verbandsklagen zunimmt, könnte über eine Erwähnung in der VwGO nachgedacht werden.[2836] Innerhalb des Zivilrechts prangerte *Heß* an, dass die Verbandsklagen durch ihre gänzlich bereichsspezifische Ausgestaltung nur ein „Schattendasein" führen,[2837] die obigen Darstellungen zeigen, dass auch die verwaltungsrechtlichen Verbandsklagen eher von geringerer Häufigkeit sind.

Wie festgestellt, kommt eine vollständige und ausschließliche Normierung innerhalb der VwGO aufgrund der sachbereichsspezifischen Besonderheiten nicht in Betracht.[2838] Dennoch könnten zumindest verallgemeinerungsfähige Merkmale als Mindestvoraussetzungen normiert werden.[2839] Die jeweiligen Besonderheiten können weiterhin in den entsprechenden Spezialgesetzen bestehen bleiben.[2840]

Dies führt zunächst zu einer Stärkung der Bedeutung der Verbände und vielleicht auch dazu, den „Verruf" der Ausnahmeregelung aufzuweichen, sodass die Landesgesetzgeber nicht bis zuletzt bei der Etablierung von Ver-

---

2833 S. zu den prokuratorischen Rechte bereits vorstehend III 1 d.

2834 *Guckelberger*, Deutsches Verwaltungsprozessrecht, S. 146; *Rennert*, Referat 71. DJT, N 123 (N 133). Dazu III 1 e.

2835 S. dazu unter V 4.

2836 *Groß*, in: Sommermann/Schaffarzik, Hdb der Geschichte, Bd. 1, 1077 (1091).

2837 *Heß*, in: Ernst/Zimmermann, Zivilrechtswissenschaft, 527 (543); *Lindacher*, ZZP 103 (1990), 397 (397).

2838 *Schlacke*, Überindividueller Rechtsschutz, S. 508.

2839 *Halfmeier*, Popularklagen, S. 357; *Schlacke*, Überindividueller Rechtsschutz, S. 508. Dem Gesetzgeber ist eine solche Vorgehensweise nicht fremd, z.B. hat er sich auch bei der Einführung des vollautomatisierten Verwaltungsakts nach § 35a VwVfG zunächst für einen engen, aber erweiterungsfähigen, Anwendungsbereich entschieden, weil man erst am Anfang der Entwicklung steht und Erfahrungen sammeln möchte *Guckelberger*, in: van Oostrom/Weth, 397 (409); *dies.*, Öffentliche Verwaltung, Rn. 536; *Ziekow*, NVwZ 2018, 1169 (1171).

2840 *Halfmeier*, Popularklagen, S. 357; *Schlacke*, Überindividueller Rechtsschutz, S. 508.

bandsklagen zögern.[2841] Die Verbandsklage würde insgesamt gestärkt.[2842] Damit könnte ferner klargestellt werden, dass sie als eigenständige Alternative eine zweite Säule des Rechtsschutzes darstellt.[2843] Es kann somit aufgezeigt werden, dass der Verbandsrechtsschutz dem Individualrechtsschutz ebenbürtig sein soll, wenngleich er als Besonderheit zu deklarieren ist.[2844] Außerdem wird so eine Verbindung zwischen allen Verbandsklagen hergestellt, auch wenn diese nicht in jeglicher Hinsicht zu vereinheitlichen sind.[2845] Der drohenden Rechtszersplitterung würde mit klaren Strukturen begegnet werden.[2846] Geschaffen würde eine umfassende, einheitliche Regelung an einer zentralen Stelle.[2847] Atypische Fälle können bereichsspezifisch ausgeformt werden, ein Abweichen von der allgemeinen Regel erfordert gleichwohl einen gewissen Begründungsaufwand.[2848]

Für die Umsetzung bietet sich eine Erweiterung des § 42 Abs. 2 VwGO an.[2849] Letztlich ist die Frage, ob ein Verband eine Klage erheben kann, größtenteils von den Hürden der Klagebefugnis abhängig. Eine allgemeine Bestimmung zur Verbandsklage könnte gewisse Eckpunkte darstellen, z.B. die Begrenzung der Klagemöglichkeiten auf bestimmte Verbände, die der Gesetzgeber bei der Entwicklung im spezifischen Rechtsgebiet zugrunde legen kann.[2850] Dabei ist es sinnvoll, die Verbandsklage nicht auf bestimmte Klagearten zu beschränken.[2851] Genauso unterschiedlich wie die Anwendungsbereiche der bereichsspezifischen Gesetze, so unterschiedlich sind auch die einklagbaren Situationen, sodass alle Klagemöglichkeiten der VwGO ausgeschöpft werden sollten.[2852]

2841 *Guckelberger*, Deutsches Verwaltungsprozessrecht, S. 152; *Neidhardt*, Nationale Rechtsinstitute, S. 172.

2842 *Guckelberger*, Deutsches Verwaltungsprozessrecht, S. 152; *Schlacke*, NVwZ 2019, 1392 (1401).

2843 *Mangold/Wahl*, Die Verw. 48 (2015), 1 (16).

2844 *Guckelberger*, Deutsches Verwaltungsprozessrecht, S. 143.

2845 *Guckelberger*, Deutsches Verwaltungsprozessrecht, S. 152.

2846 *BDVR*, Effektiven Rechtsschutz sichern; *Guckelberger*, Deutsches Verwaltungsprozessrecht, S. 152. In Bezug auf die ZPO *Halfmeier*, Popularklagen, S. 394 f.; s.a. *Neidhardt*, Nationale Rechtsinstitute, S. 177.

2847 Vgl. *Halfmeier*, Popularklagen, S. 394 f.

2848 *Guckelberger*, Deutsches Verwaltungsprozessrecht, S. 153.

2849 Ebenso *Neidhardt*, Nationale Rechtsinstitute, S. 177; *Wegener*, Rechte des Einzelnen, S. 296.

2850 *Guckelberger*, Deutsches Verwaltungsprozessrecht, S. 155.

2851 S. dazu bereits V 4.

2852 So auch *Guckelberger*, Deutsches Verwaltungsprozessrecht, S. 154; s.a. *Rennert*, Referat 71. DJT, N 123 (N 133).

Neidhardt hat einen Formulierungsversuch für einen einzuführenden § 42 Abs. 4 S. 1 VwGO vorgestellt, der da lautet: „Soweit ihnen eine derartige Möglichkeit gesetzlich eingeräumt ist, können anerkannte Vereinigungen in ihrem satzungsgemäßen Aufgabenbereich gegen einen Verwaltungsakt oder seine Ablehnung oder Unterlassung klagen, ohne ein Verletzung in eigenen Rechten geltend machen zu müssen.“[2853]

Zuzustimmen ist der Beschränkung auf gewisse Vereinigungen. Nur so können Popularklagen ohne eingegrenzten Klägerkreis ausgeschlossen werden.[2854] Darüber nachzudenken ist jedoch, das Wort „anerkannt“ durch ein anderes Adjektiv zu ersetzen. Denn für Vereinigungen im Datenschutzrecht gibt es bis dato keine Anerkennungsmöglichkeit. Sie müssen vielmehr enumerierte Voraussetzungen erfüllen. Ggf. könnte der aus dem Zivilrecht bekannte Terminus der qualifizierten Verbände genutzt werden. Allerdings birgt dies Abgrenzungsschwierigkeiten. Mitunter problematisch wäre dann, ob eine qualifizierte Vereinigung nach dem zivil- oder dem öffentlichen Recht gefordert wird. Es bietet sich daher an, die Formulierung etwas offener zu fassen und von „ausgewählten“, „besonderen Vereinigungen“ oder „Vereinigungen, die bestimmte Anforderungen erfüllen“ zu sprechen. Da das Wort „ausgewählt“ nicht unbedingt auf eine besondere Fähigkeit hindeutet, ist letzterer Vorschlag zu favorisieren. Die einzelnen Kriterien, wann ein Verband in Bezug auf die Sondergesetze klagebefugt sein kann, sind spezialgesetzlich zu bestimmen.

Die eingeschränkte Formulierung durch die Einleitung mit den Worten „soweit“ weist eine Ausnahmesituation aus und wird so der angenommenen Bedrohung des Verlustes der Prägung der deutschen Rechtsordnung durch den Individualrechtsschutz gerecht.[2855] Wie für Musterfeststellungsklagen würde es durch die allgemeine Verortung in der VwGO und mangels expliziter Regelung keine Abweichungen hinsichtlich der allgemeinen Prozessregeln geben. Die, die es für Musterfeststellungsklagen gibt, existieren, weil die Normen nicht auf die Besonderheiten der Musterfeststellungsklage als solche passen. Besonderheiten bei der Klage eines Verbands aufgrund der VwGO ergeben sich nur darin, dass die Klagebefugnis anders auszugestalten ist. Alle weiteren Verfahrensnormen passen auch hier und

2853 *Neidhardt*, Nationale Rechtsinstitute, S. 178; *Guckelberger*, Deutsches Verwaltungsprozessrecht, S. 154.
2854 *Guckelberger*, Deutsches Verwaltungsprozessrecht, S. 154.
2855 *Guckelberger*, Deutsches Verwaltungsprozessrecht, S. 154. Zur Ausnahmesituation auch *Gärditz*, Gutachten D 71. DJT, D 48.

sollten angewandt werden.[2856] Bereichsspezifische Ausnahmen könnten in die spezialgesetzlichen Regelungen integriert werden.

Es ist allerdings Abstand davon zu nehmen, die Klageart an einen Verwaltungsakt zu koppeln. Da die Verbandsklage teilweise stark unionsrechtlich geprägt ist und sich unionsrechtliche Maßnahmen mitunter nicht gänzlich anhand deutscher Maßstäbe messen lassen, erscheint es vorzugswürdig, die Klagemöglichkeit unabhängig von Verwaltungsakten auszugestalten.[2857] Auch § 42 Abs. 2 VwGO wird durch die Auslegung der Gerichte nicht auf Anfechtungs- und Verpflichtungsklagen beschränkt.[2858] Durch die Erweiterung der Klagebefugnis für Verbände würde ein erster legislativer Schritt in diese Richtung vorgenommen werden.

In Anlehnung an die Formulierungen der tierschutzrechtlichen sowie der umweltrechtlichen Verbandsklage könnte die allgemeine Formulierung wie folgt aussehen.

> *„Soweit ihnen eine derartige Möglichkeit gesetzlich eingeräumt wird, können Vereinigungen, die bestimmte Anforderungen erfüllen, ohne eine Verletzung in eigenen Rechten geltend machen zu müssen, Rechtsbehelfe nach Maßgabe dieses Gesetzes gegen einen Verwaltungsakt, seine Ablehnung oder Unterlassung sowie gegen sonstiges hoheitliches Handeln oder Unterlassen einlegen.“*

Im Endeffekt führt eine solche Norm zu einem festgeschriebenen Mindeststandard, der sich auf die klagebefugten Stellen, das Nichterfordern einer Rechtsverletzung sowie alle Rechtsbehelfsmöglichkeiten der VwGO beschränkt. Die bereits bestehenden Verbandsklagemöglichkeiten erfüllen diese Voraussetzungen, mit Ausnahme derjenigen landesrechtlichen tierschutzrechtlichen Verbandsklagen, die die Klage auf Feststellungsklagen begrenzen. Diese müssten letztlich erweitert werden, was in Anbetracht ihrer fraglichen Kompetenzwidrigkeit auch konsequent ist.

Gleiches gilt im Rahmen des § 15 BGG, dessen Wirksamkeit aufgrund der Beschränkung auf Feststellungsklagen stark bemängelt wird.[2859] Kritisch gesehen wird vor allem, dass dadurch gerade kein Realhandeln einge-

2856 In diese Richtung auch *Schlacke/Römling*, in: Schlacke/Schrader/Bunge, Aarhus-Handbuch, § 3 Rn. 122.

2857 In diese Richtung auch *Guckelberger*, Deutsches Verwaltungsprozessrecht, S. 154; *Rennert*, Referat 71. DJT, N 123 (133).

2858 Dazu B III.

2859 *Winkler*, in: Neumann/Pahlen, et al., SGB IX, § 15 BGG Rn. 3. Zur Kritik *Klemm*, Barrierefreie Websites, S. 147 f.; *Welti/Groskreutz/Hlava*, et al., Evaluation des Behindertengleichstellungsgesetzes – Abschlussbericht, S. 500, https://w

fordert werden könnte.[2860] Anders als für die landesrechtlichen Tierschutzverbandsklagen stellen sich hier keine Kompetenzfragen. Der Bund darf das Verfahrensrecht abweichend regeln. Sollte an der Beschränkung der Feststellungsklage festgehalten werden, könnte dies durch Ausweisung als atypischer Fall erfolgen. Gleiches ergäbe sich für die besonderen Rechtsbehelfe aus § 7 Abs. 2 UmwRG.

Da § 42 VwGO generell auf Anfechtungs- und Verpflichtungsklagen beschränkt ist, erscheint es unsystematisch, wenn ihm ein weiterer Absatz, der die Klagebefugnis von Verbänden unabhängig von der Klageart normiert, hinzugefügt wird. Entweder könnte die Ausgestaltung daher so aussehen, dass die Beschränkung der Klagebefugnis für Anfechtungs- und Verpflichtungsklagen des § 42 Abs. 2 VwGO, die von der Rechtsprechung generell ausgeweitet wurde, aufgehoben und die Klagebefugnis für alle Klagearten geöffnet wird, sodass sich die Regelung über die Verbandsklage in § 42 Abs. 3 VwGO anordnen könnte. Sollte es bei der ursprünglichen Regelung der Klagebefugnis bleiben, müsste der Regulierungsvorschlag in einem eigenen Paragraphen ggf. als § 42a VwGO eingeführt werden.

Eine erweiterte Kodifikation der VwGO würde den Verbandsklagen mehr Bedeutung zukommen lassen, gleichfalls einen weiten Rahmen abstecken, welcher bei der Entwicklung von Verbandsklagemöglichkeiten helfen kann. Es würden Mindestmaßstäbe geschaffen, die einem missbräuchlichen Handeln entgegenwirken. Ein solches Vorgehen ist zu begrüßen.

c) Fazit

Die Verbandsklagen stellen das wohl bedeutendste überindividuelle Rechtsinstitut des Verwaltungsprozesses dar. Nicht zuletzt der europäische Einfluss lässt mit Spannung erwarten, wo die Entwicklung noch hingeht. Allein der aktuelle Richtlinienentwurf über Verbandsklagen zum Schutz der Kollektivinteressen der Verbraucher der Europäischen Kommission wird Einfluss auf die Verbandsklagen in Deutschland nehmen, da er u.a.

---

ww.bmas.de/SharedDocs/Downloads/DE/PDF-Publikationen/Forschungsberichte/fb-445.pdf;jsessionid=ABDC5D4D571B43F844F9FA02751746E6?__blob=publicationFile&v=2, zuletzt abgerufen am 20.10.2019.

2860 *Klemm*, Barrierefreie Websites, S. 148; *Welti/Groskreutz/Hlava/Rambausek/Ramm/Wenckebach*, Evaluation, S. 488. Zur praktischen Unbedeutsamkeit der Verbandsklage *Ponti/Tuchtfeld*, ZRP 2018, 139 (141); *Richter*, in: Welti, Rechtliche Instrumente zur Durchsetzung von Barrierefreiheit, 59 (61).

die Bereiche des Umwelt- und Datenschutzrechts tangiert. Auch wenn die Verbandsklagen des Verwaltungsprozessrechts einige Gemeinsamkeiten zu denen des Zivilrechts aufweisen, führen diese nicht zu dem Erfordernis eines einheitlichen Verbandsklagegesetzes. Dennoch können und sollten die Entwicklungen des jeweils anderen Rechtsgebiets im Auge behalten und Synergien u.a. für die Klagebefugnis genutzt werden.[2861] Um gegen eine drohende Rechtszersplitterung anzukämpfen, empfiehlt es sich, die VwGO um eine als Mindeststandard ausformulierte Norm zu erweitern und somit die Bedeutung der Verbandsklagemöglichkeiten zu betonen und gleichfalls zu erkennen zu geben, dass der Gesetzgeber den Durchsetzungsdefiziten gewahr ist. Wegen der strengen Anforderungen, vor allem an die klagebefugten Verbände, muss dabei keine Klageflut gefürchtet werden.

Letztlich ist eine Verbandsklagemöglichkeit in Deutschland aufgrund bestehender Durchsetzungsdefizite unerlässlich und im Ergebnis auch Ausfluss bzw. Spiegelbild des Art. 19 Abs. 4 GG. Dort wo der im letzteren verortete Individualrechtsschutz nicht ausreicht, bedarf es weiterer Möglichkeiten, sei es kollektiver oder überindividueller Natur, um effektiven Rechtsschutz zu gewähren.

2861 Vgl. auch *Becker*, NVwZ 2019, 1385 (1392); *Seckelmann*, DVBl 2019, 1107, insb. S. 1114.

Kapitel 4 – Abschließende Auswertung der Untersuchung

Abschließend lässt sich festhalten, dass das Verwaltungsprozessrecht sowie das Zivilprozessrecht in unterschiedlicher Art und Weise einen Weg gefunden haben, etwaige Rechtsschutzdefizite zu bewältigen. Dort wo der Individualrechtsschutz an seine Grenzen kommt, entstehen Rechtsschutzlücken. Diese Lücken gilt es zu schließen und dabei gleichzeitig die Struktur der deutschen Rechtsordnung, die geprägt ist vom Individualrechtsschutz, nicht gänzlich aufzuweichen.

Wie gesehen, entstehen die Rechtsschutzdefizite innerhalb des Zivil- sowie des Verwaltungsrechts aufgrund unterschiedlicher Bedürfnisse, dementsprechend müssen die Lösungsmodelle unterschiedlich ausgestaltet werden. Auch wenn eine Vereinheitlichung im Sinne der Einheit der Rechtsordnung wünschenswert wäre, so muss ernüchternd festgestellt werden, dass die Berührungspunkte zwischen den gebündelten Rechtsschutzmöglichkeiten des Zivil- und Verwaltungsrechts sehr gering ausfallen.

Im Zivilrecht hat man eine Lösung in der Musterfeststellungsklage gefunden, die sich im Laufe der Zeit noch bewähren muss. Sie dient in erster Linie der Klärung von weit verbreiteten, massenhaft auftretenden Streitigkeiten und soll Rechtseinheit schaffen. Im Verwaltungsrecht gibt es zwei ganz unterschiedliche Institute, einerseits die Musterverfahren nach § 93a VwGO, deren Intention ähnlich wie die Musterfeststellungsklage darauf gerichtet ist, Massenschadensereignisse effektiv und zügig zu bewältigen. Andererseits gibt es die verwaltungsrechtlichen Verbandsklagen, die unabhängig von einem massenhaft auftretenden Ereignis zur Anwendung kommen, wenn aufgrund der Prägung der Rechtsordnung als Individualrechtsschutz kein Kläger gefunden werden kann und es somit zu Rechtsschutzlücken kommt. Die Musterfeststellungsklage ist ebenso als Verbandsklage ausgestaltet, fällt jedoch unter einen anderen Verbandsklagetyp, weshalb sie nahezu vollständig differenziert ausgestaltet worden ist.

Auch wenn so nur wenige Teile der Musterfeststellungsklage als Synergien genutzt werden können, ist meines Erachtens die wesentliche Auswirkung darin zu sehen, dass die Musterfeststellungsklage den kollektiven Rechtsschutz ins Bewusstsein der Bevölkerung, der Politik und der Gesetzgebung gerufen hat. Dieses Bewusstsein gibt Anlass dazu, auch das Verwaltungsprozessrecht zu betrachten. Wie gesehen, existiert auch hier Reformbedarf. Angestoßen von den zivilrechtlichen Bewegungen wäre es wünschenswert, dass der Gesetzgeber seine Scheu vor kollektiven Instituten verliert und auch die damit eng verbundene überindividuelle Verbandsklagemöglichkeit innerhalb der VwGO verstärkt.

Die Untersuchung hat mit einem Zitat begonnen und so wird sie mit einem solchen beendet. *Schopenhauer* sagt, „Der Mensch für sich allein vermag gar wenig und ist ein verlassener Robinson: nur in der Gemeinschaft mit den andern ist und vermag er viel.“[2862]

2862 *Schopenhauer*, Parerga und Paralipomena I, Aphorismen zur Lebensweisheit, Kapitel IV, Von dem was einer vorstellt, S. 360.

Zusammenfassung in Thesen

Kapitel 1

1. Kollektiver Rechtsschutz ist ein Sammelbegriff, für den es keine etablierte Begriffsumschreibung gibt. Er bezeichnet üblicherweise folgende Konstellationen: erstens, dass ein Kläger verschiedene Ansprüche von Betroffenen sammelt und diese gebündelt geltend macht; zweitens, dass ein Repräsentant für eine Gruppe Rechtsschutz ersucht; drittens, dass ein Verband verbandseigene Ansprüche einklagt. Letzteres wird im öffentlichen Recht dem Individualrechtsschutz zugeordnet. Kollektiver Rechtsschutz ist vor allem zur Überwindung des rationalen Desinteresses, z.B. bei Bagatellschäden, und für einen effektiv ausgestalteten Rechtsschutz, z.B. bei Massenschäden, notwendig.
2. Zum überindividuellen Rechtsschutz gehören Rechtsbehelfe, die losgelöst von der Verletzung eigener subjektiver Rechte erhoben werden können. Dies ist dann notwendig, wenn es gerade keinen Rechtsträger gibt, der etwaige Rechte verfolgen könnte.

Kapitel 2

3. Die Rechtsschutzinstrumente innerhalb des Zivilrechts sind auf Individualrechtsschutz angelegt. Kollektive Rechtsschutzinstitute gab es bis zur Einführung der Musterfeststellungsklage nur begrenzt. Diese vermochten nicht, zureichenden Rechtsschutz zu vermitteln und alle sich ergebenden Problemstellungen abzudecken. Aufgrund der mangelnden Durchsetzbarkeit besteht ein strukturelles Rechtsschutzdefizit.
4. Die kollektiven Rechtsschutzinstitute der §§ 59 ff. ZPO sind zur Überwindung des rationalen Desinteresses untauglich, denn diese setzen voraus, dass der Kläger sein Verfahren selbst initiiert. Außerdem geht die Bündelung hierbei von den Betroffenen selbst aus, was erfordert, dass sie sich untereinander kennen.
5. Bei einer Rechtsverfolgung mit Hilfe von Legal-Tech-Dienstleistern erhält der Geschädigte im Erfolgsfall nur einen prozentualen Anteil seines Anspruchs, den Rest erhält der Dienstleister als Erfolgshonorar.
6. Die Verbandsklagemöglichkeiten des UWG, GWB und UKlaG sind ausschließlich sektorspezifisch ausgestaltet und nicht auf Schadensersatz ausgerichtet.
7. Die Regelungen des KapMuG sind nur auf einen engen Anwendungsbereich begrenzt. Außerdem erfordern sie eine vorangegangene Individualklage.

Musterfeststellungsklage

8. Die im Jahre 2018 neu eingeführte Musterfeststellungsklage ist als eigenständige zivilprozessuale Klageart ausgestaltet, mittels derer Tatsachen- und Rechtsfragen zügig geklärt werden sollen. Sie ist dabei entgegen den zuvor erwähnten Klagemöglichkeiten nicht auf ein Spezialgebiet des Zivilrechts beschränkt.
9. Für Musterfeststellungsklagen ist erstinstanzlich das OLG zuständig. Diese Verkürzung des Instanzenzugs ist kritisch zu sehen, weil den Betroffenen eine

Tatsacheninstanz genommen wird. § 32c ZPO legt für die örtliche Zuständigkeit einen ausschließlichen Gerichtsstand bei dem allgemeinen Gerichtsstand des Beklagten fest, um zu vermeiden, dass Klagen verstreut auftreten. Von der Wahl eines neutralen Standorts ist abzusehen, denn er verkompliziert das Verfahren.

10. Die Klagebefugnis der Musterfeststellungsklage ist als Prozessstandschaft sui generis einzuordnen. Die Verbände klagen im eigenen Namen und machen dabei in gewisser Weise fremde Rechte geltend.
11. Die Klagebefugnis ist qualifizierten Einrichtungen vorbehalten, um missbräuchliche Klagen zu vermeiden. Die Voraussetzungen des § 606 Abs. 1 S. 2 ZPO stellen einen soliden Rahmen für die Einräumung der Klagebefugnis auf. Jene werden im Laufe der Rechtsprechung noch an Konkretisierung erfahren. Die Auslegung der einzelnen Merkmale darf nicht dazu führen, dass letztlich niemand von der Klagebefugnis Gebrauch machen kann.
12. Die Verfolgung der Interessen durch staatliche Stellen als Alternative zu der verbandsmäßigen Verfolgung ist abzulehnen. Die Einrichtung eines Ombudsmanns zur alleinigen Rechtsverfolgung ist im deutschen, individualrechtlich geprägten Rechtssystem befremdlich und führt zu neuen Problemen, z.B. hinsichtlich der Reichweite seiner Befugnisse. Wie im VW-Abgasskandal zu erkennen ist, ist das Vertrauen der Bürger in staatliche Einrichtungen erschüttert, sodass eine Verfolgung durch eine zur Rechtsverfolgung eingerichtete, staatliche Behörde ineffektiv ist.
13. Neben den qualifizierten Einrichtungen sollte auch solchen Verbänden eine Klagemöglichkeit zukommen, die gewerbliche oder selbstständig berufliche Interessen verfolgen.
14. Durch die Anbindung der Musterfeststellungsklage an konkrete Feststellungsziele wird gewährleistet, dass grundsätzliche, tatsächliche oder rechtliche Fragen, die häufig und immer wiederkehrend in mehreren Prozessen auftreten, abschließend geklärt werden. Ausgeschlossen ist allerdings die Klärung von rein abstrakten oder künftig entstehenden Rechtsfragen.
15. Die Einführung eines prozessualen Verbraucherbegriffs ist zu begrüßen, weil nur so vertragliche und auch deliktische sowie sonstige Ansprüche einheitlich und damit widerspruchsfrei verfolgt werden können.
16. Für eine widerspruchsfreie Ausgestaltung ist ferner ein Pendant für den Begriff des Unternehmers erforderlich. Der Gesetzgeber sollte § 29c Abs. 2 ZPO einen weiteren Satz anschließen, der da lautet: *Unternehmer in diesem Sinne ist eine natürliche oder juristische Person oder eine rechtsfähige Personengesellschaft, die bei Entstehung eines gegen sie gerichteten Anspruchs eines Verbrauchers oder der Begründung eines Rechtsverhältnisses im Sinne von Satz 1 in Ausübung ihrer gewerblichen oder selbstständigen beruflichen Tätigkeit gehandelt hat.*
17. Die Zweiteilung des Quorums zur Einlegung einer Musterfeststellungsklage erweist sich als tauglicher Kompromiss zwischen zu überzogenen Klagevoraussetzungen und dem Ausschluss von nur singulären Interessen. Die Darstellung von 10 abhängigen Ansprüchen oder Rechtsverhältnissen gibt umfassend Aufschluss über die Problematik und stellt eine gute Grundlage für die nachfolgenden Anmeldungen dar. Mit insgesamt 50 geforderten Anmeldungen zum Klageregister setzt der Gesetzgeber keine unerreichbare Größe voraus.

18. Die Anmeldung zum Klageregister erfolgt in Papierform oder elektronisch. Zum jetzigen Zeitpunkt ist die Digitalisierung in Deutschland noch nicht so weit fortgeschritten, dass eine rein elektronische Anmeldung, auch unter möglicher Zuhilfenahme eines digitalen Ausfüllassistenten, durchführbar ist.
19. Die Veröffentlichung im Klageregister ist ohne vorherige Anhörung des Beklagten hinzunehmen, insbesondere weil das Gericht strikt und genau überprüft, welche Klagen es publiziert.
20. An die Ergebnisse der Musterfeststellungsklage sind die Betroffenen gebunden, die sich wirksam angemeldet haben und bei denen eine Abhängigkeit hinsichtlich der Feststellungsziele besteht. Die Bindungswirkung der Musterfeststellungsklage tritt unabhängig davon ein, wer sich auf sie beruft.
21. Der Beitritt zur Musterfeststellungsklage allein kann zum jetzigen Zeitpunkt noch nicht als wirksamer Verzicht auf rechtliches Gehör gemäß Art. 103 Abs. 1 GG angesehen werden. Dafür ist erforderlich, dass die Anmelder eine freie Entscheidung unter genauer Einschätzung der Situation treffen. Es muss darauf hingewiesen werden, dass die Anmeldung verbindlich ist und deren Folgen das Recht auf rechtliches Gehör beeinträchtigen können. Dafür bietet sich eine Erweiterung des Anforderungskatalogs für eine Anmeldung in § 608 Abs. 2 ZPO um eine Nr. 6 an, in der die Erklärung über den Verzicht auf rechtliches Gehör verlangt wird.
22. Für die Anmelder treten verbindliche Rechtsfolgen ein, ohne dass sie im Einzelnen gehört werden, sodass ein Eingriff in ihr Recht auf rechtliches Gehör vorliegt. Im Wege der praktischen Konkordanz zwischen dem Recht auf rechtliches Gehör einerseits und der Effektivität des Rechtsschutzes andererseits, muss ersteres zurücktreten. Die Schaffung eines kollektiven Rechtsbehelfs hat zwangsläufig eine Einschränkung des Rechts auf rechtliches Gehör zur Folge. Die Arbeitsfähigkeit der Gerichte muss erhalten bleiben. Die Musterfeststellungsklage kann nur dann die durch sie erhoffte Wirkung entfalten, wenn sie wirksam und effektiv ausgestaltet wird.

EU Sammelklage

23. Für die Ausgestaltung der EU-Sammelklagen muss eine Einigung zwischen drei mehr oder weniger divergierenden Entwürfen der Kommission, des Parlaments und des Rates gefunden werden, sodass zum jetzigen Zeitpunkt keine konkreten Aussagen über den endgültigen Regelungsinhalt gemacht werden können.
24. Die EU hat keine Kompetenz zur Einführung einer Sammelklage. Insbesondere die in den Entwürfen benannten Art. 114 AEUV und Art. 169 Abs. 1, 2 lit. a AEUV stellen keine tauglichen Kompetenzgrundlagen dar, da nicht nachgewiesen werden kann, dass es ohne die Einführung einer einheitlichen Klage zu Wettbewerbsverzerrungen oder einer Beeinträchtigung der Grundfreiheiten kommt.
25. Ähnlich wie auch im deutschen Recht sind nur solche (repräsentativen) Einrichtungen, die sich durch besondere Merkmale von anderen Einrichtungen abgrenzen und sich dadurch qualifizieren, zur Klage befugt.

26. Der Anwendungsbereich der EU-Sammelklagen ist auf einen enumerativen Katalog im Anhang I festgesetzt, wobei zwischen den Entwürfen im Einzelnen Uneinigkeit hinsichtlich der zu erfassenden Streitigkeiten besteht.
27. Die Entwürfe sehen ein einstufiges Verfahren vor und laufen so den Regelungen der deutschen Musterfeststellungsklage zuwider. Die deutschen Regelungen müssten daher entweder zukünftig angepasst oder durch ein alternatives Rechtsschutzinstrument erweitert werden.
28. Den Mitgliedstaaten wird in den Entwürfen in vielerlei Hinsicht eine Umsetzungsfreiheit eingeräumt und damit Rücksicht auf deren Verfahrensautonomie genommen. Das birgt jedoch Probleme bei der Umsetzung und hinsichtlich der Vergleichbarkeit und Effektivität der Ausgestaltung.

Kapitel 3

29. Die Bündelungsmöglichkeiten innerhalb der VwGO reichen zur Bewältigung von kollektiven oder überindividuellen Problemen nicht aus. Es ergeben sich strukturelle Vollzugsdefizite: Auch wenn das Gericht seine Möglichkeit der Beiladung nach § 65 VwGO von Amts wegen nutzt, ist erforderlich, dass ihm die potentiell betroffenen Personen bekannt sind. Bei Massenverfahren führt eine solche Ermittlung zu erheblicher Mehrarbeit. Die Prozessverbindung gemäß § 93 VwGO stößt bei zu vielen Prozessen an ihre Grenzen. Die Prozessaussetzung gemäß § 94 VwGO ist für Massenverfahren mangels Vorgreiflichkeit untauglich.
30. Die Systementscheidung des Art. 19 Abs. 4 S. 1 GG für Individualrechtsschutz findet in § 42 Abs. 2 VwGO eine einfachgesetzliche Konkretisierung. Die Klagebefugnis besteht daher im Normalfall gemäß § 42 Abs. 2 Hs. 2 VwGO nur bei einer möglichen Verletzung eigener subjektiver Rechte.
31. Diese können sich auch aus dem Unionsrecht ergeben. Bei Divergenzen hinsichtlich der Einordnung eines Rechts als subjektiv sind die einzelnen Normen unionsrechtskonform auszulegen und ist zu prüfen, ob sie die Voraussetzungen des § 42 Abs. 2 Hs. 2 VwGO erfüllen können.

Musterverfahren

32. Musterverfahren nach § 93a VwGO finden Anwendung, wenn sie sich gegen *eine* identische behördliche Maßnahme richten. Sie bestehen aus drei Stufen: erstens, aus der individuellen Klageerhebung; zweitens, dem eigentlichen Musterverfahren; drittens, dem Nachverfahren.
33. 21 Verfahren stellen ein angemessenes Quorum für Musterverfahren dar. Einerseits ist von einer Erhöhung der Zahl aufgrund der Erfahrungen in der Vergangenheit abzusehen. Andererseits kann eine geringere Anzahl von Verfahren durch andere kollektive Rechtsschutzinstitute bewältigt werden.
34. Für Musterverfahren gibt es keine spezielle örtliche Zuständigkeit. Eine Verkürzung des Instanzenzugs durch Übertragung der erstinstanzlichen Zuständigkeit auf die OVG ist abzulehnen. Aufgrund der umfassenden Bedeutung der Musterverfahren sollte gesetzlich normiert werden, dass die Zuständigkeit nicht einem Einzelrichter obliegt.

35. Die Entscheidung zur Durchführung von Musterverfahren trifft das Gericht im eigenen Ermessen. Es entscheidet sowohl über das „Ob" als auch darüber, welche Verfahren ausgesetzt werden sollen.
36. In den Nachverfahren ist das Gericht weder tatsächlich noch faktisch an die Entscheidung in den Musterverfahren gebunden. Insbesondere wenn ohne mündliche Verhandlung entschieden wird, findet in der Praxis allerdings eine Orientierung der Gerichte an den Musterverfahren statt.
37. § 93a VwGO sieht ein verkürztes Nachverfahren in Beschlussform, ggf. ohne mündliche Verhandlung oder Beweisaufnahme, vor.
38. In den Musterverfahren erhobene Beweise verlieren in den Nachverfahren ihre Beweisqualität. Sie werden lediglich über die angefertigten Protokolle herangezogen.
39. Die Vorgehensweise der Musterverfahren ist mit Art. 19 Abs. 4 GG vereinbar. Aus diesem ergibt sich kein zwingender Anspruch auf Durchführung einer mündlichen Verhandlung. Außerdem besteht kein Anspruch darauf, dass das eigene Verfahren als Musterverfahren aus- oder gerade nicht ausgewählt wird.
40. Durch die umfassenden Anhörungsmöglichkeiten werden die Betroffenen weder durch die Auswahlentscheidung selbst, noch durch das Absehen von der mündlichen Verhandlung, noch durch die Einbeziehung von Beweisergebnissen in ihrem Recht auf rechtliches Gehör (Art. 103 Abs. 1 GG) verletzt. Mangels unmittelbarer Bindungswirkung der Musterverfahren für die Nachverfahren ergibt sich keine Verpflichtung, die betroffenen Kläger der ausgesetzten Verfahren innerhalb der Musterverfahren anzuhören.
41. Das Absehen von einer mündlichen Verhandlung verstößt gegen den absoluten Anspruch auf Öffentlichkeit aus Art. 6 EMRK. Dies ist ausnahmsweise unter Berücksichtigung prozessökonomischer Gründe vor allem in Form von zügigem und effektivem Rechtsschutz mit Art. 6 Abs. 1 EMRK zu vereinbaren.
42. Musterfeststellungsklagen und Musterverfahren sehen unterschiedliche Wege für ein gebündeltes Verfahren vor. Dafür bestehen sachliche Gründe. Es wäre wünschenswert, dass die Musterverfahren mehr in das Bewusstsein der Verwaltungsgerichte gelangen. Trotz unterschiedlicher Gerichtsbarkeiten könnte die Aufmerksamkeit, die der Musterfeststellungsklage gerade zukommt, hier Anregungen geben.

Verbandsklagen

43. Altruistische Verbandsklagen sind Rechtsbehelfe, bei denen die Verbände im eigenen Namen Verletzungen öffentlich-rechtlicher Normen rügen können, die ihnen keinerlei subjektive Rechte verleihen. Sie dienen der Verfolgung von überindividuellen Interessen. Egoistische Verbandsklagemöglichkeiten sind solche Rechtsbehelfe, bei denen der Verband im eigenen Namen die Individualinteressen einzelner oder aller Verbandsmitglieder geltend macht. Verbandsverletztenklagen sind keine Verbandsklagen im eigentlichen Sinn, da der Verband dabei gemäß § 42 Abs. 2 Hs. 2 VwGO die Verletzung verbandseigener Rechte geltend macht.
44. Abzulehnen ist die Schaffung von prokuratorischen Rechten, weil diese die bestehende Struktur des § 42 Abs. 2 VwGO aufweichen. Vielmehr entspricht die

Übertragung einer Klagemöglichkeit für überindividuelle Interessen auf Verbände bekannten Strukturen der deutschen Rechtsordnung.

45. § 2 UmwRG enthält eine altruistische Verbandsklagemöglichkeit, die ihre Gestalt durch viele Novellen erhielt. Anlässlich der letzten wesentlichen Entscheidung des EuGH (Protect) hierzu wurde über Art. 9 Abs. 3 AK i.V.m. Art. 47 Abs. 1 GRCh ein Klagerecht für Verbände abgeleitet. Diese Entscheidung eröffnet Interpretationsspielräume und führt in Deutschland zu einer uneinheitlichen Rechtsprechung.
46. Nach Art. 11 UVP-RL ist es Sache der Mitgliedstaaten zu bestimmen, welche Anforderungen an eine klagebefugte Vereinigung für umweltrechtliche Verbandsklagen zu stellen sind. In § 3 UmwRG werden die Anforderungen sachgerecht aufgelistet. Sie dürfen nicht so eng interpretiert werden, dass nur sehr wenige Vereinigungen sie erfüllen. Die Vereinigungen können sich aller Klage- und Antragsarten der VwGO bedienen. Inhaltlich muss es um eine Entscheidung nach § 1 Abs. 1 S. 1 UmwRG bzw. deren Unterlassen (S. 2) gehen.
47. Typengenehmigungen von Kfz fallen nach aktueller Rechtsprechung nicht unter den engen Anwendungsbereich des § 1 Abs. 1 S. 1 Nr. 5 UmwRG. In diesem Zusammenhang ist auch die Vorlage des VG Schleswig-Holstein an den EuGH zu sehen. Diese beinhaltet zwar die Frage, ob sich eine Klagebefugnis unabhängig von der Anwendung des § 1 Abs. 1 S. 1 Nr. 5 UmwRG auch unmittelbar aus dem Unionsrecht ergeben kann. Der EuGH hat dadurch aber die Möglichkeit, insgesamt im Bereich der Typengenehmigungen für Klarheit zu sorgen.
48. Die unions- bzw. völkerrechtskonforme Ausgestaltung des UmwRG erweist sich als besonders langwierig. Die Bundesrepublik Deutschland hält beharrlich an dem bewährten System des Individualrechtsschutzes fest und weicht nur in kleinen Schritten davon ab. Der EuGH hat bereits in der Vergangenheit die unzureichende Umsetzung Deutschlands gerügt. Die Gefahr von weiteren Rügen besteht fort.
49. Die Verbandsklage im Naturschutzrecht ist in § 64 BNatSchG geregelt, der auf die Bestimmungen der Verbandsklage im Umweltrecht verweist. Zur Klage befugt sind anerkannte Naturschutzvereinigungen. Grundsätzlich stehen dafür alle Rechtsbehelfe der VwGO zur Verfügung.
50. Da Tiere keine Rechtspersönlichkeit in der vom Individualrechtsschutz geprägten deutschen Rechtsordnung haben, gibt es im Tierschutzrecht ein Rechtsschutzdefizit. Es besteht eine konkurrierende Gesetzgebungsbefugnis des Bundes (Art. 74 Abs. 1 Nr. 1, 20 GG), von dieser hat der Bund jedoch noch keinen Gebrauch gemacht. Einige Bundesländer haben daher eigene landesrechtliche Tierschutzverbandsklagen eingeführt. Die Klagebefugnis ist für tierschutzrechtliche Verbandsklagen auf anerkannte Verbände beschränkt.
51. Die tierschutzrechtliche Verbandsklage sollte alle Rechtsbehelfe der VwGO umfassen. Der Bund hat innerhalb der VwGO die Klagearten und deren Regelungsgehalt abschließend festgelegt. Die Öffnung in § 42 Abs. 2 Hs. 1 VwGO führt nicht dazu, dass der Landesgesetzgeber den Inhalt der Rechtsbehelfe verändern darf.
52. Im Bereich des Denkmalschutzrechts besteht ein strukturelles Rechtsschutzdefizit. Weder ist der für Nachbarn abgeleitete Drittschutz, noch der Rückgriff

auf das UmwRG aufgrund der strengen Anerkennungsvoraussetzungen für klagebefugte Verbände ausreichend, um umfassenden Rechtsschutz im Bereich des Denkmalschutzrechts zu erlangen. Es gibt bisher keine eigenständige denkmalschutzrechtliche Verbandsklage.

53. Die Einführung einer eigenständigen denkmalschutzrechtlichen Verbandsklage ist erforderlich, um dieser mehr Aufmerksamkeit zukommen zu lassen und damit das bestehende Defizit zu beseitigen.
54. Im Bereich des Datenschutzrechts besteht häufig rationales Desinteresse. Auch wenn dem Einzelnen subjektive Rechte gegen eine missbräuchliche Verarbeitung seiner Daten zustehen, ergibt sich aufgrund fehlender Kenntnis oder der Geringfügigkeit von Verstößen ein Rechtsschutzdefizit. Die Betroffenenrechte sollten durch Einführung einer datenschutzrechtlichen Verbandsklage gestärkt und eine effektive Rechtsdurchsetzung ermöglicht werden.
55. Art. 80 Abs. 2 DSGVO enthält eine Zielvorgabe und bestimmt, das Recht der Verbandsklage nur solchen, in Absatz 1 näher konkretisierten Organisationen zu gewähren. Eine Vollharmonisierung ist zwar nicht erforderlich, dennoch sollte Deutschland, das bisher nur eine Teilumsetzung im UKlaG vorgenommen hat, für die Schaffung von umfassendem Rechtsschutz im Verwaltungsprozessrecht eine Angleichung vornehmen.

Auswirkung der Musterfeststellungsklage auf Verbandsklagen

56. Sowohl die Musterfeststellungsklage als auch die Verbandsklagen beschränken Rechtsbehelfe auf ausgewählte Verbände. Aufgrund unterschiedlicher Schwerpunktsetzung weichen die gesetzlichen Ausgestaltungen voneinander ab. Ein einheitliches zivil- und verwaltungsgerichtliches Verbandsklagegesetz ist aufgrund der Divergenzen abzulehnen.
57. Eine einheitliche Ausgestaltung der öffentlich-rechtlichen Verbandsklagen ist wünschenswert. Eine bereichsspezifische Ausgestaltung ist unübersichtlicher als die Verfestigung in einem Gesetz. Es sollten klare Standards festgelegt werden, die einheitlich gelten und eine Rechtszersplitterung verhindern.
58. Die Regelungen der Verbandsklagen sollten in der VwGO verortet werden. Ein einheitliches, externes Verbandsklagegesetz ist aus Gründen der Übersichtlichkeit abzulehnen.
59. Aufgrund der divergierenden materiell-rechtlichen Bestimmungen ist eine vollständige Integration in die VwGO ebenfalls abzulehnen. Stattdessen ist ein Mindeststandard für Verbandsklagen aufzunehmen. Atypische Fälle können bereichsspezifisch ausgeformt werden.
60. Abzulehnen ist eine Streichung der Öffnungsklausel, denn bis jetzt gebrauchen sowohl die Länder als auch der Bund diese umsichtig. Die Prägung der deutschen Rechtsordnung vom Individualrechtsschutz geht nicht verlustig.
61. Sofern § 42 Abs. 2 VwGO auf alle Klagearten erweitert wird, könnte eine Erweiterung in § 42 Abs. 3 VwGO angeordnet werden. Ansonsten ist § 42a VwGO mit folgendem Inhalt einzuführen: *Soweit ihnen eine derartige Möglichkeit gesetzlich eingeräumt wird, können Vereinigungen, die bestimmte Anforderungen erfüllen, ohne eine Verletzung in eigenen Rechten geltend machen zu müssen, Rechtsbehelfe nach Maßgabe dieses Gesetzes gegen einen Verwaltungsakt,*

seine Ablehnung oder Unterlassung sowie gegen sonstiges hoheitliches Handeln oder Unterlassen einlegen.

62. Verbandsklagen sind nicht auf bestimmte Klagearten zu beschränken. Die Klagebefugnis ist auf Verbände, die besondere Anforderungen erfüllen, zu begrenzen. Die eingeschränkte Formulierung durch die Einleitung mit den Worten „soweit" verdeutlicht den Ausnahmecharakter und wird so der zu vermeidenden Bedrohung des Verlustes der Prägung der deutschen Rechtsordnung durch den Individualrechtsschutz gerecht.

Kapitel 4

63. Das Zivil- und das Verwaltungsprozessrecht gehen auf unterschiedliche Weise mit den bestehenden Rechtsschutzdefiziten im Bereich des kollektiven und überindividuellen Rechtsschutzes um. Dabei muss ernüchternd festgestellt werden, dass die Berührungspunkte zwischen den gebündelten Rechtsschutzmöglichkeiten des Zivil- und Verwaltungsrechts sehr gering ausfallen. Die zivilrechtlichen Bewegungen geben aber wertvolle Impulse dafür, sich kollektiven und auch den damit eng verbundenen überindividuellen Instituten mehr zu öffnen.

Literaturverzeichnis

ADAC, Verbändebeteiligung – Gesetzentwurf zur Einführung einer Musterfeststellungsklage – Stellungnahme des ADAC e.V., 24.8.2018.

Ahlemeier, Melanie, Campact verliert Status der Gemeinnützigkeit, spiegel online v. 21.10.2019, abrufbar unter: https://www.spiegel.de/politik/deutschland/campact-verliert-status-der-gemeinnuetzigkeit-a-1292571.html, zuletzt am 5.12.2019.

Alexander, Christian, Kollektiver Rechtsschutz im Zivilrecht und Zivilprozessrecht, JuS 2009, S. 590–594.

Ders., New Deal for Consumers, WRP 2019, I Nr. 01.

Alexander, Martin/Kubiak, Simon, Prozessieren im Chor – Rechtsexperten melden erhebliche Bedenken gegen die Einführung der Musterfeststellungsklage an, VW 2017, S. 27.

Arbeitsgemeinschaft Mittelstand, Positionspapier der AG Mittelstand zur geplanten Einführung einer Musterfeststellungsklage, 23.3.2018.

Armbrüster, Christian, Herstellerhaftung für abgasmanipulierte Fahrzeuge, ZIP 2019, S. 837–846.

Auernhammer, Herbert, DSGVO/BDSG – Datenschutz-Grundverordnung, Bundesdatenschutzgesetz und Nebengesetze, Kommentar, 6. Aufl. 2018, Köln. (zit. nach Bearbeiter)

Augenhofer, Susanne, Die Reform des Verbraucherrechts durch den "New Deal" – ein Schritt zu einer effektiven Rechtsdurchsetzung, EuZW 2019, S. 5–13.

dies., Musterfeststellungsklage – offene Fragen zur Verjährung, VuR 2019, S. 83–87.

Azpitarte, Miguel/Vasel, Johann Justus, Das öffentliche Interesse – noch immer ein juristisches Problem? – Hamburg, 13.05.2019, DVBl 2019, S. 1252–1253.

Bach, Albrecht/Immenga, Ulrich/Mestmäcker, Ernst-Joachim, GWB – Kommentar zum Europäischen Kartellrecht, 5. Aufl. 2014, München. (zit. nach Bearbeiter)

Bachmann, Gregor, Anspruch auf Verfahren und Entscheid – Der Zugang zum Verwaltungsverfahren und zur Verwaltungsrechtspflege unter besonderer Berücksichtigung der verfassungsrechtlichen Verfahrensgarantien, 2019, Bern.

Bader, Johann/Funke-Kaiser, Michael/Stuhlfauth, Thomas/v. Albedyll, Jörg, Verwaltungsgerichtsordnung, 7. Aufl. 2018, Heidelberg. (zit. nach Bearbeiter)

Bader, Johann/Ronellenfitsch, Michael, BeckOK VwVfG, 45. Ed. 1.10.2019, München. (zit. nach Bearbeiter)

Baetge, Dietmar, Das Recht der Verbandsklage auf neuen Wegen – Zu den Auswirkungen der EG-Richtlinie über Unterlassungsklagen zum Schutz der Verbraucherinteressen auf die Verbandsklage in Deutschland, ZZP 112 (1999), S. 329–351.

Balensiefen, Gotthold Alexander, Umwelt-Rechtsbehelfsgesetz, 2013, Baden-Baden.

Balke, Michaela/Liebscher, Thomas/Steinbrück, Ben, Der Gesetzentwurf zur Einführung einer Musterfeststellungsklage – ein zivilprozessualer Irrweg, ZIP 2018, S. 1321–1332.

Balser, Markus/Hägler, Max/Slavik, Angelika, Die große Abrechnung der VW-Besitzer, Süddeutsche Zeitung v. 30.9.2019, abrufbar unter: https://www.sueddeutsche.de/wirtschaft/vw-musterfeststellungsklage-1.4620554, zuletzt am 30.9.2019.

Bamberger, Heinz Georg/Roth, Herbert/Hau, Wolfgang/Poseck, Roman, BeckOK BGB, 52. Ed. 1.11.2019, München. (zit. nach Bearbeiter)

Bar, Christian von, Gutachten A – Empfehlen sich gesetzgeberische Maßnahmen zur rechtlichen Bewältigung der Haftung für Massenschäden?, in Verhandlungen des 62. Deutschen Juristentages – Bremen 1998, 1998, München.

Basedow, Jürgen, Trippelschritte zum kollektiven Rechtsschutz – Aktionismus in Berlin und Brüssel, EuZW 2018, S. 609–614.

Baudewin, Christian/Wegner, Anna Katharina, Die Präklusion im Zivilprozess – Bedeutung, Chancen, Risiken, NJW 2014, S. 1479–1483.

Bauer, Hartmut, Geschichtliche Grundlagen der Lehre vom subjektiven öffentlichen Recht, 1986, Berlin.

Bauer, Max/Thiel-Sonnen, Alice, RadioReport Recht – Aus der Residenz des Rechts, 14.2.2017.

Baumgartner, Ulrich/Sitte, Konstantin, Abmahnungen von DS-GVO-Verstößen – Angekündigte Abmahnwelle wird wohl ausbleiben, ZD 2018, S. 555–560.

Beck, Lukas, Die Musterfeststellungsklage – kollektiver Rechtsschutz bei Massengeschäften, in: Husemann, Tim/Korves, Robert/Rosenkranz, Frank/Schmitt, Laura/Arnold, Lito/Beke-Martos, Judit/Dördelmann, Philipp/Häsemeyer, Skrollan/Kämper, Ludger/Musinsky, Daniel/Tadus, Daria/Tophof Paul Alexander/Weirauch, Antje, Strukturwandel und Privatrecht – Jahrbuch Junge Zivilrechtswissenschaft, 2019, Baden-Baden, S. 401–425.

Ders., Musterfeststellungsklageverfahren und einheitliche Tatsachenfeststellung, ZIP 2018, S. 1915–1919.

Becker, Florian, Öffentliches und Privates Recht, NVwZ 2019, S. 1385–1392.

Becker, Markus, EU will Sammelklagen gegen Firmen einführen – Verbraucherschutz, spiegel online v. 11.4.2018, abrufbar unter: https://www.spiegel.de/wirtschaft/soziales/verbraucherschutz-eu-kommission-will-sammelklagen-ermoeglichen-a-1202381.html, zuletzt am 28.12.2019.

Beckermann, Benedikt, Grenzen der Vereinheitlichungsfunktion des Bundesverwaltungsgerichts, GVRZ 2019, S. 16.

Ders., Widerspruchsverfahren nach Belieben der Behörde? – Das neue niedersächsische Behördenoptionsmodell als Vorbild?, NVwZ 2017, S. 1431–1435.

Beckmann, Martin, Effektiver Rechtsschutz vor den Verwaltungsgerichten? – Zur Rolle der Anwaltschaft im Verwaltungsrechtsstreit –, DVBl 2019, S. 1172–1182.

Ders., Gerichtliche Vollprüfung und zeitgerechter Rechtsschutz – Gegenläufige Maximen des Verwaltungsprozessrechts?, DÖV 2019, S. 773–781.

Ders., Referat DJT 71., in: Verhandlungen des 71. Deutschen Juristentages – Essen 2016, 2017, München, N 79–N 122.

Ders./Waßmuth, Guido, Die Musterfeststellungsklage – Teil I, WM 2019, S. 45–51.

dies., Die Musterfeststellungsklage – Teil II, WM 2019, S. 89–96.

Behrens, Jost, Die zivilprozessuale Musterfeststellungsklage, ZJS 2018, S. 514–523.

Beisel, Karoline Meta/Finke, Björn, Überraschender Schritt zur europäischen Sammelklage, Süddeutsche Zeitung v. 28.11.2019, abrufbar unter: https://www.sueddeutsche.de/wirtschaft/sammelklage-verbraucherzentrale-europa-1.4701508, zuletzt am 1.12.2019.

Bening, Anna, Plädoyer für ein statusbezogenes Verständnis des prozessualen Unternehmerbegriffes, VuR 2019, S. 455–460.

Bergmann, Jan/Dienelt, Klaus, Ausländerrecht – Aufenthaltsgesetz, Freizügigkeitsgesetz/EU und ARB 1/80 (Auszug), Grundrechtecharta und Artikel 16a GG, Asylgesetz, Kommentar, 12. Aufl. 2018, München. (zit. nach Bearbeiter)

Berkemann, Jörg, Vollkontrolle der Umweltverbandsklage! – "Empfehlung" des Compliance Committee 2013/2014 der Arhus-Konvention, DVBl 2015, S. 389–400.

Biard, Alexandre/Kramer, Xandra, The EU Directive on Representative Actions for Consumers: a Milestone or Another Missed Opportunity, ZEuP 2019, S. 249–259.

Bien, Florian, Perspektiven für eine europäische Gruppenklage bei Kartellverstößen? – Die Opt out-Class Actions als Äquivalent der Vorteilsabschöpfung, NZKart 2013, S. 12–17.

Billen, Gerd, Bemerkungen zu den Brüsseler Gesetzgebungsplänen aus Sicht der Verbraucherzentralen, in: Brömmelmeyer, Christoph, Die EU-Sammelklage – Status und Perspektiven, Tagungsband, 2013, Baden-Baden, S. 21–27.

Bilsdorfer, Mascha Carina, Polizeiliche Öffentlichkeitsarbeit in sozialen Netzwerken, 2019, Baden-Baden.

Blume, Eckehart, Drittschutz im Denkmalrecht, in: Deutsches Nationalkomitee für Denkmalschutz, Quo vadis Denkmalrecht? – Kulturerbe zwischen Pflege und Recht, S. 75–80.

BMJV, Handbuch der Rechtsförmlichkeit, 2008, Berlin.

Boermann, Frank, Das "Massenverfahren" nach § 93a VwGO in der luftverkehrlichen Planfeststellung, in: Thießen, Friedrich, Der Richter im Rechtssystem – Probleme richterlicher Entscheidungsfindung am Beispiel von Verkehrs- und insbesondere Flughafenstreitigkeiten, 2016, Chemnitz, S. 50–67.

Boos, Karl-Heinz/Fischer, Reinfrid/Schulte-Mattler, Hermann/Achtelik, Olaf/Affeld, Jürgen/Becker, Axel/Dürselen, Karl E., KWG, CRR-VO – Kommentar zu Kreditwesengesetz, VO (EU) Nr. 575/2013 (CRR) und Ausführungsvorschriften, 5. Aufl. 2016, München. (zit. nach Bearbeiter)

Bortenlänger, Christine, Sammelklagen ante portas?, FAZ v. 14.6.2017, S. 18.

Brand, Peter-Andreas, Grenzen zivilprozessualer Wahrheit und Gerechtigkeit – Disclosure- und Discovery-Elemente im deutschen Zivilverfahrensrecht, NJW 2017, S. 3558–3563.

Ders., US-Sammelklagen und kollektiver Rechtsschutz in der EU, NJW 2012, S. 1116–1120.

Bratzel, Stefan, Der Abgasskandal und die Vertrauenskrise im Automobilmarkt – Ursachen, Lösungen und Auswirkungen auf den Verbraucher – Erstellt im Auftrag des Verbraucherzentrale Bundesverbandes e.V., Center of Automotive Management (CAM), 5.9.2018, abrufbar unter: https://www.vzbv.de/sites/default/files/downloads/2018/09/13/cam_gutachten_vertrauenskrise_im_automobilmarkt_v1.1.pdf, zuletzt am 3.11.2019.

Braun, Stefan, Recht = (Anspruch : Zeit), DVBl 2019, S. 805–811.

Breitinger, Matthias, Der Abgasskandal – Live-Dossier, zeit online, abrufbar unter: https://www.zeit.de/wirtschaft/diesel-skandal-volkswagen-abgase, zuletzt am 21.9.2018.

Breuer, Marten, Die Klagebefugnis von Umweltverbänden unter Anpassungsdruck des Völker- und Europarechts, Die Verw. 45 (2012), S. 171–205.

Breuer, Rüdiger, Entwicklungen des Rechtsschutzes im Umweltrecht, in: Franzius, Claudio, Beharren, Bewegen, Festschrift für Michael Kloepfer zum 70. Geburtstag, 2013, Berlin, S. 315–332.

Brigola, Alexander/Heß, Franziska, Die Fallstricke der unions- und völkerrechtlichen Metamorphose des Umwelt-Rechtsbehelfsgesetzes (UmwRG) im Jahr 2017, NuR 2017, S. 729–734.

Bringewat, Jörn, Aktuelle Entwicklungen im Bereich der umweltrechtlichen Verbandsklage, ZNER 2014, S. 50–53.

Brocker, Lars, Verwaltungs- und Verfassungsgerichtsbarkeit zwischen Individualrechtsschutz und bürgerschaftlicher Teilhabe, LKRZ 2011, S. 437–440.

Brömmelmeyer, Christoph, Kollektiver Rechtsschutz im Kartellrecht – Sammelklagen auf Schadensersatz?, in: ders., Die EU-Sammelklage – Status und Perspektiven, Tagungsband, 2013, Baden-Baden, S. 57–70.

Brox, Hans/Walker, Wolf-Dietrich, Allgemeiner Teil des BGB, 43. Aufl. 2019, München.

Bruckert, Felix, Die Ausweitung der Klagebefugnis im Umweltrecht – Anpassungsbedarf der Schutznormlehre in Folge europäischer Integration, NuR 2015, S. 541–546.

Bruns, Alexander, Instrumentalisierung des Zivilprozesses im Kollektivinteresse durch Gruppenklagen?, NJW 2018, S. 2753–2757.

Buchberger, Elisabeth, Das Verbandsklagerecht der Umweltverbände – ein Streifzug, EurUP 2019, S. 377–386.

Buchner, Jenny, Kollektiver Rechtsschutz für Verbraucher in Europa – Die grenzüberschreitende Durchsetzung des europäischen Verbraucherrechts bei Bagatellschäden, 2015, Göttingen.

Budras, Corinna, Achtung, VW-Opfer, FAS v. 22.9.2019, S. 33.

dies., Kommt jetzt die Klageindustrie?, FAS v. 8.1.2017, S. 20.

Bühler, Ottmar, Die subjektiven öffentlichen Rechte und ihr Schutz in der deutschen Verwaltungsrechtsprechung, 1914, Berlin, Stuttgart, Leipzig.

Bull, Hans Peter/Mehde, Veith, Allgemeines Verwaltungsrecht mit Verwaltungslehre, 9. Aufl. 2015, Heidelberg.

Bund Deutscher Verwaltungsrichter (BDVR), Effektiven Rechtsschutz sichern – Einheit des Verwaltungsprozessrechts herstellen – Stellungnahme zum Entwurf eines Gesetzes zur Anpassung des Umwelt-Rechtsbehelfsgesetzes, 19.5.2016.

Bundesrechtsanwaltskammer (BRAK), Stellungnahme Nr. 30/2018, September 2018, Zum Vorschlag für eine Richtlinie des Europäischen Parlaments und des Rates über Verbandsklagen zum Schutz von kollektiven Interessen der Verbraucher und zur Aufhebung der Richtlinie 2009/22/EG (COM (2018) 184 final), 2018.

Dies., Stellungnahme Nr. 18/2018, Mai 2018, im Rahmen der länderoffenen Arbeitsgruppe mit Beteiligung des Bundes zu Vorschlägen zur Änderung der Verwaltungsgerichtsordnung, 2018.

Dies., Stellungnahme Nr. 32, Oktober 2017, zum Diskussionsentwurf eines Gesetzes zur Einführung einer Musterfeststellungsklage, 2017.

Bundesverband der Deutschen Industrie e.V. (BDI), Stellungnahme zum Gesetzentwurf der Bundesregierung zur Einführung einer zivilprozessualen Musterfeststellungsklage, 7.6.2018.

Bundesverband Deutscher Inkasso-Unternehmen e.V. (BDIU), Stellungnahme zum Gesetzentwurf der Bundesregierung zur Einführung einer zivilprozessualen Musterfeststellungsklage, 5.6.2018.

Bundesverband E-Commerce und Versandhandel Deutschland e.V. (bevh), Stellungnahme zum Entwurf eines Gesetzes zur Einführung einer zivilprozessualen Musterfeststellungsklage, 16.4.2018.

Bunge, Thomas, Der Rechtsschutz in Umweltangelegenheiten in Deutschland – Stand und offene Fragen, ZUR 2015, S. 531–542.

Ders., UmwRG – Umwelt-Rechtsbehelfsgesetz Kommentar, 2. Aufl. 2019, Berlin. (zit. nach Bearbeiter)

Büscher, Wolfgang/Kuhn, Philip/Pfitzenmaier, Marc, Das Problem der traditionellen Herrenklubs, welt v. 15.11.2019, abrufbar unter: https://www.welt.de/politik/deutschland/ article203545786/Maennervereine-Drohende-Aberkennung, zuletzt am 5.12.2019.

Calliess, Christian/Ruffert, Matthias, EUV/AEUV – Das Verfassungsrecht der Europäischen Union mit Europäischer Grundrechtecharta, Kommentar, 5. Aufl. 2016, München. (zit. nach Bearbeiter)

Cappelletti, Mauro/Jolowicz, John A., Public interest parties and the active role of the judge in civil litigation, 1975, Mailand.

Caspar, Johannes, Verbandsklage im Tierschutzrecht durch Landesgesetz?, DÖV 2008, S. 145–152.

Christonakis, Giorgos, Streitiges Urteil trotz Anerkenntnisses durch den Beklagten im Verwaltungsprozeß?, JA 2000, S. 498–502.

Ders., Das verwaltungsprozessuale Rechtsschutzinteresse, 2004, Berlin.

Classen, Claus Dieter, Unionsrechtlicher Einfluss auf die Funktion der deutschen Verwaltungsgerichtsbarkeit?, NJW 2016, S. 2621–2625.

Conrad, Conrad Sebastian, Kann die Künstliche Intelligenz den Menschen entschlüsseln? – Neue Forderungen zum Datenschutz – Eine datenschutzrechtliche Betrachtung der "Künstlichen Intelligenz", DuD 2018, S. 541–546.

Curdt, Thomas, Kollektiver Rechtsschutz unter dem Regime des KapMuG, 2010, Hamburg.

Dachwitz, Ingo, Abmahnungen und der Datenschutz: "Den deutschen Sonderweg beenden", Netzpolitik.org v. 1.6.2018, abrufbar unter: https://netzpolitik.org/2018/abmahnungen-und-der-datenschutz-den-deutschen-sonderweg-beenden/, zuletzt am 1.2.2019.

Deckenbrock, Christian/Henssler, Martin/Dötsch, Wolfgang Rechtsdienstleistungsgesetz – Rechtsdienstleistungsverordnung und Einführungsgesetz zum RDG, Kommentar, 4. Aufl. 2015, München. (zit. nach Bearbeiter)

Decker, Andreas, Rechtsschutz gegen Flächennutzungspläne nach dem UmwRG – Der Umweltverbände Freud, der Gemeinden Leid, VBlBW 2018, S. 441–447.

Deiß, Johannes, Chaos bei der Anmeldung von Forderungen zum Klageregister?, zpoblog v. 14.9.2019, abrufbar unter: https://www.zpoblog.de/anmeldung-forderungen-klageregister-musterfeststellungsklage-probleme-johannes-deiss/, zuletzt am 28.12.2019.

Ders./Graf, Johanna/Salger, Louisa, Rechtsmissbräuchliche Anmeldungen zum Klageregister einer Musterfeststellungsklage, BB 2019, S. 1674–1677.

Detterbeck, Steffen, Allgemeines Verwaltungsrecht – Mit Verwaltungsprozessrecht, 17. Aufl. 2019, München.

Deutlmoser, Ralf, Die Büchse der Pandora: Kollektiver Rechtsschutz in Europa, EuZW 2013, S. 652–656.

Deutscher Anwaltverein (DAV), Stellungnahme des Deutschen Anwaltvereins durch die Ausschüsse Zivilverfahrensrecht und RVG und Gerichtskosten zum (inoffiziellen) Referentenentwurf des Bundesministeriums der Justiz und für den Verbraucherschutz für ein Gesetz[es] zur Einführung einer Musterfeststellungsklage – Stellungnahme 14/2017.

Ders., Stellungnahme des Deutschen Anwaltvereins durch die Ausschüsse Bank- und Kapitalmarktrecht, Zivilrecht und Zivilverfahrensrecht zum Gesetzentwurf der Bundesregierung für ein Gesetz zur Einführung einer zivilprozessualen Musterfeststellungsklage (Stand 09.05.2018, BR-Drs. 176/18) – Stellungnahme 20/2018.

Deutscher Bauernverband (DBV), Stellungnahme zum Entwurf eines Gesetzes zur Einführung einer zivilprozessualen Musterfeststellungsklage (Bearbeitungsstand 16.3.2018), 11.4.2018.

Deutscher Industrie- und Handelskammertag (DIHK), Entwurf eines Gesetzes zur Einführung einer zivilprozessualen Musterfeststellungsklage – Gesetzentwurf der Bundesregierung (BT-Drs 19/2439) inhaltsgleicher Gesetzentwurf der Fraktionen CDU/CSU und SPD (BT-Drs. 19/2507), Berlin, 11.6.2018.

Deutscher Richterbund (DRB), Stellungnahme zum Entwurf eines Gesetzes über die Einführung von Gruppenverfahren (Bundestagsdrucksache 18/1464) Nr. 8/15 – Öffentlichen Anhörung des Ausschusses für Recht und Verbraucherschutz des Deutschen Bundestages am 18. März 2015, 16.3.2015.

DGB, Stellungnahme des Deutschen Gewerkschaftsbundes zum Gesetzentwurf der Bundesregierung – Entwurf eines Gesetzes zur Einführung einer zivilprozessualen Musterfeststellungsklage, 22.5.2018, Berlin.

Die Deutsche Kreditwirtschaft, Stellungnahme zum Regierungsentwurf eines Gesetzes zur Einführung einer zivilprozessualen Musterfeststellungsklage, 31.5.2018.

Dietsche, Hans-Jörg, Die Musterfeststellungsklage nach den Entwürfen des Bundesjustizministeriums – Konstruktion, Funktionsweise und offene Fragen, in: Schäfer, Matthias, Der Gesetzesentwurf zur "Musterfeststellungsklage" – Ein Sammelband aktueller Beiträge, 2018, St. Augustin/Berlin, S. 76–91.

Dietz, Andreas, Klagebefugnisse gegen Planfeststellungsbeschlüsse: Einzelne – Gemeinden – Umweltverbände, UPR Sonderheft 2016, S. 469–478.

Dikaios, Eleutherios P., Überindividueller Umweltrechtsschutz am Beispiel der altruistischen Verbandsklage in der deutschen, griechischen und europäischen Rechtsordnung, Teilband 1, 2018, Berlin.

Djazayeri, Alexander, Neue Entwicklungen im Rahmen des kollektiven Rechtsschutzes – Zur Entbehrlichkeit der Einführung einer allgemeinen Musterfeststellungsklage bzw. Sammelklage in Verbraucherangelegenheiten in Deutschland, jurisPR-BKR 2018, Anm. 1.

Domej, Tanja, Die geplante EU-Verbandsklagenrichtlinie – Sisyphos vor dem Gipfelsieg?, ZEuP 2019, S. 446–471.

Dreier, Horst, Grundgesetz – Kommentar, Band 1, 3. Aufl. 2013, Tübingen. (zit. nach Bearbeiter)

Ders., Grundgesetz – Kommentar, Band 3, 3. Aufl. 2018, Tübingen. (zit. nach Bearbeiter)

Dröge, Alexander, Der "New Deal for Consumers" – ein Paradigmenwechsel im deutschen UWG, WRP 2019, S. 160–166.

Dünkel, Heiko, Kollektiver Rechtsschutz bei Datenschutzrechtsverstößen – Durchsetzung der DSGVO durch deutsche Verbraucherverbände, DuD 2019, S. 483–487.

Durner, Wolfgang, Rechtsgutachten zur Wiedereinführung der Präklusion – erstellt im Auftrag des Bundesministeriums für Verkehr und digitale Infrastruktur, Berlin, 7.10.2019, abrufbar unter: https://www.netzwerk-bahnen.de/assets/files/news/2019/2019_10_07_durner_rechtsgutachten_wiedereinfuehrung-der-praeklusion.pdf, zuletzt am 30.6.2020.

Ders., SUP-pflichtige Fachpläne in der verwaltungsgerichtlichen Kontrolle – Die neuen Klagemöglichkeiten der Umweltverbände nach § 1 Abs. 1 S. 1 Nr. 4 Buchst. a) UmwRG, EurUP 2018, S. 142–157.

Dürr-Auster, Heiko, Die Qualifikation als Gruppen- oder Verbandskläger im kollektiven Rechtsschutz – Einer für alle, aber wer nur?, 2017, Tübingen.

Ebers, Martin, Rechte, Rechtsbehelfe und Sanktionen im Unionsprivatrecht, 2016, Tübingen.

Ehni, Ellen, Vertrauen in Autoindustrie schwindet, tagesschau v. 10.8.2017, abrufbar unter: https://www.tagesschau.de/inland/deutschlandtrend-867.html, zuletzt am 3.11.2019.

Eickemeier, Dominik/Brodersen, Carsten, Der Entwurf eines Gesetzes zur Stärkung des fairen Wettbewerbs, BB 2019, S. 1859–1864.

Einhaus, Stefan, Kollektiver Rechtsschutz im englischen und deutschen Zivilprozessrecht, 2008, Berlin.

Epiney, Astrid, Die Aarhus-Konvention: Entstehung, völkerrechtliche Einbettung und Grundprinzipien, EurUP 2019, S. 2–16.

Dies., Primär- und Sekundärrechtsschutz im Öffentlichen Recht, VVDStRL 61 (2002), S. 362– 424.

Dies./Diezig, Stefan/Pirker, Benedikt/Reitemeyer, Stefan, Aarhus-Konvention – Handkommentar, 2018, Baden-Baden, Zürich, Basel.

Epping, Volker/Hillgruber, Christian, BeckOK Grundgesetz, 41. Ed. 15.5.2019, München. (zit. nach Bearbeiter)

Erbguth, Wilfried/Guckelberger, Annette, Allgemeines Verwaltungsrecht – Mit Verwaltungsprozessrecht und Staatshaftungsrecht, 10. Aufl. 2020, Baden-Baden.

Eyermann, Erich, Verwaltungsgerichtsordnung – Kommentar, 15. Aufl. 2019, München. (zit. nach Bearbeiter)

Fehling, Michael/Kastner, Berthold/Störmer, Rainer, Verwaltungsrecht – VwVfG, VwGO, Nebengesetze, Handkommentar, 4. Aufl. 2016, Baden-Baden. (zit. nach Bearbeiter)

Felgentreu, André/Gängel, Andreas, Zur Klagebefugnis eines Verbraucherverbandes im Musterfeststellungsverfahren, VuR 2019, S. 323–330.

Fellenberg, Frank, Auf dem Prüfstand der Praxis: Der Umfang des Verwaltungsrechtsschutzes – Funktionswandel der Verwaltungsgerichtsbarkeit unter dem Einfluss des Unionsrechts, AnwBl. 2016, S. 648–653.

Ders., Umwelt-Rechtsbehelfsgesetz 2017 – auf ein Neues!, NVwZ 2017, Editorial.

Fest, Phillip/Köpernik, Kristin, Das Verbandsklagerecht im Tierschutz, DVBl 2012, S. 1473–1479.

Fest, Timo, Cartel Damage Claims – Zur Forderungseinziehung durch Inkassogesellschaften, WM 2015, S. 705–712.

Ders., Rechtsverfolgungsgesellschaften: Hindernisse bei der zivilrechtlichen Lösung eines prozessualen Problems, ZfPW 2016, S. 173–204.

Fezer, Karl-Heinz, Zweckgebundene Verwendung von Unrechtserlösen und Kartellbußen zur Finanzierung der Verbraucherarbeit, 2012, Konstanz.

Fischer-Hüftle, Peter, Beteiligungs- und Klagerechte im Naturschutz – Fortsetzung folgt, NuR 2018, S. 735–741.

Ders., Zur naturschutzrechtlichen Vereinsklage nach dem BNatschG 2009, NuR 2011, S. 237–241.

Fischer-Lescano, Andreas, Natur als Rechtsperson – Konstellationen der Stellvertretung im Recht, ZUR 2018, S. 205–217.

Fleischer, Holger, Gutachten F – Empfiehlt es sich, im Interesse des Anlegerschutzes und zur Förderung des Finanzplatzes Deutschland das Kapitalmarkt- und Börsenrecht neu zu regeln?, in: Verhandlungen des 64. Deutschen Juristentages – Berlin 2002, 2002, München.

Föhlisch, Carsten, Der "New Deal for Consumers" der EU-Kommission – Erste Einschätzung der Auswirkungen auf den E-Commerce, CR 2018, S. 583–588.

Frahm, Christian, Olaf Scholz will Steuervorteile für Männervereine abschaffen, spiegel online v. 10.11.2019, abrufbar unter: https://www.spiegel.de/politik/deutschland/olaf-scholz-reine-maennervereine-sollen-nicht-mehr-gemeinnuetzig-sein-a-1295744.html, zuletzt am 5.12.2019.

Franzius, Claudio, Aktuelle Probleme des Umweltrechtsschutzes, in: ders., Beharren, Bewegen, Festschrift für Michael Kloepfer zum 70. Geburtstag, 2013, Berlin, S. 377–397.

Ders., Baustellen des Umweltrechtsschutzes, DVBl 2018, S. 410–417.

Ders., Genügt die Novelle des Umwelt-Rechtsbehelfsgesetzes den unionsrechtlichen Vorgaben?, NVwZ 2018, S. 219–222.

Ders., Modernisierung des subjektiven öffentlichen Rechts – Zum Funktionswandel der Verwaltungsgerichtsbarkeit, UPR 2016, S. 281–295.

Ders., Möglichkeiten und Grenzen der richterlichen Rechtsfortbildung zur Bestimmung der Klagebefugnis im Umweltrecht, DVBl 2014, S. 543–550.

Ders., Stärkungen des Verfahrensrechtsschutzes im Umweltrecht, EurUP 2014, S. 283–292.

Ders., Verbandsklagen im Umweltrecht, NuR 2019, S. 649–658.

Frenz, Walter/Müggenborg, Hans-Jürgen, BNatSchG – Bundesnaturschutzgesetz, Kommentar, 2. Aufl. 2016, Berlin, Saarbrücken. (zit. nach Bearbeiter)

Fries, Martin, Staatsexamen für Roboteranwälte? – Optionen für die Regulierung von Legal-Tech-Dienstleistern, ZRP 2018, S. 161–166.

Fröhlich, Alexander, Berlin bekommt unabhängigen Polizeibeauftragten, tagesspiegel v. 29.11.2019, abrufbar unter: https://www.tagesspiegel.de/berlin/ansprechpartner-bei-missstaenden-berlin-bekommt-unabhaengigen-polizeibeauftragten/25276874.html, zuletzt am 3.1.2020.

Führ, Martin/Schenten, Julian/Schulze, Falk/Schütte, Silvia, Verbandsklagen nach UmwRG – empirische Befunde und rechtliche Bewertung, NVwZ 2014, S. 1041–1046.

Führ, Martin/Schenten, Julian/Schreiber, Melanie/Schulze, Falk/Schütte, Silvia, Evaluation von Gebrauch und Wirkung der Verbandsklagemöglichkeiten nach dem Umwelt-Rechtsbehelfsgesetz (UmwRG), 14/2014, abrufbar unter: https://www.umweltbundesamt.de/sites/default/files/medien/378/publikationen/texte_14_2014_evaluation_von_gebrauch_und_wirkung_der_verbandsklagemoeglichkeiten_0.pdf, zuletzt am 5.12.2019.

Galanter, Marc, Why the "Haves" Come Out Ahead: Speculations on the Limits of Legal Change, abrufbar unter: http://lawforlife.org.uk/wp-content/uploads/2013/05/whythehavescomeoutahead-33.pdf, zuletzt am 25.9.2019.

Gansel, Timo, Die Musterfeststellungsklage und ihre Überraschungen – ein erster Eindruck, VuR 2019, S. 1–3.

Gärditz, Klaus F., Die verwaltungsprozessualen „Begleitregelungen" des UmwRG – Innerprozessuale Präklusion, Aussetzung des gerichtlichen Verfahrens zur Fehlerheilung und Auffangrechtsschutz zum Oberverwaltungsgericht, EurUP 2018, S. 158–173.

Ders., Effektiver Verwaltungsrechtsschutz im Zeichen von Migration und Europäisierung – Die Entwicklung der Rechtsprechung zum Verwaltungsprozessrecht 2014–2019, Die Verw. 52 (2019), S. 259–296.

Ders., Funktionswandel der Verwaltungsgerichtsbarkeit unter dem Einfluss des Unionsrechts? – Umfang des Verwaltungsrechtsschutzes auf dem Prüfstand, NJW-Beilage 2016, S. 41–45.

Ders., Gutachten D – Funktionswandel der Verwaltungsgerichtsbarkeit unter dem Einfluss des Unionsrechts – Umfang des Verwaltungsrechtsschutzes auf dem Prüfstand, in: Verhandlungen des 71. Deutschen Juristentages – Essen 2016, 2016, München.

Ders., Verwaltungsgerichtlicher Rechtsschutz im Umweltrecht, in: Reclam, Jürgen Philipp, Dokumentation zur 37. wissenschaftlichen Fachtagung der Gesellschaft für Umweltrecht e.V. Berlin 2013, 2014, Berlin, S. 35–69.

Ders., Verwaltungsgerichtsordnung (VwGO) mit Nebengesetzen, Kommentar, 2. Aufl. 2018, Köln. (zit. nach Bearbeiter)

Gaul, Hans Friedhelm, Zur Frage nach dem Zweck des Zivilprozesses, AcP 168 (1968), S. 27–62.

Geber, Frederic, Die Netzanbindung von Offshore-Anlagen im europäischen Supergrid – Eine Untersuchung der §§ 17a ff. EnWG und ihrer völkerrechtlichen, europarechtlichen und verfassungsrechtlichen Einbettung, 2014, Tübingen.

Geiger, Andreas/Mader, Melanie, Neue Entwicklungen beim Rechtsschutz gegenüber Infrastrukturvorhaben, GewArch 2017, S. 366–370.

Geiger, Caroline, Kollektiver Rechtsschutz im Zivilprozess – Die Gruppenklage zur Durchsetzung von Massenschäden und ihre Auswirkungen, 2015, Tübingen.

Geiger, Harald, Die Zulässigkeit unbestimmter Rechtsbegriffe – Darstellungen an ausgewählten Beispielen aus dem Verkehrsverwaltungsrecht, SVR 2009, S. 41–47.

Geiger, Rudolf/Khan, Daniel-Erasmus/Kotzur, Markus, EUV, AEUV – Vertrag über die Europäische Union, Vertrag über die Arbeitsweise der Europäischen Union, Kommentar, 6. Aufl. 2017, München. (zit. nach Bearbeiter)

Geil, Karin, Bundesfinanzminister stoppt umstrittene Steuerpläne für Vereine, zeit online v. 29.11.2019, abrufbar unter: https://www.zeit.de/politik/deutschland/2019-11/gemeinnuetzigkeit-olaf-scholz-vereine-reform-stopp, zuletzt am 5.12.2019.

Geissler, Dennis, Die geplante (deutsche) Musterfeststellungsklage und die (europäische) Sammelklage: Fluch oder Segen für die deutsche Industrie?, GWR 2018, S. 189–192.

Gellermann, Martin, Verbandsklagen im Umweltrecht – aktueller Stand, Perspektiven und praktische Probleme, DVBl 2013, S. 1341–1347.

Germelmann, Claas Friedrich/Gundel, Jörg, Entwicklung der EuGH-Rechtsprechung zum Verfassungs- und Verwaltungsrecht, BayVBl. 2019, S. 583–599.

Gersdorf, Hubertus, Verwaltungsprozessrecht, 6. Aufl. 2019, Heidelberg.

Gesamtverband der Deutschen Versicherungswirtschaft e.V. (GDV), Stellungnahme zum aktuellen Entwurf des Bundesministeriums der Justiz und für Verbraucherschutz für ein Gesetz zur Einführung einer Musterfeststellungsklage (Stand 16.03.2018), 12.4.2018.

Giegerich, Thomas, Zur Einführung: Die „europäische Föderation" – unendliche Annäherung an eine Utopie, in: ders./Heinz, Ursula E., Herausforderungen und Perspektiven der EU, 2012, Berlin, S. 7–33.

Giesberts, Ludger/Reinhardt, Michael, BeckOK Umweltrecht, 52. Ed. 1.10.2019, München. (zit. nach Bearbeiter)

Gieseler, Helya, Die tierschutzrechtliche Verbandsklage – Bericht zur wissenschaftlichen Tagung am 24.6.2016 an der Humboldt-Universität zu Berlin, NVwZ 2016, S. 1462–1463.

Gillner, Ulricke, Die Rolle der Wettbewerbszentrale im Dreieck Wirtschaft, Politik, Justiz, in: Wettbewerbszentrale, Jahresbericht 2017, S. 19–21.

Gnirke, Kristina, VW verliert gegen Australiens Verbraucherschützer, spiegel online v. 20.12.2019, abrufbar unter: https://www.spiegel.de/wirtschaft/unternehmen/dieselskandal-australisches-gericht-brummt-vw-millionenstrafe-auf-a-1302264.html, zuletzt am 23.12.2019.

Göckler, Till, Die Klagebefugnis vertikaler Wirtschaftsverbände – Auf der Suche nach dem Schutz der sonstigen Marktteilnehmer im Wettbewerbsrecht, WRP 2016, S. 434–439.

Gola, Peter, Datenschutz-Grundverordnung – VO (EU) 2016/679, Kommentar, 2. Aufl. 2018, München. (zit. nach Bearbeiter)

Götting, Horst-Peter/Nordemann, Axel, UWG – Handkommentar, 3. Aufl. 2016, Baden-Baden. (zit. nach Bearbeiter)

Grabitz, Eberhard/Hilf, Meinhard, Das Recht der Europäischen Union, 66. Aufl. 2019, München. (zit. nach Bearbeiter)

Grabitz, Markus, EU will Weg zu Sammelklagen ebnen, Saarbrücker Zeitung v. 12.4.2018, A6.

Graf, Jürgen Peter, BeckOK Strafprozessordnung – mit RiStBV und MiStra, 35. Ed. 1.10.2019, München. (zit. nach Bearbeiter)

Greco, Luis, Tiernothilfe, JZ 2019, S. 390–398.

Greger, Reinhard, Das "Rundum-sorglos-Modell": Innovative Rechtsdienstleistung oder Ausverkauf des Rechts?, MDR 2018, S. 897–901.

Ders., Neue Regeln für die Verbandsklage im Verbraucherschutz- und Wettbewerbsrecht, NJW 2000, S. 2457–2463.

Ders., Postkutsche auf der Autobahn – ist der Zivilprozess noch zeitgemäß?, in: Höland, Armin/Meller–Hannich, Caroline, Nichts zu klagen? Der Rückgang der Klageeingangszahlen in der Justiz, Baden-Baden 2016, S. 138–153.

Ders., Realität und Reform des Zivilprozesses im Spiegel der Justiz-Statistik, ZZP 131 (2018), S. 317–351.

Ders., Verbandsklage und Prozeßrechtsdogmatik – Neue Entwicklungen in einer schwierigen Beziehung, ZZP 113 (2000), S. 399–412.

Groeben, Hans von der/Schwarze, Jürgen/Hatje, Armin, Europäisches Unionsrecht – Vertrag über die Europäische Union – Vertrag über die Arbeitsweise der Europäischen Union – Charta der Grundrechte der Europäischen Union, 7. Aufl. 2015, Baden-Baden. (zit. nach Bearbeiter)

Gröhn, Kerstin, Die Anerkennung von Umweltvereinigungen – ein Rechtsinstitut zwischen Verwaltungskontrolle, Qualitätssicherung und Öffentlichkeitsbeteiligung, NuR 2019, S. 225–233.

Gröpl, Christoph, Staatsrecht I – Staatsgrundlagen, Staatsorganisation, Verfassungsprozess – mit Einführung in das juristische Lernen, 11. Aufl. 2019, München.

Ders./Guckelberger, Annette/Wohlfarth, Jürgen, Landesrecht Saarland – Studienbuch, 3. Aufl. 2017, Baden-Baden.

Groß, Thomas, § 27 Die deutsche Verwaltungsgerichtsbarkeit zwischen Tradition und Innovation, in: Sommermann, Karl-Peter/Schaffarzik, Bert, Handbuch der Geschichte der Verwaltungsgerichtsbarkeit in Deutschland und Europa, Band 1, 2019, Berlin, S. 1077–1095.

Groß, Yasemin, Die Rechtsdurchsetzung von Tierbelangen insbesondere durch tierschutzrechtliche Verbandsklagen, 2018, Berlin.

Grunsky, Wolfgang, Grundlagen des Verfahrensrechts – Eine vergleichende Darstellung von ZPO, FGG, VwGO, FGO, SGG, 2. Aufl. 1974, Bielefeld.

Ders./Jacoby, Florian, Zivilprozessrecht, 16. Aufl. 2018, München.

Gsell, Beate/Meller-Hannich, Caroline/Stadler, Astrid, Musterfeststellungsklagen in Verbrauchersachen, NJW-aktuell 5/2016, S. 14–15.

Guckelberger, Annette, Aarhus-Konvention und Unionsrecht als prägende Faktoren für die Verbandsklage im UmwRG, NuR 2020, S. 149–157.

Dies., Argumente für und gegen einen parlamentarischen Ombudsmann aus heutiger Sicht, DÖV 2013, S. 613–623.

Dies., Das Petitionsrecht zum Europäischen Parlament sowie das Recht zur Anrufung des Europäischen Bürgerbeauftragten im Europa der Bürger, DÖV 2003, S. 829–838.

Dies., Denkmalschutz und Eigentum, NVwZ 2016, S. 17–24.

Dies., Der neue staatshaftungsrechtliche Entschädigungsanspruch bei überlangen Gerichtsverfahren, DÖV 2012, S. 289–298.

Dies., Der Zugang zum Verwaltungsgericht nach deutschem und nach schweizerischem Recht, ZBl 1998, S. 345–368.

Dies., Deutsches Verwaltungsprozessrecht unter unionsrechtlichem Anpassungsdruck – Überlegungen de lege lata und de lege ferenda, 2017, Baden-Baden.

Dies., Die Beiladung im Verwaltungsprozess, JuS 2007, S. 436–441.

Dies., Die EG-Verordnung zur Umsetzung der Aarhus-Konvention auf der Gemeinschaftsebene, NuR 2008, S. 78–87.

dies., E-Government: Ein Paradigmenwechsel in Verwaltung und Verwaltungsrecht?, VVDStRL 78 (2019), S. 235–285.

Dies., Entwicklungslinien im Umweltrechtsschutz, JA 2014, S. 647–654.

Dies., Erschließung extrajuridischen Fachwissens durch die Verwaltungsgerichte und Verbesserung der verwaltungsgerichtlichen Wissenspotentiale, VerwArch 2017, S. 143–174.

Dies., Die Ausgestaltung der Umweltrechtsbehelfe für Verbände seit der UmwRG-Novelle 2017, NuR 2020, i.E.

Dies., Die Erweiterung der umweltrechtsbehelfsfähigen Gegenstände auf dem Prüfstand, NuR 2020, S. 217–227.

Dies., Geschichte des Umweltinformationsrechts und allgemeine Anspruchsvoraussetzungen, NuR 2018, S. 378–387.

Dies., Gibt es bald ein unionsrechtliches Verwaltungsverfahrensgesetz?, NVwZ 2013, S. 601–607.

Dies., Grundgesetz und Europa, ZEuS 2012, S. 1–51.

Dies., Norm- und Sachverhaltswissen im Verwaltungsprozess, VerwArch 2017, S. 1–34.

Dies., Öffentliche Verwaltung im Zeitalter der Digitalisierung – Analysen und Strategien zur Verbesserung des E-Governments aus rechtlicher Sicht, 2019, Baden-Baden.

Dies., Referat DJT 71., in: Verhandlungen des 71. Deutschen Juristentages – Essen 2016, 2017, München, N 9–N 77.

Dies., Vollständig automatisierte Verwaltungsakte, in: van Oostrom, Samuel/Weth, Stephan, Festschrift für Maximilian Herberger, 2016, Saarbrücken, S. 397–414.

Dies., Vor- und Nachteile eines Vertreters des öffentlichen Interesses, BayVBl. 1998, S. 257–263.

Dies., Wissensgenerierung im Verwaltungsprozess, in: Verein Deutscher Verwaltungsgerichtstag e.V., Dokumentation 18. Deutscher Verwaltungsgerichtstag, Hamburg 2016 – 2017, Stuttgart, München, Hannover, Berlin, Weimar, Dresden, S. 377–406.

Dies., Wissensgenerierung im Verwaltungsprozess, DVBl 2017, S. 222–232.

Dies./Gard, Andre, 15 Jahre SUP-Richtlinie – Bilanz und Perspektiven, EurUP 2016, S. 168–181.

Guckelberger, Annette/Geber, Frederic, Präklusion unter dem Einfluss der Aarhus-Konvention, EurUP 2014, S. 167–176.

Guckelberger, Annette/Gluding, Katja Viktoria, Rechtsordnungen als untergesetzliche Normen, in: Schenke, Wolf-Rüdiger/Seok, Jong, Probleme der Rechtssetzung in Korea und Deutschland – Vorträge auf dem 8. Koreanisch-Deutschen Symposium zum Verwaltungsrechtsvergleich 2018 am 15. März 2018 in Seoul, 2019, Berlin, S. 21–42.

Guckelberger, Annette/Heimpel, Silvia, Die Aufsichts- bzw. Beanstandungsklage, LKRZ 2012, S. 6–10.

Guggenberger, Leonid/Guggenberger, Nikolas, Die Musterfeststellungsklage – Staat oder privat? – Ein verfehltes Gesetz und bessere Alternativen, MMR 2019, S. 8–14.

Gurkmann, Jutta, Die Musterfeststellungsklage: Anmerkungen zu Lücken im kollektiven Rechtsschutz und dem Gesetzentwurf des BMJV zur Einführung der Musterfeststellungsklage, in: Schäfer, Matthias, Der Gesetzesentwurf zur "Musterfeststellungsklage" – Ein Sammelband aktueller Beiträge, 2018, St. Augustin/Berlin, S. 46–75.

Dies., Referat DJT 72., in: Verhandlungen des 72. Deutschen Juristentages – Leipzig 2018, 2019, München, K 9–K 21.

Guski, Roman, Konfliktermöglichung durch überindividuellen Rechtsschutz: Funktion und Dogmatik der Verbandsklage, ZZP 131 (2018), S. 353–372.

Gutzeit, Martin, Abgasmanipulierte Dieselfahrzeuge: Kauf- und deliktsrechtliche Folgen, JuS 2019, S. 649–656.

Habbe, Julia Sophia/Gieseler, Konrad, Der Vorschlag der EU-Kommission zur Einführung von Musterklagen aus deutscher Perspektive, GWR 2018, S. 227–230.

Dies., Einführung einer Musterfeststellungsklage – Kompatibilität mit zivilprozessualen Grundlagen, BB 2017, S. 2188–2191.

Häberle, Peter, Öffentliches Interesse als juristisches Problem, 2. Aufl. 2015, Berlin.

Haertlein, Lutz, Beteiligung Dritter am Rechtsstreit - Streithilfe und Streitverkündung, JA 2007, S. 10–14.

Hager, Günter, Die tierschutzrechtliche Verbandsklage – Rechtspolitische Diskussion, in: Kloepfer, Michael/Kluge, Hans-Georg, Die tierschutzrechtliche Verbandsklage, 2017, Berlin, S. 61–71.

Ders., Die tierschutzrechtliche Verbandsklage – Rechtspolitische Diskussion, NuR 2016, S. 831–835.

Hager, Thomas, Streuschäden im Wettbewerbsrecht – Der Gewinnabschöpfungsanspruch nach § 10 UWG, 2011, Baden-Baden.

Hakenberg, Waltraud, Europarecht, 8. Aufl. 2018, München.

Dies./Kowollik, Eva-Maria, New Deal for Consumers – Europäische Kollektivklage und andere Wege moderner Durchsetzung von Verbraucherrechten, EWS 2019, S. 61–69.

Halfmeier, Axel, 50 Jahre Verbraucherverbandsklage, Gutachten im Auftrag des Verbraucherzentrale Bundesverband e.V., 2015.

Ders., Auswahl und Funktion des Musterklägers im Kapitalanleger-Musterverfahren, ZIP 2016, S. 1705–1712.

Ders., Die neue Datenschutzverbandsklage, NJW 2016, S. 1126–1129.

Ders., Musterfeststellungsklage: Nicht gut, aber besser als nichts, ZRP 2017, S. 201–204.

Ders., Popularklagen im Privatrecht – Zugleich ein Beitrag zur Theorie der Verbandsklage, 2006, Tübingen.

Ders., Vorglühen zur Musterfeststellungsklage, VuR 2015, S. 441–443.

Ders./Rott, Peter, Verbandsklage mit Zähnen? – Zum Vorschlag einer Richtlinie über Verbandsklagen zum Schutz der Kollektivinteressen der Verbraucher, VuR 2018, S. 243–251.

Halfmeier, Axel/Rott, Peter/Feess, Eberhard, Kollektiver Rechtsschutz im Kapitalmarktrecht – Evaluation des Kapitalanleger-Musterverfahrensgesetzes, 2010, Frankfurt am Main.

Handelsverband Deutschland (HDE), Stellungnahme zu dem Regierungsentwurf der Bundesregierung zur Einführung einer zivilprozessualen Musterfeststellungsklage.

Harke, Jan Dirk, Herstellerhaftung im Abgasskandal, VuR 2017, S. 83–93.

Harte-Bavendamm, Henning/Henning-Bodewig, Frauke, Gesetz gegen den unlauteren Wettbewerb (UWG) – Mit Preisangabenverordnung, Kommentar, 4. Aufl. 2016, München. (zit. nach Bearbeiter)

Hartmann, Peter, Drei Hauptmerkmale im neuen Musterfeststellungsverfahren, VersR 2019, S. 528–530.

Hartung, Markus, Inkasso, Prozessfinanzierung und das RDG – Was darf ein Legal-Tech-Unternehmen als Inkassodienstleister?, AnwBl. Online 2019, S. 353–361.

Haß, Detlef, Die Gruppenklage – Wege zur prozessualen Bewältigung von Massenschäden, 1996, München.

Hauck, Ernst, Änderungen des SGG im Jahre 2008: Das Gesetz zur Änderung des Sozialgerichtsgesetzes und des Arbeitsgerichtsgesetzes (SGGArbGÄndG) – Teil 1, jurisPR-SozR 17/2008, Anm. 4.

Heermann, Peter W.; Schlingloff, Jochen, Münchener Kommentar zum Lauterkeitsrecht, 2. Aufl. 2014, München. (zit. nach Bearbeiter)

Heese, Michael, Die Musterfeststellungsklage und der Dieselskandal – Stationen auf dem langen deutschen Weg in die prozessuale Moderne, JZ 2019, S. 429–440.

Ders., Herstellerhaftung für manipulierte Diesel-Kraftfahrzeuge, NJW 2019, S. 257–263.

Ders., Nutzungsentschädigung zugunsten der Hersteller manipulierter Diesel-Kraftfahrzeuge?, VuR 2019, S. 123–130.

Ders., Was der Dieselskandal über die Rechtsdurchsetzung, deren Protagonisten und die Funktion des Privatrechts verrät, NZV 2019, S. 273–279.

Heitzig, Markus, Das Kapitalanleger-Musterverfahrensgesetz als Lösung zur Bewältigung von Massenverfahren, 2010, Münster.

Held, Jürgen, Umfang der Klage- und Rügebefugnis von Individualklägern nach dem Umwelt-Rechtsbehelfsgesetz, DÖV 2019, S. 121–130.

Ders., Umweltrechtliche Verfahrensfehler im Lichte der neuesten Rechtsprechung, DVBl 2016, S. 12–22.

Henssler, Martin, Prozessfinanzierende Inkassodienstleister – Befreit von den Schranken des anwaltlichen Berufsrechts?, NJW 2019, S. 545–550.

Ders./Prütting, Hanns, Bundesrechtsanwaltsordnung – Mit EuRAG, Eignungsprüfungsverordnung, Berufs- und Fachanwaltsordnung, Rechtsdienstleistungsgesetz, Partnerschaftsgesellschaftsgesetz und CCBE-Berufsregeln, Kommentar, 4. Aufl. 2014, München. (zit. nach Bearbeiter)

Herberger, Maximilian/Martinek, Michael/Rüßmann, Helmut/Weth, Stephan/Würdinger, Markus, juris Praxiskommentar BGB – Band 1 Allgemeiner Teil, 8. Aufl. 2017, Saarbrücken. (zit. nach Bearbeiter)

Dies., juris Praxiskommentar BGB – Band 2 Schuldrecht, 8. Aufl. 2017, Saarbrücken. (zit. nach Bearbeiter)

Herzog, Felix, Dem Klagen der Tiere eine Stimme geben, in: Kloepfer, Michael/ Kluge, Hans-Georg, Die tierschutzrechtliche Verbandsklage, 2017, Berlin, S. 47–59.

Hess, Burkhard, Das geplante Unterlassungsklagegesetz, in: Ernst, Wolfgang/ Zimmermann, Reinhard, Zivilrechtswissenschaft und Schuldrechtsreform – Zum Diskussionsentwurf eines Schuldrechtsmodernisierungsgesetzes des Bundesministeriums der Justiz, 2001, Tübingen, S. 527–548. (hier noch als Heß).

Ders., Der Regierungsentwurf für ein Kapitalanlegermusterverfahrensgesetz – eine kritische Bestandsaufnahme, WM 2004, S. 2329–2334.

Ders., "Private law enforcement" und Kollektivklagen – Regelungsbedarf für das deutsche Zivilprozessrecht?, JZ 2011, S. 66–74.

Ders., Verbesserung des Rechtsschutzes durch kollektive Rechtsbehelfe?, in: Mansel, Heinz-Peter/Dauner-Lieb, Barbara/Henssler, Martin, Zugang zum Recht: Europäische und US-amerikanische Wege der privaten Rechtsdurchsetzung – Überlegungen de lege ferenda zur Ausweitung von Informationsrechten und kollektiven Rechtsbehelfen bei Verringerung klägerischer Prozessrisiken, Fachtagung der Bayer-Stiftung für deutsches und internationales Arbeits- und Wirtschaftsrecht am 12. und 13. Juni 2007, 2008, Baden-Baden, S. 61–84.

Ders./Jauernig, Othmar, Zivilprozessrecht – Ein Studienbuch, 30. Aufl. 2011, München.

Hess, Burkhard/Michailidou, Chrisoula, Die kollektive Durchsetzung von Schadenersatzansprüchen im Kapitalmarktrecht1, WM 2003, S. 2318–2325.

Hess, Burkhard/Reuschle, Fabian/Rimmelspacher, Bruno, Kölner Kommentar zum KapMuG – Gesetz über Musterverfahren in kapitalmarktrechtlichen Streitigkeiten, 2. Aufl. 2014, Köln. (zit. nach Bearbeiter)

Heß, Franziska, Aktivierung der Umweltverbandsklage, ZUR 2018, S. 686–691.

Hettenbach, Dieter, Negative Musterfeststellungsklagen?, WM 2019, S. 577–581.

Hirsch, Günter, Paralleljustiz? Der Verbraucher hat die Wahl – Gerichtliche Streitentscheidung oder außergerichtliche Streitbeilegung – manchmal ist der Weg zu Gericht nur die zweitbeste Lösung, FAZ v. 19.2.2015, S. 8.

Hlava, Daniel, Die verbandlichen Klagerechte nach SGB IX und BGG, Forum A, Diskussionsbeitrag Nr. 23/2012.

Hong, Matthias, Subjektive Rechte und Schutznormtheorie im europäischen Verwaltungsrechtsraum, JZ 2012, S. 380–388.

Honig, Gerhart/Knörr, Matthias/Thiel, Markus, Handwerksordnung – Mit Berufsausbildungsrecht, Kommentar, 5. Aufl. 2017, München. (zit. nach Bearbeiter)

Hoppe, Werner/Beckmann, Martin/Kment, Martin, Gesetz über die Umweltverträglichkeitsprüfung (UVPG), Umwelt-Rechtsbehelfgesetz (UmwRG), Kommentar, 5. Aufl. 2018, Köln. (zit. nach Bearbeiter)

Hufen, Friedhelm, Verwaltungsprozessrecht, 11. Aufl. 2019, München.

Hummel, Michael, Folgenbeseitigung durch Rückerstattung zu Unrecht einbehaltener Beträge. Anmerkung zu OLG Dresden, Urt. v. 10.04.2018 – 14 U 82/16, VuR 2018, S. 270–273.

Ingold, Albert/Münkler, Laura, Fehlerfolgen und Verbandsklagesystematik im umweltbezogenen Rechtsschutz, EurUP 2018, S. 468–487.

Isensee, Josef/Kirchhof, Paul, Handbuch des Staatsrechts der Bundesrepublik Deutschland, Band 3, 3. Aufl. 2005, Heidelberg. (zit. nach Bearbeiter)

Jaeger, Wolfgang/Kokott, Juliane/Pohlmann, Petra/Schroeder, Dirk, Frankfurter Kommentar zum Kartellrecht, 93. EL 4.2019, Köln, Saarbrücken. (zit. nach Bearbeiter)

Janisch, Wolfgang, Ein Platz am Topf, Süddeutsche Zeitung v. 25.10.2019, S. 7.

Jarass, Hans D., Charta der Grundrechte der Europäischen Union – Unter Einbeziehung der vom EuGH entwickelten Grundrechte, der Grundrechtsregelungen der Verträge und der EMRK, Kommentar, 3. Aufl. 2016, München. (zit. nach Bearbeiter)

Ders./Pieroth, Bodo, Grundgesetz für die Bundesrepublik Deutschland, Kommentar, 15. Aufl. 2018, München. (zit. nach Bearbeiter)

Jauernig, Othmar, Bürgerliches Gesetzbuch – Mit Rom-I-, Rom-II-VO, EuUnthVO/HUntProt und EuErbVO, Kommentar, 17. Aufl. 2018, München. (zit. nach Bearbeiter)

Jochum, Heike, Verwaltungsverfahrensrecht und Verwaltungsprozeßrecht – Die normative Konnexität von Verwaltungsverfahrens- und Verwaltungsprozeßrecht und die Steuerungsleistung des materiellen Verwaltungsrechts, 2004, Tübingen.

Jünemann, Lothar, Ubi ius ibi remediun: Ein richtiges Postulat auch für den Ersatz von Kleinst- und Massenschäden, in: Brömmelmeyer, Christoph, Die EU-Sammelklage – Status und Perspektiven, Tagungsband, 2013, Baden-Baden, S. 9–16.

Jung, Marcus, Der VW-Prozess dürfte lange dauern, FAZ Net v. 30.9.2019, abrufbar unter: https://www.faz.net/aktuell/wirtschaft/auto-verkehr/diesel-skandal-der-vw-musterprozess-duerfte-lange-dauern-16410382.html, zuletzt am 1.10.2019.

Ders./Germis, Carsten, Neue Hoffnung für getäuschte Diesel-Fahrer, FAZ Einspruch v. 12.4.2018.

Kadelbach, Stefan, Allgemeines Verwaltungsrecht unter europäischem Einfluss, 1999, Tübingen.

Kahl, Wolfgang, Hat die EG die Kompetenz zur Regelung des Allgemeinen Verwaltungsrechts?, NVwZ 1996, S. 865–869.

Ders., Neuere höchstrichterliche Rechtsprechung zum Umweltrecht – Teil 1 1, JZ 2014, S. 722–732.

Ders./Ohlendorf, Lutz, Die Europäisierung des subjektiven öffentlichen Rechts, JA 2011, S. 41–48.

Kainz, Willi Johannes, Die Bestandskraft von Sozialverwaltungsakten – Auswirkungen von Fehlern im Verwaltungsverfahren und Aufhebung von Verwaltungsakten, NZS 2015, S. 767–777.

Kaufmann, Matthias/Hoenig, Andreas/Münch, Theresa, CDU will Klagen gegen neue Stromtrassen erschweren – Investitionen in Infrastruktur, spiegel online v. 16.9.2019, abrufbar unter: https://www.spiegel.de/wirtschaft/cdu-will-klagen-gegen-neue-stromtrassen-erschweren-a-1287109.html, zuletzt am 20.9.2019.

Kaufmann, Annelie/Sehl, Markus, BMJV bereitet Umfrage vor: Studie zu Klagerückgang an Zivilgerichten, LTO v. 8.8.2019, abrufbar unter: https://www.lto.de/recht/justiz/j/justiz-klage-rueckgang-studie-bmjv-zivil-gericht-rechtsschutz-zugang-zum-recht/?utm_medium=email&utm_source=WKDE_LEG_NSL_LTO_Daily_EM&utm_campaign=wkde_leg_mp_lto_daily, zuletzt am 8.8.2019.

Keller, Christoph/Kolling, Annabella, Das Gesetz zur Einführung von Kapitalanleger-Musterverfahren – Ein Überblick, BKR 2005, S. 399–403.

Kemper, Till, Das Verbandsklagerecht und die Entwicklung des (Rechts-)Verhältnisses von Denkmalschutzbehörden und Öffentlichkeit, Archäologische Informationen 40 (2017), S. 43–50.

Keßler, Jürgen, Verbraucherschutz reloaded – Auf dem Weg zu einer deutschen Kollektivklage?, ZRP 2016, S. 2–4.

Kilian, Matthias, Trojanische Pferde im Rechtsdienstleistungsrecht? – Betrachtungen zur Renaissance von Inkassodienstleistern, NJW 2019, S. 1401–1406.

Ders., Musterfeststellungsklage – Meinungsbild in der Anwaltschaft, ZRP 2018, S. 72–75.

Klein, Ulrich, Die Aarhus-Konvention in der behördlichen Praxis: Herausforderungen und Perspektiven, EurUP 2019, S. 44–50.

Klein, Walter, Zum Begriff des öffentlichen Interesses, 1969, Münster.

Kleine-Cosack, Michael, Rechtsdienstleistungsgesetz, 3. Aufl. 2014, Heidelberg. (zit. nach Bearbeiter)

Klement, Dorothee, Rechtskraft des Schiedsspruchs – Die Gewährleistung der Einmaligkeit von Entscheidungen der Handelsschiedsgerichtsbarkeit zwischen individuellem Rechtsschutz und öffentlichen Interessen, 2018, Baden-Baden.

Klemm, Hans-Peter, Barrierefreie Websites – eine öffentlich-rechtliche Betrachtung, 2018, Saarbrücken.

Kleps, Karlheinz, Verbände als Träger der Wirtschaftspolitik, in: Albers, Willi, Handwörterbuch der Wirtschaftswissenschaft – (HdWW), zugleich Neuauflage des Handwörterbuchs der Sozialwissenschaften, 1980, Stuttgart, New York, S. 176–187.

Klever, Lukas/Schwamberger, Sebastian, Kollektiver Rechtsschutz in Europa – quo vadis?, GVRZ 2019, S. 4.

Klinger, Remo, Die Aarhus-Konvention im Werkzeugkasten des Rechtsanwalts: Universeller Türöffner oder stumpfes Schwert?, EurUP 2019, S. 51–54.

Ders., Freispruch auf Bewährung: Der Umweltrechtsschutz im Fokus des Völkerrechts, ZUR 2017, S. 577–578.

Ders., Klagerecht von Umweltverbänden gegen Verschlechterung des Zustands von Wasserkörpern – Anmerkungen, NVwZ 2018, S. 231–232.

Ders., Rechtsschutz des Bürgers bei FFH-VP („Slowakischer Braunbär II") – Anmerkung zum Urteil des EuGH v. 8.11.2016 – C-243/15, ZUR 2017, S. 90–91.

Klocke, Daniel Matthias, Rechtsschutz in kollektiven Strukturen – Die Verbandsklage im Verbraucher- und Arbeitsrecht, 2016, Tübingen.

Kloepfer, Michael, Die tierschutzrechtliche Verbandsklage – eine Einführung, NuR 2016, S. 729–733.

Ders., Umweltrecht, 4. Aufl. 2016, München.

Kluth, Winfried, Interessenkonflikte in Fällen neuer Modelle der Massenrechtsdienstleistung durch Inkassodienstleister, VuR 2018, S. 403–412.

Kment, Martin, Rechtsbehelfe von Umweltvereinigungen, NVwZ 2018, S. 921–928.

Knauer, Christoph/Kudlich, Hans/Schneider, Hartmut, Münchener Kommentar zur Strafprozessordnung (StPO) – GVG, EGGVG, EMRK, EGStPO, EGStGB, ZSHG, StrEG, JGG, G 10, AO, 2018, München. (zit. nach Bearbeiter)

Knauer, Florian, Pilotverfahren im Strafprozess – Zur Frage der Zulässigkeit von strafrechtlichen Musterprozessen, ZStW 120 (2008), S. 826–853.

Knitsch, Peter, Erfahrungen mit der tierschutzrechtlichen Verbandsklage auf Landesebene – Rechtspolitische Diskussion und Ausblick, in: Kloepfer, Michael/ Kluge, Hans-Georg, Die tierschutzrechtliche Verbandsklage, 2017, Berlin, S. 105–109.

Köbrich, Thomas/Froitzheim, Oliver, Lass uns quatschen – Werbliche Kommunikation mit Chatbots, WRP 2017, S. 1188–1192.

Koch, Hans-Joachim, Die Begründung von Grundrechtsinterpretationen, in: Alexy, Robert/Koch, Hans-Joachim/Kuhlen, Lothar/Rüßmann, Helmut, Elemente einer juristischen Begründungslehre, 2003, Baden-Baden, S. 179–216.

Ders., Die Verbandsklage im Umweltrecht, NVwZ 2007, S. 369–379.

Koch, Hans-Joachim/Rüßmann, Helmut, Juristische Begründungslehre, 1982, München.

Koch, Harald, Die Verbandsklage in Europa, ZZP 113 (2000), S. 413–441.

Ders., Verbraucherprozessrecht – Verfahrensrechtliche Gewährleistung des Verbraucherschutzes in Europa, 2. Aufl. 2019, Baden-Baden.

Kocher, Eva, Kollektiver Rechtsschutz: Effektivität und Erforderlichkeit im Verbraucherrecht, in: Brömmelmeyer, Christoph, Die EU-Sammelklage – Status und Perspektiven, Tagungsband, 2013, Baden-Baden, S. 71–89.

Koehl, Felix, Aus der Praxis: Einfache Beiladung im Verwaltungsprozess, JuS 2016, S. 133–134.

Ders., Aus der Praxis: Vertretungsberechtigung bei nicht rechtsfähigem Verein, JuS 2016, S. 611–612.

Ders., Das Urteil im Verwaltungsprozess, NJ 2019, S. 197–200.

Köhler, Helmut, Datenschutz – eine neue Aufgabe für das Wettbewerbsrecht?, ZD 2019, S. 285–286.

Ders., Durchsetzung der DS-GVO mittels UWG und UKlaG?, WRP 2018, S. 1269–1277.

Ders., UWG-Reform und Verbraucherschutz, GRUR 2003, S. 265–272.

Ders./Bornkamm, Joachim/Feddersen, Jörn, Gesetz gegen den unlauteren Wettbewerb – Preisangabenverordnung, Unterlassungsklagengesetz, Dienstleistungs-Informationspflichten-Verordnung, 38. Aufl. 2020, München. (zit. nach Bearbeiter)

Kohler, Kristin, Die grenzüberschreitende Verbraucherverbandsklage nach dem Unterlassungsklagengesetz im Binnenmarkt, 2008, Frankfurt am Main.

Kokott, Juliane/Sobotta, Christoph, Rechtsschutz im Umweltrecht – Weichenstellungen in der Rechtsprechung des Gerichtshofs der Europäischen Union, in: Reclam, Jürgen Philipp, Dokumentation zur 37. wissenschaftlichen Fachtagung der Gesellschaft für Umweltrecht e.V. Berlin 2013, 2014, Berlin, S. 17–35.

Kollmann, Manuel, Die Behandlung von Anlagen der Außenwerbung im öffentlichen Baurecht – Ein Referenzgebiet des Baugestaltungsrechts an der Schnittstelle zwischen Bauplanungs- und Bauordnungsrecht, 2018, Baden-Baden.

König, Carsten, Die gesetzlichen Neuregelungen zum automatisierten Fahren, NZV 2017, S. 123–128.

Köpernik, Kristin, Zur Notwendigkeit einer Verbandsklage bei Datenschutzverstößen, VuR 2014, S. 240–243.

Kopp, Ferdinand O./Schenke, Wolf-Rüdiger, Verwaltungsgerichtsordnung, Kommentar, 25. Aufl. 2019, München. (zit. nach Bearbeiter)

Köppe, Julia, Ein Denkmal für MH17 – Niederlande, spiegel online v. 17.7.2017, abrufbar unter: https://www.spiegel.de/panorama/mh17-niederlande-weihen-gedenkstaette-fuer-opfer-ein-a-1158397.html, zuletzt am 22.12.2019.

Korth, Peter/Kroymann, Johannes/Suilmann, Martin, Der ausschließliche Gerichtsstand bei fehlerhaften öffentlichen Kapitalmarktinformationen, NJW 2016, S. 1130–1134.

Kossens, Michael/Heide, Dirk von der/Maaß, Michael, SGB IX – Rehabilitation und Teilhabe behinderter Menschen mit Behindertengleichstellungsgesetz, Kommentar, 4. Aufl. 2015, München. (zit. nach Bearbeiter)

Kowollik, Eva-Maria, Europäische Kollektivklage – Referenzrahmen für ein leistungsfähiges europäisches Justizsystem, 2018, Baden-Baden.

Krämer, Ludwig, 20 Jahre Aarhus-Übereinkommen – Bewertung aus der Perspektive des EU-Rechts, EurUP 2019, S. 17–32.

Kranz, Dagmar, Der Diskussionsentwurf zur Muster-Feststellungsklage – ein stumpfes Schwert?, NZG 2017, S. 1099–1103.

Krausbeck, Elisabeth, Der Diskussionsentwurf eines Gesetzes zur Einführung einer Musterfeststellungsklage für Verbraucherstreitigkeiten, DAR 2017, S. 567–571.

Dies., Der Entwurf für eine Musterfeststellungsklage liegt vor, Verfahrensrecht-Blog v. 5.1.2017, abrufbar unter: https://verfahrensrecht.uni-halle.de/2017/01/05/der-entwurf-fuer-eine-musterfeststellungsklage-liegt-vor/, zuletzt am 30.9.2019.

Dies., Kollektiver Rechtsschutz im Zivilprozess – Zusammenfassung und Bewertung des Gutachtens für den Deutschen Juristentag 2018 vor dem Hintergrund von Musterfeststellungsklage und "New Deal", VuR 2018, S. 287–293.

Kremer, Peter, Die Verbandsklage im Umwelt- und Naturschutzrecht und im Tierschutzrecht – Gemeinsamkeiten, Überschneidungen und Unterschiede, in: Kloepfer, Michael/Kluge, Hans-Georg, Die tierschutzrechtliche Verbandsklage, 2017, Berlin, S. 117–125.

Kremer, Sascha, Ein Jahr DSGVO: Aktuelle Entwicklungen und Herausforderungen des neuen Datenschutzrechts in der Praxis, Der Betrieb 2019, S. 1429–1435.

Krenzler, Michael/Klees, Hans/Kramer, Jan J., Rechtsdienstleistungsgesetz – RDG, RDGEG, RDV, Handkommentar, 2. Aufl. 2017, Baden-Baden. (zit. nach Bearbeiter)

Kring, Jennifer, Die Zwangsvollstreckung von Gerichtsurteilen gegenüber der öffentlichen Hand – Zwangshaft für Behördenleiter?, NVwZ 2019, S. 23–28.

Krüger, Christian/Stüllein, Karoline, EuGH beschränkt Klagemöglichkeit von Verbrauchern, VuR 2018, S. 216–220.

Krüger, Anja, Ein Zeichen setzen – Musterfeststellungsklagen gegen VW, taz v. 30.9.2019, abrufbar unter: https://taz.de/Musterfeststellungsklage-gegen-VW/!5630470/, zuletzt am 30.9.2019.

Kruis, Ferdinand, Beseitigungsanspruch nach § 8 UWG statt Musterfeststellungsklage? – Hard cases make bad law – Zugleich Besprechung OLG Dresden v. 10.4.2018 -14 U 82/16, ZIP 2018, 1919, ZIP 2019, S. 393–403.

Krüper, Julian, Neudefinition des "subjektiven öffentlichen Rechts" – der citoyen als umweltdienender Kläger?, in: Kloepfer, Michael, Rechtsschutz im Umweltrecht, 2014, Berlin, S. 163–185.

Kruppa, Jan J., Kapitalanleger-Musterverfahrensgesetz (KapMuG) – Bestandsaufnahme und Perspektiven, 2011, Hamburg.

Kühling, Jürgen/Buchner, Benedikt, Datenschutz-Grundverordnung/BDSG, Kommentar, 2. Aufl. 2018, München. (zit. nach Bearbeiter)

Kühling, Jürgen/Sackmann, Florian, Datenschutzordnung 2018 – nach der Reform ist vor der Reform?, NVwZ 2018, S. 681–686.

Dies., Die Musterfeststellungsklage nach Datenschutzverstößen – ein unkalkulierbares Risiko für Unternehmen?, DuD 2019, S. 347–352.

Külpmann, Christoph, Anmerkungen zum gegenwärtigen Stand des Umweltrechtsschutzes, DVBl 2019, S. 140–145.

Kunkel, Wolfgang/Schermaier, Martin Josef, Römische Rechtsgeschichte, 14. Aufl. 2010, Stuttgart.

Kunstmann, Heike M., Verbände, in: Köhler, Richard/Küpper, Hans-Ulrich/Pfingsten, Andreas, Handwörterbuch der Betriebswirtschaft, 6. Aufl. 2007, Stuttgart, S. 1867–1871.

Kunz, Tobias, Die Prozessstandschaft – Eine Untersuchung der Klagebefugnisse Dritter im österreichischen Zivilverfahren, 2019, Wien.

Kutschaty, Thomas, "Wir brauchen eine verbraucherrechtliche Musterfeststellungsklage", ZRP 2017, S. 27–29.

Lammers, Simon/Römling, Dominik, Das neue Governance-System der Europäischen Energieunion: Anforderungen an Beteiligungs- und Überprüfungsrechte, ZUR 2019, S. 332–341.

Landmann, Robert von/Rohmer, Gustav, Umweltrecht, Kommentar, 90. EL Juni 2019, München. (zit. nach Bearbeiter)

Dies., Gewerbeordnung und ergänzende Vorschriften, Kommentar, 82. EL Oktober 2019, München. (zit. nach Bearbeiter)

Lange, Sonja, Das begrenzte Gruppenverfahren – Konzeption eines Verfahrens zur Bewältigung von Großschäden auf der Basis des Kapitalanleger-Musterverfahrensgesetzes, 2011, Tübingen.

Larenz, Karl/Wolf, Manfred, Allgemeiner Teil des Bürgerlichen Rechts, 9. Aufl. 2004, München.

Lau, Marcus, Das Urteil des BVerwG vom 5.9.2013 oder von einem Versuch, den "slowakischen Braunbären" zu zähmen?, NVwZ 2014, S. 637–640.

Fezer, Karl-Heinz/Büscher, Wolfgang/Obergfell, Eva Inés, Lauterkeitsrecht – Kommentar zum Gesetz gegen den unlauteren Wettbewerb (UWG), Band 2, 3. Aufl. 2016, München. (zit. nach Bearbeiter)

Legner, Sarah, Deliktische Schadensersatzansprüche gegen den Fahrzeughersteller im VW-Abgasskandal, VuR 2018, S. 251–257.

Leicht, Michael, Gewinnabschöpfung bei Verstoß gegen die lauterkeitsrechtliche Generalklausel – Zur dogmatischen Qualifikation des § 10 Abs. 1, 2 UWG und ihren Konsequenzen, 2009, Baden-Baden.

Leinenbach, Isabel, Die Rentensteuer – Einführung eines Steuerabzugsverfahrens für Alterseinkünfte, 2019, Berlin.

Leipold, Dieter, Die Verbandsklage zum Schutz allgemeiner und breitgestreuter Interessen in der Bundesrepublik Deutschland, in: Gilles, Peter, Effektivität des Rechtsschutzes und verfassungsmäßige Ordnung – Die deutschen Landesberichte zum VII. Internationalen Kongreß für Prozeßrecht in Würzburg 1983, 1983, Köln, S. 57–104.

Ders., Gerichte und Verfahren für geringfügige Streitigkeiten, in: Gilles, Peter, Humane Justiz, 1977, Kronberg/Ts., S. 90–112.

Leisner, Walter, „Repräsentation“ im Öffentlichen Recht – Vertretung – Verkörperung – Machtdarstellung, DÖV 2019, S. 359–364.

Ders., Handwerksordnung, Kommentar, 10. Aufl. 2016, München. (zit. nach Bearbeiter)

Leisner-Egensperger, Anna, Politische Betätigung auf dem Minenfeld des Gemeinnützigkeitsrechts, NJW 2019, S. 964–968.

Leopold, Sabine, NRW kippt Verbandsklagrecht für Tierschutzverbände, agrar heute v. 13.12.2018, abrufbar unter: https://www.agrarheute.com/tier/nrw-kippt-verbandsklagerecht-fuer-tierschutzverbaende-550313, zuletzt am 14.12.2019.

Leroux, Cathérine/Sittig-Behm, Peter, Zum Zustimmungserfordernis eines notwendig Beigeladenen zum Ruhen des Verfahrens, NVwZ 2016, S. 1061–1064.

Leser, Christoph, Die Bindungswirkung des Musterentscheids nach dem Kapitalanlegermusterverfahrensgesetz, 2014, Baden-Baden.

Lewinski, Kai von/Kerstges, Tim, Interessenkonflikte zwischen der Tätigkeit als Prozessfinanzierer und Inkassounternehmen im Lichte des § 4 RDG, ZZP 132 (2019), S. 177–209.

Ley, Hendrik Stephan, Das Instrument der Tierschutz-Verbandsklage, 2018, Berlin.

Liebscher, Thomas/Steinbrück, Ben, Die Präklusion verspäteter Erweiterungsanträge im Kapitalanleger-Musterverfahren nach § 15 KapMuG, ZIP 2016, S. 893–899.

Lind, Franziska/Priebe, Anne Sophie, Zur Zwangshaft gegen (deutsche) Amtsträger, insbesondere zu der Entscheidung des EuGH C-752/18, Deutsche Umwelthilfe e.V. gegen Freistaat Bayern, ZEuS i.E.

Lindacher, Walter F., Zur "Sonderprozeßrechtsnatur" der lauterkeitsrechtlichen Verbands- und Konkurrentenklage sowie der Verbandsklage nach dem AGB-Gesetz, ZZP 103 (1990), S. 397–412.

Lindner, Roland, Amerikanischer Albtraum, FAS v. 3.1.2016, S. 19.

Linke, Louisa, A. Effektives Rechtsschutzgebot unter besonderer Berücksichtigung eines zeitgerechten Verfahrens, in: Knopp, Lothar, Effektives Rechtsschutzgebot – deutsche Verwaltungsgerichtsbarkeit quo vadis?, 2019, Baden-Baden, S. 15–55.

Lorenz, Pia, "Es geht nicht um ein paar geldgierige Anwälte" – Unternehmer über den Legal-Tech-Markt, LTO v. 13.9.2019, abrufbar unter: https://www.lto.de/recht/zukunft-digitales/l/legal-tech-wagniskapital-anwaelte-unabhaengigkeit-rechtsdienstleister-inkassolizenz-digitalsierung-deutschland-weniger-miete-abtretungsverbot/, zuletzt am 16.9.2019.

Lorenz, Dieter, Der Rechtsschutz des Bürgers und die Rechtsweggarantie, 1973, München.

Lorz, Albert/Müller, Markus H./Stöckel, Heinz, Naturschutzrecht, 2. Aufl. 2003, München.

Louis, Hans Walter, Die Anerkennung v. Naturschutzverbänden, NuR 1994, S. 381–385.

Lüblinghoff, Joachim, Ein Impulsreferat zum kollektiven Rechtsschutz aus der richterlichen Praxis, in: Schäfer, Matthias, Der Gesetzesentwurf zur "Musterfeststellungsklage" – Ein Sammelband aktueller Beiträge, 2018, St. Augustin/Berlin, S. 33–45.

Ludwig, Kristiana, Im Namen des Kunden – Auch die Union sollte sich auf die Seite der Verbraucher stellen, Süddeutsche Zeitung v. 6.2.2017, abrufbar unter: https://www.sueddeutsche.de/politik/vw-affaere-im-namen-des-kunden-1.3365871, zuletzt am 9.11.2019.

Ludwigs, Markus, Die Verfahrensautonomie der Mitgliedstaaten – Euphemismus oder Identitätsfaktor?, NVwZ 2018, S. 1417–1422

Lühmann, Tobias B., Der Vorschlag einer europäischen Verbandsklage – Ein weiteres Instrument des kollektiven Rechtsschutzes, NJW 2019, S. 570–575.

Lüke, Gerhard, Die Prozessführungsbefugnis, ZZP 76 (1963), S. 1–31.

Magnus, Robert, Der grenzüberschreitende Bezug als Anwendungsvoraussetzung im europäischen Zuständigkeits- und Kollisionsrecht, ZEuP 2018, S. 507–540.

Ders., Die Wirkungen des Vergleichs im Musterfeststellungsverfahren, NJW 2019, S. 3177–3182.

Maier-Reimer, Georg/Wilsing, Hans-Ulrich, Das Gesetz über Musterverfahren in kapitalmarktrechtlichen Streitigkeiten – Kapitalanleger-Musterverfahrensgesetz, ZGR 2006, S. 79–120.

Mallmann, Roman/Erne, Sarah, Musterfeststellungsklage und Kartellschadensersatz, NZKart 2019, S. 77–83.

Mangold, Anna Katharina/Wahl, Rainer, Das europäisierte deutsche Rechtsschutzkonzept, Die Verw. 48 (2015), 1–28.

Mankowski, Peter, Können ausländische Schutzverbände der gewerblichen Wirtschaft "qualifizierte Einrichtungen" im Sinne der Unterlassungsklagerichtlinie sein und nach § 8 III Nr. 3 UWG klagen?, WRP 2010, S. 186–190.

Mann, Marius E., Kollektive Rechtsdurchsetzung und das Rechtsdienstleistungsgesetz: Der BGH schafft Klarheit, DStR 2013, S. 765–770.

Ders., Rechtsverfolgungsgesellschaften und Rechtsdienstleistungsgesetz, NJW 2010, S. 2391–2396.

Mann, Thomas/Schnuch, Franziska, Verbot des kommerziellen gerichtlichen Masseninkassos durch Legal-Tech-Anbieter – ein Verstoß gegen Art. 12 GG, NJW 2019, S. 3477–3482.

Mann, Thomas/Wahrendorf, Volker, Verwaltungsprozessrecht, 4. Aufl. 2015, München.

Marquard, Maria, Klagebegründungsfrist und innerprozessuale Präklusion: § 6 UmwRG in der Praxis, NVwZ 2019, S. 1162–1166.

Marsch, Nikolaus, Subjektivierung der gerichtlichen Verwaltungskontrolle in Frankreich – Eilverfahren und Urteilsimplementation im objektiv-rechtlich geprägten Kontrollsystem, 2011, Baden-Baden.

Martens, Sebastian, Actio, action, Anspruch und Recht – Zum Verhältnis des Rechts zu seiner Durchsetzung, JZ 2016, S. 1021–1029.

Martens, Wolfgang, Öffentlich als Rechtsbegriff, 1969, Bad Homburg, Berlin, Zürich.

Martin, Dieter J./Krautzberger, Michael, Handbuch Denkmalschutz und Denkmalpflege – Recht, fachliche Grundsätze, Verfahren, Finanzierung, 4. Aufl. 2017, München. (zit. nach Bearbeiter)

Martin, Madeleine, Das Vollzugsdefizit im Tierschutzrecht, in: Kloepfer, Michael/Kluge, Hans-Georg, Die tierschutzrechtliche Verbandsklage, 2017, Berlin, S. 25–30.

Martini, Mario/Wagner, David/Wenzel, Michael, Das neue Sanktionsregime der DSGVO – ein scharfes Schwert ohne legislativen Feinschliff – Teil 1, VerwArch 109 (2018), S. 163–189.

Marty, Michael, Die Erweiterung des Rechtsschutzes in Umweltangelegenheiten – Anmerkungen zum Umwelt-Rechtsbehelfsgesetz, ZUR 2009, S. 115–122.

Masing, Johannes, § 7 – Der Rechtsstatus des Einzelnen im Verwaltungsrecht, in: Hoffmann-Riem, Wolfgang/Schmidt-Aßmann, Eberhard, Grundlagen des Verwaltungsrechts, Band 1, 2. Aufl. 2012, München.

Mast, Reinhard, Braucht es ein Verbandsklagerecht im Denkmalschutzrecht?, ZRP 2019, S. 237–240.

Maunz, Theodor/Dürig, Günter, Grundgesetz, 87. Aufl. März 2019, München. (zit. nach Bearbeiter)

Maurer, Hartmut/Waldhoff, Christian, Allgemeines Verwaltungsrecht, 19. Aufl. 2017, München.

Meier, Klaus, Das 6. VwGO-Änderungsgesetz und seine Folgen aus erstinstanzlicher Sicht, NVwZ 1998, S. 688–694.

Meier, Regina, Das ideelle Verbandsbeschwerderecht, 2015, Zürich, Basel, Genf.

Mekat, Martin/Nordholtz, Christian, Die Flucht in die Musterfeststellungsklage – Prozesstaktische Überlegungen zu Individualklagen bei Musterfeststellungsverfahren, NJW 2019, S. 411–414.

Meller-Hannich, Caroline, Effektivität kollektiver Rechtsschutzinstrumente, in: Brömmelmeyer, Christoph, Die EU-Sammelklage – Status und Perspektiven, Tagungsband, 2013, Baden-Baden, S. 33–56.

Dies., Gutachten A – Abteilung Verfahrensrecht – Sammelklage, Gruppenklagen, Verbandsklagen – Bedarf es neuer Instrumente des kollektiven Rechtsschutzes im Zivilprozess?, in: Verhandlungen des 72. Deutschen Juristentages – Leipzig 2018, 2018, München.

Dies., Kollektiver Rechtsschutz in Europa und Europäischer Kollektiver Rechtsschutz, GPR 2014, S. 92–98.

Dies., Sammelklagen, Gruppenklage, Verbandsklagen – bedarf es neuer Instrumente des kollektiven Rechtsschutzes im Zivilprozess?, NJW-Beilage 2018, S. 29–32.

Dies., Stellungnahme zum Entwurf eines Gesetzes zur Einführung einer zivilprozessualen Musterfeststellungsklage BT-Drucksache 19/2439 und 19/2507 sowie zum Entwurf eines Gesetzes zur Einführung von Gruppenverfahren BT-Drucksache 19/243, 7.6.2018.

Dies./Höland, Armin, Gutachten Evaluierung der Effektivität kollektiver Rechtsschutzinstrumente – Abschlussbericht gemäß § 5 sowie Anhang B "Gliederung der Berichte" des Vertrags vom 16.11.2009, 2013, Bonn.

Meller-Hannich, Caroline/Krausbeck, Elisabeth, Kollektiver Rechtsschutz in der EU – Die Entwicklungen der letzten Jahre, der "New Deal for Consumers" und die deutsche Musterfeststellungsklage, DAR-Extra 2018, S. 721–725.

Meller-Hannich, Caroline/Nöhre, Monika, Ein zeitgemäßer Rahmen für Zivilrechtsstreitigkeiten – Aktuelle Herausforderungen an die gerichtliche und außergerichtliche Rechtsdurchsetzung, NJW 2019, S. 2522–2527.

Mendgen, Martin, David gegen Goliath im Kartellschadensersatzrecht – Lassen sich Musterfeststellungsklage bzw. EU-Verbandsklage als kollektive Folgeklage einsetzen?, NZKart 2018, S. 398–405.

Merkt, Hanno/Zimmermann, Jennifer, Die neue Musterfeststellungsklage: Eine erste Bewertung, VuR 2018, S. 363–373.

Metz, Rainer, Musterfeststellungsklage: Endlich!, VuR 2018, S. 281–283.

Meyer-Ladewig, Jens/Nettesheim, Martin/Raumer, Stefan von, EMRK – Europäische Menschenrechtskonvention, Handkommentar, 4. Aufl. 2017, Baden-Baden, Wien, Basel. (zit. nach Bearbeiter)

Michel, Gerhard, Keine Gemeinnützigkeit für allgemein-politische Aktivitäten (Attac), jM 2019, S. 212–214.

Micklitz, Hans-Wolfgang/Stadler, Astrid, Klagearten im neuen Verbandsklagegesetz, in: dies., Das Verbandsklagerecht in der Informations- und Dienstleistungsgesellschaft – Forschungsvorhaben im Auftrag des BMVEL, 2005, Münster-Hiltrup, S. 2–56.

Dies., Notwendigkeit eines Verbandsklagegesetzes, in: dies., Das Verbandsklagerecht in der Informations- und Dienstleistungsgesellschaft – Forschungsvorhaben im Auftrag des BMVEL, 2005, Münster-Hiltrup, S. 1277–1418.

Dies., Unrechtsgewinnabschöpfung – Möglichkeiten und Perspektiven eines kollektiven Schadenersatzanspruches im UWG, 2003, Baden-Baden.

Milstein, Alexander, Neue Entwicklungen im Umweltrechtsschutz – Münsteraner Gespräche zum Umwelt- und Planungsrecht –, NuR 2019, S. 601–602.

Möller, Christian, Verbandsklagerecht im Denkmalschutz aufgrund der Rechtsprechung des Europäischen Gerichtshofs (EuGH), in: Landesdenkmalamt Berlin, Zwischen Welterbe und Denkmalalltag – erhalten, erschließen, engagieren – Dokumentation der Jahrestagung 2014, 1. Juni bis 4. Juni, Berlin, 2015, Berlin, S. 346–357.

Morell, Alexander, Wirksamkeit der Inkassozession bei RDG-Verstoß, NJW 2019, S. 2574–2579.

Mortsiefer, Henrik, 15.000 VW-Kunden reichen Klage ein, tagesspiegel v. 6.11.2017, abrufbar unter: https://www.tagesspiegel.de/wirtschaft/sammelklage-im-dieselskandal-15-000-vw-kunden-reichen-klage-ein/20548282.html., zuletzt am 25.9.2019.

Ders., Was wusste Winterkorn – und was die Regierung?, tagesspiegel v. 19.1.2017, abrufbar unter: https://www.tagesspiegel.de/wirtschaft/vw-abgasskandal-im-bundestag-was-wusste-winterkorn-und-was-die-regierung/19271318.html, zuletzt am 14.12.2019.

Motte, Laura de la, OLG-Braunschweig weist Myright-Klage gegen VW ab – nun muss der BGH entscheiden, handelsblatt v. 19.2.2019, abrufbar unter: https://www.handelsblatt.com/finanzen/steuern-recht/recht/dieselskandal-olg-braunschweig-weist-myright-klage-gegen-vw-ab-nun-muss-der-bgh-entscheiden/24011902.html?ticket=ST-38037757-Qvhdd6exX32KLJM0IfER-ap3, zuletzt am 28.12.2019.

Müggenborg, Hans-Jürgen, Stellungnahme des Deutschen Anwaltsvereins zur geplanten Novelle des Umwelt-Rechtsbehelfsgesetzes, NuR 2016, S. 473–475.

Mühlbauer, Sabine, Die Aussetzung von Verwaltungsverfahren, 2003, Berlin.

Müller, Matthias J., Zivilprozessuale Musterfeststellungsklage: Sperrwirkung nach § 610 Abs. 3 ZPO und Forderungszession, GWR 2019, S. 399–401.

Münch, Ingo von/Kunig, Philip, Grundgesetz-Kommentar, Band 2, 2012, München. (zit. nach Bearbeiter)

Musielak, Hans-Joachim/Voit, Wolfgang, Grundkurs ZPO – Erkenntnis- und Zwangsvollstreckungsverfahren, 14. Aufl. 2019, München.

Dies., Zivilprozessordnung – Mit Gerichtsverfassungsgesetz, Kommentar, 16. Aufl. 2019, München. (zit. nach Bearbeiter)

Näckel, Antje/Wasielewski, Andreas, Verbandsklagerecht im Tierschutz – ein Plädoyer, NordÖR 2014, S. 379–384.

Neidhardt, Stephan, Nationale Rechtsinstitute als Bausteine europäischen Verwaltungsrechts – Rezeption und Wandel zwischen Konvergenz und Wettbewerb der Rechtsordnungen, 2012, Tübingen.

Netzwerk Compliance, Anhörung der Verbände zum überarbeiteten Gesetzentwurf über die Einführung der Musterfeststellungsklage am 28. März 2018 im Bundesministerium der Justiz und für Verbraucherschutz, 2018, Heidelberg.

Neumann, Dirk/Pahlen, Ronald/Winkler, Jürgen/Jabben, Jürgen, Sozialgesetzbuch IX – Rehabilitation und Teilhabe behinderter Menschen, Kommentar, 13. Aufl. 2018, München. (zit. nach Bearbeiter)

Neurath, Daniel, Die Industrie- und Handelskammern – Überlegungen zum Kammerzwang und zur Reichweite des gesetzlichen Auftrags aus europarechtlicher und transatlantischer Perspektive –, DÖV 2019, S. 513–523.

Niedzwicki, Matthias, Präklusionsvorschriften des öffentlichen Rechts im Spannungsfeld zwischen Verfahrensbeschleunigung, Einzelfallgerechtigkeit und Rechtsstaatlichkeit – Zur Vereinbarkeit der Präklusion mit dem Grundgesetz und mit dem Europarecht, 2010, Berlin.

Niesler, André, Individualrechtsschutz im Verwaltungsprozess – Ein Beitrag zur Neujustierung des Rechtsschutzsystems der VwGO, 2012, Berlin.

Nietsch, Thomas, Zur Überprüfung der Einhaltung des Datenschutzrechts durch Verbraucherverbände, CR 2014, S. 272–278.

Nolte, Jakob, Die Eigenart des verwaltungsgerichtlichen Rechtsschutzes – Grund und Grenzen der Anwendung des Zivilprozessrechts im Verwaltungsprozess, 2015, Tübingen.

Nordholtz, Christian/Mekat, Martin, Musterfeststellungsklage – Einführung | Beratung | Gestaltung, 2019, Baden-Baden. (zit. nach Bearbeiter)

Oeebecke, Janbernd, Entwicklungen und Tendenzen im deutschen Denkmalrecht, DVBl 2015, S. 1288–1296.

Ohly, Ansgar, UWG-Rechtsschutz bei Verstößen gegen die Datenschutz-Grundverordnung?, GRUR 2019, S. 686–693.

Ders./Sosnitza, Olaf, Gesetz gegen den unlauteren Wettbewerb – Mit Preisangabenverordnung, Kommentar, 7. Aufl. 2016, München. (zit. nach Bearbeiter)

Ottaviano, Marco, Der Anspruch auf rechtzeitigen Rechtsschutz im Gemeinschaftsprozessrecht, 2012, Tübingen.

Paal, Boris P./Pauly, Daniel A., Datenschutz-Grundverordnung, Bundesdatenschutzgesetz, 2. Aufl. 2018, München. (zit. nach Bearbeiter)

Paetow, Stefan, Erstinstanzliche Großverfahren vor dem BVerwG, NVwZ 2007, S. 36–40.

Palandt, Otto, Bürgerliches Gesetzbuch – Mit Nebengesetzen, 79. Aufl. 2020, München.

Ders., Bürgerliches Gesetzbuch – Mit Nebengesetzen, 78. Aufl. 2019, München.

Pawlowski, Hans-Martin, Aufgabe des Zivilprozesses, ZZP 80 (1967), S. 345–391.

Pechstein, Matthias/Nowak, Carsten/Häde, Ulrich, Frankfurter Kommentar zu EUV, GRC und AEUV, 2017, Tübingen. (zit. nach Bearbeiter)

Peitsmeier, Henning, Vertrauensfrage, FAZ Net v. 14.12.2015, abrufbar unter: https://www.faz.net/aktuell/wirtschaft/auto-verkehr/nach-dem-abgasskandal-steht-das-vertrauen-in-den-tuev-auf-dem-spiel-13965783.html, zuletzt am 3.11.2019.

Pernice, Ingolf, Umweltvölker- und europarechtliche Vorgaben zum Verbandsklagerecht und das System des deutschen Verwaltungsrechtsschutzes – Beobachtungen zur Rechtsentwicklung im Mehrebenenverbund, JZ 2015, S. 967–973.

Pernice-Warnke, Silvia, Verwaltungsprozessrecht unter Reformdruck – Regelungsspielräume des deutschen Gesetzgebers angesichts europäischer und internationaler Einflüsse auf den Rechtsschutz im Umweltrecht, DÖV 2017, S. 846–856.

Peters, Heinz-Joachim/Hesselbarth, Thorsten/Peters, Frederike, Umweltrecht, 5. Aufl. 2016, Stuttgart.

Pielow, Johann-Christian, BeckOK GewO, 48. Ed. 1.12.2019, München. (zit. nach Bearbeiter)

Plath, Kai-Uwe, DSGVO/BDSG – Kommentar zu DSGVO, BDSG und den Datenschutzbestimmungen von TMG und TKG, 3. Aufl. 2018, Köln. (zit. nach Bearbeiter)

Podszun, Rupprecht/Rohner, Tristan, Nach dem Brexit: Die Stärkung staatlicher Gerichte für wirtschaftsrechtliche Streitigkeiten, BB 2018, S. 450–454.

Poelzig, Dörte, Normdurchsetzung durch Privatrecht, 2012, Tübingen.

Ponti, Sarah/Tuchtfeld, Erik, Zur Notwendigkeit einer Verbandsklage im AGG, ZRP 2018, S. 139–141.

Posser, Herbert/Wolff, Heinrich Amadeus, BeckOK VwGO, 51. Ed. 1.10.2019, München. (zit. nach Bearbeiter).

Prell, Lorenz, E-Government: Paradigmenwechsel in Verwaltung und Verwaltungsrecht?, NVwZ 2018, S. 1255–1259.

Pretzlaff, Harry, Klage gegen Mercedes-Bank wackelt, Stuttgarter Nachrichten v. 25.1.2019, abrufbar unter: https://www.stuttgarter-nachrichten.de/inhalt.streit-um-kreditklauseln-der-mercedes-bank-klage-gegen-mercedes-bank-wackelt.346a1647-ff68-437e-85b5-22d430fde42e.html, zuletzt am 14.12.2019.

Prütting, Hanns/Gehrlein, Markus, Zivilprozessordnung, Kommentar, 11. Aufl. 2019, Köln. (zit. nach Bearbeiter)

Radespiel, Liane, Die naturschutzrechtliche Verbandsklage – Theoretische Grundlagen und empirische Analyse, 2007, Baden-Baden.

Ramsauer, Ulrich, Funktionen der Verwaltungsgerichtsbarkeit, NordÖR 2019, S. 157–166.

Randow, Gero von, Wortwahl, zeit online v. 6.9.2017, abrufbar unter: https://www.zeit.de/2017/37/musterfeststellungsklage-defintion-wahlkampf, zuletzt am 3.1.2020.

Rathmann, Jens, KapMuG 3.0 – Ein Gesetz für die Verlängerung?, DRiZ 2019, S. 126–127.

Rauscher, Thomas/Krüger, Wolfgang, Münchener Kommentar zur Zivilprozessordnung Band 1 – Mit Gerichtsverfassungsgesetz und Nebengesetzen, 5. Aufl. 2016, München. (zit. nach Bearbeiter)

Dies., Münchener Kommentar zur Zivilprozessordnung Band 3 – Mit Gerichtsverfassungsgesetz und Nebengesetzen, 5. Aufl. 2017, München. (zit. nach Bearbeiter)

Rechnungshof Baden-Württemberg, Denkschrift 2014 – zur Haushalts- und Wirtschaftsführung des Landes Baden-Württemberg, 2014, Karlsruhe.

Redeker, Konrad/Oertzen, Hans-Joachim von, Verwaltungsgerichtsordnung, Kommentar, 16. Aufl. 2014, Stuttgart. (zit. nach Bearbeiter)

Rehbinder, Eckard/Burgbacher, Hans-Gerwin/Knieper, Rolf, Bürgerklage im Umweltrecht, 1972.

Remmertz, Frank, Automatisierte Rechtsdienstleistungen im RDG, ZRP 2019, S. 139–142.

Rennert, Klaus, Die Rechtsprechung des Bundesverwaltungsgerichts zum Umweltrecht, DVBl 2019, S. 133–139.

Ders., Funktionswandel der Verwaltungsgerichtsbarkeit?, DVBl 2015, S. 793–801.

Ders., Referat DJT 71., in: Verhandlungen des 71. Deutschen Juristentages – Essen 2016, 2017, München, N 123 – N 157.

Ders., Wo steht die Verwaltungsgerichtsbarkeit?, VBlBW 2015, S. 45–49.

Reuschle, Fabian, Möglichkeiten und Grenzen kollektiver Rechtsverfolgung – Zu den Defiziten im deutschen Prozessrecht, der Übertragbarkeit ausländischer Lösungen und den Grundzügen eines kollektiven Musterverfahrens, WM 2004, S. 966–979.

Richter, Steffen, EU ebnet Weg für gemeinsame Sammelklagen, zeit online v. 28.11.2019, abrufbar unter: https://www.zeit.de/wirtschaft/2019-11/verbraucherschutz-eu-staaten-sammelklagen-einfuehrung, zuletzt am 1.12.2019.

Richter, Michael, Praktische Hürden für den Einsatz vorgesehener Instrumente zur Umsetzung von Barrierefreiheit, in: Welti, Felix, Rechtliche Instrumente zur Durchsetzung von Barrierefreiheit, 2013, Kassel, S. 59–61.

Riehm, Thomas, Deliktischer Schadensersatz in den "Diesel-Abgas-Fällen", NJW 2019, S. 1105–1111.

Ders., Der Anspruch auf Nachlieferung – Insbesondere in den "Diesel-Abgas-Fällen", ZIP 2019, S. 589–596.

Riesenhuber, Karl, Privatautonomie – Rechtsprinzip oder "mystifizierendes Leuchtfeuer", ZfPW 2018, S. 352–368.

Riesner, Sabine, Sisyphusaufgabe: Vereinbarkeit von effektivem kollektiven Verbraucherschutz mit der Vermeidung einer kommerziellen Klageindustrie?, ZIP 2019, S. 1507–1515.

Ring, Gerhard, Der Hinweisbeschluss des BGH vom 8.1.2019 – erste Ansätze einer rechtlichen Bewertung des VW-Abgasskandals durch Karlsruhe, SVR 2019, S. 161–166.

Ders., Die neue zivilprozessuale Musterfeststellungsklage, NJ 2018, S. 441–446.

Ringelstein, Ronja, Maas legt Gesetzentwurf zu Sammelklagen vor, tagesspiegel v. 1.12.2016, abrufbar unter: https://www.tagesspiegel.de/wirtschaft/bundesjustizministerium-maas-legt-gesetzentwurf-zu-sammelklagen-vor/14922234.html, zuletzt am 18.12.2019.

Rogert, Marco/Ulbrich, Tobias, Diesel Abgasskandal – Sabotieren deutsche Prüfanstalten die gerichtliche Überprüfung der Funktionsweise von Abschalteinrichtungen und Softwareupdates?, Presseportal v. 23.8.2017, abrufbar unter: https://www.presseportal.de/pm/119896/3716501, zuletzt am 3.11.2019.

Rohwetter, Marcus, Prozessieren im Chor, zeit online v. 9.8.2017, abrufbar unter: https://www.zeit.de/2017/33/sammelklage-konzerne-kunden-parteien, zuletzt am 30.9.2019.

Römermann, Volker/Günther, Tim, Legal Tech als berufsrechtliche Herausforderung – Zulässige Rechtsdurchsetzung mit Prozessfinanzierung und Erfolgshonorar, NJW 2019, S. 551–556.

Römling, Dominik, Anwendungsfragen des novellierten UmwRG – Anmerkung zum Urteil des VG Darmstadt v. 29.03.2018 – 6 L 3548/17.DA, NuR 2018, S. 538–540.

Roos, Philipp, Die AGB-Verbandsklage im Urhebervertragsrecht, 2016, Baden-Baden.

Rosenberg, Leo/Schwab, Karl Heinz/Gottwald, Peter, Zivilprozessrecht, 18. Aufl. 2018, München.

Rossi, Matthias, Föderale Regelungsbefugnisse für Verbandsklagerechte im Tierschutzrecht, in: Kloepfer, Michael/Kluge, Hans-Georg, Die tierschutzrechtliche Verbandsklage, 2017, Berlin, S. 73–103.

Ders., Föderale Regelungsbefugnisse für Verbandsklagerechte im Tierschutzrecht, NuR 2016, S. 733–741.

Roth, Herbert, Private Rechtsdurchsetzung im Zivilprozess, JZ 2016, S. 1134–1140.

Röthel, Anne, Privatautonomie im Spiegel der Privatrechtsentwicklung: ein mystifizierendes Leuchtfeuer, in: Bumke, Christian/dies., Autonomie im Recht – Gegenwartsdebatten über einen rechtlichen Grundbegriff, 2017, Tübingen, S. 91–115.

Röthemeyer, Peter, Das rechtliche Gehör im Musterfeststellungsverfahren – Die Stellung des Anmelders und die Notwendigkeit eines "gehörfreundlichen" richterlichen Prozessmanagements, MDR 2019, S. 6–11.

Ders., Musterfeststellungsklage – Spezialkommentar zum 6. Buch ZPO, 2019, Baden-Baden.

Ders., Musterfeststellungsklage und Individualanspruch – Zur Kritik und den Entwicklungsmöglichkeiten, VuR 2019, S. 87–93.

Ders., Musterfeststellungsklage: Anforderungen an qualifizierte Einrichtungen iSd § 606 ZPO. Anmerkungen zum Urteil OLG Stuttgart, Urt. v. 20.03.2019 – 6 MK 1/18, BKR 2019, S. 300–304.

Rother, Christopher, Referat DJT 72., in: Verhandlungen des 72. Deutschen Juristentages – Leipzig 2018, 2019, München, K 23 – K 36.

Rott, Peter, Auskunfts- und Rückzahlungspflicht der Bank bei rechtswidrigen Maßnahmen und Ankündigungen im Zusammenhang mit Kontopfändungen. Anmerkung zum Urteil des LG Leipzig v. 10.12.2015 – 05 O 1239/15, VuR 2016, S. 112–114.

Ders., Kollektive Klagen von Verbraucherorganisationen in Deutschland, in: Casper, Matthias/Janssen, André/Pohlmann, Petra/Schulze, Reiner, Auf dem Weg zu einer europäischen Sammelklage?, 2009, München, S. 259–275.

Rotter, Klaus, 14 Jahre KapMuG – Ein etabliertes Instrument zur Bewältigung von Massenschäden am Kapitalmarkt – Rückschau und Ausblick – Vergleich zur Musterfeststellungsklage, VuR 2019, S. 283–295.

Rubel, Rüdiger, Umweltrechtsschutz in der gerichtlichen Praxis, EurUP 2019, S. 386–395.

Ruffert, Matthias, Umweltrechtsschutz ohne methodische Grundlage? Zur neueren Rechtsprechung des EuGH und ihren Folgen für Deutschland, DVBl 2019, S. 1033–1040.

Rumschöttel, Christian, Die Datenschutz-Grundverordnung – VO (EU) 2016/679 und ihre Anforderungen an eine datenschutzkonforme öffentliche Verwaltung – Ein Leitfaden für die kommunale Praxis, SKZ 2018, S. 64–69.

Rüßmann, Helmut, Möglichkeiten und Grenzen der Gesetzesbindung, in: Alexy, Robert/Koch, Hans-Joachim/Kuhlen, Lothar/ders., Elemente einer juristischen Begründungslehre, 2003, Baden-Baden, S. 135–154.

Ders., Prozessmaximen auf dem Prüfstand des Arzthaftungsprozesses, in: Matusche-Beckmann, Annemarie, Keio-Tage 2014 – Medizinrechtliches Symposium an der Universität des Saarlandes, Japanisch-Deutsche Konferenz vom 12. bis 14. Mai 2014, 2015, Saarbrücken, S. 39–47.

Ders., Verfahrene Verfahren, in: Jochum, Heike/Elicker, Michael/Lampert, Steffen/Bartone, Roberto, Freiheit, Gleichheit, Eigentum – Öffentliche Finanzen und Abgaben – Festschrift für Rudolf Wendt zum 70. Geburtstag, 2015, Berlin, S. 1283–1292.

Saam, Daniel, Kollektive Rechtsbehelfe zur Durchsetzung von Schadensersatzansprüchen im europäischen Wettbewerbs- und Verbraucherrecht – Eine systematische Untersuchung der aktuellen Vorhaben der EU-Kommission und ihrer möglichen Kompetenzgrundlagen, 2011, Baden-Baden.

Sachs, Michael, Grundgesetz, Kommentar, 8. Aufl. 2018, München. (zit. nach Bearbeiter)

Säcker, Franz Jürgen/Rixecker, Roland/Oetker, Hartmut/Limperg, Bettina, Münchener Kommentar zum Bürgerlichen Gesetzbuch, Band 1, 8. Aufl. 2018, München. (zit. nach Bearbeiter)

Saenger, Ingo, Zivilprozessordnung – Familienverfahren, Gerichtsverfassung, Europäisches Verfahrensrecht, Handkommentar, 8. Aufl. 2019, Baden-Baden. (zit. nach Bearbeiter)

Salger, Carsten, Das Musterfeststellungsklagegesetz – Stärkung des kollektiven Rechtsschutzes in Deutschland?, juris-PR-BKR 10/2018, Anm. 1.

Sauer, Matthias, 20 Jahre Umsetzung und Praxis der Aarhus-Konvention – Zwischenbilanz des Bundesumweltministeriums, EurUP 2019, S. 33–43.

Schäfers, Dominik, Zur Zuständigkeit der Gerichte in kartellrechtlichen Musterfeststellungsverfahren nach den §§ 606 ff. ZPO, ZZP 132 (2019), S. 231–260.

Schantz, Peter, Die Datenschutz-Grundverordnung – Beginn einer neuen Zeitrechnung im Datenschutzrecht, NJW 2016, S. 1841–1847.

Ders./Wolff, Heinrich Amadeus, Das neue Datenschutzrecht – Datenschutz-Grundverordnung und Bundesdatenschutzgesetz in der Praxis, 2017, München.

Schaper, Hanno/Stauber, Peter, Ausgewählte Themen des neuen Kartellschadensersatzrechts – Schadensersatz, Abwälzung, Gesamtschuld und Innenausgleich, NZKart 2017, S. 279–284.

Scharl, Anna Ingeborg, Die Schutznormtheorie, 2017, Berlin.

Schaub, Renate, Streuschäden im deutschen und europäischen Recht, JZ 2011, S. 13–23.

Schefzig, Jens/Rothkegel, Tobias/Cornelius, Cay Lennart, G. Verbandsklage, in: Moos, Flemming/Schefzig, Jens/Arning, Marian, Die neue Datenschutz-Grundverordnung – Mit Bundesdatenschutzgesetz 2018, 2018, Berlin, Boston, Rn. 160–175.

Schellhammer, Kurt, Zivilprozess – Gesetz – Praxis – Fälle, 15. Aufl. 2016, Heidelberg.

Schenke, Wolf-Rüdiger, "Reform" ohne Ende – Das Sechste Gesetz zur Änderung der Verwaltungsgerichtsordnung und anderer Gesetze (6. VwGOÄndG), NJW 1997, S. 81–93.

Ders., Verwaltungsprozessrecht, 16. Aufl. 2019, Heidelberg.

Scherer, Inge, Prozessuale Fragestellungen beim "Folgebeseitigungsanspruch im Lauterkeitsrecht, VuR 2019, S. 243–251.

Schilken, Eberhard, Der Zweck des Zivilprozesses und der kollektive Rechtsschutz, in: Meller-Hannich, Caroline, Kollektiver Rechtsschutz im Zivilprozess – Hallesches Symposion zum Zivilverfahrensrecht am 6. Oktober 2007, Tagungsband, 2008, Baden-Baden, S. 21–52.

Ders., Zivilprozessrecht, 7. Aufl. 2014, München.

Schink, Alexander/Reidt, Olaf/Mitschang, Stephan, Umweltverträglichkeitsprüfungsgesetz, Umwelt-Rechtsbehelfsgesetz, Kommentar, 2018, München. (zit. nach Bearbeiter)

Schlacke, Sabine, Aktuelles zum Umwelt-Rechtsbehelfsgesetz – Kompensation des Wegfalls der materiellen Präklusion, Anwendungsbereich, Rügebefugnis und Kontrollmaßstab im Spiegel der Rechtsprechung, NVwZ 2019, S. 1392–1401.

Dies., Die jüngste Novellierung des UmwRG zur Umsetzung der Vorgaben der Aarhus-Konvention, in: Faßbender, Kurt/Köck, Wolfgang, Querschnittsprobleme des Umwelt- und Planungsrechts – Rechtsschutz und Umweltprüfungen, Dokumentation des 23. Leipziger Umweltrechtlichen Symposions des Instituts für Umwelt- und Planungsrecht der Universität Leipzig und des Helmholtz-Zentrums für Umweltforschung - UFZ am 22. und 23. März 2018, 2019, Baden-Baden, S. 21–57.

Dies., Die jüngste Novellierung des UmwRG zur Umsetzung der Vorgaben der Aarhus-Konvention, EurUP 2018, S. 127–142.

Dies., Die Novelle des UmwRG 2017, NVwZ 2017, S. 905–912.

Dies., Stärkung überindividuellen Rechtsschutzes zur Durchsetzung des Umweltrechts, ZUR 2011, S. 312–317.

Dies., Überindividueller Rechtsschutz – Phänomenologie und Systematik überindividueller Klagebefugnisse im Verwaltungs- und Gemeinschaftsrecht, insbesondere am Beispiel des Umweltrechts, 2012, Tübingen.

Dies., Zur fortschreitenden Europäisierung des (Umwelt-)Rechtsschutzes – Schutznormdoktrin und Verfahrensfehlerlehre erneut unter Anpassungsdruck, NVwZ 2014, S. 11–18.

Dies./Römling, Dominik, § 3 Rechtsbehelfe im Umweltrecht, in: Schlacke, Sabine/Schrader, Christian/Bunge, Thomas, Aarhus-Handbuch – Informationen, Beteiligung und Rechtsschutz in Umweltangelegenheiten, 2. Aufl. 2019, Berlin.

Schmauß, Maximilian, Der Gewinnabschöpfungsanspruch von Verbänden in der Neufassung des § 10 des Gesetzes gegen den unlauteren Wettbewerb (UWG), 2007, Baden-Baden.

Schmidt, Alexander/Schrader, Christian/Zschiesche, Michael, Die Verbandsklage im Umwelt- und Naturschutzrecht, 2014, München.

Schmidt, Benjamin, NZS-Jahresrevue 2018: Prozessrecht, NZS 2019, S. 293–299.

Schmidt, Frank, Polizeiliche Videoüberwachung durch den Einsatz von Bodycams, 2018, Baden-Baden.

Schmidt-Aßmann, Eberhard, Das allgemeine Verwaltungsrecht als Ordnungsidee – Grundlagen und Aufgaben der verwaltungsrechtlichen Systembildung, 2. Aufl. 2006, Dordrecht.

Ders., Umweltrecht – Innovation – Rechtsschutz, EurUP 2016, S. 360–367.

Schmidt-Kessel, Martin, Stellungnahme zum Entwurf eines Gesetzes zur Einführung einer zivilprozessualen Musterfeststellungsklage zur Anhörung im Rechtsausschuß am 8.6.2018.

Schmidt-Kötters, Thomas/Geber, Frederic, Neue Mittel im Typengenehmigungsrecht für PKW – Ipso jure Ungültigkeit von Typengenehmigungen, unionsweite Marktüberwachung und zentralisierte Behördenaufsicht, NVwZ 2019, S. 1809–1813.

Schmitt Glaeser, Walter, Verbände, in: Tilch, Horst/Arloth, Frank, Deutsches Rechts-Lexikon, 3. Aufl. 2001, München, S. 4397.

Schmitz, Heribert, Der Blick der Verwaltung auf die Verwaltungsgerichtsbarkeit, DVBl 2019, S. 265–268.

Schneider, Burkhard, Kollektivschutz durch Verbraucherschutzverbände statt Class Actions? – Die zivilprozessuale Musterfeststellungsklage, BB 2018, S. 1986–1998.

Schoch, Friedrich, Verwaltungsgerichtsbarkeit, quo vadis?, VBlBW 2013, S. 361–370.

Ders./Schneider, Jens-Peter/Bier, Wolfgang, Verwaltungsgerichtsordnung, Kommentar, 36. EL. 2019, München. (zit. nach Bearbeiter)

Scholl, Bernd, Die Musterfeststellungsklage nach §§ 606 ff. ZPO – Eine kritische Würdigung mit Bezügen zum französischen, niederländischen und US-amerikanischen Recht, ZfPW 2019, S. 317–355.

Scholz, Rupert, Individualer oder kollektiver Rechtsschutz? – Zum Verfassungsproblem der Zulassung von Sammel-, Gruppen- und Verbandsklagen, ZGR 2003, S. 248–263.

Schopenhauer, Arthur, Parerga und Paralipomena I – Kleine Philosophische Schriften, 1988, Zürich.

Schreiber, Klaus, Die Prozessführungsbefugnis im Zivilprozess, Jura 2010, S. 750–753.

Schröder, Ulrich Jan, Das Verhältnis von öffentlichem Recht und Privatrecht, DVBl 2019, S. 1097–1106

Schröter, Michael W., Tierschutzrecht in der Diskussion, NuR 2007, S. 468–474.

Schultes, Hans-Jörg, Teilnahme an Musterverfahren, in: Becker-Eberhard, Ekkehard/Gaul, Hans Friedhelm/Haertlein, Lutz/Meller-Hannich, Caroline, Festschrift für Eberhard Schilken zum 70. Geburtstag – Rechtslage – Rechtserkenntnis – Rechtsdurchsetzung, 2015, München, S. 469–480.

Schultheiß, Tilman, Der Folgenbeseitigungsanspruch bei unwirksamen AGB, WM 2019, S. 9–16.

Schulz, Sebastian, Datenschutz als überindividuelles Interesse? – Anmerkungen zur geplanten Reform des UKlaG, ZD 2014, S. 510–514.

Schumacher, Jochen/Fischer-Hüftle, Peter, Bundesnaturschutzgesetz, Kommentar, 2. Aufl. 2011, Stuttgart. (zit. nach Bearbeiter)

Schürmeier, Claudia, Zu Entwicklung und Stand des Tierschutz-Verbandsklagerechts, NuR 2017, S. 316–322.

Schwab, Martin, Zivilprozessrecht, 5. Aufl. 2016, Heidelberg.

Schwarze, Jürgen, EU-Kommentar, 4. Aufl. 2019, Baden-Baden, Wien, Basel. (zit. nach Bearbeiter)

Schweiger, Matthias M./Meißner, Alexander, Praktische Aspekte der Rechtsentwicklung bei Unterlassungs- und Musterfeststellungsklagen in Verbrauchersachen – Teil 1, CB 2018, S. 240–247.

Schwenn, Kerstin, Kampf gegen unseriöse Abmahnvereine, FAZ Net v. 22.6.2017, abrufbar unter: https://www.faz.net/aktuell/finanzen/kampf-gegen-unserioese-abmahnvereine-15072762.html, zuletzt am 28.12.2019.

Seckelmann, Margrit, Kategoriale Unterscheidung von Öffentlichem Recht und Privatrecht?, DVBl 2019, S. 1107–1114.

Seibert, Max-Jürgen, Verbandsklagen im Umweltrecht – Aktueller Stand, Perspektiven, praktische Probleme, NVwZ 2013, S. 1040–1049.

Seifert, Ulrich, Fortschritte beim Rechtsschutz in Umweltangelegenheiten nach Art. 9 Abs. 3 Aarhus-Konvention – Jüngste Lösungsansätze von EuGH und BVerwG, ZEuS 2016, S. 49–84.

Seitz, Walter, Inkassorecht und Insolvenzordnung – Einflüsse der Insolvenz auf Recht und Praxis der Inkassounternehmen, NZI 1999, S. 10–15.

Servatius, Wolfgang, Software-Update und (k)ein Ende? – Der Anspruch auf Nachlieferung in den "Diesel-Abgas-Fällen" – Erwiderung auf Riehm ZIP 2019, 589, ZIP 2019, S. 954–957.

Sessler, Anke/Stein, Max, Ein Hauch von Class Action – Sammelklage, FAZ Einspruch v. 12.12.2018.

Siegel, Thorsten, Rechtsschutz vor Gericht und im Verwaltungsverfahren, ZUR 2017, S. 451–456.

Sieme, Stefan, Die Auslegung des Begriffs "zu Lasten" in § 10 UWG und § 34a GWB – Nichtzulassungsbeschwerden beim I. Zivilsenat des BGH zu § 10 UWG, WRP 2009, S. 914–921.

Simitis, Spiros/Hornung, Gerrit/Spiecker gen. Döhmann, Indra, Datenschutzrecht – DSGVO mit BDSG, 2019, Baden-Baden.

Sina, Ralph, EU-weite Sammelklagen sollen kommen, tagesschau v. 28.11.2019, abrufbar unter: https://www.tagesschau.de/ausland/eu-sammelklagen-101.html, zuletzt am 1.12.2019.

Skamel, Frank, Verfahrensaussetzung bei Prozessaufrechnung mit rechtshängiger Gegenforderung, NJW 2015, S. 2460–2464.

Skouris, Vassilios, Auswirkungen der Rechtsprechung des Europäischen Gerichtshofs auf die Funktion der deutschen Verwaltungsgerichtsbarkeit – Zur Reichweite des Urteils des EuGH vom 15.10.2015 in der Rechtssache C-137/14, DVBl 2016, S. 937–943.

Sobatta, Christoph, New Cases on Article 9 of the Aarhus Convention – Court of Justice of the EU, Judgments of 20 December 2017, Protect Natur-, Arten- und Landschaftsschutz Umweltorganisation, C-664/15, RU:C:2017:987, and of 15 March 2018, North East Pylon Pressure Campaign and Sheehy, C-470/16, EU:C:2018:185, JEEPL 15 (2018), S. 241–258.

Sodan, Helge, Grundgesetz, 4. Aufl. 2018, München. (zit. nach Bearbeiter)

Ders./Ziekow, Jan, Grundkurs Öffentliches Recht – Staats- und Verwaltungsrecht, 8. Aufl. 2018, München.

Dies., Verwaltungsgerichtsordnung, Großkommentar, 5. Aufl. 2018, Baden-Baden. (zit. nach Bearbeiter)

Dies., Verwaltungsgerichtsordnung, Großkommentar, 4. Aufl. 2014, Baden-Baden. (zit. nach Bearbeiter)

Söhner, Matthias, Das neue Kapitalanleger-Musterverfahrensgesetz, ZIP 2013, S. 7–14.

Solmecke, Christian, EU-Verbandsklage soll kommen – ist die Musterfeststellungsklage dann passé?, wbslaw v. 3.1.2019, abrufbar unter: https://www.wbs-law.de/verkehrsrecht/eu-verbandsklage-soll-kommen-ist-die-musterfeststellungsklage-dann-passe-24022/, zuletzt am 30.9.2019.

Sommermann, Karl-Peter, Entwicklungsperspektiven der Verwaltungsgerichtsbarkeit in Europa, DÖV 2019, S. 293–305.

Spießhofer, Birgit, Sammelklage durch die Hintertür, FAZ Einspruch v. 6.6.2018.

Spieth, Wolf Friedrich/Hellermann, Niclas, Umweltverbände: Mit Macht kommt Verantwortung, NVwZ 2019, S. 745–751.

Sprißler, Matthias, Missbrauch der Vereinsklagebefugnis in Umweltangelegenheiten am Beispiel der DUH e.V. – Täuschung der Gerichte oder Bürgerbeteiligung am Umweltschutz?, DVBl 2019, S. 873–877.

Stadler, Astrid, Beseitigungsklagen durch Verbände im AGB-Recht, in: Becker-Eberhard, Ekkehard/Gaul, Hans Friedhelm/Haertlein, Lutz/Meller-Hannich, Caroline, Festschrift für Eberhard Schilken zum 70. Geburtstag – Rechtslage – Rechtserkenntnis – Rechtsdurchsetzung, 2015, München, S. 481–497.

Dies., Bündelung von Verbraucherinteressen im Zivilprozeß, in: Brönneke, Tobias, Kollektiver Rechtsschutz im Zivilprozeßrecht – Gruppenklagen, Verbandsmusterklagen, Verbandsklagebefugnis und Kosten des kollektiven Rechtsschutzes, 2001, Baden-Baden, S. 1–51.

Dies., Die grenzüberschreitende Durchsetzbarkeit von Sammelklagen, in: Casper, Matthias/Janssen, André/Pohlmann, Petra/Schulze, Reiner, Auf dem Weg zu einer europäischen Sammelklage?, 2009, München, S. 149–168.

Dies., Die Umsetzung der Kommissionsempfehlung im kollektiven Rechtsschutz, ZfPW 2015, S. 61–84.

Dies., Die Vorschläge der Europäischen Kommission zum kollektiven Rechtsschutz in Europa – der Abschied von einem kohärenten europäischen Lösungsansatz, GPR 2013, S. 281–292.

Dies., Harmonisierung des Europäischen Zivilprozessrechts – Mindeststandards oder Modellregeln?, JZ 2017, S. 693–701.

Dies., Kollektiver Rechtsschutz quo vadis?, JZ 2018, S. 793–802.

Dies., Musterfeststellungsklagen im deutschen Verbraucherrecht?, VuR 2018, S. 83–89.

Dies./Micklitz, Hans-Wolfgang, Der Reformvorschlag der UWG-Novelle für eine Verbandsklage auf Gewinnabschöpfung, WRP 2003, S. 559–562.

Staudinger, Ansgar/Ruks, Rudi, Hinweise aus Karlsruhe zu § 439 BGB im "Dieselskandal", NJW 2019, S. 1179–1182.

Staudinger, Julius von, Kommentar zum Bürgerlichen Gesetzbuch mit Einführungsgesetz und Nebengesetzen – Buch 2: Recht der Schuldverhältnisse Übersicht §§ 433-480 (Kaufrecht), Aufl. 2014, Berlin. (zit. nach Bearbeiter)

Stein, Fabian, Der Streitgegenstand im Zivilprozess, JuS 2016, S. 122–126.

Stein, Friedrich/Jonas, Martin, Kommentar zur Zivilprozessordnung, Band 1: Einleitung, §§ 1–77, 23. Aufl. 2014, Tübingen. (zit. nach Bearbeiter)

Dies., Kommentar zur Zivilprozessordnung, Band 4: §§ 271–327, 23. Aufl. 2018, Tübingen. (zit. nach Bearbeiter)

Dies., Kommentar zur Zivilprozessordnung, Band 5: §§ 328–510 c, 23. Aufl. 2015, Tübingen. (zit. nach Bearbeiter)

Steinbeiß-Winkelmann, Christine, Verwaltungsgerichtsbarkeit zwischen Überlasten, Zuständigkeitsverlusten und Funktionswandel, NVwZ 2016, S. 713–720.

Stelkens, Paul/Bonk, Heinz Joachim/Stelkens, Ulrich, Verwaltungsverfahrensgesetz, Kommentar, 9. Aufl. 2018, München. (zit. nach Bearbeiter)

Storost, Ulrich, Rechtsschutz der Natur in der gerichtlichen Kontrolle von Planfeststellungsbeschlüssen, UPR 2018, S. 52–59.

Streinz, Rudolf, Europarecht: Klagerecht von Umweltverbänden, JuS 2018, S. 728–730.

Ders./Michl, Walther, EUV/AEUV – Vertrag über die Europäische Union, Vertrag über die Arbeitsweise der Europäischen Union, Charta der Grundrechte der Europäischen Union, 3. Aufl. 2018, München. (zit. nach Bearbeiter)

Stürner, Michael, Grenzüberschreitender kollektiver Rechtsschutz in der EU – internationalverfahrensrechtliche und kollisionsrechtliche Probleme –, in: Brömmelmeyer, Christoph, Die EU-Sammelklage – Status und Perspektiven, Tagungsband, 2013, Baden-Baden, S. 109–128.

Suliak, Hasso, Meilenstein oder Flop für Verbraucherschutz? – Kabinett beschließt Musterfeststellungsklage, LTO v. 9.5.2018, abrufbar unter: https://www.lto.de/recht/hintergruende/h/kabinett-beschliesst-musterfesststellungsklage-verbraucherschutz-klagebefugnis/, zuletzt am 29.9.2019.

Sydow, Gernot, Europäische Datenschutzgrundverordnung, Handkommentar, 2. Aufl. 2018, Baden-Baden, Wien, Zürich. (zit. nach Bearbeiter)

Taeger, Jürgen/Gabel, Detlev, DSGVO – BDSG, Kommentar, 3. Aufl. 2019, Frankfurt am Main. (zit. nach Bearbeiter)

Thiere, Karl, Die Wahrung überindividueller Interessen im Zivilprozeß, 1980, Bielefeld.

Thoma, Richard, Über die Grundrechte im Grundgesetz für die Bundesrepublik Deutschland, in: Wandersleb, Hermann, Recht – Staat – Wirtschaft, 1951, Düsseldorf, S. 9–19.

Thomas, Heinz/Putzo, Hans, Zivilprozessordnung – FamFG, Verfahren in Familiensachen, EGZPO, GVG, EGGVG, EU-Zivilverfahrensrecht, Kommentar, 40. Aufl. 2019, München. (zit. nach Bearbeiter)

Tilp, Andreas W./Schiefer, Marc, VW Dieselgate – die Notwendigkeit zur Einführung einer zivilrechtlichen Sammelklage, NZV 2017, S. 14–19.

Tolani, Madeleine, Verjährungshemmung durch Feststellungsklage, NJW 2019, S. 2751–2753.

Traufetter, Gerald/Müller, Peter, Deutsche Kunden klagen gegen VW, spiegel online v. 29.12.2016, abrufbar unter: https://www.spiegel.de/auto/aktuell/abgasaffaere-deutsche-kunden-klagen-gegen-vw-a-1127898.html, zuletzt am 30.9.2019.

Uebele, Fabian, Datenschutzrecht vor Zivilgerichten – Die Durchsetzung des Datenschutzrechts über UWG und UKlaG auf dem Prüfstand von Rechtsprechung und Gesetzgeber, GRUR 2019, S. 694–703.

Uerpmann-Wittzack, Robert, Das öffentliche Interesse – Seine Bedeutung als Tatbestandsmerkmal und als dogmatischer Begriff, 1999, Tübingen.

Ulmer, Peter/Brandner, Hans Erich/Hensen, Horst-Diether, AGB-Recht – Kommentar zu den §§ 305–310 BGB und zum UKlaG, 12. Aufl. 2016, Köln. (zit. nach Bearbeiter)

Ungern-Sternberg, Joachim von, Verbandsklagebefugnis für Abmahnvereine?, NJW 1981, S. 2328–2330.

van Lijnden, Constantin, Illegal Tech?, FAZ Net v. 14.10.2019, abrufbar unter: https://www.faz.net/einspruch/exklusiv/smartlaw-wenigermiete-co-illegal-tech-16433118.html, zuletzt am 10.11.2019.

van Raay, Anne, Gewinnabschöpfung als Präventionsinstrument im Lauterkeitsrecht – Möglichkeiten und Grenzen effektiver Verhaltenssteuerung durch den Verbandsanspruch nach § 10 UWG, Untersuchung unter vergleichender Heranziehung insbesondere der Verletzergewinnhaftung im Rahmen der dreifachen Schadensberechnung nach Immaterialgutsverletzungen, 2012, Karlsruhe.

Veil, Winfried, Die Datenschutz-Grundverordnung: des Kaisers neue Kleider – Der gefährliche Irrweg des alten wie des neuen Datenschutzrechts, NVwZ 2018, S. 686–696.

Verband der Automobilindustrie (VDA), Position zum BMJV-Entwurf eines Gesetzes zur Einführung einer Musterfeststellungsklage vom 16. März 2018, April 2018.

Verband Privater Bauherren e.V. (VPB), Stellungnahme des Verbands Privater Bauherren e.V. zum Referentenentwurf eines Gesetzes zur Einführung einer zivilprozessualen Musterfeststellungsklage, 6.4.2018.

Verbraucherzentrale Bundesverband (vzbv), Eine für Alle-Musterfeststellungsklage in Sicht – Stellungnahme des Verbraucherzentrale Bundesverbands (vzbv) zum Gesetzentwurf der Bundesregierung zur Einführung einer zivilprozessualen Musterfeststellungsklage vom 9. Mai 2018, 1.6.2018.

Viotto, Regina, Das öffentliche Interesse – Transformationen eines umstrittenen Rechtsbegriffs, 2009, Baden-Baden.

Vogel, Markus, Kollektiver Rechtsschutz im Kartellrecht, 2010, Köln.

Vogt, Laura Felicia, Class Actions im Civil Law – Ist die Musterfeststellungsklage die Antwort?, Bucerius Law Journal 2 (2017), S. 131–137.

Vollkommer, Georg, Musterprozess statt "Musterfeststellungsklage" – Ein Plädoyer für eine gesetzliche Musterklage, MDR 2018, S. 497–501.

Vorwerk, Volkert/Wolf, Christian, BeckOK ZPO, 34. Ed. 1.9.2019, München. (zit. nach Bearbeiter)

Dies./Fullenkamp, Josef, Kapitalanleger-Musterverfahrensgesetz – (KapMuG), Kommentar, 2007, München. (zit. nach Bearbeiter)

Voß, Catharina, Die Durchbrechung der Rechtskraft nationaler Zivilgerichtsurteile zu Gunsten des unionsrechtlichen "effet utile"? – Die Reichweite der "Klausner Holz"-Entscheidung des Europäischen Gerichtshofs und ihre Auswirkungen auf das deutsche Zivilprozessrecht, 2019, Baden-Baden.

Voßkuhle, Andreas/Schemmel, Jakob, Grundwissen – Öffentliches Recht: Die Europäisierung des Verwaltungsrechts, JuS 2019, S. 347–350.

Wach, Adolf, Handbuch des Deutschen Civilprozessrechts, 1885, Leipzig.

Waclawik, Erich, Die Musterfeststellungsklage, NJW 2018, S. 2921–2926.

Wagner, Erika, Die Notwendigkeit einer Verbandsklage im Klimaschutzrecht, EurUP 2019, S. 185–193.

Wagner, Gerhard, Kollektiver Rechtsschutz – Regelungsbedarf bei Massen- und Streuschäden, in: Casper, Matthias/Janssen, André/Pohlmann, Petra/Schulze, Reiner, Auf dem Weg zu einer europäischen Sammelklage?, 2009, München, S. 41–86.

Ders., Gutachten A – Neue Perspektiven im Schadensersatzrecht, in: Verhandlungen des 66. Deutschen Juristentages – Stuttgart 2006, 2006 München.

Wagner, Klaus-R., Effektiver Rechtsschutz, ZfBR 2016, S. 112–115.

Wagner, Rolf, Grenzüberschreitender Bezug in der justiziellen Zusammenarbeit in Zivilsachen – Eine Bestandsaufnahme, ZZP 131 (2018), S. 183–223.

Walker, Wolf-Dietrich, Unterlassungsklagengesetz – NomosKommentar, 2016. (zit. nach Bearbeiter)

Wanner, Viola, Das KapMuG als allgemeine Regelung für Massenverfahren, 2010, Baden-Baden.

Waßmuth, Guido/Asmus, Thomas, Der Diskussionsentwurf des BMJV zur Einführung einer Musterfeststellungsklage, ZIP 2018, S. 657–667.

Weber, Franziska/van Boom, Willem, Neue Entwicklungen in puncto Sammelklagen – in Deutschland, in den Niederlanden und an der Grenze, VuR 2017, S. 290–297.

Weber, Martin, Die Entwicklung des Kapitalmarktrechts 2018/2019, NJW 2019, S. 968–974.

Weber. Max, Wirtschaft und Gesellschaft, 4. Aufl. 1956, Tübingen.

Wegener, Bernhard, Der Braunbär lernt schwimmen – Die "Protect"-Entscheidung des EuGH stärkt den Rechtsschutz im Umweltrecht, ZUR 2018, S. 217–222.

Ders., Rechte des Einzelnen – Die Interessentenklage im europäischen Umweltrecht, 1998, Baden-Baden.

Weidemann, Holger/Rheindorf, Beate, Verbandsklage für anerkannte Tierschutzvereine in Rheinland-Pfalz, DVP 2015, S. 148–151.

Weimann, Martin, Kollektiver Rechtsschutz – Ein Memorandum der Praxis, 2018, Berlin, Boston.

Weinland, Alexander, Die neue Musterfeststellungsklage – Einführung, 2019, München.

Welti, Felix/Groskreutz, Henning/Hlava, Daniel/Rambausek, Tonia/Ramm, Diana/Wenckebach, Johanna, Evaluation des Behindertengleichstellungsgesetzes – Abschlussbericht – BMAS Forschungsbericht Sozialforschung 445.

Wendt, Domenik Henning, Kollektiver Rechtsschutz in Europa – Kompetenzen, Alternativen und Safeguards, EuZW 2011, S. 616–622.

Wernicke, Stephan, Aporien des kollektiven Rechtsschutzes – Ein Plädoyer für neue Wege, EuZW 2018, S. 873–874.

Ders., Effektiver kollektiver Rechtsschutz statt anwaltlicher Geschäftsmodelle: Ein Plädoyer für eine klageberechtigte Ombudsstelle, in: Schäfer, Matthias, Der Gesetzesentwurf zur "Musterfeststellungsklage" – Ein Sammelband aktueller Beiträge, 2018, St. Augustin/Berlin, S. 7–32.

Ders., Recht ist kein Investitionsobjekt – zu den Risiken der Musterfeststellungsklage, BB 11/2017, I.

Ders., Referat DJT 72., in: Verhandlungen des 72. Deutschen Juristentages – Leipzig 2018, 2019, München, K 37–K 67.

Wettbewerbszentrale, Anmerkungen zur Klagebefugnis bei der geplanten Musterfeststellungsklage, 19.4.2018.

Wieczorek, Bernhard/Schütze, Rolf A., Zivilprozessordnung und Nebengesetze, 13. Band, 4. Aufl. 2018, Berlin. (zit. nach Bearbeiter)

Wieduwilt, Hendrik, Musterklage kommt nicht, FAZ v. 7.6.2017, S. 18.

Ders., Unionsfraktion stellt sich gegen die „Sammelklage", FAZ Net v. 22.10.2016, abrufbar unter: https://www.faz.net/aktuell/finanzen/meine-finanzen/geld-ausgeben/verbraucherschutz-unionsfraktion-stellt-sich-gegen-die-sammelklage-14491849.html, zuletzt am 30.9.2019.

Will, Martin, Die Rechtsgrundlagen für Verkehrsverbote zur Einhaltung von NO_2-Grenzwerten im Lichte der aktuellen Rechtsprechung des BVerwG, NZV 2018, S. 393–406.

Wimmer-Leonhardt, Susanne, UWG-Reform und Gewinnabschöpfungsanspruch oder "Die Wiederkehr der Drachen", GRUR 2004, S. 12–20.

Windau, Benedikt., Einer klagt für alle – Referentenentwurf zur Einführung der Musterfeststellungsklage, LTO v. 19.12.2016, abrufbar unter: https://www.lto.de/recht/hintergruende/h/referentenentwurf-musterfeststellungsklage-vw-abgasskandal/, zuletzt am 29.9.2019.

Ders., OLG Stuttgart: Schutzgemeinschaft für Bankkunden kann keine Musterfeststellungsklage erheben, zpoblog v. 28.8.2019, abrufbar unter: https://www.zpoblog.de/olg-stuttgart-6-mk-1-18-musterfeststellungsklage-schutzgemeinschaft-fuer-bankkunden-klagebefugnis/, zuletzt am 30.12.2019.

Ders., Spannungen im „Dreiecksverhältnis" der Musterfeststellungsklage, jM 2019, S. 404–408.

Winkelmeier-Becker, Elisabeth, Die Ausgestaltung einer Musterfeststellungsklage als Instrument zur Stärkung des kollektiven Rechtsschutzes für Verbraucher, in: Schäfer, Matthias, Der Gesetzesentwurf zur "Musterfeststellungsklage" – Ein Sammelband aktueller Beiträge, 2018, St. Augustin/Berlin, S. 92–111.

Witte, Jürgen Johannes/Wetzig, Marc Simon, Die Musterfeststellungsklage: Placebo oder Allheilmittel für den deutschen Verbraucherschutz? – Ein Kommentar zur Einführung der Musterfeststellungsklage aus rechtsvergleichender Sicht, WM 2019, S. 52–59.

Wolf, Alexander, Ist der "Justizstandort Deutschland" international wettbewerbsfähig?, RIW 2019, S. 258–272.

Wolf, Christian/Lange, Sonja, Wie neu ist das neue Kapitalanleger-Musterverfahrensgesetz?, NJW 2012, S. 3751–3756.

Wolf, Manfred/Neuner, Jörg, Allgemeiner Teil des Bürgerlichen Rechts, 11. Aufl. 2016, München.

Wolff, Hans J./Bachof, Otto/Stober, Rolf/Kluth, Winfried, Verwaltungsrecht – Ein Studienbuch, 13. Aufl. 2017.

Wolff, Heinrich Amadeus/Brink, Stefan, BeckOK Datenschutzrecht, 30. Ed. 1.11.2019, München. (zit. nach Bearbeiter)

Wolff, Heinrich Amadeus/Decker, Andreas, Verwaltungsgerichtsordnung (VwGO), Verwaltungsverfahrensgesetz (VwVfG) – Studienkommentar, 3. Aufl. 2012, München. (zit. nach Bearbeiter)

Wolff, Heinrich Amadeus/Hömig, Dieter, Grundgesetz für die Bundesrepublik Deutschland – Handkommentar, 12. Aufl. 2018, Baden-Baden. (zit. nach Bearbeiter)

Woopen, Herbert, Kollektiver Rechtsschutz – Ziele und Wege, NJW 2018, S. 133–138.

Würtenberger, Gert/Freischem, Stephan, Stellungnahme der GRUR zum Diskussionsentwurf eines Gesetzes zur Einführung einer Musterfeststellungsklage, GRUR 2017, S. 1101–1103.

Würtenberger, Thomas/Heckmann, Dirk, Verwaltungsprozessrecht – Ein Studienbuch, 4. Aufl. 2018, München.

Wybitul, Tim, Abwehr von Schadensersatzansprüchen nach der Datenschutz-Grundverordnung, NJW 2018, S. 113–118.

Wysk, Peter, Verwaltungsgerichtsordnung, 2. Aufl. 2016, München. (zit. nach Bearbeiter)

Zander-Hayat, Helga, EU-Refit-Prozess des Verbraucherrechts – Chancen und Risiken, VuR 2016, S. 441–443.

Ziekow, Jan, Das Verwaltungsverfahrensrecht in der Digitalisierung der Verwaltung, NVwZ 2018, S. 1169–1172.

Ders., Verwaltungsverfahrensgesetz, 3. Aufl. 2013, Stuttgart.

Ders./Siegel, Thorsten, Anerkannte Naturschutzverbände als "Anwälte der Natur" – Rechtliche Stellung, Verfahrensbeteiligung und Fehlerfolgen, 2000, Berlin.

Zivanic, Aleksandar, Bündelung von Ansprüchen mittels Inkassozession im VW-Abgasskandal – Eine "Sammelklage" nach deutschem Recht?, ZJS 2016, S. 687–697.

Zöller, Alexander, Ansätze zur Bekämpfung des Abmahnvereinunwesens, WRP 1994, S. 156–167.

Zöller, Richard, Zivilprozessordnung – Mit FamFG (§§ 1 - 185, 200 - 270, 433 - 484) und Gerichtsverfassungsgesetz, den Einführungsgesetzen, mit internationalem Zivilprozessrecht, EU-Verordnungen, Kostenanmerkungen, Kommentar, 33. Aufl. 2020, Köln. (zit. nach Bearbeiter)

Zott, Christine, Aktive Informationen des Staates im Internet - mittelalterlicher Pranger oder modernes Steuerungsinstrument? – Eine Analyse der Publikumsinformation unter besonderer Berücksichtigung des Lebensmittel-, Verbraucherinformations- und Sozialrechts, 2016, Baden-Baden.

Zuck, Rüdiger, Der populistische Missbrauch des BVerfG, ZRP 2010, S. 241–243.

MIX
Papier | Fördert
gute Waldnutzung
FSC® C083411

Kolibri 360 GmbH
Ferdinand-Jühlke-Straße 7
99095 Erfurt, Deutschland
produktsicherheit@kolibri360.de